中国の領土紛争

武力行使と妥協の論理

Strong Borders, Secure Nation
Cooperation and Conflict in China's Territorial Disputes

M. Taylor Fravel
テイラー・フレイヴェル【著】
松田康博【監訳】

勁草書房

STRONG BORDERS, SECURE NATION:
Cooperation and Conflict in China's Territorial Disputes
by M. Taylor Fravel

日本語版への序文

私は、ここに私の著書 *Strong Borders, Secure Nation: Cooperation and Conflict in China's Territorial Disputes*, Princeton and Oxford: Princeton University Press, 2008 の日本語版を紹介できることを名誉に思う。長年の研究成果である私の知識を日本の皆さまと共有できることを光栄に感じている。

本書のための研究は、二〇〇〇年から二〇〇六年の間に行われ、そして最終的にアメリカにおいて二〇〇八年に出版された。本書を執筆した時、中国の領土紛争は凪《なぎ》の時期に入っていた。中国は一九四九年以来、近隣諸国との間で二三の領土紛争を抱えてきたが、私が本書を書き上げるまでに、そのうち一七の紛争を何とか解決していた。しかも、これらの紛争のうち一五の紛争は、最終合意のために双方が何らかの譲歩を行い、妥協の合意が成立することで解決されたのである。

今日、中国はこれら二三の領土紛争のうち、六つの紛争を残したままにしている。しかしながら、一〇年前と異なり、中国の領土紛争は乱気流の時期に入っている。こうした乱気流が最も顕著なのが、尖閣諸島やスプラトリー諸島など沿海島嶼部をめぐるものである。中国は非妥協的アプローチをとり、一方的な行動で自己の領土主張を強め、他国が中国に挑戦するのを抑止しようとしている。

今日までの中国の行動が示唆するものは、正負の入り混じったものである。多くの領土紛争を解決したことで、中国が多くの近隣諸国と衝突する可能性は減少した。歴史的に、領土紛争は、他のいかなる要因よりも、国家間に衝突が起き、戦争にまで至る原因となってきたのである。中国は、妥協することが自国の利益にかなうと考えた場合、主権をめぐる紛争において容易に妥協することを示してきた。

他方で、残っている紛争は、本質的に、妥協したり解決することに最も抵抗がある紛争である。理由は紛争ごとに若干異なるものの、しかし全体として、中国は他の紛争よりもこれらの紛争における利益を重視している。すなわち、これら領土の価値が高く認識されているため、紛争は長期化し、妥協して合意を成立させることが難しくなるのである。こうした紛争はまたエスカレートしやすい傾向にある。

しかしながら、中国は、すべての紛争において、妥協とエスカレーションにかかるコストと利益を慎重に計算してきた。中国が、残された領土紛争のうち現在激化したものについて強く関心を払っているが、このことは、大きな衝突が不可避であるということを意味しない。

日本の読者のために、私は新たなエピローグを執筆した。これは二〇〇八年以降の尖閣諸島をめぐる紛争における中国の行動を検討したものである。

本書の日本語版は、翻訳チームの献身なしに実現しえなかった。この翻訳チームは、松田康博が監訳者であり、杉浦康之、手賀裕輔、福田円、吉田真吾、山口信治がメンバーである。私はこのチームの激務に永遠に感謝する。

二〇一五年七月　マサチューセッツ州ブルックラインにて
M・テイラー・フレイヴェル

謝　辞

私が最初に感謝すべき人物は、決してこの本を読むことのない人物、マイケル・オクセンバーグ氏である。マイクがいなければ、私は研究者になろうとは思わなかっただろう。彼の現代中国研究に対する情熱と教育は、他の多くの学究と同様、私にすばらしいインスピレーションを与えてくれた。彼がこの世を去る直前に本書の研究を始めたのだが、私は、学者のお手本として、また紳士のお手本として、マイクから学び続けた。マイクは私の恩師であると同時に友人であり、彼を失ったことをこの上なく寂しく感じている。

スタンフォード大学でこの研究を始めた時、私はきわめて優秀な指導教員に恵まれた。スコット・セーガンは親切な助言に加え、鋭い示唆と刺激を与えてくれた。最初の段階での彼の支援は量りしれないものであり、彼は決して私に歩みを止めさせなかった。奨学金の申請に関して初めて相談した時から、ジム・フィランは数々の洞察と指示を与えてくれた。そうした洞察と指示は、国際関係の研究に対する私のアプローチに、絶え間ない影響を与えてきた。ジーン・オイは求められるべき厳格な問題を提起し、より良い回答とより強力な論拠をつねに要求した。私はトム・クリステンセンにはとくに感謝しなければならない。彼の詳細なコメントは私の議論の質を向上させた。同時に、彼の温かい支援は、つねに正しいタイミングで届けられた。

数多くの仲間と友人が、本書の草稿に対しさまざまなコメントと示唆を提供してくれた。彼らの衆知が、最終的な研究成果を改善してくれた。私は、デニス・ブラスコ、ニシャ・ファザル、ジョージ・ガヴリリス、マイク・グロズニー、ハイン・ゴーマンズ、スティーヴ・ゴールドステイン、レイ・グァン、ロン・ハスナー、ジャック・ハイマン、イアン・ジョンストン、スコット・カストナー、アンドリュー・ケネディ、ロン・クレブズ、ミルトン・リャオ、ローレンツ・ルージー、ポール・マクドナルド、ニコライ・マリノフ、クゥイン・ミーカム、エヴァン・メディロス、アレックス・モンゴメリー、ケヴィン・ナリズニー、ダリル・プレス、フィリップ・サンダース、ホルガー・シュミット、ディヴィッド・アンドリュー・シンガー、ロバート・ロス、エド・スタインフェルド、モニカ・タフト、ベンジャミン・ヴァレンティノ、スティーヴン・ヴァン・エヴェラ、シュ・シンに恩義を感じている。また私は、アレン・カールソン、リセロット・オドガード、バリー・ポーゼン、そしてアラン・ワックマンにとくに感謝したい。彼らはとても注意深く草稿を読み、コメントを与えてくれたのだ。

この研究の途中で、国際関係論を専門とする数々の研究機関が知的なコミュニティと財政的支援によって私の研究を支えてくれた。この研究は、スタンフォード大学の国際安全保障・協力センターで始められた。その後、私はハーヴァード大学のオーリン戦略研究所でこの議論を洗練させることができた。アメリカ芸術科学アカデミーの訪問研究者プログラム、ハーヴァード大学フェアバンク東アジア研究センター、中国と世界に関するプリンストン・ハーヴァード共通プログラムにより、私は教育業務から解放され、草稿の完成に専念できる貴重な時間を与えられた。また私はマサチューセッツ工科大学の安全保障研究プログラムと政治学部の支援にも感謝する。

ジェイミー・エドワード、エリック・フォッグ、ブランドン・グリーン、ルイジエ・ホー、リチャード・クラウス、ドリュー・ラフラン、オリアナ・マストロ、ウィル・ノリスはこの本に対して専門的な調査を提供してくれた。リン・レヴァインの助けは、終始不可欠であった。メリディエン地図社のフィリップ・シュワルツバーグは多くの地図を作成してくれた。彼の作った地図によって、中国が争った国境の複雑性を平易に示すことができた。プリンストン大学出版局に対しては、私はチャック・マイアーズのこの企画に対する一貫した支援に感謝する。また私はウィル・ハイヴリーの優れた編集能力と、マーク・ベリス、ディミトリ・カリトニコフ、そして彼らを助けてくれたすべての出版チームに心から感謝する。この本の一部は、まだ初期の段階であったが、『国際安全保障(*International Security*)』(第三〇巻第二号、第三二巻第三号)に掲載されている。これらの論文をここで使用することを許可してくれた編集者たちに私は感謝したい。

この企画を始めるずっと以前から、私の家族は私の学究生活を支援してくれた。私は彼ら全員、とくに両親であるマリスとジュディー・フレイヴェル、そして私の姉、ビエン・ガイフォードが与えてくれた支援と励ましに感謝したい。

とりわけ、私はアンナに心の底からお礼を言いたい。彼女がいなければ、この本が世に出ることはありえなかった。彼女は私が報いることのできないほど愛情と支えを与えてくれた。まず太平洋を横断し、それからアメリカ大陸を横断してくれたのだから、私たちはいつまでもともに暮らしていくことができるはずだ。私がこの世で最も大切なものが何であるかを忘れることのないよう、私がつねに笑顔でいられるよう、彼女はいつもいつも心を砕いてくれた。彼女こそ、私にとって何物にも代えがたい存在である。アンナに会った人々は、私が彼女と人生を共にできたことでどれほど祝福されているかを知っている。

目次

※　翻訳に際しての訳者による補足は〔　〕に示した。

序論

1　台頭する国家、領土、そして戦争

中国は二一世紀の新興大国である。その台頭が平和的に進むのか、あるいは暴力を伴うものとなるのかは、国際関係の学術的研究や実務を問わず、根本的な問題となっている。過去に起きた多くの権力移行（パワー・トランジション）と異なり、中国は、現在の国際システムのルールや規範、制度を受け入れることによって経済発展を達成してきた。しかしながら、中国が経済発展に伴って強化した軍事力をどのように使うのかという点には、曖昧さや不安がつきまとっている。

この歴史的変化の中で、中国が領土をめぐって他国と武力衝突を引き起こす可能性への懸念が高まっている。たとえばアメリカ議会の米中経済安全保障検討委員会が二〇〇六年に出した報告書は、中国が「領有権主張について…（中略）…自国に望ましい形での解決を容易にするために、軍事技術の発展を利用して、武力行使の脅しをかける、または実際に行使する」[1]かもしれないと述べている。こうした懸念にはそれなりの根拠がある。歴史的に見て、国

家とは急速な国内の経済発展により、海外で追求する利益を再定義し、拡張させるものである。(2)また、経済発展は対外的な利益を追い求め、それを守るためのより強力な軍備拡張を可能にする。しばしばこうした軍備拡張は他国との領土紛争をエスカレートさせてきた。より一般的に言うなら、国際システムを担う主要国の間で勢力均衡が動揺することは、死活的利益の安全と国際構造の安定性について不確実性を生み出すことになる。(3)

しかし中国は、領土紛争において、拡張主義国家であるという見込みから想定されるよりも、暴力に訴えることが少なく、協調することが多かったのである。中国は一九四九年以降、隣国との間で陸上や海上における二三の領土紛争に関わってきた。しかしそのうちの一七の事例で中国は妥協を追求し、譲歩してきた。中国が行った妥協は本質的なものであり、係争地域の半分以下しか得ることができない最終解決案であっても受け入れたことがあった。それに加え、こうした妥協の結果として国境協定を締結したことにより、中国は、一九世紀初頭の清朝最盛期の領土のうち三四〇万平方キロメートルに及ぶ失地の回復を求める主張を放棄したのである。中華人民共和国は、現在二三万八〇〇〇平方キロメートルの領土、すなわちかつて清朝が失った領土のわずか七パーセントを争っているに過ぎない。

中国はこのようにたびたび妥協してきたものの、六つの領土紛争においては武力を行使した。こうした紛争の中には、インドやヴェトナムとの衝突に見られるように著しく暴力的だったものもあった。それ以外にも一九五〇年代の台湾海峡危機や一九六九年のソ連との衝突において核兵器使用の威嚇が行われたように、冷戦期には大きな緊張が生まれた瞬間もあった。ただし、紛争で武力を行使する意思を持っていたにもかかわらず、中国が、敵対状態が生じる前に支配していなかった土地を占拠することはほとんどなかったのである。

中国の行動には多様性があるため、国際関係の研究者にとっても中国研究者にとってもわかりにくい。国際関係論の有力な理論は、中国のような特徴を持つ国家は妥協することがなく、領土紛争において協調せず武力を行使する傾向が強いだろうと予測する。しかし攻撃的リアリズムの立場をとる学者の説とは反対に、中国が軍事的優越を利用して強硬な態度で領土交渉に臨んだり、武力を行使したりして領土を占領することはほとんどなかった。(4)中国は相対的なパワーが増大した過去二〇年の間に強硬になってきたわけでもない。また国内のナショナリズムによって攻撃的となり、国家主権をめぐる問題で柔軟な対応が難しくなるという議論に反して、清朝期に外部からの侵略や国土分割を強いられてきた歴史を持つにもかかわらず、中国は領土について譲歩する意思を見せてきた。(5)さらに政治制度の役割を重視する学者もいるが、中国の政治システムは高度に集権化された権威主義体制であり、武力の行使にほとんど国内的制約がないにもかかわらず、領土紛争をエスカレートさせた事例は多くないのである。(6)

領土紛争において中国がとってきた協調とエスカレーションのパターンは、中国専門家・研究者にとって驚くべきことかもしれない。冷戦終結時、多くの研究者が、中国は領土紛争を数多く抱えており、これが東アジアの不安定化の主要因になりうると予見した。(7)ほかにも、二〇年間にわたる大衆ナショナリズムの盛り上がりに伴い、中国は周辺部で失地回復を試みるようになり、またパワーの増大によってそれが可能となると見る研究者もいる。(8)同様に、大衆ナショナリズムの隆盛の中で、国内の社会不安から目を背けさせるために、中国政府が外交政策において「腕力を見せつける傾向」が強まると見るものもいる。(9)最後に、中国は、領土紛争のようなゼロサム問題において、攻撃的な武力行使を好む戦略文化を持つと考える研究者もいる。(10)

しかしながら、多くの政策研究者、国際関係研究者、中国研究者が考える以上に、中国は係争中の領土について武力を行使するよりも妥協する傾向が強かったのである。中国の行動のばらつきは、本書が解答を与えようとしている問題を目立たせた。なぜ中国はある紛争では妥協を求めてきたのに、別の紛争では武力を行使してきたのだろうか。より一般的に言えば、国家は領土紛争において、なぜ、そしていかなる時に協調するのか。そして、いかなる条件下であれば国家は協調せずに、紛争を高いレベルの暴力にまでエスカレートさせるのだろうか。

こうした問題に答えることは、中国が大国として台頭する道筋を明らかにするのに役立つであろう。主権国家によって構成される国際システムにおいて、領土紛争における行動は、ある国家が現状維持的な外交政策を実行するのか、あるいは現状打破的な外交政策をとるのかを示す重要な指標となるからである。(11)歴史的に見て領土紛争は、国家が衝突し、戦争を開始する原因として最も一般的であった。(12)もし国家が政治的目標を達成するための道具として武力に訴えるとするならば、それは領土に関する目標を達成しようとする際に最も顕著に見られるであろう。中国は現在でもいくつかの紛争を抱えているため、こうした問題は、純粋に学術的関心のみにとうていとどまらないのである。中国が領有権を主張する台湾や尖閣諸島のような地域における武力の行使は、台湾や日本と緊密な関係を持つアメリカとの間の対立につながりかねない。

こうした問題に対する答えは簡単に見つかるものではない。中国の紛争時の行動に関する研究は、領土紛争の重要性を強調しているものの、それを体系的には分析してこなかった[13]。これまでの研究は、体系的というよりも、中国の領有権主張の法的根拠や中国とインドの国境紛争のような個別の紛争に関心を集中させてきた[14]。数少ない包括的研究としては、一九六〇年代に中国が行った妥協を研究したものがあるだけで、近年公開が進んだ中国語資料の恩恵にあずかることはできていない[15]。最後に、中国が妥協したケースと武力を行使したケースを比較した研究は存在しない。こうした分析こそ、中国の行動を理解する鍵となるのである。

2　領土紛争における協調とエスカレーション

中国の行動に対する本書の説明は、領有権を主張するための戦略を、国家がいかにして選択するのかを説明する二つの理論に基づいている。一つ目の理論は領土紛争における協調の原因を探るものであり、もう一つはエスカレーションの原因を探るものである。第1章で詳しく述べるように、それぞれの理論は、国家は既存の領土紛争に対して三つの典型的な戦略から一つを選択する、という前提から始まる。すなわち国家は、①何もせず解決を引き延ばす、②譲歩し、妥協する、③威嚇するか、または武力を行使する、という三つから一つを選択できるのである。国家の主権に関して妥協した場合には国内で指導者が懲罰を受けるかもしれないというコストがあり、他方で危機をエスカレートさせた場合にはその結果が不確実であることから、ほとんどの場合、何もしないという戦略のリスクが最も少ない。そして、領土紛争において、引き延ばし戦略をとり続ける忍耐のコストを増大させる要因に注目することで、紛争においてなぜ、いかなる時に国家が妥協するのか、あるいは武力を行使するのかを説明することができる。

国家は、国内あるいは外部からの安全保障上の脅威に対応する時に、領土紛争において妥協し、譲歩する見込みが高まる。他国の土地に対して領有権を主張し続ければ、そのことによって相手国から軍事・経済・外交的支援が得られなくなるという対価や機会コストがかかるため、妥協が可能になる。こうしたコストが係争地の領有権を得ることの利益を上回っている時、妥協は解決の引き延ばしよりも魅力的な選択となり、そして国家は紛争相手国と妥協する代わりに、自国が直面している喫緊の脅威に対応するために何らかの支援を相手国から得ようとするのである。国家の安全保障や生存に関わる外部からの脅威は妥協の要因となるのである。たとえば、国家はライバル関係にある国と深刻な対立状態に陥った時に、領土問題における譲歩を利用して第三国〔領土紛争の相手国〕との間で、その敵国に対抗するための同盟を形成することができる。もう一つの妥協の要因は、国家の強度や安定性を脅かす国内の脅威の存在である。たとえば、国内で武装反乱に直面した時、国家は領土問題における譲歩によって、国境警備を強化するとか、あるいは潜在的な反乱分子の逃げ場を提供しないといった隣国からの援助を得ることができる。

国家にとって全体的な国内外の安全保障環境は領土紛争において協調するための動機となるが、これに対して領土紛争のエスカレーションは、紛争におけるバーゲニング・パワー〔交渉を有利にする物理的な力〕の変化によって説明できる。ある国家のバーゲニング・パワーは、係争地のうちでその国家が占拠している面積の広さと係争地一帯への戦力投射能力によって規定される。この二つの要因が、係争地を支配し、交渉によって自らにとって望ましい解決を達成するための国家の能力を形作っている。相手国が紛争において相対的な立場を強化していると判断される時、何も行動しないという選択は、威嚇または武力行使を通じて自国の相対的な立場の低下を食い止めたり、あるいは反転上昇させたりすることよりもコストがかかってしまうのである。自国よりはるかに強力な敵と対峙している国家は、相手国のパワーが一時的に急速な弱まりを見せて、自国にとって領土を占領したり交渉上の立場を強めたりする機会の窓が開くような場合にも、武力を行使しうる。

以上の理論を検証するために、本書は「中事例研究（medium-N）」[訳注1]の研究手法を用いて、一九四九年以降に中国が協調もしくはエスカレーションの決定を下した二三の紛争を検証する。どちらの決定も頻繁に下されるわけではないため、それぞれの決定を特定することや比較することは比較的容易である。本書では、それぞれの紛争につき、中国が引き延ばしではなく、妥協または武力行使の決定を下すのに影響した要因を確定するために、戦略が変化する前後の条件を検証する。次に本書は、そうした要因が実際に理論の予測するような結果をもたらしているのか測定することで、その決定が下された過程を追跡する。

本書はこれまで使用されたことのない中国語文献を使用している。こうした文献資料には、党史資料、オーラル・ヒストリー、指導者の回想録、政府の研修資料、省レベルの地名辞典およびさまざまな檔案館《とうあんかん》〔公文書館〕の内部資料などが含まれる。こうした資料はこれまで中国の外では知られることのなかった紛争、国境協定、およびハイレベル交渉における重要な転換点などを明らかにしてくれる。

3 本書の概観

第1章は、協調とエスカレーションについての本書の理論を説明した後、中国の領土紛争を概観する。中国の領土紛争は、巨大な多民族国家の領土の一体性を維持する上で直面するさまざまな問題と絡み合っている。民族地理、すなわち民族《エスニック》集団の地理的分布こそが、領土紛争において中国の指導者が求める目標の違いを強く決定づけているのである。中国の民族地理は漢民族が稠密に居住する中核部分と、非漢民族が分散的に居住する広大な周辺部、そして無人の島嶼部から成り立っている。辺境部の陸上国境紛争における中国の目標とは、いかなる王朝も直接支配したことがなかった、広大な少数民族地域の統制を維持することである。国家統一をめぐる紛争における中国の目標とは、一九四九年に中華人民共和国が成立した時点で中国の支配下になかったが、中国の指導者が漢民族のものであると考えている地域、すなわち香港、マカオ、台湾との統一を目指すことである。島嶼部における紛争で、中国の指導者は、本土から離れた無人の岩礁や島嶼における恒久的なプレゼンスを確保することを目標としている。

外部からの脅威は本書の協調の理論における説明要因の一つであるが、多くの領土紛争における中国の譲歩の意思を最もうまく説明できるのは国内の脅威である。中国は辺境部におけるすべての国境紛争で譲歩を見せたが、国家統一をめぐる紛争では譲歩したことがなく、島嶼部における紛争では一度しか譲歩したことがない。隣国と強い社会的経済的関係を保ち、民族自決の願望を抱いていた少数民族は、中国の国境付近の辺境部に居住している。民族暴動のような国内的脅威に直面した時、これまで中国の指導者は、領土について譲歩するのと引き替えに相手国から辺境地域の支配強化への支援を得ることをいとわなかった。そうした支援には、少数民族の反乱に対して外部から援助しない、暴動が起きている地域に対する中国の主権を確認するといったことが含まれる。

第2章は、一九六〇年代初頭に、中国が辺境部での多くの紛争において妥協に努めた事例をとりあげる。一九五九年、チベットにおける反乱は、中国の領土の一体性に対するかつてない最大の国内的危機を引き起こした。この反乱によりビルマ、ネパール、およびインドと紛争を抱え続けるコストは劇的に上昇した。中国はこれらの国に対して領土で譲歩するのと引き替えに、国外からの反乱支援を断ち切り、チベットに対する中国の主権を確認することについて協力を得た。一九六二年春には、大躍進政策失敗後の経済危機のさなか、新疆でまたもや民族暴動が発生した。領土の一体性および政治的安定性に対してチベットおよび新疆における複数の脅威が組み合わさったことは、近隣諸国と領土を争うコストを上昇させた。中国は、外国との緊張緩和により経済を再建し、国家の支配を安定化させるために、北朝鮮、モンゴル、インド、パキスタン、アフガニスタン、およびソ連との妥協を求めたのである。

第3章は、同様の国内的脅威がいかにして辺境部の紛争における中国の譲歩の努力につながったかという点を説

（訳注1）　多くのデータセットを扱う多事例研究（large-N）、少数事例研究の少事例研究（small-N）の中間で、一〇から三〇程度のデータを分析する研究手法。

明する。一九八九年の天安門事件の発生は、中国の社会主義統治システムの安定性に対する国内的脅威を引き起こした。この正統性の危機は、世界における共産主義の退潮の影響でいっそう悪化し、中国がソ連、ラオス、ヴェトナムとの領土紛争を継続するコストを高めた。これに対して中国は領土問題において譲歩するのと引き替えに、外交的孤立に対抗し、経済改革の継続を確実にするための協力をこれらの国から得た。天安門事件直後、新疆における暴動が国家の領土の一体性に対する新たな脅威を引き起こした。武装蜂起やデモにより、隣国のカザフスタン、キルギスタン、タジキスタンに対して領土に関する主張を維持するコストが上昇した。中国は、ウイグル人分離主義者に対する国外から支援を制限することについて近隣諸国から支援を受ける見返りに領土問題において妥協したのである。

相手国が一時的に弱体化することで機会の窓が開くことは、本書のエスカレーションに関する理論における説明メカニズムの一つである。しかし中国の領土紛争における武力行使の意思を最もうまく説明できるのは、中国自身のバーゲニング・パワーの低下という要因である。一九四九年以来、中国の指導者は、係争地を支配するための自国の能力が低下することに非常に敏感であった。最強の軍事力を持つ隣国が相手であっても、また自らがほとんどまたは全く占領していない係争地をめぐってでも、中国は武力を行使してきたが、ほとんどの場合において、中国の行動は自国の〔支配力の〕弱さに対する懸念を反映していたのである。

第4章では、辺境部の領土紛争における武力行使、すなわちインドとソ連という強力な軍事力を持つ隣国の挑戦に対抗しようとしたケースを扱う。中国の指導者は、自国内の困難な情勢に乗じて相手国が利益を得ようとしていると考えたため、これらのケースでは国内的動揺がバーゲニング・パワーの低下という考えをさらに際立たせたのである。一九六二年一〇月、中国は交渉の呼びかけに失敗した後、国境沿いのインド軍の全拠点を攻撃した。中国はインドが軍を国境沿いに展開したり、西側地区の係争地域を占領したりすることをやめさせるため、そしてそのことによって大躍進政策失敗後の経済危機が拍車をかけていた領土問題における中国の支配力《ポジション》の低下を食い止めるため、紛争をエスカレートさせたのである。同様の理由により、一九六九年三月、ウスリー川の係争地である珍宝島付近で、中国の精鋭部隊がソ連の国境警備隊を待ち伏せて襲撃した。ソ連が部隊を国境沿いに展開したこと、社会主義諸国に介入するブレジネフ・ドクトリンを打ち出したこと、および攻撃的な方法で国境警備を実施していたことは、文化大革命による政治的動揺によって低下していた領土問題における中国の立場をさらに悪化させていたのである。

第5章は、中国にとって最も重要な領土紛争である国家統一をめぐる紛争の管理を扱う。中国は香港とマカオをめぐる紛争を一九八〇年代に解決したが、これらの主権についていっさい妥協することのないまま、一九九七年と一九九九年にそれぞれイギリスとポルトガルからの返還を実現した。中国は台湾に対する主権についても全く妥協せず、台湾を中国大陸と統一させるという意思を見せつけるために武力を行使した。一九五四年と一九五八年に中国は国民党政権が支配していた沿海島嶼部において危機的状況を作り出すことで、アメリカが台湾への軍事的・外交的支援を強化することを防ごうとした。こうした支援はそもそも弱かった台湾問題における中国の立場をさらに弱めるものだったのである。また一九九五年と一九九六年、台湾の民主化が中国からの正式な独立に対する民衆の支持を高め、またアメリカがこれを支援していると中国が見なしたことから、中国は挑発的な軍事演習とミサイル試射を実施したのである。

第6章は、中国の島嶼部における紛争を検証する。中国は一九五七年に島嶼をめぐる紛争で妥協したことが一度だけあったものの、その潜在的な経済的・戦略的価値のため、島嶼をめぐるその他の紛争で譲歩したことはいっさいない。さらに、離島をめぐる紛争における相対的な支配力《ポジション》が低下し始めたことにより、中国はパラセル諸島の島嶼やスプラトリー諸島のサンゴ礁などを占領するために武力を行使した。一九七〇年代初頭、海洋石油開発ブームの第一波が訪れ、南シナ海において近隣諸国が岩礁を占拠したことは、島嶼部支配の重要性が上昇するにつれ、領土紛争における中国の脆弱性を白日の下にさらした。中国はその限定的な海軍力を投射することが可能な地域において、自らの支配力《ポジション》を強化するために武力を行使し、パラセル諸島にあるクレセント島嶼群を占領した。一九八〇年代後半、マレーシアが誰も支配していなかった岩礁を占拠し、ヴェトナムがプレゼンスを拡大した一方で、そもそも領有権を主張するだけで実際に領土を支配したことのない唯一の関係国であった中国の支配力《ポジション》はさらに弱まった。このため、中国はスプラトリー諸島の岩礁や珊瑚礁を占領したのである。

結論では、中国の領土問題の将来に対して本書の議論がいかなる含意を持つかを検討する。中国が領土の現状変更を積極的に追求する、あるいは領土をめぐり頻繁に戦争をするという恐怖は、誇張されたものである。中国の台頭そのものはまだ暴力的となる可能性があるが、領土は衝突の主要因になりそうにない。よって本書は全体として比較的楽観的な見方を提示している。もし国家が他の原因よりも領土を原因として戦争をすることが多いとすれば、中国が一七の領土紛争を解決してきたことは、その分将来の衝突の可能性が減少したことを意味する。それに加えて、これらの紛争を解決した協定の中で、中国は周辺国の主権と領土の一体性を受け入れたことを示し、また一九世紀初頭の清朝の領土を回復しようとする主張をやめた。これらの文書は公表されているため、将来この協定を破らないよう中国は「自らの手を縛っている」のである。

しかし、中国は現在の国境を守り、台湾との国家統一を実現するためには、領土をめぐって戦争をする意思を示してきた。死活的利益がかかっている場合、中国は武力を行使するだろう。軍事力増強が継続すればするほど、中国はかつてないほど効率的に戦えるようになる。この文脈から見ると台湾をめぐる戦争の可能性を過小評価すべきではない。ただし中国の指導者が、長期的な統一の可能性が下がっていないと信じている限り、暴力に訴える可能性は低い。その他の領土紛争においても、中国はそのバーゲニング・パワーが高まった時ではなく、低下した時にこそ、武力を行使する意思を強めるのである。

第1章　領土紛争における協調とエスカレーション

領土紛争は、主権や領土の一体性という国家の中核的利益がかかる問題である。そしてこれは歴史上、国家を衝突させ、戦争に向かわせる最大の要因となってきた(1)。領土紛争において国家が協調とエスカレーションのどちらを選択するかという問題は、国際関係の平和と安定に大きな影響を与える。領土紛争は、譲歩がなければ戦争へとエスカレートしかねない。では国家は、なぜ、いかなる時に譲歩を選択するのか。逆に国家は、なぜ、いかなる時に武力行使を選択するのか。

台湾問題は、これらの問いに答えることの重要性を浮き彫りにしている。台湾は、中国が抱えている領土紛争の中でも、最も重要かつ不安定なものである。一九九五年から一九九六年にかけての危機において、中国人民解放軍は、台湾の二つの主要港に隣接する海域に向けて、短距離弾道ミサイルを発射した。それ以来、研究者、政策アナリストおよび外交官は、次の危機がいつ起こるか、それがいかなるものになるのか、そしてどのように抑制されるべきかを考え、いかにして危機を予防できるかを議論してきた。台湾海峡における中国の武力行使は、アメリカを巻き込む可能性が高く、容易に武力衝突にエスカレートしうる。そのため、この紛争を解決することは、東アジアの大国間戦争につながる可能性が最も高い火種を除去することにつながるのである。

これまでの約二〇年間、領土紛争の研究分野は活況を呈してきた。ここでは、領土紛争とは、二国もしくはそれ以上の国家による、国土をめぐる領有権の主張の対立であると定義されている。この定義には、島嶼をめぐる紛争は含まれるが、排他的経済水域（ＥＥＺ）のような海洋権益をめぐる紛争は含まれていない。(2) さて、領土紛争の研究分野では、定量分析を用いて領土紛争における国家の行動についての重要な経験的法則を特定しようと試みるものが多い。こうした研究は、領土紛争に関するさまざまな知見を提示してきたが、多くの研究で紛争の解決とエスカレーションに関連する四つの要因が指摘されている。まず、民主主義国同士および同盟国同士では、非民主主義国同士もしくは同盟関係にない国同士に比べると、領土紛争における妥協がなされやすく、紛争が解決に至りやすい上、軍事衝突も起こりにくい。対照的に、戦略的重要性、経済的資源または象徴的意味を有するような、価値の高い領土をめぐる紛争では、あらゆるタイプの国家が武力を行使しやすく、協調しにくい傾向がある。また、相手国に対する抵抗ないしは強制の手段を欠いた軍事的に弱体な国家に比べ、強い軍事力を持つ国家は、領土に関する目的を達成するために武力を行使しやすいという傾向がある。(3)

こうした研究は、領土紛争についての一般的な知見を深めたものの、国家が領土に関する目標を達成する手段をいかにして選択するのかを明らかにするような、包括的な理論的説明を欠いている。これらの研究の多くは、「どのような行動が選択されたかという」領土紛争の結果の標本横断的な差異を分析することによって、解決しやすい、あるいは武力行使につながりやすい紛争にはどのような特徴があるかを明らかにしてきた。しかしながら、係争地域の価値というような要因は、それぞれの領土紛争ごとに大きく異なっているものの、個々の紛争単位で見るとたいてい一定で変化が生じないものである。そのため定量研究は、個々の国家が「個々の紛争において」その時々で異なった行動をとることを十分に説明することができない。また、定量研究が指摘する要因が変化するにしても、その変化はゆっくりとしたものであり、協調に転じたり、エスカレーションに転じたりというような劇的な政策決定を説明することが難しい。だが、台湾海峡危機に大きな関心が集まったことが示すように、研究者や政策立案者たちを駆り立ててきたのは、まさにこうした特定の紛争における劇的な政策決定なのである。

領土紛争において、国家が、なぜ、いかなる時に平和的手段や暴力的手段を用いるのかという問題を説明するために、本書は、〔どのような行動が選択されたかという〕紛争の結果ではなく、〔そうした行動を選択した〕国家の決定に分析の焦点を当てる。先行研究は、どのタイプの紛争が最も解決しやすいか、それとも武力衝突に発展しやすいかを解明してきた。しかし、個々の紛争で国家がなぜ、いかなる時に協調もしくはエスカレーションを選択するのかという問題を解明するには、さらなる検証が必要である。たしかに、これまでの研究が明らかにした〔上記四つの〕変数は、妥協あるいはエスカレーションが起こりうる条件を示している。しかしながら、先行研究では、妥協やエスカレーションのインセンティブは検証されていない。こうしたインセンティブの検証こそが、国家が領土紛争でどのように行動するかを説明するために必要不可欠なのである。

この意味で、台湾問題は既存のアプローチの限界を示している。たしかに、先行研究が予測するように、台湾で紛争が起こる可能性は最も高い。台湾問題は、中国にとって最も重要な領土紛争であり、現代中国のナショナリズムや中国共産党の正統性と結びついている。そしてこれは、そうした象徴的重要性のみならず、物質的重要性をも有している。また、中国は一九四九年以来、台湾ないしは台湾当局が支配する領土を攻撃できる軍事力を保持してきた。くわえて、権威主義体制の中国では、武力行使に対する国内政治上の制約が少ない。とはいえ、中国政府が一九五四年九月、一九五八年八月、一九九五年七月に危機を引き起こした〔一方で、それ以外の時は危機を起こしていない〕ことを見ればわかるように、台湾問題をエスカレートさせるか否かについての中国の意思は、その時々で大きく異なっている。台湾の重要性や中国が有する強制手段、そして中国の非民主的政治制度といった要因は、台湾問題を語る際に必ず指摘されるが、これらの要因はつねに不変なのであって、なぜ中国がある時は武力を行使し、それ以外の時には行使しないのかを説明することができないのである。

なぜ中国の行動がその時々で異なっているのかを説明するために、本章では、国家が領土紛争を管理する方法を説明する二つの一般理論を提示する。本書の目的は中国の領土紛争を説明することであるが、筆者は次の理由から、一般理論に基づいて分析を行う。まず、国家が領土紛争においてどのように行動するかという問題は、明らかに中国を越えた国際関係全般における根本的問題である。さらに、中国は領土紛争に関与してきた数ある大国の一つに過ぎないため、中国の行動は領土紛争における協調とエスカレーションの一般理論によって説明されるべきであろう。最後に、中国の領土紛争を一般理論に基づいて検証することは、他国との比較を促進し、ひいては領土紛争のダイナミクスをより一般的な形で明らかにすることにつながる。

先行研究を踏まえ、本書は、国家の指導者が領土に関する目的を達成するために採用しうる三つの包括的な戦略を検証する。これらの戦略のうちどれを選択するかという決定は、相手の反応にも影響される紛争の最終的な結果に先立って行われる。まず、引き延ばし戦略は何もしないことであり、ここでは、国家は公式な宣言を通じて領有権の主張を維持するが、譲歩することも武力を行使することもない。重要な点であるが、国家は妥協を拒否しつつ交渉に参加することで、引き延ばしをすることもできる。次に、協調戦略とは、威嚇あるいは武力行使を実施せず、係争地域の統治の一部またはすべてを移譲すること、ないしは係争地域に対する領有権の主張を取り下げることを指す。こうした妥協は概して、当事国の一つが主張をすべて放棄する場合であっても、二国間の条約や合意によって紛争が最終的に解決される前に行われる。そして対照的に、エスカレーション戦略とは、領土の獲得や相手国に対する強制を目的とした、威嚇あるいは武力行使を伴う戦略である(4)。

台湾問題における中国の行動が示しているように、国家が解決を引き延ばしたり、何もしなかったりすることは多い。その他の戦略をとると、コストが高くついてしまうからである。協調のコストが高くなるのは、国家主権と領土に関して譲歩すれば、国内において社会の反発を招いたり、国外においてこの国家は弱いという評判を招来したりするなど、大きな政治的対価が生じる可能性があるからである。また、エスカレーションにも多くの不確実性やリスクが伴う。それらの一例として、相手国との対立のスパイラルが生じる可能性、戦争の人的・物的コストが生じたり軍事的に敗北したりする可能性、およびその結果として国内で政治的懲罰を受ける可能性が挙げられる。以上に鑑みると、国家指導者にとって、引き延ばし戦略に基づいて領土紛争を継続させることは、譲歩を行ったり、〔武力行使を選択した結果として〕敗戦によって係争地域の獲得に失敗したりすることよりも、しばしば好ましい

のである。(5)

しかしながら、一定の条件下では、協調戦略とエスカレーション戦略のほうが引き延ばし戦略よりも魅力的になる。なぜ、いかなる時に国家は、引き延ばしではなく協調とエスカレーションを選ぶのか。この問題を説明するためには、領有権の主張を継続すること〔すなわち引き延ばし戦略〕に伴うコストを、それ以外の二つの戦略に伴うコストと比べた際に、相対的に高める要因を特定することが中心的な課題となる。この課題を解決するため、以下で提示する理論では、スティーヴン・クラズナー（Stephen D. Krasner）が構築し、それ以降の研究者が採用・洗練してきた、国家中心アプローチを適用する。(6)

国家中心アプローチでは、国家とは、その統治対象である社会とは別個に存在する一元的な主体であると考えられている。国家は、対外的な生存と対内的な自己保存を確かなものとするために、自立性を最大化しようとする。(7)そして、国家はこれらの目標を達成するために、多様な難題に対処しなければならない。そうした難題には、自国のパワーや領土に対する他国の脅威といった外的なものもあれば、国境の内側における国家の権威や統治を脅かす内的なものもある。後者には、クーデター、暴動、革命、分離独立、あるいは法と秩序の崩壊などが含まれる。国家中心アプローチでは、国家指導者は、個人的な権力や私的な繁栄ではなく、国家全体の利益を促進するために政策を立案、実施することになっている。いかなる指導者も、国家が存続しなければ個人的利益を獲得する能力を維持できないため、国家の存続は個人的関心事に優越するのである。それゆえ、外交政策の分野において、指導者と行政府は国家を体現し、国家のために行動することになる。(8)

一見すると、こうした仮定は過度に焦点を絞ったものに映るかもしれない。これまでの研究で、社会の利益集団やエリート内部の派閥、指導者の個人的利益、そして官僚制が、外交政策の決定に影響を与えることが示されてきたからである。しかしながら、領土紛争の研究には、国家中心アプローチが適している。その理由は三つある。第一に、領土紛争は国土の支配と領有権をめぐる国家間紛争であるため、そこには、国家主権の適用領域と領土の一体性という国家の中核的利益が関わっている。その他の政策分野での利益と異なり、これらの利益は、〔国家中心アプローチが想定する）生存と自己保存という目標から導き出すことができる。生存と自己保存には、領土に対する排他的統治が不可欠だからである。

第二に、国家を国際および国内双方の領域で自律的に行動する主体であると想定する国家中心アプローチは、国家が領土紛争において協調やエスカレーションを選択する際、多様な要因がそのインセンティブになりうることを示している。国家は対外的な生存と対内的な自己保存を同時に追求するため、国内的な目標を達成するために外交政策が用いられることもあるし、他方で対外的な安全を強化するために国内政策が用いられることもある。国家の行動についての説得力ある説明を行うためには、分析の焦点を国家レベルもしくは国際レベルのいずれかに限定するのではなく、国家が国内と国外の双方において直面している問題に焦点を当てる必要がある。国家中心アプローチの分析単位が国家であるとはいえ、国家はブラック・ボックスではなく、国内政治のダイナミクスが、指導者が国家のために行う決定とは無関係だとされたり、捨象されてしまったりするわけではない。

第三に、対外的な利益だけではなく国内的な利益を重視する国家中心アプローチは、国際関係における国力の大きさやその源泉についての、より微細な差異に注目した理解を可能にする。古典的リアリズム[訳注1]とネオクラシカル・リアリズム[訳注2]の流れを汲む研究者は、軍事力や経済力という標準的な尺度に加えて、ハンス・モーゲンソー（Hans J. Morgenthau）[9]が「政府の質」および「国民の士気」と表現したところの、国力の国内的な構成要素の重要性を認めている。国際関係論において、こうした国力の国内的側面の外交政策に対する影響についての研究は、まさに緒についたばかりである[10]。国家中心アプローチは、こうしたより微細な差異に注目した国力の構成要素と、その外交政策への影響を統合する分析枠組みを提供する。

本章の構成は次の通りである。続く三つの節では、本書の中核をなす理論を提示する。国際関係論において、協調と紛争は別個の現象として研究されてきたため、本章では、まず領土紛争における協調の理論を示し、その後、領土紛争におけるエスカレーションの理論を提示する。協調とエスカレーションの戦略には相互関連性があるが、両者は、国家が領土紛争を管理するに際してとる選択としては全くの別物であるため、本書では、分析上の便宜性に鑑み、両者を個別に検証する。これらの節では、特定の紛争における協調戦略とエスカレーション戦略の選択に関する、本書の理論とは別の説も紹介する。そして本章の最終節および本書の各章では、分析の焦点を中国の領土紛争に移し、一九四九年から二〇〇五年に発生した二三の紛争を事例として、本書の理論とその他の説を両方とも検証する。

本書が提示する理論では、領土紛争における二つの現象が分析の射程外となる。一つは、国家が引き延ばし戦略をとる要因である。本書の目的は、協調とエスカレーションを引き延ばしよりも魅力的なものにする要因を特定することにある。それゆえ本書では、引き延ばしは国家にとって最も安上がりな戦略だと仮定し、なぜ、いかなる時に国家が引き延ばし戦略を採用するのかについては説明を試みない。本書の分析射程から外れるもう一つの現象は、領土紛争がなぜ、どうやって始まるかである。これは重要な問題であるが、本章で提示し、各章で精査する理論は、すでに始まっている領土紛争において、協調を選ぶのか、エスカレーションを選ぶのかという政策決定を説明することに限定されている。

1　領土紛争における協調

領土紛争は重大な利害のかかった国家間対立だが、そこで妥協が行われるのは決してまれなことではない。ポール・ヒュース（Paul K. Huth）とトッド・アリー（Todd L. Allee）の有名な研究によれば、領土紛争の約五〇パーセントで、当事国間の合意あるいは第三国などの仲介によって紛争が解決されており、そこでは通常、片方ないしは

（訳注1）　国際関係の本質は国家間の権力政治《パワー・ポリティクス》にあると考えるリアリズムの一学派。この学派では、パワーの構成要素に国内要因が含まれることをはじめ、国家や政策決定者レベルの要因も重視される。

（訳注2）　国家の対外行動の説明に特化した、リアリズムの一学派。その説明に際し、パワーの分布などの外部要因（国際システム要因）を重視しつつも、国家の内部要因（国家・社会関係や政策決定者の認知など）の影響を明示的に組み込むことに特徴がある。この学派については、本書の監訳者解説も参照。

双方の当事国が妥協している。[11] 妥協が行われるのは、相手国が統治する領土に対して自らの主権を主張することに、対価や機会コストが伴うからである。そうであれば、妥協を説明する際の鍵となるのは、国家が領土紛争を継続するために払うコストを、係争地域の価値よりも大きくする事象を特定することである。そうした要因は、ある国家が他国に対して領有権を主張している状況を取り巻く、全体的な国際・国内安全保障環境の変化によって左右されるものと考えられる。

領土紛争において、引き延ばし（紛争を継続するが、妥協やエスカレーションに関連することを何もしないこと）は、通常、国家の指導者が採用しうる戦略の中で最も安上がりである。とはいえ、他国が支配するないしは領有権を主張している領土をめぐって紛争を継続することには、つねに対価が伴う。まず、領有権を主張することは他国の主権に挑戦することを意味するため、ここには、領土の一体性という最も死活的な国益の安全に関する不確実性を相手国に感じさせる可能性、およびより広い文脈において相手国に自国の意図に対する不信感を抱かせる可能性が伴う。こうした不確実性と不信は、外交関係を弱体化あるいは緊張させ、相互協調を行ったり深めたりする意欲を制約してしまう。そして、相互協調の機会が失われることにより、安全保障上・外交上・経済上の機会コストが生じる。[12] さらに、領土紛争を継続することには、攻撃的だという評判や好戦的イメージを持たれるというコストもかかる。他の国々は、国家主権という国際社会の最も基本的な規範の一つに挑戦している国家と協力することに、慎重になるかもしれない。[13] 最後に、領土紛争を継続することには、希少な資源が係争地域を防衛するための手段に割かれてしまい、対外政策上・国内政策上のその他の重要事項に投入できる資源が減るというコストがかかる。これは、領土紛争が軍事問題化した場合にとくに顕著となる。

このように、領有権を主張することにはコストが伴うため、領有権以外の目標を達成するために領土紛争で譲歩するというバーゲニング〔交渉〕の余地が生まれることになる。このバーゲニングの余地がどれほどの大きさになるかは、領土紛争を取り巻く全体的な安全保障環境の変化によって決まる。安全保障環境次第で、係争地域の価値と比べた時の、紛争相手国との関係の価値が決まるからである。紛争相手国との二国間関係の重要性が高まれば、領有権を主張し続けて解決を引き延ばすよりも、その領土紛争で妥協するほうが魅力的となる。ただし、そもそも最初の段階で領有権を主張したということは、国家が係争地域に大きな利益を見出しているのであって、紛争相手国との関係改善の価値が係争地域の価値よりも高くなるのは、領土紛争を取り巻く環境に重大かつ急激な変化が生じた時のみである。それゆえ、国家の対外的な安全もしくは国内的な自己保存に対する脅威こそが、最も領土問題における妥協の源泉になりやすい。

相手国の領土に対して領有権を主張することにコストが伴うことによって、譲歩が提示されるようなバーゲニングの余地が生まれるとしても、国家が妥協を選ぶかどうかは、係争地域の潜在的価値によって決まる。つまり、係争地域の価値が高ければ高いほど、国家は、妥協を考慮したり譲歩を提案したりする前により多くのコストを費やすことをいとわなくなる。ほとんどの領土紛争では、相手国との関係を改善するあるいは深化させるために紛争で譲歩するというバーゲニングの余地が存在する。しかしながら、紛争の中には、当事国のうちの一つもしくは複数がこうしたバーゲニングを全く考慮せず、これによって、当事国間で対象となっている領土の分割不可能性（indivisibility）が認識されているものもある。[14]この場合、引き延ばしよりも妥協が魅力的な選択肢になるには、法外な大きさの見返りが必要になる。たとえば、カシミールのように、紛争当事国の民族が入り混じって居住する地域をめぐる紛争では、バーゲニングの余地は大幅に狭まる。[15]ヒュースとアリーが示したように、民主主義国家は、多民族の居住地域をめぐる紛争では、非民主主義国家よりも妥協しにくい傾向があるが、それは民主主義国家の指導者には次の選挙で退陣させられないようにしようとの計算がはたらくからである。[16]

ここで留意すべきは、国家にとっての外部もしくは国内の脅威が出現したからといって必ず妥協が提示されるわけではないということである。本書の理論の適用範囲に関する重要な条件は、譲歩した国家に対して相手国側が見返りとして支援を提供できることである。国家が領土紛争において相手国との関係改善を求めて譲歩するのは見返りが欲しいからであり、通常そうした見返りは、その国家が直面しているより切迫した脅威に対抗するための支援である。国家指導者は、領有権の主張で妥協することにより、その他の国家目標を追求できると考えているのである。そのため、領土紛争における譲歩の見返りを期待できないのであれば、指導者は、たとえ脅威が出現しても、妥協するインセンティブを持たない。

(1) 外部からの脅威と領土紛争における協調

外部からの脅威が領土紛争における妥協を生むという論理は、国際関係の研究者にとって比較的理解しやすい。それゆえ、さまざまな外交政策のコストと利益を比較衡量し、自国のパワーと国際システムにおける影響力を最大化することが、国家指導者にとっての最優先課題となる。[17] 〔世界政府が存在しない〕無政府状態においては、国家は、生存のために他国との競争を余儀なくされる。領土紛争も例外ではなく、領土をめぐって争うことの純便益は、国家が追求するそれ以外の目標と連動している。領土紛争を取り巻く外部の環境が変われば、領有権を主張することのコストと利益も変化するのである。具体的には、国家が外部からの脅威に直面している時には、その国家にとって、領土をめぐって争うことのコストは高くなる。本来ならば、第三国の脅威に対抗するためにその領土紛争の相手国を利用しうるが、領土紛争によってその相手国との関係を強化することが妨げられるからである。[18]

妥協のインセンティブを生じさせやすい国家安全保障に対する外部からの脅威には、二つのタイプがある。第一に、国際システムにおけるパワー面での国家の相対的地位に対する脅威、とりわけシステムの主要国からの脅威は、領土紛争における協調の源泉の一つとなる。この説明の論理は、構造的リアリズム(訳注3)の知見に基づいている。[19] 国家の相対的地位に対する脅威はパワーの不均衡が生じる時に発生し、こうした脅威の存在によって、領土紛争の相手国との関係を強化することの重要性が係争地域の価値よりも高くなるのである。つまり、他国と比べてパワーが低下している国家は、それを食い止め、国際システムにおける影響力を維持するために、領土紛争で妥協しうる。また、相対的なパワーが上昇している国家は、他の国々によるバランシング連合の形成を予防するため、妥協を提案しうる。しかしながら、パワー面での地位が不変的ないし静態的な国家は、妥協するインセンティブをほとんど持たない。

領土紛争における協調の源泉となる外部の脅威の第二のタイプは、特定の国家との対立である。この文脈における妥協の論理は、脅威均衡の理論(訳注4)とライバル関係（rivalry）(訳注5)の研究に基づいている。[20] このタイプの脅威は、特定の国家との安全保障上の対立が始まったり、激化したりすることから生じる。こうした対立が生じている時には、この脅威以外の国家との領土紛争を継続することのコストは高まる。なぜなら、自国の軍備増強という内的バランシングや同盟の形成という外的バランシングを通じてライバルに対抗するための能力が、領土紛争によって制約されるからである。

これら二つのタイプの脅威のいずれかが生じれば、領土紛争を継続することのコストは増大する。その領土紛争があることによって、外部の脅威に対抗するための支援をこの領土紛争の相手国から受けることが、制限されるないしは不可能になるからである。そのため、外部の脅威に直面している国家は、安全保障上の目標を達成するために、領土紛争で譲歩する。そうした目標には、①領土紛争の相手国との同盟の形成もしくはその強化によって、自国（側）の軍事力や外交的影響力を強化すること、②領土紛争の相手国との関係を改善することで、その相手国が〔自国にとっての脅威である〕敵対国やライバルと同盟を組むのを防ぐこと、③〔領土紛争の相手国との〕貿易の増加や〔領土紛争のために用いられている〕資源を防衛に振り分けることによって、脅威に対する内的バランシングを促進すること、がある。外部の脅威が生じた場合、国家はこれらの利益を獲得するために、妥協を考慮するのである。最も協調が起こりやすい領土紛争は、〔たとえ自国に有利な形で解決したとしても〕新たに生じた外部の脅威に対抗するための資源を獲得できない紛争や、そうした脅威に対抗するために必要な軍事的・外交的資源を浪費するような紛争である。逆に、外部の脅威がなければ、国家は解決を先送りし、領有権の主張を継続することに

(訳注3)　リアリズムの一学派であり、古典的リアリズムとの対比で、ネオリアリズムとも呼ばれる。その核心は、国際事象や国家行動は、パワーの分布や国家の相対的地位をはじめとする国際構造上の要因によって説明できるとする点にある。

(訳注4)　国家は、相対的パワーが大きい国家に対してではなく、自国にとっての脅威である国家——地理的に近接し、攻撃的な能力や意図を有する国家——に対して均衡行動をとるという理論。

(訳注5)　対立が長期間にわたっており、武力行使が行われやすい二国間関係。そこでは、対立が幅広い分野におよぶことが多い。

なる。

現代史には、外部の脅威が領土紛争で妥協するインセンティブを作り出した、数多くの事例がある。冷戦の開始に際して、ソ連はそれぞれ一九五三年と一九五四年に、トルコとイランに対する領有権の主張を突如停止した。アメリカとのグローバルな対立が激化していたため、ソ連にとって、これらの領土紛争を継続することのコストが高まったのである。ソ連は、領有権の主張を停止することでトルコおよびイランとの外交関係を改善し、アメリカに対してバランシングしようとしていた(21)。同様に、冷戦の圧力は、西欧の領土紛争でも類似の影響を及ぼした。たとえば、フランスは一九五六年一〇月、形成されたばかりのNATOと西ドイツの団結を維持することは、ザール地方の領有によって得られる潜在的利益を上回ると結論づけ、同地方の西ドイツへの復帰に合意している(22)。

外部の脅威を領土紛争における協調をもたらす原因と考えることは、近年の研究の実証結果とも一致している。たとえば、ヒュースとアリーの研究によれば、公式の同盟国同士は領土紛争で譲歩を提案し、紛争を解決する傾向がある。領土紛争から得られる利益がいかなるものであれ、共通の脅威に対抗するために同盟を維持する必要性が、それを上回るからである(23)。さらに、最近の研究によって、軍事問題化した紛争を複数抱えている国家は譲歩を提案しやすいことも示されている(24)。ただし、本書で示した議論はより一般的である。すなわち、本書の議論では、〔同盟や複数の紛争の有無に限定されない〕外部の脅威の存在という領土紛争を取り巻く状況の影響で、紛争相手国から得られる外交的・軍事的支援の価値が上がり、その結果、国家が譲歩を提案する可能性が高まるということになる。

(2) 国内の脅威と領土紛争における協調

外部の脅威とは異なり、国内の脅威を妥協の原因とする論理は、ほとんどの国際関係研究者にとって、直観的には理解しにくい。通常、国内の政治闘争は指導者にとって、協調のインセンティブではなく、むしろ武力行使の強いインセンティブとなると考えられることが多いからである。とくに、陽動戦争理論(diversionary war theory)によれば、自らの政治的生存に対する国内からの脅威に直面している指導者は、対外紛争を起こしやすいとされる。この流れにある近年の議論として、エドワード・マンスフィールド（Edward D. Mansfield）とジャック・スナイダー（Jack L. Snyder）による民主化と戦争についての研究がある[25]。しかしながら、国家の国内での地位に対する脅威は、領土紛争で妥協することの価値を、それを引き延ばすことの価値よりも高める〔ため、妥協のインセンティブを生む〕。国家の国内的な地位に対する脅威とは、体制の安定（regime security）――これは国家の中核的な政治制度の強靭性、安定性、正統性として定義される[訳注6]――への脅威である[26]。

体制の安定に対する国内の脅威が領土紛争における妥協のインセンティブを生むという論理は、国内政治と外交政策の連関に関する研究を発展させることにつながる。スティーヴン・デイヴィッド（Steven R. David）は、途上国世界における提携について、指導者は、外部の脅威か国内の脅威かを問わず[27]、自らが直面している最も切迫した脅威に対抗する「全方位バランス」を行うために、同盟を形成すると論じた。多くの国家指導者、とりわけ権威主義国家と新興民主主義国家の指導者にとって、自らの政治的生存に対する最も切迫した脅威は、反乱やクーデターといった国内における挑戦から生じる[28]。自らの在任期間をできるだけ長くするために、指導者は、敵対国とさえも同盟を形成し、より身近な国内の政敵に対してバランシングするのである[29]。

体制の安定に対する国内の脅威が生じると、国家は自らの安全を高めるために、抑圧などの国内政治上の手段に加え、外交政策も利用する。その一環として国家は、〔体制の安定に寄与するような〕見返りを得るために、領土紛争の相手国との協調を模索するのである。そうした見返りには、①反体制派への物質的支援の拒否をはじめ、国内の脅威に対抗するに際しての直接的な支援を得られること、②対外的な防衛ではなく、重要な国内政策に資源を振り分けられること、③国際社会の現状維持[30]バイアスを利用して国内の反体制派の正統性を奪い、現体制に対する国際的な承認を補強できること、などがある。くわえて、国内の脅威に直面している国家は、他国が国内の政敵か

（訳注6）体制の安定・不安定の分析概念については、本書の監訳者解説も参照。

ら便宜供与を受けるのを予防することによって対外的な安全を強化するという目的から、他国との協調を模索することもある。以上のような、外交政策に対する体制不安定の影響は、逆説的に映る。つまり、国内における統治と権威を強化する必要性に直面した国家は、国内ではしばしば抑圧的な行動をとるが、対外的には他国と協調する意思を強めるのである。こうした対外行動は平和的だが、その根底にある動機は必ずしも穏当なものではない。

近年の研究は、体制の不安定を国家間協調の原因と考えることをおおむね支持している。デタント〔一九七〇年代の冷戦における緊張緩和〕の起源に関する大著を著したジェレミ・スリ（Jeremi Suri）は、フランス、ドイツ、アメリカ、中国、そして〔東欧諸国を含む〕ソ連圏の国内における社会の混乱が大国間協調の強いインセンティブを生みだした様子を叙述している[31]。定量分析を用いたジアコモ・チオザ（Giacomo Chiozza）とＨ・Ｅ・ゲーマンズ（H. E. Goemans）は、政治的に不安定な立場にある指導者は、安全な立場にある指導者に比べ、国際危機を引き起こしにくいことを明らかにした[32]。チオザとゲーマンズは、不安定な立場にある指導者が国際紛争で妥協しやすいかどうかを直接検証したわけではないが、そうした指導者が危機を回避しやすいという彼らの発見は、体制の不安定を協調の原因とする論理と一致している。また、クリストファー・ウェイ（Christopher R. Way）は、政治的不安定に直面したエリートは経済発展を促進するために金融自由化を支持する傾向があることを明らかにしている[33]。さらに、地域機構の形成要因として、体制の安定に対する国内の脅威に対抗する必要性が構成国間で共有されていることを指摘する研究もある。たとえば、東南アジア諸国連合（ＡＳＥＡＮ）と湾岸協力会議（ＧＣＣ）の形成目的は、それぞれ国内の共産主義者とイスラム反体制派を弱体化させることにあった[34]。

このように、体制の安定に対する脅威は、領土紛争において協調のインセンティブを生じさせる。そして、そうした脅威には二つのタイプがある。一つは、領土の一体性に対する国内からの脅威である。通常、こうした脅威が出現するのは、自らが統治している領土の行政管理という国家権力の最も基本的な指標に対する挑戦が、暴動や反乱の形をとって起こる時である。暴動や反乱が国境付近で発生した場合、その地域に隣接する国家との間の領土紛争は、よりコストが高いものとなる。近隣諸国が反乱者を支援したり、直接介入したりしてくる可能性が出てくるからである。そのため、国境付近に暴動や反乱を抱える国家は、それらを鎮圧するための直接的な支援を求めて、隣国に領土紛争での譲歩を示す傾向にある。そうした支援には、①国境の封鎖、②反乱者の拠点に対する攻撃、③反乱者に対する保護や物質的支援の拒否、④反乱首謀者の引き渡し、⑤緊急越境追跡に伴う不意のエスカレーションの回避、⑥不介入の保障、⑦暴動発生地域における自国の主権の支持、などがある。[35]

領土の一体性に対する国内からの脅威が重要な役割を果たした事例として、シャットゥルアラブ川をめぐるイラク・イラン間の紛争解決の試みが挙げられる。この川は重要航路だったが、二〇世紀のほとんどの期間、イラクは、国境線はイラン側沿岸にあると主張し、イランにこの川への部分的アクセスを認めた協定に異議を唱えてきた。しかしながら、一九七五年にイラクはこの主張をやめ、国境線をシャットゥルアラブ川の主要航路部分とすることに合意した。一九六八年に成立したバース党政権は、当時、国内統治の強化を模索しており、とくにイランから援助を受けていたクルド人地域での統治を確立しようとしていた。イランの援助がイラク領土の一体性に与える長期的影響を危惧したサダム・フセイン（Saddam Hussein）は、イランによる対クルド人支援の停止と引き換えに、シャットゥルアラブ川の国境紛争で譲歩したのである。[36]

体制の安定に対する脅威のもう一つのタイプは、政治的安定に対する国内からの脅威である。この脅威は、大規模な抗議行動や経済停滞といった、現体制の統治の正統性に疑問符を投げかける社会不安の形をとる。こうした脅威が生じると、たとえそれが国境から離れた地域であっても、領土紛争のコストが高まる。領土紛争があることによって、国家指導者が国内の社会不安への対処に集中できなくなるからである。それゆえ、政治的に不安定な国家は、国内の社会不安を克服するための支援を求めて、領土紛争で妥協しやすい。そうした支援には、①貿易や投資を増加させることにより、〔国内の脅威にさらされている国家の〕経済発展を促進して生活水準を向上させ、統治の正統性を高めること、②外部の緊張を最小化し、国内の脅威にさらされている国家が国内問題に資源を投入するのを可能にすること、③国内の反体制派の正統性を認めないこと、④国内の脅威にさらされている現体制の弱みにつけ込んで利益を得るのを控えること、⑤国内の脅威にさらされている国家が社会を統治することの正統性を外部から支持すること、などがある。

〔政治的安定に対する国内の脅威が重要な役割を果たした〕一例として、アルゼンチンとウルグアイの例が挙げられる。両国は、国境線を定めた一九一六年の協定およびラプラタ川上の国境線の位置をめぐり、領土紛争を抱えていた。だが一九七一年、国内に多くの難題を抱えていたアルゼンチンのアレハンドロ・ラヌーセ（Alejandro Lanusse）将軍率いる軍事政権〔同年に成立〕は、この領土紛争で妥協し、その結果、両国間で協定——一九七三年にファン・ペロン（Juan Péron）大統領が署名する——が結ばれた。[37] 同様に、エクアドルとペルーの長きにわたる国境紛争でも、政治的不安定の影響で、解決に向けた動きが生じた（ただし、最終的には失敗に終わる）。一九九〇年代初頭に政権についたアルベルト・フジモリ（Alberto Fujimori）大統領は、経済危機と、センデロ・ルミロソ〔「輝ける道」〕〔極左武装グループ〕のゲリラ活動という二つの国内問題に直面していた。そのため、フジモリは一九九二年、〔アマゾン川を通じた〕大西洋へのアクセス権を含む包括的な解決案を、エクアドル側に提案したのである。[38]

陽動戦争理論は直観的にきわめてわかりやすいが、体制不安定の議論は、領土紛争での妥協に関して、より説得力のある説明を提示している。[39] そこには次の理由がある。第一に、陽動戦争理論を支える論理は、直観的には説得力があるが、不完全である。この理論では、対外紛争を始めた指導者は国内における利益を得ることができると仮定されているが、ここではエスカレーションを、指導者が国内政治上の安全を強化するために採用しうるその他の外交政策と比較する作業はなされていない〔それゆえ、数ある選択肢の中からエスカレーションが採用される理由は明らかになっていない〕。また、この理論では、指導者は、社会に対する国家の統治が脅かされている時に対外紛争を起こすのか、それとも自らの個人的な権力が危機にさらされている時に対外紛争を起こすのかが特定されていない。さらに、領土紛争に伴う緊張は、社会からの支持を得るための手助けになるかもしれないが、大きなリスクをはらんでいる。〔エスカレーションを選んだにもかかわらず〕領土に関する目標が達成できなければ、指導者は、国内でより重大な懲罰を受ける可能性に直面するからである。最後に、国内の不安定と対外紛争の相関を検証

した定量分析では、陽動戦争理論を支持するような実証結果が必ず出ているわけではなく、しばしば逆の結果も出ている。(40)

第二に、二〇世紀の領土紛争のほとんどにおいて、少なくとも一つの権威主義体制の国家が関与している(41)〔が、陽動戦争理論ではその妥協的行動を説明できない〕。権威主義体制は、体制の安定に対する脅威を国内に抱えている場合が多い。その理由は、権力が普通選挙や法の支配、立憲秩序によって支えられていないため、大衆暴動、クーデター、革命、分離独立など、政治権力の獲得・維持を目的とした非合法行動がとられやすく、国家に対する直接的な挑戦が起こりやすいことにある。(42)ヒュースとアリーの研究では、領土紛争における挑戦国として分類されている国家の三分の一は、非民主主義国家であることが指摘されている。(43)たしかに、この研究では、平均して非民主主義国家は民主主義国家に比べて領土紛争で交渉を始めにくいことが明らかになっている。しかしながら、この研究では、非民主主義国家が平和的解決の試みられた事例の大半に関与していることも示されている。さらに、権威主義国家は一度交渉が始まれば、民主主義国家と同じくらいの割合で譲歩を提案する傾向にある。これらの事実は、陽動戦争理論に基づく既存の研究では説明できない。(44)

第三に、多くの権威主義体制は、国内的な権威もしくは国境の内部における宣伝教化能力（broadcasting power）の限界に直面している〔が、陽動戦争理論が予測するような対外紛争を起こしていない〕。たとえば、脱植民地化の時期のアフリカでは、各国の宣伝教化能力が限定されていたため、各国は領土紛争を引き起こさないインセンティブを有していた。(45)宣伝教化能力が限定されていると、指導者にとっては、国内の脅威に対抗するための手段が減るだけでなく、近隣諸国が自国の政治的安定に影響を与える潜在的手段が増えることになる。それゆえ、領土紛争を開始しないインセンティブが最初の段階で生じるのである。

(3) 協調に関する本書の理論以外の説明

以上に示された協調の理論は、なぜ、いかなる時に国家は、ともすれば高コストの政策となりうるにもかかわらず、領土紛争で妥協するのかという問題を説明する二つの要因を指摘した。一つは、領土紛争を取り巻く外部の安全保障環境、すなわち相対的パワーの変化とライバルとの競争から生じる脅威を強調している。もう一つは国内の安全保障環境の変化、すなわち反乱や正統性の危機から生じる体制の安定への脅威を強調している。これらの要因は、領土をめぐって争うことのコストを、妥協のコストよりも大きくするものである。そして、これらの要因が協調のインセンティブを生じさせる理由について、本書の理論は、領土紛争での妥協とその紛争相手国からの支援を取引することで、国家は国内的にも対外的にも脅威に対抗する能力を強化できる、というメカニズムを提示した。

現代国際関係理論の専門用語を使えば、この協調の理論はラショナリストの理論ということになろう。本書の議論とは別の協調に関する重要な説明として、観念を重視する理論〔すなわちコンストラクティビズム〕[訳注7]がある。タニーシャ・ファザル（Tanisha M. Fazal）は、領土の征服に反対する規範が一九二〇年代以降の国際システムに生じ、第二次世界大戦後さらに強固になったことを明らかにした[46]。ファザルは領土紛争における妥協を検討したわけではないが、征服に反対する規範の存在は、国家を妥協しやすくさせることを示唆している。それは、領土に関する現状を交渉ではなく武力で変更することが正統性を欠いており、したがってコストが高いと見なされるためである。

征服に反対する規範が出現し、その後強化されたという論拠には説得力がある。ところが、領土紛争の解決に際してそうした規範が果たす役割は、明確ではない。この規範が出現したことの含意として、領土紛争において国家による武力行使が減るということが推論される。だが、それだけでは、国家が領土紛争で妥協しやすくなると結論づけることはできない。征服に反対する規範は、軍事力を用いた領土変更の発生頻度が低下することと関係しているかもしれないが、同時にそれは領土紛争で引き延ばし戦略を維持することの価値を高めることにもなるからである。言い換えれば、この規範が存在している状況でも、国家がなぜ領土紛争の引き延ばしではなく、妥協を選ぶのかを説明できる理論が必要なのである。さらに、こうした規範はひとたび出現した後には比較的一定の影響を及ぼすのであり、それゆえ、規範が出現し、とくにそれが強固になった後、国家が妥協を決定するまでに時間的なずれが生じることを説明できない。これに対して本書が提示する協調の理論は、国家が妥協を選択するタイミングと動機についての説明を提示する。この説明は、征服に反対する規範を受け入れている国家にも当てはまる。

領土紛争での協調に関するその他の説明の二つ目として、民主国家平和論がある。領土をめぐる戦争を含めて、民主主義国家同士はほとんど戦争をしない(47)。こうした民主主義国家の平和志向に基づけば、民主主義国家は領土紛争で妥協しやすいと考えることができる。しかし、民主国家平和論は武力行使が起こりにくい状況を明らかにしているが、このことは、民主主義国家が妥協しやすいということを意味しているわけではない。征服に反対する規範の場合と同様、民主主義の影響で、国家が引き延ばし戦略を優先する傾向も強まるのである。また、領土紛争についてのある包括的な研究によれば、民主主義国家は、相手国が同じ民主主義国家であれば譲歩を提案しやすいが、相手国が民主主義国家でない場合を含めると、非民主主義国家よりも譲歩しやすいわけではないという(48)。民主主義と非民主主義の両方のタイプの国家が、なぜ、いかなる時に領土紛争で非民主主義国家に譲歩を提案するのかを説明できる理論が、民主国家平和論の代わりに必要なのである。

領土紛争での協調に関するその他の説明として最後に取り上げるのは、経済的相互依存論である。経済的相互依存がすでに高いレベルにある、もしくは進行している場合、その国家同士は、貿易や投資が阻害されるのを防ぐために、領土紛争で妥協するかもしれない(49)。国家安全保障上の資産としての領土の価値は低下しているとする議論や「資本主義平和論」(訳注8)は、この説明を補強することになるだろう(50)。しかしながら、相互依存は、個別の妥協の決定を説明することができそうにない。一つの問題は、相互依存が非対称な場合、それは、領土紛争における交渉カードにさえなりうるということである。さらに、国家が隣国との貿易や投資の障害を取り除くために領土紛争で妥協した場合であっても、この事実だけでは、国家の動機は明らかにはならない。外部の脅威や国内の脅威が存在すると、

(訳注7)　国際事象や国家行動の源泉として、パワーや脅威などの可視的・物質的な要素ではなく、国際的なあるいは国内の規範という観念的要素を重視するアプローチ。
(訳注8)　市場経済国家同士では、戦争は勃発しにくく、紛争は平和的手段によって解決されやすいという理論。そのメカニズムの一つとして、市場経済の発達により、知的・金融資本が経済発展のために重要になる一方、領土の重要性は低下するという論理が含まれる。

対外的・国内的安全を高めるための手段として経済発展の価値が上昇するため、経済発展を目的とした妥協が、実はこうした政治的脅威に動機づけられていることもままあるのである。

2　領土紛争のエスカレーション

これまでの研究では一般的に、領土紛争が武力行使へとエスカレートする主な原因は、軍事力だとされてきた。ある意味で、この見解は驚くにあたらない。軍事力の目的の一つは、敵軍から領土を奪ったり守ったりすることにあるからであり、そもそも、領土をめぐって武力を行使することができるのは、一定の軍事力を有する国家だけである。いずれにしても、この見方では、領土紛争のエスカレーションに関連する多くの問題を明らかにすることはできない。たしかに、より強力な国家のほうが領土に関する目的を達成するために武力を行使しやすいのかもしれない。だが、これだけでは、なぜ、いかなる時に国家が武力を行使するのか、すなわち国家は強欲に突き動かされているのか、それとも不安に突き動かされているのかが明確でない。

国家が領土紛争のエスカレーションを選択する要因と状況を説明するに際し、本節では分析の焦点を、国家を取り巻く全体的な安全保障環境から、個々の領土紛争における国家の支配力《クレイム・ストレングス》——あるいはバーゲニング・パワー〔交渉を有利にする物理的な力〕——に移す。[訳注9] 本書は、領土紛争における国家の相対的な支配力《ポジション》を検証することを通じ、予防戦争の理論の新たな研究領域を開拓する。予防戦争は、「将来状況が現在よりも悪化した中で戦争を戦うリスクを回避するために、現在戦われる戦争」と定義される[51]。国家の全体的なパワーが相対的に衰退するにつれ、その国家の指導者は、国際システムにおける自国の地位が低下することで生じる悪影響——将来のバーゲニング・パワーの低下と、現在よりも悪化した状況で戦争を戦うことのリスク——を懸念するようになる。ジャック・リーヴィー（Jack S. Levy）が論じるように、こうした懸念は、武力行使を促す「予防の動機」を生じさせる。将来の戦争よりも現在の戦争のほうが、衰退の影響を小幅にとどめることができるため、国家の影響力を維持するための手段としてより魅力的になるからである。[52] ここで重要なことは、特定の利益をめぐる摩擦が国家間に存在しなくても——つまり開戦事由がなくても——将来に関する不確実性が存在するだけで、戦争が選択されるということである。こうしたパワー・シフトから生じるインセンティブは、「窓」と呼ばれる。「脆弱性の窓」は防衛に際しての弱体化が進むことを意味し、「機会の窓」は攻撃に際しての優位が失われていくことを意味する。[53] 両方の「窓」は、「後より今のほうがよい」という同一の論理の、異なった基盤をなしている。[54]

領土紛争では、その定義上、領土という国家間の利益の競合があり、当事国はどちらがより多くの利益を獲得するかをめぐって相争うことになる。そこでは国家は、支配力《クレイム・ストレングス》——領土紛争におけるバーゲニング・パワー、もしくは係争地域を支配するための各当事国の能力と定義される——に基づいて、自らの立場を算定する。なお、この支配力は、領有権に関する主張の国際法上の有効性とは関係していないことに留意しておきたい。さて、支配力を構成する第一の要素は、係争地域のうちでその国家が占拠している面積の大きさである。ある係争地域のうち、一方の国家が支配している割合が大きければ大きいほど、相手国にとっては軍事力によって現状を変更することのコストが高くなるため、紛争におけるその国家の支配力《ポジション》は強まる。支配力の第二の構成要素は、係争地域一帯（当事国が領有権を主張しているが、いずれの国家も支配するには至っていない部分を含む）に戦力を投射する能力である。ある国家が係争地域のうちの一部しか支配していなくても、その国家が係争地域一帯に戦力を投射することはできる。なお、ここでいう戦力投射能力とは、国際システム全体における強さではなく、局地的な軍事バランスにおける強さを指している。ほとんどの国家は安全保障上の目標を複数有しているため、国家の全体的な軍事力のうち、領有権の主張を守るという特定の任務に割くことができるのは、その一部に過ぎない。

占拠面積と投射能力という二つの要素は、領土紛争における国家のバーゲニング・パワーを構成し、交渉の席で自国にとって望ましい形の紛争解決を達成するための能力となる。これらの要素は連続値ではあるが、それぞれの

（訳注9）　支配力の分析概念については、本書の監訳者解説も参照。

表1-1　領土紛争における支配力《クレイム・ストレングス》

		係争地における占拠面積	
		小さい	大きい
戦力投射能力	高い	強い	優勢
	低い	劣勢	弱い

両端の値を用いると、四つの理念型を示すことができる（表１－１を参照）。国家の支配力が強いもしくは優勢な場合、その国家の指導者は、外交によって自国に好ましい解決を達成できると考える。逆に、国家の支配力が弱いもしくは劣勢な場合、その国家の指導者は、外交では自国に好ましい結果を得られないと考える。

後述するように、支配力の変化についての認識は、国家に武力行使のインセンティブを与える。時間の経過に伴って支配力が高まるのであれば、国家は最終的な結果に楽観的となり、武力を行使しないはずである[55]。逆に、支配力が低下するのであれば、国家は、領土に関する目標を達成するための自らの能力についてより悲観的となり、その低下を食い止める、ないしはそれを逆転させるために、武力行使に踏み切ることになる。また、支配力に着目すると、領土紛争における支配力の弱い国家、とくにそれが劣勢な国家がエスカレーションを選択する二つ目の理由も見えてくる。つまり、そうした国家は、領土紛争における相対的な軍事的立場が突然かつ一時的に向上した場合、武力を行使する誘惑に駆られることになる。それは、係争地域を占拠し、領土紛争における自らの支配力を強める機会が到来することを意味するからである。

協調の決定の場合と同様、係争地域の重要性は、エスカレーションの決定に際しても重要な変数となる。その他の変数が一定であれば、係争地域の軍事的、経済的、象徴的価値が大きければ大きいほど、国家は、自国の支配力の変化に敏感になる。係争地域の重要性が高ければ高いほど、その獲得ないしは防衛のために軍事力を用いることで得られる潜在的な利得は増えるのである。しかしながら、一つの領土紛争において係争地域の重要性が変化することは稀であり、通常は一定であるため、係争地域の重要性だけでは、なぜ、いかなる時に国家が紛争をエスカレートさせるのかを十分には説明できない。ただし、係争地域の重要性が高まる場合が二つある。一つは、天然資源、とくに石油と鉱石が発見された場合であり、これによって、とくに支配力が弱いほうの国家にとって、エスカレーションの効用が高まる。(56) もう一つは、片方もしくは両方の紛争当事国の経済成長から生じる「側圧（lateral pressure）」(訳注10) である。国内からの成長圧力の影響で、係争地域の資源を支配することの価値が高まるからである。(57)

自国にとって有利な方向にせよ、不利な方向にせよ、領土紛争におけるバーゲニング・パワーの変化は、必ず軍事力を用いた強制や武力行使に結びつくというわけではない。エスカレーションに関する本書の理論には、適用範囲に関する重要な条件がある。それは、〔領土紛争における支配力の〕相対的な低下もしくは一時的な向上に直面している国家が、係争地域の一部ないしは全部を占拠する、あるいは係争地域に駐留する相手国軍を攻撃するという選択肢を有している、ということである。本書では、この選択肢を、常備軍や現状の戦闘力を壊滅させることなく、限定的な目的の軍事作戦を実行する能力であると定義する。相手国と比べてきわめて小さな軍事力しか持たない国家は、たとえ限定的な目的の軍事作戦であってもそのコストが高くなりすぎるため、武力を行使することはないだろう。

（1）支配力の相対的低下――領土紛争における脆弱性の窓

領土紛争は動態的な競争である。国家は、局地的な軍事バランスにおける優位を作り出すことで、紛争における自らの支配力《クレイム》を強化しようと、活発な競争を繰り広げる。国家はお互いに相手の行動を相殺するような行動をとることで、しばしば自国の相対的な支配力《ポジション》を維持することができる。しかし、ひとたび相手国が相対的な支配力を強め始めると、国家は領土紛争で「負けつつある」と考え、自国の〔支配力の〕低下を未然に防いだり、あるいは機先を制したりするために、武力を行使する見込みが高まる。支配力の高まっている国家がその領土紛争の最終結果に楽観的になりやすい一方、支配力の低下している国家は悲観的になりがちである。そして、最終結果に対する悲

（訳注10）　経済成長の過程で、人口増加や資源需要の高まり、技術革新などが起こることで対外膨張への圧力が生じ、国家間の利害対立の可能性が高まって、ひいては軍拡競争や戦争につながるという理論。

観的な認識は、国家が武力を行使する手段を有している場合、領土紛争における武力行使の効用を高める。何もしないことは、長期的には軍事力の行使よりもコストが高くつくと認識されるのである。(58)

自国の支配力《クレイム・ストレングス》が相手国に比べて低下している時、国家指導者は、二つの異なる論理に基づいて武力を行使しやすくなる。第一に、国家は、係争地域を占拠して、そこでの自国支配の割合を高めたり、相手国がそこを占拠することを防いだりするために、武力を行使しうる。係争地域の占拠は、紛争の初期段階で双方の国家が占拠競争を繰り広げている時に最も起きやすい。第二に、国家は、〔係争地域にかける〕決意をシグナルして、自らの支配力を維持したり、係争地域の支配に関する自らの能力への脅威を抑止したりするために、軍事力を背景とした威嚇や武力行使をしうる。決意をシグナルすることは、領土紛争における支配力《ポジション》が弱いもしくは劣勢な国にとって、とくに係争地域全体に戦力を投射できない場合、より選択しやすい手段となる。国家の指導者は、自国の支配力の相対的低下への対応として武力を行使することで、自らの決意の度合いに関する情報を相手国に正確に伝達しようとするのである。(59)

支配力の構成要素〔すなわち占拠面積と投射能力〕のいずれかが変化すると、支配力が低下しているという認識が生じ、エスカレーションのインセンティブが生まれる。第一に、領土紛争において双方が支配する係争地域の大きさはたいてい固定されているため、局地的な軍事バランスにおける立場をできるだけ向上させようとする当事国双方の行動が、相手国の支配力の低下につながりやすい。バーゲニング・パワーが低下しているという認識に最も大きな影響を与えるのは、国家の軍事行動である。そうした軍事行動には、①係争地域に展開する兵力の増加、②紛争対象となっている国境線に隣接する軍事拠点の強化、③係争地域付近における軍事態勢の強化、④係争地域で戦闘を行うための能力の新開発などがある。また、政治的な行動も、係争地域のために戦うという決断に影響を与える。そうした政治的行動には、①係争地域を領土に編入する行政上の宣言または行動、②係争地域の実効支配の強化を狙った道路建設などのインフラ計画、③領有権の主張の正統性を高めることを目的とした国民投票や選挙などがある。

第二に、双方が支配する係争地域の大きさはたいてい一定だが、ある特定の状況では変化することもある。こうした変化は、〔支配する範囲が狭まる側の国家から〕脅迫行為と見なされる。領土紛争では、いずれの当事国も係争地域を実効的に支配していないことがある。このような状況が発生しやすいのは、新たに生じた紛争において、当事国が係争地域に兵力を展開していない場合や、当事国双方が係争地域の治安維持や安全確保を実施するに際しての作戦上の問題に直面している場合である。そしてこうした状況で、国家は既成事実を作り出す戦術によって、いずれの当事国も支配していない地域を占拠し、領土紛争におけるバーゲニング・パワーを強化する。

同じ領土に対する領有権の主張の競合という領土紛争の本質に鑑みると、自国が防御的だと考えている政策でさえも、相手国にはしばしば攻撃的に映る。領土紛争に内在するこの不安定性は、安全保障のジレンマに由来する。安全保障のジレンマは、「自国の安全を高めようとするさまざまな手段が、他国の安全を低下させる」時に発生するものである。[60]〔この概念を精緻化した〕ロバート・ジャーヴィス（Robert Jervis）が検証したのは、不確実性が存在する状況下における安全保障上の競争全般についてだったが、彼の知見は、厳密には「ジレンマ」が生じえない、領土紛争のような具体的利益をめぐる紛争にも適用できる。トーマス・クリステンセン（Thomas J. Christensen）が示したように、国家が領有権をめぐって争っている時には、領土に関する現状の強化と防衛は、とくにそれが相手国にとって不利な状態の固定化を意味する場合に、攻撃的なものと映る。そして、当事国双方が、自国の行動を相手国の攻撃的行動に対する防御的措置だと考えて自らの支配力を強化しようとするため、対立のスパイラルが生じるのである。[61]

重要なのは、支配力の相対的低下の影響は、領土紛争の最初の段階における国家の支配力に左右されないということである。最初の段階で支配力が強い国家も、弱い国家も、紛争の最中にバーゲニング・パワーが低下することに敏感なのである。支配力が強いもしくは優勢な国家にとっては、バーゲニング・パワーが急激に低下するという見通しのみが、武力を行使する強い動機になりうる。他方、支配力が弱いもしくは劣勢な国家にとっては、バーゲニング・パワーが低下するという認識が生じると、たとえそれが小幅だったとしても、自国のバーゲニング・パワーに関する指導者の考えはより大きな影響を受ける。国家が係争地域をほとんど、ないしは全く支配していない場合には、そうした不利な現状の固定化につながるような相手国の政治的圧力でさえも、大きな脅威と映りうる。そうした圧力によって、その国家の支配力はさらに劣勢なものとなり、領土に関する目標を達成するに際しての長期的な能力が低下するからである。

領土紛争における支配力の低下がエスカレーションに結びついた例を見つけるのは容易である。一九七四年七月二〇日、トルコ軍がキプロス島に侵攻した。この六日前、ギリシアの軍事政権がキプロスでのクーデターを支援し、現職のマカリオス三世（Makarios III）大統領を追放して、ギリシアへの編入を支持する人物を大統領に据えていた。それゆえ、トルコ政府は、トルコ系キプロス人の利益を保護するとともに、キプロスにギリシア軍が駐留するのを防ぐことによって紛争における支配力を維持するという目的から、武力を行使したのである(62)。また、一九六五年にカシミールをめぐってパキスタンがインドに攻撃を仕掛けたが、この決定においても、支配力の低下が主因として作用していた。一九六二年の中印国境紛争の後、インド陸軍は近代化を推し進めており、これはパキスタンにとって、カシミールにおける局地的な軍事バランスが長期的に脅かされることを意味していた。パキスタンは、手遅れになる前に支配力を強化するべく、一九六五年の戦争を起こしたのである(63)。

なぜ、いかなる時に国家が威嚇をしたり、武力行使に踏み切ったりするのかという問題を説明する、以上で論じた予防の論理は、既存研究においても支持されている。一部の研究では、強力な国家ほど紛争をエスカレートさせやすいことが示されている。だが、基本的に、最も不安定な二国間の組み合わせは、ある程度軍事力が拮抗している組み合わせであり（この不安定さはエスカレーションの頻度もしくは対立のレベルによって測定される）(64)、その多くの事例で、相対的に弱いほうの国家が先に武力行使に踏み切っている。軍事力がある程度拮抗している状況では、小さな軍事行動でさえも、領土紛争における当事国双方の長期的なバーゲニング・パワーに重要な影響を与えるのである。また、領土紛争の現状を変更しようとする行動は、相手国による武力の行使につながりやすいことも明らかになっている(65)。さらに、帝国はその衰退期になると、予防の論理に基づき、領域を守るという決意を伝達するため武力を行使してきた(66)。

国家をとりまく全体的な安全保障環境も、支配力が低下しているという国家の認識に影響を与え、領土紛争をさらにエスカレートさせるインセンティブを生じさせうる。筆者の提示した協調の理論では、国家の安全に対する内部もしくは外部の脅威が、妥協の主たる要因だった。領土紛争における自国の支配力が安定的であるか、もしくは高まっている場合、外部の脅威や国内の脅威に直面している国家は、これらに対抗するための軍事的・経済的・外交的協力を領土紛争の相手国から得るべく、その紛争で譲歩しやすい。しかし逆に、領土紛争の相手国の軍事的・政治的圧力などによってその紛争における相対的支配力《ポジション》が弱まっている場合には、外部の脅威や国内の脅威に直面している国家は、支配力の低下をより深刻なものとして認識する。そして、このように〔支配力の〕低下と〔全体的な〕安全保障環境の悪化が結合すると、威嚇もしくは武力行使の動機が強まる。まず、この状況で国家は、相手国が自国の抱える問題〔すなわち外部あるいは内部の脅威〕を利用して利益を得ようとしているという最悪の場合を想定し、こうした行動に対抗しなければならないと考える。また、国家は、とりわけ領土の一体性や統治能力に対する国内の脅威に直面している場合、領土紛争の相手国が将来加えてくる圧力に対抗する自国の能力を不安視するようになる。くわえて、国家は、領土紛争の相手国に断固として対抗しなければ、国内がさらに不安定化し、さらなる難題が発生すると懸念する。

ここで言わんとしていることを明確にしておきたい。本書では、国内もしくは外部の安全保障上の脅威が、領土紛争をエスカレートさせる独立した原因だと主張しているわけではない。後述するように、陽動戦争の理論や評判と抑止の理論はそうした主張をしている。そうではなく、本書が論じているのは、支配力の低下と国家の安全に対する脅威が結合すると、とりわけエスカレーションが起こりやすくなる、ということである。これらが結合することによって、自らの脆弱性に対する認識がさらに強まることになり、武力行使の効用が高まるのである。しかしながら、支配力が低下していなければ、国内の脅威も外部の脅威も、領土紛争をエスカレートさせるインセンティブにはならない。むしろこの場合、前節で論じたように、相手国との関係改善によって自らが直面している脅威に対抗するための支援が得られるのであれば、国家が領土紛争で譲歩するのは当然である。

たとえば、一九八〇年代初頭、イラクのフセイン政権にとっての国内の脅威であるシーア派の暴動が、イランでの革命およびホメイニ（Ayatollah Khomeini）を中心とする急進勢力の勃興と同時に起こった。イランの指導者たちがイラクに対してとった敵対的な政策は、フセインにとっては、自らを追放しかねない国内多数派のシーア派を勢いづかせることになるため、大きな脅威だった。(67)(訳注11) 国内のシーア派の騒動がイラクに対するイランのパワーを高める要素になりえたことは、フセインにイラン攻撃を決定させた重要な要因だった。

（2）支配力の一時的向上――領土紛争における機会の窓

紛争の初期段階で支配力《クレイム・ストレングス》が弱いもしくは劣勢な国家は、二つ目の理由に基づいて、武力を行使しうる。局地的な軍事バランスで優位にある相手国の支配力《ポジション》が領土紛争とは関係ない理由で突如弱まると、劣勢の国家の支配力が相対的に強まり、その国家にとって、優位にある相手国が回復するまでの間、自国の支配力を強める機会の窓が生じることになるのである。なお、ここでいう機会の窓とは、突如出現し、かつ限定された期間にだけ存在する、攻撃に際しての一時的な優位を指しているため、上述の予防戦争の既存研究で用いられてきた機会の窓の概念とは異なる。

機会の窓の議論は、領土紛争における支配力が弱いもしくは劣勢な国家にのみ適用できる。こうした国家は、自国の不利な立場を改善する機会に敏感であり、とくに係争地域のごく一部しか占拠していない、もしくは全く占拠できていない場合には、より敏感になる。それゆえ、局地的な軍事バランスにおける立場が急激かつ一時的に改善すると、武力行使のコストが低下し、相手国から領土を奪取するインセンティブが生じる。(68) 対照的に、支配力の強い国家にとっては、すでに弱い相手国の支配力《ポジション》がさらに弱まったところで、それほど大きな武力行使のインセンティブは生じない。むしろこの場合、支配力の強い国家は、武力の行使に伴うリスクを負うのではなく、交渉の席で強い態度を示すことになる。とはいえ、支配力の弱い国家にとっても、こうした機会の窓が開くことは稀である。

係争地域の占拠と支配力の強化を目的とする限定的軍事行動の成功を確実にする形で局地的なバランスが変化したのかどうかを判断するのは、難しいからである。[69]

支配力の弱い国家が、自らの支配力が有利な方向にシフトしていると認識しやすいのは、次の二つの状況である。一つは、脱植民地化もしくは国家の崩壊に関わる。これらによって、係争地域に対する一方もしくは双方の当事国の戦力の投射能力が低下あるいは壊滅しうる。脱植民地化によって宗主国の軍隊が係争地域から撤退を余儀なくされるかもしれないし、国家崩壊の過程で軍の分裂が起こるかもしれない〔そうなれば、支配力の弱い国家が、軍事バランスにおける立場が急激かつ一時的に改善したと認識し、自らの支配力を強化するために軍事行動をとる可能性が高まる〕。もう一つの状況は、国家を領土紛争における妥協に導く要因、すなわち国内の不安定もしくは国外における別の紛争という、全体的な安全保障環境における脅威の存在である。支配力の強い国家が他の脅威に対処している時、支配力の弱い国家は、相手国には既成事実を作るための限定的軍事行動に反応する意思もゆとりもないのではないかと考える。ジョフレー・ブレイニー（Geoffrey Blainy）が論じているように、ある国家の国内が不安定な時期には、パワー・バランスに変化が生じ、支配力の弱い国家が軍事行動をとるための機会の窓が開きやすい。[70]

たとえば、一九七一年、イランは、一九世紀末以来領有権を主張してきた、ペルシャ湾上の三つの離島を占拠した。これは、アラブ首長国連邦（ＵＡＥ）がイギリスから独立を果たす前日に起こった。ＵＡＥが統治を確立する前にイギリス軍がこの地域から撤退したことによって、局地的な軍事バランスが急激に変化し、イランにとっての機会の窓が生じたのである。[71] 同様に、ソマリアは一九七七年、エチオピアと領有権を争ってきたオガデン地方に侵攻した。その数年前から、エチオピアの国内政治の安定性が著しく損なわれており、一九七四年には皇帝ハイレ・セラシエ（Haile Selassie）を追放するクーデターが発生していた。そして、ソマリアの侵攻直前には、エリトリア地方の反乱が激化したことによって、エチオピア軍は消耗していた。かくして、オガデン地方を全く支配していな

（訳注11）　ここでのイランの敵対的政策には、おそらく、領土紛争においてイラクの支配力を低下させるような行動も含まれていた。

かったソマリアにとっての機会の窓が開いたのである。(72)

(3) エスカレーションに関する本書の理論以外の説明

上述したエスカレーションの理論は、なぜ、いかなる時に国家が領土紛争で威嚇あるいは武力行使を行うのかという問題を説明する二つのメカニズム——その両方とも支配力《クレイム・ストレングス》の変化を論理的な基礎としている——を提示している。第一のメカニズムが強調するのは、相手国が軍事的・政治的手段やいずれの当事国も支配していない係争地域の占拠を通じて、相対的な支配力を強化するのに成功した場合、国家は長期的に不利になるという認識を抱くことになるため、その国家にとって、武力を行使する短期的なインセンティブが発生する、ということである。国家は、自国の長期的なバーゲニング・パワーが低下すると結論づけると、自らの支配力を守るため、そしてその低下を食い止めるかもしくは逆転させるため、武力行使をいとわなくなる。第二のメカニズムが焦点を当てるのは、局地的な軍事バランスが支配力の弱い国家に有利な方向にシフトし、そうした国家にとっての武力行使のコストが急激かつ一時的に低下することで生じる機会である。

以上の理論以外の説明の一つ目は、支配力が強いもしくは優勢な国家にとってのインセンティブに関し、本書と異なる結論を導き出す。それによると、そうした国家は、受容可能なコストで係争地域を占拠し、自国に望ましい形での紛争解決を相手国に押しつけることができるため、最も武力を行使しやすい。(訳注12)この説明は、国家は受容可能なコストで拡張する能力があればつねに拡張すると論じる攻撃的リアリズムに依拠している。(73)この説明に従えば、領土紛争のさなかにある国家は、領土に関する目標を達成するために、相対的能力の優位を利用する。これは、支配力の強いすべての国家がどのように行動するかを予想するという点で、上述した機会の窓の論理よりも広範囲にわたる現象を説明するものである。つまり、その説明範囲は、当初弱かった支配力が突如改善した〔ためUAEとの係争地域に攻め入った〕イランのような事例に限定されていない。そして、この説明の観察可能な含意は、当事国の軍事力がきわめて非対称な領土紛争はほとんど存在しないということになる。支配力の強い国家が交渉の席あるいは戦場で、領土紛争を〔自国に有利な形で〕すぐに解決してしまうことになるからである。

しかしながら、この説明は不十分である。支配力の強い国家は、とくに外交交渉が決裂した際には武力を行使するかもしれないが、紛争管理に際しては柔軟であると考えられる。その強さゆえに、自国の要望に沿った形での紛争解決に楽観的なのである。そのため、当該領土紛争がきわめて重要だと認識されている場合を除いて、支配力の強い国家がなぜ武力を行使するのかは不明瞭である。なお、本書では、軍事的優位にある国家がなぜ武力を行使するのかという問題についても、領土紛争における支配力《ポジション》が長期的には弱まると予想すると、そうした国家も武力を行使しうる、という説明を提示した。

本書の理論以外の説明の二つ目は、抑止における評判の役割を強調する。この論理によると、国家が領土紛争において武力を行使するのは、係争地域が重要だからではなく、タフだという全般的な評判を得るために労力をつぎ込む必要があるからである。[74]この論理から派生した議論の一つに依拠すると、国家は、〔係争地域のために武力を行使する〕決意が固いという評判を生みだし、自国が抱える領土紛争全般で相手国を抑止するために、そのうちの一つの紛争で武力を行使する。バーバラ・ウォルター（Barbara F. Walter）が論じるように、複数の領土紛争を抱える国家は、そのうちの一つの紛争で自国はタフだという評判を作り出すことによって、それ以外の紛争の相手国が自国に譲歩を要求したり、相対的な支配力《ポジション》を強化したりするのを制止するという強いインセンティブを有する。それゆえ、領土紛争を複数抱える国家は、妥協しにくいだけではなく、あからさまに自国の支配力を脅かしてきた最初の相手国に対して武力を行使しやすい。[75]そこには、それ以外の紛争相手国がこれに続いて挑戦してくるのを抑止するという目的が埋め込まれているのである。

評判の論理から派生した別の理論は、持続的ないしは戦略的なライバル関係における対立のダイナミクスを強調する。国家は、領土紛争における自国の支配力《ポジション》を強めるためではなく、領土以外の利益をめぐって、自国の決意を

（訳注12）構造的リアリズムの分派だが、国家は、現状維持を目指すのではなく、地域あるいは国際システムにおける最強国となるべくパワーを最大化させようとすると論じる点に特徴がある。

伝達したり、威嚇したりするため、領土紛争において武力を行使することがあるかもしれない。[76] ライバル関係が領土をめぐる競争に限定されないより広範なダイナミクスであることに鑑みると、この論理は、ライバル関係に分類される二国間の領土紛争において武力が行使されることも説明しうる。[77] そうであれば、領土紛争はライバル関係の一部に過ぎず、武力行使のインセンティブを生んでいるのは、ライバル関係における対立だということになる。しかしながら、ライバル関係の論理が適用できるかどうかは、ライバル関係における領土紛争の重要性次第である。領土紛争がライバル関係の中核にある場合、領土紛争における行動とライバル関係における行動を分けて考えるのは難しい。逆に、ライバル関係が領土紛争以外のさまざまな問題をめぐって生じている場合には、ライバル関係の論理はより適切である。しかし、領土紛争がライバル関係における対立全体の中の一部に過ぎない場合でも、ひとたび領土紛争が二国間対立の焦点に浮上すれば、上述した領土紛争における支配力《クレイム・ストレングス》の変化によって武力行使が決定されやすくなる。

　本書の議論以外の説明の三つ目は、動員や陽動（diversion）の論理に焦点を当てて、領土紛争をエスカレートさせる国内政治上のインセンティブを強調する。[78] 領土紛争は、最も目立つ外交問題の一つであるため、指導者にとって、領土以外の目的を達成するために社会を結集させやすい問題となる。こうした国内レベルの説明は、特定の領土紛争における武力行使の決定を明らかにできるかもしれないが、こうした説明では、領土紛争全般においてエスカレーション戦略が選択される状況を特定できない。そもそも、クリステンセンが留意しているように、大戦略におけるコストの高い政策変更に対する国内の支持をとりつけるために、国家指導者が対外紛争を利用するという状況は、おそらく稀である。社会を動員するために、指導者が領土紛争以外の対外紛争を利用することもありうる。さらに、直感で理解しやすい陽動戦争理論だが、そこには限界もある。まず、指導者は、〔自らが直面している〕脅威のタイプに鑑みて、武力以外にもさまざまな行動を選択しうる。また、領土紛争では陽動の論理は機能しにくい。領土紛争が社会を結集させる問題となりうるとしても、国内で難題を抱える指導者にとっては、領土獲得や相手国に対する譲歩の強要に失敗すれば、陽動戦術によって解決されうる問題よりも多くの問題が生じるからである。

逆に、相手国が弱く、武力行使の成功が見込める場合、そもそもなぜ、指導者が領土紛争をエスカレートさせる必要があったのかが不明瞭になる〔自国が軍事的に優位なのであれば、その国家指導者は、武力を行使せず、交渉の場で自国に好ましい形の紛争解決を相手国に押しつけ、それによって国内からの支持を得られるはずだからである〕。

3　理論の統合

これまでの節では、領土紛争における協調とエスカレーションの原因に関する二つの理論を提示した。国際関係論において、協調とエスカレーションは別個の研究分野として扱われてきたため、本書でも両者を個別に示した。しかし、本書の理論的議論を締めくくるにあたり、両者がどのように相互に関連しているのかを検討したい。表1-2は、上述した三つの変数の影響に関する仮説である。

領土問題における協調とエスカレーションの決定に影響する第一の変数は、係争地域の価値や重要性である。すでに他の研究者が指摘しているように、係争地域の重要性は、その領土紛争にかかる利害の大きさを決定する際に大きな役割を果たし、国家が妥協するか、それとも威嚇あるいは武力行使を選択するかの見込みも、これによって決まる。係争地域の価値が低ければ低いほど、妥協によって失うものが小さくなるため、国家は譲歩を考慮しやすい。対照的に、係争地域の価値が高ければ高いほど、自国に望ましくない形の紛争解決によって失うものが大きくなるため、国家はエスカレーションを考慮しやすくなる。このように、係争地域の重要性は、領土紛争の全体的な利害を形作り、協調あるいはエスカレーションが選択される背景をなす。しかしながら、係争地域の重要性という要因は、個々の領土紛争の中ではしばしば一定であり、これだけでは、なぜ、いかなる時に、国家が協調戦略あるいはエスカレーション戦略を採用するのかを説明できない。

〔第二の変数である〕支配力《クレイム・ストレングス》は、領土紛争におけるバーゲニング・パワーとして定義されるが、これも、協

表1-2　領土紛争における協調とエスカレーション

	係争地域の価値[a]	支配力《クレイム・ストレングス》の強さ[b]	安全保障環境[c]	（理論の適用範囲に関する重要な条件）
協調の源泉	国家は、より価値の低い領土が問題となっている場合に、妥協しやすい。	国家は、領土紛争における相対的な立場が安定、強い、あるいは強まっているときに、妥協しやすい。	**国家は、自国の安全に対する国内もしくは外部の脅威に直面しているときに、妥協しやすい。**	（〔自国に〕軍事的、経済的、あるいは外交的支援を提供するための能力を相手国が持っている。）
エスカレーションの源泉	国家は、より価値の高い領土が問題となっている場合に、威嚇あるいは武力行使をしやすい。	**国家は、領土紛争における相対的な立場が低下しているときに、威嚇あるいは武力行使をしやすい。** 支配力の弱い国家は、相対的な立場が突然かつ一時的に向上したときに、軍事力を行使しやすい。	国家は、支配力の低下が、自国の安全に対する国内もしくは外部の脅威と同時に生じているときには、威嚇や武力行使をさらに行いやすくなる。	（自国の軍隊を壊滅させることなく、限定的な目的の作戦を実行するための能力を持っている。）

注：協調とエスカレーションに関する本書の主要な仮説については、**太字**で示している。

a　係争地の戦略的、経済的、あるいは象徴的重要性

b　係争地において国家が支配している割合、および係争地全体に軍事力を投射する国家の能力

c　国家の生存や領土、あるいはパワーに対する国内もしくは外部の脅威からの安全

調とエスカレーションの決定に際して重要な役割を果たす。領土紛争全般において、支配力の強い国家は、それが弱い国家に比べて妥協しやすい。支配力の強い国家は、そのパワーを、交渉の席で自国に望ましい結果を得るために使おうとするのである。他方、支配力の弱い国家は、相対的な立場が改善して、交渉でより好ましい結果を得られる見込みが立つまで、解決を引き延ばそうとする。

しかしながら、時間が経過する中で、領土紛争における国家の支配力が変化すると、協調とエスカレーションに関する別のインセンティブが生じる。相手国との相対的なバーゲニング・パワーが着実に向上しつつある国家は、自国に望ましい形で紛争を解決したり係争地域を統治したりできると見込めるため、武力を行使する見込みが小さい。対照的に、領土紛争における相対的な支配力《ポジション》が弱まりつつある国家は、これを食い止めるために武力を行使する見込みが大きい。そして、低下の幅が大きければ大きいほど、国家は自国の支配力を守るために威嚇を行いやすく、さらには武力行使にも踏み切りやすくなる。以上の議論の例外は、支配力の弱い国家の相対的な

立場が突然かつ一時的に向上する場合であり、この情勢は、係争地域を占拠することで紛争における支配力《ポジション》を改善するための機会の窓を生み出す。

第三の変数は、領土紛争の当事国を取り巻く全般的な安全保障環境である。自国の安全に対する国内の脅威も外部の脅威もない場合、その国家にとって領土紛争の相手国と協調する必要性は小さく、それゆえ解決の引き延ばしが行われるはずである。しかしながら、自国の安全保障環境が悪化すると、国家は、自らが直面している脅威に対抗するために、領土紛争の相手国から軍事的・経済的・外交的支援を得るべく、その紛争での妥協を考慮するはずである。ただし、領土紛争における支配力の低下と全体的な安全保障環境の悪化に同時に直面している場合、国家は、〔支配力の〕相対的な低下にのみ対応しなければならない時よりも、領土紛争にかかっている利害を拡大解釈して武力を行使しやすくなる。

このように、三つの変数によって、国家が領土紛争で採用する戦略を、解決の引き延ばしから協調あるいはエスカレーションに変更する状況が特定される。まず、国家が最も協調を選択しやすいのは、①係争地域の重要性が低く、②その国家の支配力が安定的もしくは強いないしは強まっていて、③その国家の安全に対する外部の脅威もしくは国内の脅威が高まっており、領土紛争の相手国との関係改善がこれらへの対処に役立つ、という状況である。逆に、国家が最もエスカレーションを選択しやすいのは、①係争地域の重要性が高く、②領土紛争における相対的支配力《ポジション》が弱まりつつあり、③それと同時に国内の脅威もしくは外部の脅威に直面している、という状況である。なお、国家が最も引き延ばしを選択しやすいのは、①係争地域の重要性がきわめて高く、②支配力が安定的もしくは強いないしは強まりつつあり、③国内と外部の安全保障環境が厳しくない、という状況である。

4　中国の領土紛争の説明

協調とエスカレーションに関する以上の理論を検証するために、本書では、三つの推論方法を用いる。まず、本節では、中国の行動が本書の理論のメカニズムと一致しているかどうかを確認するために、中国の行動を領土紛争のタイプ別に比較する。その後、本書の各章では、「体系的重点比較法」[79]を用いて、それぞれの領土紛争における中国の行動の通時的な変化を比較していく。具体的には、協調とエスカレーションへの転換という重大な決定に影響を与えた要因を特定するために、協調またはエスカレーションの戦略が採用された時期を、引き延ばし戦略が採用されていた時期と比較する。最後に、中国政府の文書や指導者の発言を検証することで、協調とエスカレーションが決定された過程を追跡し、そこに内在する論理が本書の理論の予測と一致しているかどうかを確定する[80]。

中国の領土紛争は、三つの理由から、領土紛争における協調とエスカレーションに関する理論を検証するのに適している。第一に、中国は二三の領土紛争に関わってきており、一九四五年以降の世界では、どの国家よりも多くの領土紛争を抱えている。そして、各領土紛争の特性は、係争地域の地形、人口密度、民族《エスニシティ》、天然資源の埋蔵、戦略的重要性、歴史、さらには相手国の性質などの面で、大きく分散している。中国は、陸地でも海洋でも紛争を抱え、多数派である漢民族の居住地域でも少数民族の居住地域でも紛争を抱え、民主主義国家とも非民主主義国家とも紛争を抱え、軍事的に強大な国家とも弱小な国家とも紛争を抱えてきたのである。このように分散した紛争事例を用いて本書の理論を検証することにより、その有効性が向上するとともに、それを中国以外の領土紛争に適用できる可能性が高まる。さらに、中国のみを検証することで、文化や政治体制のタイプといった要因を一定にすることができ、領土紛争における戦略の変化の原因を特定することができる。

第二に、中国の領土紛争の特性が分散している一方で、中国が採用してきた戦略も、時と場所によって大きく分散している。中国は自らの領土紛争のうち、一七の紛争で妥協しようとする一方、六の紛争で武力を行使してきた。時間軸で見ると、中国の妥協のほとんどは一九六〇年代前半と一九九〇年代に起こっており、他方で武力行使は、一九四九年の中華人民共和国の成立以来、ほぼ一〇年おきに発生している。このように、領土紛争で採用された戦略が分散していることによって、単一事例内および複数事例間で時間的な変化を比較することが可能となり、協調とエスカレーションの決定、すなわち引き延ばしをしないという決定に影響を与えている要因を特定することができる。

第三に、他国と比べた際、中国は、その行動が特別な説明を要する逸脱事例というわけではない。二〇世紀の領土紛争のほとんどを網羅したデータセットでは、中国が自らの領土紛争で妥協した割合は、領土紛争一般で他国が妥協した割合と統計的に大差はないのである。中国の軍事的威嚇の割合も同様である。[81]

領土紛争に焦点を当てることは、中国の対外関係全般における協調と対立の原因についての有効なリサーチ・デザインを提供することにもなる。多くの国家と同様、中国が領土をめぐって武力を行使する頻度は、その他の外交問題をめぐる武力行使の頻度よりも高い。[82] 本書の研究対象を領土紛争という一つの問題領域に限定することによって、武力が行使されうる異なるタイプの問題をめぐる紛争同士を比較することでバイアスが生じる可能性を最小化できる。たとえば、領土をめぐる中国の武力行使の原因が、他の問題をめぐる武力行使の原因とは、体系的に異なっているということも考えられる。くわえて、本書では、各領土紛争の発生から終結までを検証することによって、引き延ばし戦略が選択された時期と協調およびエスカレーションという代替戦略が追求された時期を比較することができ、これによって、協調またはエスカレーションの事例のみを検証することで事例選択のバイアスが生じる可能性は小さくなる。

（1）中国の領土紛争の概略

本書の理論を検証する前に、中国の領土紛争の起源を概観しておく必要がある。どんな国家にとっても、領土紛争は自国領土の一体性の維持にまつわるさまざまな問題を反映している。中国の領土紛争も例外ではない。具体的には、中国の領土紛争の起源は、帝国時代から引き継がれた独特の民族地誌（ethnic geography）にある。一九四九年の成立以来、中華人民共和国の指導者たちは、新国家の領土の一体性を強固にしようとしてきたが、その際に彼らが直面した問題は、主としてこの独特な民族地誌によってもたらされてきた。そして、この民族地誌は、中国の指導者たちが領土紛争で追求する目標や、それを達成するための手段に影響を与えてきた。

民族地誌は、国家の内部における民族集団の密度と分布を指し示す概念である。中国の民族地誌は、中心・周縁構造を反映している。中心は、「中原」や「内地」、「中国（"China proper"）」[訳注13]と呼ばれており、主として漢民族が居住している地域である。この地域は人口密度が高く、沿岸部の南北に位置しており、工業化以前には稲作などの定住性農業の場となっていた。秦（紀元前二二一～二〇六年）以来、征服者たるモンゴル人および満洲人が建国した元（一二七一～一三六八年）と清（一六四四～一九一一年）を含め、すべての王朝で漢民族地域が地理的な中心となってきた。秦以来の王朝と同様、清崩壊後に中国統一を目指してきた近代以降の諸政権も、この地域の支配を追い求めて奮闘してきた。[83]

周縁は、「辺境（辺疆《へんきょう》）」や「外地」と呼ばれ、漢民族中心の中軸地域を北、西、南西から取り囲む形となっている。[84]辺境では、チベット族、モンゴル族、チュルク語系諸民族など、漢民族以外の民族が多数派を形成している。これらの民族の間には共通点はほとんどないが、現在の中国の指導者たちの観点からすると、彼らは、文化的、社会的、経済的に異なる民族として多数派の漢民族とは区別される。これらの民族は、歴史的に定住性農業に従事せず、遊牧や牧畜による生活を営んできた。彼らが居住する地域は広大で、総面積は漢民族地域よりも広い。

清帝国の興亡を見ることで、一九四九年以降の中国における領土の一体性において民族地誌の果たしてきた役割が理解しやすくなる。一九世紀前半の最盛期に、清朝の版図は、前王朝の明（一三六八～一六四四年）の約二倍にあたる一三〇〇万平方キロメートル以上にまで拡大した。最盛期には、清の辺境は、漢民族地域よりも広くなっていた。[85]清は、主として軍事侵攻と主従関係の締結によって版図を拡大した。清朝の支配下にあった地域には、現在のモンゴルや新疆《しんきょう》ウイグル自治区、満洲地域、さらには現在の中央アジアや極東ロシア、ビルマ〔ミャンマー〕の一部が含まれていた。[86]

清朝最後の一〇〇年で、その版図は急激に縮小した。辺境における権威が低下したことにより、清は全体として二五パーセント縮小したが、これは、経済問題や政治的不安定が帝国の統治能力を奪い、統治のための資源を辺境から中心に集める必要性が生じたことの帰結だった。同時期に、列強があらゆる面で清に要求を突きつけ、沿海地

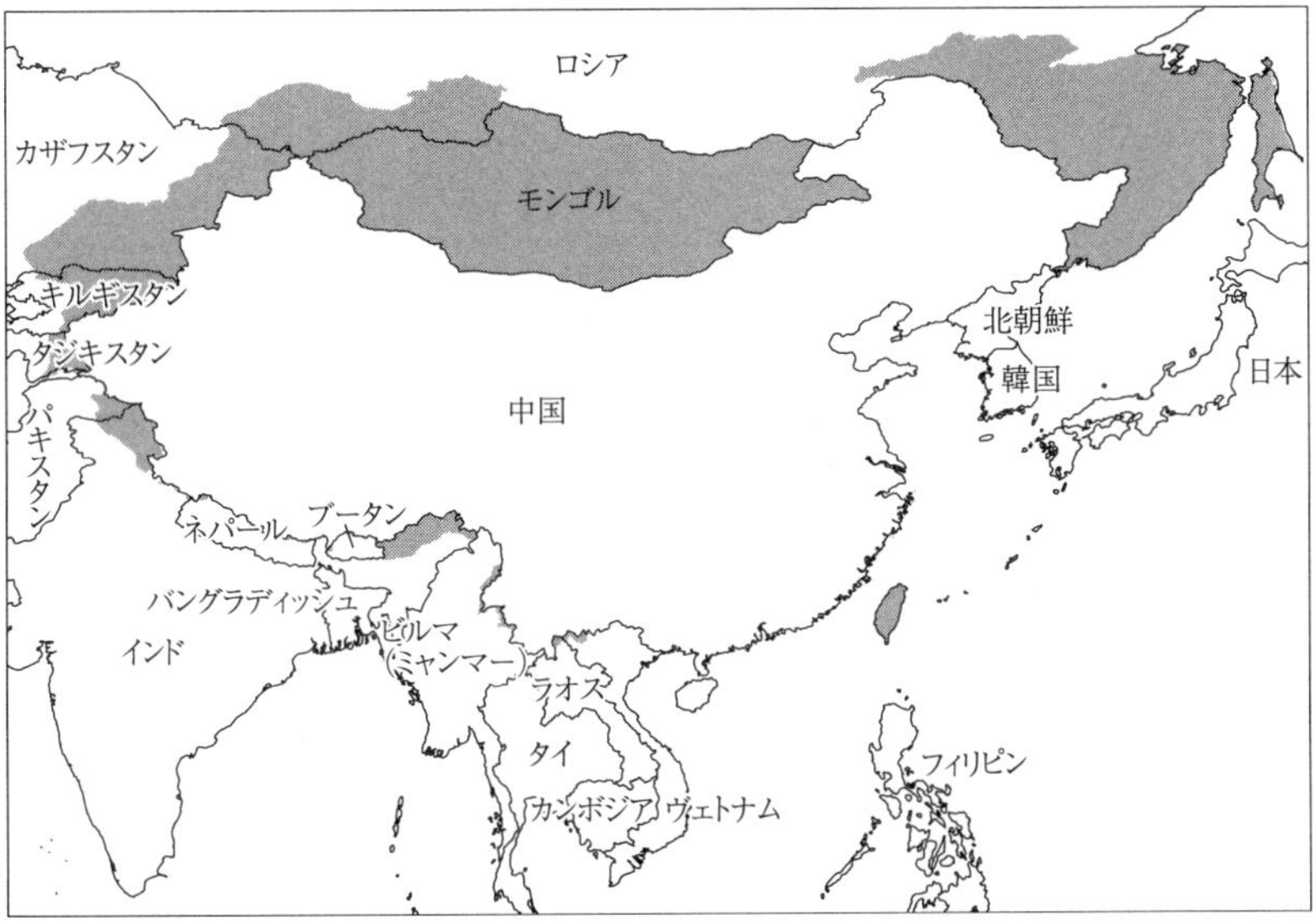

地図 1-1　1820 年から 2000 年までの中国の「失地」

出所：China 2000 County Popularion Census, China Data Center, University of Michigan, 2003; China Historical GIS, V4, Harvard University.

域に治外法権地帯を設けるとともに、辺境の一部に勢力圏を確立した。中国では、この時代は「百年国恥」と呼ばれ、その厳しい内容ゆえ「不平等条約」と称された諸条約を通じて、清は領土の大部分を割譲した。地図1‐1に示されているように、諸条約によって列強に割譲された領土は、モンゴルの独立と相まって、約三四〇万平方キロメートルに及ぶ「失地」となった[87]。

一九四九年に中華人民共和国が成立した際、中国共産党は、一九一一年の清帝国崩壊時に領土として承認されていた部分に対する主権を求めた。地図1‐1〔および地図1‐4〕から見てとれるように、そこには、不平等条約によって割譲された地域は含まれていなかったが、モンゴルを除く、清朝末期の辺境が含まれていた。共産党の指導者たちは、清朝末期とほぼ同じ範囲の領土に国家を建設することで、それまでの王朝の民族地誌を引き継ぐ、「帝国国家」[88]としての領土の一体性を確立しようとしたのである。地図1‐2と1‐3に示されているように、辺境の

（訳注13）　中国史で使われる概念で、漢民族が考える自分たちの国のあるべき地理的範囲を意味する。

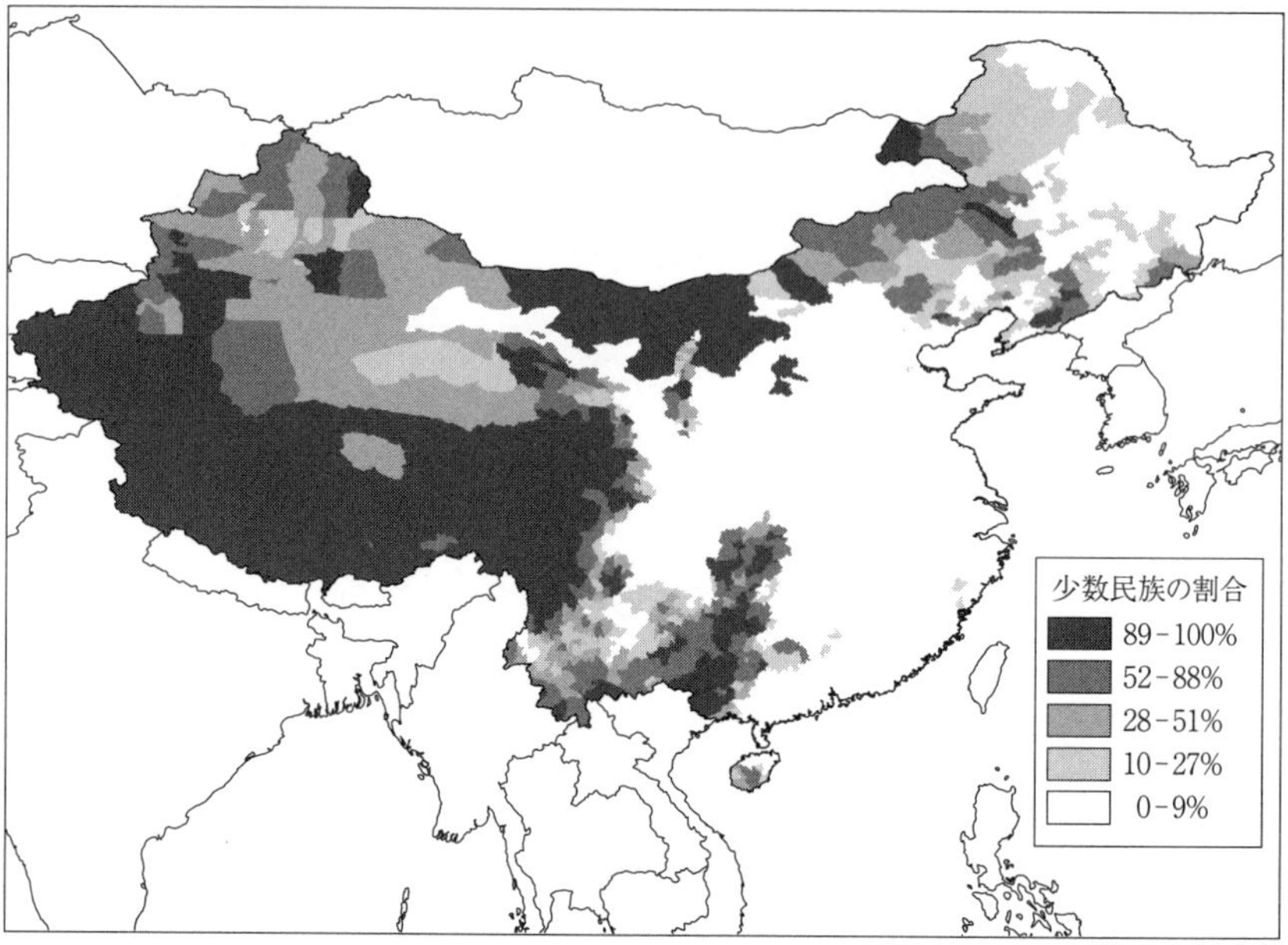

地図 1-2　中国の民族地誌（2000 年）

出所：China 2000 County Popularion Census, China Data Center, University of Michigan, 2003.
注：地図中の区画は、自然分類（Jenks）のデータ分類手法――データ値の変化が大きいところに閾値を設定する方法――に基づいて設定されている。

人口密度は低いが、ここでは少数民族が多数派を形成している。漢民族は中国の総人口の九〇パーセント以上を占めているが、中国全土の四〇パーセント程度に過ぎない漢民族地域に居住している[89]。対照的に、チベット族やモンゴル族などの少数民族は、総人口の一〇パーセント以下だが、漢民族地域を取り囲む、中国全土の約六〇パーセントを占める辺境に居住している[90]。

　中国の民族地誌は、中国共産党が領土の一体性を確立したり維持したりするに際して、さまざまな課題を生み出した。一九四九年以降の中国の領土紛争の多くは、これらの問題を反映したものとなっている。各紛争の起源については、本書の付録で論じている。既存研究に依拠すると、中国にとっての領土紛争とは、一部国土の支配や領有権をめぐる中国と隣国の紛争と定義される。この定義には、離島および珊瑚《さんご》礁などの高潮線《こうちょうせん》よりも上にある海洋地物をめぐる紛争が含まれるが、EEZや暗礁などの海洋権益をめぐる紛争は含

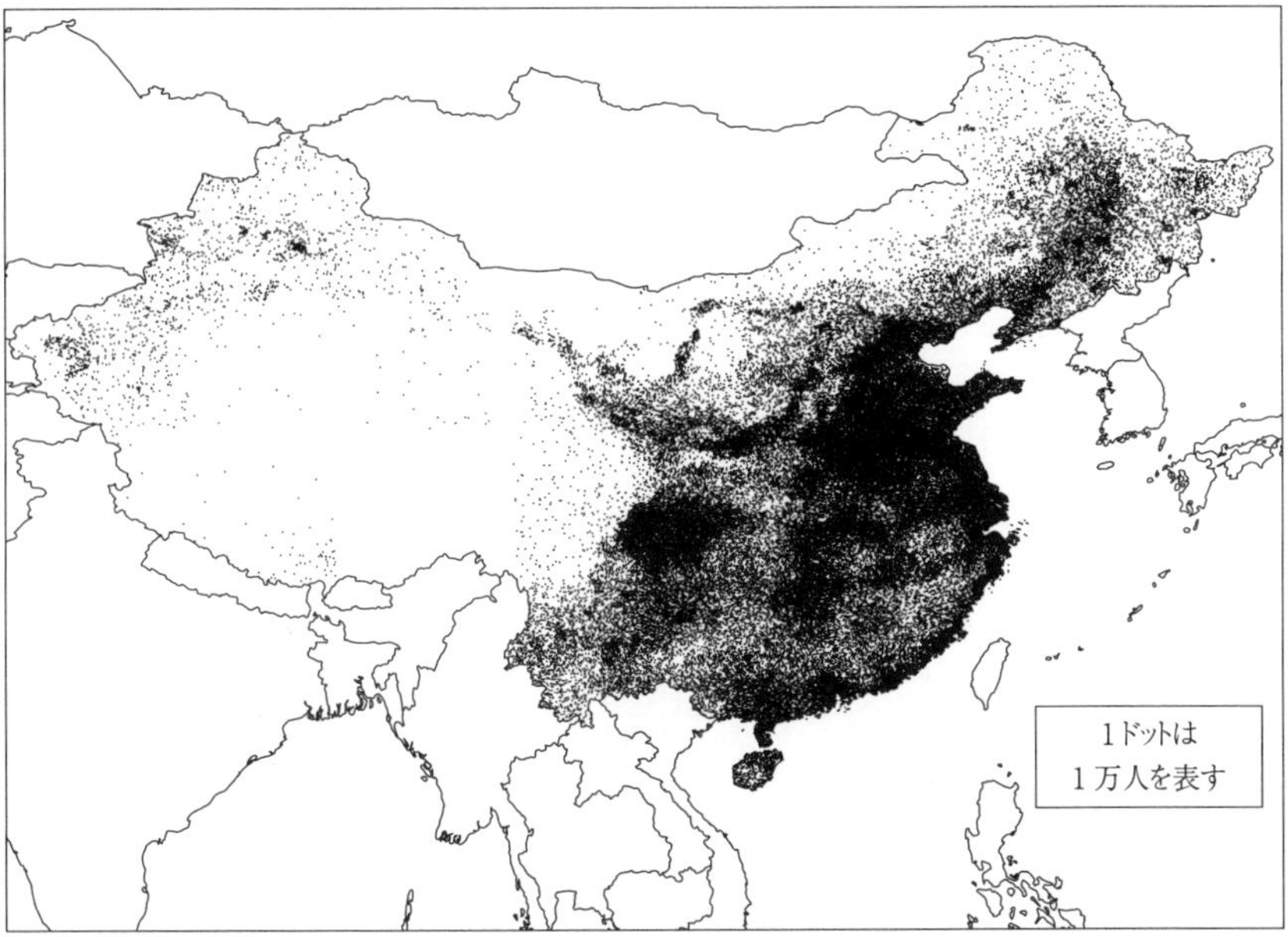

地図1-3　中国の人口密度（2000年）

出所：China 2000 County Popularion Census, China Data Center, University of Michigan, 2003.

まれない。[91] 表1-3にまとめたとおり、中国の領土紛争の多くは、三つのカテゴリーに分類される（辺境、国家統一、島嶼）。これらのカテゴリーは、地理的な位置を示すとともに、中華人民共和国の成立時に、指導者たちがこれらの紛争にかかっている利害をどのように見ていたかという点も反映している。

辺境部における紛争

中国は、辺境部の内陸国境周辺で一六の紛争を抱えている（地図1-4〔および表1-3〕を参照）。これらの紛争は、直接統治によって広大な国境地帯の支配を確固たるものにするという課題——過去のどの中華帝国も達成しえなかった目標——から生じている。帝国時代、辺境は間接統治されており、そこでは、皇帝への忠誠と引き換えに現地の指導者に実質的な自治を認めるという手はずとなっていた。[92] 北方の遊牧民族が一定期間ごとに漢民族地域に攻め入り、時には征服してきたが、辺境は、それらから漢民族地域を防護するための戦略的な緩衝地帯として機能し

表 1-3　中国の領土紛争の概観（1949 ～ 2005 年）

係争地域	面積（㎢）	重要性のスコア[a]	合意	妥協[b]	武力行使
辺境部における紛争					
ビルマ国境	1,909	6	1960 年：国境協定 1960 年：国境条約 1961 年：国境議定書	有（82%）	—
ネパール国境	2,476 エベレスト	3	1960 年：国境協定 1961 年：国境条約 1963 年：国境議定書	有（94%）	—
インド国境	～ 125,000	7	1993 年：安定維持に関する協定 1996 年：信頼醸成措置 2005 年：原則合意	有（74%）	有
北朝鮮国境	1,165	6	1962 年：国境条約 1964 年：国境議定書	有（60%）	—
モンゴル国境	16,808	4	1962 年：国境条約 1964 年：国境議定書	有（65%）	—
パキスタン国境	8,806 K2	6	1963 年：国境協定 1965 年：国境議定書	有（40%）	—
アフガニスタン国境	～ 7,381	2	1963 年：国境条約 1965 年：国境議定書	有（100%）	—
ロシア国境（東部）	～ 1,000	5	1991 年：国境条約 1999 年：国境議定書	有（48%）	有
ブータン国境	1,128	3	1998 年：安定維持に関する協定	有（76%）	—
ラオス国境	18	4	1991 年：国境条約 1993 年：国境議定書	有（50%）	—
ヴェトナム国境	227	4	1993 年：原則合意 1999 年：国境条約	有（50%）	有
ロシア国境（西部）	N/A	3	1994 年：国境協定 1999 年：国境議定書	有（データなし）	—
カザフスタン国境	2,420	5	1994 年：国境協定 1997 年：国境補足協定 1998 年：国境補足協定 2002 年：国境議定書	有（66%）	—
キルギスタン国境	3,656	5	1996 年：国境協定 1998 年：国境補足協定 2004 年：国境議定書	有（68%）	—
タジキスタン国境	28,430	3	1999 年：国境協定	有（96%）	—
ロシア国境沿いの黒瞎子島とアバガイト島	408	6	2002 年：国境補足協定 2004 年：国境補足協定	有（50%）	—

係争地域	面積（㎢）	重要性のスコア[a]	合意	妥協[b]	武力行使
国家統一をめぐる紛争					
香港	1,092	11	1984年：共同宣言	—	—
マカオ	28	11	1987年：共同宣言	—	—
台湾	35,980	12	—	—	有
島嶼部における紛争					
ホワイト・ドラゴン・テイル島	～5	9	日付不明	有（100%）	—
パラセル諸島	～10	8	—	—	有
スプラトリー諸島	～5	8	—	—	有
尖閣諸島	～7	7	—	—	—

a　Hensel and Mitchell, "Issue Indivisibility" に基づく。
b　妥協の数字は、中国が放棄した係争地の割合を示している。

ていた[93]。間接統治は、こうした緩衝地帯を統治するのに有効な方法だった。これによって、辺境における外国の影響力が排除されるとともに、辺境民族が帝国に抗う形で連合することを防ぐことができた上、直接統治よりもコストを低く抑えられたからである。南西地帯における土司《どし》や、新疆やモンゴルの一部における屯田《とんでん》、チベットにおける外《がい》藩《はん》、そして満洲やモンゴルの屯田以外の地域における藩属国など、さまざまな形態の間接統治が実施された[94]。

一九四九年以降、中国共産党は、広大な辺境における政治的権威を確立しようとする中で、多くの課題に直面した。間接統治の歴史のゆえ、中華人民共和国の半分以上を占める領土――そこに居住する諸民族は中国からの独立を熱望していた――と中央政府の間の制度的つながりは、ほとんど残らなかったのである。つまり、漢民族地域とは異なり、辺境地域には、新国家が直接統治によってその権威と統治を確立するための〔制度的〕遺産がなかった。また、清が少数民族地域でさまざまな形の権力構造を採用していたため、すべての地域で採用できるような単一の統治モデルの確立は困難だった。さらに、国共内戦がほとんど漢民族地域で戦われたため、中国共産党は辺境の少数民族出身の幹部を欠くことになり、このことも強力な統治制度の確立を困難にした。最後に、辺境は、近隣諸国との文化的・経済的紐帯を維持しており、それは漢民族地域とのつながりよりも強固だった。新疆の一部はソ連に統治ないしは強く影響されており、中華民国期のほとん

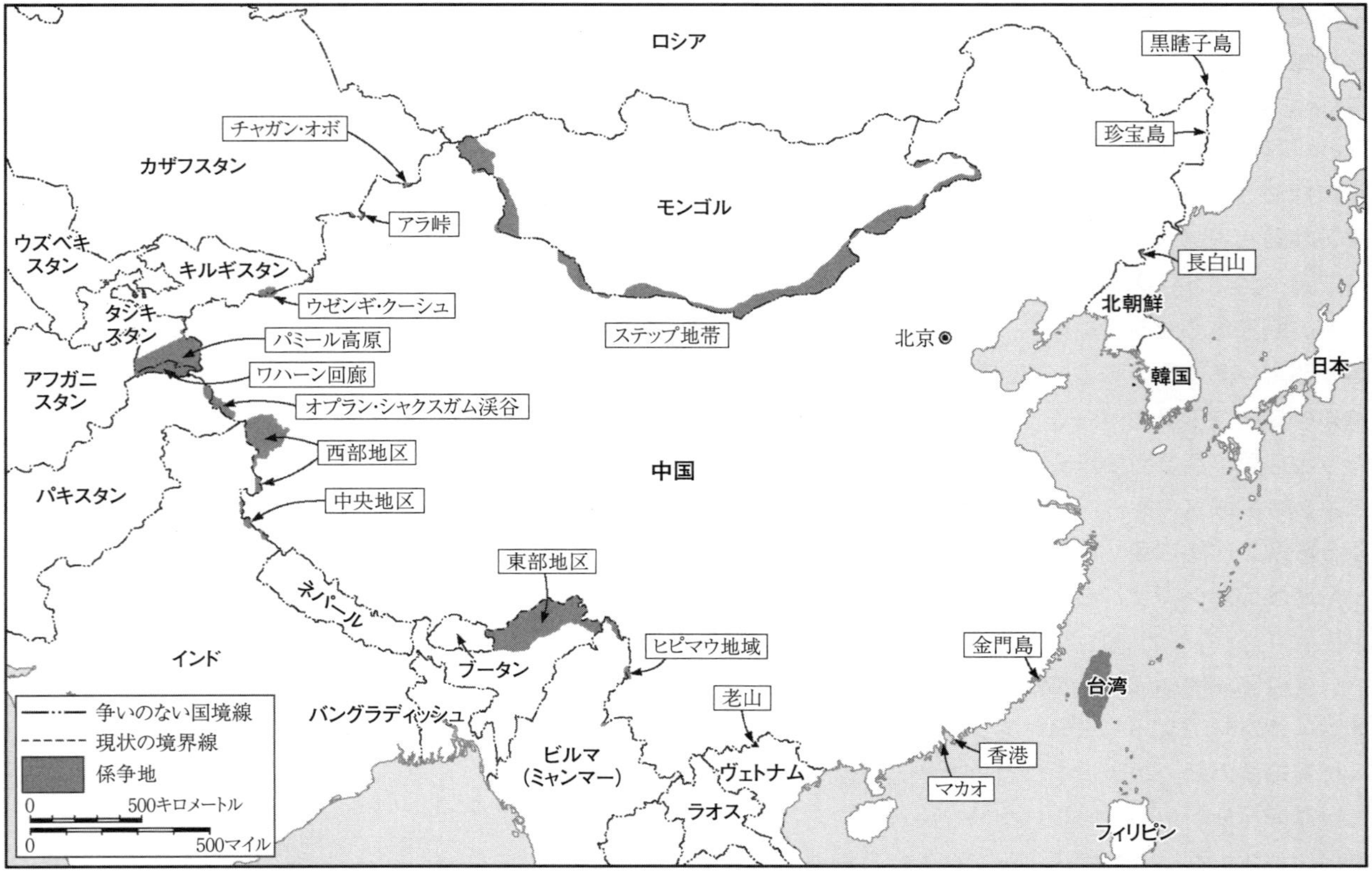

地図 1-4　中国の辺境部における主要な紛争と国家統一をめぐる紛争

どを通じて、現地の諸軍閥は、中華民国政府とのつながりよりも、ソ連政府とのつながりを強めていた[95]。チベットでは、インドとネパールがいたるところで宗教的紐帯や貿易特権を維持していた[96]。雲南と広西の山岳民族は、中国の南西国境を自由に行き来していた[97]。

辺境部における紛争は、中国の領土紛争の中で最も一般的なタイプであるが、係争地域自体の価値は高くない。係争地域の重要性を測定するポール・ヘンセル（Paul R. Hensel）とサラ・マクローリン・ミッチェル（Sara McLaughlin Mitchell）の指標に基づけば、中国の辺境部における紛争の重要性は一二段階のうちの平均四・五で、この研究における全体の平均値よりも一標準偏差近く低い[98]。一般的にいって、この地域には、大量の人口、天然資源の蓄積、戦略的重要性などのような価値の高い領土に伴う要素がない。中国の指導者にとって辺境部における紛争は、中国国境付近の少数民族地域の政治的安定、同地域に対する中央政府の統治能力、そして領土の大部分を占める辺境全体の統治に影響を与えるからこそ重要なのである。

辺境部における紛争での中国の支配力《クレイム・ストレングス》は強い。一九二〇年代から〔二〇〇八年まで〕ロシアの施政下にあった黒瞎子島《ヘイシャーズ》〔大ウスリー島〕を除き、中国は、係争地域の少なくとも一部を支配してきた。さらに、冷戦期および冷戦後における世界最大規模の常備軍を誇る中国にとっては、この地域で、自国が支配している領土を防衛することも、領有権を主張しているものの占拠はしていない領土に戦力を投射することも、能力的に難しいことではなかった。唯一、ソ連が中国よりも大規模な陸上兵力を保有していたが、それは冷戦期に限られていた。

中国の辺境部における紛争の起源は、清帝国の衰退期に起こった領土変更にある。これによって、中華人民共和国が一九四九年に成立した際、中国の主権の範囲に曖昧さが生じたのである。一部の国境は過去の協定によって定められていたが〔中国がその有効性を認めていないものもあり〕、中国が有効性を認めている協定であっても、その内容は当事国の都合のいいように解釈されていた。くわえて、これらの協定には、国境線を画定するために不可欠な詳細な地図や文言が欠けていることが多かった。また、これらの協定で示された国境画定線が標柱の設置によって実際に引かれることも稀だった。他方、ネパールやモンゴル、そしてソ連との国境のように、中国の内陸国境には、協定によって定められていない部分もあった。その一部のケースでは、たとえば一八九五年の英露協定によって、現在タジキスタン内に位置するパミール高原地域に緩衝地帯が設けられたように、第三国が中国国境の一部を画定しようとしたこともあった。

国家統一をめぐる紛争

一九四九年に権力の座についた中国の指導者たちにとって、漢民族地域で領土の一体性を維持することは、辺境でそうすることに比べると、難しいことではなかった。中国共産党が明時代に始まった直接統治の行政システムを継承し、省以下の行政区分を中央政府の下に垂直的に統合したため、漢民族地域の統治は比較的容易だったのである(99)。実際、共産党政権は、省以下の各レベルの地方政府に党委員会を設けることで、既存の制度を取り込んでいった。また、中国共産党は漢民族地域で国共内戦が長引く中で、漢民族の幹部を増やし、既存の政治制度に基づく統治を強化した。漢民族地域は、日本による占領と国共内戦で荒廃したものの、その経済は自立的で、国際貿易から隔離されていた。このことは、社会主義に基づく改革の基盤を提供することとなった。

しかしながら、中国は、漢民族地域の統合ないしは国家統一に関連する三つの紛争を抱えてきた。ここでの中国にとっての主要課題は、一九四九年に中華人民共和国が成立した際に支配下になかった地域を統治することであった。これらの紛争に含まれるのは、中国の領土紛争の中でも最も問題となりうる、台湾、香港、マカオをめぐる問題である。中国の新指導者たちは、これらの地域を取り戻し、国家統一という孫文以来の目標を達成しようとしていた。この目標は、中国共産党の正統性とも分かちがたく結びついていた。その結果、国家統一をめぐる紛争は、係争地域の重要性を数値化したヘンセルとミッチェルの指標において平均一一・三とされており、全体の平均値よりも二標準偏差近く高い(100)。

中国の最も重要な領土紛争である台湾を、香港とマカオと同じカテゴリーにくくることには、異論があるかもしれない。第一に、歴代王朝は台湾をつねに漢民族地域として扱っていたわけではない。たとえば初期の清は台湾を辺境として見ており、それゆえ一八八五年まで省として編入しなかった(101)。この見方に基づけば、台湾は辺境部における紛争として考えるべきということになる。だが、すでに述べた通り、漢民族地域はかつての辺境を編入する形で拡大してきた。一九四九年に中華人民共和国が設立された際、中国国民党と中国共産党の双方の指導部は、台湾を漢民族地域として見ていた。また、アレン・カールソン（Allen Carlson）が論じたように、これら三つの紛争はすべて、中国の大規模人口地域の支配と関わっている。(102) これら三つの紛争で中国の指導者が追求してきた「統一」という共通目標は、台湾は漢民族地域だという見方を反映しているのである。第二の異論は、台湾では自らを「中国人」としてではなく、「台湾人」として考える人が増えており、台湾の国家アイデンティティが高まっているというものである。(103) このアイデンティティの変化は、今日の台湾問題の中核をなしている。しかしながら、漢民族という分類にも下位分類（たとえば広東人）があるが、下位分類間の差異は、漢民族とその他の民族の間の民族的・宗教的・文化的差異と比べれば、小さいと考えられる。(104) よって本書では、香港とマカオ、台湾を一つのグループとして扱った上で、この国家統一をめぐる紛争において、中国がどのように行動してきたのかを分析する。

三つの紛争において中国の支配力《クレイム・ストレングス》の強さが分散していることに鑑みると、これらの紛争を、国家統一をめぐる紛争という一つのグループに入れることは、リサーチ・デザイン上有用である。ここで分散しているのは、三地域の漢民族地域の構成要素としての位置づけではなく、三地域における中国の戦力投射能力である。一九四九年以降も、香港はイギリスの、マカオはポルトガルの統治下にあったが、中国はこれらを、ほとんどないしは全く抵抗を受けずに征服できるほどの能力を維持していた。対照的に、台湾に対する中国の支配力は弱いか、もしくは劣勢であり続けている。中国は、台湾という係争地域を全く支配しておらず、とりわけ一九五〇年六月の朝鮮戦争の勃発と一九五四年の米華相互防衛条約の締結の後には、台湾海峡を挟んだ国民党支配地域に戦力を投射することがきわめて困難となっている。

島嶼部における紛争

地図1－5に示されているように、中国は、島嶼をめぐる紛争を四つ抱えている。南シナ海のスプラトリー（南沙）諸島はよく知られているが、これに加え中国は、パラセル（西沙）諸島、尖閣（釣魚）諸島、ホワイト・ドラゴン・テイル（白龍尾）島の領有権も主張している。これらの紛争における中国の課題は、以前は〔中国のプレゼンスを示すものが〕何もなかった島々にプレゼンスを確立し、内陸の辺境と同様に、海洋の境界線付近における中華人民共和国の領土の一体性を強固にすることにある。明の初期を除き、中華帝国が強力な海軍を有することはなかった。これらの島嶼の戦略的位置および〔周辺に埋蔵されている〕天然資源の鉱業権を主張する際の役割ゆえ、島嶼部における紛争の重要性は高く、ヘンセルとミッチェルの指標では平均八・〇となっている。これは、全体の平均値よりも一標準偏差近く高い(105)。

全般的に、これらの紛争における中国の支配力《クレイム・ストレングス》は弱い。中華人民共和国が設立された時、中国が占拠していたのは、ホワイト・ドラゴン・テイル島とパラセル諸島東部のアンフィトリーテー（宣徳）群島だけだった。中国は、スプラトリー諸島と尖閣諸島の島嶼を全く占有していなかった。くわえて、中国には、これらの島嶼周辺に海軍力を投射する能力もなかった。海軍が弱体なため、中国にとって、相手国が支配力を強めたり島嶼を占拠したりするのを抑止することは困難だった。

（2）体制の不安定と中国の妥協

一九四九年以降、中国は、自らが抱える二三の領土紛争のうちの一七で妥協しようとしてきた。そして、協調しようという中国の意思が作用した結果、これらのうちの一五で、二国間協定の締結による最終合意がなされた。中国の妥協と引き延ばしのパターンは、体制の安定に対する国内の脅威の有無と最も強く相関している。本書の理論では、外部の脅威も協調の原因の一つと想定されているが、この要因は、中国が領土紛争で妥協した事例のごく一部しか説明できない。

本書では、妥協を、相手国が領有権を主張している領土に対する自国の主張を取り下げること、もしくは係争地域の統治を相手国に移譲すること、と定義する。表1-4に示されているように、一九四九年以降、中国は二五回妥協を提示してきた。中国が妥協の意思を示したのは、ほぼすべて、辺境部をめぐる紛争においてである。対照的

地図1-5　島嶼部における中国の紛争

表1-4　領土紛争における中国の妥協の概要（1949 ～ 2005 年）

妥協			協調の源泉			結果
日付	相手国	内容	民族暴動	政治的不安定	外部のライバル関係	中国が相手国から得た支援
1956 年 11 月	ビルマ	ナムワン地域に関する譲歩			東南アジアをめぐるアメリカとの緊張	非同盟諸国の主要国の一つとの関係改善
1957 年 5 月	北ヴェトナム	ホワイト・ドラゴン・テイル島に関する譲歩			東南アジアをめぐるアメリカとの緊張	東南アジアにおけるアメリカとのライバル関係に備えた同盟強化
1960 年 1 ～ 8 月	ビルマ	北部国境線とピュンマ地域の面積に関する譲歩	チベットにおける反乱			チベットに対する主権の承認、チベット国境の安定化、ビルマで活動していた国民党遊撃部隊に対する共同軍事作戦（1960 年 11 月～ 1961 年 2 月）
1960 年 3 月	ネパール	10 の地域およびエベレストに関する譲歩	チベットにおける反乱			チベットに対する主権の承認、国境の非武装化、1960 年と 1964 年のネパール国内でのチベット人反乱者に対する軍事作戦
1960 年 4 月	インド	東部地区と西部地区を交換する「包括的取引」	チベットにおける反乱			なし（中国は、インド国内のチベット人反乱者への支援停止とチベットに対する主権の承認を望んでいた）
1962 年 2 ～ 7 月	インド	西部地区に関する追加的な譲歩	チベットにおける反乱	大躍進後の経済危機		なし（中国は、インド国内のチベット人反乱者への支援停止とチベットに対する主権の承認を望んでいた）
1962 年 10 月	北朝鮮	長白山と火山湖に関する譲歩		大躍進後の経済危機		中国との紛争を解決すべきだというソ連に対する圧力
1962 年 11 ～ 12 月	モンゴル	紅山嘴、宝格達山、青河、北塔山、ステップ地帯に関する譲歩	新疆からの人口流出	大躍進後の経済危機		新疆東部国境の封鎖と安定化、中国との紛争を解決すべきだというソ連に対する圧力
1962 年 12 月	パキスタン	オプラン渓谷、K2、6 つの山道に関する譲歩	新疆からの人口流出	大躍進後の経済危機		新疆南西部国境の封鎖と安定化、中国との紛争を解決すべきだというインドに対する圧力
1963 年 7 月	アフガニスタン	ワハーン回廊に対する領有権の主張の取り下げ	新疆からの人口流出	大躍進後の経済危機		新疆南西部国境の封鎖と安定化、中国との紛争を解決すべきだというソ連に対する圧力
1964 年 5 ～ 7 月	ソ連	東部地区に関する譲歩、中央アジア地区に関する協議	新疆からの人口流出	大躍進後の経済危機		なし（中国は新疆沿い国境の封鎖を望んでいた）

1990年2月	ラオス	内陸国境における係争地域の分割		天安門事件による正統性の危機		中国の社会主義体制の正統化、他の社会主義国家との関係改善、貿易の増大
1990年6月	ソ連	東部地区を皮切りに、地区ごとに解決していくという合意	新疆での暴動	天安門事件による正統性の危機		中国の社会主義体制の正統化、他の社会主義国家との関係改善、貿易の増大
1990年8月	ブータン	ブータン西側国境地帯に関する「包括的取引」の提案	チベットでのデモ			チベット国境の安定化、チベットに対する主権の承認
1993年8月	ヴェトナム	現状の維持と1895年の合意の確認		天安門事件による正統性の危機		中国の社会主義体制の正統化、他の社会主義国家との関係改善、貿易の増大
1993年10月	カザフスタン	アラ峠の分割とその他の地区に関する譲歩	新疆での暴動			国境の安定化、ウイグル族に対する外部からの支援の拒否、貿易の増大
1994年1月	ロシア	西部地区に関する合意	新疆での暴動	天安門事件による正統性の危機		ロシアとの関係強化
1995年9月	キルギスタン	ハン・テングリ山とイルケシュタンに関する譲歩	新疆での暴動			国境の安定化、ウイグル族に対する外部からの支援の拒否、貿易の増大
1997年1月	カザフスタン	ハン・テングリ山に関する妥協	新疆での暴動			国境の安定化、ウイグル族に対する外部からの支援の拒否、ウイグル族の送還、貿易の増大
1997年8月	ヴェトナム	内陸国境地域の分割		天安門事件による正統性の危機	アメリカとの対立	社会主義国家との関係改善
1997年10月	タジキスタン	ウズベル峠に対する領有権の主張の取り下げ、マルカンスゥ渓谷の分割	新疆での暴動			国境の安定化、貿易の増大
1998年5月	キルギスタン	ウゼンギ・クーシュ川盆地の分割	新疆での暴動			国境の安定化、ウイグル族に対する外部からの支援の拒否、貿易の増大
1998年6月	カザフスタン	サルィ・チリディ川地域とチャガン・オボの分割	新疆での暴動			国境の安定化、ウイグル族に対する外部からの支援の拒否、貿易の増大
2001年12月	タジキスタン	パミール高原に関する大規模な譲歩	新疆での暴動			国境の安定化、貿易の増大
2002年	ロシア	黒瞎子島とアバガイト島の分割			アメリカとの対立	アメリカに対抗するための関係改善

に、島嶼をめぐる四つの紛争のうち、中華人民共和国が妥協しようとしたのは一度だけであり、国家統一をめぐる紛争では、一度も妥協しようとしていない。

ここで検討しておくべき重要な問題は、中国の譲歩が本物の妥協なのかどうかという点である。一般的に、国家は領土紛争において、本当に獲得したい領土——すなわち「最低ライン（reservation point）」——を後の交渉で確保するために、最初に強気の主張を打ち出す傾向にある。領土紛争では、このように主張が戦略的に誇張され〔その誇張した部分のみが譲歩され〕ている可能性はつねにある。しかしながら、中国の領土紛争においては、中国の妥協が〔こうした誇張とは関係のない〕本物の妥協であることを示す要素が存在する。第一に、もし中国が強気の主張を打ち出しているのであれば、戦略的誇張に基づいて主張してしかるべき領土のごく一部しか主張していない。清は最後の一〇〇年間に三四〇万平方キロメートル以上の領土を失ったが、一九四九年以降中国は、その一〇パーセント未満の二三万八〇〇〇平方キロメートルの領土の領有権しか、近隣諸国と争っていないのである。第二に、一九五〇年代末、中国のエリートが妥協について議論しており、そこでは、中国は譲歩を提示すべきではないという見解も示されてきた。このことは、中国政府の内部で、主張の内容は誇張ではなく、本音だと自覚されていたことを示している。第三に、一九九〇年代、中国は、領土紛争の解決の内容をおおやけにせずに秘密にしようとしていた。このことは、中国政府が、自らが実質的な譲歩をした（ないしはそうしたと認識される）と考えていたことを示している。

他の領土紛争においてではなく、辺境部における紛争において中国が妥協の意思を示したことは、いくつかの要因によって説明される。第一に、辺境の係争地域は、国家統一をめぐる紛争や島嶼部における紛争の係争地域よりも価値が高くない。その他の要因が一定であれば、国家は重要性が低い紛争で協調しやすいはずである。中国も例外ではない。第二に、辺境における局地的な軍事バランスでの中国の優位が、妥協の潜在的なリスクを低下させている。中国に巨大な常備軍が存在し、中国にとって内陸国境をめぐる紛争は最も容易に戦力を投射できるがゆえに、相手国は、中国が譲歩しても、それを中国の弱さの表れとは認識しにくい。しかし、係争地域の価値の低さと中国の軍事力の高さは、なぜ中国が国家統一や島嶼をめぐる紛争よりも辺境部における紛争で妥協しやすいかを示しているが、いずれの要因も、妥協に関する中国の意思が時期によって異なることを説明できず、なぜ各事例で中国が妥協を選択したのかを明らかにすることができない。辺境部での紛争において、係争地域の価値と中華人民共和国の支配力《クレイム・ストレングス》は一九四九年以降ほぼ一定だが、中国の妥協に関する意思は時々で大きく異なっているのである。

中国が領土紛争において協調を追求したのは、二つの時期に集中している。まず、一九六〇年から一九六四年にかけて、中国は八つの紛争で妥協を提示し、六つの近隣諸国と国境協定を締結した。また、一九九〇年から一九九九年にかけて、中国は辺境部における残りの紛争のほとんどで妥協を考慮し、九つの紛争で国境協定を結んだ。これら二つの「妥協の波」は、中国の指導者が深刻な体制の不安定に直面していたことと相関している。二つの妥協の波と相関している国内の脅威の第一のタイプは、中国の国境付近における民族反乱である。図１－１にあるように、「危機に瀕する少数民族プロジェクト（Minorities at Risk Project）」のデータは、国境線周辺の地域で発生した民族暴動と、中国が領土紛争での妥協を頻繁に考慮した二つの時期の連関を示している。一九五九年にチベットの暴動がピークに達した後の一九六〇年、中国はビルマ、ネパール、インドとの紛争で妥協に動いた。一九六二年に新疆で民族的な騒乱が発生した後、中国はモンゴル、パキスタン、アフガニスタン、そしてソ連に対して妥協している。一九九〇年代に中国がカザフスタン、キルギスタン、タジキスタンに妥協の意思を示したことは、新疆における継続的な民族暴動と同時に起こっている。

中国が〔辺境部における紛争で〕妥協する意思を示さなかった民族暴動のエピソードとして、一九六九年のチベットにおけるニェモ反乱を挙げておく。この反乱は、一九五〇年代末の暴動よりも小規模でおそらく数百人しか参加しておらず、ラサのはずれで起こったためにインドとの国境からは離れていた。また、この反乱は一カ月もたたないうちに鎮圧され、長続きしなかった。さらに、中国の指導者は、インドはおそらく中国に支援を提供するつもりがないと結論づけていた。[106]

辺境部での紛争における中国の妥協の意思と相関している国内の脅威の第二のタイプは、政治的不安定である。

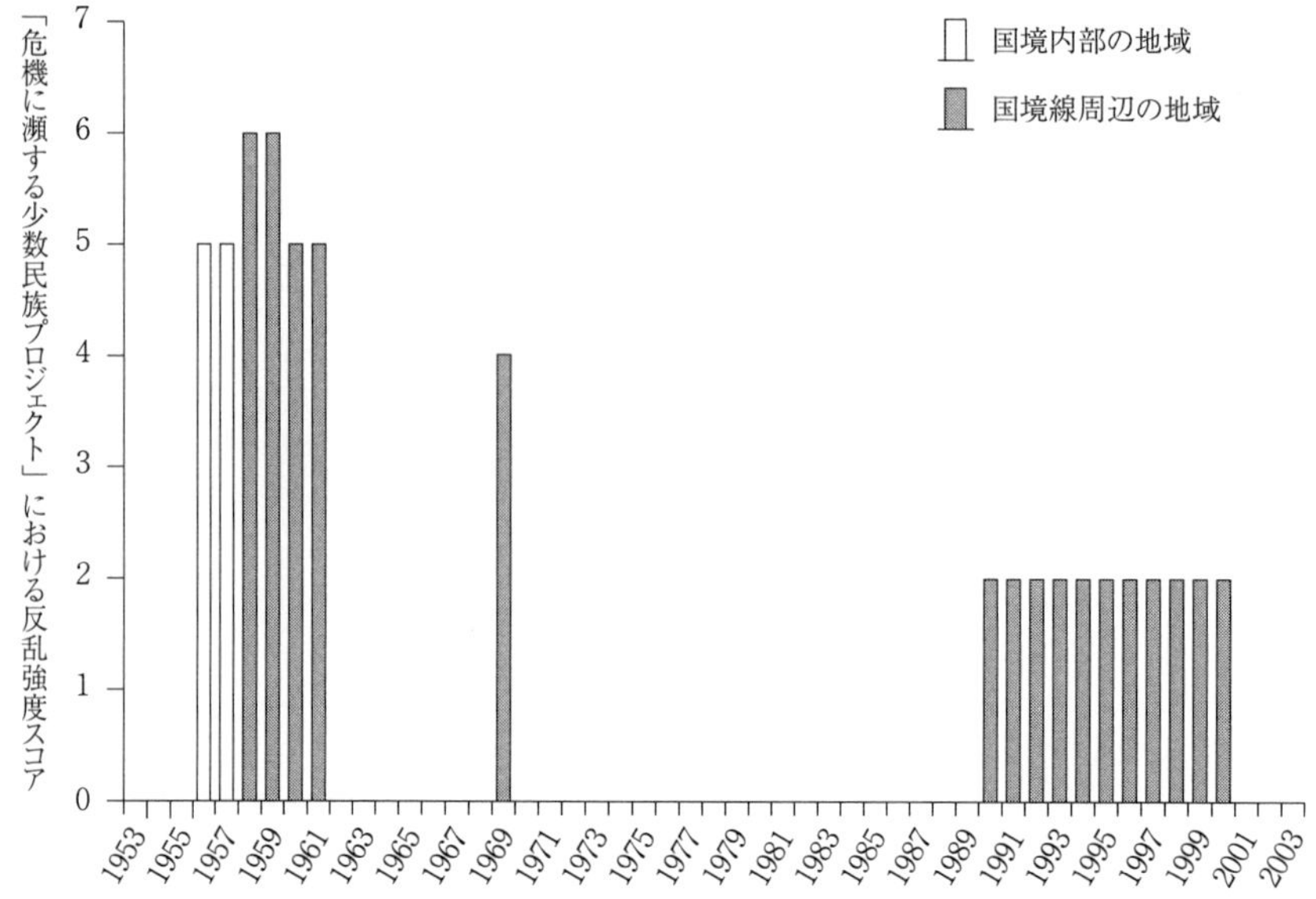

図 1-1　中国における民族反乱（1953 ～ 2003 年）

出所：Minorities at Risk Project (2005), College Park, Md.: Center for International Development and Conflict Management.

注：各年の数値は、政府に対する少数民族の反乱の強度の最高値を示している。

一九六〇年初頭の大躍進運動の後、国家全体で政治的権威が不安定化するのではないかという懸念が生じたことにより、中国では、モンゴル、アフガニスタン、パキスタン、ソ連との領土紛争で妥協するインセンティブが生まれた。また、一九八九年の天安門事件とそれに伴う社会主義システムの妥当性に対する懸念を受けて、中国は、ラオス、ソ連、ヴェトナムという社会主義の近隣諸国との紛争で妥協を追求するとともに、インドおよびブータンと合意に達し、国境紛争の緊張を緩和させた。

　政治的不安定が生じた三つ目の時期として文化大革命（一九六六〜六九年）初期が挙げられるが、この期間には、中国は妥協しようとしなかった。とはいえ、この大混乱は、中国の指導者が意図的に作り出したものであった。これは、中国の指導者、とくに毛沢東が引き起こして煽動したものであり、当初は体制の安定に対する脅威にはなっていなかったのである。その後一九六七年から一九六八年にかけて、文革が指導者のコントロールを越えて過熱化し、おそらく体制の安定に対する脅威になったのだが、その際、外交部を含めて中央政府が機能を停止していたため、中国は外交政策を変更することができなかった(107)。

体制の安定に対する脅威がない場合、中国の指導者は、領土紛争で妥協しようとはしてこなかった。中国は、一九六〇年以前には二度しか妥協しようとしておらず、一九六〇年代半ばから一九九〇年までは新たな譲歩を提示することはなかったのである(108)。そして、一九六〇年代と一九九〇年代に中国が妥協したことは、外部の脅威が高まった時期とは必ずしも一致していない。むしろ、中華人民共和国は、自国に対する外部からの脅威が高まった二つの時期には、ほとんど妥協しようとしなかった。一九五〇年代初頭、朝鮮戦争で中国と交戦したアメリカは、その休戦の後、中華人民共和国を封じ込めるために〔東アジア〕地域に同盟ネットワークを構築した。このことは、中国にとって、明白な外部の脅威が生じ、中国が同盟国を得るために領土紛争での譲歩を利用する可能性が生じたことを意味していた。にもかかわらず、中国が妥協しようとしたのは二つの紛争だけだった。また、一九六〇年代中頃に中ソ対立が北部国境をめぐる激しい軍事対立——その後約二〇年間続くことになる——に行き着いた後も、中国がそれ以外の領土紛争で新たな譲歩を提示することはなかった(109)。このように、中国の領土紛争では、外部の脅威よりも国内の脅威のほうが、妥協の原因として大きな影響力を有しているのである。

同様に、領土紛争における中国の妥協の「二つの波」は、征服に反対する規範の受容とも一致していない。まず、何度も妥協を提示した一九六〇年代初頭に、中国が革命的かつ拡張的な社会主義イデオロギーを標榜していたことを考慮すると、この規範の論理は当てはまりそうにない。〔また逆に、この規範が世界的に強固となったとされている〕一九五〇年代と一九六〇年代、中国は領土紛争において頻繁に武力を行使していた(110)。さらに、鄧小平のリーダーシップのもとで西側への開放を行って経済改革を実行した後も、中国が一九九四年まで武力によって領土を獲得してきたことに鑑みると、この規範によって中国の妥協を説明できる範囲は限られている(111)。

民主的政治制度と経済的相互依存も、妥協の「二つの波」を説明できない。一九四九年の成立以来、中国は権威主義体制を維持しており、紛争解決に際しての民主的な規範〔すなわち平和的手段によって紛争を解決すべきという規範〕を欠いているにもかかわらず、多くの領土紛争で妥協しようとしてきた。他方、中国の世界との相互依存の度合いは、中国が妥協した二つの時期の間で、大きく異なっている。経済的相互依存の指標の一つとして、貿易が国内総生産（GDP）に占める割合があるが、中国のそれは一九六〇年には九パーセント、一九九〇年には三三パーセントだったのである。[112] 一九九〇年代にGDPに占める貿易の割合が高まったことに鑑みると、経済的相互依存は、妥協の「第二の波」を説明できる。しかし、本書の事例分析では、この議論は支持されず、貿易の増加――とくに国境地帯貿易――は体制の安定を確立しようという努力の結果だったことが明らかになる。

辺境部における紛争の性質は、なぜ体制の不安定が紛争解決のインセンティブを生むのかを教えてくれる。世界で最も長い内陸国境線の安全を確保することには、最適な条件下であっても、中国軍にとって、兵站面での困難が伴う。[113] また、少数民族の多くが分離独立を熱望していることは、領土の一体性と政治的安定の問題を結びつけている。[114] くわえて、辺境において中国政府の統治が強固でないことは、近隣諸国が中国の国境地帯で影響力を拡大する可能性を高めている。以上の理由から、中国にとって、辺境の統治に関する近隣諸国の支援を得るという、領土紛争で妥協するインセンティブが生じる。鄧小平が一九五〇年に南西の国境地帯について予見していたように、「これほど長い国境線で…（中略）…少数民族の問題が解決されなければ、国防の問題は解決されえない」のである。[115]

同様に、中国軍の出版物も、中国の辺境を外部から防衛することを、国内の政治的安定と結びつけている。軍の研究は、近隣諸国が中国国内で不安定を作り出すために、少数民族がらみの緊張を操作するかもしれないという疑念をあらわにし、国境が安全でなければ民族暴動が起こって国内における外国の影響力が増大すると断じている。[116] 実際、〔軍の研究では〕近隣諸国との外交関係が、辺境の統治を維持するための重要な手段として、国境の安全、経済開発、政治的動員と同様に重視されている。近隣諸国と協調することの利益には、反逆者の活動の取り締まりや、鎮圧行動を行う際の誤算の可能性の低下、貿易の拡大などが含められている。[117]

ただし、体制の安定に対する国内の脅威では、中国による三つの妥協が説明できない。第一に、一九五六年、中国とビルマは、一九五五年末の国境警備隊同士の衝突を受けて、交渉を行った。中国は一部の係争地域の交換を提案したが、中国がこの交渉を推進する動機は、非同盟諸国との関係を強化することと、ビルマで活動していた国民党遊撃部隊が周期的に雲南省国境に急襲をかけていたため、エスカレーションの可能性を低下させることにあった。第二に、一九五七年、中国はトンキン湾にあるホワイト・ドラゴン・テイル島を北ヴェトナムに譲った。近年利用可能となった資料によって、毛沢東は、北ヴェトナムの対米闘争を支援するために、この譲歩を命じたことが明らかになっている。このことは、この事例では外部の脅威が重要な役割を果たしていたことを示している[118]。第三に、二〇〇四年一〇月、中国とロシアは、アルグン川にあるアバガイト島〔ボリショイ島〕と、アルグン川とウスリー川の合流地にある黒瞎子島の統治を分割することに合意した。この合意に先立って、体制の安定に対する国内の脅威が存在していたわけではなかったので、中国の妥協は、とくにロシアとの関係の深化という外部の要因から生じていたと考えられる[119]。

（3）領土紛争における支配力の低下と中国の武力行使

エスカレーションの理論を検証するにあたり、本書では、分析の範囲を、中国が領土に関する目的を追求する中で実施した武力行使に限定する。一九四九年以降、中国は二三の領土紛争のうちの六つで武力を行使してきた。中国のエスカレーションと引き延ばしのパターンは、領土紛争における支配力《クレイム・ストレングス》の低下やバーゲニング・パワーの不利な方向へのシフトと密接に相関している。本書の理論では機会の窓もエスカレーションの原因の一つであるが、このメカニズムでは中国の武力行使を全く説明することができない。

表1－5に示されているように、中国は六つの領土紛争において計一六回、武力を行使した。ＣＯＷ（Correlates of War）プロジェクトに従い、本書では、武力行使を、封鎖、領土の占領、急襲、衝突、戦争を含むものと定義する[120]。中国の最高指導者による明確な承認のあったエスカレーションに分析を絞るために、本書では、最低でも陸上兵力の一個大隊、ないしはそれに相当する海上戦力が用いられた武力行使のみを検証する。それゆえ、国境警備隊間や海上警備組織間の小規模な衝突は、そこで死者が出ていたとしても、中国が係争地域を占拠していない限り、

表 1-5　領土紛争における中国の武力行使の概要（1949 ～ 2005 年）

武力の行使			エスカレーションの源泉			目標
年	相手国	内容	占拠面積	戦力投射	体制の安定	中国の目的
1950 ～ 54 年	台湾	沿海島嶼をめぐる戦闘	沿海島嶼に対する国民党の攻撃	大陸沿岸における国民党軍の軍事行動		台湾問題の前線となる沿海島嶼の支配
1954 年 9 ～ 10 月	台湾	金門に対する砲撃	—	米台軍事関係の強化、〔米台間の〕安全保障条約の見通し		アメリカによる台湾との条約調印の阻止
1955 年 1 月	台湾	一江山島に対する攻撃	—	米華条約の調印		台湾〔および澎湖諸島の防衛〕に関する米華同盟への観測気球の打ち上げ、沿海島嶼の支配
1958 年 8 月～ 59 年 1 月	台湾	金門・馬祖に対する砲撃	—	米台軍事関係の強化、中国の対米交渉の行き詰まり		台湾問題における決意のシグナル、〔国民党軍の〕金門撤退の強制、大躍進に対する国内の支持の動員
1959 ～ 61 年	インド	西部地区の追加占領	—	インドの西部地区に対する領有権の主張の明確化、チベットに対するインドの支援	チベットでの暴動	チベット国境の封鎖、新疆・チベット公路の確保
1962 年 10 ～ 11 月	インド	インド軍陣地に対する攻勢	西部地区におけるインドの占拠地拡大	東西両地区へのインド軍の展開、インド軍第 4 師団の創設	チベットでの暴動、大躍進後の〔経済〕危機	インドの中印国境に対する軍事的圧力とチベットに対する潜在的影響力の除去
1967 年 9 ～ 10 月	インド	ナトゥラおよびチョラでの衝突	—	インドの山岳師団の配備、インド軍による中央地区の要塞化	文革に伴う不安定	国境地帯におけるインド軍の前進態勢の抑止
1969 年 3 月	ソ連	珍宝島での襲撃	紛争対象となっている島々への中国のアクセスを拒否しようというソ連の行動	極東ソ連軍の増強、ソ連軍の前進態勢、ソ連軍の攻撃的な警備活動	文革に伴う不安定	中ソ紛争におけるソ連の将来的な圧力の抑止、ソ連の中国侵攻の抑止

1974年1月	ヴェトナム	パラセル諸島のクレセント群島の占拠	フィリピンと南ヴェトナムによるスプラトリーへの進出	南ヴェトナムとフィリピンによる石油開発、世界中での海洋権益に関する主張の高まり		島嶼をめぐるすべての紛争における立場の強化
1980年10月	ヴェトナム	羅家坪大山の急襲	ヴェトナムによる高地の支配	—		東南アジアにおけるソ連の影響力増大の抑止
1981年5月	ヴェトナム	法卡山および扣林山の急襲	ヴェトナムによる高地の支配	—		東南アジアにおけるソ連の影響力増大の抑止
1984年4月	ヴェトナム	老山・者陰山の急襲	ヴェトナムによる高地の支配	—		東南アジアにおけるソ連の影響力増大の抑止
1986年6月	インド	スムドゥロンチュの占領	タグラ周辺におけるインドの拠点の設営	東部地区におけるインド軍の前進態勢		将来におけるインドの中立地帯占拠の抑止
1988年1～3月	ヴェトナム、フィリピン	スプラトリー諸島の6つの礁の占拠、ヴェトナムとの衝突	フィリピン、マレーシア、ヴェトナムによるスプラトリーの占拠	1980年代の中国海軍の近代化		スプラトリー紛争における領土支配の獲得
1994年12月	ヴェトナム、フィリピン	スプラトリー諸島のミスチーフ礁の占領	ヴェトナムによる7つの環礁の占領	ヴェトナムとフィリピンによる石油開発と海洋権益の主張		スプラトリー紛争における東部領域の支配
1995～96年	台湾	ミサイル試射と軍事演習	—	台湾の民主化と中国からの独立に対する支持の増大、アメリカの対台湾政策	新疆における暴動	台湾における独立支持の阻止、台湾に対するアメリカの支援の限定化

本書の分析からは除外される。

本書では、中国の武力行使の目的が領土とは関係していなかった、二つの事例を分析から捨象する。一つは、一九六五年の中印国境における動員とその後の衝突で、これは印パ戦争でパキスタンを支援するという中国の思惑を反映していた。[121] もう一つは一九七九年の中国のヴェトナム侵攻で、これは東南アジアにおけるソ連とヴェトナムの拡張を抑止するという動機に基づく行動であり、中越間の領土紛争に動機づけられていたわけではなかった。[122] なお、本書では、一九九五年から九六年の台湾海峡危機を武力行使に含めているが、これは線引きが難しい事例である。ここで中国は、大規模な実弾演習を実施したが、台湾に対する戦闘行動はとっていない。しかし、一九九六年三月のミサイル試射は、台湾の二つの主要港を〔事実上〕効果的に封鎖した。また、本書では、国家間の主張の競合が明確になる前に領土を占拠した事例、具体的には国家の形成過程で領土を占拠した事例を分析から除外している。たとえば、一九五〇年に中国人民解放軍の部隊が新疆とチベットに展開し、中印紛争の係争地域である西部国境地帯の一部を占領したことは、武力行使に含まれていない。

中国の武力行使は、その領土紛争全般において、バーゲニング・パワーの不利な方向へのシフトや支配力《クレイム・ストレングス》の低下と同時に起こっており、そこには二つの特徴がある。第一に、辺境の内陸国境をめぐる紛争において、中国は、軍事的に強力な相手国——つまり中国の強い支配力に挑戦しうる国家——に対して紛争をエスカレートさせてきた。こうした紛争において、中国は、自らのバーゲニング・パワーが低下する可能性に敏感だったのである。ある局地的な軍事バランスを計測することは難しい。しかしながら、図1-2で示されているように、全体的な軍事バランスにおいて、中国は、領土紛争を抱える内陸の近隣諸国のほとんどを凌駕している。このグラフは軍事力の総計を比較したものだが、中国との間の国境近辺における軍事バランスをシフトさせるのに十分な兵力を有する国家は、ごく少数に過ぎないことがわかる。中国が武力を行使してきた相手がまさにそれら少数の国家だったことは、決して偶然ではない。一九六九年、中国はウスリー川でソ連軍に奇襲をしかけたが、この時、中国の軍事力は明らかにソ連に劣っていた。一九六二年の中印国境紛争の勃発に際して中国は優位にあったが、インドは中国の隣国で二番

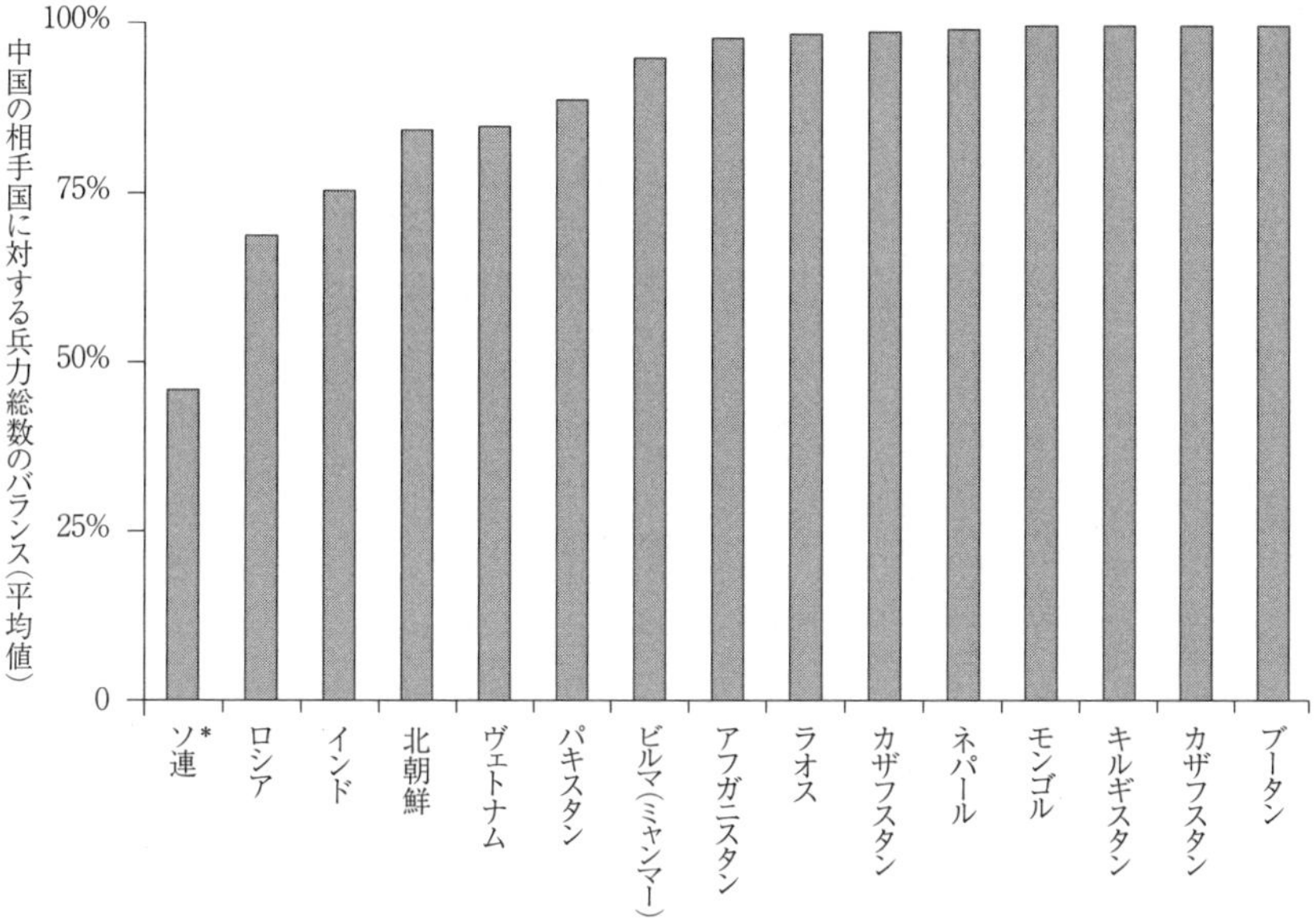

図 1-2　辺境部での紛争における中国の軍事力（1949 〜 2002 年）

出所：Correlates of War Project, military personnel vaiable, from EuGene program (v. 3.040).
注：グラフの各棒は、〔中国と相手国の〕兵力総数における中国の割合を示している。50% 以上の数字は、兵力総数のバランスにおいて中国が相手国に対して優位にあることを示唆している。
＊1992年以前のロシア、カザフスタン、キルギスタン、タジキスタンを含む。

目に強大な陸軍を有していた。一九八〇年代の国境沿いの高地をめぐる中越紛争では、中国はヴェトナムよりも強力だったが、ヴェトナムは、一九七九年の中越戦争で明らかになっていたように戦闘能力の高い大規模な兵力を保有しており、さらには、中国にとっての最強の隣国、ソ連との同盟を有していた。

第二に、中国は、自国の支配力《クレイム・ストレングス》が劣勢にある紛争――とりわけ、係争地域のごく一部しか占領していない紛争、ないしは係争地域を全く占領していない紛争――で武力を行使してきた。中国は、これらの紛争におけるバーゲニング・パワーがさらに低下することに敏感だったのである。島嶼をめぐる紛争において、中国は、一九七四年にパラセル諸島のクレセント群島をめぐって南ヴェトナムと、一九八八年にはスプラトリー諸島の岩礁をめぐって統一後のヴェトナムと衝突した。一九九四年には、ヴェトナムとフィリピンの抵抗を受けずに、〔スプラトリー諸島の〕ミスチーフ礁を占拠している。また、台湾問題では、中国は一九五四年、一九五八年、そして一九九五年から九六年に、武力を用いて危機を引き起こした。これらの紛争では、支配力を構成する二つの要素〔すなわち占拠面積と投射能力〕は、中国にとって好ましいものではなかった。まず、一九四九年の時点で、中国は自らが領有権を主張する島嶼部の半分以下しか支配しておらず、台湾は完全に国民党の支配下にあった。また、中国は、自国の沿岸部から東シナ海と南シナ海の遠く離れた島嶼に対して戦力を投射するに際して、さらにアメリカに支援された国民党軍に対抗するため台湾海峡を越えて戦力を投射するに際して、きわめて困難な課題に直面していた。

中国が係争地域のごく一部しか軍事的に占拠してこなかったという事実も、支配力低下の論理と一致している〔すなわち、この事実は、中国の武力行使の目的が支配力低下の防止にあることを示している〕。実際の戦場で中国がどれほどの係争地域を占領したかを正確に知るのは難しい〔が、次のように推測される〕。一九五〇年代末の西部国境をめぐる対印紛争において、中国は数千平方キロメートルの領土を占領した。一九六二年の中印国境紛争の後には、さらに一〇〇〇平方キロメートルの領土を獲得している。また、中国は、ヴェトナムとの度重なる衝突(一九七四年、一九八〇年、一九八一年、一九八八年)の後に小規模の領土を獲得し、一九九四年にはミスチーフ礁を占拠した。しかしながら、中国が獲得したこれらの領土の大きさは、中国が領有権を争う領土全体から見れば、ごく一部でしかない。

支配力低下の論理以外の説明は、領土紛争における中国の武力行使の一般的なパターンには当てはまらない。まず、「脆弱性の窓」ではなく、「機会の窓」こそが中国の軍事力の行使を説明できるという主張を検討しよう。この論理は、相手国が局地的な軍事バランスで圧倒的優位にあるがゆえに中国〔の支配力〕が弱い領土紛争——すなわちソ連との紛争——に適用できるはずである。こうした領土紛争でのみ、局地的な軍事バランスが自国にとって好ましい方向にシフトすることで、係争地域を軍事力で占拠する機会が生じるはずだからである。しかしながら、まさにこのような状況にあったにもかかわらず、中国は一九六九年三月に珍宝島のソ連軍を急襲しなかった。第4章で後述するように、中国がソ連軍を攻撃したのは、むしろソ連が極東正面の師団数を倍増させた後だった。さらに、一九九一年にソ連が崩壊した際にも、中国がソ連との領土紛争において相対的に強くなった自国の支配力《ポジション》を、武力行使のために利用しようとすることはなかった。同様に、アメリカが二〇〇三年のイラク戦争とその後〔の占領統治中の対反乱作戦〕をはじめとする台湾問題以外の軍事紛争を戦っている最中も、中国はそれを利用して台湾問題で好戦的態度を示そうとはしなかった。

同様の理由で、中国の軍事的優位に基づく説明も十分ではない。たしかに、海軍力の増強によって中国がパラセル諸島とスプラトリー諸島の島嶼を占拠することが可能になったが、第6章で論じるように、中国の行動は、これらの紛争における自国の支配力《ポジション》が相手国に比して弱まっているという恐怖から生じていた。軍事力の向上は、中国が行動を起こすことを可能にしたが、中国に武力行使を決定させる理由だったわけではないのである。さらに重要なのは、軍事的に圧倒的優位にある領土紛争、すなわちビルマやカザフスタンなどの小国との間の辺境をめぐる紛争で、中国が武力を行使しなかったことである。むしろ中国は、交渉の席で相当の譲歩を提示してきた(123)。

ライバル関係のダイナミクスは、中国が一九八〇年代にヴェトナムの支配していた中越国境沿いの高地に対する攻撃・占拠を決定したこと、とくに一九八四年に老山・者陰山を襲撃したことを説明できる。この時、当該紛争における中国のバーゲニング・パワーに何ら変化はなかった。むしろ、この武力行使は、ソ連とその影響下にあるヴェトナムに対する中国の強制外交、および一九七九年の中越戦争の継続という要素を強く反映していたようである(124)。また、一九六九年の珍宝島における中国軍の奇襲攻撃は、中ソ間のライバル関係という、より広い文脈の表れでもあった。しかしこれらとは異なり、中印はとくに一九六〇年代と七〇年代、ライバル関係にあったと考えられるが、この関係は両国間の大規模な領土紛争に起因しており、その他の利益をめぐる紛争から生じたものではない。また、ライバル関係の論理に基づけば、一九七〇年代の米中和解以前、中国がアメリカの封じ込め政策に対抗するという決意をシグナルとして送るための手段として、台湾または日本など東アジアにおけるアメリカの同盟国に対し、より頻繁に武力を行使していたはずである。しかし、中国は実際にはそうしなかった。

最後に、動員や陽動といった国内要因によるエスカレーションの説明は、領土紛争で軍事力を行使するという中国の決定と強くは連関していない。たしかに、大躍進運動の壮大な目標への支持を得るために国内動員が必要だったことは、毛沢東がなぜ一九五八年八月に台湾海峡危機を起こしたのかを説明するのに役立つ。しかし、国内動員が、その他の領土紛争の要因だったことはない[125]。また、中国はしばしば、国家に対する国内の脅威が存在した時代に妥協をしており、このパターンは、陽動戦争理論の予測とは真逆の方向を向いている[126]。たしかに、国内の不安定は、一九六二年と六七年のインドに対する武力行使、および一九六九年のソ連に対する武力行使と連関しているが、国内の不安定は、インドとソ連の軍事行動の影響で〔自国の支配力が〕低下しているという中国の認識を強める役割を果たしていたのである。

5　結論

本章はまず、なぜ、いかなる時に、国家が領土紛争において妥協を決定するのか、および威嚇ないしは武力行使を決定するのかという問題を説明する二つの理論を提示した。第4節では、体制の安定に対する国内の脅威と、支配力《クレイム・ストレングス》の低下が、それぞれ領土紛争での妥協とエスカレートに関する中国の決定と相関していることを示した。本章に続く各章では、本書の理論をテストするため、各紛争における戦略の決定を比較するとともに、これらの決定がなされた過程を追跡していく。各章では、二つの明確な相関関係を明らかにする。すなわち、①体制の安定に対する国内の脅威の発生と妥協の意思の相関、および②領土紛争における支配力の低下と武力行使の意思の相関である。そして、各章は、新たに使用可能となった中国の史資料を用いることで、中国の指導部が、体制不安定の論理と支配力の論理の予測に沿う形で決定を行ってきたことを明らかにする。他方で、体制に対する国内の脅威がない場合、もしくは紛争におけるバーゲニング・パワーが安定しているあるいは高まっている場合、中国は引き延ばし戦略を採用し、紛争の解決を先送りしてきたことを示す。

第2章　一九六〇年代の辺境部の紛争における協調

中華人民共和国の建国から一九六〇年まで生じていた一六の国境紛争の中で、中国が妥協したのはわずかに一つのみであった。中国とビルマは一九五五年一一月に国境警備隊同士の衝突が生じた後、一九五六年から交渉を行った。しかし、一九五〇年代を通じて、陸上国境を接する多くの近隣諸国が中国と国境問題を話し合おうとしていたにもかかわらず、そうした要請はすべてはねつけられた。それは、中国がこれらの問題の解決を先送りすることを望んでいたためである。ところが、一九六〇年冒頭、中国は方針を転換した。一九六〇年一月から四月にかけて、中国は三つの隣国との間で国境問題に関する話し合いを主体的に実施し、実質的な譲歩を示した。一九六四年の夏までに、中国は八つの隣国に国境問題に関する譲歩を提示し、六つの国境問題を解決する二国間協定を締結した。

一九六〇年代に中国が先送りから協調へと方針を転換した最大の説明要因は、体制不安である。一〇年以上にわたり、たった一つの例外を除いて、中国は「引き延ばし戦略」を取り続けた。それが突然、喜んで協調に転じたのである。この変化は、中国共産党政権に対して間断なく生じた国内の脅威の勃発と、軌を一にしている。一九五九年、四つの隣国と国境を接するチベットで、瞬く間に大規模な暴動が広まった。一九五〇年代中頃から、四川省や甘粛省といった内陸部で、中央政府はすでに民族動乱に直面していたが、このチベット動乱は、中国の国境地域で長期的な武装反乱が生じた最初の事例であった。中国は、暴動の鎮圧と国内の安定強化に対する支援を得る見返りに、チベットと国境を接している隣国に対し、国境問題への譲歩を示した。一九六二年初頭、中国の指導者は、新疆での民族動乱に加え、大躍進の失敗による経済危機と飢餓に直面していた。インドおよび台湾との間の紛争による緊張状況は、不幸にもこの時期の国内の不安定さを助長してしまった。領土の一体性に関わるこうした課題に直面したにもかかわらず、中国は再び妥協した。〔本章で後述するように〕二度にわたる妥協を行った一九六〇年代、隣国との関係を改善することは、陸上国境に関する最大限の主張を固守することよりも、中国にとってはるかに重要なことであった。

本章は、こうした国内の脅威に襲われたことが、いかにして国境問題で妥協を行うインセンティブを作り出したのかを明らかにする。また、一九六〇年代初頭、中国が立て続けに協調的行動をとったことが、国内の脅威以外の要因では説明できないことも明らかにする。この時中国は、深刻な外部からの脅威、とくにアメリカからの脅威に直面していた。こうした脅威も、領土紛争における協調への強いインセンティブを作り出したのかもしれない。朝鮮半島が手詰まり状態に陥った後、アメリカはアジア太平洋地域で中国を対象とした封じ込め戦略を行い、二国間同盟を形成し、禁輸措置を実施した。しかし、一九五〇年代、アメリカからの脅威が高まり、その帰結として第6章で説明する台湾海峡での敵対状態が形成されたにもかかわらず、多くの隣国が中国に関与する意思を示した時でさえ、中国はほとんどの領土紛争で協調しようとしなかった。領土の一体性と政治的安定性に対する国内の脅威が生じるまで、ビルマというただ一つの例外を除き、中国は協調を模索することなく、引き延ばし戦略を実行していたのである。

1　一九五九年のチベット動乱

チベット暴動の勃発以前、中国は国境問題をめぐる隣国との交渉を引き延ばしていた。一九五四年、中国の周恩来首相とインドのジャワハルラール・ネルー（Jawaharlal Nehru）首相は、その協議の中でヒマラヤ国境問題に触れたが、この議題に深入りしないことで合意した。[1]一九五六年、ネパールは中国と国境紛争を話し合おうとしたが、中国はこれを先送りした。[2]〔ビルマとの間で〕問題となっていた〔後述する〕四つの地域に関する要求に中国が同意しようとしなかった時、その交渉も長期化していた。[3]しかし、一九六〇年一月から四月にかけて、これら隣国との紛争において、中国はそれぞれと交渉を主導し、実質的に譲歩した。

体制の不安定こそが、中国が妥協する気になった変化の最大の説明要因である。一九六〇年初頭とそれ以前の一〇年間の決定的な違いは、チベットで大規模な反乱が勃発したことである。このチベット動乱は、単一のものとしては、中国共産党に対する最大の反乱を意味していた。それどころか、この動乱は、中国がそれまで辺境地域で直面した反乱の中では最大のものであり、少なくとも二万三〇〇〇人、多く見積もれば八万七〇〇〇人の反乱者が参加しており、国土の一三パーセントを構成する地域に対する国家の支配を脅かすものであった。反乱とその結果生じた国内の脆弱性により、チベットと隣接する国々と領土紛争状態にある中国のコストは増加した。中国政府が暴動鎮圧を決心したため、隣国との安定した関係は、それ以前よりもはるかに重要な問題となった。そのため、中国は、多くの領土を主張することをやめ、その見返りとして、チベットに対する主権の承認と暴動鎮圧への支援を求めたのである。一九五九年のチベット動乱がなければ、中国はおそらくインド、ネパール、ビルマと一九六〇年に国境問題の交渉に入ることさえなかったであろうし、これらの領土紛争で妥協を提案することなど、さらにありえなかったであろう。

(1) チベットにおける辺境支配の問題

中国にとり、チベットの支配は戦略的な意義を持つものであった。一九四九年に毛沢東は、「チベットの人口は少ないが、その国際的地位はきわめて重要であり、われわれは必ずこれを占領しなければならない」と言及していた。[4]さらに毛沢東は、この地域が、中国の西南部へと続く戦略上の通路であり、貴重な天然資源を有しており、イギリスやアメリカの野心の対象となる可能性があることを強調していた。(5) 南側をヒマラヤ山脈に囲まれた高原であるチベットは、新疆ウイグル自治区、青海省、四川省、雲南省とも接しており、中国の「やわらかい下腹部〔大きな弱点〕」であった。中国の西南部の安全保障は、チベットで外国の影響力を排除することと密接な関わり合いを持っていたため、外国勢力にこの高原を占領されたり、統治されたりすることは、これらの隣接地域を危険にさらすことになる。たとえば、チベットがなければ、中国と新疆は、わずかに甘粛回廊によってのみ、通行が可能となるという状況に陥ってしまう。実際、一九六〇年代後半、中国とモンゴルの国境にソ連が部隊を配置した時、甘粛回廊は脅威にさらされた。(6) 結果として、チベットを占領し、支配することは、「辺境地域と国防を強固にする」(7) ために必要不可欠であった。

第二次世界大戦が終了すると、この広大かつ重要な地域を、外部、とくに西側諸国が支配するのではないかという可能性があったため、新たな国家である中華人民共和国にチベットを編入することが必要とされた。一九四九年秋、第二野戦軍が四川で国民党軍を打ち負かした時、チベット占領の準備が始まった。一九五〇年秋、現在のチベット東部に位置するチャムド（昌都）で、人民解放軍は、チベットの民族武装勢力に勝利し、ラサでチベット政府との交渉に乗り出した。一九五一年五月、チベット本土に進攻するという恫喝の下、チベットの中華人民共和国への編入に関する協定が結ばれた。(8)

チベットの降伏を勝ち得たにもかかわらず、中国はこの地域での権威を打ち固めるに際して、三つの課題に直面していた。第一に、チベットが清朝の保護国であったために、中国共産党には、継承できるような、この地域の支配を強化し、直接統治を実行しうる組織がなかった。(9) 清朝のもとでは、少数の警備部隊とともに、二人のアンバン（駐蔵大臣）がラサに滞在していた。(10) 現地のチベット政府がこの地域を統治しており、清朝のアンバンは、外交問題と財政に対する名目上の支配権を、ほんの数十年間だけ持っていたに過ぎなかった。清朝崩壊後、最後のアンバンたちは一九一三年にラサを去った。(11) この時から国民党の将軍である黄慕松がラサを訪問する一九三四年までの間、中国の官吏でチベットに足を踏み入れたものは誰もいなかった。一九三九年、蒙蔵委員会の名の下、国民政府は小さな駐蔵弁事処を開設した。しかし、彼らはチベット政府に公式に承認されることなく、一九四九年には放逐された。(12) チベット人は中国共産党が統治しようとした民族集団の中で最も信心深く、一九四九年以降、中国共産党は彼らを入党させるのに苦戦した。仏教徒としての信心とチベットの封建的なヒエラルキーは、共産主義の基本的な教義と矛盾しており、その違いは、チベットの文化と統治における宗教支配という特徴によって、いっそう際立っていた。こうした組織力の弱さを反映したため、中国に編入されてから八年後、チベット人の共産党員はわずか八七五名に過ぎなかった。(13)

第二に、チベットは中国本土および新疆との間の交通手段を欠いていた。一九四九年、チベットといかなる中国共産党支配地域との間にも、自動車が通れるような道路は全く存在していなかった。実際、補給支援に適した道路がなかったことは、人民解放軍のチベット侵攻を遅らせた主たる原因の一つであった。(14) 一九五〇年代に入り、チベットと青海、甘粛、新疆をそれぞれ結ぶ三つの道路が整備された後ですら、交通手段には大きな困難が残されていた。なぜならば、多くの道路は冬季には使用できず、しばしば荒廃状態になっていたからである。さらに、チベットの伝統的な交通ルートは、中国本土ではなく、ヒマラヤの隣国、とりわけインドおよびネパールと結びついていた。これらの国々は、清朝のもとで、貿易における特権を享受していた。たとえば、インドはラサに常設事務所、貿易代理業者、郵便・電報施設、さらには警備部隊までおいていた。(15) 実際、一九五〇年代初頭、中国当局の幹部はインドを経由してチベットを訪れていた。また、チベットの貿易は、ほとんどインドとネパールを相手に行われており、その貿易には、チベットに駐屯していた人民解放軍への補給物資の調達も含まれていた。(16)

第三に、ほとんどのチベット人は、自分自身を一九四九年に樹立された中国人の国家の一部だと決して考えていなかった。一九一一年に清朝が崩壊してから、チベットは独立した国家として機能しており、中国本土に巻き込まれることなく、限定的ながらも外交政策を実行し、そしてその国境を防衛するために、小さいながらも軍事力を保持していた。一九四〇年代後半、中国による占領の可能性が高まってきたため、チベット政府は公式に独立を宣言し、外交承認を求めた。言うまでもなく、イギリスやアメリカがチベットで影響力を発揮する可能性は、かえって西南部の辺境の安全保障に関する中国の警戒感を増加させただけであり、毛沢東が、中国はチベットを支配する必要があると結論づけた主な理由となったのである。一九四〇年代後半、アメリカ、イギリス、さらにはインドまでが、国際的承認を獲得しようとするチベットの努力をすげなく拒絶した[17]。

広大な辺境地域の支配に対する内部からの挑戦に直面したため、中国共産党は間接支配を行った。一九五九年の暴動後には強制的改革が行われたが、それ以前の段階では中国共産党の選択肢はほとんどなかった。間接支配方式の概要は、チベットを中国に編入する文言を規定した一九五一年五月の「一七カ条協定」に含まれていた[18]。この協定の中で、中国は当時のチベットの政治システムを変えたり、ダライ・ラマの地位を変更したりしないことを約束していた。中国の中央政府が、チベットの防衛と外交関係を処理する責任を負い、ダライ・ラマ率いる政府が、チベット本土を統治することになった。軍の幹部と党の指導者たちは、軍政委員会とチベット軍区司令部を設置し、こうした組織を通じて、協定の履行と中国の国益確保が図られた。

チベットに対する間接統治方式は、他の地域における中国共産党の権威確立とは完全に対照的であった。それは、チベットでの辺境支配問題の重要性を白日の下にさらすものであった。ダライ・ラマと既存のチベット人組織を通じた支配により、中国共産党は、時間が経つにつれ国家の権威への支持を高め、段階的に直接統治へ移行することを望んでいた。間接統治方式により、中央政府もチベットのインフラを改善することに注目するようになった。中央の統治を強化し、国境の安全を確保するため、とくに道路の整備に力が入れられた。さらに中央政府は、好機を待ちつつ、チベット人幹部集団を養成し、経済発展を利用して、自身の正統性を獲得しようとしていた。

(2) 西南地域における暴動

間接統治が、チベット文化と、中国共産党による共産主義のユートピア的な理想像との間の根本的な矛盾を解消することはなかった。中国の指導者たちは、封建社会が最終的に社会主義体制へと移行するための準備手段として間接支配を捉えていた。チベット人は、アメリカ、イギリス、インドによる独立への支援がない状況を考えれば、

「一七カ条協定」を独自の習慣を維持することができる最も実現可能な取引だと考えていた。だが、この脆弱な均衡は長くは続かなかった。一九五八年、チベット本土で中国人の支配に対する武装反乱が始まった。一連のデモの広がりと、一九五九年五月のラサでのデモ鎮圧がそれに続いた。そして、チベットにおける漢民族が作った国家の弱さと外国からの影響力に対する脆弱性が明らかとなったことで、この反乱を契機として、中国の指導者たちは、近隣諸国との領土紛争で妥協する強いインセンティブを持つようになったのである。

中国の支配に対する暴動

チベット本土における暴動は、隣接する省のチベット族居住地域で巻き起こった騒乱から派生した。政府に対する散発的な暴動は、早くも一九五二年には生じていたが、一九五四年と一九五五年の政治改革、とくに土地改革の導入は、伝統的チベット文化を脅かし、連係のない小規模の武装抵抗を引き起こした。カムとアムドのチベット人地域は、漢民族の省に含まれていたため、「一七カ条協定」に基づいて自治権が担保される対象として扱われなかった。そのため、これらの地域では、チベット本土内とは異なり、政治改革が導入された。一九五六年初頭、人民解放軍が四川省のリタンの僧院に包囲攻撃を行ったことは、康定暴動として知られる、広範囲の暴動を引き起こした。[19] 最終的には鎮圧されたとはいえ、一万人以上のカムパ族が闘争に参加し、三月から六月まで続いた。[20] 同じころ、同様の暴動が青海、甘粛、新疆でも生じており、それらは絶え間ない鎮圧作戦をもたらした。[21] 一九五八年の終わりまで、政府はこれらの地域で暴動に参加した二三万人以上のチベット人を鎮圧したが、そのほとんどはチベット本土以外で生じたものであった。[22]

カム暴動の暴力的鎮圧は、中国共産党の支配と闘うために形成されていたさまざまなチベット人のレジスタンス集団を統合させることとなった。人民解放軍の部隊の反撃により、反乱軍の兵士たちは逮捕を逃れようと西へと落ち延び、ラサやその周辺地域に集まった。一九五七年、カンパの貿易商であったゴンポ・タシ・アンドゥクツァン(Gompo Tashi Andrugstang)は、ダライ・ラマを祝うための黄金の玉座を作る資金集めをするために国じゅうを旅して廻る中で、汎チベット人レジスタンス運動を形成し、支持を集めていた。[23] 一九五八年三月、ゴンポ・タシはカムパ族の指導者たちの会合を開き、漢民族への反対活動を結集することを決定した。一九五八年六月、それまで全くばらばらで共通点のなかったすべての武装集団が統合され、国家義勇防衛軍（ＮＶＤＡ）を結成し、チベット南部のラサ周辺で人民解放軍の前哨部隊と輸送部隊への襲撃を開始した。[24]

チベット本土の反乱軍の数に関する見積もりはさまざまである。中国側の資料では、一九五九年初期のチベットにおける武装した反乱軍の数は、二万三〇〇〇人[25]から四万人[26]、そして八万七〇〇〇人[27]までの幅がある。しかしその数がどれほどのものであれ、反乱軍はラサから離れた多くの地域と主要道路を支配していた。反乱軍の多くはロッカ（山南）を拠点としていた。そこは、ラサとインドおよびブータンとの国境までの間に存在する、どこまでも樹木に覆われた地域であった。一九五八年八月、国家義勇防衛軍は、七〇〇名以上の反乱軍兵士を動員し、人民解放軍に対する最初の大規模な攻撃を行った。[28]人民解放軍の前哨部隊、武器庫、倉庫、さらには四川・チベット間および青海・チベット間という、二つの主要な交通路の要所に対する襲撃と待ち伏せが、その秋を通じて繰り返された。[29]たとえば、一九五八年一二月、反乱軍は人民解放軍第一五五連隊に属する部隊を襲撃し、副連隊長を含む五六名の兵士を殺害した。[30]

一九五九年五月までに、チベット本土は緊張感に満ちた状態となっていた。ラサの住民とチベット政府は、差し迫る弾圧を恐れた。難民の殺到は、すでに大きな負担を背負っていた地域経済を圧迫していた。同時に、他の地域で見られた漢民族による残虐行為の風評により、中国の意図に対するチベット本土での猜疑心は、より強まっていた。チベット政府自身、二つの勢力に分裂していた。一つの勢力は、反乱軍を支援したいと考えていた。もう一つの勢力は、これ以上の暴力を回避するため、北京との間で何らかの妥協を見出そうとしており、後者には、ダライ・ラマも含まれていた。中国から見れば、カムからチベット本土へと武装暴動が拡大したことは、何かの前兆となる不気味なものであった。襲撃それ自体が、重要な辺境地域における中央政府の権威の脆さと間接支配の失敗を表すものであった。中国の指導者たちは、当初チベット本土で反乱軍を弾圧することを望んではいなかった。それはわずかながらも残されていた支持者を、遠ざけるものであった。しかしながら、中国共産党は、ますますダライ・ラマとその政府を、反乱集団の同盟者であり、その拡大を阻止する意思、あるいは力のない連中だと見なすようになっていた。

こうした不穏な情勢のなか、人民解放軍司令部で行われるダンスショーにダライ・ラマを招いた。こうした情勢でなければ無害であるはずの招待が、一九五九年五月の暴動の引き金となった。この招待状は、もともと二月初旬に送られたものであったが、ダライ・ラマはこの問題をおおやけに議論しようとはしなかった。ダライ・ラマの下級顧問の中には、この招待状は、ダライ・ラマを拉致するか、あるいは暗殺しようとする罠だと考えるものもいた。(31)彼らは、〔ダライ・ラマを〕自宅から出発させないために、彼が一九五九年三月一〇日に人民解放軍司令部を訪問する時に拉致されるだろうという噂を広めた。その結果、ダライ・ラマを守ろうとして、群衆がノルブリンカ宮殿を包囲し、三万人以上の人々がさまざまなデモを行う事態へとエスカレートしていった。(32)チベットの政府の中に、デモ参加者に武器を配るものがおり、また市内にいた反乱軍が重要な戦略拠点を占拠したため、こうした示威行動は、早々に統制がとれなくなってしまった。(33)三月一二日、五〇名のチベット人官僚たちが「人民議会」を設立し、チベットの独立を宣言して、「一七カ条協定」を破棄した。(34)デモが拡大したために、三月一七日、中国軍と反乱者たちの間の衝突が始まった。そして、この日、ダライ・ラマは秘かにラサから逃亡した。三月二〇日の早朝、ラサの支配を取り戻すため、人民解放軍は全面的な攻勢を仕掛け、七〇〇〇名以上の反乱軍を拘束した。(35)

こうしたラサの事態の後、中央政府は、動乱の鎮圧を通じてその権威を強化し、直接支配を実行すべくただちに動き出した。チベットでの反乱鎮圧作戦は、まさにこの試みの焦点であった。一九五九年四月、ロッカの反乱軍基地を襲撃するため、中央軍事委員会は蘭州軍区と成都軍区から部隊を展開し、一九六一年末まで続く鎮圧作戦を開始した。ある地域が鎮圧されると、土地改革、遊牧民の定住化、寺院の廃止といった一連の改革が実行に移された。(36)「一辺平息、一辺改革」（鎮圧しながら改革を実行する）として知られているこの時期に、チベットの伝統的な政治組織は廃止され、中国本土と同様の、自治州や県の地方行政システムがそれにとって代わった。

対外脆弱性

この反乱は、戦略的地域において国家の内的な弱点と、そうした弱点が外部からの影響にさらされているという現実に光を当てることになった。この時インド、ネパール、ビルマとの間のほとんどの中国国境を守っていたのは、人民解放軍ではなかった。一九五九年以前において国境警備の責任は、一九五一年以降も存続していた、少数のチベット人部隊によって担われていた。[37] ある著名な軍事史家は、チベットでの人民解放軍部隊の役割は、「戦略的要所と交通路の防衛」に限定されている、すなわちただ主要な都市とそれらをつなぐ道路を確保するに過ぎず、国境はその対象ではなかったと言っている。[38] 国境付近のいくつかの要所に人民解放軍の部隊は駐屯していたが、一九五九年に鎮圧作戦が始まるまで、ほとんどの国境は警備されていなかった。[39] ラサから南へ移動した反乱軍を追跡した後になって、大規模な人民解放軍の部隊がようやく国境に配備されることになった。こうした脆弱性を考慮して、四月に中央軍事委員会は、部隊に対して以下のような指令を下した。それは、「中印国境と中国・ブータン国境上にある未画定の『マクマホン・ライン』付近の重要拠点、およびこれら国境を横断する主要な交通路を速やかに封鎖し、これを支配せよ」、というものであった。[40] 一九六一年一〇月に出された中央軍事委員会の回覧文書には、動乱鎮圧の成功が、「わが国の戦略的後背地をいっそう強化し、わが西南国境防衛の安全を守った」と記されていた。[41]

中国の指導者たちは、反乱勢力が外国の支援、とくにインドからの支援を受けていたと信じていた。インドの国境都市であるカリンポンはチベット亡命者のみならず、チベット人レジスタンスを支援する、アメリカや国民党の工作員の拠点となっていると、中国政府は長い間主張していた（地図2-1を参照）。早くも一九五六年には、周恩来はネルーとの手紙や会話の中で中国側のこうした活動への懸念を伝えていた。[42] この時でさえ、周恩来はネルーに助けを求め、チベット内部の事態をインドとの外交関係に結びつけたのである。「もしもわれわれがカリンポンでのアメリカのスパイ活動に関して何らかの証拠をつかんだら、インド政府が何らかの行動をとれるよう、あなた方に知らせます」と周恩来は発言していたのである。[43] 周恩来は、東部地区におけるマクマホン・ラインを中国側が認める準備をする可能性も示唆した。公式の譲歩ではなかったものの、この発言は、体制不安が、国家にとってい

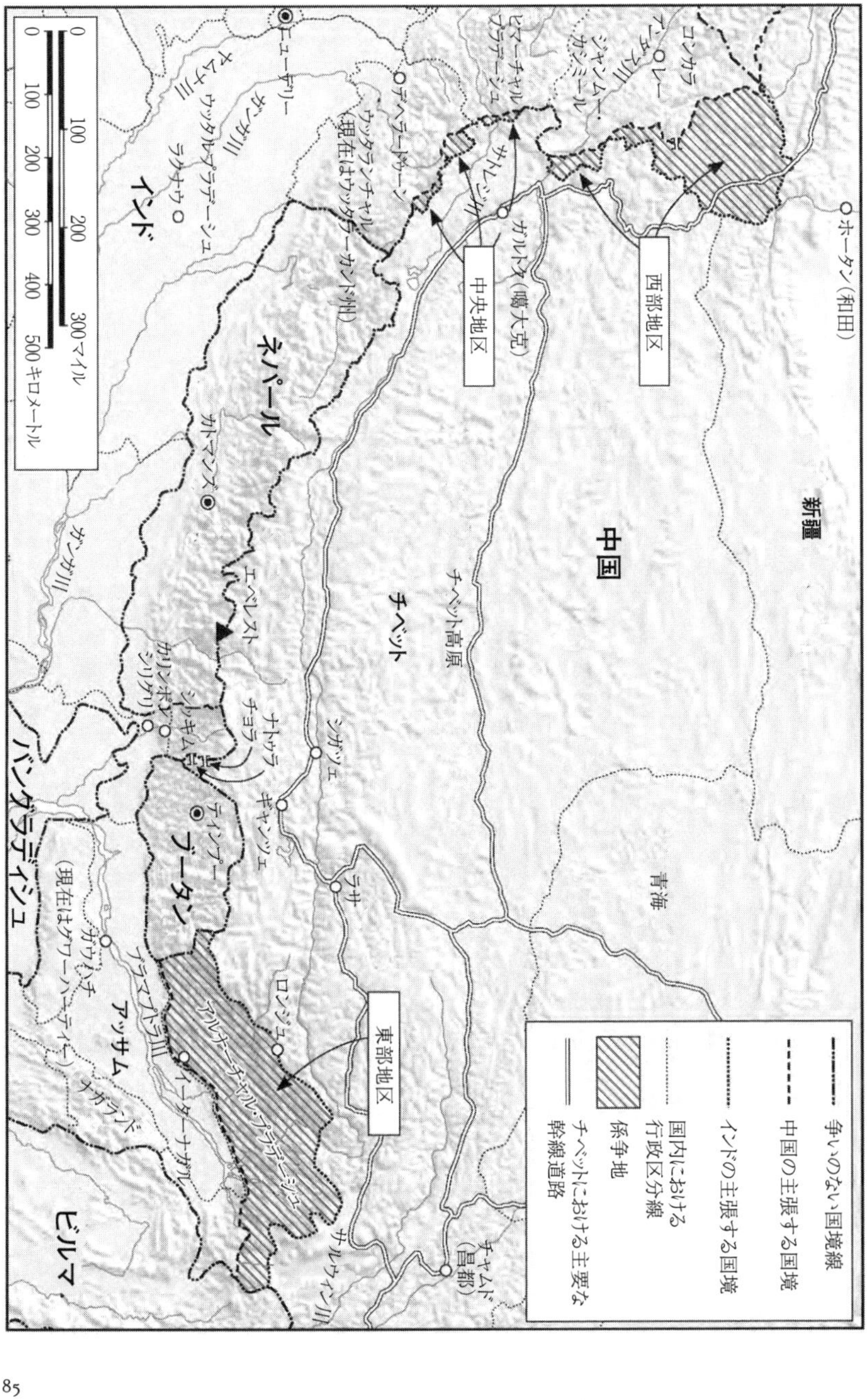
ホータン（和田）
新疆
中国
青海
西部地区
中央地区
東部地区
コンカラ
レー
ジャンムー・カシミール
ヒマーチャル・プラデーシュ
サトレジ川
ガルトク（噶大克）
デヘラードゥーン
ニューデリー
ウッタランチャル（現在はウッタラーカンド州）
ヤムナ川
ガンガ川
ウッタルプラデーシュ
ラクナウ
インド
ネパール
カトマンズ
エベレスト
チベット高原
チベット
シガツェ
ギャンツェ
ラサ
ナトゥラ
チョラ
シッキム
カリンポン
シリグリ
ティンプー
ブータン
バングラディシュ
ガウハチ（現在はグワーハーティー）
ブラマプトラ川
アッサム
ナガランド
アルナーチャル・プラデーシュ
イーターナガル
ロンジュ
チャムド（昌都）
サルウィン川
ビルマ
0 100 200 300マイル
0 100 200 300 400 500キロメートル
争いのない国境線
中国の主張する国境
インドの主張する国境
国内における行政区分線
係争地
チベットにおける主要な幹線道路

地図 2-1　中印国境

かに妥協へのインセンティブになるかを示すものであった。この動乱の後、周恩来は「外部からの鼓吹と扇動がなければ、こうした暴動が勃発することはなかっただろう」と結論づけた。[44]

周恩来の懸念はあながち根拠がないわけではなかった。CIAは最初のチベット人工作員たちをカリンポンで雇っていたし、反乱軍もこの町で武器と補給物資を調達していた。さらに、動乱が生じたことで、チベット人反乱部隊を訓練し、物資を提供するという、CIAの「STサーカス」作戦に、中国の指導者たちはおそらくは気づいていたはずである。[45]一九五七年一二月、CIAによりサイパンで訓練された六名のカムパ族が、限られた武器と物資を運び込んだ後に、パラシュートでチベットの二つの地域に潜入した。一九五八年初頭、人民解放軍は反乱軍の工作員一人を捕えた。捕えられた工作員がこの作戦の詳細を漏らしたことは、間違いない。[46]一九五八年三月、ラサにおける中国共産党の指導者である張国華と譚冠三は、チベット政府がアメリカの支援を得ていると非難し、ラサ近辺の山の頂上に秘密の無線局があることを中国は把握していると発言したが、それはCIAが最初に潜入した時に設置したものだった。[47]CIAの支援は、チベットにおける反乱軍と人民解放軍のパワー・バランスを変えるほどのものでは決してなかったとはいえ、中国の指導者たちが外部、とくにアメリカの対チベット支援の存在を知ったことは、外部からの影響に対する、中国の国内的な脆弱性の意識に心理的に大きな影響を与えたのは、疑いようもないことだった。[48]

チベット動乱は、中印間の領土紛争の文脈を劇的に変更し、両者の認識を硬化させた。[49]中国の指導者たちは、インドがチベットで特別な影響力を保持する意図を抱いていると結論づけた。一九五九年五月、社会主義諸国の大使たちに周恩来が説明したように、「彼らの目標は、チベットを改革するのではなく、インドの影響下の『緩衝国』としてその進歩を止め、インドの保護国とすることにある」と、中国は考えていたのである。[50]周恩来は、インドがいかにしてチベット動乱の指導者たちへの支援を通じて、そうした目的を達成しようとしているのか、詳細に説明した。[51]五月六日付の『人民日報』も、チベット動乱とインド政府の関係を痛烈に批判する論説を掲載した。[52]

チベット動乱が続いている間のインドのさまざまな行動は、こうした認識を強化させることになった。第一に、反乱発生からわずか数日しか経っていないにもかかわらず、一九五九年三月二二日、ネルーは周恩来に手紙を送り、インド側の領土に関する主張をそれまで以上に詳細に伝えてきた。その手紙は、東部のマクマホン・ラインと同様に、西部地区にも焦点を当てていた[53]。反乱が起きている状況を考慮すれば、ネルーの要求は、単なる国家間の領土紛争の一環としてだけではなく、チベットにおいて、現況の中国の弱みにつけ込んで利益を獲得し、インドの影響力を強化しようとする試みに映った。西部地区へのインドの要求は、新疆・チベット公路、すなわちチベットと中国の他の地域を結び付けている、たった三本しかない幹線道路のうちの一つの管轄権の割譲を中国に迫るものであった。この道路は、鎮圧作戦において、とりわけ重要な存在であった。なぜなら、この道路を通れば反乱軍がたびたび襲撃をかける東側ではなく、西側からチベットに入ることができたためである。東部地区へのインドの主張は、チベットの難民と反乱軍が使用している、中印両国の他の主要な交通路と貿易ルートの支配権をインドに与えることになるため、チベットでのインドの影響力が強化される。

第二に、一九五九年四月、インドは食料品の輸出を差し止め、チベットとの貿易を禁止し始めた。この後の数カ月間で、さらに鉄、灯油、車の修理部品などが禁輸の対象となった。一九六〇年までに、インドの対チベット輸出は九一パーセントも落ち込み、他方チベットの対インド輸出も九六パーセントも低下した[54]。チベット経済における対インド貿易の重要性を考慮すれば、こうした禁輸措置は、国内が不安定な状況下でチベット経済を絞め殺し、中国との交渉でインドの立場を有利なものにしようとする試みだと、中国の指導者たちは見ていた。

第三に、同じく一九五九年四月、インド政府は三月三〇日に国境を越えていたダライ・ラマの亡命を承認した。ネルーは、インドでダライ・ラマは政治活動を行うことを許されていないと明言していたが、ダライ・ラマはインドの政府、議会、一般大衆に多くの同情をもって迎えられていた。中国人の目には、ダライ・ラマが勇敢な英雄として迎えられていると映っていた。インドのダライ・ラマへの扱いは、中国にただ腹黒い試みだと思わせただけではなく、台湾における国民党政権以外に、外国の支援を受けて中国共産党政権の正統性に挑戦するような、第二の亡命政府が誕生するという不安までもかき立てたのであった。

両者の認識が硬化したため、国境はますます不安定化していった。インド、ブータン、ネパールへと逃れたチベットの反乱軍を追撃しようと、人民解放軍の部隊が南へと移動した時、彼らは国境線まで到達し、そして辺境の防衛に乗り出したのだった。一九五九年九月、周恩来は「武装したチベット反乱者の残党が、国境を横断し、出入りするのを防ぐため…(中略)…中国のチベット地域の西南地域に駐屯させるため、中国政府はこの数カ月で防衛部隊を派遣したのだ」と述べた[55]。この時、インド陸軍も国境に部隊を増派し、難民の流入に対応し、中国が侵攻してくる可能性に備えた。このインドの行動により、インドが反乱軍を支援しているのだと中国側は結論づけた。一九五九年の夏中、西部地区はもちろん、マクマホン・ライン沿いで、中国軍とインド軍との間で、数多くの小競り合いが生じていた[56]。

八月二五日、中国軍とインド軍の間の最初の武力衝突が、マクマホン・ライン近くのインドが統治する小さな村、ロンジュ(郎久)で勃発した。両者はマクマホン・ラインの正確な位置について異なる解釈をとっていたために、この小さな村が自分たちの側に属するべきだとそれぞれ主張していた。翌日の戦闘が終わった時、二名のインド人兵士が死亡していた[57]。この衝突で、国内が混乱と不安を迎えている時期に外部と紛争を起こすのが危険だということを、中国の指導者たちははっきりと理解した。中国の部隊は初めて、反乱軍のみならずインド軍とも対峙しなければならなくなった。インド軍は、反乱者たちよりも組織化され、補給も整っていた。この事件は、両国の警備の強化により衝突が生じたとみられるが、中国の指導者たちはそれを、領土紛争で自らの主張を強化するためにインドが行っている多大な努力の一環であるとは見なさなかった。そうではなく、今回の事件は、辺境において将来衝突が起こる可能性と、そのような衝突がチベットを不安定化する可能性を明白にしたと見なされたのであった。

(3) 中国の妥協

一九六〇年以前の段階では、係争地域に関する交渉を行いたいという周辺国の申し出を、中国は断固として拒絶していた。しかしながら、チベット暴動の結果、インド、ネパール、ビルマとの領土をめぐる争いのコストが増加した。チベットの平定と政治改革という国内政治の目標を達成するため、中国は周辺国との平和的な関係を求めるようになった。中国は領有権主張で妥協し、国境線の安定確保をすることによって、反乱に対する国外からの支援を制限し、チベットに対する中国の主権を認めさせようとしていた。国境線が平和になることで外的安定性を確保することになり、より多くの資源を国内改革に配分することができた。チベットに対する統制と権威を強化することを目的として、つまり対外的な防衛ではなく内部の統合強化のため、外国の影響を防ぎ、資源をきちんと配置させるため、中国はしっかりと固定した国境線を必要としていたのである。

ロンジュでの衝突は、インドとの領土紛争に対する中国の政策を根本的に変化させた。事件の直後、周恩来は調査を行うよう命じた。一九五九年九月八日、毛沢東は、こうした調査と中国の対インド政策について討議するため、政治局会議を開催した。ある会議参加者によれば、この政治局会議において、中国はインドと領土紛争について話し合いによる合意を追求すべきであり、交渉を始めるまで、両国が現状を維持するよう中国側が提案するべきである、ということで意見が一致したという[58]。一九五九年一〇月初旬、毛沢東はフルシチョフ（Nikita Khrushchev）に対し、「インドとのマクマホン・ラインは維持されるであろうし、国境での衝突はまもなく終結するだろう…（中略）…われわれは交渉により、インドとの国境問題を解決するつもりだ」、と伝えた[59]。中国はただちに話し合いを開始するようインドに要求しなかったものの、毛沢東は公的メディアに、インドに対するすべての論戦を停止するよう命令したのである[60]。同時に、毛沢東と劉少奇は、インド共産党の指導者であるアジョイ・ゴーシュ（Ajoy Ghosh）と北京で会談した。彼らはアジョイ・ゴーシュに対し、中国はインドと交渉を行う用意があると伝え、周恩来による「包括的取引」、すなわち東部地区と西部地区を交換する用意があることを事前に示していたと言われている[61]。

おそらく中国共産党中央政治局は、チベット近辺に位置する、他のヒマラヤの周辺国であるビルマとネパールとの交渉を行うことにも同意していたのであろう。多くの難民と反乱軍は、とりわけネパールへと逃れていた。これらの国々との領土紛争の解決は、国境の安定性を向上させるだけではなく、インドに対して中国との対話に応じるよう圧力をかけることにもつながった。九月二四日、周恩来はネ・ウィン（Ne Win）ビルマ暫定首相に書簡を送った。この書簡では、中国とビルマの間で取り交わされた以前の往復書簡に基づき交渉を再開することが周恩来の関心事である、と述べられていた[62]。ビルマとの交渉は、一九五七年初頭以来、先延ばしされていた。その主な理由は、ビルマの要求に対し、中国が同意したくなかったことにあった。周恩来の手紙は、この二年間で初めて、中国側がこの問題のイニシアチブをとったことを意味していた。数週間後、周恩来は、ネパールを代表して中国の国慶節に参加していたネパールの閣僚、トゥラシー・ギリ（Tulsi Giri）と会見した。この会見で周恩来は、中国がネパールとの国境問題に関する協議に応じる意思があることを表明した[63]。このメッセージは、ビシュウェシュワール・コイララ（Bishwehwar Koirala）ネパール首相に伝えられた。インド政府に相談したいというネパール側の要望により、最終的な日時の決定は遅れてしまった[64]。

一九五九年一〇月二一日、中国軍とインド軍は再び衝突した。この衝突は、東部地区のコンカラ（コンカ峠）近郊で生じ、九名のインド人兵士と一名の中国人兵士が死亡した[65]。この事態に対応するため、毛沢東は一一月三日、杭州《こうしゅう》で党中央指導部による、非公式の工作会議を開催した[66]。チベットの人民解放軍の地方司令員は、インド側の陣地に対する奇襲攻撃の許可を求めていたが、毛沢東はこうした要求を拒絶した。その代わりに、毛沢東は周恩来に対し、この問題についてインドに二つの提案を行うよう、指示した。第一の提案は、四〇キロ幅の非武装緩衝地帯を定めることであり、両国が実際の管轄地域から二〇キロずつ後退することで、これを実現しようとした。第二の提案は、両国首相による、ハイレベルの会談を開催するというものであった[67]。

一一月七日、周恩来はネルーに書簡を送り、これら二つの提案の要点を伝えた。とくに周恩来は、「即時に両国の首相による会談を行う」よう求めた[68]。しかしながら、ネルーはその返信の中で、首相同士の会談には原則的に同意したが、両軍の撤退については、中国のみが西部地区から撤退するという、全く異なる対案を提出した。中国側はこうしたネルーの対案を拒絶した[69]。一二月一七日、周恩来は再びネルーに書簡を送り、一二月二六日、ラングーンで会談を行うよう提案した。この時周恩来は、中国は国境のすべての区域での警備を中止することを決定した、と伝えた。それはネルーが以前の書簡で提示していた、東部地区に限ったものではなかった[70]。しかし、ネルーは再び異議を唱えた。そこで一二月二〇日、周恩来はインドの駐中国大使と会見し、会談の開催を促した[71]。ネルーが中国側に国境問題の事件のいきさつのサマリーを要求した時、周恩来は二二ページにわたる書簡を送付し、中国の主張を詳細に説明したのであった[72]。

一九六〇年一月、会談開催の要請に関するネルーの返事を周恩来が待つ最中、杭州での一〇日間の工作会議で、中国共産党政治局常務委員会は中印国境問題を討議した。政治局常務委員会は、インドとの紛争は迅速に解決すべきであるとの結論に同意し、以下のような中国側の一般的な対応策の輪郭を描いた。それは、「ギブ・アンド・テイク（互諒互譲）」の原則に基づく交渉を通じて、平和的な解決を追求する、というものであった。ある出席者の回想によれば、中国側は、「中国もいくつかの譲歩を行うべきであり、インドもいくつかの譲歩を行うべきであり、こうした方法により、双方の妥協を通じて、合意に到達する」と考えていた、という[73]。政治局常務委員会は、他の国境問題に対しても同様の方法を採用することに同意し、ビルマとネパールとも速やかな解決に向け努力すべきであるとした。

中国政府の内部文書は、中国の指導者たちが辺境地域の内的安定を、国境の安定および安全と結びつけて決定を下していたことを示している。一九六〇年五月一日、人民解放軍総参謀部は、「西南地区辺防守則」を制定した。この規則は、西南地域の防衛に対する、一般的な政策指示を概括するものであった。この規則は、「わが国の西南国境地域を速やかに安定化するためには、われわれは『内部』に安定をもたらすだけではなく、『外部』にも安定をもたらさねばならない」と指摘していた[74]。ある軍内発行の刊行物も同じ問題について力説し、「人民解放軍はわれわれの西南および西北地域の国境を平和で安定したものとするよう、努力する必要がある。これこそが、われわれの辺境地域の問題を解決する最良の方法である」と言及していた[75]。この文書は、インドとの紛争がエスカレートするあらゆる可能性を抑え込むための規制を継続的に実施する重要性をさらに強調していた。

ビルマ

前述のように、ビルマと妥協するための中国の最初の試みは、国内の脅威ではなく、外部からの脅威への対応を反映したものであった。一九五六年、中国とビルマは協議を行った。この会合は、一九五五年の終わりに人民解放軍がビルマを根拠地とする国民党のゲリラ部隊を追撃した時、両国の警備隊が衝突した後、開催されたのであった。ビルマは非同盟諸国との連帯および平和共存五原則宣言を促進しようとする中国の外交努力と密接な関係にある、重要な非同盟国であった。こうした重要性を持つビルマとの関係を悪化させるような見込みは、中国の陸上国境問題に関するコストを増加させるのに十分なものであり、それによって中国は話し合いのテーブルにつき、最初の譲歩を行ったのである。しかし周恩来は、ビルマと早期に合意に達するべきだという圧力を感じてはいなかった。何の進展ももたらすことのないまま、断続的な往復書簡が続いたものの、一九五七年、公式会合は行き詰っていた。公式会合の行き詰まりは、中国側に移管されることになるピュンマ地域の大きさと、北部で国境が引かれる位置に関するビルマの要求に、中国側が応じようとしなかったことが原因であった。

一九六〇年一月の政治局常務委員会の会議の後、周恩来はビルマとの新たな話し合いを進めるべく、動き出した。一月一二日、周恩来はネ・ウィンを北京に招いた。書簡の中で周恩来は、もしネ・ウィンが速やかに中国に来られるのであれば、中国政府は中国・ビルマ間の領土紛争の解決に関する原則を説明し、両国間の意見の相違を取り除くべく、交渉を行うであろう、と言及していた[76]。一九六〇年一月二三日、ネ・ウィンが中国に到着し、両国は紛争の解決へと乗り出した。この協議とビルマの事前の要求に中国が同意したタイミングは、こうした同意は、中印間の紛争解決を通じて、チベットに対する支配を強化するための中国の継続的努力から生じたものであることを示唆していた。また、中国がビルマと協力しようとする原動力は、ビルマを拠点とする国民党の残存部隊の潜在的影響力に対する、中国側の敏感さの高まりから生じたものでもあった（地図2－2を参照）。

三回にわたる協議の後、周恩来とネ・ウィンの会談は早々に進展を見せた[77]。そして一九六〇年一月二八日、両者は、領土紛争を解決する包括的枠組みの概要を示す境界線合意に調印した。中国側は、一九五七年初期にウ・ヌー（U Nu）が提起し、一九五九年にネ・ウィンが再度主張したビルマ側のいくつかの要求に応じた。第一に、中国は、ナムワン地域をビルマに移管することに同意した。同地域は、カチン州とワ州を結ぶ、たった一つの自動車道路を

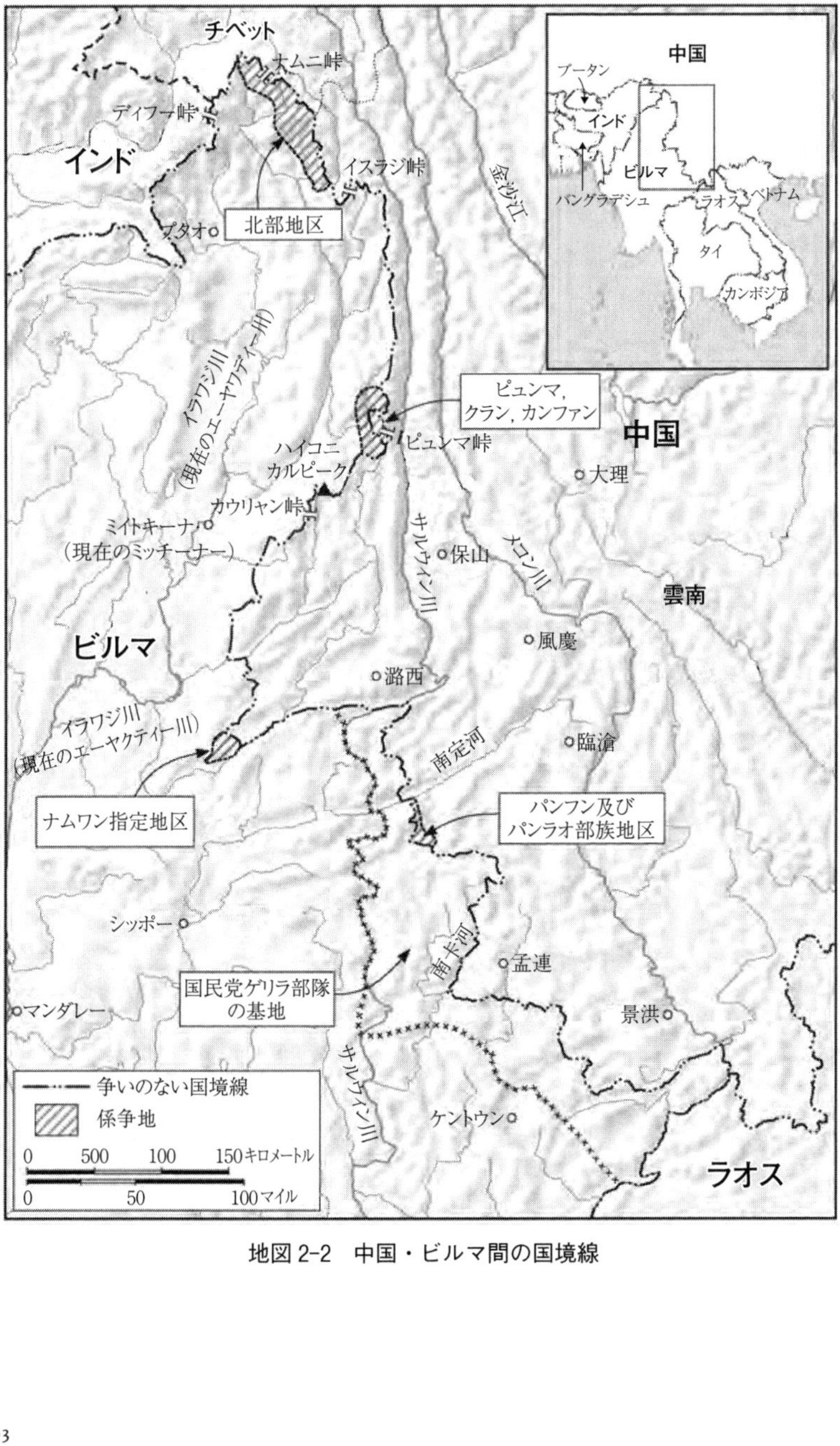

地図 2-2　中国・ビルマ間の国境線

含んでいた。代わりに、ビルマはワ州内のボンホン地域の二つの村を、中国に移管することに同意した。第二に、中国は、ビルマ・インド・中国の三国の境目となる、イスラジ峠とディフ峠の間の分水嶺を北側の「慣習上の境界」とすることに同意した。それは、約一〇〇〇平方キロメートルをビルマに譲ることを意味した。もともと中国はこの地域では分水嶺について例外を作ろうとしていた〔すなわち、分水嶺を越えた領土の主張をしていた〕が、ビルマはこうした提案に反対していた。[78] 第三に、ルヘン塩山の権利をビルマに移管することに同意した。第四に、中国はサルウィンの分水嶺をイスラジ峠とハイコニカルピークの間の境界として受け入れることに同意した。くわえて、両国は、一九一三年にイギリスが獲得したピュンマ近郊の三つの村落を中国に返還するという一九五六年の取引を維持した。ただし、条約について交渉する際、中国側は、中国に返還される地域の大きさに関するビルマの立場に従った。その結果、返還された土地は、当初の要求よりもはるかに小さいものとなった。[79]

一月というタイミングで同意と妥協がなされたことは、中国がインドと同様の妥協を意図していたことを反映していた。前年一一月にネルーとの会談を開始することを試みた後、一月初頭になって周恩来はネ・ウィンを北京に招いた。実際、ビルマとの合意が公表されたわずか五日後に、ネルーはようやく周恩来と会談することに同意し、彼をニューデリーに招待したのであった。一九六〇年四月にインドを訪問する前に、周恩来は一月合意の署名を祝賀するためにラングーンに立ち寄った。周恩来は、中国とビルマとの合意は、「アジアの国々にとってのモデルを構築するものであり」、「インドとの問題を話し合う際にも有利なものとなる」と繰り返し述べた。[80] 二月の『人民日報』の社説は、以下のように指摘していた。すなわち、「中国とビルマの国境問題に関する合意は、仲むつまじい状態にあるアジアの国々にとっての新しい先例となるものである。なぜ、中国とビルマの間で起きた出来事が、中国と他のアジア諸国との間でも起きないのであろうか」と。[81] ビルマとの交渉によって、周恩来はインドが同じような妥協を受け入れるよう望んでいた。

一月の合意内容は、中国がインドと行うであろう妥協の本質の概要を示していた。中国・ビルマ間国境の北部地域の分割は、一九一四年のマクマホン・ラインにおおむね沿うものであった。マクマホン・ラインとしてではなく、

「慣習上の境界」としてのみ言及していたとはいえ、この合意の中で中国は明確にこの分割線を受け入れていた。これは明らかに、中国が国境問題での討議の中で、マクマホン・ラインを受け入れる用意があることを、インドに伝えるものであった。四月、周恩来は、このメッセージがインドを訪問してネルーと会談する前にニューデリーに伝わるよう、ウ・ヌーとの会談で以下のように言及した。それは「われわれは中国とビルマの国境問題の解決に関する原則に基づき、中印の国境問題を完全に解決することができる」というものであった(82)。

中国がビルマと妥協したのには、中印の国境問題への懸念に加え、もう一つ理由があった。それは、中国が雲南省の国境地域に隣接するビルマ領内に基地を構築していた国民党の非正規部隊による国内治安への脅威に直面していたことであった。一九五四年にいくつかの部隊が帰還していたものの、チベットで暴動が生じてから、その襲撃作戦は多発していた。一九五九年二月、中国は、蔣介石がビルマに駐在する国民党の柳元麟少将に対し、チベット暴動に乗じて雲南での反攻作戦を行うよう指示したという情報を入手した(83)。さらに蔣介石は柳に対して、「攻撃によって暴動を作り出し、暴動によって混乱を作り出す」よう指示していた(84)。これに対し、毛沢東は雲南省党委員会と昆明軍区に警戒レベルを上げ、国民党の脅威に備え、中国側の政策手段を検討するよう命じた(85)。一九五九年五月五日、毛沢東は楊成武上将（当時副総参謀長）を派遣し、状況の調査に当たらせた(86)。柳がメン・パオ近郊に飛行場を築き、台湾から補給物資と特殊部隊を受け入れていたため、一九六〇年初頭までに、中国の指導者たちは、国民党軍が強化されていることを把握するようになった。四月、周恩来は、米軍の支援を受けた国民党航空機がビルマからチベットにかけて侵入していることに不満を述べて、この飛行場が国民党軍と同様に、チベットの反乱軍の補給にも用いられている可能性を示唆した(87)。ラオスとタイから中国に帰国した人々によれば、この地域の国民党軍は約九四〇〇名の兵力を保有するようにまでなっていた(88)。

ビルマとの国境交渉は、中国に国民党軍部隊に関する取引を行う機会をもたらした。一九六〇年春、中国は、国境交渉の達成と国民党軍排除へのビルマ側の協力を結びつけるようになり、それは一九六〇年後半の合同軍事作戦で頂点に達した。両国が係争地域の分割について交渉を準備する中で、一九六〇年四月、周恩来はネ・ウィンとの会談で、南ビルマでの国民党の活動について問題を提起し、両国が協力して国民党の軍用機を撃ち落とすよう求めた[89]。六月末の中国・ビルマ間国境合同作業部会の最初の会合で、中国は追加要求を提示した。周恩来は、中国の首席代表であった姚仲明に、国民党の非正規部隊に対する軍事作戦に関して、ビルマの同意を獲得するよう指示した[90]。王尚栄・総参謀部作戦部部長も、周恩来は国境条約の最終交渉と国民党軍の排除に対するビルマの協力を結びつけて考えていた、と回顧している[91]。

二つの理由により、ビルマはこうした中国の要請にただちに同意した。第一に、国民党軍は中国・ビルマ関係において、一貫した緊張要因であり、一九五五年にはビルマ軍と中国軍の衝突を引き起こしていたのである。そのため、これらの部隊を排除することは、中国・ビルマ関係を安定させることを意味していた。第二に、ビルマ政府にも、国民党軍を排除する独自の理由があった。というのも、国民党軍は、東北ビルマの広範な地域を支配しており、また独立を求めていたカチン族を支援していたからである。脆弱なビルマ軍は単独で国民党軍に対抗することはできなかった。そのため、ビルマは中国との協力を歓迎した[92]。一九六〇年一一月から一九六一年二月にかけて行われた軍事作戦は、国民党軍の主要基地を破壊し、そこで生き残ったり、また捕まったりした部隊をラオスに追い出した。約七四一名の国民党軍の兵士が死亡、あるいは負傷し、人民解放軍の部隊も二三〇名の犠牲者を出した[93]。

一九六〇年一〇月一〇日、周恩来とウ・ヌー首相は国境条約に調印した。同条約は、中国・ビルマ国境の基本的な地点を取り決め、前述のような妥協を組み込んでいた[94]。その約一年後、広範囲な調査を踏まえ、周恩来とウ・ヌーは中国・ビルマ間国境の二四四の国境標柱の位置が記載された詳細な地図付の国境議定書に調印した[95]。

ネパール

一九六〇年三月一一日、中国・ネパール間の国境問題を討議する高級会合に参加するため、ネパールのコイララ首相が北京に到着した。三度に及ぶ交渉の中で、両国は地図を交換し、お互いの地図において実際の管轄権に関して意見が対立している地域の細部事項を討議した。一九六〇年五月二一日、両国は、慣習上の国境と国境地域の実際の支配を最終合意の基礎とするという、予備的合意に達した[96]。不一致こそ認められたものの、両国は、慣習上の境界に依拠するという一般的な方向性について共通認識に至り、残された相違点を取り扱う合同国境委員会を設置することに合意した。コイララとの会見で、毛沢東は、紛争の対象であったエベレストの主権を平等に分割しようと提案した。[97]

協議の中で、重要な論点の一つであったのは、中国・ネパール間国境付近のチベット反乱軍にどのように対処するか、という問題であった。[98]周恩来は、ネパールは彼らを逮捕してもいいし、亡命を許可してもいいし、中国に送還してもよい、と発言した。[99]この後、ネパールは、一九六〇年のある時点で、中国がネパールに駐留する反乱軍を攻撃する軍事作戦の実施を許したが、おそらくそれは、ビルマが国民党軍に対する軍事作戦を中国に許したのと、同じ理由によるものであっただろう。[100]ある中国の外交官は、一九六四年六月、人民解放軍がネパールにいたチベット反乱軍に対する追加作戦を実施したと回顧している。

国境合意の最終条項は、その後一四カ月かけて、合同委員会で四度会議が開かれる中で、交渉された。一九六一年一〇月五日、劉少奇とネパールのマヘンドラ（Mahendra）国王は、国境条約に調印した。[101]ビルマと同様に、今回も中国側はネパールの要求の大半に同意した。最終合意で、ネパールは一一あった係争地域のうち一〇の地域で支配権を獲得したが、それは合計約二三三二平方キロメートルにも及んだ。[102]これに対して、中国は残った一つの係争地域の支配権を獲得したが、それは約一四五平方キロメートルであった。エベレストについては、その境界が「山頂を通る」ことで合意した。この文言は主権の分割をほのめかしていたとはいえ、ネパールの指導者がその主張を維持することを許すものであった。[103]

チベット暴動が中国の領土の一体性を脅かした時、ネパールとの領土紛争に関する中国の戦略的文脈は根本的に変化した。いまや、安定した国境とヒマラヤ周辺諸国との友好関係は、それら諸国と争っていたどの領土よりもずっと重要となった。中国はそれまで主張してきた多くのものを譲った。しかし、重要な意味を持つヒマラヤの隣国との関係改善を実現し、チベットの国境における脆弱な部分を安定化させ、まもなく行われる協議で同様の合意を追求するよう、インドに圧力を追加した。

中国とネパールの交渉における三つの様相が、こうした解釈を成り立たせる。第一に、中国とネパールの交渉のタイミングは、インドとの妥協的合意を模索していた周恩来の努力と関係があった。一九五九年九月、中国共産党中央政治局がインドと交渉による合意を追求することを決定した後、同年一〇月に、周恩来はネパールの指導者コイララを北京に招待した。周恩来は、一九六〇年二月、同年四月にインドを訪問することに合意した後、ネパールとのハイレベル会合を開催し、中国・ネパール間国境問題を解決するための原則に関する合意に調印した。ニューデリーに行くまでに二つの周辺国との合意に調印することで、周恩来はインドとも同様の合意を達成するためのはずみをつけようとした。周恩来はこの合意が、「アジア・アフリカ諸国の団結と友好を発展させるために、新しいモデルを創造した」ため、一九六〇年一月のビルマとの合意を高く評価した[104]。同様に、一九六〇年三月のネパールとの合意の調印の後、『人民日報』社説は、「これは、アジア・アフリカ諸国間の如何なる未解決の紛争も解決することが可能であるとの、強力な証拠である」と言及した[105]。

第二に、一九六一年の中国・ネパール条約における国境は、中印国境の東部地区にあるマクマホン・ラインの位置を確認するものであり、西部地区でインドが中国の主張を認めるならば、そのかわりに中国はインドの立場を受け入れる意思があることを、あらためて示唆するものであった。インド・ネパール間の緊密な関係を考慮すれば、中国がインドの主張に応じる意思があったことに、インドが気づいていたであろうことは間違いない。

第三に、チベットでの国内不安を反映して、中国はネパールとの国境問題に関する緊張関係を改善すべく、追加的措置をとった。一九六〇年三月の交渉で両国は、非武装地域を構築するためにそれぞれの国境から二〇キロ後退することで合意した。それにもかかわらず、一九六〇年六月二八日、ネパールのムスタン地域で中国・ネパール両軍の衝突が生じた。この時、人民解放軍の部隊は国境付近でチベット反乱軍を追跡していたが、それは一九六〇年三月の合意の条件に反するものであった。中国の部隊はネパールの国境警備隊の将校一名を殺害し、残り一五名を捕虜としたが、こうした行動はネパールが国境に関する合意を放棄する原因になる恐れがあった。しかし周恩来は即座に謝罪を表明し、中国はこの事件に対する賠償金を支払った[106]。一九六一年八月、両国は、国境地域の住民が国境を横断して移動することを禁じるという追加協定に調印したが、この協定はネパールの国境地域がチベット反乱軍を支援することを防ぐことを意図したものであった[107]。

国境条約が調印された後、合同国境委員会は国境を調査し、国境標柱を設置し始めた。一九六三年一月二〇日、〔中国の外交部長である〕陳毅とトゥラシー・ギリは境界画定の段階が終わったことを意味する国境議定書に調印した[108]。調査・境界画定チームは、国境における七九もの異なった地点に沿って、九九の国境標柱を設置した。議定書の大部分は、ヒマラヤ山脈のさまざまな峰々に沿って、国境線を描いていた[109]。

インド

一九六〇年二月にネルーが周恩来をニューデリーに招待した後、中国とビルマ、ネパールとの交渉に続き、中国とインドは四月初旬に会談を行うことに合意した。この会談は劇的なまでの失敗に終わったものの、討議に関する情報は、今日までほとんど明らかにされていない。近年中国で参照可能になった資料には、周恩来とネルーが行った毎回の会談要旨も含まれており、それにより交渉を再現することが初めて可能となった[110]。これらの資料は中国がビルマ、ネパールに対して行った妥協と同じような枠組みを描いていたことを示している。両国の協議は文書による合意のみならず非公式の共通認識すら形成することにも失敗したのだが、それでもやはり、こうした新しい資料は協力による紛争解決を中国が模索していたことを明らかにしている。

ニューデリーに向けて出発する前、周恩来はネルーとの協議における中国側の目標の概略を描く草稿を個人的に執筆した。「国境問題における中印首相会談のための計画（案）」と題されたこの文書には、両国の緊張関係を緩和し、国境問題を解決する枠組み、とりわけ対立する主張に関して妥協するという原則を構築しようとする周恩来の意図が記載されていた。出発する前段階で、周恩来は、「ビルマ、ネパールと同様」の合意を中国は達成できるということが彼の最も楽観的な予測である、と述べていた[111]。

ネルーが周恩来との会談に合意する以前の段階でさえ、中国はすでに妥協することを決断していた。一一月七日のネルー宛の書簡の中で、マクマホン・ラインを越えて東部地区内の係争地域に部隊を派遣することはないという中国側の政策を、周恩来は繰り返していた。当然マクマホン・ライン自体を「認める」〔英語はacknowledge, 中国語は「承認」〕ことはしないが、マクマホン・ラインにより定められた境界を受け入れる意思があることを、周恩来はあらかじめ何度かネルーに対して述べていたのである。(112) 一一月初頭のソ連大使との会談で、周恩来は、「中国はマクマホン・ラインを認めないが、それでもマクマホン・ラインは境界線として使用されてもよい」と発言していた。(113) さらに、中国がビルマとの協定の中でマクマホン・ラインを受け入れ、ネパールとの合意の中でもヒマラヤの山々に沿ったその境界地点を容認していたことは、中国がインドとの妥協の中でもマクマホン・ラインを受け入れることを示唆しており、インド側の最大の関心事に焦点を当てていた。

新たに利用可能となった資料では、周恩来・ネルー会談で、周恩来が、ネルーの公式伝記作家がこれまで否定していた領土交換案を提案したことを示している。(114) 最近機密解除されたCIAの報告書によれば、各国にあるインド大使館に配布された回覧文書は、会談で「もしもわれわれがラダック（Ladakh）における中国の主張を受け入れるならば、〔中国が〕マクマホン・ラインを受け入れるであろうことは…（中略）…明らかである」と書かれている。(115) 最初の会合で、周恩来はマクマホン・ラインを議論し、同ライン以南の領土はかつてチベットの一部であったが、中国は「現実的」になるつもりだし、この領土に対する新たな要求を提起することはない、と発言した。(116) 五回目の会談で周恩来は、実際の支配状況に基づく慣習上の境界線は合意の基礎として使用するべきであると発言したが、それは西部地区での中国の立場と東部地区でのインドの立場の交換を基礎として妥協を行うことを暗示していた。六回目の会談では、周恩来は、「東部地区では、われわれはインドの行政管轄権によって区切られている境界線を認める。西部地区では、インドが中国の行政管轄権の境界線を認めるべきである」と発言した。(117) この方法は後に、領土紛争解決のための「包括的取引」として知られるようになった。

協議の唯一の成果は、お互いの地図と歴史文書を相互に調査することで、意見が分かれている明確な領土を決定するために、専門家による作業部会を創設したことであった。(118) 一九六一年に長大な報告書が公表されたが、領土紛争の解決に関しては、何の進展も見られなかった。それでもやはり、周恩来・ネルー会談が実りのないものであったとしても、妥協を模索した中国の努力を見落とすべきではない。会談の前、周恩来は、ビルマおよびネパールとの国境問題を解決した妥協的な合意と同様の方法を用いることができるだろうという、あらん限りの期待を抱いていた。周恩来は、おおやけの場でも私的にも、そうした合意に達したいとはっきりと述べていた。おおやけにビルマとネパールと妥協することで、中国は、インドの利益を最大化するために中国としっかりと取引を行うよう、ネルーに対して働きかけていたのであろう。

合意がないまま、中国は一方的にチベット国境を安定化することに着手した。第一に、中国軍とインド軍の国境警備隊の衝突と紛争の潜在的可能性を低下させるため、東部地区の前哨陣地からの撤退を行った。同時に、新疆・チベット公路の安全確保のため、自らが領有を主張している境界線がある西部地区により多く駐屯地建設を始めた。第二に、一九六〇年五月、総参謀部は、「西南地域国境警備規則」を公布した。これらの規則の理論的根拠は、対外的な国境の安全性と国内の政治的安定性のつながりを明らかに認めるものであった。すなわち、内部発行の人民解放軍史によれば、これらの規則は、「周辺国との衝突を回避し、われわれの西南国境に平和をもたらすために考案された」ものであった[119]。一連の規則は、巡回警備、爆薬の使用、演習、実弾発射、その他いっさいの潜在的な挑発的活動を禁じていた[120]。中国はまた、主として反乱軍の国境横断活動を止めるために、インドとの国境を封じようとした。

会談が失敗に終わった後も、中国は、周恩来がネルーに概説していた包括的取引を推進し続けた。一九六〇年七月、陳毅は北京でインドの外交官に接触し、中国は周恩来の示した解決策をもとに交渉を行う用意があると伝えた。陳毅はさらに、合意に調印するためなら、周恩来は再度インドを訪問するのもいとわないだろう、とも述べた。同時に中国は、ネルーと緊密な関係を持つビルマの指導者ウ・ヌーを通じて、メッセージを送ることも模索した。一九六〇年一一月、周恩来は、インドが西部地区、とくにすでに中国が支配している地域での中国の立場を受け入れる代わりに、中国は東部地区での自らの主張を放棄する用意があることを、ウ・ヌーにあらためて伝えた[121]。一九六一年四月、ニューデリーの中国大使館は、国境問題を解決するために仲裁者を指名することにインドが支持するか否かを調べた。一九六一年六月、ラオス問題をめぐるジュネーヴ会議の際に、中国代表団は、陳毅がクリシュナ・メノン（Krishna Menon）と国境問題を話し合いたがっていることを示唆した。[122]

（4）外部からの脅威？

一九六〇年にビルマ、ネパール、インドとの領土紛争で中国が妥協しようとしたことに対して、領土紛争をめぐる協力に関する本書の理論における、もう一つのメカニズムである外部からの脅威により、もしもそうした脅威がなかったらどうだったかと問うことで最も妥当な説明をすることができる。この説明では、中国はチベットでの国内的権威を強化するためではなく、アメリカ、ソ連、インドを含むさまざまな敵対国によって引き起こされた外部からの脅威に対処するために紛争を解決しようとしたと主張される。[123]〔しかし〕まず、一九六〇年以前の段階でいかなる妥協もなされなかったという事実が強調されるべきである。一九五〇年代全般と一九六〇年代初頭において、アメリカは中国にとって最も重要な敵国であったが、中国は領土紛争において、もしも実行すればアメリカに対して自国の立場を強化していたかもしれないような妥協を実行しようとしなかった。もしも外部からの脅威への対応が中国の目的であったならば、中国は、一九五〇年代に領土紛争中の他の非同盟諸国と同様に、アメリカの同盟国だったパキスタンやアフガニスタンとも協調しようと努力していたかもしれない。実際、次節で論じるように、数年後、中国はこれらの国々とも妥協を行ったのであるが、しかし、それは新たな国内の脅威への対応だったのであって、外部からの脅威への対応ではなかった。

同様に、中ソ対立が表面化しつつあったにもかかわらず、一九六〇年代初頭の中国による領土紛争での妥協の試みは、高まっていたソ連との対立において中国の立場を改善することを意図したものではなかった。一九五八年に対米政策およびその他の問題が表面化したにもかかわらず、中国がビルマ、ネパール、インドに妥協を初めて提示したのは、一九五九年後半および一九六〇年初頭であり、この時中ソ関係はいまだ友情にあふれていたのである。しかも最も重要なことは、一九六〇年一月から四月にかけてなされた中国の妥協への努力が、中国で働いていた残

郵便はがき

恐縮ですが
切手をお貼
りください

112-0005

東京都文京区
水道二丁目一番一号

勁草書房
愛読者カード係行

(弊社へのご意見・ご要望などお知らせください)

・本カードをお送りいただいた方に「総合図書目録」をお送りいたします。
・HP を開いております。ご利用ください。http://www.keisoshobo.co.jp
・裏面の「書籍注文書」を弊社刊行図書のご注文にご利用ください。ご指定の書店様に至急お送り致します。書店様から入荷のご連絡を差し上げますので、連絡先(ご住所・お電話番号)を明記してください。
・代金引換えの宅配便でお届けする方法もございます。代金は現品と引換えにお支払いください。送料は全国一律100円(ただし書籍代金の合計額(税込)が1,000円以上で無料)になります。別途手数料が一回のご注文につき一律200円かかります(2013年7月改訂)。

愛読者カード

30279-6　C3031

本書名　中国の領土紛争

お名前《ふりがな》　（　　歳）

ご職業

ご住所　〒　　お電話（　　）　－

本書を何でお知りになりましたか

書店店頭（　　書店）／新聞広告（　　新聞）

目録、書評、チラシ、HP、その他（　　）

本書についてご意見・ご感想をお聞かせください。なお、一部をHPをはじめ広告媒体に掲載させていただくことがございます。ご了承ください。

◇書籍注文書◇

最寄りご指定書店

市　町（区）

書店

（書名）	¥	（　）	部
（書名）	¥	（　）	部
（書名）	¥	（　）	部
（書名）	¥	（　）	部

※ご記入いただいた個人情報につきましては、弊社からお客様へのご案内以外には使用いたしません。詳しくは弊社HPのプライバシーポリシーをご覧ください。

留専門家を引き揚げるというソ連による一九六〇年七月の決定や、インドに対して限定的な軍事援助を提供するというソ連による一九六一年中旬の決定の前に行われたことなのである。[124]

最後に、中国のビルマとネパールへの妥協への試みは、増強しつつあるインドのパワーに対して均衡を図る試みの一部ではなかった。一九五九年以降、インドは中国にとってより脅威となっていたとはいえ、それはこの地域におけるインドの活動の増加やパワーの向上に起因するものではなかった。そうではなく、チベットでの自らの不安定性と、同地域に対するインドの野心への確信こそが、中国の指導部がインドを脅威と見なした原因であった。より一般的に言えば、もしも中国がこの地域でのインドの増大する影響力に対抗することを目指していたのであれば、領土紛争におけるインドとの妥協は、おそらくその目的に資するものではなかったであろう。もしも中国とインドが、本当にネパールのような、そしてより程度は低いとはいえビルマのような緩衝国に対する影響力を競い合っていただけなのであれば、中国はおそらく、インドとの領土紛争においてよりいっそう強硬な政策をとり、妥協など追求しなかったであろう。しかし実際には、中国の指導部は、領土の一体性に対する国内の脅威に対抗しようとしていたのであり、インドがこうした国内の脅威を悪化させる、あるいはそれにつけ込むことができる、と信じていた。皮肉なことであるが、反乱を鎮圧し、チベットの直接統治を強化するために、中国は国境を安定させる必要があり、そのために周辺国との関係の改善を行ったのである。

2　一九六二年の領土危機

広く知られた合意を一九六〇年にビルマおよびネパールとの間で締結する前でさえ、その他多くの中国の隣国は、係争中の国境に関して協議を行うことを望んでいた。たとえば、一九五九年一〇月、パキスタンのアユーブ・カーン（Ayub Khan）[125]大統領は、パキスタンはすべての領土紛争について、解決に向けて、中国と交渉を始める意思があると発言していた。一九六〇年二月に北京に駐在する大使を通じて、一九六一年五月には外交文書を通じて、パキスタンは再度中国と国境問題に関する協議を開催しようとした[126]。同じように、モンゴルも国境問題の交渉を行うべく、一九五七年に初めて中国側に話をもちかけ、一九六〇年に周恩来がモンゴルを公式訪問した時、この問題を再度提起した[127]。北朝鮮も、伝えられるところによると、一九五〇年代初頭と一九六一年に、中国と国境交渉を行おうとしたとのことである[128]。

いずれの事例においても、中国は隣国の要求を断固として拒否した。しかし、一九六二年に入ってから、中国はすばやくその対応策を変えた。二月と六月の間に、中国はパキスタン、モンゴル、北朝鮮との協議開催に動いた。中国はソ連との協議開催への努力をさらに強化し、この年の終わりにアフガニスタンが話を持ちかけてきた時、中国はあっさりと国境交渉に着手することに同意した。中国はいずれの国家とも国境問題における妥協を提示し、四つの国境協定に調印し、ソ連とは先例のないほど〔妥協的な〕交渉を行った。

つまり、体制不安こそが、残された多くの国境紛争において、中国のアプローチが劇的に変化したことを最もうまく説明できるのである。一九六二年春、中国の指導者たちは、それは第一に大躍進政策の失敗による経済危機と飢餓がもたらした政治的不安定性により形成され、次にチベット同様に重要な周辺地域である新疆での民族暴動により加速された破滅的な嵐に直面していた。〔中印国境紛争や台湾の大陸反抗作戦という〕他の問題をめぐり、インドと台湾が行ってきた挑戦は、国家統一の維持と国内統治の強化の重要性を増大させただけであった。それぞれの出来事それ自体は、それほどまでに多くの領土問題で妥協を行うためのインセンティブを形成するには不十分であったかもしれない。しかし、わずか二カ月間に、大躍進を背景としたこれらの脅威の結合は、中国の指導者たちを不安にさせた。領土の一体性に対する国内的脅威と政治的安定性に対する国内的脅威の両者が結合したことは、隣国と国境をめぐって紛争を続けることのコストを増加させた。危機が深刻化したことにより、中国は、多くの国境紛争に関する協議を開き、譲歩を提示することに着手したのである。

（1）中国本土における政治的不安定

この体制不安の時期は「大躍進」の劇的な失敗により始まり、それは中国の指導者たちにとって深刻な正統性の危機を引き起こした。一九五八年の大躍進は、ほぼ農業しかなかった経済を急速に工業化するための毛沢東の理想主義的計画がもたらしたものであった[129]。その方法は、たとえば前年わずか五五〇万トンであった鉄鋼生産量を三〇〇〇万トンまで増加させるような野心的な経済成長の目標を達成するために、組織化や大衆動員といった手段を用いることであった[130]。たった数カ月間の間に、農業および工業生産を増加させるためにおびただしい数の人民公社が設置された。一方で、地方の指導部は、非現実的な生産目標を達成するために、どれほど非科学的であったとしても、必要とされるあらゆる手段をとることを許された。

大躍進は、中国を近代的工業時代にのし上がらせることはなく、むしろ退行させていった。経済的、人的コストは膨大なものであり、中華人民共和国史上例がないものであった。急速な工業化の重視は、農村にある資源を農業から工業に転換させ、天候不順による農業生産の悪化をさらに落ち込ませた。同時に、より多くの穀物が農村から都市へと搾り取られ、こうした危機はいっそう悪化した。誤った農業政策、悪天候、無能な官僚機構の組み合わせにより、一九五九年から一九六二年にかけて、約二〇〇〇万人から三〇〇〇〇万人の餓死者が生じた。一九六〇年の穀物生産量は、一九五八年の穀物生産量のわずか七五・五パーセントに過ぎず、工業生産も深刻なまでに落ち込んだ[131]。一九六一年だけで中国のGDPは二七パーセントも低下した[132]。一九四九年以来、このような経済の後退が生じた時期に匹敵する後退期は一度としてなかった。

大躍進の結果は、中国の指導部にとっても劇的な政治的重要性を持っていた。国内的に、中央指導部は、経済の再建と国内の体力（state internal strength）を強化することを重点的に取り扱った。一九六〇年一一月三日、中国共産党中央委員会は、人民公社システムを徐々に分解することで、農業生産の回復を目指す「農村人民公社の当面の政策問題に関する緊急指示」（通称一二条）を布告した。一一月一五日、中央委員会は新たな緊急指示を公布し、大規模な大衆動員の取り組みを中止した。一九六一年一月の第九回中央委員会総会では、「調整、強化、充実、向上（中国語では調整、鞏固、充実、提高）」をスローガンとする経済調整が公式政策とされた[133]。劉少奇と鄧小平が経済の再建に着手したため、毛沢東自身はだんだん日常的な政策決定から遠ざけられていった。[134] 都市の負担を軽減するために、そしておそらく潜在的不安を防ぐために、中国共産党中央委員会は都市の人口を減らし、二〇〇〇万人を農村部に移住させることで、そうした不安に先手を打つことを決定した。[135]

中国共産党が体制強化に専念するには、安定した外部環境が必要であった。中国はラオス問題をめぐる第二次ジュネーヴ会議に参加し、またワルシャワでの大使級協議にも応じていたため、この時期の対米関係は「概して静か」であった。[136] 一九六一年一二月、中国は金門島への実弾砲撃を中止し、代わって宣伝用ビラをつめた砲弾に切り替えた。[137] 中印国境は武力衝突もないまま安定していたが、それはおそらく一九六〇年初頭に制定された衝突回避手続きに起因していた。一九六〇年にソ連から来た専門家が中国から引き揚げたことで中ソの緊張関係は増していたが、論争のトーンは下がっていた。一九六一年、両国は限定的な経済協力とミグ21戦闘機売却の可能性を話し合っていた。

しかしながら、政府文書はこうした外交政策方針と中国国内の経済危機とを関連づけている。一九六二年初頭、この時期の中国の対外政策で主要な役割を担っていた中共中央対外連絡部の王稼祥部長は、いくつかの内部報告書を作成し、中国の対外関係のいっそうの改善を提案した。[138] 王稼祥の提案の要旨は、劉寧一と伍修権との共同で執筆した、一九六二年二月二七日付の周恩来、鄧小平、陳毅への書簡に含まれていた。王稼祥は、中国国内の経済的困難と、アメリカ、ソ連との「外交闘争」のために、中国はその対外政策を緩和し、国内の経済状況を改善するための時間を稼ぐべきであると主張した。王稼祥はとくに、中国はアメリカの主要標的となることを避けるため、中国を孤立させようとするフルシチョフの取り組みを警戒し、インドとの手詰まりを打開する方法を見つけ出すべきであると主張し、ネルーは中国国民の敵ではない、と指摘した。[139]

一九六二年九月、中国共産党第八期中央委員会第十回全体会議のための予備会議で毛沢東は、対外関係の緩和と国内の「修正主義」を結びつけ、王稼祥を痛烈に批判した。しかしながら、王稼祥の考えは、対外問題に対する中国の一般方針を反映していたのである。というのも、一九六二年春の時点で、中国の外交方針は多くの国境問題で妥協的な合意を追求し始めていたからである。たとえば二月、在インド大使館の中国外交官たちは、インドの左派系ジャーナリストに、中国は新疆・チベット公路の共同使用を許可し、東部地区ではマクマホン・ラインを認め、西部地区では国境の範囲を画定する合同委員会を設置するかもしれない、と伝えた(140)。王稼祥は、五月の別の報告書の中で、対外関係緩和のために国内の緊急事態に言及し、「とくにわが国は『非常の時期』にあるため、われわれはより慎重に事に当たり、限度を越えてはならない」と記載した(141)。王稼祥の報告書は中国指導部内の分裂を表しているのではないか、と研究者たちは長い間推測してきたが、この報告書が書かれた時、そのような対立が存在していたことを示す強い根拠は何もない。王稼祥は飛んで火に入る夏の虫だったのであり、毛沢東による攻撃は機会主義的なものに過ぎなかった(142)。それどころか、毛沢東による批判の後も、中国は辺境地域の領土紛争で妥協を追求し続けた。

(2) 西北地域における不安

大躍進の失敗という背景と、その結果生じた経済調整の取り組みに逆行して、多数のカザフ族住民が新疆からソ連へと逃亡を始めていた時、中国は領土の一体性に対する新たな国内の脅威に直面したのである。一九六二年四月初めから五月の終わりにかけて、六万人以上の人々が国境を越えてソ連のカザフスタン共和国へと逃れたが、中国が国境を閉鎖し始めたため、逃亡劇は一九六二年五月二九日、グルジャ（伊寧《イネイ》）市における大規模かつ暴力的な騒擾事件という結果をもたらした。後に「イリ事件（伊塔事件）」と呼ばれる、これらの出来事は、辺境の不安定性がチベットから、全国土の一七パーセントを占め、単独では中国最大の行政地域である新疆へと拡大する合図になった。

チベット暴動と同様に、新疆での住民の流出とデモは、巨大な多民族国家である中国が有する外部からの影響に対する脆弱性と、国内の安定維持における周辺国との協力の重要性を、浮き彫りにするものであった。第一に、そして最も主要な脆弱性の根源は、中国国内におけるソ連の影響力であった。一八八〇年代中旬から、ロシアはグルジャで影響力のある役割を果たした。中華民国期には、新疆のさまざまな漢族軍閥、とりわけ盛世才に対して、ソ連はきわめて大きな影響力を発揮した[143]。第二次世界大戦が終了した後、ソ連は東トルキスタン共和国（一九四六～四九年）の建国を支援したが、それはカザフスタンに隣接する三つの県に設立された[144]。中華人民共和国が建国された後になっても、ソ連の影響力はなかなか消えなかった。一〇万三〇〇〇人以上のソ連市民が新疆で生活しており、その多くはカザフ族であり、地方政府や軍隊に勤務していたのである。新疆で、ロシア語は標準中国語よりも通用する言語であり、この地方の出版物で支配的であった。たとえば、学校の教科書もソ連から輸入され、中華人民共和国ではなく、ソ連を「母国」と記述していた[145]。ソ連は新疆に四つの領事館を維持していたが、そのすべてが中華人民共和国の建国より前に設置されたものであった[146]。

脆弱性の第二の根源は、この地域での中央政府機構の弱さであった。チベットと同様に、新疆には、中国共産党が一九四九年以降その権威を強化するのに活用できる、中央政府と新疆を結びつける政治組織がなかった。清朝の支配下では、新疆は軍事的植民地として統治されており、中央集権化された省単位の行政システムには組み込まれていなかった[147]。中華民国期には、漢族軍閥の一群がこの地域を支配していたが、彼らは国民政府からほとんど完全に独立した形でこの地域を統治し、行政的にも経済的にも、通常中国本土よりもソ連とはるかに緊密な関係を保っていた。この地域には、中国共産党が権威を維持することを支えるような非漢族幹部はほとんどいなかったので、中央政府は、東トルキスタン共和国で勤務した現地人官僚か、ロシア人やさまざまな軍閥に仕えた現地人官僚に頼らなければならなかった[148]。

新疆が中国本土から比較的孤立していたことが、脆弱性の第三の根源であった。一九四九年に中華人民共和国が建国された時、新疆と他の地域とをつなぐ、車が通れる道路はほとんどなかった。実際、一九四九年秋、この地域の中国共産党の支配を支援するために、物資の輸送に適した道路がどこにも存在しなかったため、ソ連は甘粛省の酒泉からウルムチに一万四〇〇〇名以上の人民解放軍の部隊を空輸した[149]。同時に、新疆の最大の貿易相手は隣接するソ連の共和国であり、中国本土の省ではなかった[150]。

イリ事件が浮き彫りにした第四の脆弱性の根源は、この地域の国境を中華人民共和国が防衛していなかったことであった。一九五〇年代を通じて、中ソおよび中蒙国境は基本的に防衛されておらず、「国境有れども防衛なし（有辺無防）」として知られていた。[151]中ソ同盟の絶頂期には、社会主義者の理想主義が、「兄弟国」間の国境防衛の重要性を控えめに扱い、警備部隊はほとんど配備されず、地域の住民は規制を受けずに頻繁に越境していた。ある人民解放軍史によれば、一九五〇年代と一九六〇年代初頭には、ソ連およびモンゴルと隣接する、一万一八〇〇キロ以上の国境を、わずか六二八名の兵士だけが警備していた。新疆地域の国境では、たった八つの国境駐屯地（辺防站）を一一〇名の兵士が守っていただけだった。[152]イリ事件が生じたイリ（伊利）県には、わずか二つの警備駐屯地と一つの検問所が設置されていたのみであった。この地域の三〇〇キロメートルにも及ぶ国境線のうち、わずか三〇パーセントのみが数日ごとに巡回出来たが、仮に行われるとしても、せいぜい週に一度巡回されるだけの地域もあった。[153]モンゴル地域の国境では、二六名の兵士が配属されるたった二つの国境警備駐屯地が設置されていただけであった。[154]

中国の指導者たちにとって、ソ連の行動は、この辺境地域での中国の弱点を浮き彫りにした。イリ事件後の交換書簡および交換公文の中で、中国の指導者たちはこの危機に対するソ連の責任を一貫して追及した。[155]一九五〇年代初頭には、一〇万三〇〇〇人程度のソ連市民が新疆に居住していたが、五〇年代の終わりまでには、その大半はもう帰国していた。[156]中国は、ソ連の外交官たちが一九六〇年と一九六一年に、偽の身分証明書を発行し、それらの身分証明書の所有者（その多くはカザフ人であった）に国境を越えて逃亡することをそそのかしたと、非難した。伝えられるところでは、彼らの逃亡を助けるため、ソ連の国境警備隊が、国境フェンスに大きな穴を空け、国境からソ連領内に避難民を移送するためにトラックを派遣し、そうした住民の移動をけしかけるために、印刷物やラジオ放送による宣伝活動を絶え間なく振りまいていた。[157]

中国の視点から見れば、ソ連は、中央政府の支配が元来非常に弱かったこの地域を、故意に不安定化させようとしていた。これほど多くの人々が逃亡したことで、周辺県の人口は空洞化した。チョチェク（塔城）市では人口の六八パーセントが国境を越えて逃亡し、裕民県でも五〇パーセント以上が逃亡した[158]。こうした人口減少はこれらの地域の労働力を急速に減少させ、その中には、多くのカザフ族の官吏や軍人も含まれていた。これはさらなる不安定化の恐れをもたらす損失であった。人口の流出は、六万畝《ほ》もの農地が放棄されたことで穀物不足を生じさせ、二三万頭以上の家畜が失われるという結果をもたらしたが、これらはいずれも地域の経済にとって深刻な問題となった[159]。

これらの出来事は、ソ連の影響力という潜在的な挑戦と同様に、新疆での中国自身の弱さをはっきりと浮き彫りにするものであった。さらに、イリ事件は、中国が北方の周辺国との間で抱える未解決の領土紛争に関する文脈を劇的に変化させた。新疆の安定を維持するためには、ソ連やモンゴルに接する無防備で未画定だった国境地域の安定化が必要であった。この地域において中国が求めていたいかなる領土的な利益も、北京から遠く離れた地で、反抗的な少数民族への内部統制を維持するという課題に比べればはるかに劣るものであった。

新疆での体制の権威を強化するため、中国は一方的な措置と外交手段の両方を追求した。第一に、カザフ族の大規模な逃亡の後、政府はただちに国境の統制強化に乗り出した。準軍事組織である新疆生産建設兵団の兵員が国境を巡回し、検問所を作るために派遣された。七月、中国共産党中央委員会は、イリ、チョチェクおよび、新疆生産建設兵団の管轄する他の地域において、辺境農場を三八カ所創設するよう指示した。これらの農場は、一万一〇〇〇平方キロメートル以上の土地からなり、主要な交通路に沿って、新疆とソ連の間に三〇キロメートルの幅を持つ緩衝地帯を形成した[160]。一九六二年九月、中国人民解放軍総参謀部は、中ソ国境と中蒙国境の管理に関する新しい規則を発令した[161]。一九六三年の終わりまでに、一万一二〇〇名の兵士が、二〇一カ所以上に及ぶ国境防衛司令部、駐屯地、検問所等を防衛するために配置され、国境警備に当たる人員は約二〇倍増加した[162]。最後に、中国は新疆のソ連領事館と同様に上海、ハルビンの領事館も閉鎖し、ソ連およびモンゴルと新疆との間でなされるすべての国境貿易を停止した[163]。

第二に、中国は隣国との国境問題の解決へと動き出した。一九六二年春、外交部は、中国にとって最も強大で、最も長い国境線を接している隣国、ソ連と協議することを計画し始めた[164]。しかしながら、長大な国境線とその変遷の歴史的経緯の複雑さのため、外交部はどんな協議でもできるよう準備する時間を必要とした。これらの交渉の前座として、中国はまず、北方の隣国であり、社会主義友邦でもある、モンゴルおよび北朝鮮との協議開催に着手した。三月後半、周恩来は、モンゴルおよび北朝鮮との国境協議を担う中国の専門家たちと予備会合を主宰した[165]。四月一三日、中国はモンゴルとの交渉開催に着手し、最終合意が確定していない国境地域の安定を維持するために、一連の措置を提案した[166]。モンゴルが回答をしなかったら間髪を入れず、周恩来は協議開催を再度主張するため、五月初めに北京でモンゴル大使と会見した[167]。

（3）領土の一体性に対する他の脅威

体制の安定に対するすべての国内の脅威の中で、中国は、インドと台湾という、二つの最も重要な領土紛争地域における圧力の増大に直面していた。これらの挑戦、とくにインドからの挑戦は、領土の一体性を維持するため、隣国との関係を改善する必要性を、よりいっそう浮き彫りにした。

最初の脅威はインドから来た。第4章でより詳細に論じられるように、一九六一年一一月、インドは、中国の支配下にない係争地域に哨兵《しょうへい》と国境拠点を設置する「前進政策」という、その対中政策の大転換を採用し、実行した。中国から見れば、インドのこの新しい政策は、チベットと中国の西南国境の安定に対する直接的な挑戦を引き起こした。一九五九年一〇月のコンカラ（コンカ峠）での衝突以来、国境は比較的平穏であった。すなわち、一九六〇年と一九六一年にほとんど衝突はなく、とくに武力を用いた衝突はいっさい生じていなかった。というのも、両国が、エスカレートの危険性を制限するよう努めていたからであった。さらに、中国の指導者たちがチベットにおける自らの権威を強化したことこそが、インドで前進政策が採用された理由であった。一九六一年末、中国共産党中央軍事委員会は、チベットが平和な状態を取り戻し、中央の権威が回復されたと宣言した[168]。一九六二年二月、中央軍事委員会は、チベットに駐留する部隊は、「優先順位を鎮圧から内部の整頓に移すべきである」と決定した。機動力のある部隊は引き続き国境防衛に集中するよう指示されたが、残りの部隊は生産に重点を移すよう指示された(169)。

人民解放軍の指揮官たちがインドの挑戦の全般的な広がりを理解した時、戦術的な対抗策が採用された。中国は係争地域でのパトロールを再開し、インドのさらなる進出を防ぐために、陣地の防衛を強化し、前哨部隊を設置するよう、国境防衛部隊に指示した(170)。同時に中国は、この地域の他の国境線を安定させることに着手し、パキスタンからそれを始めた。前進政策についてインドへ最初の抗議文を送付した二日前の一九六二年二月二七日、中国はパキスタンが一九六一年に提出した文書に回答し、暫定的な国境合意に調印する意図があると言及した。五月三日、インドがその前進政策を拡張させ続けたため、中国とパキスタンは、両国が交渉に入る意図があることを明言した共同コミュニケを公表した(171)。両国の国境地域を安定化させることに加え、中国のパキスタンとの交渉の開始は、明らかにインドに狙いを定めていた。協議の開始が発表された後、中国のインドへの外交文書は以下のように疑問を投げかけた。すなわち、「パキスタン政府が中国政府と国境交渉を行うことに同意したのだから、インド政府が中国政府と交渉をし、国境問題を解決できないことがあろうか」と(172)。

第4章で論じるように、中国の指導部にとって、台湾は領土に関わる第二の脅威をもたらしていた(173)。一九六一年一二月の終わり、蔣介石は、一九六二年こそが「決定的に重要な一年」になるだろうと発言した。三月の終わりには、蔣介石は、「われわれはもはやわれわれの義務を達成することに動揺したり、躊躇したりすることはない。われわれが共産主義者どもに大打撃を加え、祖国を再統一し、大陸に住む人々の自由を回復できることは疑いもない」と、主張していた(174)。三月初めから五月初めにかけて、国府は、兵力を増加させるために徴兵動員令を公布し、戦時動員の取り組みに資金を提供する特別予算を採択し、「大陸反攻」税〔国防特別捐〕を課した(175)。同時に、中国は、多数のアメリカ政府高官の台湾訪問を、攻撃のための追加支援で提供するものと見なした(176)。

五月中旬までに、中国の指導者たちは、台湾からの脅威は本物であると結論を下し、速やかな対応に着手した(177)。六月初め、中央軍事委員会が戦争準備を行うよう沿海各省に指示する一方で、第一級の五個師団が、一九六二年六月二〇日までに前線に到着するよう命じられ、また既存の部隊は、高度な警戒体制下に置かれた(178)。中央軍事委員会は、鄧小平に軍需生産を監督し、李先念に食料供給を管理するよう指示した。この危機は、六月二三日にワルシャワでの米中大使級会談の後、徐々に消滅し始めた。この時、中国側の代表団は、明確な言葉で、アメリカ政府は蔣介石の現段階での「大陸反攻」への努力を奨励しておらず、国府が攻撃を実施する際、いかなる軍事的な支援も与えないであろうと伝えられた[179]。

台湾からもたらされた危機は、辺境地域での領土紛争で妥協を行うという中国の決定に直接的な影響を与えたわけではないが、それでも中国領土の一体性に対する挑戦がいかに深く広いかについて、中国指導部の態度を形成する上で、重要な役割を果たした。この危機は、外部勢力が中国を弱いものと見なし、その弱さから利益を獲得しようとしていることを示していた。五月、劉伯承元帥が主宰した中央軍事委員会戦略研究小組は、蔣介石が、中国の経済苦境期を利用しようとしていると結論づけた。ある参加者は、蔣介石は中国の苦境を、「千載一遇の好機（千載難逢）」と見ていたと回想している[180]。

新疆の不安定性と人口流出は、それぞれ個別の事象かもしれないが、チベットに関するインドの新たな圧力と台湾による反攻計画は、中国の指導者たちの意識の中に危険な傾向を生み出した。新疆の党委書記であった王恩茂が一九六二年六月に指摘した通り、これらさまざまな挑戦は、「決して偶然ではなかった」。たとえば、新疆でのソ連の行動は、「生産、労働力、家畜、資本を大きく減少させることで、われわれの苦境をさらに悪化させようとしていた[181]」。こうした圧力に対応して、五月中旬、全国の国境状況（全国辺境情況）を議論するため、周恩来は羅瑞卿と楊成武という二人の高級指揮官とともに会議を主宰した[182]。これは、一九五〇年代と一九六〇年代において、中国の文民指導者が開催した、記録上確認できる数少ない国境の安全に関する会議の一つであった。このような会議の開催は、一九六二年の領土危機の根深さを示すものであった。というのも、それは、台湾正面へ動員をかけることを決定した数週間前のことであり、またインドとの最初の武力衝突の数カ月前という、いくつかの国境で緊張が高まっている中で開催されたものであった。六月、粟裕大将も同様に、「過去三年間、われわれが深刻な自然災害、食糧不足、経済的苦境に喘いでいる」ことを、蔣介石は利用しようとしていると述べた[183]。

インドおよび台湾との間で緊張が強まったため、中国はモンゴル、北朝鮮、そしてパキスタンに対して、妥協しようとし続けた。六月、中国は、両国間の実効支配線と一致する国境境界線案が描かれた地図と一緒に、公式の外交文書をモンゴルに送付した。[184] 同じ月、周恩来は中朝国境問題を話し合うため、北朝鮮大使と会談した。[185] この時の会談の詳細は公開されていないものの、おそらく中国が協議を懇願したのであろう。七月、中国とパキスタンは、両国の国境に関する地図を交換し、まもなく行われる会談のための手順を話し合った。[186] 以下で述べるように、こうした努力により、九月後半と一〇月初め、すなわち、中国がインドと同様の協議を開催することを模索していたのとまさに同じ時期に、モンゴル、北朝鮮、パキスタンとの交渉が開始した。

台湾危機が沈静化するとすぐに、ヒマラヤ辺境地域をめぐる紛争がさらに激しくなり始めた。国境での緊張の高まりを反映して、一九六二年七月二一日、一九五九年以来初めての武力衝突がチップチャップ渓谷で生じた（地図4－1を参照）。一九六二年夏の間、中国は交渉の開始をずっと模索し続けた。とはいえ他方で、中国は増大するインドのプレゼンスに反撃する準備をしていた。七月の終わり、周恩来は陳毅に対し、ジュネーヴ会議の際、インドのクリシュナ・メノン国防相との会談を手配するよう指示した。そこで陳毅は、「交渉を通じて問題を解決することが中国の一貫した立場であることを説明し、交渉再開のための準備を話し合った」。[187] 陳毅はメノンとの会談で、中国は、両国が統治している地域をもとにしてラダックでのさらなる調整を考慮するのをいとわないだろうと指摘したが、この発言は、一九六〇年に周恩来が提示した以上の譲歩を意味していた。[188] この会議の後、中国は三度にわたって、交渉を行うことを提案した。一度目は八月四日、ネルーが交渉を行う意思を示した時であった。二度目は九月一三日、東部地区でタグラをめぐる膠着状態が生じた直後である。三度目は一〇月三日であった。しかしながら、いずれのタイミングにおいてもインドは、中国が先に西部地区の係争地域から撤退する場合のみ、交渉を行うだろうと回答した。この前提条件は、インドがそれに応じた動きをとることなく、インドの主張する約三万三〇〇〇平方キロメートルの地域を放棄するよう中国側に求めていたのである。そして、もしもこのような撤退をしていたなら、新疆・チベット公路を無防備な状態にしたことであろう。

（4）中国の妥協

短期的には、ヒマラヤ国境での一連の事件は、妥協を通じて北朝鮮、モンゴル、パキスタンとの領土紛争を解決する試みに向けて中国を突き動かした。それは中国がインドと協議に入ることを提案した後であるが、一九六二年の戦争が勃発する前だった。中国は一九六二年九月または一〇月に、これら三カ国と交渉を開始した。そして一九六二年後半と一九六三年前半の、これら国境交渉の速やかな結末を得た。その結果は、戦争の後に開催された、中印紛争をめぐるコロンボ会議に影響を与えるべく、中国により利用された。

より一般的に言えば、これらすべての合意は、ソ連との国境問題を解決しようとする中国の努力とも結びつけられていた。一九六三年三月、アフガニスタンとの協議が開始されたと公表された時、中国はソ連に会談を提案した。中国の、その北方の社会主義隣国〔モンゴル、北朝鮮〕との合意もまた、類似の条項に同意するよう、ソ連に圧力をかけることを意図していた。一方、ソ連をパミール高原をめぐる難題に引き込む前の段階で、パキスタンやアフガニスタンとの合意を形成したことは、中国の中央アジアでの南部国境を安定させた。

モンゴル

ソ連の承認を経た後、一九六二年八月、モンゴルは中国と会談を開くことに合意し、交渉は一〇月一二日、ウランバートルで開始された。その三二日後、両国は予備合意に達したが、ヒマラヤで中国のインドへの二回目の攻撃が始まったのと全く同じ日である一一月一七日、その会談の概要が公表された[189]。一二月一六日、周恩来はモンゴルの指導者、ユムジャーギィン・ツェデンバル（Yumjaagiin Tsedenbal）を北京での調印式に招待した。二回目の協議の後、一九六二年一二月二五日、両国は最終合意文書を作成し、翌日にそれは調印された[190]。

中国がモンゴルとの妥協に突然乗り気になったことは、民族問題の不安定性と正統性に関する中核的な懸念が結合したことの効果を浮き彫りにした。こうしたインセンティブがなかった時期、中国は引き延ばし戦略を維持していた。一九五六年、西側での山道である、紅山嘴《ホンシャンツェイ》周辺での放牧権をめぐり衝突が生じた後、この地域での国境の位置に関して、地方政府の官僚同士が七月から非公式かつ要領を得ない協議を行った[191]（地図2-3を参照）。一九

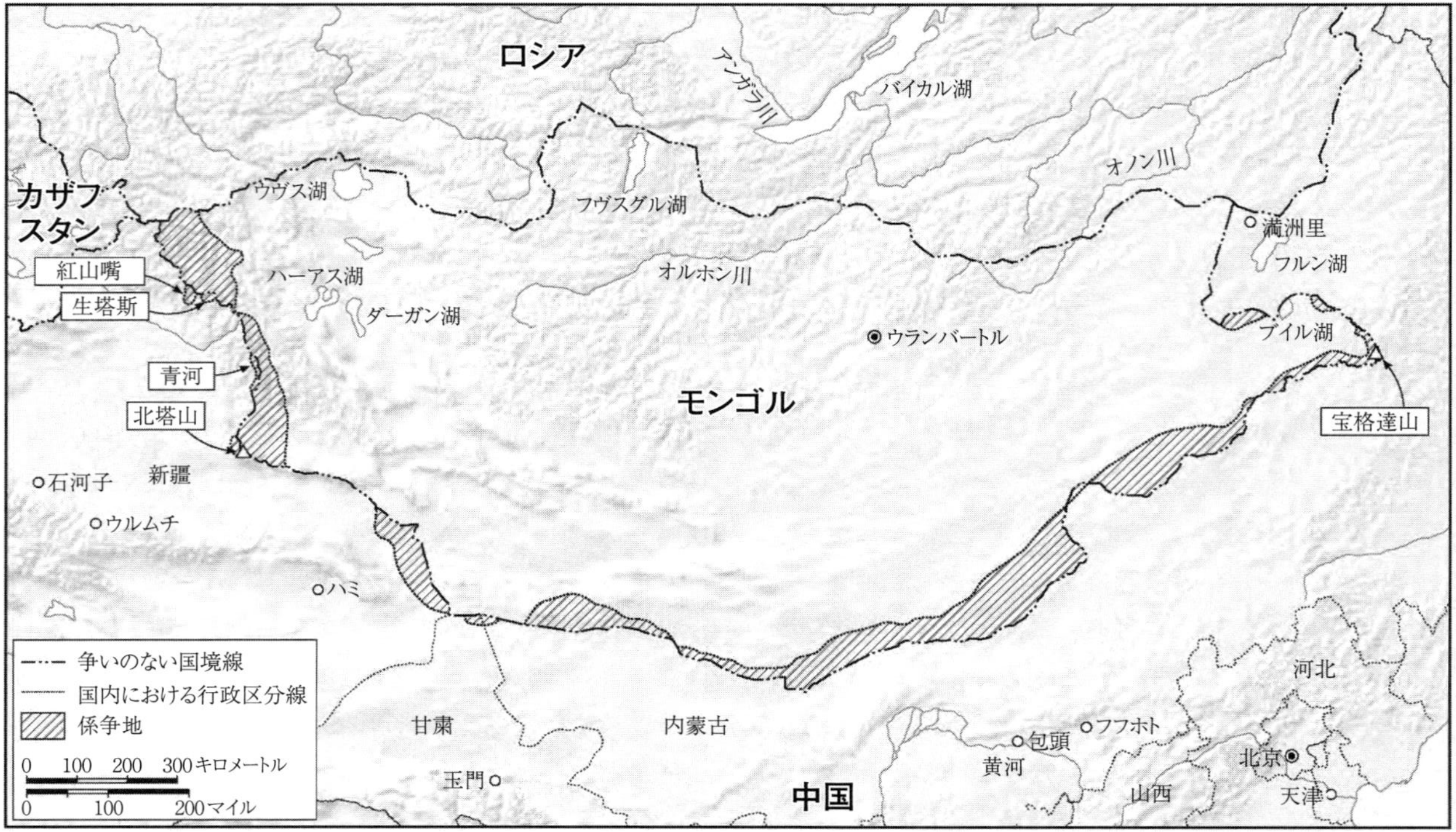
ロシア
アンガラ川
バイカル湖
オノン川
カザフスタン
ウヴス湖
フヴスグル湖
満洲里
フルン湖
紅山嘴
生塔斯
ハーアス湖
オルホン川
ダーガン湖
ブイル湖
ウランバートル
青河
北塔山
モンゴル
宝格達山
石河子
新疆
ウルムチ
ハミ
争いのない国境線
国内における行政区分線
係争地
0 100 200 300キロメートル
0 100 200マイル
甘粛
内蒙古
河北
包頭
フフホト
北京
黄河
玉門
中国
山西
天津

地図 2-3　中蒙国境

五七年一一月二二日、モンゴルは中国に国境問題交渉を行うことを提案する外交文書を送付した。一九五八年三月、協議を開催することに中国は原則合意したものの、いかなる進展も見られなかった。一九五八年七月、モンゴルは二度目の外交文書を送付し、宝格達山と、青河地域の査幹《チャガン》川周辺放牧地の主権を主張した。[192] 一九六〇年五月に周恩来がウランバートルを訪問した時、モンゴルは再び国境問題を解決したいという要望を示した。[193] しかし、中国は、モンゴルが最初に要請を出してから五年が経過した一九六二年四月になってからやっと交渉を進めたのである。

最近新たに利用可能となった資料により、この時生じた妥協の広範な要因が理解できる。一九六二年の交渉では、協議は両国の地図で見解が異なる地域に焦点を当てた。すなわち、全体としては、両国が相互調整に同意した五〇六平方キロメートルを含む、合計一万六八〇八平方キロメートルの地域が、争点となった。[194] さまざまな地図を比較したところ、いずれも、中国が、多くが草原地域の拡大解釈であったその主張のほとんどを断念したことを示している。[195] 中国側の他の資料は、約一万六三二九平方キロメートルとして、この地域の面積をわずかながら小さくし、モンゴルが一万七〇九平方キロメートルを、中国が五六二〇平方キロメートルを獲得したと、記載している。[196] アメリカ国務省は、その分析の中で、「総じていえば、この合意は（国境に関する）モンゴルの伝統的な立場に有利であった」と結論づけている。[197]

中国が妥協に応じようとしたことは、特定の係争地域間の相違に反映されていた。一九五六年に牧草地をめぐる緊張が生じた紅山嘴地域で、中国は一九〇平方キロメートルもの範囲、すなわち係争地域の三七パーセントをモンゴルに割譲した。モンゴルは、一九五八年に要求していた青河の牧草地の七五パーセントを獲得した。北塔山の北側斜面をめぐる論争では、中国は八三六平方キロメートルの二六パーセントだけを維持するにとどまった。[198] モンゴルは生塔斯周辺の三〇〇平方キロメートルに関する主張を放棄し、一方中国は宝格達山に対するモンゴルの要求に同意した。[199]

最終合意のタイミングは、中国の他の国境問題ともリンクしていた。モンゴルのツェデンバルを北京に招待することで、中国は再び主導権を獲得した。この時、中国はインドとの国境問題を解決することをなお追求しており、一九六二年一一月の攻撃のあと部隊を撤退させ、セイロン調停に合意した。ツェデンバルとの会談で、周恩来は、「中国とモンゴルの国境問題の合理的な解決は、他国との国境交渉のための先例となり、激励となるだろう」と発言した。[200] しかし周恩来は、より露骨な言い回しで、この条約が「われわれの他の隣国との国境問題の解決に寄与する」とも言及したが、それは明らかに、インドと同様にソ連に関するものだった。調印式の間、劉少奇国家主席も同じように、「同様の原則を基礎として、他の社会主義諸国とも国境問題を解決することを中国は望んでいる」と発言したが、北朝鮮との合意を所与と考えれば、ソ連にのみ言及していたことになる。[201] 同時に彭真政治局委員も、「モンゴルとの合意は、社会主義陣営の統一強化への主要な貢献」になると発言した。[202] ソ連とモンゴルの緊密な関係を考慮すれば、モンゴルとの条約が、その北方の隣国ソ連に強いシグナルを送ることになるよう中国は期待していた。

これに続く二年間、中国とモンゴルは条約のさまざまな条項を実行した。一九六三年三月二五日、批准文書が交換された。国境を画定する合同調査委員会は、一九六三年四月一六日、最初の会合を開催した。一年後の一九六四年六月、両国は、国境線の画定作業を完成させる、国境条約議定書に調印した。六三九もの国境標柱の記載事項を含む条約議定書は、中国が一九六〇年代に調印した国境協定では最も長いものであり、全部で一八一頁以上になった。[203]

北朝鮮

中国は決して北朝鮮との条約を公表してこなかったため、そこに含まれる合意や譲歩に関して、利用できる資料はきわめて限られている。それにもかかわらず、新たに利用可能となった資料から、条約の結論と中国がそこで行った譲歩の役割がわかる。一九六二年六月の周恩来と北朝鮮大使との会談の後、九月中に国境問題に関する交渉が始まった。一〇月三日までに、両国の外交部副部長が国境紛争に関する会談の議事録に仮調印した。[204] 一〇月一二日、周恩来と北朝鮮の共産主義指導者、金日成は平壌で国境条約を調印した。[205] 両国は、論争の核心を形成していた火口湖を分断する形で、争点となっていた長白山《ちょうはくさん》〔白頭《ペクト》山〕を分割することに同意した（地図2－4を参照）。後に周

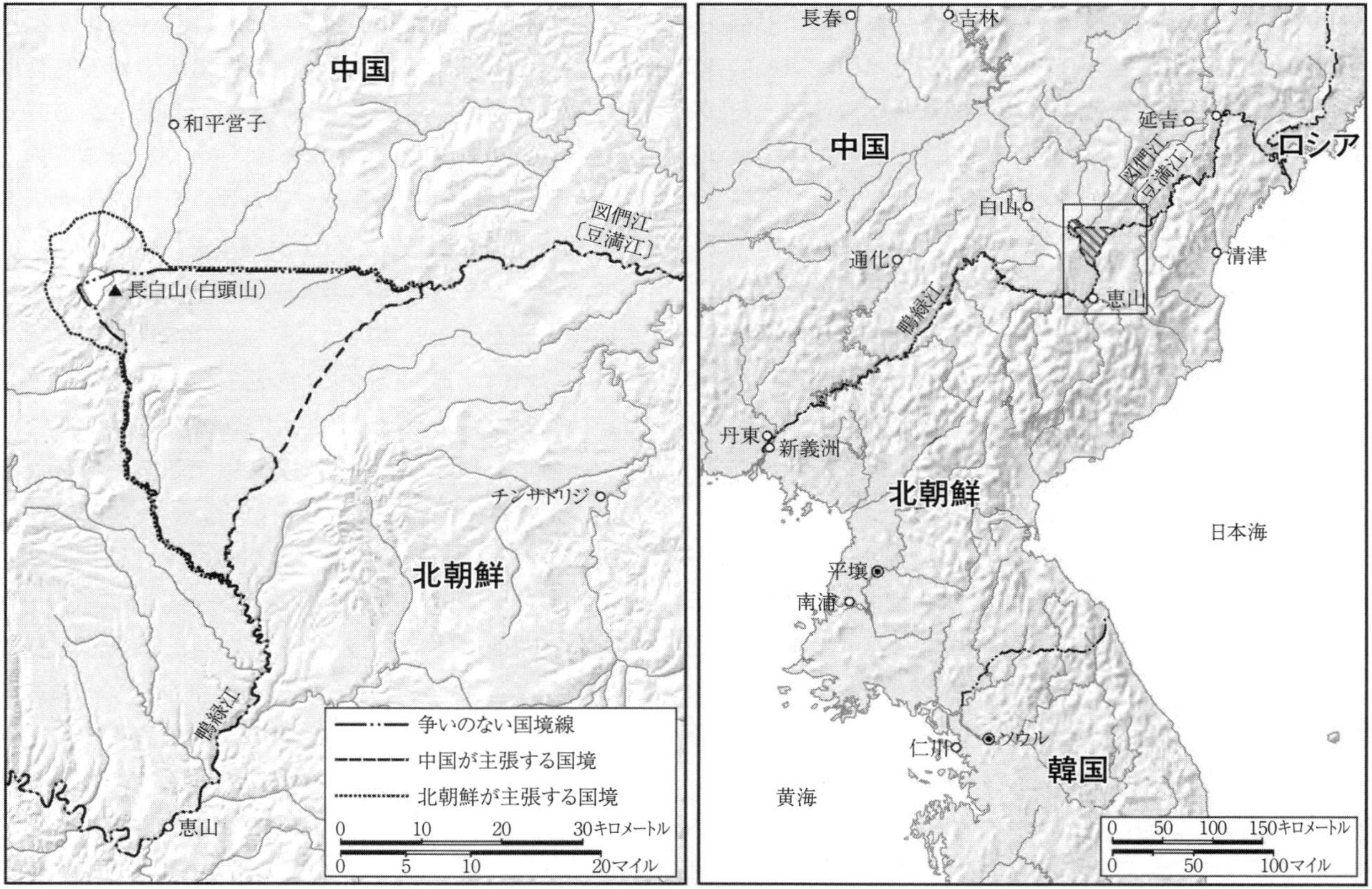

地図 2-4　中国・北朝鮮間の国境

恩来はリチャード・ニクソン（Richard Nixon）大統領に、「湖を分割・共有することで、われわれはようやく問題を解決した」[206]と説明した。この境界画定の結果、山の東側の傾斜では中国が追加的な譲歩を行ったように見えるが、中国は係争地域のおよそ四〇パーセントを受け取り、北朝鮮は六〇パーセントを受け取ったと韓国の研究者は推定している[207]。この条約は、その他の場所では鴨緑江《おうりょくこう》と図們江《ともんこう》〔豆満江《とうまんこう》〕またはそれらの支流に沿って国境を引き、その河川は両国で平等に共有されるよう定めた。これら河川の島々や洲も分割された。たとえば図們江では、北朝鮮は島々と洲の五六パーセントを受け取った[208]。

中国の妥協のタイミングと、北朝鮮との交渉で見せた明らかな迅速さは、体制の安定に関する懸念を反映していた。中国はソ連との国境地域における自らの脆弱性を理解していたので、同様の合意に到達するようソ連に圧力をかけるため、そして新疆で起きたような国境を越える転覆活動を防止するため、他の社会主義国との合意を模索しようと動いた。もしも中朝条約が公表されていたならば、モンゴルとの条約がそうであったように、ソ連と交渉するための中国の取り組みを支援するために、おそらくその条約も活用されていただろう。さらに、中国とモンゴルのやりとりは、中国の北朝鮮に対する取り組みと瓜二つであり、同様の推論がなされたことを示唆している。とはいえ、中朝の合意に関する秘密が保持されているため、最終的な決定の輪郭を描くことは難しい。筆者が行ったインタビューと史料調査は、北朝鮮が条約の条項を公開することを望んでいなかったことを示唆している。一九六二年一二月、モンゴルの指導者、ツェデンバルとの会談で、周恩来は、中国は「いまだに北朝鮮からの回答を待っており、それゆえ報道機関への公開声明もまだ作成していない」と説明した[209]。自らが主張する出生地の主権に関して妥協しなければならなかったため、金日成は、明らかにこの条約をおおやけに議論するのを嫌がっていた。このことは、彼のナショナリストとしての資格を弱めることになるかもしれなかったのである[210]。

次の二年間にわたって、中朝両国は一九六二年の条約協定の条項の実行に着手した。合同国境調査委員会が設置され、同委員会は一九六三年五月から国境を調査し、国境標柱を打ち立て、川の中の島々と洲の所有権を分配し始め、一九六三年一一月にこれらの作業を完成させた[211]。一九六四年三月二日、両国は北京で国境に関する条約議定書に調印したが、一九六二年と同様、それは決して公開されなかった[212]。

パキスタン

一九六二年九月と一〇月初旬、インドとの交渉再開を模索していた時、中国はパキスタンとも交渉を始めていた。北京で開催されたこの協議は一〇月一二日に始まったが、それは周恩来が北朝鮮との国境条約を調印したのと全く同じ日であった。一二月二八日、中蒙国境条約が調印されるとただちに、中国とパキスタンは、「原則として…（中略[213]）…両国の間の実際に存在している境界の位置と線で」両国が合意に達したと書かれた共同コミュニケを発表した。一九六三年二月の追加的な議論を経て、両国の外相である陳毅とズルフィカール・アリ・ブット（Zulfikar Ali Bhutto）は一九六三年三月二日、北京で暫定的な国境合意に調印した[214]。

中国は比較的多くの係争地域の支配を維持したが、全体的に言えば、その合意はパキスタンにとってより有利であった。中国は、シャクスガム渓谷で争っていたおよそ五三〇九平方キロメートルを確保した[215]（地図２－５を参照）。しかしながら、中国は、オプラン渓谷においてすでに確保していた一九四二平方キロメートルの領域の支配をパキスタンに引き渡した。パキスタンは、それに加えてもともと確保していた一五五四平方キロメートルの支配をも維持したのである。概して言えば、パキスタンがこの取引からより多くを手に入れたように思われる。というのも、最終的な国境は、パキスタンが主張していた実際の支配線にぴったりと沿っていたためである。中国がフンザに関する主張を放棄しただけではなく、パキスタンはプランとブンド・ダルワザ渓谷の牧草地、カハラチャナル塩山、スック・ブラックの集落を手に入れた。さらに、パキスタンは、係争地域であった七つの峠のうち六つのみならず、Ｋ２〔パキスタンの最高峰〕の四分の三以上の支配を確保した。最終的に、パキスタンはすでに支配していたどの地域も中国に引き渡さなかった[216]。

他のいかなる領土紛争にもまして、中国がパキスタンに対して妥協したことは、中印紛争とリンクしていた。一九五〇年代後半からパキスタンが取り組んでいた初期の交渉努力をすげなくはねつけたにもかかわらず、インドの前進政策に気がついてまもなく、中国はパキスタンとの協議開催に動いた。一九六二年九月と一〇月、インドとの

地図 2-5　中国の中央アジア国境

交渉を始めることを模索していた一方で、パキスタンと中国は交渉を行った。一九六二年の戦争の後、コロンボ・プロセスが始まった時、中国とパキスタンは合意内容を公表した。一九六二年一二月の共同声明は、「相互尊重と友好を基礎として平和的な協議を行ったことは、国際的な対立を解消する効果的な方法である」と、明確に宣言していた。[217]『人民日報』社説によると、「今はまさに、インド政府が中国の平和的な提案に積極的に反応すべき時」であった。[218] さらに、中国とパキスタンの合意は、翌春にソ連と交渉に入るのを目前にして、中国が中央アジアに面した自らの南側国境地帯の支配を強めるのに役立った。

一九六三年五月三一日、合同国境画定委員会は最初の会合を開いた。[219] 中国・パキスタン条約をもとにして、四組の現場チームが国境を調べ、四〇の国境標柱を打ち立てた。[220] 国境画定作業は二年後、すなわち一九六五年三月、両国が条約議定書に調印した時に完成した。

アフガニスタン

一九六二年一二月、アフガニスタンが国境交渉の開催を提案した時、中国は即座に同意した。中国がパキスタンとの暫定合意を調印したのと同じ一九六三年三月二日、中国とアフガニスタンは国境問題を解決するための公式協議に入る意思があることを公表した。中国から見れば、交渉の難関は、ソ連に支配されているパミール高原に対する中国の主張に関わる、アフガニスタン・中国・ソ連の三カ国の国境が重なる地点の決定であった。アフガニスタンは、中華人民共和国の地図では明らかに中国領と記載されていたワハーン回廊をめぐる自国の主権を中国が認めることを求めた（地図2-5を参照）。一九六三年六月一七日から始まった交渉で、中国は実際の支配線を国境画定の基礎とすることに合意したが、それはワハーン回廊へのすべての主張を放棄することであった。代わりに、アフガニスタンは、争点となっている三カ国の国境が重なる地点の位置について、いかなる公的な言及も行わなかった。[221]

八月一日、両国は条約草案に合意した。[222] 一一月二二日、陳毅とアフガニスタンのアル・カイユーム（Al-Qayyum）は北京で国境条約に調印した。総じて見れば、この合意はアフガニスタンに有利であった。条約の中に含まれていた国境線は、一八九五年にロシアとイギリスにより取り決めたラインにほぼ沿ったものであり、パミール高原はロシアに配分されていた。この条約を通じて、中国はワハーン地域に関するいかなる主張も放棄した。条約に調印した後、国境を調査し、国境標柱を打ち立て、新たな地図を作製するために合同調査チームが創設された。国境議定書は、国境画定作業の結論が出た一九六五年三月に調印された(223)。

中国とアフガニスタンとの領土紛争はそれだけでは重要ではなかった。中国は、この紛争で過去少なくとも五〇年間主張していたいかなる地域も占有したことはなく、実際の支配線の中国側にもアフガニスタン側にも住民はほとんどいなかった。しかしながら、この条約は、一九六二年の中国の領土危機の解決において、重要な役割を果たした。総じて言えば、この条約は、中国が未解決の領土紛争で妥協する意思があることをソ連とインドに伝える、もう一つのシグナルとしての役割を果たした。交渉の最初の会合で、中国側の代表団のトップは、「中国とアフガニスタンの国境問題の解決は、すべての隣国にとって、平和的交渉を通じて隣国との問題を解決するためのもう一つの事例となるだろう」と発言した(224)。

最も重要なことは、アフガニスタンとの合意が、対ソ国境を安定させるという中国の取り組みを支えたことであった。一九六三年五月、ソ連が会談に対する中国の提案に同意した後、この条約は締結された。この場合もまた、中国から見れば、アフガニスタンとの合意が成功すれば、ソ連との間でも同じような合意に達するのに役立つと考えられたのであろう。さらに、三カ国の国境が重なる地点は明言されていなかったものの、『人民日報』の一面で発表された条約において、国境線がパミール高原に関する実際の実効支配の現状と一致していたことは明白であった(225)。中国・アフガニスタン条約で中国が受け入れた国境線は、一八九五年のロシア・イギリス合意を踏襲していた。中国はこのように、パミール問題でソ連の立場を受け入れることで、ソ連と国境問題で妥協する意思があるというシグナルを出した。もしも中国がなおパミールへの主張を執拗に続ける意図があったとするなら、アフガニスタンとの国境が完全に画定され、解決されたと宣言することなどなかったであろう。

ソ連

北朝鮮、モンゴル、パキスタン、アフガニスタンとの問題を解決した後、一九六四年初頭、中国は妥協を通じてソ連とその紛争を解決しようと試みた。中国と西側の研究者は同じように、これらの会合が何らの進展もないまま、論戦に陥っていったと主張している。[226]しかしながら、新たに利用可能となった資料は、従来考えられていた以上に、両国が多くの問題を解決することにかなり多くの進展を達成していたことを示している。[227]この会談はいかなる最終的な合意も形成しなかったが、両国は一九九一年に調印された合意とほとんど同じような、東部地区での中ソ国境の境界の定め方に関するコンセンサスに到達していた。より複雑な西部地区での問題、とくにパミール高原の問題も同様に議論されたが、それは解決されなかった。ソ連との国境の安定は、わずかな領土を獲得することよりも重要であると、中国は結論を下した。

一九六〇年九月、中央アジアでの係争国境のある地域に関する協議を開催するために、中国はすでにソ連に接近していた。一九五六年、現在のキルギスに隣接する新疆のアルトゥシュ（阿図什）県のブズアイギル山道の北東部の牧草地で、衝突が生じた。この時、両国の国境防衛部隊は、現状を維持することに合意し、中ソの国境問題の最終的な解決を棚上げした。一九六〇年夏に中ソ関係が悪化したため、ソ連軍の兵士たちと中国の遊牧民との間で同様の衝突が、同じ地域で生じた。[228]一九六〇年九月二一日、中国外交部は、北京のソ連大使館に外交文書を送付し、両国がこの地域について交渉を行うよう提案した。この事件は、チベットでの民族問題が不安定化した時に生じたため、仮にソ連との交渉があったとしても、実際に中国が妥協を行ったか否かはわからない（交渉は開催されなかった）。しかしながら、中国は将来の緊張状態を最小化しようとして、その月の終わりまでにその遊牧民たちを撤退させることに同意したが、この行動は、妥協を選択する理由としての体制不安の効果の理論に合致するものである。[229]

一九六〇年にソ連との交渉の準備が開始されたが、一九六三年四月まで中国は包括的な国境交渉開催に着手しなかった。しかしながら、その間、国境の安定は崩れ続け、国境問題に言及する中ソ両国の間で、多くの論争が繰り広げられた。とりわけ、一九六三年三月に発表された『人民日報』のある社説は、清朝が帝政ロシアに広大な面積の土地を割譲した「不平等条約」に関して初めておおやけに議論した。[230] これらの条約に関する言及は、香港とマカオが「（中国の）領土において手つかずのままとなっている植民地主義の残滓である」という、一九六二年のフルシチョフの発言に対する反応であった。[231] しかしながら、ソ連から見れば、中国側の論説は、中国が「失われた」地域に対する失地回復主義を追求し、過去の合意を覆そうとする意図を示していたのである。

インドに対する外交と同じく、中国はソ連に領土問題の解決に乗り出すよう説得するため、他国との交渉を利用した。北朝鮮、モンゴル、パキスタンとの条約や協定に調印し、アフガニスタンと交渉を行う意図を宣言した後、一九六三年四月、中国は外交文書をモスクワに送付し、係争地域に関して協議を開くよう促した。[232] 最初に小さな国々と交渉することで、中国は国境地域での脆弱性を逓減し、ソ連とも同様の妥協的な解決を達成する意図を有していることを伝えようと模索した。社会主義陣営のリーダーとして、ソ連はおそらく、中国の北朝鮮およびモンゴルとの合意における妥協を十分に知らされていただろう。パキスタンとの合意、とくに両国による係争地域の分割は、報道でおおやけに論じられていた。

一九六三年五月、ソ連は交渉開催を希望する中国の提案に回答した。ソ連は、すべての国境を包括するような会合ではなく、とくに国境の特定の問題について限定的な議論を行うことを望んでいると発言した。[233] 八月、中国は、最終的な解決を棚上げしている国境の現状を維持するための六つの提案でこれに回答を行った。協議の範囲を論じるため、その秋、両国間で書簡の往復が続けられた。北京は、すべての国境を含めるよう執拗に迫ったが、ソ連は、特定の係争地域を論じることのみに同意した。[234]

結局、ソ連の代表団が北京に到着した一九六四年二月二三日に交渉は始まった。全体として両国の専門家による三〇回以上の会合に加え、八回の全体会議が開催された。最初の二カ月間、協議は、清朝期に締結された不平等条約の性質に焦点を当てた。中国は、交渉の基礎として過去の条約の境界線は活用するかもしれないが、しかし、それでもその「不平等」な状態をソ連が認知するよう求めると述べた。[235] ソ連は、とくに一九六三年三月の『人民日報』社説に照らして、それを認めると中国側のさらなる要求に道を開くであろうと恐れた。中国の公式外交史によれば、それは不平等条約で割譲された土地の返還を求めたわけではなく、中国は単にそれらの条約の発効により生じた相違点を論じたかっただけであると述べたとのことである。[236] だが、ソ連は、かつての条約が「不平等」だと認めることを拒否し、それらを交渉の基礎として活用したくはなかったのである。この時のソ連側の立場には、一八六〇年の北京条約が、航行上の主な水路ではなく、中国側の河岸に沿って国境を設けることを決定したというものもあった。

五月、両国は、原則的な問題から、実質的な問題に移行することに合意した。交渉者たちは、それぞれが引いた国境線を描写した地図を交換し、地図が相手のそれと異なっている係争地域を二〇カ所以上発見した。[237] 交渉が進むにつれ、両国は東部地区でコンセンサスに達した。[238] ロシアと中国の資料によれば、一九六四年の合意草案は、一九九一年の合意とほとんど同じものであった。[239] 河川に関して、両国は、中国側の河岸ではなく、河川の真ん中を国境線とすることに同意した。アムール川とウスリー川では、「サルウェグ原則」、つまり航行上の主な水路により国境を画定し、それにより、六〇〇平方キロメートルにも及ぶ四〇〇もの島々が、中国に割り当てられた。アルグン川では、中間線が国境線として使われたことで、二〇〇平方キロメートルに及ぶ島々が中国に移転した。満洲里について、そして黒龍江省と吉林省に接する陸上国境に関しても、合意に達した。東部地区ではわずか二つの地域だけが合意草案の中で解決されていなかった。一つは、黒瞎子《ヘイシャーズ》（大ウスリー）島と呼ばれるところで、両国はアムール川とウスリー川の合流点における主要航路の方向について互いの主張を譲らなかった。[240] もう一つは、アルグン川の航路をどちら側に変更するかで境界線の位置の曖昧さを生むアバガイト島[訳注1]であった（地図3-1を参照）。あるロシアの史料によれば、その条約草案が、ソ連が支配するこれらの二つの島に関する紛争を解決するものではなかったため、ソ連が草案に仮調印するのを拒否したという。[241]

これらの会合の間、国境問題に関連する他の問題も話し合われた。とりわけ、漁業権と航行権と同様、図們江を

（訳注1）　アバガイト島はアルグン川の中州なので、島のどちら側を主要航路とするかで国境線の位置が変わる。

通じて海に出る権利を含む、国境の管理と利用が重要議題の項目であった。さらに、両国は中央アジアにおける互いに両立しない領土要求についても話し合った。引退したある外交官の回想によれば、中国は、パミール高原に関するソ連の支配を承認することと東部地区での係争対象となっていた二つの島を関連づけようとした[242]。

毛沢東が日本社会党の訪中団と会見した一九六四年七月一〇日、この交渉は崩壊した。この会談で、毛沢東は、清朝が締結した条約に言及し、「われわれはまだ彼らとの間でこのかたをつけていないのだ」（我們還没有跟他們算這個帳呢）と発言した[243]。この発言は、〔北方領土を含む〕クリル諸島をめぐる日本自身とソ連との紛争の文脈の中で行われたものであったが、ソ連は大きな不安をもってこうした中国の発言に注目し、中国は徹底的に領土に関する主張を行うのだと見なした。おそらく合意の結論を促すためであろうが、毛沢東は後に、自分はフルシチョフを脅すために、「空砲を打った」（放空砲）のだと、語っている[244]。八月、ソ連は、両国はいったん交渉を中断し、一〇月一五日にソ連で交渉を再開しようと提案した[245]。しかしながら、一〇月一四日、フルシチョフが失脚し、交渉は再開されなかった。

（5）外部からの脅威？

チベット暴動の際中国が行った領土に関する妥協と同じで、外部からの脅威をもって中国の行動を説明するのが、最も説得力があるもう一つの解釈の仕方である。この説明は、中ソ対立が激化しつつあったため、中国は味方を獲得するために国境問題での妥協を利用したのだと主張する。とはいうものの、ソ連との緊張状態が生じた比較的早い時期、とくに一九六〇年にソ連から来た専門家が引き上げた直後に、中国はこれらの国々と問題を解決することを追求しなかった。一九六一年、経済協力が継続され、ミグ戦闘機の売却が初めて話題に出たように、中ソ関係は比較的安定していた。さらに、中国はまたソ連との実質的な領土交渉を行ったのであるが、それはソ連の脅威への対抗とは整合性がなく、こうした行動は自らの弱さをシグナリングしていると見なされたかもしれなかった。もし中国がソ連に対抗していたのであれば、そのベストの戦略とは、軍事情勢の改善のために時を待つよう、紛争の存在を目立たせないようにしながら、国境の安定を強化することであったかもしれない。これこそまさに、一九六五年に対立がおおやけになってから中国が行ったことである。最終的に、中国が妥協した多くの国々は、ソ連との領土紛争においてほとんど交渉のてこにはならなかったのである。パキスタンは反共同盟たる東南アジア条約機構（SEATO）の一員であり、アフガニスタンは、この時点ではソ連の衛星国の一部ではなかった。

中国がモンゴルおよび北朝鮮と和解を試みたのは、ソ連への対抗として行われた事例であるという説明が最も簡単である。両国は社会主義陣営の一部であり、ソ連と強い関係を維持しており、そのため、いかにも中ソ間の外交競争の対象国のように見えた。それにもかかわらず、たしかにソ連要因は中国の考慮の中で役割を果たしていたが、その一方でソ連への対抗説は、中国が行った妥協の試みを説明するには不十分である。中ソ対立が始まったため、一九五〇年代終わりから、ソ連は中国を犠牲にしてモンゴルとの関係の改善を始めた[246]。しかし、ソ連の外交的イニシアチブであったとはいえ、一九六二年まで、中国はモンゴルとの領土問題を解決しようとしていなかった。その上、この時期、モンゴルは繰り返し中国に領土問題の解決を求めており、もし中国が即座に反応していたら、外部からの脅威に基づく議論の妥当な事例となっていただろう。事実としてはそうではなく、中国は、イリ事件、中国・モンゴル国境での衝突などにより、一九六二年初頭に国境の安定に関する広範な関心が喚起されてから、ようやく国境問題の解決に乗り出した。これらの事件は、モンゴルと国境を接する新疆および内モンゴルでの安定に明らかな影響をもたらす事件であった。ソ連のモンゴルへの影響力は、辺境の安定に関する中国の関心をより高めるものであったかもしれないが、しかし、一九六二年春の妥協を引き起こした誘因は、国内の脅威だったのである。北朝鮮との国境問題におけるソ連要因は、この問題に対する情報が不足しているため、評価が難しい。しかし、中国がモンゴルおよび北朝鮮との交渉を行ったタイミングを考慮すれば、ソ連要因は、一九六二年に中国がこの問題を解決しようとした主要な動機ではなさそうである。

3 結論

一九六〇年から一九六四年にかけて、ブータン、ラオス、ヴェトナムを例外として、中国はすべての辺境地域の領土紛争において妥協を行おうとした。この時、中国は、一九四九年の条約で、外交政策と国防政策をインドに委ねていたブータンとは外交関係を維持していなかった。また、中国は二つの理由でラオスおよびヴェトナムとの紛争を解決しようとしていなかった。これらの国々と隣接する広西と雲南では、妥協を促すような民族不安や政治的不安定性が見られなかった。同時に、ラオスとヴェトナムは、中国の対米闘争における同盟国であった。この脅威の共有は、それらの紛争において中国が妥協するというインセンティブを作り出すことに失敗したが、それでも中国はかれらの外交的支援に頼ることができたのである。(247)

他の領土紛争において、体制不安こそが、中国が一九五〇年代に引き延ばし政策を行い、一九六〇年代に協調を行ったパターンを、最もよく説明している。中国の指導者たちは、チベット暴動、大躍進の結果生じた不安定性、新疆での社会不安という、体制の安定に対する国内の脅威に直面した時、妥協したのである。妥協の努力、公式文書および中国の指導部による声明のタイミングは、外部からの脅威ではなく、国内の脅威こそが、なぜ、そしてなぜ中国が協調を追求したのかという理由を明示している。そして一九九〇年代に中国が同じレベルの体制不安に直面し、残された国境問題で妥協を追求するまでに、約三〇年の歳月が経つのを待たなければならなかったのである。

第3章　一九九〇年代の辺境部の紛争における協調

冷戦終結は中国に逆説的な結果をもたらした。一九八〇年代の終わりまで、中国にとっての軍事的脅威はソ連であった。一九七〇年代、ソ連は極東軍を五〇師団以上にまで増加させ、さらに一九八〇年代初めまでには、六〇万人以上のソ連軍と核弾頭を搭載したSS－20ミサイルが中ソ国境沿いに展開するようになった(1)。冷戦の終結に伴って、建国以来、中華人民共和国は他国から侵攻を受けるかもしれないという脅威から初めて解放されたのである。

世界規模の力の均衡の変化が起きたことで、中国はそれまで長期にわたって争ってきた領土に関して、強く交渉に出たり、武力行使の脅しをつきつけたり、あるいは係争地域の一部を労せず占領したりする、千載一遇の好機を得た。ロシアはソ連ほど軍事的に強力ではなく、新たに独立した中央アジア諸国やモンゴルの軍事力はとるに足らないものであった(2)。しかもこれら諸国は新たな政治体制と制度を打ち立てることにかかりきりになっていた。しかし、中国はこの時期に強硬になったり、好戦的になったりしなかった。むしろ中国は辺境部における領土紛争の残りすべてにおいて妥協しようとしたのである。一九九一年から一九九九年の間、中国は七つの辺境の領土紛争を部分的に、あるいは全面的に解決する一一の国境協定に署名した。中国は今日でもインドとブータンとの間に係争地を抱えているが、これらをめぐる紛争は二〇〇〇年代初めには武力衝突に至るような危険なものでなくなっている。

中国がなぜ冷戦終結後の辺境部における紛争で攻勢ではなく妥協を選んだのか、という問題を最も的確に説明できるのは国内における脅威の存在である。対外的な安全保障環境は劇的に改善したが、ソ連の崩壊はかつてない体制不安の時期と重なり、体制不安を悪化させたこともあった。天安門広場におけるデモは、中国共産党の支配や、最高指導者・鄧小平の経済改革政策に対する民衆の不満が表出したものであった。暴力による鎮圧とそれに続く弾圧により、国家は社会からさらに乖離してしまった。ほぼ同時期に新疆やチベットにおいて民族的な不満が沸き起こり、中国の広大な辺境部での安定と領土的統合が再び脅かされていた。

国外における出来事が、こうした国内的不安をさらに悪化させた。東欧での社会主義の崩壊とソ連の解体は、社会主義体制の政治的変化に対する中国自身の脆弱性を明らかにし、中国の指導部は急速に困難に陥っていく体制への外交的支援がほとんどない状況に追い込まれたのである。また同時に、欧米諸国、とくにアメリカとの関係が急速に悪化し、外国市場や資本へのアクセスが阻害されたことで、改革のさらなる推進は脅かされ、蝕まれた。

冷戦終結後、中国の対外安全保障が劇的に改善していたことは、外部からの脅威という要因では、一九九〇年代に中国が領土について頻繁に譲歩したことを説明できないということを示している。まさに江沢民が一九九三年の軍事戦略に関する演説で述べたように、「わが国周辺の安全保障環境は不断に改善されており、周辺国家との善隣友好関係は、建国以来最も良い時期に」[3]（傍点引用者）あったのである。唯一の超大国アメリカに対していくらかの懸念はあったとはいえ、中国の国家に対する最大の脅威は国外ではなく国内にあった。中国は、アメリカ市場へのアクセスを維持すると同時に、政治的変化を求めるアメリカの要求をはねつけてきた。そして、政治的自由化を進めずに、鄧の経済改革を継続することで、体制の安定性を増強したのである。

ここで本章の内容に進む前に、但し書きが必要である。一九九〇年代の中国の外交政策決定過程に関する資料は、一九六〇年代に比べ入手しづらい。党の歴史的文書の公開は毛沢東時代や鄧小平時代の初期に限られている。その上、一九九〇年代の国境交渉に携わった外交官はいまだ現役であるか、あるいはまだ回想録を書いていない。その結果、中国が妥協を決定した正確なタイミングを明らかにするのは［一九六〇年代に比べ］もっと難しい。それぞれの協定における大まかな領土画定を明らかにすることはできるかもしれないが、正確なタイミングとしていつ双方から提案がなされたか特定するのは、より骨の折れる難問である。しかしながら、国境協定の交渉や草案作成の必要から見て、譲歩の提案は、正式な協定締結の一年程度前になされることが多いのである。

1　天安門の激動

一九八〇年代、天安門のデモが起きる前に、ソ連、ラオス、ヴェトナムという隣接する三つの社会主義国が中国との外交関係を正常化しようとした。これら三カ国と中国との関係は、一九七〇年代末期、中ソ間の競争が激しくなる中で格下げされていたのであった。しかし中国は、周辺におけるソ連の圧力を軽減するという長期的外交目標を達成する以前の関係正常化には慎重であった。一九八〇年代において、これら諸国との領土紛争で中国が妥協することに後ろ向きだったのは、こうした慎重さを反映したものであった。しかし一九九一年、中国は三カ国と国境協定を結び、国境紛争の最終的解決に向けた重要な一歩を踏み出したのである。

一九八〇年代半ばまでの紛争解決引き延ばしと、一九九〇年代の妥協という対応の相違は、一九八九年の天安門広場でのデモの結果、共産主義体制に対する国内からの脅威が顕在化したことによる。四月から五月に繰り返されたデモは、だんだんと中華人民共和国の歴史上最も規模が大きく、また期間の長い、政府に対する非公認の抗議活動となっていった(4)。その最盛期には、連日三〇万人もの人々が広場とその周辺でデモ行進を行い、同時にこうしたデモは他の都市でも発生した。政府が六月四日に反対意見の弾圧に乗りだして以降、周辺の社会主義国との関係を悪い状態のままにすることはよりコストがかかることになり、そしていまやこれら諸国の指導者もまた、政治的変化の圧力に抵抗するという意味で、同じ目標を共有するようになった。中国は領土紛争で妥協することによって他の社会主義国との関係をてこいれし、そのことで自国の体制の正統性を高めようとしたのである。

(1) 中心部における正統性の危機

本章は天安門広場での抗議行動の原因について詳細に取り上げることはしないが、大まかに言ってそれは中国の統治における説明責任拡大への欲求に起因していたと言えよう。(5) 一九八〇年代半ば、インフレーション、消費財の不足、国有企業の経営の誤り、中国共産党の上から下まですべてのレベルにおける腐敗の蔓延といった経済改革の副作用に対する不満を、都市住民は募らせていたのである。参加型民主主義は学生デモの当初の要求ではなかったが、説明責任と開放性の拡大についての共通認識は、中国共産党内を含めて広がっていた。

一九八九年四月一五日に胡耀邦が急逝し、彼の死はこうした不満の発火点となった。胡は改革派と呼びうる中国共産党総書記であり、一九八六年末の一連の学生デモに対する指導の誤りを理由として失脚させられた人物であった。彼の死を追悼するために天安門広場に集まった学生たちは、すぐに彼の業績に対する再評価および精神汚染・ブルジョワ自由化反対運動の中で追放された人々の名誉回復を要求し始めた。四月二二日、胡の公式追悼行事の間に、一〇万人以上の人々が政府による禁止をものともせず、自発的に広場に入り込んだ。(6) その五日後、一五万人の人々が広場に向けて行進し、また数日後ほぼ同数の人々が五四運動七〇周年記念で広場に戻ってきた。(7) 五月終わりには、三〇万人以上の人々が民主の女神像の除幕式を見るために広場に集まったが、(8) それは自由の女神像に似た発泡プラスチック製の塑像《そぞう》であった。

当初より、中国指導部は天安門危機への対応をめぐって分裂していた。強硬派や鄧小平は、反対運動をつぼみのうちに摘み取ろうとし、そのため四月末の『人民日報』社説は、反対運動を非愛国的で反革命的な「動乱」として位置づけた。(9) これに対し趙紫陽首相をはじめとする改革派は、懐柔的な方法をとろうとし、また反対運動を利用して政治改革を深化させようと期待をかけた。指導部内の闘争の結果、五月末には趙紫陽が敗北し、失脚した。五月一九日、李鵬首相が戒厳令実施という中央政治局の決定を公布した後、およそ八個師団の人民解放軍が、首都に向かうよう指示された。(10) 兵士が展開したのに伴い、一〇〇万人以上の群衆が人民解放軍の北京進入を防ぐためにバリケードを築いた。人民解放軍部隊はいったん郊外に退いたものの、六月三日夜には広場の抗議参加者を排除するよう命令を受けた。硝煙が晴れるころには、一〇〇〇人から二六〇〇人の人々が殺されていた。皮肉にもその多くは都市住民であり、学生ではなかった。[11]

天安門での抗議行動は、中央政府に対して北京市民が直接デモを行ったという意味では、一九四九年以降初めて起きたわけではなかった。しかしながらこのデモは、規模と期間の面においてそれまでで最大規模の抗議行動であり、連日何十万人もの人々が広場を占拠し続け、公然と政府の指示を無視し続けたのであった。一九七六年や一九八六年のデモは、この一九八九年の規模にとうてい及ばなかった。一九七六年四月四日と五日の二日間にわたって、市民は死去した周恩来を追悼するために天安門広場に大挙して集まり、デモが起きた。[12]抗議活動の規模は数万人に上ったが、公安がただちに広場を制圧した。これに続く大規模な抗議活動は、一九八六年一二月、学生たちが大都市で「自由」と「民主主義」を求める中で起きた。しかし北京の政治的不安定は一二月末から翌年一月初めの数日間に限られ、おそらく二万人程度の学生が一度広場になだれ込んだだけであった。[13]一九八六年のデモは地域的広がりにおいて一九七六年よりも広範なものであったが、参加した学生数や政治的不安定の継続期間においてどちらも一九八九年のものには及ばなかった。[14]

一九八九年の事件で表れた政府に対する民衆の信頼の危機は、地域的に限定されたものではなく、全国規模に広がるものであった。デモは上海、成都、南京、西安など一二三の都市で起きていた。[15]たとえば五月四日から一九日の間、八つの都市で一五〇万人以上の人々がデモ行進し、翌週には参加者は倍増した。[16]さらに抗議行動の社会的基盤は学生から他の社会階層へと拡大した。学生は社会のエリート層であり、彼らの抗議活動は中国共産党への忠誠心に基づく抗議として受け止められていたため、許容されていた。〔これに対して〕労働者の参加、とくに全国規模の自治労働組合である工自連〔労働者自治連合会〕の参加は、天安門の出来事が党に対する社会の幅広い不満の表れであるということを示していた。さらに、そうした不満は中国共産党内部にまで浸透していた。八〇万人以上の党員が学生や労働者の活動に加わったとされており、このことは体制の不安定さを物語っていたといえよう。[17]

逆説的であるが、社会の安定維持の名における弾圧は、体制をさらに不安定にした。デモを暴力的に抑圧し、また最高指導部が学生たちのよりよい政府を求める要求に応えようとしなかったことで、中国共産党はその重要な支持基盤である都市部からさらに孤立することとなった。六月四日の虐殺に続き、約四〇〇〇人の人々が逮捕された。その多くが学生であり、民衆の怒りをさらに増大させる結果となった。[18] 中国共産党と人民解放軍は、参加者を洗い出すために粛清キャンペーンを実施した。ただし実際に罰せられた幹部はそれほど多くなかった。[19] 政府は都市部に対する統制を維持したが、体制に対する民衆の支持は下落し続けたのである。

それに加えて、辺境部における民族的な不満がさらなる体制不安の源となった。一九八九年三月、当時チベット自治区党委員会書記だった胡錦濤は、一九五九年の反乱から三〇周年を前にした暴力的デモの発生を受けて、ラサに戒厳令を敷いた。一九九〇年四月、新疆南西部におけるバレン蜂起は、一〇年に及ぶ独立を目指す分離主義集団による暴動や爆弾テロ、暗殺、そして現地治安当局との武装衝突の引き金を引いたのである。辺境部における社会不安の発生は、中国指導部にとってとくに心配の種であった。これは現体制に対する不満の根深さを示しており、また中心部が政治的に不安定に陥った時期に、辺境部も時を同じくして不安定化したのであり、まさに第2章で扱った一九六二年の領土紛争に比較しうる体制不安の二度目の大厄災だった。この不安定性の影響は、本章の後半部分で詳細に説明される。

(2) 国際的孤立と体制不安

中国の暴力的弾圧に対する非難が世界中に広がり、国際的に孤立したことで、国内の政治的不安定がもたらす脅威の度合いはさらに高まることとなった。中国の指導者たちは欧米諸国、とくにアメリカからの制裁や非難は、外国市場や外国資本がカギとなる鄧小平の経済改革の継続を難しくし、中国共産党自身を脅かす攻撃であると捉えていた。〔さらに〕東欧の社会主義諸国の崩壊とソ連の解体により、中国にはイデオロギー上の同盟国がほとんどいなくなった。中国が国内危機に直面していたまさにその時、世界の潮流は中国に対して逆流となっていたのである。中国の領土が他国の脅威からこれまでになく安全となったことで、中国の対外安全保障は外交的孤立によってもさほど脅かされずにすんだ。本当に問題となったのは、中国の指導者たちに加えられた国際的圧力のもたらす影響であり、彼らは国際的孤立と外部からの圧力を、中国共産党の政治的生き残りに対する脅威であると捉えていたのである。[20]

天安門事件は中国と西側諸国、とりわけアメリカとの関係における分水嶺となった。一九七九年の国交正常化からの一〇年間にわたって、共通の敵・ソ連の存在が協調の基盤であった。[21]アメリカの指導者は、中国の指導者が経済と政治の自由化を推し進めるだろうと見ていた。鄧小平が「今年の代表的人物」としてタイム誌の表紙を飾ったこともあった。中国にとって、アメリカは巨大な輸出市場であり、また投資と技術の源泉であり、アメリカとの関係改善は近代化推進のカギであった。とくに台湾や核不拡散をめぐり両国間に軋轢が生じることも多かったが、中国の指導者たちは、アメリカを自国の政治体制とその改革を支持してくれる国であり、反対する国ではないと見ていた。アメリカの指導者の多くは、中国を自由化の最中にあり、ソ連を極東にくぎ付けにすることで、冷戦において重要な役割を演じている国家として見ていた。

天安門事件後、双方の認識は劇的な変化を遂げた。アメリカにとって、中国の指導者たちは先見の明のある改革派ではなく、無慈悲な独裁者となった。一言で言えば、暴力的鎮圧はアメリカの価値や信条に対する侮辱であると映ったのである。ジョージ・ブッシュ（George H. W. Bush）大統領は、関係が完全に破綻してしまうことを防ごうとしたが、それでも関係は悪化した。アメリカは公然と弾圧を非難した上に、最も著名な中国の反対活動家である方励之を匿い、さらに中国の体制に懲罰を与えるべく制裁を科したのである。その後、中国国内の政治的変化がアメリカの「対中国政策」を測る指標となった。[22]人権、チベット、最恵国待遇、市場の透明性といった重要な争点は、中国に政治的変化を起こし、中国共産党の国内的権威に直接異議を唱えるために設計された指標だったのである。

同じように、中国の指導者たちも、アメリカをソ連の脅威に対抗するために協力し、鄧小平の経済改革に重要な支援を与えてくれる戦略的パートナーとして見なくなった。たとえば鄧小平は、アメリカは「和平演変」〔平和的手段によって社会主義体制を内部から政権転覆させようとする策略〕によって中国の体制の転覆を画策していると非難した[23]。鄧小平は彼らしい率直な言い方で、「西洋は中国の混乱を望んでいるのだ」と述べている[24]。鄧はアメリカがデモを支持しているとして非難し、またアメリカによる制裁は、中国の国家に向けたものではなく、社会主義を倒そうとする幅広い努力の一環として中国の社会主義システムに向けたものであると捉えていた[25]。一九八九年七月のある『人民日報』社説は、党の不安定さを強調し、「ある外国勢力が、中国を西洋に依存するブルジョワ共和国に変質させようとしている」と力説していた[26]。

東欧の社会主義体制崩壊とソ連の解体により、中国の国際的孤立と体制不安はさらに深まった。ある中国の政策研究者が述べたように、冷戦終焉は「大きな政治的・心理的衝撃であった[27]」。この衝撃は、一九八九年一二月にルーマニアでニコライ・チャウシェスク（Nicolai Ceausescu）が打倒されたことから始まった。それに続く二年間のうちに、その他の東欧社会主義体制は崩壊し、さらにソ連自身の解体で最高潮を迎えた。数多くの社会主義国家が急速に崩壊したことで、政治的不安定の最中にある中国に対する外交的支持基盤が失われたのみならず、中国自身の政治システムが脆弱であることと、その政治的・経済的変化に対して〔内外からの〕幅広い支持があることもまた浮き彫りになったのである。

社会主義陣営の崩壊は、中国の体制不安を二つの意味でさらに悪化させた。第一に、アメリカの意図に対する懸念が増大した[28]。現存する最大の社会主義国となったことで、中国がアメリカの次の標的となるのではないかと懸念する声もあった。鄧小平は一九九〇年に、「現在の国際的状況において、敵のすべての注意が中国に集中することを皆が理解しなければならない。彼らは問題を起こし、難題を作り出し、われわれに圧力をかけるためにあらゆる口実を使うだろう」と述べたという[29]。

またソ連の崩壊は、世界規模の民族自決運動の波を引き起こし、それがさらなる体制転換への圧力となった。多くの旧社会主義共和国では、打倒された共産主義独裁制とは著しく対照的な民主的政治勢力が登場した。民族自決運動は、中国が維持している社会主義モデルをさらに弱らせ、中国の政治システムに対して冷戦後の世界が持つ脅威の性質を強化したのである。その上、民主的政治勢力の台頭は、中国の少数民族が自治の拡大や分離の強化を目指す動きを勇気づけた[30]。中国の指導者たちは、ソ連の崩壊や民族自決運動の勃興と、辺境地域、とくに新疆、チベット、内蒙古における社会的不安定を明確に結びつけていた。こうした辺境地域の不安定性は、すべてが体制にとっての国内的脅威であった[31]。

(3) 安定性、改革の継続、外交政策の穏健化

中国の指導者たちは、国内における政治的不安定と、その政治システムに対して敵対的な外部環境に直面し、政治システム強化に乗り出した。国内において、鄧小平は体制の正統性を維持するために、改革の継続を推進した。また対外的に、鄧は体制に対する外部の脅威を抑制し、改革継続に必要な外国市場へのアクセスを守ることで、こうした国内的目標を支援するために設計された、穏健な外交政策を実行した。領土紛争における妥協は、こうした中国の外交政策の全体的転換を反映していたのである。

天安門事件と冷戦の終結による体制不安への中国の反応は、国内にその焦点が当てられていた。中国共産党が確実に生き残るという至上命題が外交政策の基礎となった[32]。鄧小平の最優先目標は、経済改革継続の基礎となる国内の安定を維持することであった。リチャード・ニクソン(Richard Nixon)に対して一九八九年一〇月に語ったように、鄧にとって「安定はいっさいを圧倒する」のであった[33]。鄧は、改革の継続は四つの近代化を達成し、中国の社会主義を守り、中国共産党に対する民衆の支持を集めるためのカギであると主張した[34]。鄧が述べたように「改革開放なくして希望はない」のであった[35]。しかし、天安門事件は改革の速度と範囲をめぐる指導部内の亀裂を表面化させる出来事であった。陳雲など保守派の指導者は、より漸進的なアプローチを主張していた。鄧小平は一九九二年に「南巡」に打って出るまで、積極的改革政策の継続のために奮闘した。

外交政策はこうした国内政策に資するように構築された。一九八九年の夏から秋にかけて、鄧小平は社会主義の崩壊と国際的孤立に直面する中で、体制の安定を支える外交戦略を打ち出した。この政策の目標は、中国国内における中国共産党の地位を強化し、改革開放政策を継続し、政治的転換を狙った欧米諸国の圧力に抵抗することであ

った。鄧小平は一九八九年九月、「要するに、国際情勢について概括すると、次の三点にまとめられる。第一に、冷静に観察すること。第二に足場をしっかり固めること。第三に沈着に対処すること。急ぐ必要はないし、急ぐこともできない。冷静に、冷静に、かつわき目もふらず一所懸命に、一つのことを立派にやり抜くこと、われわれ自身のことをやり遂げることである」と述べた[36]。その数カ月後、このアプローチは「二〇字方針」すなわち「冷静に観察し、落ち着いて対処し、足場をしっかり固め、能力を隠し、できることはする」(「冷静観察、沈着応付、穏住陣脚、韜光養晦、有所作為」)として知られるようになった[37]。外交政策は体制安定化(短期的)と改革の継続(長期的)のために時間を稼ぐことを目指していた。ある中国人研究者によれば、この政策の方向性は四つの「不」と二つの「超」に特徴づけられていた。すなわち、旗を振らず、先頭に立たず、敵対せず、敵を作らず、イデオロギーを超え、党派を超える、というものであった[38]。

さらに言えば、鄧小平の外交政策は、対外的な安全保障上の脅威や国際システムの劇的な構造変化とは連動していなかった。というのも、この政策は天安門事件直後の一九八九年夏から秋にかけて作られたものであり、ソ連と冷戦の二極体制を終焉させた一九九一年のクーデターよりも前の時点であった。その上、この政策の目的は、どこか一国に対してバランスをとることにあるのではなく、体制の権威や支配への脅威に対してバランスをとることにあった。中国の代表的研究者たちが示したように、この外交政策は、不確かな国際環境において、何をおいても改革を支え、体制を守ることと、中国の経済改革と国内の安定に対する敵対的要素を封じ込めることとに連動していた[39]。

こうした鄧の外交戦略は、主に三つの構成要素からなっていた。第一に善隣友好政策(睦隣政策)を通じて、近隣諸国との関係を改善することである[40]。ソ連の重要性が低下し、アメリカとの関係が悪化したことで、中国にとって潜在的貿易相手として、ならびに外交的緩衝地帯として国境を接する近隣諸国との関係の重要性が向上した。一九九三年の李鵬による政府工作報告は、「近隣諸国との友好関係を積極的に発展させ、平和的な周辺環境のために努力することは、わが国の外交工作の焦点である」と指示していた[41]。天安門事件後、中国は(分裂したソ連の後継国家を除き）韓国、インドネシア、シンガポール、ヴェトナム、ラオスなど地域内の一〇カ国との外交関係を樹立したり、正常化したりした。詳細については後述するが、中国が領土紛争において妥協しようとしたことは、善隣友好政策の一環だったのである。(42)

第二の要素は、「全方位」に向けた外交により、先進国や発展途上国との関係を改善することである。全方位政策は、中国の外交上の地位を安定化させるのに加えて、改革の継続的な成功を保証するものであり、新たに樹立あるいは活性化された外交関係は、新たな輸出市場や外国投資を導くものとして認識されていた。(43)その主目標はアメリカと日本を含む、主要西側諸国であった。構造主義的な説明（訳注1）とは逆に、中国は天安門事件やソ連崩壊後、アメリカが国際システムにおいて唯一の極であったにもかかわらず、アメリカとの関係改善を模索した。(44)共産主義諸国が崩壊し、各地で欧米式の民主主義と資本主義経済が広まり、体制に対するイデオロギー上の圧力が強まっていたにもかかわらず、中国は改革成功のカギであった西側諸国との結びつきを無視しない選択をとったのである。

第三の要素は、限定的ながらも国際社会、とくに貿易関連の国際組織への参加を拡大したことである。中国は国連システムへの参加を続けたし、世界貿易機関（WTO）への加盟申請も継続し、また東南アジア諸国連合（ASEAN）のような地域組織にもオブザーバーとして参加し始めた。こうした努力はすべて経済改革の継続を支えるという目標に連動していたのである。(45)

（4）中国の妥協

未解決の領土紛争を解決しようとする中国の努力は、鄧の外交戦略全体の中で重要な一部分であった。体制が不安定化した後に、こうした紛争をしつこく続けることは、中国が国内の安定化を図る上で必要な外部との協力を遮断してしまうために、従来よりもコストがかかるものとなっていた。未解決の領土紛争の存在は、中国が多くの隣

（訳注1）　構造主義（ネオリアリスト）の説明によれば一極システムにおいて、その他の国家は唯一の極に対してバランシングすると予測される。

国との外交関係を正常化したり深化させたりする上で、大きな障害であった。それに加えて、鄧小平が改革に傾倒していたことに鑑みると、中国の経済改革プログラム全体の一部分であるのみならず、沿海地域に比べて発展の遅れている内陸地域にとって死活的に重要な手段でもあった国境貿易を、領土紛争の高まりは阻害していたのであった。領土紛争で妥協することで、中国は隣国との関係を改善し、それによって体制に対する国外からの支持を強化するとともに、自国の経済発展を促進することができたのである。

天安門事件後の体制不安に対する反応として、中国は三つの社会主義国、すなわちソ連、ラオス、ヴェトナムとの国境紛争を解決しようとした。中国はラオスとの間に国境協定を結び、ロシアとの間で東部地区の国境線画定合意に達し、ヴェトナムとの間では二つの暫定的合意に達した。この三カ国は中国と同類の共産主義体制であったため、彼らとの外交関係の改善は、中国の体制に対する外交上の支持を強め、東欧の激動期において社会主義の地位を高めたのである。この三カ国は陸続きの隣国であったため、関係改善は中国の辺境を安定化させ、貿易を促進する善隣友好政策をも支持することになった。もしも天安門事件による混乱と外部から社会主義国に加えられた国内改革圧力がなければ、中国の指導者たちがこれら領土紛争において妥協しようとは、それほど考えなかったであろう。

ソ連とロシア

この時期に達成された国境協議の中で最も重要なのはソ連との間のものであった。ただし、一九九一年合意の原動力は、中国ではなくソ連からもたらされた。一九八〇年代にアメリカとの競争が激化する中で、ソ連はその帝国の維持コストを増大させる経済危機に直面した。そのような状況下で、ソ連にとって、中国との国境沿いに六〇万人の兵士を駐屯させ、関係正常化の障害である領土紛争を継続することのコストは、より高まった。ソ連には、アメリカとの間での第二次軍拡競争をすることと、中ソ国境に相当な数の軍事力を配置することを同時に追求する余裕がなくなっていた。ミハイル・ゴルバチョフ（Mikhail Gorbachev）は中国との関係を正常化することで、ソ連の国際的地位がさらに低下することに歯止めをかけようとしたのである。

こうした圧力に直面したゴルバチョフは譲歩に向けた最初の一歩を踏み出した。一九八六年のウラジオストク演説において、彼は中ソ関係の正常化と兵力削減を提案した。中国にとって国境沿いに展開する大量のソ連軍部隊は、領土紛争と連動しており、関係改善の三大障害の一つでもあった[46]。またゴルバチョフは、河川が国境となっているところでは、ソ連は主要航路、すなわちサルウェグ原則〔主要航行河川の中間線を境界とする〕を東部地区国境画定の原則とするという大きな譲歩を受け入れることをほのめかした。ソ連はそれまで川の中間線ではなく、中国側の河岸に国境が引かれることを主張していたのである[47]。さらに、ゴルバチョフ演説は、ソ連が東部地区についてサルウェグ原則に基づく一九六四年の合意を受け入れるシグナルを出していた。演説の二カ月後、中国とソ連は一九七九年以来延期されていた紛争地域に関する協議を再開することに同意した[48]。

ソ連の譲歩に伴い、紛争解決に向けた前進が始まった。一九八七年二月の第一回会合で、双方はまず東部地区の解決に集中することに合意し、一九六四年合意に基づいて交渉が再開されることが示された[49]。一九八七年八月、双方は東部地区の紛争を「現存する関連条約」、すなわち一九世紀に結ばれた「不平等条約」を基礎に解決すること、またサルウェグ原則あるいは中間線により河川に境界線を引くことで合意した。また中ソは国境画定協定の草案作成のために専門家による合同作業部会を立ち上げた[50]。しかし中国は、ソ連と違い、東部地区のみの合意に署名することにそれほど熱意を持っていなかった。中国はそれよりも、ソ連との紛争地域すべてについての包括的解決を求めることにより、西部地区の複雑な紛争に対する自国のテコを強めようとした[51]。銭其琛〔外相〕は一九八七年の記者会見において「別々の合意というのはありえない。われわれはすべてを含めるべきだ〔傍点引用者〕」と述べた[52]。

一九八八年一〇月の第二回会合においても引き続き進展が見られた。ソ連の報道官によれば、双方は「(東部)地区国境の大部分について共通理解に達した[53]」。この地域において河川が国境のほとんどを構成していることから、先のサルウェグ原則の受け入れの結果、国境線およびほとんどの係争中の島の帰属が決定された。しかし、交渉進展の障害となったのは、一九六四年と同じく、ウスリー川とアムール川の合流地点にある黒瞎子島《ヘイシャーズ》およびアルグン川のアバガイト島であった（地図3-1を参照）。黒瞎子島は一九二〇年代よりソ連の支配下にあったものの、中

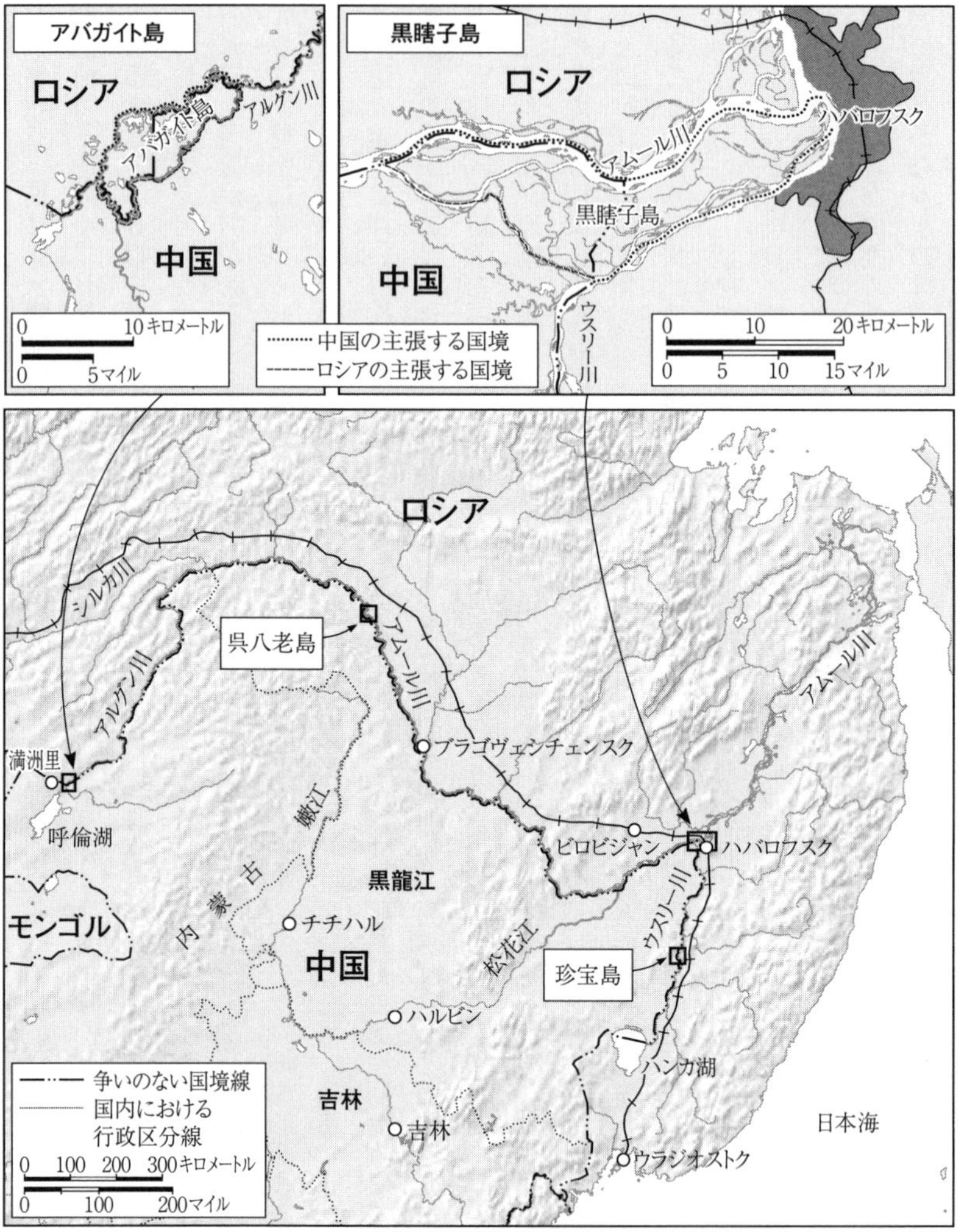

地図 3-1　中ロ国境（東側地区）

国は両地域ともに主要航路の中国側に位置しており、それは一八六〇年条約後に交換された地図にも示されていると主張した。また双方はパミール高原を含む西側国境についての協議も開始し、合同航空測量を実施することに合意した(54)。

後から振り返れば、こうした進展は驚くべきものではなかった。本質的に、双方は一九六四年の共通認識を復活させたのであり、それは黒瞎子島を除外していたのであった。それに加えて、この共通認識は、中国がソ連と妥協しようとしているのは〔中国とソ連の〕相対的なパワーについての計算や、ソ連の脆弱性増大によるものではないということを示していた。中国はソ連に対する相対的パワーが大きく異なる二つの時期に同じ合意を前進させようとしたのである。一九八八年の段階で中国ははるかに強くなり、ソ連は危機に陥っていたのにもかかわらず、中国は〔一九六四年と〕同じ条件で合意した。中国が包括的な解決を求めたのは、交渉のテーブルにおいて自国の強くなった地位を生かすためであったかもしれないが、一九六四年にも同様の解決を模索していたのである。

一九八九年五月、天安門広場でデモが行われている最中、ゴルバチョフが北京を訪問し、中国とソ連は外交関係を正常化した。ゴルバチョフは対中関与政策の仕上げとして、二年間にわたってこうした首脳会談の開催を求めていた。首脳会談の前に、残る領土紛争の解決に向けて重要な進展が見られた。双方は東部地区の大部分において共通認識に達し、中央アジア地域の問題に取り組み始めたのである。しかしながら、双方はまだ中国が求めるような包括的解決には程遠かった。共同コミュニケは、双方が議論を「加速」させることを求めていたが、一九八八年には共通認識ができていたにもかかわらず、この時大きな進展は見られなかった。東部地区の大部分について共通認識ができていたため、首脳会談は合意に署名する理想的な機会であった(55)。

しかし天安門事件後、交渉は急速に進展した。その理由はゴルバチョフ訪問によってはずみがついたからではなく、中国指導部が体制不安に直面し、ソ連との関係の重要性が上昇したためである。一九八九年一〇月の第四回協議において、中国は第一の譲歩として、包括的な一括解決という初期の要求を取り下げ、一九八七年に銭其琛が述べた「われわれはすべてを含めるべきだ」との宣言を自ら覆した。それに代わって、中国は地区ごとにそれぞれ個別の取引に署名することに合意した。この譲歩のタイミングは、国内的な危機の影響を示していた。すなわち、この譲歩は天安門事件後から一九九一年八月のソ連におけるクーデターと、それに続くソ連解体の間の期間に行われたのである。中国の第二の譲歩は、論争の残る二つの島を除外した合意に署名したことである。中国は自らの主張を取り下げなかったが、二島を除く東部地区に関する合意達成のための提案を行った。筆者が行ったインタビューによれば、中国はこれらの島を、西部地区に関する交渉に対するテコにしようとしていたものの、ソ連の崩壊によって交渉が妥結することはなかったという(56)。中国の国内問題の要請を考えれば、中ソ関係を改善させるであろう東部地区の大部分に関する合意に達することは、合意に達することができないよりもはるかにましであった。

こうした譲歩に伴い、協定の署名に向けて交渉が前進した。一九九〇年六月、両国の副外相は法的文書で合意が達成された地域について確認することを決定し、これが一九九一年の東部地区に関する協定につながった(57)。一九九〇年一〇月、合同作業部会が最終合意文書への署名のために必要な法的手続きを開始した(58)。その後六カ月以上かけて、合同起草部会と合同調査部会からなる合同作業部会による八回の協議が開かれた(59)。双方は一九九一年三月に合意草案を作成した(60)。その間、残る二つの島と西部地区に関する協議が継続されたものの、これについては合意に達することができなかった(61)。

国境協定は、一九九一年五月の江沢民による総書記としての初のソ連訪問の際、中ソ関係を強化するための重要な手土産となった。この訪問は、社会主義諸国との外交関係を強化するためのより広範な外交努力の一部であった(62)。五月一六日、銭其琛とソ連のアレクサンドル・ベススメルトヌィフ（Alexander Bessmertnykh）外相は東部地区の国境画定協定に署名した(63)。協定文書は、ほとんどの場合アムール川、ウスリー川、アルグン川の主要航路か中間線を通る東部地区の国境線を示していた。第五条は河川中の島嶼は合同委員会の勧告に従って分けられることを謳っていた。

この協定の批准や実施はソ連解体があっても妨げられることはなかった(64)。一九九一年末、国境画定のための準備作業を行う専門家による小グループが設置され、画定作業が開始された。一九九二年六月、中ソ共同国境画定委員会が設置され、一九九三年には東部地区国境に関する画定作業が開始された。[65] 係争中の島を含めた詳細な国境の線引きは、一九九七年の一一月に終了し、一一八三カ所に国境標柱が作られ、またハンカ湖に二四のブイが設置された。[66] 係争地域は双方にほぼ均等に分割された。ある中国の資料によれば、中国は全体の約五三パーセントにあたる七六五の島を獲得した。[67] ロシアの資料によると、中国は二四四四の河川中の島嶼のうち一二八一、約五二パーセントを獲得した。[68] 全体として、双方はこの地区における約一〇〇〇平方キロメートルの係争地域をほぼ均等に分割した。[69] 国境線を画定した地図付属の最終的な交換文書は、二〇〇〇ページ以上の文書から成っており、これは中国が陸上国境を接する国家と交わした最も細部まで規定した国境協定である。[70]

画定作業が進む過程で、ロシアの地方幹部は一九九一年の合意に基づく領土の画定に対して異議を唱えた。こうした反対意見は各紙で大きく取り上げられ、中国が新たな要求を突き付けているのではないかとの誤った観測を呼んだ。[71] これにはチタ地方のメンケセリ島や、海洋州のハサン（三平方キロメートル）、ウスリースク（九平方キロメートル）、ハンカ（三平方キロメートル）や河川の多くの島などが含まれていた。[72] メンケセリは予定通り中国の領土に帰したものの、ロシア農民をなだめるために共同利用協定が一九九七年に署名された。[73] ウスリースクも一九九一年協定に基づき中国の領土に帰したが、ロシア帝国時代の標柱が川の中国側に設置されていたため、ロシア領だと考えられていた。[74] ハサンやハンカ周辺の係争地域は、もともとの協定では中国側が領有すると規定されていたにもかかわらず、双方で分割され、中国はそれぞれ五〇パーセントと七四パーセントを得た。[75] ロシア代表団長が強調したように、こうした変化は、交渉の結果ではなく、一九九一年協定の実施の結果であり、またこれは一八六〇年の国境条約にある境界に基づくものであった。[76]

本章で後述するように、ソ連解体後、中央アジアの新生国家が、中ソ国境の西部地区におけるほとんどの国境紛争を引き継いだ。その結果中国とロシアの間の残された問題は、モンゴル・ロシア・中国三国国境およびカザフスタン・ロシア・中国三国国境の五五キロメートルにわたる土地のみとなった。この地域に関する合意は一九九四年前半に開催された一連の作業部会で締結された。[77] 一九九四年九月、銭其琛とアンドレイ・コーズィレフ（Andrei

Kozyrev）〔ロシア外相〕は西部地区に関する国境協定に署名した(78)。この地区の国境線画定は一九九七年に完了し、二つの標柱が設置された。その他の区間では国境は地域の分水嶺と重なっていた(79)。

中国とロシアの多くの領土紛争は最終的には二〇〇四年一〇月まで解決されなかった。前述のように、黒瞎子島とアバガイト島という二つの地域は、一九九一年の東部地区に関する協定から除外されており、これらは一九九〇年代を通じて係争状態のままであった。二〇〇四年のプーチン大統領訪中の際、プーチンと江沢民は東部地区の国境補足協定に署名した。この文書において、中国の研究者の言葉によれば、中国とロシアは〔二つの島を〕「均等に…（中略）…分割」することに合意した(80)。筆者によるインタビューによれば、この妥協についての決定は二〇〇二年のいつかの時点でなされたという(81)。この時中国の政治は比較的安定していたため、体制不安の増大がこの決定につながったわけではない。むしろこの決定は外交の論理、すなわち二〇〇一年の中ロ条約で宣言された「戦略的パートナーシップ」を強化し、九・一一同時多発テロを受けてアメリカがアフガニスタンとイラクに対して武力攻撃を加え、アメリカの力が増大しつつある中で二国間関係を強化したいという願望からなされたものと思われる。

ラオス

ラオスは中国との関係正常化を一九八五年から求めていた。両国は一九八八年に大使を交換したものの、正常化に向けた動きはなかなか進まなかった。しかし、天安門事件後、中国は社会主義国と関係を改善し、辺境安定化のための広範な努力の一環として、ラオスとの関係改善を推進しだした(82)。ラオスとの関係正常化は、南東における中国の伝統的な敵であるヴェトナムとの関係改善にも資するようであった。ラオスとの領土紛争を解決しようとする中国の取り組みは、より広範な外交政策の一環であった。

一九八九年夏、李鵬はカイソーン・ポムウィハーン（Kaysone Phomvihane）ラオス人民革命党総書記の中国訪問を要請した。六月、このラオス指導者は、中国の天安門事件の処理への支持を公式に表明していた(83)。一九八九年一〇月のポムウィハーンの中国訪問は、一九七六年以来初の中国・ラオス首脳会議となった。ポムウィハーンは天安門事件後初めて中国を訪問した外国首脳の一人であったことから、彼の訪中は鄧小平の新たな外交戦略を実施しようという中国の努力の幕開けとなった[84]。この首脳会談において、中国の指導者は自らの社会主義システムを維持する必要性を強調した。さらに、ポムウィハーンはラオスの共産主義政党の指導者であり、彼の訪問は国家関係だけでなく、党と党の間の関係の回復を示すものでもあり、困難な状況にある中国共産党を支持する努力を強調していた。

両国間の領土紛争における前進が、両国の関係正常化の基礎となった。ポムウィハーンの訪中での成果の一つは、国境問題に関する暫定合意であった。重要なのは、この合意が、以前の中仏条約に基づく現状は維持され、最終的解決は先延ばしされるべきと認めていることであり、このことは中国がさらなる要求をしないだろうという明らかなシグナルであったことである。また合意は機能的な問題、たとえば領事事務や越境貿易に関する規定も含むものであった[85]。李鵬のポムウィハーンに対する招聘のタイミングと一時的合意に向けた迅速な動きは、中国の妥協の意図が政治的不安定の影響に起因するものであることを示していた。ラオスは一九八五年以来、中国との関係正常化を模索してきたが、中国は天安門事件が起き、ラオスとの関係の価値が上がって初めてこれに反応したのであった。紛争を解決しようとする試みは、係争地域をめぐる取引において強硬に出るよりも関係改善が重要であったことを示している。

国境に関する公式協議はその翌年に始まった。一九九〇年八月、ヴィエンチャンにおいて第一次会談が開催され、両国は中国・ラオス間の国境を現存の条約を基礎に区切ること、そして共同航空測量を実施することについて暫定合意に達したが、これは暫定合意における中国の立場を再確認したものであった[86]。翌月以降、専門家部会が地図を比較し、調査の準備をする会合を開いた[87]。一九九一年二月までに、両国の専門家は分水嶺や国境の位置に関する共通認識に達した。一九九一年八月、第三回専門家会合の期間、両国は劉華秋・外交副部長とスリウォーン・プラシティデット（Soulivong Phrasithideth）副外相の主導により、条約についての共通認識に達した[88]。

中ロの東部地区に関する合意と同様に、ラオスとの条約はハイレベル訪問の際の手土産となった[89]。一九九一年一〇月、李鵬とカムタイ・シパンドーン（Khamtay Siphandone）〔ラオス首相〕が国境条約に署名した。この条約は本質的に、元の中仏条約〔一八八七年の天津条約附属国境協定および一八九五年の続議界務専条附章〕の国境線を再確認したものであり、一八平方キロメートルの係争地域は両国でほぼ均等に分割された[90]。一九九二年一月、国境線を調査し、国境標柱を設置する画定作業が始まった[91]。四五カ所の標柱の場所を指定した詳細な国境議定書は一九九三年に署名された[92]。

ヴェトナム

ラオスと中国との関係改善と同様の順番で、ヴェトナムはまず一九八八年に関係正常化を推進しようとした。ヴェトナムが一九七八年に侵略したカンボジアからいまだに軍を撤退させていなかったこともあり、中国はこれに難色を示した。天安門事件後、中国は鄧小平の善隣友好政策の一環として、カンボジアでより積極的な役割を果たすようになった。中国はカンボジアでのヴェトナムの影響力を殺ぎつつ（それは一九七九年中越戦争の主な要因の一つであった）、ヴェトナムとの関係を改善し、またカンボジアにおける和平合意を促進することで地域における地位を強化するという、細い道の上を歩んでいた。中国はヴェトナムの関係正常化への期待を、カンボジア問題解決のための道具として利用したが、どちらの目的も天安門事件後の中国の外交的地位を安定化させたいという衝動から来ていた。

一九九〇年五月、中国とヴェトナムの外交官がカンボジア問題と関係正常化に関する一連の秘密協議を開始した。両国指導部は、国内的に脅威にさらされている共産党の地位を強化しようとしていたため、関係改善への強いインセンティブを持っていた。一九九〇年九月初旬、グエン・ヴァン・リン（Nguyen Van Linh）総書記やドー・ムオイ（Do Muoi）首相、ファム・ヴァン・ドン（Pham Van Dong）元首相らヴェトナム最高指導部が密かに中国を訪問した[93]。公式首脳会談ではなかったとはいえ、この訪問は一九七六年以来初めての両党首脳の会談であった。会談の中で、ヴェトナムは、中国などの国連安保理理事国が支持するカンボジア和平案に同意した[94]。翌年夏、カンボジアの情勢が緩和されたことで、両国はヴェトナム高官の秘密ならびに公式の訪問で関係を正常化することに合意した。一九九一年一一月、江沢民とヴェトナムの共産党総書記となったドー・ムオイが北京で首脳会談を開催し、関係正常化を宣言した。

両国間の領土紛争における前進は、関係正常化の欠かせない部分であった。一九七九年の中越戦争以来続く不信のために、紛争の解決は疑心をなくし、緊密な関係を促進すると期待された。一九九一年の共同コミュニケにおいて、江とドーは国境の「平和と平穏」を維持し、領土紛争を平和裏に解決することで合意した[95]。首脳会談の間、両国は最終的解決を引き延ばしし、現状を維持することを約束するなど、正常化に向けた実務的事項の概要を示した国境問題における暫定合意に署名した。国境貿易の増加と辺境地域の発展の重要性から、合意は貿易と交通を促進するため国境付近の二四カ所の出入国管理所・通関ポイントを開放することを取り決めていた[96]。

正常化に引き続き、中国とヴェトナムは陸上国境に関する公式交渉を開始した。一九九二年二月、両国は紛争解決の原則を決めるための専門家作業部会を設置した。専門家部会レベルを二回、副大臣レベルを一回という三度の交渉を経た後、両国は一九九三年一〇月に陸上国境とトンキン湾の境界をめぐる紛争を解決するための原則について大筋で合意した。文書の中で、両国は一八八七年および一八九五年の清仏合意を交渉の基礎とし、「ギブ・アンド・テイク」の原則により紛争を解決することで合意した。このことはまた中国の妥協する意思を示していた。国境線を確認し、実効支配と境界線が異なる地域を画定し、これら地域における紛争を解決するため、合同作業部会が設置された[97]。

一九九三年の合意にもかかわらず、陸上国境画定に向けた動きは緩慢であった。一九九六年末までに、九回の作業部会レベル、四回の副大臣レベルという一三回の交渉が行われたものの、本当に成果と言えるのは一九九六年一〇月の国境の航空測量を実施する合意だけであった[98]。進展を妨げていた要因は三つある。第一点は、両国間には、他にもさまざまな領土紛争が同時に存在していたことである。すなわちトンキン湾の境界画定、パラセル諸島、スプラトリー諸島である。中国は経済問題に関わりのある陸上国境とトンキン湾に焦点を集中させようとしたが、ヴェトナムは交渉のテコを強めることができる包括的な合意によって四つの紛争を一括して解決しようとした。筆者が行ったインタビューによれば、ヴェトナムが四つの紛争を結びつけることを主張したことで、紛争解決に向けた前進は緩慢なものとなったという。[99] 一九九四年、中国はヴェトナムの希望に部分的に応じ、陸上国境解決の一部分としてスプラトリー諸島について議論することに合意した。[100] 中国指導部は天安門事件後、国内からの脅威にさらされていたものの、そのことはヴェトナムとの四つの紛争すべて、とくに離島部分について譲歩するインセンティブとはならなかった。

第二の障害は、両国に真剣な妥協をしぶる幹部がいたためである。両国間には感情的に厳しいわだかまりがあった。一九七九年の中越戦争は記憶に新しく、ヴェトナム人の多くが中国人の意図に対して疑いを持っていたのは自然なことだった。同様に、一九七九年の戦争でおそらく数万人の兵士を失った人民解放軍は、交渉を担当する中国代表団に加わることを拒否したとされている。[101] 障害は、一九八〇年代に繰り返された衝突の際に設置された地雷原を除去する必要性という、実務的課題であった。地雷除去作業は一九九四年と一九九九年に実施され、またこうした作業は現在でも続いているという。

こうした状況の打開のためには、双方の政治的意思の刷新が必要であった。一九九七年七月の首脳会談で、江沢民とドーは、両国が陸上国境問題を一九九九年までに解決することを確約した。これは両国内の妥協に反対する勢力に対して向けられたものであった。また中国は、一九九五年にヴェトナムとの関係を正常化したアメリカの影響力が増大するのを防ぎたかったのかもしれない。期限日前日の一九九九年一二月三〇日、唐家璇外相とグエン・マイン・カム（Nguyen Manh Cam）外相は国境条約に署名した。[102] 全体として両国は、二回の専門家レベル、一六回の作業部会レベル、六回の副大臣レベルという、合計二四回の協議を行った。[103] 総合的に見て、協定は係争地を公平に分割するものであった。中国は一一四平方キロメートル、係争地全体の五〇・二パーセントを獲得し、ヴェトナムが残りを獲得した。[104]

条約締結後に作業が進展したロシアやラオスとの交渉と異なり、ヴェトナムとの間の国境線画定の過程は、条約締結までの過程と同じように［その後の作業も］長引いた。陸上国境条約から三年以上経っても、合同国境画定委員会は予定されていた一五三三カ所の国境標柱のうち六つしか設置することができなかった。[105] 今日までに、委員会は一七回の会合を開き、約半分の国境線を画定した。二〇〇五年一一月における胡錦濤国家主席のヴェトナム訪問の際、両国は国境条約締結の九年後である二〇〇八年までに国境画定作業を完了させることで合意した[106]。

中国指導部にとって体制不安は、明らかにヴェトナムとの間の国境紛争を急いで解決しなければならないほど強いものではなかった。しかしそうであっても、一九九一年と一九九三年の暫定合意により、中国指導部は欲しかったものの大部分、すなわち重要な社会主義体制の隣国との関係改善と、政治的に不安定な時期における国境貿易の増加を得ることができたのである。

(5) 外部からの脅威？

外部からの脅威は、領土紛争での協調に関する筆者の理論における説明要因の一つであり、これはこの時期の中国の行動について、代替的な説明要因となりうる。すなわち中国は、冷戦後のアメリカのパワーの上昇に対し均衡をとろうとしたのであり、自国の社会主義体制を補強しようとしたのではない、という説明がありうる。この議論によれば、ソ連が崩壊し、その結果としてアメリカの一極時代となったことにより、中国は一九九〇年代に領土紛争において妥協することで、国際システムの中で相対的地位を強化しようとしたことになる。しかしながら、この解釈に反する要素がいくつかある。一九九〇年代、国防費や軍事交流関係、軍事訓練などを含む中国の安全保障政策は、ソ連崩壊に引き続くグローバルな力の均衡の変化に全くついていかなかったのである[107]。もし中国の妥協がアメリカに対するバランシングであったとするならば、それはこの当時の中国の安全保障政策からすれば例外的な行動だったということになる。第二に、中国がソ連と妥協することを決定したのは、ソ連崩壊の数年前のことであった。協議の開始はモスクワの主導だったとはいえ、協議のペースはソ連崩壊前ではなく天安門事件後に早まったのである。一九九一年の中ソ合意は一九九〇年、ソ連の脆弱性の全貌が明らかになる前に締結され、一九九一年四月、八月にクーデターが起きてソ連崩壊の過程が始まる前に署名された。同様に、中国がラオスとの間で協定に署名し、ヴェトナムとの協議を開始したのは、ソ連崩壊の前であった。

それに加えて、中国がラオスやヴェトナムとの間で領土紛争を解決し、関係を正常化しようとしたのは、アメリカのパワー増大に対抗するためだったという議論もあるかもしれない。しかし、当時中国の指導者は、中国に対するアメリカの脅威よりも、自国での中国共産党の将来を懸念していた。さらに、ラオスやヴェトナムとの妥協を求めたタイミングも、対外バランシング説が妥当でないことを示している。アメリカとヴェトナムは、天安門事件によって中国の体制が不安定となるよりだいぶ以前の一九八二年に限定的に関係を復活させている。米越関係の正常化は、一九九九年までに国境協定を成立させるという、一九九七年の取決めに影響を及ぼしたかもしれないが、江沢民がビル・クリントン（William J. Clinton）大統領と初めて首脳会談を行ったことに象徴されるように、一九九七年は米中の衝突ではなく、協力の年であった。

(6) 規範の内在化？

この時期に中国が合意した領土協定は、大体において陸上国境の現状維持を追認するものであった。中国は協定で引き渡した領土の面積の詳細を明らかにしていないが、ソ連、ラオス、ヴェトナムとの協定は、過去の領土協定に基づくものであった。こうしたことから、新協定は征服に反対する規範が内在化された結果であると考えることもできるかもしれない。しかし、こうした解釈に対していくつかの要素から反論ができる。第一に、中国の関わったものだけに限らず、多くの領土紛争は、係争地の双方の支配する面積を劇的に変えることなく解決されてきた。国家は強制されない限り、解決を引き延ばしにするか、拒否することができる。よって、現状維持の承認は、規範の内在化の証かどうかわからないのである。第二に、そしてより重要な点であるが、これらの領土紛争での中国の妥協は、天安門事件後の政治的脆弱性の高まりに対応するものであった。規範を重視する議論では、一九八〇年代を通じて中国は規範を受け入れるようになってきていたのに、なぜ一九九〇年と一九九一年という時点で妥協したのか、という点をいかに説明するのか明らかでない。さらに、これら協定が署名される際に発表された宣言において、中国の指導者は紛争解決の決定に際して、現状維持という点をとくに重視していないのである。第三に、第4

章で論じるように、中国の場合、とくにヴェトナムとの紛争において、一九八〇年代を通じて陸上国境では武力を使用し、また一九八八年と一九九四年にはスプラトリー諸島の島や礁を占領した。これらの行動は侵略に反対する規範で説明しようとする議論と一致しないため、規範を重視した説明は疑わしいのである。

（７）民主主義や経済的相互依存？

その他の代替的だと思われる説明要因も、中国が天安門事件後に領土紛争において妥協しようとしたことを説明できない。民主国家平和論や紛争の平和的解決の規範に基づく議論は、中国の権威主義的性質が天安門における暴力的弾圧に表れていたことを考えれば、明らかに妥当でない。同様に、この時期中国は貿易の増加を目指しており、また陸上国境をめぐる紛争の解決が貿易港の開港を促進したが、これによって中国の行動を説明することもできない。中国にとって、国家の正統性は天安門事件で自国民に武力を使用したことで大きく傷ついており、経済的発展はそれを補強するものであった。だからこそ、一九八九年の事件の後も鄧小平の経済改革を継続しようとしたのである。

2　新疆の不安定

ソ連の崩壊は、中国に中央アジアにおける三万四〇〇〇平方キロメートル以上の係争地を再度獲得する、理想的な機会を提供するものであったかのように見える。カザフスタン、キルギスタン、タジキスタンといった新生独立国家はその独立を守るためにもがいており、中国の要求に抵抗するだけの軍事的・外交的資源を欠いていた。しかしながら、明らかに係争地を回復するために相手国に圧力をかける機会であったにもかかわらず、中国は妥協を選択した。中国の軍事的地位は強力であったが、中国は新興の中央アジア諸国に譲歩し、一九九〇年代に六つの国境協定に署名し、また二〇〇二年にタジキスタンとの間で補足協定に署名したのである。

中国が中央アジア辺境で軍事的優勢にあったにもかかわらずなぜ妥協したのかという問題を最も的確に説明できるのは、体制不安である。一九九〇年より新疆で暴力的民族暴動が発生したことで、中華人民共和国の領土の一体性に対する新たな国内的脅威が生じた。ウイグル族など少数民族の中央政府に対する不満の高まりが、かつてないほど多くのデモや爆弾テロ、暗殺、反乱を引き起こした。動乱の規模はチベット暴動に比べて小さかったものの、中国の指導者にとっては、とくに天安門後の政治的不安定の中にあって無視できない懸念材料であった。未解決の領土紛争の解決は、上海協力機構の創設などに見られる、この時期の中国の中央アジア地域に対する関与政策の中心的構成要素だった。中国の指導者にとって、領土紛争を継続することは、新疆の内的安定を強化するための支援を妨げてしまうために、よりコストがかかるようになった。中国は、汎イスラム主義、汎トルコ主義グループの拡散を防ぎ、新疆での分離主義者に対する外部からの支援を制限し、経済発展を通じて安定を維持するという広範な目的のために、国境貿易を増加させなければならなかった。そのためには、隣国と協力する必要があったのである。

（1）西北辺境における不安定

中国の西部辺境部の安定は、一九八〇年代末には損なわれ始めていた。チベットでは一九八七年九月に少数の僧侶の集団がチベット独立を訴えて結集するなど、社会不安の兆候が表れていた。一九八九年三月、ラサでの大規模なデモに対して治安部隊が実弾を用いて群衆を追い払おうとしたことから、暴動が起こった。チベット反乱から三〇年目を迎える中で、新たな騒乱が発生することを恐れた政府は、即座に戒厳令を敷いた(108)。チベットにおける民族《エス》的《ノ》ナショナリズムの限定的復活は、懸念材料であったことは疑いないにしても、それ自体がとくに脅威というわけではなかった。中国のこの地域に対する支配は、一九五〇年代よりもはるかに強固になっており、また騒乱は一つの都市に限定されており、かつ非暴力的であった。

しかし天安門事件後、中国の指導者は辺境における民族的不安定に対して依然よりはるかに懸念を抱くようになった。一九八九年五月、天安門の熱狂はウルムチにまで達し、数千人の大学生が北京の学生を支持するために行進した。この行進に信心深い学生が性的習慣についての本に抗議するために加わったことで、集会は暴動へと急激にエスカレートした。[109] 政府はこれを暴力的に鎮圧したのではなかったが、この事件は潜在的なウイグル民族主義とイスラム過激主義の盛り上がりが結びついて爆発に至る兆候であった。チベットの一部で起きたデモは、いまやはるかに広大な辺境全体における「分離主義」の前兆であるように思われた。たとえば一九八九年の秋から冬にかけて、中国による支配の終焉を訴えるビラが新疆中にまかれた。[110]

天安門事件を背景に、中国の指導者は辺境部における国家への潜在的脅威に対して、非常に敏感となっていた。[111] 一九八九年八月、王芳公安部長が新疆を視察し、「陰謀をたくらむ分離主義者の活動」に対して警鐘を鳴らした。[112] 同年一一月、李鵬首相が新疆を訪問し、分離主義反対を表す公式用語である「民族団結」という言葉を強調した。[113] 一九九〇年二月の国家民族事務委員会の会議は、分離主義の課題を強調していた。また同月、新疆ウイグル自治区の宋漢良党委書記は分離主義の脅威を消滅させることが「新疆の政治的・社会的安定のカギとなる」と述べた。[114]

一九九〇年四月、新疆南西部のいくつかの町で武装蜂起が発生したことで、中国の指導者にとって最悪のシナリオが現実のものとなった。暴動が起きたのは、カシュガル（地図2－5を参照）近郊のバレンで、二〇〇人から三〇〇人の武装市民が政府庁舎を襲撃し、人質を取り、人民武装警察が政府職員を保護するために立て籠もった郷人民政府の建物を包囲した。現場に駆け付けた公安部隊は攻撃され、車両に乗ったまま殺されたという。[115] この地方におけるモスク建築に対する新たな政府規制が、現地の人々を激怒させ、襲撃を誘発した。群衆が二〇〇〇人以上に膨れ上がるにつれ、人々は漢族中国人を新疆から追い出し、東トルキスタン国家を樹立するための「聖戦」を呼び掛けた。暴徒は郷政府の建物に立て籠もった人民武装警察の小分遣部隊に対して小火器や爆弾で攻撃を仕掛けたとされている。人民武装警察の増援部隊が到着し、暴徒は暴力的に鎮圧された。二二人から五〇人が死亡し、一〇〇〇人以上が拘留された。この暴動は信心深い学生であったザヒディーン・ユスフ（Zahideen Yusuf）が指導したもので、ユスフは少数の追随者を集め、密輸武器を手に入れていた。[116] 同じころ同様の暴動やデモが新疆の南部都市でも起きていた。[117]

バレン暴動は、新疆という広大な辺境において以後一〇年間続いた、体制の権威を脅かす民族的な暴動と不安定の導火線となった。暴力レベルの上昇は、新疆の多くの人々にとっていまだに占領軍として見えていた中央政府の弱さを際立たせた。中国の指導者は、この地域における国家の正統性の弱さを嫌というほど感じ取っていた。新疆の一部は一八六〇年代から一九四〇年代の間に一時独立しており、また自治の拡大を求めて一九六二年のイリ事件(伊塔事件)、一九八〇年四月のアクス県暴動、一九八一年一〇月のカシュガル暴動など、周期的に暴動が起きてきた。[118] こうした潜在的な自治拡大への欲求と、一九八〇年代中ごろから始まった新疆でのイスラム教の盛り上がりが混ざり合い、〔この地域での社会的不安定は〕発火しやすくなっていた。漢族の新疆への継続的な流入は地域的アイデンティティを侵食するものとして受け取られ、また産児制限政策やロプノールにおける核実験の実施などと相まって地域の人々の不満を高めた。一九九三年までに、暴動は新疆のいたるところに広がった。ウレマ〔イスラム法学者〕はモスクの中から反乱を呼びかけ、少数民族の党員や政府幹部までもが分離主義運動に参加した。[119]

新疆では三種類の民族関連の暴力が発生した。第一に、政府の政策や機関に対する抗議やデモ、暴動の増加である。多くのデモは自然発生的であり、宗教指導者や分離主義の嫌疑をかけられた者への弾圧に対する反発であることも多かった。平和的な集会もあったが、暴動へと転じ、暴力的に鎮圧されたものもあった。バレン暴動以降で最も大きなデモは一九九七年二月にグルジャ(伊寧《イネイ》)で起きた。そこでは数日間にわたる暴動と衝突の後、公安が分離主義の容疑者を逮捕した。[120]

第二の暴動のタイプは、公共の場における爆弾テロや地方幹部の暗殺といった、テロリスト的攻撃である。一九九一年以降散発的に起きた爆弾テロは、漢族が多く住む地区のバスや政府ビルを狙ったものが多く、公安の取り締まりに反発したものも多かった。たとえば一九九七年の伊寧暴動に反応し、二月の鄧小平追悼行事の当日、漢族が多く住む自治区首府のウルムチ市で三件のバス爆破テロが発生した。中央政府を支持する地方幹部や、北京寄りと見られたウイグル族や他族の宗教指導者は、新疆のとくに南西部において発生した暗殺の重点的対象となった。

第三のタイプは、武装蜂起集団と政府の警察部隊、とくに武装警察との間の衝突である。新疆において組織的に統一された抵抗はなかったが、多くの小武装集団が生まれ、漢族を追い出すというほぼ同じ目標を共有していた[121]。こうした集団の中には爆弾テロや暗殺を実行したものもあったと思われるが、詳細な情報はない。しかし、こうした反乱は、公安による弾圧の対象となり、時には激しい武力衝突に至ることもあった。これら集団の中には、公安の派出所や監獄、武装警察の検問所、三〇年前のチベット動乱以降に作られた人民解放軍の分屯地などに攻撃を仕掛けたものもあった。

新疆での反乱は客観的に見て国家に対して重大な脅威となったわけではない。分離主義グループは大人数を組織化したわけではなかったし、また各グループが協力して中央政府に立ち向かったのでもなかった。チベットの反乱とは異なり、これらグループが大きな領域を支配したこともなかった。それは一九六〇年代以来人民解放軍や警察力が強固となっていたからであった。しかしながら、中国の指導者は新疆の社会的不安定を、欧米諸国からの自由化圧力との関わりで、大きな懸念を持って見ていた。李鵬はそうした敏感さを捉え、バレン暴動以前の一九九〇年二月に「分離主義者の活動を萌芽段階で取り除く」必要性を訴えた[122]。江沢民は一九九〇年一〇月の新疆視察でその安定に対する国外の脅威を強調した。人民解放軍部隊への講話の中で、江沢民は「国際および国内環境の変化と、東欧での突然の変化やソ連の騒動に続き、国内の分離主義者と国際的敵対勢力が結託し、祖国を分裂させるたくらみと計画の実行を加速させようとしている。これが新疆の安定にとっての主要な危険となった」と述べた。江沢民は、「とくに現在の環境では、新疆の安定と平穏を守ることは、国家全体の安定に決定的影響を持つ」と強調した[123]。

一九九〇年代に暴力と不安定性が増すにつれ、中国の最高指導部は行動をとった。一九九六年、中央政治局常務委員会は新疆の安定についての会議を開いた。江沢民の講話に引き続き、会議の議事要綱と決定された事項は、中国指導部の不安な心情を反映していた[124]。文書は「今日、民族分離主義と非合法的な宗教活動は、新疆の安定にとって主要な脅威である」と記していた。これらを抑え込まなければ、「国家全体の…(中略)…安定にまで影響する」[125]。さらに、中央政治局常務委員会は内的不安定性を新疆の外部環境と結びつけ、「日増しに外部の国家分裂主義者が新疆の破壊行為に手を貸し、浸透を強化している」と述べた[126]。国内で起きた問題について、中国の指導者がすぐさまあたかも決まり文句のように「外国の敵対勢力」を批判するということがしばしば起きてきたとはいえ、この時は、中央アジアにおいて少しは非難に値する状況が存在した。公式声明、学術的分析および内部報告はすべて新疆の安定と外部環境を結びつけていた。中国の指導者は冷戦後にグローバルな民族自決の波が起き、またイスラム原理主義が盛んとなり、中央アジアに新興国家が誕生したことが、新疆の民族グループが独立を求めるきっかけとなっていると見ていた[127]。新疆の自治区政府が出版した書籍も、ソ連解体の結果、汎イスラム原理主義と汎トルコ・ナショナリズムが拡散したことが、中央アジアの安定にとって脅威となっていることを強調していた。その懸念の主なものは、同じような思想が国境を越えて新疆に流入し、さらなる社会的不安定や反政府活動を呼ぶという、これまで多くの研究者が指摘してきたものであった[128]。アフガニスタンにおいてイスラム主義が再興したことは、アフガニスタンが中国とタジキスタンに国境を接していることもあり、とくに懸念事項であった[129]。バレン暴動の首謀者はアフガニスタンの出来事に刺激を受けたとされており、またウイグル分離主義者の中には外国で軍事訓練を受けたものもいた[130]。

とくに、中国の指導部は、隣国が中国国内の分離主義グループに対して相当な物質を支援していると考えた。一九九〇年代初頭、ウイグル解放組織、自由ウイグルスタン、国際ウイグル連合といった多くのウイグル人政党がカザフスタンやキルギスタンで活動しており、これらはすべてウイグル国家の独立を求めていた[131]。他国同様、こうした国外の組織は一九八〇年代に設立された私立の宗教学校に資金援助をしており、民族的《エスノ》ナショナリズムの成長にこうした学校が用いられていると、新疆の幹部の多くが信じていた。こうした組織すべてが中国国内の分離主義運動に大きな支援を与えていると考えられていた[132]。

外部とのつながりの最後の要素は、新疆と中央アジア諸国の間にある抜け穴だらけの長い国境線である。中国指導部は、分離主義勢力が国外の拠点を利用するのを防ぐためだけではなく、武器やプロパガンダ、人々が密かに国境を越えてくるのを防ぐためにも、外国との協力を必要としていた。たとえばバレン暴動の後、李鵬はゴルバチョフに対して中央アジア国境を封鎖することを求めた[133]。しかし一九九〇年の暴動で用いられた兵器がアフガニスタンから中国に入ってきたという事実は、この地域の国境の通行が依然として容易であったことを示している。[134]

(2) 協力を通じた辺境の安定

一九九〇年代初期から中期にかけて、中国政府は新疆の安定を維持し、迫り来る民族的ナショナリズムを叩き潰すために、国内政策と外交政策を使い分けた。新疆の社会的不安定に対応するための中国の取り組みの重点は国内に置かれていたが、同時に中国は分離主義者の活動を抑え込み、密輸を阻止し、国境貿易を促進するために近隣諸国と協力する必要があった。

新疆の民族的不安定に対する中国の国内における反応は三つの要素から成っていた。第一に、行政的統制を強化するための一連の措置である。一九九〇年のバレン暴動以降、指導部は郷や村までに至る地方レベルの党の指導を強化することに重点を置き、分離主義者を排除するために一般党員の資格を整理した。[135]宗教活動を規制するキャンペーンが始められ、宗教教育やモスク建設などの活動に対する統制が強化された。そして一九九三年までに、新疆の二万五〇〇〇人の宗教指導者のうち一〇パーセント以上がその地位を追われた。[136]

第二の国内的対応の重点は、分離主義運動の容疑者を迅速かつ時に暴力的に取り締まったことである。その第一の波は、バレン暴動の直後、ほぼ南西地域に集中して行われた。最大の取り締まりは、一九九六年の全国的「厳打」（犯罪の集中的取締り）の一環として、標的とすべき犯罪者リストに新疆の分離主義者も含めることで実施された。[137]たとえば一九九六年四月には一七〇〇人の分離主義運動の容疑者が逮捕された。[138]公安は同様の検挙網をその後も広げ、数千人を拘束した。

第三の反応は、中国共産党が天安門事件後に経済改革に重点を置いたのと似たように、辺境部の経済発展を促進することであった。新疆の党指導者は、生活水準の向上が漢族と非漢族の間の緊張を緩和すると考えた。[139]一九九二年、新疆は近隣諸国との貿易を増やすために少数民族地域国境を開放するという全国的キャンペーンに組み込まれた。一九九九年、政府は「西部大開発」キャンペーンを実施し、新疆への国家補助金を増加させた。新疆の安定を強化し、国家統合を促進することに関する政府報告は、すべてこのテーマを強調していた。江沢民の言葉によれば、このキャンペーンは「民族の団結、国家の統合、社会の安定を維持するため」の「長期的発展戦略」を提供した[140]。

しかしながら、こうした国内的措置は、すべて新疆に隣接する周辺諸国との協力関係を必要とするものであった。逆説的だが、国内の不安を鎮めるには対外的平和が必要であり、このことがこの地域における中国の関与外交の基礎となった。一九九六年の党中央委員会の文書は、中国の地域外交と新疆の内部情勢を結びつけ、政府に対して以下の指示を出した。

多方面から来る外部の民族的分離主義者の活動を制限しなければならない。トルコ、カザフスタン、キルギスタンは外部の分離主義勢力の拠点となっていることに留意せよ。外交を通じて、これら諸国国境内の分離主義勢力の活動を制限し、弱めるよう要請しなければならない。わが国の政治的優越性を全面的に活用し、これら諸国との二カ国間友好関係をさらに発展させなければならない。同時につねにこれら諸国への圧力をかけ続けよ[141]。

この党中央委員会文書は、分離主義者の進入を防ぐために国境警備を強化することも要求しており、ここからも中国の指導者の認識における内部と外部のつながりが明らかである。

国境と国境防衛拠点に対する制御を強化しなければならない。外部の分離主義者、武器、プロパガンダ用品が流入するのを防げ。国内と国外の民族分離主義者が集まって手を組むのを防がねばならない[142]。

最後に、文書は経済発展を促進する必要性も強調した。

領土紛争における妥協が、中国の中央アジア諸国との間の外交的関与の基礎となった。新疆が不安定となる中で、領土紛争を継続することは、国内的安全を守るために欠かせない協力を阻害してしまうために、いまやよりコストがかかるものとなった。制度面に弱さをかかえる新興国として、中央アジア諸国は自然と中国に対して警戒心を抱いており、また中国の圧力に対して脆弱であった。しかしながら、中国は冷戦後、その相対的パワーの優位を利用して領土紛争において強硬な態度で交渉することはなかった。むしろ中国は、かつて清朝の一部であった領土に対する拡張主義的な領有権主張を取り下げ、係争地域について妥協し、さらに領土の現状維持を受け入れることで、近隣諸国との関係を改善することを選択した。その見返りとして、中国は新疆での安定確保への支援という協力を得ようと望んだのである。

ソ連が崩壊した後、中国は中央アジア諸国を含めすべての旧ソ連の共和国と公式の外交関係を結ぶためにすばやく動いた。中国はこれら諸国が台湾を承認することを防ごうとしたのであるが、領土紛争とテロリズムは当初より重要問題であった。外交関係樹立後の共同コミュニケにおいて、中国と新たな隣国はかつての中ソ間の協議において達成された進展を「高く評価した」。交渉は「現存の協定を基礎に」行われるべきと宣言することで、中国は新生諸国に新たな要求を突きつけることはないというシグナルを送っていたのである。その見返りに、中国と近隣諸国は「国際的テロ活動に対する闘争において協力」することで合意した(143)。

領土紛争については、中国と中央アジアの近隣諸国との交渉は二つのチャンネルを通じて行われた。第一に二国間、通常は多くの重要決定がなされる外務副大臣レベル以上の交渉である。実務レベルにおいては、中国がロシアおよび中央アジア三カ国代表から成る代表団と交渉する場として合同代表枠組みが用いられた。その理由は実際的なものであった。ロシアの軍隊はいまだに独立国家共同体の中央アジア国境を守っており、またロシアの外交官は国境交渉に必要な技術的専門性や歴史的知識を持っていたのである。この機構は各国が大掛かりな準備をすることなく、実務レベルで潤滑な交渉再開を確実にした。また合同代表団の利用により、中国が二国間でのみ交渉して情報の非対称性を利用することができない、ということが保証された。中国は、それほど強い地位から開始することができないかもしれない中ソ交渉の記録を基礎に、協議を再開することで同意したのである。

「上海ファイブ」およびそれに続く上海協力機構の創設と発展は、同様の外交的目標を持ったものであった。この地域的な集まりは、そもそもソ連崩壊後に続いた国境の非軍事化協議から始まった。領土に関する議論の際に用いられた合同代表団の枠組みは、一九九〇年にソ連との間で始められた非軍事化協議において使われたものであり、その際には一九九六年と一九九七年の重要な非軍事化および信頼醸成協定の締結につながり、中国が新たな中央アジアの隣国に対して再保証するのに役立った。[144] 一九九六年、五カ国首脳は年次会合を上海ファイブとして制度化することに合意した。さらに二〇〇一年にはウズベキスタンを加え、上海協力機構（SCO）となった。[145] 一九九六年四月の初回会合では、各国首脳は「分離主義」に対する反対を共有することを誓約し、ここでも国内的脅威に対して外部との協力が必要なことを示したのである。[146] 上海協力機構の目標はこの地域における中国の目的にかなうものであった。それはすなわち、非軍事化による長い国境の安全確保、民族的《エスノ》ナショナリズム運動反対への協力、地域貿易の増加であった。後者二つの目標は、この地域の各国政府を脅かしている汎イスラム主義勢力の国内的脅威に対抗しようとする願望を各国が共有していることに起因していた。たとえば一九九九年、五カ国はキルギスタンに反テロリズムセンターを設置し、二〇〇一年に上海協力機構が設立された時には各国首脳が「テロリズム、分離主義、過激主義と闘う」協定に署名した。[147]

(3) 中国の妥協

一九九二年一〇月、中国と中央アジアの新生国家は合同代表レベルの第一回会合を開催した。その一カ月前、各国外相は領土に関する協議を中ソ交渉が到達していた地点から再開することで合意した。重要なことに、各国はかつての交渉で適用された原則、すなわち現存の合意と領土の現状維持が包括的解決の基礎となる、という点に同意したのである。さらに、中央アジア諸国は係争地の大部分を占有していたため、この合意は中国が初めから妥協の用意があることを示していた。協議再開を決めた一〇月の会議の後、一九九三年四月に新たな枠組みのもとでの交渉の第一ラウンドが始まり、中国とカザフスタンの国境がとりあげられた。

カザフスタン

カザフスタンは中ソ領土紛争より一五カ所の係争地域を引き継いだ。これら係争地域は約二二四〇平方キロメートルから成っており、大部分をカザフスタンが占有していた。[148] 領土紛争は、一九世紀に結ばれた中国（清朝）とロシアの協定が曖昧であったことから来ており、またいままで線引きされたことのない地域をいくつか含んでいた。

カザフスタンは中央アジアにおける中国の隣国の中で最も大きな国であり、カザフスタンとの関係改善は、中国のこの地域への関与全体にとって重要であった。カザフスタンは中国以外の国では最大のウイグル族人口を抱えており、ウイグル族関連の多くの組織や政治集団の本拠地であった。一七四〇キロメートル以上に及ぶ新疆とカザフスタンとの国境には、反乱分子や密輸商人が進入できる地点が数多くあった。[149] 新疆で最も反政府的な地域の一つであるイリ県はカザフスタンに隣接していた。中国がカザフスタンという世俗国家を支援することで、イスラム過激主義がこの地域に拡散し、新疆がさらに不安定化することを防ぐことができた。この時中国は中央アジアにおいてもっと攻撃的な姿勢を見せることですべての領有権の主張を実現することもできたかもしれないが、そうした場合には他の目標を達成できなかったであろう。むしろ領土紛争でより強硬なアプローチをとれば、周辺国におけるイスラム主義運動への民衆の支持を高め、中国の新疆内での安定維持能力を弱める結果となったかもしれなかった。

一九九三年四月と七月の二回の会談の後、中国とカザフスタンは大部分の係争地についての臨時合意に達した。一〇月初旬、カザフスタンのヌルスルタン・ナザルバエフ（Nursultan Nazarbayev）大統領はインタビューの中で、一一カ所の係争地域のうち八つについて共通認識に達したことを明らかにした。[150] 二回のさらなる会談の後、両国は国境協定に仮署名し、一九九四年四月に李鵬首相とナザルバエフが署名した。[151] この文書において、中国とカザフスタンはアラ峠（阿拉山口）などの地域を分割することに合意した。中国はコルガス川源流付近の地域を獲得したが、その他のカザフスタンが占有する地区についての要求を取り下げたようである（地図2－5を参照）。見返りにカザフスタンは、中国の新疆での安定維持を支援することに同意した。合意の署名に続き、ナザルバエフは、カザフスタンは「民族分裂主義に反対し、…（中略）…『東トルキスタン』派に中国・カザフスタン関係を傷つけるような活動をとることを許さない」と述べた。李鵬は「ナザルバエフ大統領のカザフスタンにおいて中国に対する民族分離主義者の活動を許さないという発言および台湾やチベットに対する姿勢に謝意を表した」[152]。こうした目標のために、一九九三年七月、中国の公安部はカザフスタンの内務省との間で協力協定を締結した[153]。

残った三つの係争地については、二つの協定によってそれぞれ解決された。一九九七年九月、李とナザルバエフは二つの補足協定のうち一つ目、すなわち南部分で最後に残った一一キロメートルの国境および神聖なハン・テングリ山のキルギスタンも含めた三国国境が接する地点を扱った協定に署名した[154]。一九九八年七月、江沢民とナザルバエフは最後の二つの係争地域を等分に分割する二つ目の補足協定に署名した[155]。中国は三一五平方キロメートルに及ぶサルィ・チリディ川地域の七〇パーセントを獲得したが、六二九平方キロメートルに及ぶチャガン・オボおよびバイ・ムルザ峠のうち三〇パーセントしか獲得しなかった[156]。

紛争において最も難しい地区を取り扱った補足協定が妥結したタイミングは、新疆の民族暴動に対する中国の懸念が増大していたことと関わっていた。一九九七年のイリ暴動後、江沢民とナザルバエフは地域の安定を議論する緊急会議を開催した[157]。同時に、カザフスタンの指導部は、中国が新疆での安定を保とうとする努力に対して、支持を表明し続けた。カザフスタンのムフタル・アルティンバエフ（Muhtar Alteinbaev）国防大臣は、第一の補足協定締結の一カ月後に中国を訪問し、カザフスタンが断固として分離主義に反対すること、そして中国に向けた分離主義者の活動を阻止することを宣言した[158]。第二の補足協定の署名後、ナザルバエフはカザフスタンの分離主義者の活動に対する反対へのコミットメントをあらためて表明した[159]。一九九九年の首脳会談において、江沢民とナザルバエフは、「民族分裂主義、宗教過激主義、テロリズム、非合法な武器売買、薬物密輸、非合法移民などの犯罪に対して、効果的に闘争するために協調的努力を行うこと」で合意した[160]。公式声明に加えて、カザフスタンは自国領土内でのウイグル人の活動を制限することで中国に協力した。たとえば一九九九年には、カザフスタンは中国の要求に応えて三人のウイグル人分離主義者を中国に送還した[161]。またカザフスタン政府は政党を解散し、新聞を発刊停止し、分離主義の容疑者を逮捕した[162]。

三つの国境協定において、中国は相当の妥協を提示した。中国は係争地二四二〇平方キロメートルのうち約三四パーセントを獲得した。カザフの官僚によれば、三つの協定は領土の現状をほぼ反映するものであった。カザフスタンの外務大臣が言明したように、「国境はこれまでそうであった線、すなわち監視ラインに沿って引かれた。言うなれば、カザフスタンは何も得なかったし、何も失わなかった」[163]。画定作業は初めの協定が署名されてすぐに開始された。合同国境画定委員会は一九九六年七月に第一回会合を開き、一九九七年に標柱を設置し始めた。二〇〇一年末までに、五四八カ所以上の標柱が国境に沿って設置された。二〇〇二年五月、両国の外務大臣は国境の線引きを定めた議定書と関連地図に署名した。ナザルバエフの言葉によれば「われわれは国境問題を完全に解決した」[164]。

キルギスタン

キルギスタンはかつての中ソ国境紛争から、約三六五六平方キロメートルに及ぶ七つの係争地域を引き継いだ[165]。ウゼンギ・クーシュ川盆地を含む係争地域の大部分はキルギスタンが占有していた。中国のカザフスタンとの紛争と同じように、両者の主張の対立は、一九世紀に中国〔清朝〕・ロシア間で締結された協定に曖昧さがあったことに起因していた。

キルギスタンは、カザフスタンと並んで新疆の安定に関する一九九六年の中央委員会文書で言及されていた。キルギスタンはごく少数のウイグル人人口を抱えていることに加え、新疆には一〇万人のキルギス人が居住しており、そのほとんどが反政府的な南西部に住んでいた。カザフスタンのケースと同様に、領土紛争で協調することによって、中国はキルギスタンとの関係を改善し、それによって分離主義者への対策で協力を得て、さらに国境貿易を増加させようとした。

中国とキルギスタンは、まずソ連崩壊後成立した合同交渉枠組みの一部として紛争に取り組み始めた。李鵬首相の一九九四年四月の中央アジア歴訪の際、中国とキルギスタンは紛争解決を加速することで合意した[166]。一九九五年七月にはキルギスタンの外務大臣が高官協議のために中国を訪問した。一九九五年九月、合同代表団が国境協定起草のための作業を開始した[167]。こうして一九九六年七月、江沢民国家主席とアスカル・アカエフ（Askar Akayev）大統領が七つの係争地のうち六つに関わる国境協定に署名した。これら地区の大部分はキルギスタンが占有していた。未解決のまま残ったのは、ウゼンギ・クーシュ川盆地であった[168](地図2-5を参照)。

中国・カザフスタンの交渉と同じように、両国はまず初めに最も簡単な問題から手を付けた。全般として、中国はキルギスタンが占有する地区についての主張を取り下げ、キルギスタンは中国が占有する地区について承認したのである。こうした譲歩の見返りとして、中国は分離主義集団の鎮圧に対する支援を得た。協定署名前においても、アパス・ジュマグーロフ(Apas Jumagulov)首相はキルギスタンが「分離主義者」をかくまわないことを約束していた[169]。協定署名後の共同コミュニケにおいて、アカエフはキルギスタンが「民族分離主義に断固として反対し、自国領土内におけるいかなる反中国的活動も許さないこと」を宣言した[170]。キルギスタンの指導者は同様のコミットメントを一九九四年以降の高官会議のたびに表明している[171]。

ウゼンギ・クーシュ川盆地をめぐる紛争は、一九九九年に解決した。数年間の断続的交渉の後、協定草案が一九九八年一一月に作成された[172]。一九九九年八月、江沢民国家主席とアカエフ大統領が国境補足協定に署名した[173]。ここでも再び、中国は妥協することを選んだ。中国は当初この地域の五〇から九六パーセントを要求していたが、最終的に三〇パーセントを受け入れることで合意した[174]。さらに、この協定締結と領土紛争の最終的解決は、一九九七年のイリ暴動以後の新疆社会の不安定化を受けて起きている。共同宣言において、アカエフはキルギスタンが中国の分離主義弾圧を支持することを繰り返し表明した。彼は、キルギスタンが「分離主義、宗教過激主義、テロリズムに反対の立場を堅持し、いかなる勢力であってもその土地を反中国活動に使おうとすることを許さない」と表明した[175]。

キルギスタンとの紛争を解決するために、中国は大きな譲歩を提示した。一九九六年と一九九九年の協定において、中国は約一二〇八平方キロメートル、つまり係争地の三二パーセントを獲得した[176]。正確なデータはないものの、中国はウゼンギ・クーシュのそれまで占有していなかったいくぶんかの領土を得たかもしれない。画定作業は二〇〇一年六月に始まり、一〇五カ所に標柱が設置され、二〇〇四年九月に国境議定書が署名された[177]。

タジキスタン

タジキスタンは中ソ国境紛争から三つの係争地域を引き継いだ。最大の係争地域は、一九世紀から中国・ロシア関係の懸案となってきた約二万八〇〇〇平方キロメートルにわたるパミール高原である。中国は、この地域は中国が参加していないロシアとイギリスとの一八九五年条約によってロシアに併合されたと主張していた[178]。他の二つの係争地は四三〇平方キロメートルから成っていた[179]。

中国のタジキスタンとの領土紛争解決のための交渉は非常に長引いたものとなり、二〇〇二年五月まで続いた。その第一の理由は、タジキスタンにおける保守的共産主義者と反対派との内戦が継続していたことであり、その反対派の中で最大の勢力がイスラム勢力であったことである[180]。このような状況下では中国とタジキスタン政府は協議ができなかったし、また中国からすれば領土紛争を強調することで反対派の勢力を勢いづかせたくなかったことも間違いない。和平合意は中国とタジキスタンが交渉を始めた一九九七年まで達せられなかった。第二の理由は、パミール紛争そのものであった。この地域は中国の要求の中でも最も大きなものの一つであり、中ソ紛争において重要争点となってきた。そうした歴史的理由から、中国の指導部はこの地域について最終的にはほとんどの要求を放棄したとはいえ、それでも妥協するのをためらった。

タジキスタンの内戦終結後、中国とタジキスタンは係争地についての協議を開始した。一九九七年一〇月、領土紛争に関する副外相レベルの一週間にわたる協議の後、「着実な進展」があり、パミール以外の二つの紛争について合意ができた。マルカンスゥ渓谷は等分され、また中国はウズベル峠についての要求を取り下げた[181]（地図２‐５を参照）。パミール地域をどう分けるかをめぐる両国の主張の違いにより、この時は公式の協定に署名されることはなかった。中国は妥協する意思を見せたものの、両国は適切な〔領土の〕分け方について同意できなかった。しかし、この一九九七年の非公式合意ができたタイミングは、中国がイリ暴動後の社会的不安定を鎮めるべく新たな努力を行っている時期と重なっており、民族的不安定が中国の妥協の意思を生み出すのに役割を果たしたことを示している。

パミールについての不一致が続いていることから、中国とタジキスタンは一九九九年まで協定に署名しなかった。一九九九年八月、江沢民国家主席とエモマリ・ラフモノフ（Emomali Rahmonov）大統領〔現在ではタジク語風にラフモンと名乗っている〕が国境協定に署名したが、この協定はパミール地区以外のすべてで国境線を引き、争われていた二つの峠の分割についての非公式合意を成文化したものであった[182]。また他の新疆周辺の国家との紛争解決と同様に、式典に続いて共同宣言が発表され、中国の国内的目的に対する明確な支持が表明された。両国は、「いかなる形の民族分裂主義、宗教過激主義、国際テロリズムにも反対することを強調し、いかなる組織や勢力であっても一方の領土内で他方に対して分離主義活動を行うことを禁止することを誓った[183]」。タジキスタンは、一九九六年以降の共同宣言においても同様の支援を表明していた[184]。

しかし、パミールについての交渉は行き詰まったままであった。それまでの協議において、中国は妥協することに同意し、ほとんどの要求を取り下げた[185]。タジキスタンは明らかに協定を妥結させたかったが、中国のソ連に対する要求はそもそもその国土全体の約二〇パーセントに及んでいたのである。二〇〇〇年、両国は非公式合意に達し、合同代表団が翌年にかけて公式文書として成文化した[186]。二〇〇二年五月、江沢民国家主席とラフモノフ大統領が補足国境協定に署名したが、中国はこの協定で劇的だが現実的でもある譲歩を行った[187]。最終的に、中国はもともと要求していた二万八〇〇〇平方キロメートルのうち、わずか一〇〇〇平方キロメートルのみを獲得した[188]。さらにこの協定は領土の現状維持を固定化したもので、領土の交換をほとんど必要としないものであった。中国と交渉した合同代表団のロシア側首席代表によれば、「中国とタジキスタンが取り決めた国境線は、それまで存在していたものにわずかな変更を加えて実際的に再現したものである。…（中略）…歴史的に形作られた国境に革命的変化を及ぼすものではない[189]」。一九九九年と二〇〇二年の協定において、中国が得たのは二万八四三〇平方キロメートルの係争地のうち、わずか四パーセントに過ぎない。国境線の画定は二〇〇六年に開始され、まだ完了していない[190]〔訳注1〕。

（4）外部からの脅威？

中国の中央アジア諸国に対する領土紛争における数多くの妥協は、外部からの脅威をその要因とした場合、ほとんど説明できないものとなる。この説明では、冷戦後のグローバルな勢力均衡の劇的変化を背景として、中国はアメリカの影響力に対抗するために妥協したのだと指摘される。しかし、中国の譲歩のタイミングは、この説明に合致しないのである。中国は、アメリカが一九九〇年代後期にカスピ海の石油への関心を増大させるよりもだいぶ以前に、カザフスタンとキルギスタンとの紛争において妥協することを選択していた。さらに二〇〇一年九月一一日のテロ攻撃とアフガニスタンに対する不朽の自由作戦の前まで、この地域でのアメリカの軍事的プレゼンスはまばらであり、中国の西部国境に対する脅威は限定的であった。NATOと地域諸国は一九九七年と二〇〇〇年にそれぞれ合同演習を実施したものの、これらは戦闘作戦ではなく平和維持任務のための訓練に特化されたものであり、中国から見ればそれほど警戒心を強めるべきものでなかった。

九・一一後にこの地域でアメリカのプレゼンスが増加したことは、中国の指導者を不安にさせたものの、この時すでに中国はこの地域の国境紛争を解決する七つの国境協定のうち六つを締結していた。それより前に中国指導部がアフガニスタンでのアメリカのプレゼンスを予測していたという証拠はほぼ存在しない。同様に、さまざまな首脳会談や上海協力機構（SCO）などでの共同宣言には、アメリカへの直接的言及はほとんどない。むしろこれら宣言は、テロリズム、分離主義、過激主義という「三つの勢力」や、二国間貿易、その他国内の安全保障や安定についての地域的課題などの問題を強調していた(191)。中央アジアにおけるアメリカのプレゼンスに対する最も明確な反対は、中国が同地域でのすべての紛争を解決し、SCOが設立されて数年後に表明された。〔すなわち〕二〇〇五年七月のSCO首脳会談で各国首脳は、「反テロリスト連合のメンバーはSCO構成国の領土内に外国からの駐留軍が滞在する最終的期限を決める」よう要請した(192)。しかしこうした宣言は一〇年以上前に起きた妥協を説明するのに使うことはできないのである。

（訳注1）　二〇一〇年四月、議定書署名、二〇一一年にタジキスタン議会が承認している。

（5）規範の内在化？

この時期に中国が合意した協定は、中央アジアの国境について大部分が領土における現状の維持を確認するものであった。中国はどの程度の面積の土地が移転されたか正確な情報を明らかにしていないが、中央アジアの隣国との協定は先行する以前の国境協定を元にしたものであり、そこには清朝政府が大きな面積を割譲した不平等条約も含まれていた。しかし、この事実は、妥協の決定についての規範による説明を強く支持するものではない。征服に反対する規範はなぜ、そしていつ中国がこれら紛争で妥協することを選択したのか説明できない。中国の妥協の決定のタイミングは、一九九〇年のバレン暴動と一九九七年のイリ暴動に突き詰めることができる。さらに政府の内部文書は明らかに外交的関与を、外部からの脅威や征服に反対する規範ではなく、内部の脅威と結びつけているのである。

（6）民主主義あるいは経済的相互依存？

その他の代替的な説明要因も、中国のこれら紛争における妥協の意思を説明できない。民主国家平和論や平和的紛争解決の規範は、権威主義的国家である中国の中央アジア諸国との妥協について明らかに関係がない。同様に、中国はこの時期貿易を増加させようとしたし、陸上国境紛争の解決は国境貿易の拡大を促したものの、中国の行動を説明するには不十分である。一九九六年の中央委員会文書などの資料において、中国指導部は明らかに新疆の経済発展を、民族的不安定を抑え、政治的安定を増し、それによってこの問題の多い辺境における体制の安全を守るための要素と位置づけていた。言い換えるなら、貿易は、政治的安定とそして体制の安全を増すための手段だったのである。

3　インドやブータンとの国境の安定

中国の体制不安は、一九九〇年代におけるインドとブータンとの紛争を安定化させる上での限定的な進展も説明できる。インドとブータンとの紛争は、中国が現在でも陸上国境を争う残された最後の二つとなっている。インドは一九四九年の条約により、ブータンの外交・安全保障政策を「指導」しているため、二つの紛争の解決は必然的につながるものであった。

天安門事件と新疆の社会的不安定という国内的不安定の源泉に加え、中国指導部はチベットが再び不安定になるかもしれないという不安に直面した。一九八七年、一九八八年、そして一九八九年初めのチベットでの抗議活動の結果、一年にわたって戒厳令がしかれた。その後も騒乱は地域内いたるところでとくに寺院を中心に続いた。それに対して、中国は新疆において使ったのと同じ方法をとった。すなわち、中央の統制を再び強め、宗教活動への制限を強化し、また分離主義に反対する大衆キャンペーンを実施したのである(193)。ヒマラヤにおいて領土要求を硬直的に続けることは中国指導部にとってより大きなコストがかかるものとなったため、インドとの関係改善もこうした政府の措置の一部となった。インドはこの地域で一九五〇年代に持っていたほどの影響力を持たなくなっていたとはいえ、それでも中国はインドとの関係改善により、インドがチベット内の「分離主義者」の活動を支援するのを防ぐことが期待できた。

一九八九年以前において、中国はインドと妥協する理由がほとんどなかった。一九七九年二月、インドの外相が北京を訪問した際、鄧小平は周恩来の提案した包括的取引による国境紛争の解決策を繰り返した(194)。この提案はインドに対する新たな譲歩を何も含んでいなかったが、アフガニスタンに侵攻したばかりのソ連を牽制する意味合いがあったようにも見える。一九八一年、両国は副外相レベルの協議を開始したが、進展を見ることはなかった。インドは各地区をそれぞれ別に話し合うことを望んでおり、そして次章で扱うように一九八六年にはマクマホン・ライン付近のスムドゥロンチュにおいて危機が発生した(195)。一九八八年、インディラ・ガンジー（Indira Gandhi）首相が訪中した際、両国はさらなる衝突を防ぐために合同作業部会を設置することに合意した。このように解決に向けた進展がなかったという事実は、中国の行動についての外部的要因による説明に対する強力な反証材料となっている。

仮に、ソ連に対して均衡し、とくに一九八〇年代初期における中国の北方国境に対するソ連の圧力を減らしたいというのが中国の行動の動機であったとすれば、インドはソ連と密接な関係にあったため、中国にとって妥協する対象となったはずである。

しかし一九八九年以降になって中国とインドは協議を前進させ始めた。一九九一年、李鵬は中国首相として三〇年以上ぶりにインド訪問を行った。この訪問の後、李鵬は中国代表団に対して紛争の「解決を促進」するよう指示を出した。(196) 一九九二年、合同作業部会の第四回会合には、軍の代表が参加し、国境の緊張状態を緩和することについて初めて行われた軍将校による直接対話となった。この会合で、両国は国境防衛隊同士の定期的会合など信頼醸成措置実施の可能性について議論した。(197) 一九九三年六月の合同作業部会第五回会合において、両国は係争中の辺境の現状維持について協定草案に仮署名した。またインドはチベットが中国の一部であることを再確認した。(198) 一九九三年九月、唐家璇外相とバティア (R. L. Bhatia) 外相は実効支配線にそって「平和と安定を維持する」ことについての協定に署名した。(199) 合同作業部会のさらなる協議と、防衛・軍事専門家による新たな部会の協議により、実効支配線付近の兵力制限、大規模演習の抑制、作戦機の飛行制限などの措置を含む信頼醸成措置に関する一九九六年合意が達成された。(200) また重要な点として、中国とインドはスムドゥロンチュ周辺から相互に兵力を撤退させることで合意した。(201) 最後に、こうした合意は中国が実効支配線とも重なる東部地区マクマホン・ラインによる境界を受け入れることを確認したのであった。

しかしながらこの時期、両国は領土紛争を実際に解決する上で大きく前進することはなかった。さらに、協定が作られなかったため、両国が妥協案を提案したのかどうかもわからない。たとえば一九九七年、インドの新聞は、中国が一九九六年九月に周恩来による東西地区における両国の相互譲歩を要求する一九六〇年提案の「包括的取引」をもとにした紛争解決案を提示したと報道した。この報道によれば、中国はこの妥協と江沢民の一九九六年のニューデリー訪問を明らかに結びつけていたという。(202) こうした妥協は、体制不安の影響という説明に合致するものであるが、これを実証することはできないし、また一九七九年の鄧小平の提案と同じようにさらなる譲歩を含んだものではなかったように思われる。中国とヴェトナムの交渉におけるのと同じように、中国とインドの戦争の遺産と妥協に対する国内からの反発が最終的な解決への大きな障害であり続けた。

それでも、一九九三年と一九九六年の合意は国境の安定性を増進し、両国の関係を改善した。紛争解決に至っていない状況では、これら合意が実質的な国境となり、さらにそれが貿易ルートを再開させ、緊張状態を次第に緩和させせた。さらに、これら合意は中国が最も求めていたものを与えるものであったと思われる。すなわち、国際的孤立と体制不安定の時期に重要な隣国との関係を改善し、中国の国境の重要な区間において非軍事化を進め、重要な辺境地域において経済発展を刺激するための国境貿易を拡大したのである。紛争解決に向けた努力は、二〇〇三年七月にいくぶんかの前進を見た。この時両国は、高級特別代表を指名し、紛争の政治的解決の範囲を描こうとした。解決に向けた指針の宣言は二〇〇五年四月に署名されたものの、最終的解決はまだどうなるかわからない[203]。

この時期、中国はブータン王国との間の国境紛争においても進展を見せた。この紛争は、両国とも情報をほとんど出していないため、研究するのがとくに難しい。しかし、全般的に見て、ブータン王国の外交政策においてインドが顕著な役割を発揮してきたことから、この紛争は中国とインドとの紛争から切り離すことができない。中国とブータンは一九八四年以来、国境紛争に関する年次協議を開いてきたが、中国の目的は一貫してブータン自身の自立性強化への願望を支援して、インドに圧力をかけることであった。一九九〇年、中国とインドが合同作業グループの第一回会合を開いた後、中国はブータン西側国境に沿った一一二八平方キロメートルの係争地のうち七六パーセントにわたる面積についての要求を取り下げた[204]。この地域はチベットの重要な連絡ルートに隣接しているため、中国が一九八〇年代末のチベットの抗議活動を考慮して、ブータンとの協力拡大を求めたことは十分に考えられる。一九九六年、ブータン側は中国が残りの三つの地区二六九平方キロメートルを要求していることに同意できなかったが、中国は同じ妥協の提案を繰り返した[205]。一九九八年、両国は国境の平和と安定の維持についての合意に署名した。これは一九九三年と一九九六年の中国とインドの信頼醸成合意に沿うものであった[206]。

インドのケースと同じように、ブータンとの間でも紛争解決に至っていないという事実は、外部からの脅威に基づく説明に対する強力な反証材料となっている。もっともこのケースでは中国はソ連ではなくアメリカに対してバランシングしようとしたとの説明となるが。二〇〇一年、ブッシュ政権はインドとの関係強化を打ち出し、暗黙裡にこの地域において増大する中国の影響力に対抗しようとした。二〇〇一年四月に中国の戦闘機がアメリカの偵察機と衝突したEP3事件の後、中国はこの地域におけるアメリカの影響力増大に対して今までより警戒していたと思われる。そのためインドとの紛争解決はより魅力的と映っていたかもしれなかった。九・一一テロによってアメリカの外交政策の優先順位は劇的に変化したが、アメリカとインドの関係強化が領土紛争解決を中国にとってより魅力的なものとしたという証拠はない。さらに、一九九〇年代中期、二つの信頼醸成に関する合意が署名されたころ、アメリカのインドとの関係は非常に悪く、このため中国がこうした合意を推し進めたことを説明できないのである。

4　結論

一九九〇年代、新たな体制不安定が、中国の指導部にとって残された辺境部の紛争で妥協しようとする強いインセンティブとなった。天安門事件と社会主義諸国の体制の崩壊により、中国は自国の社会主義システムに対する外部からの支援を強化するために、ソ連、ラオス、ヴェトナムとの紛争を解決しようとした。一九九〇年から繰り返された新疆での暴動は、天安門事件後の体制の全体的な不安定性をさらに悪化させた。それに対する反応として、中国はカザフスタン、キルギスタン、タジキスタンとの紛争において妥協することで、分離主義グループに対する外部からの支援を制限しようとした。中国指導部は、体制強化という国内的目標のために、外部からの協力を必要としており、体制の安全に対する国内的脅威は、領土主張を続けることのコストを引き上げたのである。中国の協定締結のタイミングや中国高官の宣言、研究者の分析は、なぜ、そしていつ中国が妥協しようとしたかを明らかにしてくれている。

目下、一六の中国の辺境部における紛争のうち二つだけが解決されないまま残っている。すなわちインドおよびブータンとの間の紛争である。体制の不安定を引き起こす要因、とくに民族的反乱など領土の一体性に対する国内の脅威は、かつて中国が妥協する上で中心的な役割を果たしてきた。しかし逆説的ながら、これら要因は将来における残された紛争の解決においてはそれほど関係がないかもしれない。一九五〇年代とは大きく異なり、中央政府は高速道路、主要道路、周辺道路網や軍事基地を作ることで、チベットでの支配力《ポジション》を大幅に強化した。(207) またインドによる長年の通商停止は、チベットと漢民族地域の経済的関係を深化させることとなった。同時に、両国の指導者、とくにインドの指導者は、領土で妥協することに対する高い国内コストに直面することとなった。いまや、外部からの脅威が紛争解決の最もありうる要因となっている。しかし、今日、中国から見てさらなる妥協を迫られるほど強力な外部の脅威は存在しないのである。

第4章　辺境部の紛争におけるエスカレーション

一九六〇年代初頭と一九九〇年代に、中国は辺境部をめぐる国境紛争で妥協しようとした。これらの国境紛争を解決するにあたり、中国は清朝後期の内陸国境線を強固なものとし、少数民族が住む広大な辺境部の主権について、対外的な承認を得ようとした。この時、中国は妥協によって国境紛争を解決しようとしたが、このうち三つの紛争で武力を行使した。支配力《クレイム・ストレングス》という要因に着目することで、辺境部をめぐる紛争やインド、ソ連、ヴェトナムとの紛争において中国の武力行使がなぜ多様な形をとったのかについて、最も説得的に説明することができる。

全般的に見て、辺境部をめぐる国境紛争での中国の支配力《クレイム》は強固なものであった。これらの紛争の大半で、中国は係争地の一定部分を占拠していた。また、第二次世界大戦後、世界でも有数の規模の軍隊を保有していた中国は、台湾海峡や沿海島嶼よりも、陸上の係争地に対して比較的容易に戦力を投射することができた。こうした強力な支配力を持った中国は、国境紛争の最終的な結果について自信を持っており、強い立場から交渉することができた。その結果、中国は辺境部をめぐる国境紛争の大半の事例において、武力を行使することはなかった。なぜなら、中国はこれらの紛争でバーゲニング・パワー〔交渉を有利にする物理的な力〕が低下し、支配力が弱体化するような状況に一度も直面することがなかったからである。

それとは対照的に、中国は、軍事的に非常に強力な近隣諸国との国境紛争で、武力を行使した。これらの国家は、地域のパワー・バランスをめぐり、中国に対して挑戦を突き付けうる存在であった。国境紛争においてインドやソ連といった国々は、配備兵力を増強することで地域のパワー・バランスを自国有利に変更したり、係争地において積極的で攻撃的な行動をとったり、時には係争地における支配領域を拡大したりした。こうした行動をとることで、中国〔の支配力〕を弱め、自国の支配力《クレイム》を強めようとしたのである。中国がインドやソ連に対して自ら犠牲を払ってまで武力を行使したのは、このような状況が生まれた場合であった。一九六二年、一九六七年、そして一九六九年に、中国はインドとソ連から軍事的圧力を加えられた。これはちょうど、中国が大躍進運動による経済的混乱や文化大革命の激動によって生じた、国内の政情不安に見舞われていたまさにその時期に合致する。中国の指導者は、国内で政情不安が生じている時に、軍事的圧力が高まったことをインドやソ連による意図的な行動と認識した。そのため中国は、地域のパワー・バランスがさらに悪化するのを防ぎ、国境紛争における中国の支配力《ポジション》を強化するためには、武力を行使しなければならないと結論づけたのである。なお、本章の末尾で簡潔に説明するが、中国とヴエトナムとの間の度重なる衝突は、支配力《クレイム・ストレングス》が低下したことが原因ではなく、ライバル関係の力学を反映した結果であった。

1　一九六二年――中印国境紛争

一九六〇年四月、周恩来はインドとの領土紛争を解決するために、ニューデリーを訪れた。周恩来はこの訪問中に、中印両国がそれぞれ相手国の占拠している係争地を承認する「包括的取引」を提案した。この取引は、中国が西部地区のアクサイ・チンとその他一部地域を維持する一方で、インドは東部地区の北東辺境管区（ＮＥＦＡ）、つまりマクマホン・ラインの南側の領土を維持するという内容であった。しかし、それから二年後の一〇月二〇日、人民解放軍は国境地帯一帯のインド軍陣地を強襲した。一一月下旬の人民解放軍による二回目の攻撃では、人民解放軍兵士七二二名とインド軍兵士四八八五名が犠牲となった[1]。しかし、その後一一月二一日に、中国は突如として一方的停戦とこの戦闘中に占拠したすべての領域、さらには戦闘以前に領有していた地域からの撤退を宣言し、一九五九年一一月七日時点の支配線から二〇キロメートル後退したのであった[2]。

新たに利用可能となった中国の資料は、一〇月二〇日の中国による攻撃の決定について分析したアレン・ホワイティング（Allen Whiting）やネヴィル・マクスウェル（Neville Maxwell）が、その画期的な研究で提示した説明が正しかったことを強く裏付けている[3]。これらの資料からは、脆弱性が増大し、支配力《クレイム・ストレングス》が低下したと認識された状況において、外交が失敗すると、武力を行使するインセンティブが生じることがわかる。一九六一年後半に、インドは係争地での軍事的プレゼンスを強化する「前進政策」をとることで、自国の支配力《ポジション》を強化しようとした。それと同時に、インドは、自国が西部地区で領有権を主張している領域から中国が撤退しないかぎり交渉を拒否するとの外交的立場をとった。ホワイティングが指摘したように、領土の一体性についての懸念の高まりと大躍進のもたらした経済危機によって、中国の指導者は、国境地帯でのインドの行動が中国に悪影響をもたらすのではないかと強く憂慮するようになった[4]。このように中国が抑止を目的とした行動をとっていたことを振り返って、ある中国の外交官は、インドを攻撃すれば「一〇年にわたって国境地帯での安定を作り出す」ことになると毛沢東が信じていたと回想している[5]。

以下で説明するように、国境紛争において中国が軍事力を行使するか否かは、支配力《クレイム・ストレングス》やバーゲニング・パワーが低下したと認識されたかどうかで変わる。一九六二年、一九六七年、一九八六年に中国は武力を行使したが、これは中国の支配力が低下した時期と重なっている。それとは対照的に、支配力が安定していた一九七〇年代や一九九〇年代以降の時期には、中国は武力行使を自制しているのである。

(1) 支配力の低下

中国が武力行使を決定する上で重要な要因となったのが、一九六二年二月以降、インドが前進政策で圧力をかけ、係争地での軍事的プレゼンスを強化したことであった。インドは主に西部地区で集中的にプレゼンスを増強したため、いくつかの点で中国の支配力《クレイム・ストレングス》は弱まることになった。第一に、この年の八月までに、インドは中国が領有権を主張する西部地区内の領域を、さらに三〇〇〇平方キロメートルにわたって占拠した。第二に、中国は戦術的な対抗措置、威嚇、外交といった対応をとったが、一九六二年夏のインドによる部隊配備のペースを抑制することはできず、ことごとく失敗に終わった。そして第三に、インドが係争地に部隊を配備したことは、交渉のための前提条件として中国に撤退を要求したすべての領域を、おそらくインドが占領してしまうだろうということを示していた。こうしたインドの行動を目の当たりにした中国の指導者は、前進政策とは、インドが望む条件で領土紛争を解決するために、外交ではなく軍事的手段を行使するとの意図に基づいた政策であると考えた。

しかし、このインドの前進政策については、インドの指導者が中国との領土紛争における自国の支配力《ポジション》をどのように認識していたかという、より広い文脈の中に位置づけて理解しなければならない。とくに、一九六一年後半にこの前進政策が開始された時、ネルーはインドの支配力がここ二年の間に急速に低下していると考えていた。本書は中国の領土紛争への対応を分析することを主たる目的としているが、インドが前進政策を追求した事実は、支配《クレイム・》力《ストレングス》が低下した場合に、国家は武力行使を決断するとの本書の議論にさらなる裏付けを与えるものと言えるだろう。また、この事実は、領土紛争の当事者双方が、自分たちの行動を防御的なものと見なしている場合に、安全保障のジレンマがひどく有害な影響を及ぼしてしまうことをも示している。

一九五九年にチベットで大規模な反乱が起きる前は、中国とインドの間の国境紛争における局地的なパワー・バランスは比較的安定していた。一九五〇年代半ばに、中央地区とくにシプキ峠周辺（地図2−1および4−1を参照）で、暴力を伴わない多くの小競り合いが生じたが、中印両国ともにすでに保有している領域の支配は固めていた。しかし、より広大かつ重要性の高い東部地区と西部地区では、両国はそれぞれ相手国の手の届かない領域で陣地の強化を図った。インドはマクマホン・ラインの南側に位置する北東辺境管区（ＮＥＦＡ）、とくにタワン（达旺）地域への支配を着々と強化し、他方で中国は一九五六年三月にアクサイ・チン高原で新疆・チベット公路の建設に着手したのであった。[6] しかし両国は、中央地区を除いて、互いに相手国に近接した領域にはほとんど部隊を配備しなかった。

ところが、チベット反乱の後、中国が反乱鎮圧のために部隊を配備したため、局地的なパワー・バランスが変化してしまった。東部地区で人民解放軍は迅速に動き、マクマホン・ライン沿いのチベット国境を封鎖した。その結果、人民解放軍はインド軍とたびたび衝突することになった。これは、インド軍がチベット反乱を支援し、保護していると中国側が考えたからであった。第2章で述べたように、中国はインド軍と小規模な衝突を起こした後、一九五九年八月にマクマホン・ライン上に位置するロンジュ（朗久）村を占拠した。一九五九年の夏から秋にかけて、中国は新疆・チベット公路の安全を確保するために、西部地区での軍事的プレゼンスを増強し始めた。インド側の資料によれば、一九五八年の時点で中国はこの地域に全く軍事拠点を保有していなかったため、一九五九年一〇月に起きたコンカラ（コンカ峠）での衝突は、中国のプレゼンス増強の結果起きたものと言えるだろう。[7]

これ以降二年にわたり、主に西部地区でどちらにもいまだ占拠されていない領域の支配をめぐって、両国間に競争が生じることになった。とくに、一九五八年にインドがアクサイ・チンに対する中国の領有権主張に異議を唱え、新たな道路建設の調査のために警備隊を派遣したことで、中国にとって西部地区への支配強化は、新疆・チベット公路を確保するために重要となった。[8] 軍事的に強固な拠点が存在した東部地区とは異なり、インドは西部地区内の領有権を主張する領域に自国部隊を常駐させてはいなかった。一九六〇年五月五日、周恩来は毛沢東に対して、人民解放軍の配備に関する電報を送っている。この電報の中で周恩来は、ネルーとの会談後に発表された共同声明で、係争地における警備活動の停止について合意に達することができなかったため、インドの「蚕食行動」が始まったと述べている。また周恩来は、チベット軍区および南疆軍区は好機を捉え、天候が望ましい時期に西部地区において中国が領有権を主張しているラインの内側の領域に、もっと歩哨地を建設すべきであると説いた。そして、いったん歩哨地を建設した後は、人民解放軍は警備活動の停止を続けるべきであるが、万一インド軍部隊と遭遇した場合には、「インド軍に対してその場を離れ、武力紛争を回避するよう説得すべきである」とされた。翌日、毛沢東は以上の周恩来による進言を承認した。それを受けて、鄧小平は西部地区における中国のプレゼンス拡大の計画を実行に移したのであった。[9]

一九六一年九月に作成されたインドの情報局による報告書は、インドとの国境紛争において中国が優位に立ったとの結論を下した。この報告書によれば、一九五九年六月以降、中国は西部地区で新たに二一もの歩哨地を建設し、その大半は広範に張り巡らされた道路網を通じて相互に連結し、新疆・チベット公路ともつながっていた。こうした行動を目の当たりにして、インドは中国が係争地をさらに四六〇〇平方キロメートル占拠するに至ったと考えた。[10] ただし、この地区で中国が建設した陣地の正確な数は不明である。他方、インドは合計二七カ所の陣地を保有していたが、その多くは係争地ではなく、中国が領有権を主張するラインよりもインド側に位置する領域内に建設されていた。[11] また、インドの情報局は同じ時期に、中国が東部地区のマクマホン・ライン沿いに新たに二五カ所の陣地を建設したことを指摘している。[12]

以上のように、〔支配力が〕低下したことを認識したインドは、西部地区における支配力《ポジション》を強化するためにより大きな力を注いだ。こうした状況に関して、インドの情報局による報告書は、中国が西部地区の係争地を占拠し続ける見込みが高く、インド軍が軍事的プレゼンスを増強しないかぎり、中国によるさらなる侵入を防ぐことはできないとの結論を下した。[13] さらに、西部地区では、約九〇〇〇平方キロメートルの領域がどちらにも占拠されていない力の空白状態にあったため、中国の侵入に対して脆弱であった。[14] 一九六一年一一月二日、ジャワハラール・ネルー（Jawaharlal Nehru）は安全保障問題担当の顧問らとともに会議を開き、国境地帯の情勢について協議した。この会議の結果、中国との国境紛争において、インドの支配力《クレイム》を強化するための一連の指示が下された。これらの一連の政策こそが、いわゆる「前進政策」として知られるものである。この政策に基づき、インド軍は西部地区において、現在の陣地から、事実上中国が占拠してはいるが、インドも領有権を主張しているラインへ向かって可能な限り前進して警備活動を行うよう指示された。さらにインド軍には、「中国の進出を防ぐためにさらに多くの拠点を建設し、わが国の領土内にすでに築かれた中国側の拠点に対して優位に立つ」よう命令が下された。[15] 中央地区や東部地区では、係争地の大半がすでにインドによって占拠されていたが、「すべての国境沿い地域を実効的に支配する」ようインド軍に指示が出されたのである。[16]

西部地区では、冬期に入り天候が悪化したため、計画の初期段階で実行に支障が出ることになった。しかし、天候が回復し雪がとけ始めると、インドは追加部隊の展開にとりかかった。そして一九六二年三月から五月にかけて、インド軍はチップチャップ渓谷に進軍し（地図4－1を参照）、その後七月には、ガルワン渓谷に向けて前進した。[17]その後九月までに、インドは西部地区で新たに三六カ所の軍事拠点を建設したが、その多くは中国側の拠点のそばに位置しており、なかにはすぐ背後に築かれたものもあった。[18]中国人民解放軍軍事科学院が作成した中印国境紛争に関する公式の内部記録によれば、この時インドは合計三〇〇〇平方キロメートルにわたる領域を占拠したとされている。[19]他方で東部地区では、一九六二年二月に準軍事組織アッサム・ライフル部隊がタワン近辺に新たに四カ所の拠点を建設し、前進政策を実行に移した。これらの拠点のうちブムラとキンゼマネの二カ所は、一九一四年の地図によれば、マクマホン・ラインの北側に位置している[20]（地図4－2を参照）。四月には、インドの偵察警備隊が一九六〇年六月に中国が撤退したロンジュを再び占拠した。[21]その後七月二〇日までに、インドは東部地区に合計三四カ所の新たな軍事拠点を構築し、この地区における拠点は総計五六カ所にのぼることになった。この中にはマクマホン・ラインの北側に位置するキンゼマネなども含まれている。[22]

中国の視点から見れば、以上のようなインドによる前進政策の展開は、地域のパワー・バランスを覆す脅威と映った。周恩来・ネルー会談の後二年の間、国境地帯は比較的安定していた。中印両国はともに自国が実効的に占拠している係争地の支配を強化したが、攻撃的な警備活動を自制し、お互いの陣地の間に十分な距離、多くの場合数十キロに及ぶ距離を置いていた。外交は依然として成果を生んでいるとは言いがたかったが、中国の指導者はインドがまもなく西部地区での中国の立場を受け入れ、最終的な解決へ向けた「環境を作り出す」つもりなのだと信じていたのかもしれない。国境地帯が安定し、武力衝突の懸念がない状況は、チベットや中国の南西部国境地帯からインドの潜在的影響力を排除したい中国にとって都合のよいものであり、正式の合意には及ばないものの、望まし

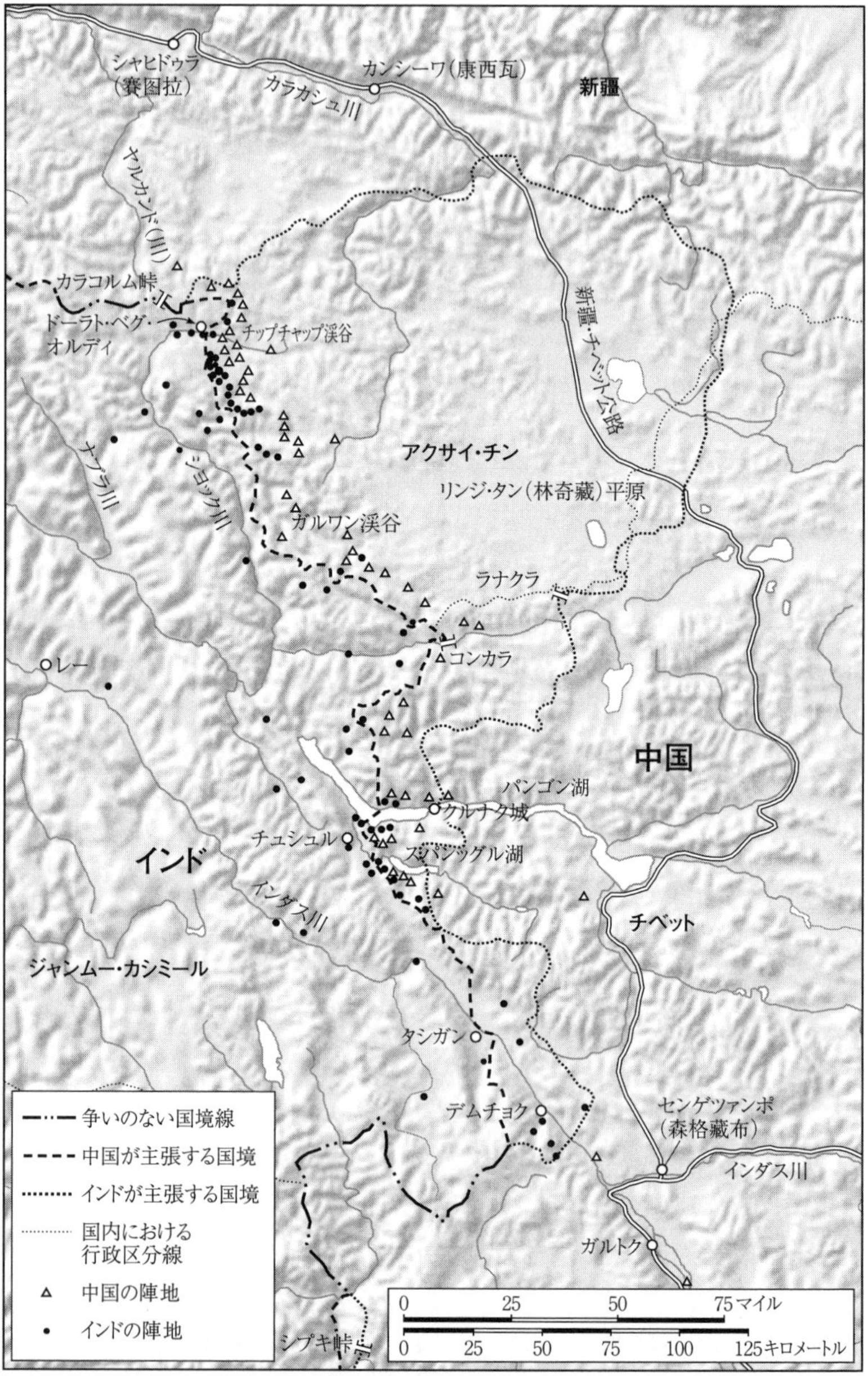

地図 4-1　中国・インド国境地帯（西部地区）

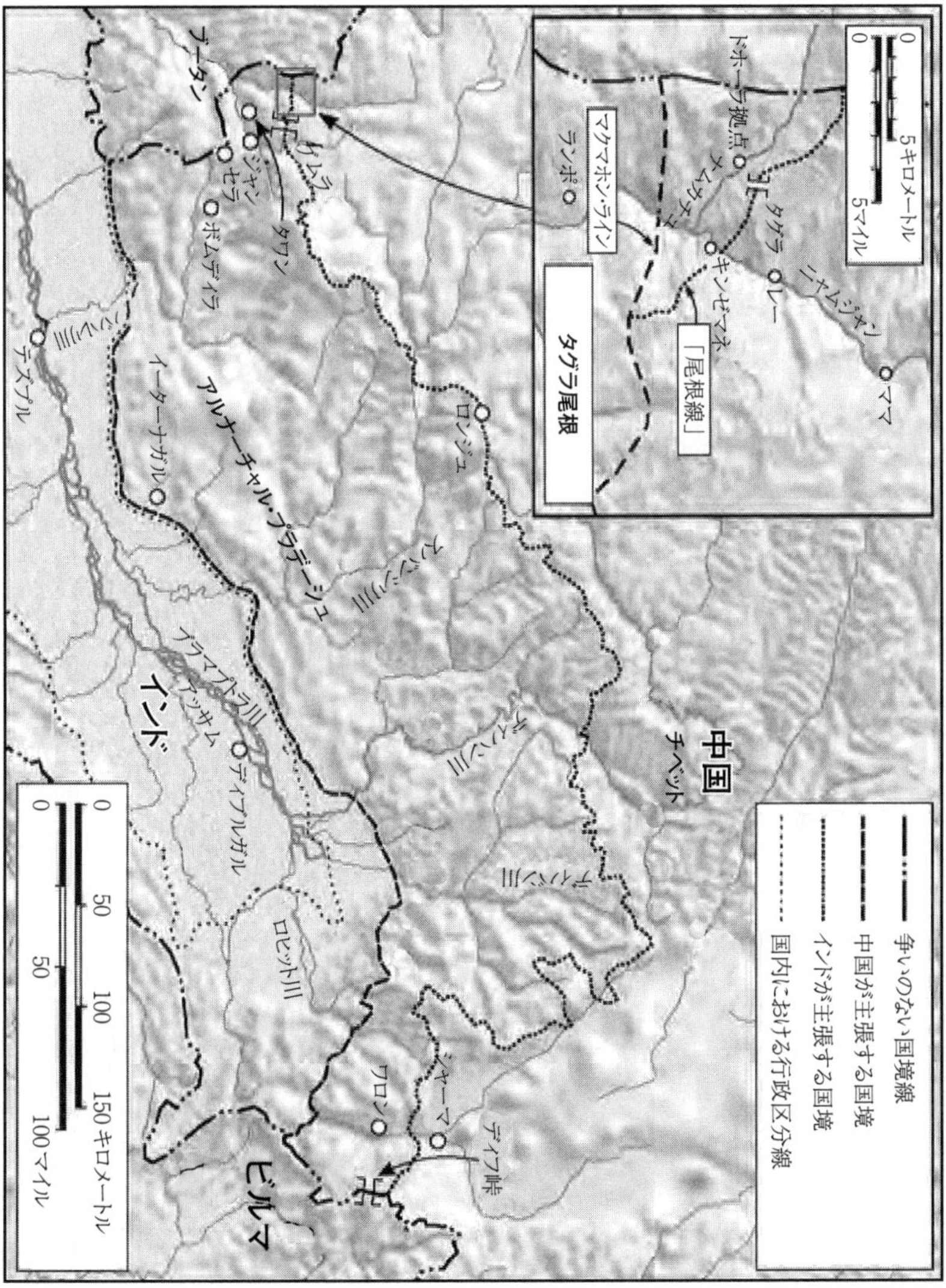

地図 4-2　中国・インド国境地帯（東部地区）

い状態であった。

しかし、インドの前進政策がこうした安定を打ち破ってしまった。インド軍の作戦行動は、中国が一九五〇年代以降支配してきた領域に築かれた人民解放軍の拠点に対して、直接的な挑戦を突きつけた。国境地帯の係争地には、中印両国が建設した前哨地が存在したが、中国は一九五六年に新疆・チベット公路を建設するなど、長年にわたって西部地区のほとんどの領域にプレゼンスを確立しており、一九五九年以後も自国の支配力《ポジション》を強化していた。これに対して、地図4－1が示すように、一九六二年にインドが西部地区で建設した拠点の多くは、中国が領有権を主張する領域内に突き刺すように入り込んでいたのみならず、中国の拠点を制圧するために配置されていた。さらにインドはすべての地区において、中国が一九五九年末に警備活動を停止した二〇キロメートルに及ぶ緩衝地帯の内部にまで部隊を配備した。このインドによる前進政策は、中国がこれまで国境地帯で紛争が生じる可能性を低下させ、事態を安定化させるためにとってきた、自制政策の有効性に対して挑戦を突き付けた。初夏の頃までに、インド政府当局者は、実際にはその面積には及ばなかったのだが、西部地区でインドが六〇〇〇平方キロメートル以上の領域を占拠するに至ったと宣言した。[23] 中国の指導者にとって、このような宣言は国境線についての脅威感を増大させるものであった。

(2) 体制不安と支配力低下の認識

インドによる軍事的圧力の行使は、一九六二年の春、中国の指導者が領土の一体性や政治的安定に対するさまざまな挑戦に直面していたまさにその時期に起きた。第2章で詳述したように、この時期に中国が直面していた挑戦には、大躍進による経済危機や飢饉、新疆での民族暴動、台湾による大陸反攻のための動員が含まれていた。こうしたさまざまな挑戦が重なった結果、中国の領土の一体性がインドによって弱められ、長期的な脅威にさらされることになるのではないかとの懸念が強まった。

第一に、中国の領土の一体性に対するさまざまな挑戦の中でも、インドによる軍事的圧力は、国境地帯の係争地に対する中国の支配を脅かすだけではなく、チベットの安定をも脅かすものであったため、とくに危険なものと見なされた。一九六二年二月、中国の指導者が前進政策の規模について十分に認識していなかったころ、中央軍事委員会はチベット駐留の人民解放軍全部隊に対して、新疆生産建設兵団と同様に、任務の軸足を平定作戦から経済発展へ移すよう指示した[24]。こうした任務の変更が命じられた背景には、この地域に対する中国の支配が確立しており、また中央政府は漢民族地域に蔓延する経済危機に対処せねばならず、資源の余裕がほとんどなかったという事情があった。中国はすでに平定作戦によってチベット反乱を鎮圧し、外部からの影響がこの地域に浸透するルートを遮断することに成功していた。

このような状況において、中国の指導者は、一九六二年の領土紛争の激化を、インドがチベットへの影響力を維持し、中国の権威に挑戦するために引き起こしたと認識した。西部地区でのインドによる領有権の主張は、チベットと漢民族地域を結ぶ、人民解放軍にとって最も安全な交通・通信ルートを脅かすものであった[25]。東部地区と中央地区においては、インドが優位にあったため、チベットへとつながる伝統的な貿易ルートへのアクセスを支配していた。また同時に、インドがダライ・ラマ（Dalai Lama）を支援したため、台湾の中国国民党に続いて、中国共産党の正統性に挑戦する第二の亡命政府成立への道が開かれることとなった。さらに、インドが主要な食糧品に関する経済制裁を実施したことで、中国が直面していた大躍進に伴う経済危機はさらに悪化し、中国共産党体制への国内の脅威は増大した[26]。

しかし、このような体制不安が生じたことで、経済危機から国民の注意を逸らすために中国が武力を行使するインセンティブが生まれることはなかった。むしろ一九六二年の危機によって、中国の指導者は辺境部に対する外部からの脅威にますます神経を尖らせるようになった。大躍進の失敗に伴う政情不安に直面し、中国の指導者は中央でのより切迫した脅威に対処するため、広大な辺境部では安定を維持することを重視した。インドは単に中国にとって最も脆弱な辺境部を標的にしただけではなく、国内が脆弱な状態にあると中国の指導者が感じていたまさにその時に、強硬な行動をとった。外部からの圧力によって、中国の経済再建能力は脅威にさらされ、辺境部が不安定化したことで、中国政府による漢民族地域での権威強化の試みは難しくなった。政治的安定こそが死活的に重要であると考えられたまさにその時に、新疆での暴動とインドによるチベット国境への圧力によって中国の領土の一体性が脅かされる事態が生じた。

第二に、体制の安定を脅かすさまざまな国内問題に直面していたため、中国はインドの前進政策を、外部勢力が中国の政情不安を利用しようと起こした行動の一環であると見なした。第2章で論じたように、中国の指導者は、領土の一体性を脅かす種々の問題は、全く関連のない別々の出来事でもなければ、偶然の出来事でもないと見ていた。むしろ、インド軍による部隊配備、新疆での暴動、台湾からの脅威といった挑戦は、中国の指導者が国内問題に忙殺されていることをいいことに、外部勢力が中国につけ込むために起こしているのだと認識されたのである。六月上旬に周恩来がある演説で述べたように、「現在アメリカ人と蔣〔介石〕は、われわれの苦境につけ込んで挑発を行っており、ソ連指導部もまたわれわれの困難を利用してさまざまな問題を作り出している」[27]と考えられていた。さらに、中国の軍事戦略家たちもこうした見方を共有していた。一九六二年五月に招集された中央軍事委員会の戦略研究小組は、中国の経済的苦境によって、諸外国が中国に対して圧力を加える「千載一遇の好機」が生まれていると指摘した。[28]

第三に、インドの軍事的圧力は、中国の軍事力が低下した時期に増大した。大躍進の失敗は中国政府内の他の機関と同様に、人民解放軍にも劇的な影響を及ぼした。チベットに駐留していた人民解放軍が、一九六二年初めに経済発展のためにより大きな力を注ぐよう指示されたことは、全くの偶然ではなかった。一九六一年にチベットのゲリラ勢力によって鹵獲《ろかく》された内部文書によれば、中国の食糧不足と工業生産力の低下が、人民解放軍兵士の準備態勢と士気に深刻な影響を与えたという。[29]

(3) 外交と抑止

インドとの領土紛争において〔支配力が〕弱まったため、中国は外交と抑止を組み合わせることで、南西辺境部に安定をもたらそうと試みた。中国の短期的目標は、辺境部に対するインドの軍事的圧力を排除し、領土紛争における中国の支配力《クレイム》とチベットへの支配を強化することにあった。そして中国の長期的目標は、一九六〇年に周恩来が提案した包括的取引に基づいてインドとの領土紛争を解決することにあった。しかし、インドの前進政策はこれら二つの目標に対する明らかな挑戦であった。インドは、東部地区における自国の支配を強化する一方で、西部地区では軍事的手段を用いて、新疆・チベット公路を含めた中国の拠点を放棄させようとした。

ホワイティングの研究は、インドの圧力への中国の反応と一九六二年の中印国境紛争に至る過程についての概要を説明し、外交的申し入れ、抑止のための脅迫、軍事的作戦行動などの詳細を明らかにした(30)。すでに述べた軍事科学院の記録などの新たに入手可能となった資料からは、この時中国の指導者が認識していた脆弱性がどれほど深刻なものであったか、また特定の決断が下されたタイミングやその内容を読み取ることができる。それによれば、中国が外交と抑止によってインドの前進政策を阻止することができなかったことが、最終的には、一〇月の中国による大規模な攻勢発動の決定につながったと言える。

中国が見せた最初の反応は、西部地区でのインド軍のさらなる拡張行動を阻止するために妨害拠点を構築することであった。当初、人民解放軍はチップチャップ渓谷に集中的に配備され、インドの前進政策に対抗した(31)。一九六二年四月下旬に前進政策が激しさを増すと、中国は西部地区のほとんどの領域での警備活動を再開することを発表した。五月半ば、多数のインド軍警備隊がマクマホン・ラインを通過すると、中国の総参謀部は、チベット軍区に対して東部地区でも警備活動の再開へ向けて準備するよう指示を出した。これは、当時中国政府によって公式には発表されなかった行動であった(32)。ただし、こうした「目には目を」戦術がとられている時期でも、総参謀部はインド軍との武力衝突を避け、エスカレーションを制御することの重要性を強調していた。

インドの前進政策がなおも続けられたため、中国は第二段階の対応として、インドとの戦争の可能性に向けて準備を整え始めた。五月一四日、周恩来は軍司令員である羅瑞卿や楊成武とともに会議を開き、中国のすべての国境地帯の安全について協議した。周恩来がこうした会議を開くことは滅多になく、これは非常に珍しいケースであった。[33] この会議で周恩来は、国境地帯でインドとの間に武力紛争が生じる可能性に留意し、六月末までに紛争に備えなければならないと主張した。[34] 中国指導部内で意見の対立があったために中印間で戦争が生じたとの議論があるが、それとは対照的に、この会議の様子を見れば、中国指導部は安全保障問題に関しては意見の一致を見ていたことがわかる。五月二九日、総参謀部は戦争準備に関する報告書を提出し、東部地区に駐留する人民解放軍部隊は西部地区での戦闘活動を支援するために、攻撃準備を整えるべきであるとの結論を提示した。また報告書には、部隊配備、西部地区での指揮拠点の構築、作戦計画、補給支援に関する指示も含まれていた。[35] 六月初めに、チベット四一九部隊（蔵字四一九部隊）が、従来第一八軍を構成していた第一五四、一五五、一五七連隊を指揮するために、東部地区の前線指揮部として設置された。[36] 他方西部地区では、新疆軍区がカンシーワに前線指揮部を設置した。その後まもなく、前線部隊は戦闘訓練を開始した。[37]

このような一連の指示がこのタイミングで出されたことは、この時期に、中国の指導者が南西辺境部の脆弱性について憂慮し始めていたことを強く物語っている。これまでほとんどの研究者は、台湾海峡をめぐる情勢が安定した六月末以後に、初めて中国指導部が中印国境地帯へ注意を向けたと考えてきた。[38] しかし実際には、周恩来、羅瑞卿、楊成武による会議が開かれ、五月に総参謀部の報告書が提出されたのは、台湾の中国国民党による攻撃の可能性に対処するための指示が下されるよりも前のことだったのである。当時、中国の指導者はインドの前進政策や国民党の攻撃計画がどの程度のものなのかを正確に予測することはできていなかった。そのため、中国は領土の安全確保を目的に、双方の脅威に対してほぼ同時に反応した。ただし、周恩来はインドが先に攻撃してきた場合にかぎり中国は戦闘を行うよう準備すべきであると指示しており、紛争の準備は整えるが、できるかぎり二正面作戦は避けようと考えていた。[39]

インドによる前進政策に対する中国の第三段階の反応は、妨害戦術と警備活動から「武装共存」（武装共処）政策へ移行するというものであった。これは、一九五〇年代のバンドン会議時代のスローガン「平和共存五原則」を意図的にもじったものであり、中国側の拠点近くに位置するインド側の拠点を占拠するという戦術であった。その目的は、断固とした軍事力の示威によってインド軍を撤退に追い込むことにあった。総参謀部は前線部隊に対して、インド軍が撤退するならば、相手側の陣地を包囲したり、攻撃したり、追跡したりしないよう明確な指示を出した。つまり、人民解放軍は「犯人たちに逃げ道を与え」（網開一面）、撤退を許すよう命令を受けたのである。[40]この時、毛沢東はこの新たな政策方針について二〇字のスローガンを発表している。それは、「断固として退かず、しかし懸命に流血を避けよ。敵味方が互いに交錯する形勢を作り、長期的に武装共存せよ」（絶不退譲、力争避免流血。犬牙交錯、長期武装共処）というものであった。[41]

以上のような政策転換のきっかけとなったのは、七月五日にインド軍がガルワン渓谷へ進軍を開始したことであった。数日のうちに、インドは人民解放軍の陣地の背後に拠点を構築し、中国側の補給・通信ルートを遮断する行動に出た。それまでインド側の拠点は、中国側の陣地の背後ではなく正面に設置されていた。このインドの行動に対して、中国は当初外交ルートを通じて抗議し、その後インドの新たな拠点に対して優位に立つために、二個中隊を配備した。さらに、中国はおよそ一個大隊を投入することで自国の陣地を補強したが、それに対してインドは、ヘリコプターを用いてより多くの部隊を投入したのであった。こうして、緊張の高まりの中で膠着状況が生まれ、三方面からインド軍の陣地は包囲された。[42]

ガルワン渓谷をめぐる事態の変化により、中国指導者の緊張は頂点に達した。周恩来はただちに、二時間ごとに進捗状況を報告するよう命じ、ガルワン渓谷への部隊配備について自ら指示を与えた。たとえば、周恩来はインド軍の撤退を促すために、中国側の拠点を移動するよう命じた。さらに、インドから攻撃を受けた場合には、ガルワン渓谷に配備された人民解放軍は、カンシーワ司令部や新疆軍区を経由した通常の指揮命令系統ではなく、総参謀部に直接報告することを許可された。さらに、七月一四日には、総参謀部の作戦部門から高級将校が新疆に派遣され、直接部隊を指揮することになった。[43]

中国の指導者は、武装共存政策によってインド軍に撤退を余儀なくさせるか、あるいは少なくとも前進政策の勢いを抑え込みたいと考えていた。人民解放軍は東西両地区、とくにインド軍が物資補給を空輸に頼らなければならない東部地区において、より有利な補給ルートを確保していた。しかし、ガルワン渓谷での事態の変化によって、辺境部全域で緊張が高まった。両国の部隊が非常に近接した場所に配備されたため、戦術的な誤算やエスカレーションが引き起こされる危険性が大きくなってしまったのである。さらに、ガルワン渓谷への進軍後、インド軍の交戦規定は「攻撃を受けた場合のみ攻撃せよ」から「自衛のために攻撃せよ」へと変更された[44]。これと同様に、人民解放軍の兵士も、インド軍が中国側の陣地に向かって前進してきた場合には攻撃せよとの指示を受けた。そして当然の帰結として、一九六二年七月二一日、チップチャップ渓谷で一九五九年一〇月以来初めての武力衝突が起きた。

インドの軍事的圧力に対する中国の最終段階の反応は、国境地帯の現状維持のために、交渉による紛争の解決を追求するというものであった。一九六二年二月下旬、インドによる前進政策のテンポが速まると、中国はインドに対して交渉に応じる意思があることを伝えた。この時の外交文書によれば、「中国側に関する限り、交渉へ向けたドアはつねに開いている」とのメッセージがインドへ送られた[45]。この交渉実現へ向けて、人民解放軍は意図せざるエスカレーションに発展する恐れのあるインド軍との衝突を避けるために、具体的な措置を講じた。二月から七月にかけて発出された総参謀部からの重要指令すべてにおいて、武力紛争を避けることの重要性が強調されたのである。たとえば、一九六二年五月に出された警備活動再開のための指針では、インド側の挑発行為に対して、流血の事態や重大事件に発展させることなく、どのように対処すべきかが指示された[46]。また人民解放軍は、インド側の拠点から五キロメートル圏内で狩猟を行うことも禁止された[47]。

中国にとって受け入れられる解決策とは、一九六〇年に周恩来が提案したように、国境地帯のすべての地区を対象とした、中印両国による妥協を必要とするものであった。この要求について、インドは中国が東部地区での領土紛争の存在を認めていないため、不当なものであると見ていた[48]。また、中国は交渉開始を提案したが、いずれも交渉の範囲をめぐる対立と同じような問題に直面した。中国は前提条件なしに交渉を行い、すべての地区を対象とした「包括的取引」を提案した。それに対してインドは、人民解放軍が西部地区から撤退することを交渉の前提条件とし、すべての地区ではなく、西部地区のみを交渉の対象とすることを要求した。ネルーは一九五九年一一月にこの条件を提示したが、一九六二年五月一四日の中国への文書でも同様の条件を繰り返した[49]。ネルー自身が認めたように、この提案は、西部地区においてインドが領有権を主張する約三万三〇〇〇平方キロメートルの領域から撤退するよう中国に要求する一方で、インド軍は、「東部地区において」中国が領有権を主張するマクマホン・ラインの南側の領域から撤退しないというものであった[50]。

七月に入ると、中国は武装共存政策と新たな外交的イニシアチブを連動させた。ガルワン渓谷で対立が深まっていた七月一三日、ニューデリー駐在の潘自力中国大使は、ネルーに対して、中国側には一九六〇年後半に中印両国の政府当局者が作成した文書に基づいて交渉を行う意思があることを伝えた[51]。その後、チップチャップ渓谷で武力衝突が生じてから二日後の七月二三日、陳毅外相とクリシュナ・メノン（Krishna Menon）国防相は、ジュネーヴでのラオス問題をめぐる会談に付随する形で、三回にわたって非公式会談を行った。インド側の参加者の話では、陳毅は中国がマクマホン・ラインで示された国境線を承認し、西部地区についても取引を行う意思があることを再確認したという。さらに、陳毅は中国がアクサイ・チンの分割を受け入れる用意があることをもほのめかし、一九六〇年四月に周恩来が提示した内容以上のものを提案したと言われている。最終的に陳毅は共同声明を発表することを提案したが、ネルーからの指示の到着が遅れたことによって発表されずに終わってしまった[52]。

その後七月二六日、インドは中国の提案に対して返答した。この時の外交文書によれば、インドは「現在の緊張が緩和し、適切な環境が形成され次第」、一九六一年に作成された政府当局者による文書に基づき交渉を行う意思がある旨を伝えた[53]。この提案に対して、中国は八月上旬にインドの返答のうち曖昧な部分を質すため、前提条件なしで交渉を行う用意があることを伝達した[54]。しかし、議会からの強硬な反対に直面したネルーは、一九五七年当時の原状が回復されないかぎり、インドは中国とは交渉しないと主張し、西部地区からの人民解放軍の撤退と新疆・チベット公路の廃止をあらためて要求した[55]。

こうして八月末までには、中国の指導者は中印国境地帯における状況の悪化を食い止めるためには、武力行使以外に方法はないとの結論に達した。八月半ば、当時総参謀部の作戦部門副司令員であった雷英夫少将は、西部地区を視察した。その視察報告書の中で、雷英夫は、すでに状況は「インド軍の侵略を防ぐには戦うしかない」ところにまで至っているとの判断を示した。(56)その後八月から九月上旬にかけて、両国の部隊同士の距離が近くなったために、小規模な衝突が徐々に増加し始めた。(57)中国は警備活動の再開、武装共存政策、全般的な軍事力の増強、そして外交的イニシアチブといった措置をとったが、ことごとく支配力《クレイム・ストレングス》の低下を食い止めることに失敗した。中国の視点から見れば、軍事的抑止と外交的警告の組み合わせでは、インドからの軍事的圧力を抑え込むことはできなかった。それに加えて、中国は領土に関する現状維持とチベット辺境部の安全を確保するための交渉を開始することもできなかった。

(4) ドホーラと戦争開始の決定

外交的な膠着状況に陥り、西部地区で両国の部隊が睨み合っていた九月上旬、東部地区のナムカチュ地域周辺で新たな武力衝突が発生した。抑止の失敗によって生じたこの衝突によって、インドが軍事的手段で問題を解決しようとしているという中国指導者の認識はより強まった。このナムカチュをめぐる対立がエスカレートするのに伴い、中国の指導者は、自国の領土に関する目標を達成するためには戦争に訴えるしかないとの結論に至った。

ナムカチュ地域はマクマホン・ラインの西端に位置し、中国・インド・ブータンの三カ国の国境が交叉する地点にほど近いところに位置していた。地図4-2が示すように、ナムカチュ自体は、ヒマラヤ山脈のタグラ尾根と平行して西から東へと流れている河川である。この地域には、一九一四年のシムラ会議の際に地図上に引かれたマクマホン・ラインと、実質的な境界線となりうる地理的特徴の間に食い違いが存在する。(58)マクマホン・ラインの最後の約一五キロメートルは、分水嶺や尾根に沿っておらず、この地域で最も高い嶺の南側を直線的に走るように引かれているのだ。この点に関してインドは、マクマホンが本来タグラと呼ばれる山道を含む、この地域の尾根に沿って境界線を引くことを意図していたのだと主張した。これに対して中国は、マクマホン・ラインをこの地域の事実上の境界線と認識しており、一九一四年の地図に基づく厳密な解釈に拠るべきだとの立場をとっていた。一九五九年に起きたキンゼマネやロンジュでの衝突は、どちらもマクマホン・ラインとインドが境界線として主張する地理的特徴との間に位置する地域で生じた。周恩来・ネルー会談後に開かれた一九六〇年の専門家会議でも、中国はマクマホン・ラインに関するインド側の解釈に対して反対の立場をとっていることを強調した。(59)

一九六二年六月四日、インドは東部地区における前進政策推進の一環として、ナムカチュ川の南岸に拠点を建設した。この拠点は、実際にはドホーラと呼ばれる山道から北に数キロメートルの位置にあったものの、ドホーラ拠点として知られることになった。(60) これに対して七月と八月に、人民解放軍は、中国側がチェドンと呼んでいた、ドホーラ拠点の北方に位置し、タグラ尾根沿いに設けられていた陣地を占拠し始めた。(61) 九月六日、チベット軍区は総参謀部の指令に従い、インド軍の拠点の状況を確認し、もし必要であれば防御拠点を構築するために警備隊をナムカチュに向けて派遣した。(62)

こうして九月八日、人民解放軍の兵士約四〇名で構成される偵察中隊がドホーラのインド軍拠点付近に到着した。(63) この中隊はナムカチュの北方に陣地を建設すると、川にかけられていた丸太橋の一つを破壊し、インド軍の給水源を脅かした。(64) インド軍部隊が司令部に送った報告書では、ドホーラは六〇〇名以上の人民解放軍部隊によって包囲されていると報告されたが、これは遠く離れた河谷に位置し、増援なしでは守りきれないこの地域の陣地を守るために、部隊の増派を司令部に急がせることを狙った意図的な誇張であった。しかし、この誤った情報は一週間以上もの間訂正されることはなく、中国の意図に対するインド側の恐怖は確実に深まることになった。インドは中国の動きを防御的なものではなく、攻撃的な措置と見なし、増援部隊の配備を急いだ。その後翌週にかけて、クリシュナ・メノン国防相は「レグホーン作戦」と呼ばれる計画を策定した。これは、中国が建設した新たな拠点を破壊し、タグラ尾根の南側の地域から人民解放軍を駆逐した後、タグラ尾根に軍事拠点を構築することを目的とするものであり、必要であればいずれも武力を行使することが認められていた。九月一五日にインド軍司令部は、この作戦の実行命令を発出した。(65)

中国がなぜより早い段階で、ドホーラのインド軍陣地に挑戦しなかったのかは不明である。ホワイティングの推論によれば、中国によるドホーラへの措置は、インドの意図を確かめるための慎重に計算された最後の試みであり、この措置の実施が決定されたのは、八月二二日にインドが中国の撤退を交渉の前提条件として提示した文書を送った後だという[66]。軍事史家の徐焔は、人民解放軍はタグラの南側の地域をあまり頻繁には警備していなかったため、地元住民が人民解放軍へインド軍の新たな陣地の存在を知らせるまで、それに気づかなかったと指摘している[67]。インド側の資料では、中国は七月半ばにはインド軍の拠点を認識し、タグラ尾根の南側の山腹におよそ一個旅団規模の防御陣地を構築したという[68]。いずれにせよ、これらの中国による拠点構築は、インド軍が係争地へこれ以上進出してくることを抑え込むために、西部地区から東部地区へと中国が武装共存政策を拡大したことを物語っていた[69]。

その後数週の間に、中印両国はナムカチュ川の両岸でそれぞれの陣地の強化に着手した。インドにとって、中国が見せたタグラ尾根を越える動きは、マクマホン・ラインの明白な侵犯であり、インド領に対する攻撃を意味した。中国の行動についてのメディアの報道は、インドの国内世論の怒りに火をつける結果を招き、国民は迅速かつ強硬な対応をとるよう政府へ圧力をかけた。他方で中国にとって、インドが敏速な反応を見せたことは、西部地区での緊張した膠着状況をエスカレートさせる意思をインドが示したことを意味しており、この軍事的圧力を食い止めるためには、もはや戦うしか道はないとの先述の雷英夫の結論を裏付けることとなった。ニャムジャンチュ（地図4－2を参照）沿いの分水嶺から北方にわずか数キロメートルしか離れていないレーに軍事基地があったため、人民解放軍のほうが有利な状況にはあったが、両国ともナムカチュ川沿いの拠点をそれぞれ強化し始めた。さらに、この地域はチベット高原の先端に位置しており、人民解放軍の進軍には有利であった。それとは対照的に、インド軍はタグラに到達するには、傾斜地を行軍しなければならなかった。

西部地区での事態の進展と同様に、中国は、タグラに対する武装共存政策と並行して外交的イニシアチブを展開した。九月一三日、中国は両国が非武装地帯を設けるために二〇キロメートル撤退した後、一〇月一五日に北京で交渉を行うことを提案した。中国がこの文書をインドへ送付したのは、インドが人民解放軍を駆逐する意図を公表する五日前のことであった。この事実に鑑みれば、中国によるナムカチュへの進軍は、交渉による解決を模索するための最後の試みと連動していたとのホワイティングの推論は正しいものであったことがわかる。武装共存政策をナムカチュのような東部地区の係争地に拡大することで、中国はこの領土紛争でインドが軍事的圧力をかける意思を持っているのかどうかを確かめ、さらに東部地区での中国による領有権の主張と西部地区で占拠した領域を交換するという提案を行うための取引材料を作り出そうとしたのであった。中国側の文書では、七月の交渉開始の呼びかけに触れ、交渉は緊張緩和を目的として、前提条件なしで行われるべきであるとの主張がインド側へと伝えられた(70)。また、同日に発出された別の文書では、中国側は「火を弄ぶ人間は最後には火に焼き尽くされる」との警告も発していた(71)。

しかし、九月一九日インドはこの中国による提案を拒否した。インドは、まず中国が西部地区の係争地から撤退することに合意しないかぎり、交渉には応じないとの立場を繰り返した。さらに、交渉を呼びかけた中国の提案をインドが拒否したのは、インド軍司令部がレグホーン作戦の実施命令を下した日から四日後、またインド政府の報道官が、中国をタグラから駆逐するようインド軍が指示を受けたことを公表した日からわずか一日しか経っていない時点でのことであり、こうした事実から、インドには交渉の意図がなかった可能性が高いことがわかる(72)。インド側の文書が発出された後、東西両地区、とくに〔東部地区の〕ナムカチュ周辺の緊張はさらに高まることになった(73)。九月二九日、インド軍はナムカチュ川を渡って警備活動を行い、人民解放軍の陣地を側面から包囲しようと試みた(74)。新たに利用可能となった資料によれば、このように中印双方が互いの陣地を探索するうちに、武力衝突が発生してしまったと考えられる(75)。この間、インドの指導者たちが人民解放軍を排除すると国内で約束したため、インドの公式的な立場はより厳しいものへと変化した。このような指導者による約束は、インドは前進政策を継続するつもりであるとの中国指導者の認識をよりいっそう固める結果となった。インドが前提条件なしの交渉を拒絶したことと、人民解放軍を係争地から力づくでも排除するとのインド指導者の約束とが結びつけて認識されたためであった。

一〇月上旬、中国は再び交渉開始へ向けた動きを見せた。一〇月三日、中国は外交文書を通じて、一〇月一五日に前提条件なしで交渉を行うようインドへ再び働きかけた。しかし、この間に起きた二つの出来事によって、中国の指導者はインドとの戦争を避けがたいものであると確信するに至った。一〇月四日、インド軍はレグホーン作戦を実行してタグラから人民解放軍を排除するために、新たに第四軍団を創設した。中国が三度目となる交渉開始の呼びかけを行った翌日に、この第四軍団が創設されたことで、間違いなく中国の指導者はインドが軍事的解決を決意したのだとの確信を持つに至った。一〇月五日、中国の総参謀部は、海外メディアの報道を引用して、「インドはすでに中国を駆逐する決断を下して」おり、まもなく攻撃を開始するだろうとの結論を報告した。(76)その後一〇月六日、インドは無遠慮な外交文書を通じて、中国からの三度目となる交渉開始の提案をにべもなく拒絶した。インドは強要されて交渉を行うつもりはないと伝え、交渉を開始する前に、西部地区とナムカチュ地域から人民解放軍が撤退することを要求した。(77)

インドが中国による三回目の交渉提案を拒絶すると、毛沢東と中国の指導者たちは戦争が不可避であると確信するようになった。一〇月五日、周恩来は羅瑞卿総参謀長に対して、中印国境地帯への部隊配備を加速するよう命じた。(78)そして一〇月六日、総参謀部は毛沢東と中央委員会からの「もしインド軍が攻撃してきた場合には、容赦なく反撃せよ。もしインド軍が攻撃してきたら、単に撃退するのではなく、痛めつけるために容赦なく反撃せよ」との指示を現地の人民解放軍部隊へ伝達した。(79)軍事科学院の公式史によれば、これらの指示は対インド軍事作戦に関する全般的な方針であり、とりわけ東部地区のナムカチュ周辺に作戦の焦点を絞る必要性を強調していた。(80)人民解放軍をタグラの南側地域から駆逐しようと試み、第四軍団を創設し、そして前提条件なしの交渉を拒絶するというインドの一連の行動を目の当たりにして、中国の指導者はこの辺境部でインド軍に対する攻勢に出なければ、これらの地域でのインドの軍事的圧力を抑え込むことはできないと確信した。(81)

一〇月六日から八日の間のどこかの時点で、対インド攻撃作戦を指示するために中央軍事委員会が招集された。(82)この会議の席上、陳毅外相、楊成武副総参謀長、雷英夫総参謀部作戦部副部長から報告書が提出された。(83)そして一〇月八日、総参謀部は東部地区での攻撃開始を正式に承認する事前命令を発出した。(84)この命令は、中央軍事委員会がマクマホン・ラインの東端での陽動作戦と、西部地区での補完的な強襲作戦を同時並行的に進めながら、ナムカチュ地域のインド軍へ攻撃を行うことを決定したと伝えるものであった。この会議が開催されたタイミングを考えれば、一〇月九日夕刻にインド軍がタグラにある人民解放軍陣地の側面を衝く作戦を実行する二日前には、中国は戦争を決断していたことがわかり、翌一〇月一〇日の朝には大規模な武力衝突が生じたのであった(85)。

事前命令が下されると、人民解放軍は戦闘準備に着手した。一〇月八日、周恩来がソ連大使と会談する一方で、劉暁駐ソ連中国大使はフルシチョフと会談した(86)。両者ともにソ連政府に対して中国の計画を伝えることが目的であった。そして一〇月九日、中央軍事委員会は四川省に駐屯する第一三〇師団に対して、早急にチベットに入り、来たるべき軍事作戦を支援するよう命令した。また翌日、総政治部は政治工作のための指示も出している。チベット軍区は一〇月一四日ママに前線司令部を設置し、一〇月一五日には戦争捕虜収容所の建設が開始された。この間、前線部隊は攻撃開始の最終命令に備えていた。一〇月一七日、中央軍事委員会は「侵入するインド軍を殲滅するための作戦命令」をついに下した。そして翌日一〇月一八日の政治局拡大会議において、一〇月二〇日に攻撃を開始するとの最終命令が下された(87)。

このヒマラヤ地域での軍事作戦における中国の目的は、一九六二年に生じた領土の一体性に対する脅威、とりわけ中国の南西辺境部に対するインドの圧力に対する懸念と明らかに関係があった。中央軍事委員会の作戦命令によれば、中国の目的は三点あった。辺境部の安定を守ること、交渉による紛争解決のための環境を形成すること、そして「反動派勢力」を攻撃することである(88)。また、中国の短期的な目的は、実効支配線周辺の係争地に建設されたインド軍陣地を破壊することであり、それによってインドからの軍事的圧力を除去することであった。中国はインドの前進政策に必要な軍事施設を破壊することで、領土の現状維持に基づく交渉でしか、この紛争を解決することはできないことを示し、包括的取引による解決へ向けた環境を作り出そうとした。

中国の軍事目的は、領土紛争における支配力《クレイム・ストレングス》の低下に歯止めをかけることであった。一九六二年の春から夏以降、インドは係争地における占拠領域を拡大し、地域のパワー・バランスを自国に有利に変化させようとした。大躍進に伴う経済危機、新疆での暴動、台湾海峡での緊張に見舞われていたことで、中国は脆弱なチベットに対するインドの脅威をいっそう強く認識することになった。七月に毛沢東は、「彼らはわれわれが一時的な困難に直面している機会に乗じて、われわれを戦闘に駆り立てようとしている」と状況を認識していた。[89] しかし、中国による外交と抑止の組み合わせは失敗に終わった。東部地区では、インドがタグラで中国側の陣地を攻撃するための準備を整え、交渉開始の提案を三度にわたって拒否したことで、一九六二年の夏を通じて高まっていた中印間の緊張が頂点に達した。[90] こうした事態の推移を見て、中国の政治軍事指導者は、インドが地域のパワー・バランスを変更し、紛争における支配力《クレイム》を強化することを阻止するためには、もはや戦争以外の選択肢はないとの結論に至った。

　中国の指導者は三つの理由から戦わねばならないと考えており、それは支配力《クレイム・ストレングス》が低下することへの懸念を反映していた。第一に、中国の指導者はインドがチベットへの領土的野心を抱き続けていると信じていた。一〇月の中央軍事委員会の会議中に行われた毛沢東への口頭報告で、雷英夫はネルーがイギリスによる北方拡大政策を継承しており、[訳注1] チベットをインドの植民地もしくは保護国にしようと企んでいると述べた。[91] 中国から見れば、ネルーは一九五〇年の中国によるチベット占領に反対し、後にはチベット反乱を支援し、そしてダライ・ラマの亡命を受け入れた人物であった。中国がチベット反乱を鎮圧した後、インドの政策は中国国内の反乱勢力への支援から領土紛争を激化させる方向へと変化したのであった。ネルーは一九五九年三月二二日にアクサイ・チンの領有権を公式に主張したが、これはラサでの反乱勃発から二日後のことであり、中国の指導者には偶然の一致とは見なされなかった。このチベットをめぐる領土紛争は、単なる係争地をめぐる対立ではなく、中国の脆弱な辺境部に対してインドが抱いているより広範な目的をめぐる対立であった。すでに述べた一〇月一七日の命令によれば、もし戦争に訴えない場合、インドは北方へ圧力を加え、チベットやアクサイ・チン内部へと侵入してくるであろうから、戦争が必要なのであった。[92] もし中国が戦わなければ、支配力《クレイム》は弱まる一方であり、チベットの安定が脅かされる危険性もあると判断された。

　第二に、中国の指導者は、インドが意図的に中国の抱える国内問題を利用しようとしているとの結論に達した。雷英夫によれば、ネルーは中国が経済的大混乱の最中にあり、ソ連やアメリカなど多くの脅威に直面しているため、インドと戦うつもりはないであろうと信じていた[93]。インド軍への攻撃後、周恩来は内部での演説で「彼らはわれわれの飢饉が非常に過酷で、チベットは飢えており、反乱が続いていると考えているのであろう」と述べた[94]。また、周恩来は「もし退却の余地がない場合に反撃しなければ、弱さを露呈してしまうことになり、相手から簡単に屈服させることができると見なされてしまうことになる[95]」と指摘した。中国の指導者にとって、これは外部勢力が中国国内の困難につけ入り、中国には領土に関する利益を守る意思などないと信じるようになってしまうことを意味した。このような考えに基づき、中国の指導者はインドとの戦争が、南西辺境部を守るためだけでなく、国内の政情不安が続く時期に、他の領土問題で挑戦を受けることを抑止するという観点からも重要であると見なした。

第三の、そして最も重要な点が、中国の指導者自身が自制と外交によって中印国境地帯に安定をもたらすことに失敗したとの結論に至ったことであった。周恩来が述べたように、「彼らはわれわれと交渉するつもりはなかった！私はどうすべきか！　われわれは数度にわたり試みたが、うまくいかなかった[96]」。雷英夫は報告書の中で、一九五〇年以降中国は領有権を主張する領域をインドが占拠しても、部隊を派兵したり、武力を行使したりせず、インドの「拡張主義的」な政策を許容し、譲歩を重ねてきたと述べている[97]。その後、警備活動の実施や武装共存へと行動を変化させたにもかかわらず、インドによる中国側陣地を支配しようとの試みを食い止めることはできなかった。雷英夫は、ネルーが中国は「弱く、簡単にねじ伏せる」ことができると信じているのだと結論づけた。その証拠にインドは前進政策を続け、人民解放軍をタグラから駆逐しようとしていた。また、中国の軍事史家徐焔によれば、武装共存政策では、国境地帯でのインドの圧力に対処できなかった点が重要であった。小規模な衝突があっても、その後インド軍は再び係争地に戻ってきた。インド軍を撃破しなければ、中国にとって国境地帯が「長期にわたり

（訳注１）　イギリスは一九世紀から二〇世紀にかけての中央アジアをめぐるロシアとの対立の中で、チベットを英領インド防衛のための緩衝地帯とすることを目指した。そのため、一九一四年イギリスはチベットに対する中華民国の宗主権を認めつつも、自治権を付与することを規定したシムラ条約を中華民国、チベットと締結しようとした。しかし、最終的に中華民国が調印を拒否したことから、シムラ条約はイギリスとチベットのみで締結されることになった。この時、中華民国を除く両者の間で合意されたのが、英領インドの国境線を北方へと移動させるマクマホン・ラインであった。これ以降、イギリスはチベットに対する影響力を強めていくことになった。

平穏であることはない」[98]のであった。徐焔の説明によれば、中国の指導者は激しく戦い、「侵略者たち」に将来同じような「ちょっかい」[99]を出すことはできないと教えることによってしか、国境地帯の安定を確保することはできないと信じるようになった。

一〇月一八日、政治局拡大会議においてインドへの攻撃について討議が行われた。この会議において、毛沢東は中国がインドと戦争を開始する理由をまとめ、中国が行動しなかった場合、長期にわたる脆弱性が生まれることを強調した。雷英夫によれば、毛沢東は以下のように述べたという。

長年にわたり、われわれは国境問題の平和的解決を追求するためにさまざまな方法をとってきたが、インドはそれを拒絶した。インドが意図的に武力紛争を挑発したことで、事態はより悪化し、厳しいものとなったが、これは「人を馬鹿にするにもほどがある」と言える。ことわざでは、「ケンカしなければ本当の付き合いはできない」という。われわれがいったん反撃すれば、国境は安定し、国境問題は平和的に解決することができるだろう。そうして初めてわれわれの望みは実現する。しかし、われわれの反撃は警告と懲罰を与えるためのものに過ぎず、ネルーとインド政府に対して、インドは国境問題を軍事的手段で解決することはできないということを伝えるために行うに過ぎないのだ。[100]

この二日後、人民解放軍はインド軍への攻撃を開始し、一九六二年の中印戦争が始まった。

戦争の第一局面における軍事、外交面での事態の推移を見れば、紛争において〔支配力の〕弱体化という要因が大きな役割を果たすという本書の主張が正しいことがわかる。軍事作戦の第一段階、つまり一〇月二〇日から二五日にかけて、人民解放軍部隊は前進政策のもとで建設されたインド側の前線陣地に対して集中攻撃を加えた。人民解放軍がインド軍部隊に大打撃を与え、戦場で一時停止すると、周恩来はネルーに対して両国が実効支配線に沿って非武装地帯を設定し、首相級会談を開催するのであれば、中国はマクマホン・ラインの北側に撤退すると提案した。[101] 一一月半ば、インドがこの周恩来の提案を拒否すると、軍事作戦の第二段階が開始された。人民解放軍が北東辺境管区（NEFA）においてインド軍を敗走させた後、周恩来は中国が一九五九年一一月の支配線まで一方的に撤退すると宣言し、再び中国はインドとの戦争で拡張主義的な目的を追求しないとの明確なシグナルを送った。

これら二つの作戦段階において、中国は領有権を主張する領域へ限定的に進軍はしたが、占拠はしなかった。撤退が完了した時、インド軍と人民解放軍を隔てる実効支配線は、前進政策の開始前に存在した境界線とほぼ変わっていなかったのである。中国は人民解放軍が一九五九年一一月の支配線まで撤退したと公式に宣言した。中国はたとえ撤退後であっても、その気になれば領土を獲得できたであろう。戦場で勝利を収めたため、中国は望む領域であればどこであれ占拠する能力を明らかに持っていた。

（5）一九六二年以後の紛争と安定

一九六二年の戦争の後、中印国境地帯では三度にわたり緊張が高まった。第1章で議論したように、一九六五年九月中国は、インドと交戦状態にあったパキスタンを支援するために西部地区沿いに部隊を配備し、ヒマラヤ地域で第二戦線を開設するという脅しをかけた。中国の行動は国境地帯での緊張を高め、数度にわたる軍事衝突を生じさせたが、その目的は拡大抑止であり、領有権の主張ではなかった。しかしながら、一九六七年のナトゥラと一九八六年のスムドゥロンチュをめぐる中国の武力行使を見れば、領土紛争のエスカレーションを決定するにあたり、支配力《クレイム・ストレングス》とバーゲニング・パワーの低下が大きな影響を及ぼしていたことがわかる。また、これらの事例を見れば、スムドゥロンチュをめぐる一九八六年の危機よりも一九六七年の危機の際に顕著に見られるように、体制不安が武力行使の決断に大きな影響を及ぼすことがわかる。

一九六七年――中央地区

一九六七年九月一一日、中央地区のナトゥラにおいて、人民解放軍はインド軍に懲罰的な攻撃を加えた（地図2-1を参照）。二日後にはこの武力衝突は終息したが、人民解放軍兵士三二名、インド軍兵士六五名が犠牲となった。[102]一〇月一日にも、チョラで同じような衝突が両国の国境警備隊の間で生じ、インド軍兵士三六名と人民解放軍兵士（人数不明）が犠牲となった。[103]ただし、これら二つの衝突事件は中国・シッキム国境沿いの中央地区に限定されたものであった。

こうした事件に関する情報は限られているが、三つの点から中国による武力行使の決定において、支配力《クレイム・ストレングス》の低下が大きな役割を果たしたことがわかる。第一に、一九六二年の戦争での敗北後、インド軍は規模を倍増させた。[104]この部隊増強の一環として、インドの北方国境を防衛するために合計一〇個の山岳師団が編成された。このうち三個師団がパキスタンに対応するために、残りの師団が中国の攻撃に対応するために配備された。派遣された部隊の大半は国境付近には配備されなかったが、例外的にチュンビ渓谷では中印両国の部隊が非常に近接して配備され、ナトゥラのような要衝ではわずか数メートルしか離れていない場合もあった。その結果、この地域のインド軍の規模が増大するにつれて、一九六三年には小規模な衝突事件がメディアで繰り返し報道されるようになった。

第二に、インドは国境地帯における領有権を以前よりも積極的に主張するようになったように思われた。ナトゥラでは、インドの部隊増強を背景として中印双方が山道の支配を強化しようとした結果、一九六七年九月一一日に中国のインドに対する攻撃が生じることになった。両国の衝突事件はそれまでも頻繁に起きており、実効支配線が明確でなかったこともあって、国境警備隊の間で素手による殴り合いもよく見られた。[105]一九六七年八月、インドは中国との間に障壁を設けることで緊張を緩和するため、新たに有刺鉄線による壁を建設し始めた。しかし、人民解放軍司令員がこの行動を中国領の占拠と見なし、口頭による抗議を行ったことから、九月初めにはむしろ事態は悪化することになる。九月一一日、インド軍工兵部隊は新たに障壁を建設し始めた。インド側の回顧録によると、人民解放軍の兵士たちはインド側へ抗議を行った後、自分たちの陣地に戻り、それから機関銃と大砲で砲撃してきたという。これにインド軍もすぐさま砲撃し返したため、三日間にわたる戦闘が起きることになったが、インド軍が山道沿いの高地を占拠していたため、ナトゥラにあった人民解放軍の要塞の多くは破壊されてしまった。[106]

第三に、中国の文化大革命に伴う混乱は、インドの行動に対する中国の認識に影響を及ぼした可能性が高い。一九六七年九月の中国による攻撃は、文化大革命の中でも最も不安定な時期、すなわち一九六七年の夏に中央政府が事態を制御できなくなり始めた直後に起きた[107]。中国の指導者は、国境地帯で続く緊張と領有権を実効的なものにしようと圧力を強めるインドを前にして、潜在的脅威への警戒を強め、軍事的に対応する必要があるとの結論に至った可能性が高い。

チュンビ渓谷における係争地の支配をめぐる競争によって、緊張は大幅にエスカレートしたが、この時の人民解放軍による攻撃は中央軍事委員会の命令によるものではなかった可能性がある。王誠漢将軍の回顧録によれば、チベット軍区は九月一一日の最初の交戦まで、ナトゥラ付近のヤートン（亜東）には前線司令部を設置していなかったという。翌九月一二日王将軍はヤートンに到着すると、前線の人民解放軍部隊が当初火力の面で劣勢にあったため、機動予備役部隊を組織し、ナトゥラに重砲兵部隊を配備することにした[108]。この衝突事件に周恩来が関与したことを示す唯一の記録は、攻撃後に出されたと思われる命令であり、人民解放軍は砲撃を受けた場合にのみ反撃すべきであるとの内容であった[109]。人民解放軍では、通常前線司令部の設置と交戦規定の確定は、命令された作戦の開始よりも前に行われる。

一九八六年――東部地区

一九六七年の中央地区での衝突事件の後、中印国境地帯ではほぼ二〇年の間安定が続いた。とくに一九七〇年代には、中国は北方のソ連からの攻撃の可能性に対抗することに力を注いだ。一九六二年以後東西両地区のうち、人民解放軍が撤退した中印国境地帯沿いの領域は、どちらにも支配されていない力の空白地帯であった。その後、一九八一年に両国は領土紛争に関する最初の公式会談を開催した。

一九八六年七月に、中国が東部地区のタグラ尾根付近にあった夏季にのみ設置されるインド軍の監視拠点を占拠したとのニューデリーからの報告によって、この安定は崩れ去った。これ以降一二カ月の間、中印両国がこの地域に大規模な部隊を配備したことで、第二次中印戦争が勃発する恐れが生じたのであった。この危機が高まりを見せると、中国は成都軍区と蘭州軍区から部隊を動員し、インドは山岳師団二個をスムドゥロンチュ付近に配備し、三つ目の師団を東部地区内の他の地域に配備した。[110]

スムドゥロンチュ川沿いにあるタグラの南側地域に設置されたインド軍の拠点を、中国が占拠したことは三つの要因によって説明することができる。第一に、インドはマクマホン・ラインと尾根線（地図4－2を参照）の間の力の空白地帯を奪取し、一九八四年にこの拠点を建設した。一九六二年の戦争の後、インドの情報局がこの地域に入り込むまでは、中印両国ともにこの地域にプレゼンスを維持してはいなかった。[111] 中国の観点からすれば、インドの行動は敏感なこの地域の現状に対する明確な挑戦であった。インド側の軍事拠点が夏季にのみ兵士が駐留するものであったため、中国は冬季の間拠点を留守にしていたインド軍兵士が戻ってくる前の五月か六月に、これを占拠してしまった。[112]

第二に、インド軍のタグラへの進出は、東部地区でのインドの軍事的立場を強化するための試みの一環として行われた。陸軍のクリシュナ・ラオ（Khrisna Rao）司令官が立案した暗号名「ハヤブサ作戦」は、「マクマホン（ライン）のできる限り近く」を走る実効支配線のインド側地域にある戦略的に重要な高地を占拠することを目指すものであった。[113] その目的は、一九六二年に人民解放軍が攻撃したタワン地域の防衛を強化し、当時進行中の交渉で中国に譲歩する必要がないように、この地域での支配を固めることにあった。こうしたマクマホン・ライン周辺の防衛を強化する試みは、一九六七年以来初めて行われた。第三に、一九八一年に開始された中印間の国境交渉は行き詰まりを迎えていた。中国はインドが要求した地区ごとに交渉を行うアプローチに同意したが、両国ともに一九八五年一一月の第六回交渉では、マクマホン・ラインの位置について異なる解釈を主張して譲らず、東部地区について非妥協的な立場を崩さなかった。そのため、インドが東部地区で軍事的立場を強化すると、双方ともにより強硬な立場をとるようになった。[114]

中国がインド側の拠点を占拠したとの報告が入ると、状況は急速にエスカレートしていった。インド軍は一〇月までにスムドゥロンチュを見下ろす尾根に位置するゼミタンへ一個旅団を空輸で配備した。この旅団が中国の分遣隊に対する攻撃態勢を整えたため、陣地の防備を固めていなかった人民解放軍は、高地を支配下に収めたインド軍の攻撃にさらされることになった[115]。翌春、中印両国は軍事演習の名目でこの地域に大規模な部隊を展開した。その結果、五月までにスムドゥロンチュ周辺に配備された部隊の規模は、一九六二年の戦争開始時点の水準を越え、五万名にまで達した[116]。

以上のように、中印国境における事態は一触即発に見えたが、それ以上エスカレートすることはなかった。一九八七年六月にインド外相が北京を訪問し、双方が国境交渉を再開することで合意し、緊張は緩和した。そして八月には、中印両軍がこの地域から部分的に撤退した[117]。中国が一九八七年に紛争をエスカレートさせなかったのには、いくつかの理由があった。この危機で、インドは力の空白地帯を占拠しようとしたが、その試みは東部地区の小さな領域に限定されていた。それとは対照的に、一九六二年のインドの前進政策は西部地区のすべての領域を対象としていた。一九八七年の危機では、中印両国ともに強硬な反応を見せたが、部隊が配備された範囲はタグラ地域に限定されていた。この時中国はインド軍部隊に対処し、地域の軍事バランスにおいて自国の立場を維持することが可能であった。最後に指摘すべき点として、中国は一九六二年よりも一九八七年のほうが、国内体制がより安定していたことが挙げられる。中央政府はチベットに対する強固な支配を維持しており、中国共産党の正統性は、鄧小平の改革開放によって着実に高まっていた。また、中国はソ連との関係を正常化させようとしており、アメリカとも良好な関係を維持していた。

中国がスムドゥロンチュの拠点を占拠し、インドに対抗して軍事動員を実行したのは、別のライバル、とくにソ連に対して決意をシグナリングするためだったのではないかと主張する向きもあるかもしれない。しかしながら、いくつかの要因を検討すれば、その主張が妥当ではないことがわかる。中国は一九八六年にインド軍の拠点を占拠した事実をおおやけにはしなかったが、もし他国に対して自国の決意をシグナリングすることを目的としていたのであれば、こうした事実をおおやけにすることは重要な意味を持つはずであった。しかし中国は実際にはそうせず、中国による占拠の事実は一カ月後にインドのメディアが報道したことで、初めて明らかとなった。さらに、中国は一九八七年に大規模な部隊を動員したが、ソ連との関係は一九八六年七月のウラジオストクでのゴルバチョフ演説以降、改善の兆しを見せていた。

スムドゥロンチュをめぐる危機の後、インドとの領土紛争における中国の支配力《ポジション》は安定した。中印双方とも他の空白地帯に新たに前哨地を建設することはしなかった。一九九三年と一九九六年には、実効支配線を監視し、国境地帯に配備できる部隊数に上限を設ける合意が成立した。そのため、地域の軍事バランスが変化したり、一方が力の空白地帯を占拠したりする可能性が大幅に減少し、武力行使のインセンティブが生まれにくくなったのであった。中印間の領土紛争はまだ最終的解決には至っていないが、一九八七年以降この地域は安定している。

2　一九六九年——珍宝島襲撃事件

一九六九年三月二日の朝、ウスリー川の珍宝島で中国の警備隊二隊がソ連の国境警備隊を襲撃したことをきっかけに、中国とソ連の関係が冷戦中最も緊張することになった。この武力行使は、第2章で論じた一九六四年の交渉で譲歩しようとして以来、中国がソ連との領土紛争においてとってきた引き延ばし戦略からの大きな転換であった。それから二週間も経たない三月一五日には二度目の衝突が起きた。これらの衝突で、中国は九一名の死傷者（三〇名が死亡、六一名が負傷）を出し、他方でソ連は二〇〇名以上の死傷者（およそ九一名が死亡し、一〇九名が負傷）を出した(118)。

中国の攻撃によって、この年の夏の間中ソ国境地帯の全域で緊張と対立が強まり、ソ連は極東での防備を強化することになった。ソ連政府は、中国のさらなる攻撃を抑止するために、外交と軍事的脅迫を組み合わせ、中国を交渉の席につかせようと試みた。さらにソ連は、一九六九年八月に中国に対して一連の核による脅迫を行い、行動をエスカレートさせた。この時ソ連は、新疆にある中国の核施設に対して先制攻撃を行う可能性をほのめかしたのであった(119)。こうした緊張状態は、九月一一日に周恩来がアレクセイ・コスイギン（Alexey Kosygin）首相と北京空港で会談したことによって緩和へと向かった。その後、両国の公式交渉が一〇月に開始され、一九七八年まで続いた。

しかし、ソ連は中国との交渉を開始することには成功したものの、ほとんど具体的成果をあげられず、したがって領有権をめぐる対立が収まることもなかった。ただ、紛争予防と危機管理の役割を果たしたにとどまった[120]。

以下の分析では、一九七〇年代の中ソ関係を規定することになった三月二日の襲撃作戦の実施を中国が決定するにあたり、重要な役割を果たした要因について検証する。この時中国の指導者は、武力を行使することによって、ソ連との間に抱えていたさまざまな領土紛争でのバーゲニング・パワーの急激な低下を食い止めようとしたのであった。襲撃が行われる以前に、ソ連がわずか四年足らずで極東の配備部隊を倍増させ、係争地、とくに東部地区の島嶼で攻撃的な前進警備活動を実施したため、中国の支配《クレイム・ストレングス》力は大幅に低下した。さらに、一九六八年九月に発表されたブレジネフ・ドクトリンにおいて、ソ連が社会主義諸国の国内問題への干渉を宣言したため、文化大革命で政情が不安定だった中国は〔自国の支配力が〕さらに低下してしまったとの認識を強めた。新たに利用可能となった資料は、この作戦に関する中国の動機について考察した先行研究の解釈が正しいものであり、ソ連の軍事態勢と中国の武力行使の間に明確な関連があったことを物語っている[121]。

(1) ライバル関係？

一九六九年に中国が武力行使に踏み切ったことは、ソ連との全般的なライバル関係と切り離して考えることはできないだろう。この中ソ間のライバル関係は、社会主義陣営における主導権をめぐるものであり、中国は一九六〇年代後半、とくに文化大革命の発動後は劣勢に立たされていた。この時期に極東に配備されたソ連軍部隊の規模は、ソ連が領有権を主張する領域を防衛したり、中国の攻撃を抑止したりするために必要な兵力を超えたものであった。これは、中ソ間の敵対関係を考えれば、中国に対する強制を目的としていたことは明らかであった。ブレジネフ・ドクトリンは、西側陣営に対して社会主義陣営を強化するためには、ソ連が中国に対して体制変更を強制するかもしれず、国境地帯に配備された部隊をそのための手段として用いる可能性があることを示唆していた。これらの事実を踏まえれば、珍宝島で襲撃作戦を実行することで、中国はソ連の脅威にさらされている自国の領有権の主張を守り、さらにはソ連の強制には断固として抵抗する覚悟があることをソ連側へ伝えようとしたのであった。

しかしながら、一九六〇年代後半までには、領土紛争が中ソ間のライバル関係の中でも中心的な争点となっていた。両国共産党の間のコミュニケーションは途絶え、中国は西側諸国のほとんどに加えて、大半の社会主義国からも孤立することになった。一九六六年以後ソ連が中国を脅迫するために領土紛争で圧力を加え続けたことで、ライバル関係における領土紛争の重要性がさらに増した。そのため、この時期の領土紛争に伴う競争とライバル関係に伴う競争を分けて考えることは難しい。ただし、ライバル関係が領土紛争と結びついているのであれば、本書が提示するエスカレーションの理論によって、中国による武力行使の決定を説明することができる。領土紛争での中国の行動にはさまざまなインプリケーションが含まれているが、支配力《クレイム・ストレングス》の低下の論理によって説明することができる。

(2) 支配力の低下

一九六九年に、中国の支配力《クレイム・ストレングス》が低下した理由は、三つあった。第一に、そして最も重要な点が、極東に配備されたソ連軍が増強されたことで、局地的な軍事バランスにおいて中国の立場が脅威にさらされたことである。一九六四年に両国の共産党の関係が決定的に悪化すると、ソ連は一九六五年の初めに、中ソ国境地帯に配備された部隊の規模を増強することで、中国に対する軍事政策を転換し始めた。[122] 一九六六年には、対立が深刻化するのに伴いソ連はモンゴルとの防衛条約に署名し、中国の北方国境地帯でさらに二〇〇〇キロメートルにわたってソ連軍部隊を配備することができるようになった。[123] そして一九六九年には、中国に対してソ連が配備した部隊の規模は、一九六五年の一四個師団から三四個師団へと増加した。[124] さらに図4-1が示すように、こうした配備兵力を見れば、一九五〇年代後半以降、中国に向けられたソ連軍の規模がいかに劇的に変化したかがわかる。一九四九年時点の完全なデータを入手することは不可能だが、一九六五年以降配備兵力が急激に増加したことで、国境地帯における局地的な軍事バランスは明らかに、そして劇的に変化した。

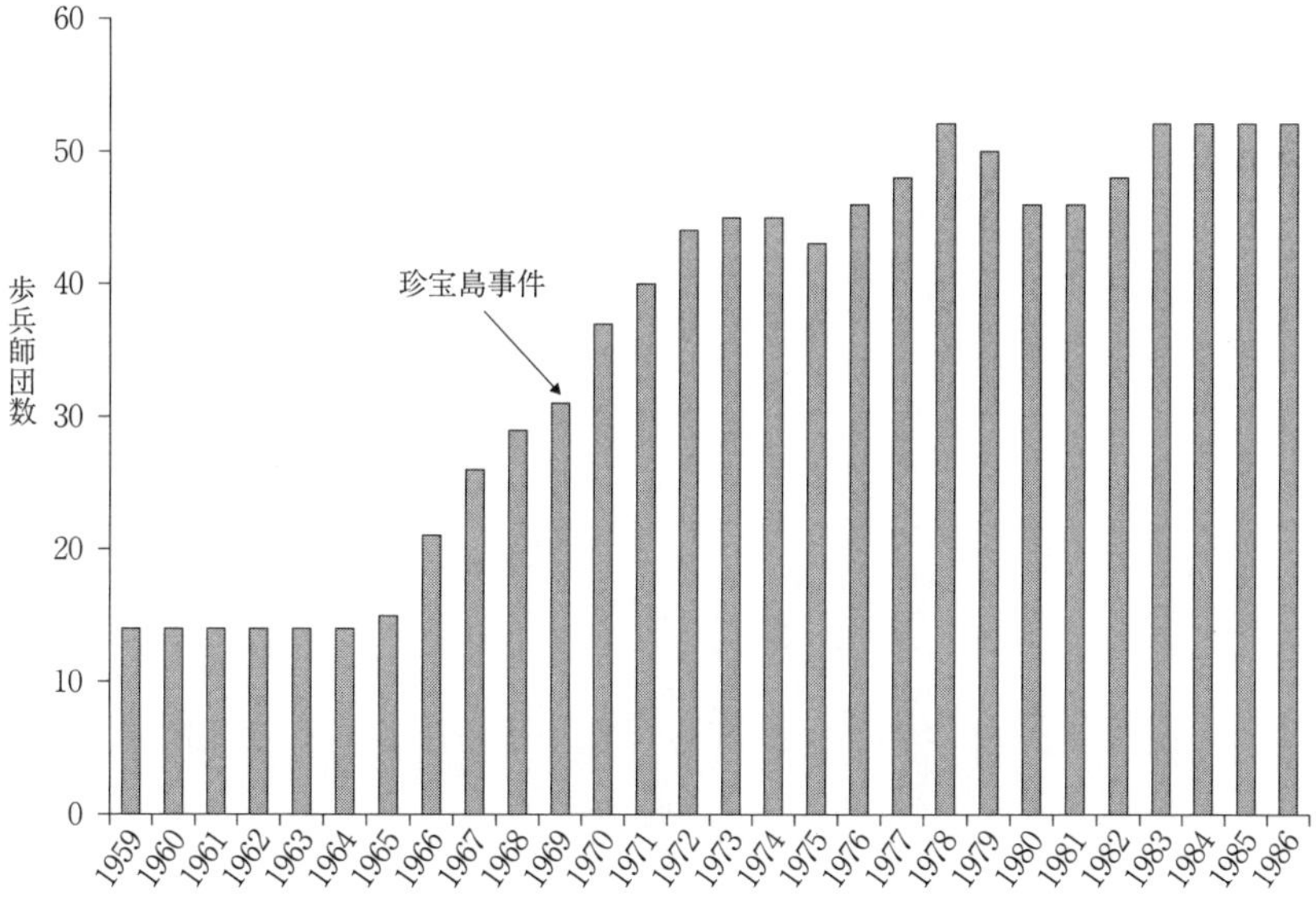

図4-1　中国との内陸国境沿いに配備されたソ連軍部隊（1959～1986年）

出所：Central Intelligence Agency, *Military Forces along the Sino-Soviet Border*, SM-70-5（Washington, D. C.: Central Intelligence Agency, 1970）; Office of National Estimates, *Soviet Military Buildup;* Robinson,"China Confronts the Soviet Union," 299; Gerald Segal, *Sino-Solviet Relations after Mao*, Adelphi Paper No. 202（London: International Institute for Strategic Studies, 1994）.

軍事バランスを正確に評価することはたやすいことではない。中国は純粋に量的な観点から言えばソ連に優越しており、ソ連軍の三四個師団に対して北方の三つの大軍区にはおよそ五九個師団が配備されていた。[125] しかし、機密解除されたアメリカ中央情報局（CIA）の評価によれば、ソ連の配備兵力がいくつかの点で、局地的な軍事バランスにおける中国の立場を低下させていたことがわかる。第一に、前述したように、中ソ国境地帯に配備されたソ連軍の規模は、珍宝島の襲撃事件以前の四年間で倍増している。中国軍の増強規模はこれよりも小さく、従来のバランスと比較してソ連の立場が強まることになった。第二に、ソ連軍は国境地帯において攻撃的な態勢をとった。極東ソ連軍のおよそ七〇パーセントが満洲〔中国東北部〕との国境線沿いに配備されたのである。この地域は中国工業の中心地帯であったため、この地域への脅威は単に係争地のみならず、より広い意味で中国の領土の一体性をも脅かすものであった。国境付近に配備されたソ連軍部隊は、中ソ国境地帯を走るシベリア鉄道を防衛することを目的としていたが、それでも中国に脅威を与えていた（地図3－1を参照）。それとは対照的に、中国は国境付近に九個師団しか配備しておらず、五〇〇キロメートル以上離れた地域に予備兵力を配備していたに過ぎなかった。[126]第三に、ソ連軍はより優れた兵器を装備していた。ソ連軍の大半は機械化されていたが、人民解放軍は軽装備の歩兵師団しか保有していなかった。珍宝島襲撃事件から二年後の時点で、北方地域に配備された中国の最精鋭師団であっても、砲兵と車両の数はソ連軍の三分の一、戦車および無限軌道車の数は六分の一に過ぎなかった。[127]さらに、ソ連軍はこの地域に約六〇〇機の戦術航空機を配備していたが、対する人民解放軍は二九四機のみであった。[128]

ライル・ゴールドスタイン（Lyle Goldstein）の研究によれば、一九六九年三月の珍宝島襲撃事件の後にソ連が実施した軍備増強を見れば、ソ連のほうが中国よりも局地的な軍事バランスに関して強く憂慮していたことがわかると言う。たしかに、一九六九年から一九七六年の間にこの地域のソ連軍の規模は、三四個師団から四三個師団へと増加している。[129]しかし、一九六九年以降の軍備拡張を見ても、三月の衝突事件以前に中国の指導者が局地的な軍事バランスとその脅威をどのように評価していたのかを明らかにすることは難しい。人民解放軍は量的な面では優位にあったが、中国の指導者はソ連軍の増強、とくにソ連側が前進態勢をとったことによって、国境地帯を防衛し、係争地へ戦力を投射する中国の能力が急激に低下したと認識していた。一九六六年一二月に、陳毅は外国人ジャーナリストに対して、ソ連は「中国との国境地帯に東ヨーロッパから移動させた一三個師団を配備した」[130]と語っている。一九六七年一月には、毛沢東が「新疆国境付近で空軍の活動が活発化し、（ソ連）地上軍が進出している」[131]と述べ、人民解放軍に対して準備を整えるよう指示を下した。一九六八年一〇月になると、『人民日報』はおおやけにソ連軍の増強について言及し始めた。[132]こうしたソ連の軍事的プレゼンスの増大は、中国にとって台湾、ヴェトナムに次ぐ第三の戦線が生まれる危険性があるかもしれなかったため、憂慮された。相対的に見て、部隊規模と東北地域における兵站線の短さという点から考えれば、中国のほうが優位にあったが、中国の係争地への戦力投射能力とソ連の強制的圧力に抵抗する能力は、ソ連軍の兵力増強によって低下することとなった。

〔中国の支配力が〕低下した第二の原因は、極東においてソ連軍が攻撃的な警備活動を行うようになったためであった。こうした警備活動は、ソ連が国境地帯に配備した部隊をどのように使うのか、その可能性を示していた[133]。一九六二年のイリ事件（伊塔事件）以前には、地元住民による越境はよく見られたものの、中ソ双方ともに国境地帯で攻撃的な警備活動を行うということはなかった。一九六四年の交渉が失敗した後、中国は係争地、とくに交渉で中国側に割り振られたアムール川とウスリー川の島嶼を利用することで、領有権を主張し続けた。しかし、一九六六年にソ連の国境警備隊はそれまでとは異なる新たな対応をとるよう指示を受けた。あるソ連外交官の回想によると、ソ連の国境警備隊は「中国がこれらの島嶼へ上陸しようとする試みをすべて阻止する」よう、しかし小火器を用いることなく「自制する」よう命令されたという[134]。

ソ連がより攻撃的な警備態勢をとるようになったということは、一九六四年の東部地区についての合意が放棄されたことを意味したため、中国は警戒感を抱いた。第2章で論じたように、領有権が争われていたこれらの川に存在する島々のほぼ半分が中国に割り振られた。一九六四年の合意成立の前でさえ、これらの島々の多くは中国側の川岸近くに位置していたため、中国の農民によって利用されていた。一九六七年以降、中ソ間の対立の焦点となったのがまさにこれらの島々であった。中国側の住民や警備隊が、とくに冬季にこれらの島々に近づくと、ソ連の国境警備隊が排除するようになった。このような事件が増加すると、中国側も武装警備隊の数を増強した。ほとんどの場合、ソ連軍は中国人を排除するために棍棒や装甲車などを使ったが、時には中国側の警備兵を死傷させることもあった。こうした場合には、人民解放軍も同程度の軍事力で対応したが、小火器を発砲することはなかった[135]。

一九六九年の珍宝島での衝突事件以前の数年の間に、ソ連警備隊の規模と活動範囲は拡大した。一九六六年にソ連は、係争地になっているアムール川（黒龍江）とウスリー川が合流する黒瞎子《ヘイシャーズ》島の北部と東部での中国船舶の航行を妨害するようになった[136]。一九六七年には、これらの島々で最初の小競り合いが、アムール川の呉八老島で生じた[137]（地図3-1を参照）。一九六八年末までに、こうした小競り合いはウスリー川の七里沁島と珍宝島へと拡大していった。一九六八年一月五日には、ソ連の国境警備隊との衝突で中国人五名が殺害された。これに先立つ二カ月の間に、合計一八回に及ぶ小競り合いが七里沁島をめぐって生じた。[138] これらすべての事件で、激しい殴り合いが行われ、相手側を係争地から排除しようという動きが見られたが、ソ連の国境警備隊のほうが中国の警備隊を数の上で大幅に上回っていた。

一九六八年八月のソ連によるチェコスロヴァキアへの軍事介入が、中国に影響を及ぼした第三の要因であり、ソ連による兵力増強と島々をめぐる武力衝突の持つ意味を大きく変えてしまうことになった。さらに、一九六八年九月に発表されたブレジネフ・ドクトリンは、他の社会主義諸国の国内問題にソ連が干渉する権利を主張するものであり、ソ連が中国に対して軍事的圧力を加えようとしているのではないかとの恐怖を生み出した。ゴールドスタインによれば、〔これまでの研究では〕中国の政策決定にあたりこのブレジネフ・ドクトリンが果たした役割は誇張されてきたという。ブレジネフ・ドクトリンは、北大西洋条約機構（ＮＡＴＯ）によるデタント追求の障害にはならなかったし、東ヨーロッパへのソ連の介入は現状維持を確認するものでしかなかったため、「些細な出来事」に過ぎなかったというのが、ゴールドスタインの主張である。[139] しかし、実際には、中国の指導者は異なる認識を持っていたようである。[140] チェコスロヴァキアへのソ連の介入からわずか数週間後、中国の外相は公式にソ連による中国領空の度重なる侵犯に抗議した。この声明では、チェコスロヴァキアへの介入後にこうした領空侵犯が生じたことは、「全く偶然ではない」と主張された。[141] 中国の国慶節には周恩来がアルバニア訪問団に対して、ソ連の東ヨーロッパでの行動と、「中ソ国境と中蒙国境での大規模な部隊配備」などの中国へのさらなる「挑発行為」とを関連づけて語った。[142] それと同時に、周恩来はソ連修正主義と侵略の可能性を結びつけた演説を行い、人民解放軍の黄永勝総参謀長は国境地帯のソ連軍に対する懸念を強調した。[143] さらに、一九六八年一二月末に、中国は三メガトン規模の核実験を実施した。これは公式には発表されなかったものの、ソ連によって探知されていた。[144]

アムール川とウスリー川に氷が張り始める時期になると、中ソ間の武力衝突の発生件数は増加した。一九六九年の冬には、衝突の焦点は七里沁島から珍宝島へと南下した。主要航路の中国側に位置する島への領有権を中国が主張するたびに、ソ連の国境警備隊は中国の警備隊を力づくで排除した。表４－１が示すように、一九六八年一二月

表4-1　珍宝島をめぐる武力衝突（1968年12月～1969年3月）

日時	行動
1968年12月27日	ソ連の装甲車が珍宝島に上陸し、中国人兵士を殴打。
1969年 1 月 4 日	ソ連軍兵士30名が珍宝島に上陸し、中国人兵士を排除。4名が重傷。
1969年 1 月 6 日	ソ連軍が珍宝島で2名の中国人漁師を捕え、暴行。
1969年 1 月23日	珍宝島でソ連警備隊との衝突により中国人28名が負傷。
1969年 2 月 6 日	ソ連軍兵士50名が珍宝島に上陸し、中国側の警備を威嚇。
1969年 2 月 7 日	ソ連軍により初めて銃撃が行われたと報告。
1969年 2 月16日	中ソの警備隊が緊張状況で対峙。
1969年 2 月22日	珍宝島において武力衝突。ソ連はヘリコプターを使用。
1969年 2 月25日	珍宝島で武力衝突。

出所：李柯・郝生章『文化大革命中的人民解放軍』317-318頁；李連慶『冷暖歳月』347-348頁；徐焔「1969年中蘇辺界的武装衝突」5-6頁。

二七日から一九六九年二月二五日までの間に、珍宝島をめぐり九度にわたる武力衝突が起きている。一九六九年一月二三日には、ソ連の国境警備隊が中国人兵士二八名を攻撃し、そのうち一三名をひどく殴った[145]。その後二月六日の衝突では、ソ連側が中国警備隊に向かって警告射撃をしたことで、初めて実弾が用いられた[146]。このように東部地区で状況が悪化すると、西部地区の係争地に対するソ連の圧力も増大した。一九六八年一二月から一九六九年三月にかけて、ソ連軍はビエルケウ（別爾克烏）地区の中国人遊牧民に対して繰り返し圧力を加えた。こうしたソ連側の動きは、中国が西部地区で戦略的に脆弱であったことを考えれば、中国指導者の脅威認識を間違いなく強めることになった[147]。

(3) 体制不安と支配力低下の認識

以上のように外部からさまざまな形で軍事的圧力が加えられたのは、文化大革命によって中国が政情不安に陥ったまさにその時期であった。とくにブレジネフ・ドクトリンが発表された後、国内の政情不安によって中国の脆弱性はさらに高まり、支配力《クレイム・ストレングス》が低下したとの認識も強まった。中国指導者の観点からすれば、中国国内の状況が悪化するのに伴ってソ連の軍事的圧力も増大したのは、決して単なる偶然ではなかった。これは、ソ連が中国の反撃能力が弱まっていることを見越した上で、中国の政情不安につけ込もうと企んでいることを示唆していた。

文化大革命を単なる一つの社会現象と単純に分類することはできないが、

それは、中国共産党と中国社会に、しばしば暴力を伴う深刻な分断をもたらした。そもそも毛沢東は、共産党や政府の官僚組織内のあらゆる階層で、彼が考える「修正主義」的傾向が強まっていると判断し、これを改めるために一九六六年に大衆運動を開始した[148]。その際毛沢東が選んだ手段の一つが、共産党幹部を批判し、整風《せいふう》運動を実行するために、学生や、後には他の社会勢力を動員することであった。しかし、中国共産党への批判が許され、奨励さえされたことで、大衆動員は急速に制御不能な状態へと陥っていった。こうして、共産党をただすというよりも、むしろこの運動は権力闘争の道具と化し、政府のあらゆるレベルで三年もの間混乱が続くことになった。一九六六年から一九六九年にかけて、中央と省レベルの指導者のうち六〇パーセントから八〇パーセントがパージされた。一九六七年一月以降、地方レベルでは、全国のいたるところで、好戦的な紅衛兵《こうえいへい》たちが共産党委員会から権力を奪取するようになった。そのため各省で、対立勢力の間、あるいは紅衛兵と秩序維持を目指す人民解放軍の間で激しい衝突が生じた。このような急進的な局面の中で、およそ五〇万人の人々が批闘大会、権力奪取をめぐる衝突、紅衛兵内部の対立、その他の紛争の犠牲になった[149]。

　中国の領土紛争に関して言えば、文化大革命は中国がソ連と領有権を争う領域への戦力投射能力を大幅に低下させた。この時期、中国の首脳は権力闘争や国内安定の維持に労力を割かねばならず、外交的イニシアチブをとる余裕はなかった。より具体的には、文化大革命による政情不安が深まるにつれて、人民解放軍が国内の安定を守る役割を果たすようになり、辺境部を含む全国各省・自治区における社会秩序の回復に大きく関与した[150]。一九六七年と一九六八年には、人民解放軍は多くの省・自治区政府の行政機能を担い、重要なインフラを維持するために全国各省・自治区に部隊を配備した。この時期、二〇〇万人以上の兵士と将校が文民部門に携わっていたと言われている[151]。人民解放軍の大半が各省・自治区の内政に関与していたこともあり、辺境部には最低限の部隊しか配備されていなかった[152]。文化大革命の急進的な局面において、満洲地域〔中国東北地方〕に配備されていた人民解放軍は、国内の他地域の安定維持を支援するために、満洲から方々へと移動を命じられていた。この時期に、ソ連が文化大革命の混乱の中で軍事的圧力を強めたことを、中国の指導者は自国の脆弱性につけ込み、国内政策と外交政策を転換する支援するために中国に介入する可能性があると明らかに信じていた。[154]

よう強制することを目的とした行動であると認識した。[153] 毛沢東は、ソ連が文化大革命における「修正主義」勢力を支援するために中国に介入する可能性があると明らかに信じていた。[154]

（4）決意のシグナリング

国内の政情不安によって領土紛争における支配力《ポジション》が低下したため、中国の指導者は武力行使を選択した。ソ連がチェコスロヴァキアに介入し、ブレジネフ・ドクトリンを発表すると、中国の指導者はソ連が領土紛争で利益を得るためだけでなく、中国に国内政策の転換を迫るためにもその脆弱性につけ込もうとしていると信じるようになった。局地的な軍事バランスにおける中国の立場が弱まるにつれてソ連の警備活動が強化されたため、中国は島嶼での交戦規定を変更し、武力を行使することでしかこの圧力を食い止めることはできないと考えるに至った。七里沁島と珍宝島をめぐる緊張が高まりを見せると、中国の指導者、おそらくは毛沢東が、ソ連の警備隊への対処方針を変更し、従来使われていた棍棒ではなく、さまざまな種類の武器を組み合わせて用いることを許可した。

中国はさかのぼること一年前の一九六八年一月に、武力行使に関する検討を始めていた。人民解放軍兵士五名が死亡した七里沁島での衝突の後、中央軍事委員会は瀋陽軍区と北京軍区に対し、警戒態勢を強めて国境防衛のための準備を強化するよう指示した。この指示では、今後衝突が起きた際の交戦規定が明確な形で示された。それによれば、人民解放軍はソ連の攻撃と同程度の水準の軍事力を用いて対応すべきとされた。小火器の使用は、まず人民解放軍が攻撃を受け、そして二度にわたる警告射撃を行った後でなければ許されなかった。最終的に、中央軍事委員会は関係する軍区へソ連の「挑発行為」に対して攻撃を行うための緊急計画を策定するよう命令した。[155] これを受けて、瀋陽軍区は七里沁地域に精鋭部隊を派遣し、攻撃準備にあたらせた。川の氷が融け、そしておそらくは東ヨーロッパでソ連が問題に直面したこともあって、ソ連警備隊の規模が縮小した結果、一九六八年春と夏には国境地帯での衝突件数は減少し、中国がさらなる行動をとることもなかった。[156]

〔しかし〕ソ連によるチェコスロヴァキア侵攻の後、珍宝島での衝突がエスカレートし始めた。人民解放軍兵士二八名が負傷した一月二三日の大規模な衝突の後、黒龍江省軍区は三個中隊を動員し、そのうち一個中隊をソ連軍への奇襲のために潜伏させ、ソ連警備隊へ攻撃を加える計画を提案した[157]。おそらくこの計画立案者は、中国による珍宝島支配をソ連部隊に認めさせるために、潜伏させる一個中隊を活用しようと考えたのであろう。ただし、中国の首脳たちがこの計画を承認したのは、二月に入りソ連の国境警備隊が警告射撃を行い、初めて珍宝島で実弾が使用され、事態が悪化した後のことであった。二月一九日、中央委員会、総参謀部、外交部は黒龍江省軍区の計画を承認し、珍宝島を攻撃対象とすることを決定したが、実行に際しては、増強した一個小隊のみが攻撃にあたることが指示された[158]。その後、瀋陽軍区はおよそ六〇〇名の精鋭部隊を珍宝島へ派兵し、襲撃準備を開始した[159]。この襲撃作戦の準備は、中央軍事委員会と瀋陽軍区の司令員が監督した[160]。

残念ながら、この計画を実際に発動するよう人民解放軍へ最終命令が出されたのか否か、またそれがいつ出されたのか、正確にはわからない。ある中国人情報提供者によれば、黒龍江省軍区の計画は、珍宝島でソ連の国境警備隊が中国警備隊を攻撃した後に初めて発動されることになっていたため、特定の日時はあらかじめ決定されていなかったのではないかと推測される[161]。とはいえ、現地の人民解放軍司令員らは、過去の経験から人民解放軍が珍宝島に出現すれば、ソ連警備隊は必ず攻撃してくることを熟知しており、襲撃を行えば、いつも通りの反応をソ連側が見せるであろうと想定していた。三月二日、襲撃作戦の準備が完了すると、人民解放軍司令部は二つの部隊に珍宝島の警備活動を命じ、一隊をはっきりと見える場所に、別の一隊をソ連軍からは目の届かない場所に配備した。そして、中国警備隊が珍宝島に到着してからおよそ一〇分経つと、ソ連の警備隊は凍結した川面を渡り、攻撃を仕掛けてきた。その後、ソ連警備隊が中国側の第二隊を発見すると、発砲が起こり、最初の武力衝突が勃発した[162]。

この時の中国の短期的な目的は、中ソ国境とくに主要航路の中国側に位置する島嶼において、将来起こりうるソ連の武力による挑発行為を抑止することであった。一九六二年の中印国境紛争での戦略と同様に、中国は局地的な軍事バランスの急速な悪化と、政情不安が生じている最中にソ連がとった攻撃的な行動によって強まった軍事的圧力に対抗しようとしたのである。黒龍江省軍区が当初策定した計画の目的は、ソ連に対して係争地をめぐって武力衝突に至る危険性を理解させ、「苦い教訓」を与えることにあった。[163] こうした教訓を中国が与えようと考えたのは、領土紛争における自国の支配力《クレイム》が低下したからであり、こうした行動を通じて、中国は一九六四年に合意に達した領域に対する支配を主張しようとした。また、文化大革命に伴う国内の分裂や混乱に直面していた中国の指導者は、ソ連による大規模な攻撃やブレジネフ・ドクトリンに基づく干渉を防ぎ、中国の国内政治への介入を阻止するために、中国に軍事的圧力を加えればどうなるかということについて、ソ連へ教訓を与えようとしたのであろう。

三月二日の襲撃作戦に注目すれば、中国の支配力《クレイム・ストレングス》が低下したことへの懸念が大きく作用していたことがわかる。中国が襲撃の対象として珍宝島を選んだのは計画的なものであり、ここが一九六四年の交渉で中国側に割り振られた島嶼の一つであったためである。一九六九年二月の中央軍事委員会と瀋陽軍区の指示では、ソ連軍とのいかなる武力衝突においても、人民解放軍が中ソ間の中間線を越えることは禁じられていた。[164] さらに、珍宝島はウスリー川において、中国側の領域にある丘陵地の近くに位置する唯一の島であった。これに対して、ウスリー川のソ連側の領域には高地が存在しなかったため、中国にとって、珍宝島は襲撃を行うには戦術的に非常に有利な地形だったのである。また、新疆に隣接する西部地区ではなく、極東において領有権が争われている島を選んだことも重要であった。モンゴルや中央アジアに比べて、ソ連の支配力《ポジション》が比較的弱い地域でソ連に挑戦することによって、中国はこれらの島嶼に対する自国の支配力の強さと、領土紛争でソ連が軍事的圧力を加えることのリスクを強調しようとした。

中国による襲撃作戦の成果は、成否相半ばするものとなった。戦術的観点から見れば、中国は領土に関する目標を達成した。一九七〇年までには、ソ連は主要航路の中国側に位置する島嶼で、中国の警備活動への妨害を停止した。そのため、中国はこれまで領有権を主張してきた領域を防衛することに成功した。[165] しかしながら、戦略的観点から見れば、この襲撃作戦は高くつくことになった。短期的には、襲撃によってソ連の中国に対する軍事的圧力は強まってしまったのである。一九六九年の春から夏にかけて、ソ連は中国に対して交渉の席に着くよう強制するために、東西両地区で攻撃を加えた。このソ連による軍事的圧力は一九六九年八月に頂点に達し、以下で詳細に論じるように、中国はソ連が全面侵略を企てるのではないかとの恐怖を抱くまでになった。八月一三日には、戦車と装甲車一〇両を含むソ連軍兵士三〇〇名が、新疆の裕民県テレクチ（鉄列克提）周辺で中国領土に二キロメートルほど侵入し、中国の国境警備兵と駐屯兵約二〇名を殺害した。[166]さらにわずか数日のうちに、ソ連政府は核による脅迫を中国に突きつけた。その後、九月はじめに中国が姿勢を軟化させると、アレクセイ・コスイギンは北京を訪問し、周恩来と会談を行うことで、一〇月の公式会談への道を開いた。しかし、周恩来・コスイギン会談の焦点は、あくまでも危機管理と紛争予防にあり、係争地の主権については議題にならなかった。[167]

（5）陽動？

近年、研究者の中には、一九六九年三月に中国がソ連軍を襲撃した理由は、領土紛争における〔支配力の〕低下ではなく、陽動こそが目的であったと主張するものもいる。その議論によると、毛沢東は国内社会を動員し、一九六九年四月に予定されていた共産党第九回全国代表大会で文化大革命の急進的な局面を終結させるために、ソ連軍への襲撃を指示し、対外的な危機を意図的に作り出したのだという。[168]この武力衝突が深刻化した時期に、毛沢東は「彼らを招き入れるべきである。そうすれば、われわれの動員は容易になるであろう」[169]と語っている。

この時期の公文書が存在しないため、確定的な判断を下すことは難しいが、新たに利用可能となった資料からは、この陽動仮説を裏付けることはできない。第一に、もし「人民を糾合すること」という要因によって、中国による武力行使を最も説得的に説明できるのであれば、国内対立の始まりが対外政策での自己主張やエスカレーションと連動して生じるはずである。しかし、政情不安や暴動は文化大革命期の中国政治においてつねに見られたが、中国がイデオロギー上の主要同盟国とも言えるソ連との紛争をエスカレートさせようとしたのは、ただ一度だけであった。さらに、もしも陽動が一九六九年の中国によるソ連襲撃の理由であるならば、毛沢東がより早い時期、つまり文化大革命を制御できなくなることを恐れるようになった時点で、こうした戦術に訴えなかったことは驚くべきことであろう。むしろ社会の安定の観点から言えば、この襲撃作戦は、ほぼ間違いなく最も必要性の低い時に起こされた。比較してみると、一九六九年のはじめの数カ月間は平穏な時期であり、とくに一九六七年の夏と一九六八年の春など、これに先立つ二年の間に起きた暴力、混乱、権威の崩壊に比べれば安定していた。この時期、人民解放軍は多くの省・自治区政府を管理するよう命じられていた。こうした混乱の時期こそ、国内の団結を強化し、政治への軍隊の介入を正当化するために対外危機を作り出すのにうってつけであったが、実際にはこの時期には対外政策でのエスカレーションは行われなかった。

第二に、毛沢東が社会を団結させ、文化大革命を終結させるために外部からの脅威が必要であると考えていたとしても、なぜソ連を攻撃対象として選択したのかが不明である。共産党第九回全国代表大会での政治報告によれば、中国の主要敵は依然としてアメリカであった。珍宝島での武力衝突事件直後に、中国の宣伝機関が中国の主要敵として強調したのは、ソ連の修正主義や侵略の可能性ではなく、アメリカ帝国主義であった。(170) もし毛沢東が国民を糾合しようと考えていたのであれば、アメリカを標的にしたほうがより簡単でリスクも小さかったはずである。中国はヴェトナムでアメリカと戦っており、以前には朝鮮半島や台湾海峡において対決したこともあるからである。しかしそうではなく、毛沢東はすでに超大国の一つと対立していたにもかかわらず、さらにもう一つの超大国にも攻撃を加えるという行動に出た。ソ連と中国が世界で最も長い内陸国境で接していることを考えれば、これは非常にリスクの高い行動であった。そのため、毛沢東が単に大衆動員を目的としてこのような危険性の高い行動をとったと結論づけることは、(不可能ではないにしても) 難しいであろう。

第三に、一九六九年の夏に中国を席巻した「戦争の恐怖」は、ソ連の侵略に対する強い懸念から生じたものであり、毛沢東はこの侵略を抑止したいと考えていた。珍宝島での武力衝突事件の直後には、軍事動員は全く行われなかった。そして四月と五月は比較的平穏に過ぎた。六月に東西両地区でソ連が一連の衝突事件を引き起こした後、中央軍事委員会は侵略の可能性について再び考慮し始め、北方の三つの大軍区に対して戦争準備を整えるよう命じた。つづく八月に起きたソ連の新疆での攻撃と核による脅迫の後、北方国境地帯に配備された核戦力を含む人民解放軍は、高度の警戒態勢下に置かれた。それと同時に、周恩来はコスイギンとの会談に応じ、緊張を緩和し、侵略の脅威を減少させようとしたが、こうした行動は陽動目的とは矛盾していると言えるだろう。そのため、以上の中国の行動は、一九六九年三月の衝突事件後の愛国心の高まりを利用するためにとられたのではなく、むしろ全面戦争の恐怖を生んだソ連の軍事行動への反応と考えるほうが妥当である。たしかに動員は行われたが、それはソ連の反応について毛沢東が誤算していたためであり、国内の政情不安を解決するための戦略として行われたわけではない。(171)

(6) 一九七〇年代の回避された危機

ソ連軍の増派は一九六九年三月の衝突事件後も続き、その規模は一九八〇年代はじめには、五四個師団にまで膨らんだ。しかし、中国はソ連との領土紛争で武力を行使することは二度となかった。一九七〇年代に中蒙国境で数回起きた小規模の衝突や、東部地区の河川で生じた衝突を考えれば、エスカレーションに至らなかったことは注目に値すべきである。国境地帯ではいつエスカレーションが起きても不思議ではなく、ソ連軍によって中国の支配力《クレイム・ストレングス》が脅かされる可能性があったにもかかわらず、比較的平和が保たれた。

中国が領土紛争で引き延ばし戦略、あるいは何ら行動を起こさない戦略へと回帰したことは、いくつかの国際的・国内的要因によって説明することができる。一つの要因としては、中国が教訓を学んだことが挙げられるだろう。一九六九年夏と秋に中国が味わった「戦争の恐怖」を見れば、三月の襲撃作戦に対するソ連の反応が中国の予想以上に厳しいものであったことがわかる。ある中国人研究者が述べたように、「中ソ国境紛争の緊張は、毛沢東の想定を越えていた」(172)のであった。ソ連は中国がさらに挑発行為を行えば、エスカレートする能力と決意を持っていることを十分に伝達したのである。

さらに、他の三つの要因によって一九六九年以降の領土紛争の安定化を説明することができる。第一に、一九六九年一〇月の周恩来・コスイギン会談の後、中ソ両国はエスカレーションのリスクを低下させるための措置を講じることに同意した。一九六九年後半、ソ連は実効支配線を越えた前進警備活動の制限を含む数多くの紛争予防措置を提案し、中国側もこれに応じた(173)。一九七〇年代を通じて、中ソ間の交渉では主権ではなく、もっぱら紛争予防に焦点が当てられたが、これは両国の共通目的が領土紛争の解決ではなく、危機管理にあったことを反映していた。ただし、こうした危機管理の手続きが整えられたことによって、エスカレーションの危険を限定することができた。

第二に、襲撃事件によって、中国は狭い意味での領土に関する目的を実現した。すなわち、主要航路の中国側の島嶼に対する中国の支配をソ連に受け入れさせたのである。この事実上のソ連による譲歩に、紛争予防と危機管理措置が相まって、領土紛争における中国の支配力《クレイム・ストレングス》は大幅に改善されたのであった。一九七〇年二月はじめまでに、ソ連は珍宝島を含む多くの係争島嶼から撤退し、中国の支配力を脅かす前進警備活動を差し控えるようになった(174)。

第三に、極東に配備されたソ連軍の増強によって、依然として局地的な軍事バランスが変化する恐れがあったが、中国はある程度ソ連軍に対処することができた。一九六九年と一九七〇年にかけて、中国は南方の大軍区から北方の三つの大軍区へ五個軍を移動させた。これらの部隊は国境線より七〇〇キロから一五〇〇キロ離れた地点に配備されたが、実際に侵略が生じた場合に動員される予備兵力を強化する役割を果たした(175)。中国とアメリカの和解が実現し、ヴェトナム戦争へのアメリカの関与も終結して、中国はようやくソ連の潜在的脅威に対処するために、自国の軍事的資産を投入することができるようになったのである。これら二つの出来事が実現したことによって、中国は北方により多くの部隊を配備し、ソ連に対して世界規模で軍事的圧力を加えることができるようになった。

第四に、中国の国内政治が徐々に安定化したことで、中国［の支配力が］低下しているとの認識が緩和された。とくに、ソ連軍が再び軍備増強する一九七〇年代後半までの時期は、文化大革命が急進的な局面を迎えていた一九六〇年代後半に比べて、中国の国内政治は大幅に安定していた。

3　一九八〇年代——中越国境での衝突

第1章で論じたように、一九七九年に中国がヴェトナムを攻撃した動機は、領土問題ではなく、中国の南方からソ連の影響力を排除することにあった。一九八〇年代はじめ、中越国境地帯の軍事的緊張は高まっており、小競り合いや砲撃が頻繁に繰り返されていたが、そのことは、中国がこの地域におけるソ連の重要な保護国に対して軍事的圧力を加えたいと考えていたことを反映していた(176)。

敵意が満ちあふれる状況のなか、中国はヴェトナムが占拠していた内陸国境地帯の丘陵へ三度にわたって攻撃を行い、その後係争地を占拠した。一九八〇年一〇月には、中国はヴェトナムと雲南省の国境地帯に位置する羅家坪大山を攻撃した。また一九八一年五月、中国は広西省と雲南省の省境付近にある法卡山と扣林山にそれぞれ攻撃を加えた。最後に、一九八四年四月中国は雲南省とヴェトナムの国境地帯に位置する麻栗坡という町の周辺に位置する老山と者陰山を攻撃した(177)。これら一連の攻撃では、多くの犠牲が生じ、係争地の奪取に長い時間もかかった。このように一九八四年四月に中国が老山と者陰山を占拠したが、それから一八カ月の間にヴェトナムは五回に及ぶ反撃に転じた(178)。その結果、これらの山々の支配権はたびたび移り変わり、国境地帯での中越双方による砲撃は一九八九年まで続いたと言われている(179)。

その後、一九九三年に中国とヴェトナムの共産党の間で、過去の領土紛争に関する議論は公表しないとの合意が交わされたため、この領土紛争における中国の意思決定に関する情報をほとんど入手できなくなってしまった。また、これらの高地をめぐる紛争の発端は曖昧である。中国の情報によれば、一九七九年二月の攻勢後に人民解放軍が撤退すると、その後ヴェトナムがこの地域を占拠したという(180)。この国境地帯の地図を見ると、以上の山々すべてが一九世紀に成立した清朝とフランスの合意で規定されたかつての国境線上ではないものの、その近くに位置していることがわかる。

この紛争に関する情報は依然として乏しいが、中越国境地帯での一連の衝突は、一九七九年に起きた中越戦争と中国による強制外交の延長線上に位置づけられる。つまり、これらは内陸国境をめぐるヴェトナムとの領土紛争での中国の支配力《クレイム・ストレングス》が低下したことへの反応ではないのである。一連の衝突事件で、中国はヴェトナムに対して軍事的圧力を加え続けたが、これは中国がソ連との関係改善の条件として掲げた「三大障害」、とりわけそのうちの一つである、ヴェトナムのカンボジア占領をソ連が支持したことに対して向けられた行動であった。

しかしながら、中ソ対立と中越対立の最中に起きた一九八〇年と一九八一年の攻撃は、支配力《クレイム・ストレングス》が低下し、局地的な軍事バランスが不利に変化した結果であると説明しようと思えば可能である。他方で、より大規模で暴力的な老山と者陰山への攻撃に関しては、全般的なライバル関係に着目することで、最も説得的な説明を行うことができるだろう。中国側の資料によると、一九八〇年のはじめにヴェトナムは羅家坪大山、法卡山、扣林山を含む国境地帯の領域を奪取し、守備を固めた[181]。おそらく、ヴェトナムは中国による再度の侵攻に備えて国境防備を強化しようとしたのであろう。これらの領域をめぐる緊張が増大すると、中国側の現地司令員はヴェトナム軍の陣地を破壊することを決定し、一九八〇年一〇月には羅家坪大山を、一九八一年五月には法卡山と扣林山を攻撃した。それとは対照的に、一九八四年一月の老山と者陰山への攻撃以前に、国境地帯での緊張の高まりは見られなかった。

以上の解釈は、いくつかの根拠によって裏付けることができる。一九八〇年と一九八一年の人民解放軍による攻撃は、この国境地帯の防衛に責任を負う雲南軍区の部隊のみが担当した。さらに、辺防団と人民解放軍の非主力部隊がこれらの攻撃作戦で中心的な役割を担っていることからも、一連の攻撃が、ライバル関係の中で、決意をシグナリングするために行われたというよりは、むしろ国境地帯の支配をめぐる局地的な紛争の一環として行われたことがわかる。それとは対照的に、一九八四年四月に中国が行った老山と者陰山への攻撃には、昆明軍区から派遣された数個師団下の部隊を含むより大規模な兵力が投入された。この攻撃以降、中国の七大軍区から派遣された部隊が老山前線に交替で配備され、この地域では一九八〇年代を通じて低強度の戦闘が繰り返された[182]。ヴェトナムとソ連に対して圧力を加え続けることに加えて、これらの交替制任務につくことで、人民解放軍の主要部隊や司令員は、局地的な限定戦争を目的とした中国の新たなドクトリンを学ぶための戦闘経験を積むことができた。

4 結論

中国は辺境部をめぐる紛争のすべてにおいて妥協しようとしたが、そのうち三件の紛争で武力を行使した。とりわけ、中国は軍事的に強大な近隣国が局地的な軍事バランスを自国にとって有利に変更しようとした際に、支配力《クレイム・ストレングス》が低下することを食い止めるため、あるいは押し戻すために武力を行使した。おそらく、中国にとって他の国家との国境紛争のほうが武力を行使するのは容易であったにもかかわらず、中国は最も強力な近隣国であるインド、ソ連、ヴェトナムとのみ戦った。それは、これらの国家のみが、清朝末期の内陸国境線を確立する中国の能力を制約することができる存在だったからである。

インドおよびソ連との領土紛争において中国の相対的な支配力《ポジション》が低下したタイミング、政府文書、指導者の声明に着目すれば、中国が国境紛争で武力を行使した理由と時期について説明することができる。武力が行使されたほとんどの事例で、紛争におけるバーゲニング・パワーの低下と中国国内の政情不安という要因が決定的に重要な役割を果たした。一九六二年、一九六七年、一九六九年に、国内の政情が不安定化したことによって、中国は外部からの脅威に対して脆弱であるとの認識を強めた。支配力《クレイム・ストレングス》の低下と国内の政情不安の双方に直面し、中国の指導者は近隣諸国が中国国内の苦境につけ込もうとしているとの結論に至った。このように、政情不安は武力行使の決定と関連しているが、一般に考えられているような陽動戦争の原因ではない。そうではなく、政情不安は外部からの脅威の性質と深刻さに対する認識を増幅させ、さらに敵対国に対して自国の決意をシグナリングするための武力行使の効用を高めるという役割を果たすのである。

第5章　国家統一をめぐる紛争

国家統一をめぐる紛争において、中国は野心的な目標を追求してきた。それは、香港、マカオ、台湾など一九四九年の時点で中華人民共和国の統治下になかった領域も含め、漢民族地域を統一するというものであった。国家の統一は、強靭で、安全で、近代的な国家をつくるという構想と結びつき、共産党か国民党かを問わず近現代中国の指導者たちにとって、長期的な政治目標であり続けた。これらの問題をしばしば国際紛争ではなく「国内問題（内政）」であると表現するほど、彼らは重要視していた。そして、その重要性ゆえに、これらの地域に対する主権に関して妥協するなどということは、中国の指導者たちにとっては考えがたいことであった。おそらく、驚くべきことではないが、一九四九年以来、中国はこれらの問題についていかなる譲歩を行ったこともなければ、国家統一という長期的な目標を緩めたこともない。

その代わりに、中国の行動にばらつきがあるとすれば、紛争において武力を行使するか否かという点である。中国は香港とマカオをめぐる問題で武力を行使したことはないが、台湾に関しては、近年では一九九五年から九六年にかけて見られたように、幾度かの軍事的危機を起こしている。この国家統一の問題と台湾をめぐる紛争におけるエスカレーションは、支配力《クレイム・ストレングス》の低下によって最も的確に説明することができる。中国は一九四九年の段階で主権を主張する地域を全く統治していなかったにもかかわらず、香港やマカオはいつでも征服することができた。軍事的な優勢が、最終的にはこれらの領域を統一できるという確信を中国の指導者たちに与えたのである。これとは対照的に、中国は何十年間も、台湾海峡を越えて武力を行使する能力を持たなかった。このように、中国は台湾問題において軍事的劣勢にあったため、支配力《クレイム》をさらに弱め、統一の可能性をさらに低下させうる行動をとることに極度に敏感になった。一九五〇年代と一九九〇年代に、もともと弱かった支配力がさらに弱体化する危機に直面した時、中国は国家統一を成し遂げるという決意を示すために武力を行使したのである。

最も重要な領土紛争である台湾問題における中国の行動を分析することで、本章は領土問題をめぐるエスカレーションの決定過程に対して支配力《クレイム・ストレングス》の低下が及ぼす影響を明確に描き出す。一九四九年以来、これらの問題をめぐる中国の利害は不変であるものの、そのバーゲニング・パワー〔交渉を有利にする物理的な力〕は変わってきた。紛争においてより大きな利益を有することが武力行使の効用を増大させるため、中国の国家統一問題において支配力の低下が及ぼす影響が容易に見て取れるようになった。

1 引き延ばし戦略による統一——香港とマカオ

香港とマカオをめぐる問題において、中国は解決を先送りにする引き延ばし戦略をとった。結果的に、この戦略は、中国が香港やマカオの主権についていっさい妥協することなく、これら二つの紛争を解決するという結果をもたらした。この引き延ばし戦略が成功する上でカギとなった要因は、その地域の軍事バランスにおいて、中国がイギリスやポルトガルを圧倒する立場をもっていたことにある。香港やマカオを容易に掌握する能力を持っていたため、中国の指導者たちはそれらとの最終的な統一に自信を持ち、逆説的ではあるが、この目標達成を待つという選択をした。

本節では、中国とイギリスの間の香港をめぐる紛争を詳細に分析する。香港・マカオ問題のうち、香港はその大きさ、人口、東アジアにおける貿易金融の中心地という経済的な位置づけにおいて、マカオよりも重要な問題であった。さらに、ポルトガルは先に一方的にマカオを中国へ返還することに同意し、イギリスと中国との交渉内容にならって、実際に返還したのである(1)。

(1) 引き延ばし戦略の実行

中国の香港問題およびマカオ問題に対する引き延ばし戦略は、中華人民共和国の成立直後である一九五〇年代初頭からはじまった。その戦略は、問題となっている漢民族地域に対する強固な主権の主張と、短期から中期的には、これらの領土を統一するためのいかなる行動もとらないという意識的な決断の組み合わせのうえに成り立っていた。中国の指導者たちにとって、香港とマカオの主権は交渉する余地もないものであるが、実際の占領と統治は急を要する課題ではなかった。

内戦の終盤において、中国は香港を掌握しなかった。香港を制圧する軍事的能力を保持しつつも、人民解放軍は広州攻略の後に香港から二五マイル以内の領域に接近しなかった。それから数カ月間、一九四九年の中国人民政治協商会議共同綱領第五五条が示す、共産党の権力掌握後に改正されるべき不平等条約の一つに基づくものであったにもかかわらず、中華人民共和国は香港返還を明確に主張しなかった。実のところ、この期間において、中国は香港に関する公式の意思表示をほとんど行っていない(2)。つまり、中国は香港をイギリスへ割譲した条約は「不平等」であると明確に認識していたにもかかわらず、香港をいつ回収するのかに関しては明言しなかったのである。

中国の引き延ばし戦略は、一九五〇年代半ばには正式な政策となった。一九五五年一〇月、周恩来は、北京を私的訪問していた、当時の香港総督アレクサンダー・グランサム卿（Sir Alexander Grantham）と会見した。会見において周恩来は、中国が解決を先送りし、香港島と九龍半島を割譲する条約を破棄しない意思を表明した見返りに、イギリスの香港に対する行動規則を確認した。それはすなわち、イギリスは香港で民主主義を促進せず、第三者が香港を軍事拠点として使用することも許容せず、国民党の転覆活動も容認せず、中国の経済的利益も阻害しないという規則であった[3]。もちろんこうした要求のすべては、香港と中国大陸の統合の見込みに逆効果となるおそれもあった。一九五六年、毛沢東は「香港はしばらく回収しないほうがいい。われわれは急いでいない。現在、香港はわれわれにとってなお有用である」という言葉で、香港への引き延ばし戦略を語っている[4]。一九六〇年に、香港との一〇年間の関係を総括した毛沢東は、中国の対香港政策を「長期的な見通しのもとで、充分に利用する（長期打算、充分利用）」と説明し、引き延ばし戦略の継続を示唆し、海外との貿易拠点としての香港の役割を強調した[5]。さらに、毛沢東は私的な会話で、イギリスの新界（割譲ではなく、イギリスが清朝から租借した香港の一部）の租借における九九年という期限が切れる一九九七年まで、中国は待てるということも示唆していた[6][訳注1]。

最も注目すべきは、引き延ばし戦略が一九七二年の中英国交正常化以降も継続したことである。イギリスの外交官によれば、香港の地位をめぐる問題は国交正常化交渉において取り上げられなかった。中国が国連において、香港とマカオは中国の領土であり、中国から独立しうる植民地ではないと主張していたにもかかわらず、周恩来は、中国が「（香港をめぐる交渉のような）問題に拙速に着手することはせず、…（中略）…変化する世界の中で、この問題は解決されねばならないが、それは今考えなければならないことではない」と述べたのである[7]。

中国は四つの理由から、香港に対する引き延ばし戦略を採用していた。第一の要因は、中国の現地における軍事的優勢である。インド西岸に位置するポルトガル領ゴアと同様、香港は大陸からのあらゆる軍事的圧力に対して非常に脆弱であり、イギリスは人民解放軍からの攻撃に対する有効な防衛手段を持たなかった。さらに、一九五〇年代半ばに広東が香港にとっての主要な水や食料の供給地となると、香港に対する中国の影響力はさらに増した。毛沢東が一九六三年に述べたように、「香港に対して、イギリスは大した軍事力を持たず、われわれは占領したければできるのだ」という状況であった[8]。中国の軍事的優勢は、指導者たちに香港と大陸の来るべき統一に関する揺るぎない自信を与えた。その相対的な軍事的立場が著しく変化することはなかったため、中国はいつ統一するかを本質的に決められた。つまり、イギリスが香港を自国のものにしようと努力しないかぎり、中国に〔支配力が〕低下したり、脆弱化したりしているとの認識が生まれることもなく、領土に関する目標を達成するために武力を行使する必要性が生じることもなかった。

中国が香港で引き延ばし戦略をとった第二の要因は、台湾である。早くから、中国の指導者たちは台湾を最も重要な国家統一問題であり、真っ先に「統一」されるべき領土であると位置づけていた。台湾は内戦が継続していることの象徴であり、国民党による大陸回復の主張は共産党の正統性に挑戦するものであったため、重要だったのである。中国の領土の一体性を強化するためには、香港やマカオよりも、台湾との統一のほうが重要な課題であった。陳毅が一九六六年に述べたように、「われわれがはじめに解決しなければならない最重要問題は台湾であり…(中略)…その後、適当な時期にわれわれはマカオと香港を要求する」と考えられていた。(9)

引き延ばし戦略を支える第三の要因は、大陸が香港と交流することによって得られる経済的な利益である。早くも一九五〇年に、香港はまず中国が朝鮮戦争の遂行に必要な物資やサービスの供給地となり、その後は一九七九年以前であっても、中国経済を発展させたり、外国の情報を取り入れたりするための拠点となった。(10)香港返還交渉を進めないことによって、中国は海外市場、技術、および資本へのアクセスを担保していたのである。一九五〇年代初頭にアメリカと国連が中国に対する経済制裁を加えた後、香港は中国にとって禁輸措置をすり抜ける主要な経路であった。(11)

大国間政治は引き延ばし戦略の背景にあった第四の要因である。一九五〇年代の初頭、中国政府と代理公使級の外交関係を保持していたイギリスと、台湾の国民党政権を中国の正統政府として承認していたアメリカとの関係を離間することを、中国は求めていた。(12)中国の指導者たちは、イギリスが軍事的に香港を防衛する能力を持っていないことを考えれば、香港に対する攻撃的な政策をとることによってアメリカの軍事介入を招くことを恐れていた。(13)そのため、周恩来の言葉を借りれば、「香港は（いまは）イギリスの手中にあるほうがよい」という状態であった。

(訳注1)　当時イギリスが統治していた香港は、一八四二年の南京条約によって清朝から割譲された香港島、一八六〇年の北京条約によって割譲された九龍半島の南端、一八九八年の北京協約によって九九年間の租借が決まった新界の三地域から成った。新界は香港全体の九二パーセントを占めていた。

(2) 引き延ばし戦略による統一

しかしながら、イギリスは中国のような忍耐強さを欠いていた。一九七〇年代末ごろ、イギリスは香港の将来に対する不安感を強めていった。一九九七年に新界における九九年間の租借期限が切れることを考慮すると、これ以降の香港における契約や融資の合法性はどのように保証されるのかというのが目前の問題であった。一九七九年三月に中国の李強対外貿易部長がマクレホース(Sir Crawford Murray MacLehose)香港総督を北京に招いた際、イギリス側はこれを香港の将来について交渉する機会と認識していた。しかし、鄧小平はマクレホースに対し、「香港は中国の一部であり、この点については交渉の余地もない。…(中略)…一九九七年にこの問題が解決した後も、われわれは香港の特別な地位を尊重する」と述べて、イギリスの交渉団を驚かせた。[14]これに対し、マクレホースは香港における土地賃貸借契約の問題に触れ、それらの契約に「イギリスが統治するかぎり」という一節を加えることを提案し、一九九七年以降もイギリスによる統治が継続することを示唆した。[15]鄧小平は、「政治的解決がなされたとしても、投資家にとって害になるようなことはない。投資家は安心してよいというのが、長期的な政策である」と述べた。[16]鄧小平はまた、一九九七年以降の土地賃貸借契約において「イギリスの統治」に言及すべきではないと述べ、中国が一九九七年までに主権を行使できるよう求めることをほのめかした。[17]

マクレホースに対する鄧小平の発言に驚いたにもかかわらず、イギリスは香港の将来に対する中国の立場を探り続けた。一九七九年七月、イギリスは中国に対して土地の賃貸借契約に関する公式の覚書を送付した。中国はこの時期台湾問題に注力していたにもかかわらず、鄧小平は一九八一年はじめに香港回収のための政策を立案するよう政府に指示した。同年四月、廖承志の指導下にあった国務院香港マカオ事務弁公室は共産党指導部に対して、香港の繁栄を維持しつつ主権を再行使する方策に関する報告書を提出した。中国共産党中央書記処は、廖承志の報告書で強調された一二の論点について議論をするための会議を一九八一年の四月と一二月に一回ずつ開催した。これらの会議において共産党は、一九九七年に中国は香港の主権を再行使すべきだが、香港は香港人によって統治されるべきで、政治経済の仕組みを変えるべきではないという方針を決定した。[18]

一九八二年一月にイギリス政府がサッチャー（Margaret Thatcher）首相の訪中計画を発表した時、中国政府は香港に関する交渉を開始する準備を済ませていた。同年九月に実現したサッチャー訪中の目的は、香港の地位をめぐり前提条件なしの交渉を開始することであった。[19] サッチャーは個人として香港におけるイギリスの主権維持、少なくともイギリスによる統治の維持を望んでいた。[19] しかしながら、鄧小平は異なる計画を持っていた。鄧小平は、「主権の問題を議論することはできない。中国にはこの問題において柔軟性を発揮する余地はない」と発言した。さらに、鄧小平は「一九九七年に中国が香港を取り戻す問題には、新界のみならず香港島と九龍半島も含まれる」と強調したが、香港島と九龍半島は、清朝が一九世紀にイギリスへ割譲した領域であった。[20] サッチャーによれば、「中国側は一インチも譲歩しなかった」のである。[21]

中英間の対立はすぐに顕在化した。サッチャーは鄧小平に対して、香港島と九龍半島に関しては割譲の条約があるため、中国はイギリスとの合意によってのみそれらの領域に対する主権を回復できると述べた。さらに、主権の所在にかかわらず、イギリスによる統治の継続こそが香港の将来の繁栄を保証できるとサッチャーは主張した。会談の結果、両者が達した合意は、イギリスと中国が正式に交渉を開始することのみであった。また、鄧小平は「中国は一、二年以内に香港回収の決定を公式に表明する用意がある」とも述べ、イギリスに婉曲な最後通牒をつきつけたのである。[22]

一九八二年一〇月から一九八三年三月にかけて、章文晋外交副部長とクラドック（Percy Cradock）駐中国大使は五回にわたる交渉を行った。中国が一貫して主権と統治権は不可分であると主張したのに対し、イギリスは当初、香港の繁栄を維持するための措置についての交渉を試みた。[23] 行き詰まりを打開するために、サッチャーは一九八三年三月、趙紫陽首相に書簡を送り、「香港の人々が受け入れ可能な措置」がとられるならば、イギリス議会に中国への香港返還を勧告すると伝えた。[24] この書簡に基づき、イギリスの立場が変わっていないにもかかわらず、中国は交渉継続に同意した。

一九八三年七月に交渉が始まると、交渉はすぐに袋小路に入った。中国がすべての主権の再行使を要求し続けていたのに対して、イギリスは一九九七年以降も香港統治を継続することを目的として交渉し始めた。最初の幾度かの交渉において、イギリス側は香港統治の課題を強調した説明資料を提示したが、中国側は強硬な姿勢を貫いた。一九八三年一〇月、イギリスは一九九七年以降の香港統治継続にこだわるのをやめ、廖承志の報告書に基づく中国側の提案について考慮することに同意し始めた。一一月、クラドックは六度目の交渉において、別な措置がとられうるのであれば、イギリスは香港統治にはこだわらないと述べた(25)。

それから一年も経たないうちに、イギリスは香港の主権および統治の継続という二つの重要な点について中国の要求に歩み寄った。しかも、イギリスが譲歩した一方で、中国はいっさい譲歩しなかったのである。これに続く交渉の焦点は、香港の政治経済システムを維持するために、廖承志報告書で提示された一二項目のさらに詳細なバージョンに基づいて、主権移行の取り決めを作成することであった(26)。一九八四年四月、中国は返還後の香港統治に関する付属文書を作成することに同意した。また、同年六月、中英両国は合意文書を起草するための合同ワーキング・グループを設立した。そして一九八四年一二月一九日、サッチャーと趙紫陽は香港返還に関する共同宣言と中国の香港統治に関する付属文書に署名したのであった(27)。

共同宣言において、中国は元来から要求していたものの大半を勝ち取った。サッチャーの当初の立場に反して、中国は清朝が割譲した領域も含む香港全土の主権を取り戻した(訳注2)。さらに、香港の統治を継続するというイギリスの代替案にも反して、中国はすべての主権を再行使することを強硬に主張し続けた。香港の政治経済システムを返還後五〇年間は維持すると保証したことは、中国の大きな譲歩であったという指摘もあるかもしれない。しかし、一九七九年にマクレホースと会談した際に、鄧小平はすでにそのようなアプローチをとっていたし、それは一九八一年の中央書記処会議において中国の政策として採用されてもいた。中国にとって唯一の本当の譲歩は、一九九七年までの数年間香港を監督するための共同委員会を、その力を弱めた上で設置したことと、共同宣言へ付属文書を盛り込むことを受け入れたことであろう。中国は一九九七年七月一日に香港に対する主権を回復したが、それは香港島を割譲した北京条約から一五五年が経過した後のことであった。

2　マカオ

マカオをめぐる問題の解決は、香港に比べて容易であった。一九七四年にポルトガルで起きた左派クーデターを受けて、ポルトガル政府はすべての植民地を放棄することを決定した。その結果、ポルトガルは中国がマカオを割譲した一八八七年の条約を取り消し、中国のマカオに対する主権を認めた(28)。しかし、当時、中国政府はポルトガル政府に対して、マカオ統治の継続を求めた。一九七九年の中国とポルトガルの国交正常化交渉の中で、マカオはポルトガル統治下にある中国の領土であることが認められ、マカオの返還は将来のある時点で、二国間交渉を通じて解決することに両者は合意した。

一九八四年の中英共同宣言はポルトガルがたどるべきロードマップを示した。一九八五年、ポルトガルと中国はマカオの将来に関する公式会談を始めることに合意した。中英共同宣言をモデルとして、一九八六年六月から一九八七年三月にかけて四回の交渉が行われた。一九八七年四月一三日、中国とポルトガルは北京において共同宣言に署名した。その内容は、一九八四年の中英共同宣言とほとんど同じであり、マカオでも特別行政区として香港と同様の統治システムを敷くことが規定された。こうして、一九九九年に中国はマカオに対する主権を回復した。

3　毛沢東時代の台湾問題

中国にとって最も重要な領土紛争は、国民党と共産党による内戦の延長としてはじまった、台湾をめぐる紛争である。一九四九年に中華人民共和国を成立させたものの、新中国の共産党指導者たちは国民党軍を完全に駆逐し、

（訳注2）　中国の解釈では、「主権」は一貫して中国に所属し、この時は「主権行使の回復」で両国が合意した。

最終的な勝利を勝ち取ることができなかった。一九四九年以降、台湾や「沿海島嶼」と呼ばれる福建省や浙江省の沿海に位置する島々など、国民党統治下にある地域を攻撃する準備を人民解放軍が整えたため、中国の内戦は継続した[29]。この対立の激しさを反映して、中国はこの時期の台湾に対する政策を「武力解放」政策と呼んでいた。この問題については、利害がゼロサムであると考えられていたため、妥協はおろか交渉自体が政策上の選択肢になかった。同様に、蔣介石率いる国民党も武力によって共産党を駆逐し、大陸を取り戻すことを掲げ続けていた。双方にとって根本的な問題は、相手を倒し、全中国を統治するのに十分な軍事能力を獲得することであった。

　武力解放の文脈において、毛沢東時代の中国は台湾に対してエスカレーションと引き延ばしの混合戦略をとっていた。これらの戦略は、国民党支配下にある領域に対する軍事作戦が成功する見込みを高めることで、統一の可能性を増大させることを目的として設計されていた。台湾海峡という物理的障壁や、後にはアメリカによる〔台湾に対する〕安全の保障によって生じた作戦遂行にあたっての障壁が、そのような解放を短期的には不可能にしていた。台湾を手に入れるために、中国は自らの軍事力を増強し、沿海島嶼を占領し、国民党に対するアメリカの援助を断ち切る必要があった。結果として、中国は台湾をめぐる紛争において、解決を引き延ばす戦略を選択したが、もしもそうしなければ支配力《ポジション》が悪化していたはずである。

　一九五四年と一九五八年に中国は台湾海峡において武力を行使し、冷戦期において最も緊迫した二つの危機を勃発させた。いずれの危機においても中国の指導者たちは、すでに支配力《クレイム・ストレングス》が低下している死活的な紛争において、アメリカの国民党に対する軍事外交的な援助によって、さらに脆弱な立場に陥るのではないかとの危機感を抱くようになった。バーゲニング・パワーが低下したため、中国は統一を成し遂げるという決意を伝達するために武力を行使した。支配力の低下は、台湾とアメリカの相互防衛条約交渉の最中に勃発した一九五四年の危機において最も深刻であった。一九五八年の危機では、中国の指導者たちは、アメリカと台湾の結束を弱めようとしつつ、大躍進運動のために国内動員を行おうとするなど、複合的な目的を追求した。アメリカの国民党に対する支援の程度と、この支援が中国の内戦を終結させる全体的な見通しに与える影響の二つの要因が、紛争における中国の相対的な支配力《ポジション》を弱める上で中心的な役割を果たした。一九五八年以降、台湾問題における支配力《クレイム・ストレングス》は、一貫して弱くはあったが、一定していた。アメリカはヴェトナムへの介入を深めつつあり、中国との直接的な対立を回避したいと考えていたため、台湾への支援を強化することを止めた。たとえば、蔣介石が一九六二年の春に大陸への攻撃を発動しようとした時、アメリカは中国に対して、もしも蔣介石が攻撃を発動してもアメリカの支援は得られないと明確に伝えた。一九七一年までに、ヘンリー・キッシンジャー（Henry Kissinger）安全保障担当大統領補佐官の訪中につながる秘密外交において、アメリカは台湾への軍事支援を減らすことに〔中国と〕合意した。

しかしながら、中国と国民党の沿海島嶼をめぐる対立の継続は、一九五四年と一九五八年の危機へとつながる重要な文脈を作り出した。金門は中国本土から五マイルしか離れておらず、大陸への撹乱行動を支援し、人民解放軍からの攻撃に対する防衛の第一線としての役割を果たすなど、中国大陸沿海部の中で国民党にとって最も重要な基地であった。それと同時に、金門に配備した兵力は、共産党に対抗し、大陸を奪還するという国民党の決意の現れでもあった。沿海島嶼に対する人民解放軍の攻撃は、共産党の国民党に対する闘争において不可欠な要素であった。沿海島嶼を攻撃し、占領することで、共産党は国民党の統治領域を奪い、中国を統治しているという国民党の主張をさらに弱めることができたのである。(30)

(1) 中国大陸沿海における内戦

一九四九年一〇月に中華人民共和国を成立させたにもかかわらず、共産党は内戦における最終的な勝利を手にすることができないままであった。国民党は台湾、海南島、雲南省と広西省の一部、および福建省と浙江省沿海の数々の小島を占領し続けていたのである。チベット、新疆の一部、南西部の地域などを含むその他の地域は、自立した民族集団により統治されており、時には国民党と緩やかなつながりを持つこともあった。蔣介石と彼の軍隊が台湾へ撤退した時、共産党はその他の地域すべてに統治を拡大しようとし、一九五〇年には海南島を奪取し、一九五一年にはチベット本土を占領した。一九五三年末までに、共産党は西部と南西部における匪賊の掃討作戦（剿匪戦役）を完了し、中国大陸においてその権威に対抗する可能性のある勢力をすべて征服した。[31]
それでも、人民解放軍は国民党軍を打ち負かすことができなかった。それどころか、福建省と浙江省沿海の島々をめぐり、国共内戦は継続していたのである。国民党はこれらの島々を大陸に対するゲリラ作戦や沿海における船舶への妨害の拠点として利用した。より重要なのは、これらの島々、とくに金門と馬祖は解放軍の台湾に対する猛撃に対する第一防衛線を構成していた点である。一九四九年一〇月、人民解放軍の葉飛将軍は金門攻略に失敗し、九〇〇〇名以上の兵力を失った。[32]一九五〇年の初頭、中国は台湾を攻撃して国民党を駆逐し、内戦を終結させる準備を行っていた。朝鮮戦争とそれに伴うアメリカ第七艦隊の台湾海峡への展開の後、中央軍事委員会は台湾への軍事作戦を一九五二年まで延期した。おそらく朝鮮半島情勢への楽観的な見通しを反映したのだろうが、沿海島嶼への攻撃は一九五一年まで延期されただけであった。[33]しかしながら、一九五〇年一〇月に中国が朝鮮戦争へ参戦すると台湾海峡におけるすべての作戦は棚上げにされた。[34]
一九五〇年代の初頭、沿海島嶼は国共内戦の最前線であり続けた。ある中共中央委員会の報告書に書かれているように、「蔣介石との内戦は沿海地域で決して終わっていなかった」のである。[35]人民解放軍の歴史書によれば、一九四九年後半から一九五三年にかけて、国民党はこれらの島々から大陸に対する大規模な攻撃を七〇回以上行った。[36]また、表５－１が示すように、国民党は前線における形勢を強化するために、自らの統治下になかった島に対して七回の攻撃を行った。それらの中で最大規模の作戦は一九五三年七月に行われた、一万名の国民党正規軍および非正規軍による福建省沿海の東山島（地図５－１を参照）攻撃である。中国は国民党統治下の島々を攻撃し、いくつかの地域で航空優勢を握ることで応戦した。人民解放軍は一九五〇年から一九五五年初頭までの間に八回の大規模な攻撃を行い、二〇の島嶼を占領した。このような応酬の中で、九〇〇〇名以上の国民党軍と非正規軍が死傷したり、捕虜となったりしたが、人民解放軍もほぼ同数が犠牲となった。[37]
国共内戦が継続していたことを考慮すれば、これらの島々をめぐる戦闘が継続していたのは驚くべきことではない。大陸沿海の支配は紛争における双方の強さを反映しており、より広義には、台湾自体の防衛とも結びついてい

表 5-1　沿海島嶼における戦闘（1950 ～ 1955 年）

				死傷者	
年月日	島嶼名	（島の）保持者	結果	国民党	共産党
1950 年 7 月 6 日	銅頭島（浙江）	共産党	2000 名規模の国民党軍から攻撃、奪取された	N/A	N/A
1950 年 7 月 7 ～ 8 日	嵊泗列島（浙江）	国民党	人民解放軍から攻撃、奪取された	300	N/A
1950 年 7 月 11 ～ 12 日	披山島（浙江）	国民党	人民解放軍から攻撃、奪取された	120	N/A
1951 年 12 月 7 日	南日島（福建）	共産党	500 名規模の国民党軍非正規軍から攻撃された	150	N/A
1951 年 6 月 6 日および 12 月 12 日	銅頭島（浙江）	国民党	人民解放軍から二度攻撃された	N/A	N/A
1952 年 1 月 11 日	銅頭島（浙江）	国民党	人民解放軍から攻撃、奪取された	N/A	N/A
1952 年 1 月 28 日および 2 月 13 日	湄州島（福建）	共産党	3000 名規模の国民党軍から攻撃された	N/A	N/A
1952 年 3 月 28 日	白沙山島（浙江）	共産党	国民党非正規軍から攻撃された	200	N/A
1952 年 6 月 10 日	黄礁島（浙江）	共産党	1200 名規模の国民党軍から攻撃された	310	N/A
1952 年 10 月 11 日	南日島（福建）	共産党	9000 名以上の規模の国民党軍および非正規軍から攻撃された	800	1300
1953 年 5 月 29 日～6 月 24 日	洋嶼島（浙江）	国民党	人民解放軍から攻撃、奪取された	730	326
1953 年 6 月 24 日	積谷山島（浙江）	国民党	１日間の戦闘の後、人民解放軍に奪取された	96	214
1953 年 7 月 15 日	東山島（福建）	共産党	1 万名以上の規模の国民党軍から攻撃された	3379	1250
1954 年 5 月 15 日	東磯島（浙江）	国民党	人民解放軍から攻撃、奪取された	73	N/A
1955 年 1 月 18 日	一江山島（浙江）	国民党	人民解放軍から攻撃、奪取された	567	1420

出所：『当代中国軍隊的軍事工作』320-339頁；浙江省軍事志編纂委員会編『浙江省志：軍事志』682-698頁；盧輝『三軍首戦一江山』；王子文編『福建省志：軍事志』267-277頁；徐焰『金門之戦』147-166頁。

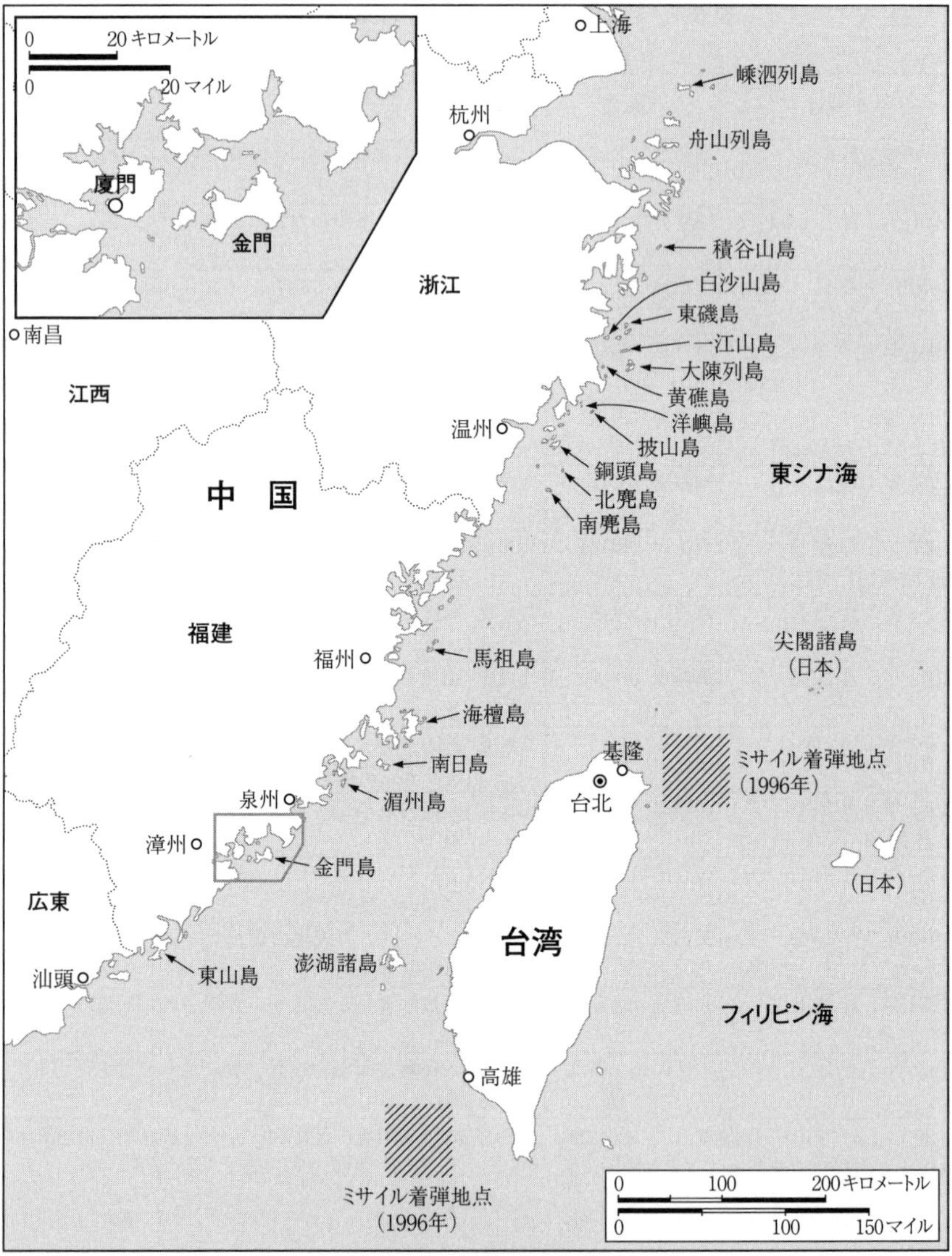
0
20 キロメートル
0
20 マイル
廈門
金門
上海
嵊泗列島
杭州
舟山列島
積谷山島
浙江
白沙山島
東磯島
一江山島
大陳列島
黄礁島
洋嶼島
披山島
銅頭島
北麂島
南麂島
南昌
江西
温州
中　国
東シナ海
福建
福州
馬祖島
尖閣諸島
(日本)
海壇島
南日島
基隆
台北
ミサイル着弾地点
(1996年)
泉州
湄州島
漳州
金門島
(日本)
広東
台湾
澎湖諸島
汕頭
東山島
フィリピン海
高雄
ミサイル着弾地点
(1996年)
0
100
200 キロメートル
0
100
150 マイル

地図 5-1　台湾海峡

た。一九四九年の時点で、中国の軍事指導者たちは台湾をいかなる形で攻略するにしても、金門・馬祖を制圧することが不可欠であるとの結論に達していた[38]。一九五〇年代の初頭、人民解放軍の司令員たちは国民党を倒すための長期的な道のりの一環として、この地域における中国の形勢について議論した。一九五二年六月、人民解放軍は、毛沢東が朝鮮戦争の終結まで延期していた、浙江省の沿海にある大陳島を奪取する準備を開始した[39]。一九五三年九月、華東軍区は金門を攻撃するための計画を提出した。毛沢東はこの計画を承認し、攻撃の準備は一九五五年一月までに完了するよう指示した。しかし、一九五三年一二月、兵力が不十分であり、（装備の面において）物質的なコストが高すぎると腹心らが判断したことをうけ、毛沢東は華東軍区に対して準備を中断するよう命じた[40]。つまり、紛争における中国の支配力《ポジション》は、中国が望む軍事行動を起こすには脆弱すぎたのである。

4　一九五四年の台湾海峡危機

一九五四年九月三日、福建省に配備された人民解放軍砲兵部隊が金門島に対して激しい砲撃を開始した。二カ月の期間にわたり、人民解放軍は島の港に到着する補給艦を狙い、約七〇回の砲撃を行った[41]。砲弾による煙が晴れると、人民解放軍の死傷者は不明であったが、約一〇〇〇名の国民党軍兵士が死傷していた[42]。砲撃の一カ月後、アメリカと台湾は相互防衛条約締結交渉を公式に開始し、一九五四年一二月には同条約に調印した。

台湾から約二〇〇海里北に位置する浙江省沿海の大陳島を占領する作戦に伴い、危機は継続した。その攻撃は、国民党の統治下にある沿海島嶼を攻略する大きな作戦の第一歩であり、米華相互防衛条約をめぐる交渉にも直接的に関連していた。一九五五年一月一八日、人民解放軍は一江山島と上下大陳島を攻略した。一日の戦闘で五六七名の国府軍兵士が死亡し、五一九名の兵士が捕虜となった。他方で、人民解放軍は三九三名の死者と一〇二七名の負傷者を出した[43]。一月後半に、アイゼンハワー（Dwight D. Eisenhower）大統領は台湾および澎湖諸島防衛のために米軍が武力を使用することを認めるよう議会に要請した。議会は「台湾決議」を可決することでこれに応え、アメリカと台湾の安全保障関係はさらに強固なものとなった。二月半ば、国民党は米海軍の護衛のもと、三万二〇〇〇名以上の兵士と文民を大陳島から撤退させた(44)。二月末までに人民解放軍は大陳諸島のみならず、北麂、南麂など浙江省沿海のすべての島を占領した。

中国がこの危機を起こし、一江山島を奪取し、大陳島からの撤退を余儀なくさせた意図は、支配力《クレイム・ストレングス》の低下によって、最も的確に説明することができる。以下で示すこの危機に関する説明は、中国が台湾とアメリカの連携の強化に異を唱えるために武力を行使したという、新しい冷戦史研究において有力となりつつある解釈を支持している(45)。朝鮮戦争休戦後、アメリカと台湾の間で同盟関係を結ぶために行われた交渉は、紛争においてすでに弱まっていた中国の支配力《クレイム》にさらなる圧力をかけるものであった。国家統一を成し遂げるという観点から見れば、米華条約はアメリカの軍事力に守られたもう一つの中国を恒久的に作ろうとしているように見えた。このように脆弱性が高まることへの反応として、中国は米華双方がそのような条約を締結することを阻み、武力により台湾を「解放」するという決意を示そうとしたのであった。条約が締結されると、中国は一江山島を攻撃し、中国が占領しようとしている国民党統治下の島々がその条約の適用範囲に含まれるのか否かを試そうとした。

支配力の低下

一九五三年六月の朝鮮戦争休戦後、中国の指導者たちは台湾を占領できる見通しに関してさらに悲観的となった。中国はこれまでも台湾をすぐに征服できるとは見通していなかったが、国共内戦におけるアメリカの国民党支持が恒久的なものとなれば、国家統一の可能性はさらに遠のくであろうという考えに至った。このように支配力《クレイム・ストレングス》の低下を認識した背景には、三つの要因があった。第一に、朝鮮戦争の最終局面において、アメリカは台湾との安全保障関係を強化し始めた。中国の指導者たちは元来、朝鮮半島における緊張緩和は台湾海峡にも波及し、アメリカの国民党に対する支援を弱めるだろうと考えていた。しかし、一九五三年の初頭、アイゼンハワーは米第七艦隊がこれ以上国民党軍の中国本土への攻撃を抑制しないことを宣言し、「蒋介石を解き放つ」ことにした。八月には、アメリカと国民党の海空軍は合同軍事演習を行った。そして九月、アメリカと台湾は、沿海島嶼をも適用範囲に含

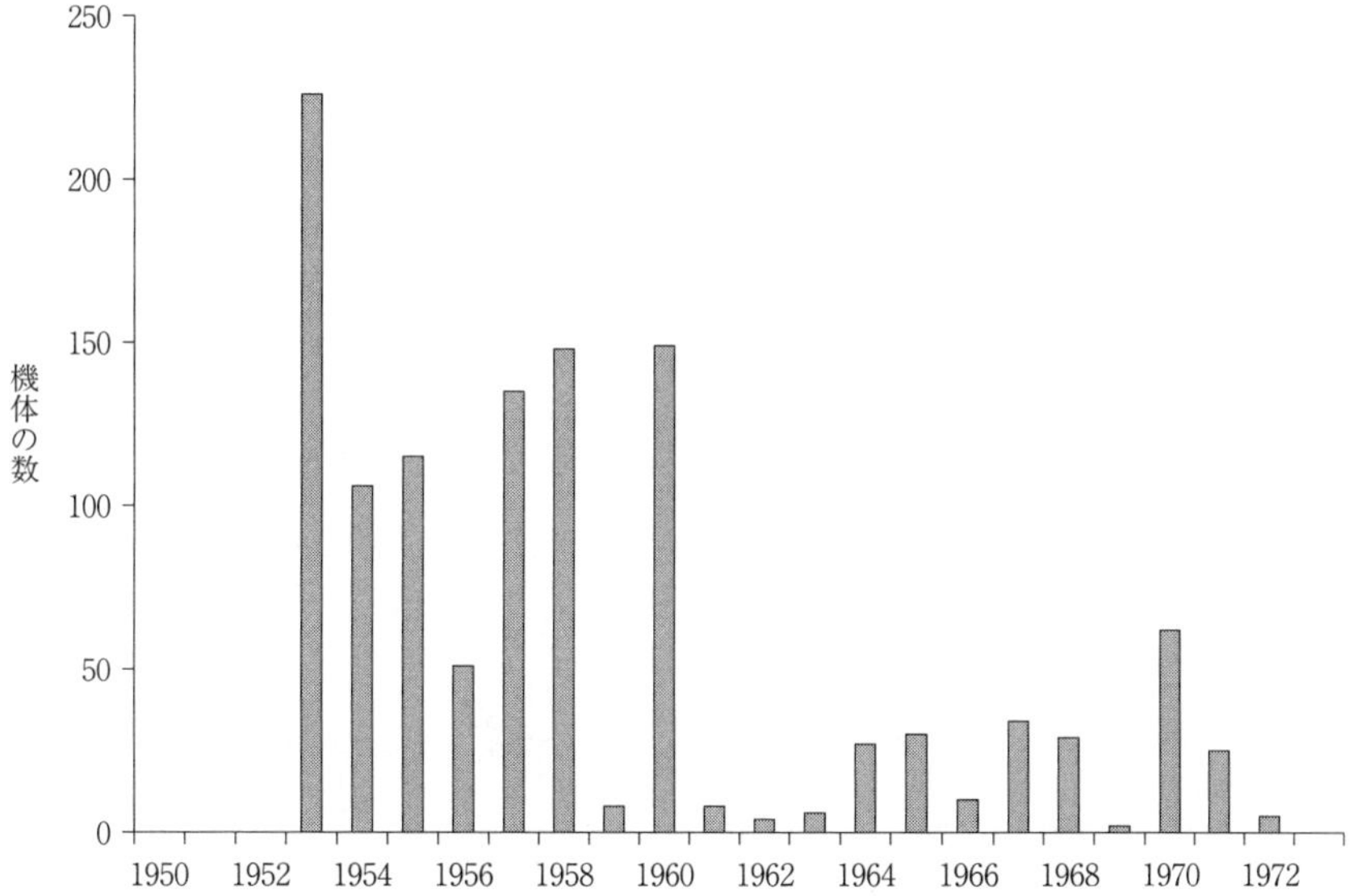

図 5-1　アメリカの台湾に対する戦闘機供与（1950 ～ 1973 年）

出所：John W. Garver, *The Sino-American Alliance: Nationalist China and American Cold War Strategy in Asia* (Armonk, N.Y.: M. E. Sharpe, 1997), p. 67. ただし、1950年から1952年に関してはデータが存在しなかった。

む相互軍事了解事項に関する協定（Agreement on Mutual Military Understanding）に署名したのであった。[46]一九五〇年から一九五四年にかけて、アメリカ政府は台湾に一〇億ドル以上の軍事援助を供与し、アメリカ議会はホワイトハウスに対して、二五隻の軍艦を国民党の海軍に供与することを認めていた。[47]図５－１に表れているように、Ｆ－84やＦ－86戦闘機を含む国民党軍への戦闘機供与は、一九五三年以降に目覚ましく増加している。これらの軍事援助すべてが、紛争における中国の劣勢を作り出したのである。

〔支配力の〕低下をもたらした第二の理由は、アメリカと台湾の間で正式な軍事同盟が締結される見通しとなったことである。このような条約は、大陸からの攻撃に対する台湾の応戦能力を高めるはずであった。台湾の駐米大使であった顧維鈞（Wellington Koo）は、一九五三年三月にこのような考えをアメリカ側へ打診した。一九五三年一一月のリチャード・ニクソン（Richard Nixon）副大統領訪台の間に、蔣介石もこの問題をとりあげた。翌月、台湾の外交部は条約の草案をアメリカ大使に手交した。それから一九五四年初頭にかけて、チャールズ・ウィルソン（Charles Wilson）国防長官やジェームス・ヴァン・フリート（James Van Fleet）将軍などのアメリカ高官が台湾を訪問し、交渉を継続した。〔この点に関して〕中国の指導者たちは、ヴァン・フリートの三回の外遊は条約交渉のためであると誤解していた(48)。〔さらに〕六月には、台湾とアメリカはすでに条約に合意したというアメリカからの誤報ももたらされた。中国のベテラン外交官の回想録によれば、中国の指導者たちは、そのような同盟は中国周辺における米軍の配備を増大させて大陸への脅威を強めるのみならず、国家統一へのコストとなる台湾の中国からの分離を合法化するものであると認識していた(49)。

支配力《クレイム・ストレングス》の低下を認識した第三の理由は、東アジア地域におけるアメリカの同盟網の形成である。中国側の視点から見れば、アメリカの台湾との関係強化は、アメリカの東アジア地域における中国封じ込め戦略の一環であった(50)。一九五〇年代の初頭、アメリカはオーストラリア（一九五一年）、ニュージーランド（一九五一年）、フィリピン（一九五一年）、日本（一九五一年）そして韓国（一九五三年）と安全保障条約あるいは防衛条約を締結した。一九五四年の春、アメリカは東南アジア条約機構（ＳＥＡＴＯ）という地域同盟を構築するための交渉を開始していた(51)。米華相互防衛条約は、台湾をこの同盟網に組み込み、国民党への国際的な支持や正統性をさらに増大させ、台湾の中国との統一の見通しを減退させるものであった。

一九五四年の夏までに、中国にとっての情勢は劇的に悪化した。五月および六月に、アメリカと国民党の高官は、台湾をアメリカの防衛体制に組み込む条約への調印について、おおやけに議論するようになった。一九五四年のジュネーヴ会議におけるヴェトナムの分断は、南北朝鮮や東西ドイツのような分断国家を生み出すという冷戦の趨勢を助長した(52)。条約交渉においてアメリカは、台湾防衛に対する関与を制度化し、当時はすでに弱まっていた紛争における中国の相対的な支配力《ポジション》をさらに弱めることで、中国の「分断」を固定化させようとしたのである。

砲撃外交と一江山島攻撃

〔支配力の〕脆弱性が高まったことに対する反応として、中国は台湾の統一を目指し続けることを示し、アメリカが台湾と同盟を締結することを阻止するために、武力を行使した。一九五四年七月七日、毛沢東は中央政治局拡大会議を召集し、台湾について論じた。毛沢東は「台湾問題は長期的な課題である（が）、われわれはアメリカと台湾が（防衛）条約を締結することを阻む方法を考えなければならない…（中略）…外交の舞台において（われわれは）適当な意思表示を行わなければならない」と述べた[53]。中央政治局で決定された方針は、ヴェトナム問題をめぐるジュネーヴ会議に出席していた周恩来へ七月二七日に送付された、次のような電報に示されている。

朝鮮戦争後、われわれはすぐに（筆者注：台湾解放を）掲げたわけではなかった（すでに六カ月が経過している）。われわれは軍事、外交および宣伝の領域で、必要な措置や効果的な活動を速やかに行うということをしなかった。これは好ましい状況ではない。もしも、いまこの任務を遂行せず、いかなる行動も起こさなければ、われわれは重大な政治的過ちを犯すことになるであろう（強調は引用者による）[54]。

この会議において、中央政治局は二つの重要な政策決定を行った。第一の決定は、「台湾解放」の宣伝工作を行うことである。その第一撃は、「われわれは必ず台湾を解放しなければならない」という見出しの、七月二三日付『人民日報』社説の発表であった[55]。八月一日、人民解放軍建軍記念のスピーチで、朱徳将軍が再びこの主張を行い、それが中国のメディアで繰り返し報じられた。周恩来による外交工作会議での講話など、その他の中国政府高官の発言においても、この主張が強調された。これらはすべて、中国が一九四九年以来初めて行った、台湾に関する国際的な宣伝工作であった[56]。

第二の決定は武力の行使である。七月一一日、中央軍事委員会は華東軍区に対して、「大陳島爆撃のために海空軍を利用し、一江山島占領のために陸軍部隊を利用する」よう命令した[57]。大陳島は一万八〇〇〇名の兵力を擁し、金門、馬祖に続いて、三番目に重要な国民党軍の前線基地であった。彭徳懐国防部長はこの命令を下すに際し、その軍事行動を台湾海峡の情勢悪化と結びつけ、攻撃の目的が「アメリカと蒋介石の軍事同盟に打撃を与え」、国民党占領下の島々に対する中国の攻撃に、アメリカがどのような反応を示すかを確かめることにあると述べた[58]。

くわえて、中央政治局は「台湾解放の闘争を開始する（開展解放台湾闘争）」ことにも合意し、中央軍事委員会は張震将軍に軍事作戦計画と実行方法を立案するよう命じた[59]。毛沢東の戦略は「戦いながら建設する（辺打辺建）」、つまり、金門の攻撃に必要な大規模な舞台や装備を支えるために中国海空軍を強化し、福建省のインフラを改善する一方で、国民党軍を攻撃するという戦略であった[60]。張震が回顧録で回想しているように、彼が作成した文書は、一九四九年以来初めて台湾を考慮して策定された戦略であった[61]。中央軍事委員会が八月一五日に採用したこの計画は、沿海島嶼を国民党軍の最も弱い部分から順次攻略し、一九五七年末までに金門と馬祖を占領するというものであった[62]。

一江山島を攻略する作戦は、国民党が占領している島を、その防御が最も脆弱な部分から順に攻撃するという大計画の一部であった。張震の計画には、一九五四年八月一〇日に金門島を砲撃するという作戦も含まれていた。しかし、八月二日、彭徳懐は毛沢東の同意のもと、砲撃を九月初旬まで延期した。福建省の雨期による洪水などの影響で、砲撃の準備が整っていなかったのである[63]。金門に侵攻せず、ただ砲撃するという決定は、中国がこの紛争において依然として弱い立場にあり、さらに台湾がアメリカと関係を強化したことで、さらに立場が悪化したことを反映していた。砲撃は結局一カ月ほど遅れたが、当初八月に砲撃作戦が予定されていた事実は、条約交渉が行われていた一九五四年夏に、中国の指導者たちの間で焦燥感が高まっていたことを示している。

人民解放軍の部隊が金門や大陳に対する作戦の準備を進めている間に、台湾海峡をめぐる情勢は悪化していった。「台湾解放」の宣伝攻勢に対して、アメリカは台湾に対して言葉の上での支援を強化し、両者は正式な防衛条約に向け、毛沢東が「破壊」しようとした結束をむしろ強めていたように見えた。当時、中国の指導者たちはそのような条約が九月に締結されると誤解していた。八月二四日、ジョン・フォスター・ダレス（John Foster Dulles）国務長官は、マニラでの東南アジア条約機構条約への調印式典後に訪台するかもしれないと述べた[64]。『人民日報』の社説は八月二九日、「最近、アメリカと蔣介石は九月に『相互防衛条約』を締結しようとしているどころか、中華人民共和国を攻撃するための軍備増強まで行っている」と主張した[65]。

八月二五日、中央軍事委員会は華東軍区司令員である葉飛に対して、金門を砲撃するよう命じた。砲撃は九月三日に開始されたが、それは国民党軍の補給艦が金門島に到着する日にあわせ、葉飛が最大の効果を狙って決定した日程であった[66]。他の先行研究が述べているように、砲撃の一義的な目的は政治的なものであり、軍事力をもって宣伝工作を補強し、中国の台湾を解放するという決意を示そうとするものであった[67]。中国の文献も、砲撃の目的は中国の米華条約に対する反対を示すことであったことを裏付けている。作戦の目標はアメリカの「侵略行為」[68]を攻撃し、蔣介石の撹乱行動を停止させ、条約調印の前に懲罰的攻撃を行うことであったと、葉飛は回想している。中国には金門を攻略する意図はなく、福建省の人民解放軍陸軍部隊は、そのような準備をしていなかった[69]。

中国の指導者たち、とりわけ毛沢東が、金門島への砲撃や一江山島への攻撃を国内における動員に利用しようとしていた形跡を示す史料はきわめて少ない。宣伝工作は「全国的な政治的意識や政治的警戒を高め、人々の熱情を国家建設に駆り立てる」ためにも利用されうるということを示す電報が存在するのみであり、その電報においても、国内の動員は主要な目標ではなかったようである[70]。他方で、国民党の統治下にある沿海島嶼の問題は、国共内戦の最終局面以来、軍事指導者たちにとっては悩みの種であった。

砲撃は裏目に出た。砲撃は抑止を目的としたものであったにもかかわらず、一〇月から始まったアメリカと国民党の相互防衛条約交渉を促進させる結果となった[71]。もしもそうなれば、蔣介石がより積極的に大陸への攻撃を行うだけでなく、台湾攻撃のための重要な一歩である金門と馬祖を攻略できる可能性が低下するため、中国は国民党統治下の沿海島嶼が条約の適用範囲に含まれることを恐れていた。八月下旬に、九月に計画されていた大陳島への爆撃は延期されたものの、毛沢東は一江山への攻撃を一〇月下旬に行うことを認めた[72]。一一月一日、人民解放軍空軍が浙江省沿海の島々に対して四日間の空襲を行った。その後一一月三〇日、仮調印はされたが正式には調印されていない。粟裕総参謀長が一江山への攻撃と米華相互防衛条約を関連づける内容の作戦指示を下した。粟裕の命令によれば、「華東軍区は一二月二〇日かその前後に一江山を攻撃し、アメリカと蔣介石が調印しようとしているいわゆる『防衛条約』から敵が占領するわれわれの沿海島嶼を除外するよう仕向ける」とされた[73]。

相互防衛条約は、一九五四年一二月二日に調印された。中国は一二月に近海で演習を行っていた米海軍と衝突することを最も恐れたため、一江山への攻撃は条約調印から一カ月以上後の一九五五年一月一八日に開始された。しかし、条約は沿海島嶼を適用範囲に含むかどうか曖昧であった。条約はむしろ、台湾と澎湖諸島のみに言及しており、それ以外については条約が「相互の合意により定められたそれ以外の区域に適用される」と簡潔に述べていた[74]。そこで、一江山の作戦には、浙江省沿岸の防衛という長期的な目標に加え、この条約の適用範囲を探るという目的が付与された。そして、攻撃が実行されると、アメリカは沿海島嶼の防衛に関与しなかった。

結局、中国の指導者たちはこの紛争において、二つの異なるタイプの〔支配力の〕の低下に直面していたのである。一つは相互防衛条約が調印されるであろうこと、そして〔もう一つは〕沿海島嶼もその適用範囲に含まれるであろうということである。金門砲撃は中国が訴える台湾問題に対する国際的な関心を喚起したものの、アメリカの条約締結を阻止することはできず、アメリカの国民党に対する支援を増大させただけであった。一江山島への攻撃は、すべての沿海島嶼が条約の適用範囲に含まれるわけではないことを実証したものの、中国の攻撃的な意図に対するアメリカの懸念を高め、台湾決議や核使用に関する議論を巻き起こした。これらはいずれもアメリカと台湾の結びつきを強化し、中国が台湾を解放し、内戦を終結させる可能性を弱めたのであった。

5　一九五八年の台湾海峡危機

一九五八年八月二三日、人民解放軍は金門と馬祖に対して二度目の大規模な砲撃を行った。砲撃の軍事的な目的は金門の封鎖であり、おそらく一九五五年二月の大陳列島からの撤退と同様に国民党に退却を迫ったものであったと推測される[75]。砲撃に加えて、魚雷艇などを中心とした限定的な規模の海軍部隊が、金門の港で国民党の軍艦を攻撃し、多くの戦闘機が福建省に配備された。九月四日、ダレス国務長官は中国が金門を占領することを阻むために、必要ならば武力を行使すると明言し、台湾を防衛し、支援する姿勢を明確に示した[76]。アメリカの軍艦が九月七日から国民党軍の補給艦を護衛し始め、さらに六隻の航空母艦をこの地域に配備したことで、アメリカはより明白に決意を表したのであった[77]。

九月になると危機は緩和し始めた。九月六日、周恩来はワルシャワでの米中大使級会談再開に合意し、翌週から会談を再開した。それから九月末にかけて、国民党軍の補給作戦成功により金門防衛が補強されたことで、切迫性は軽減した。同様に、砲撃は沿海島嶼の国民党軍陣地、ましてや台湾本島に対する大規模な攻撃の始まりというわけではないことが明らかになり始めた。一一月から一二月にも大規模な砲撃があったものの、中国は一〇月六日、アメリカによる補給の護衛停止と停戦を結びつける提案を行った。一〇月二五日、中国は奇数日のみ砲撃を行うことを宣言し、それが一九七九年まで継続することになった[78]。それから二カ月の間に、およそ二四二八名の国民党軍兵士が死亡または負傷し、人民解放軍側にも四六〇名以上の犠牲者が出た[79]。

この事件に対する有力な解釈は、毛沢東が危機を利用して、大躍進に対する国内的な支持を動員しようとしたというものである。大躍進は、経済建設の速度を速め、中国を工業社会へ発展させるために開始された。中国が一五年でイギリスの鉄鋼生産を追い越すというのは、毛沢東の有名な主張である。トーマス・クリステンセン（Thomas J. Christensen）は、台湾海峡危機はこうした野心的な経済建設目標を支持する国内世論を作り出すために必要であり、それは国際システムにおける中国の地位を向上させるための大戦略の大きな変化の一部をなすものであったと主張する[80]。急速な経済的変化は広範な社会の動員を通してのみ可能であり、動員は民衆に衝撃を与えるような対外的な危機によって促進されると毛沢東は信じていた。毛沢東の演説に関する文書記録と、台湾に駐留する米軍が中国の安全にとって直接的な脅威を及ぼしていなかったという事実は、動員による説明を裏付けている。〔他方で〕チェン・ジエン（Chen Jian）は毛沢東の個性に焦点を当て、異なる主張を展開している。チェンは毛沢東の「革命後の苦悩」を強調し、一九五八年に金門を砲撃するという決定は「革命の爆発」としてなされたと説明する[81]。大躍進は毛沢東が革命を継続させようとして行った多くの試みのうちの一つであり、彼はしばしば「敵を作り出」し、彼の経済政策に対する支持を得るために危機を利用したのである。[82]

それでもなお、一九五八年の中国による武力行使については、チェン・ジエンが言う「単一の論理」以上の説明が可能であろう。以下の分析は、中国は複合的な目的をもって島への砲撃を行ったということを示している。[83] 国内動員は、攻撃のタイミングを決定する要因であったと考えられるが、中国の公式、非公式の外交は、台湾問題において一九五五年以来生じていた領土主権に関する支配力《クレイム・ストレングス》の低下に対処することを意図していた。紛争における中国の支配力《ポジション》の低下と「二つの中国」として台湾との分断が固定化してしまうことへの恐れは、島々の封鎖を思い立った動機となり、中国が国民党を倒し、内戦を終結させるという決意を生み出した。中国の人々を大躍進の支持へと動員したいという毛沢東の願望は、その時砲撃のタイミングを決めたのである。

領有権を主張するに際しての支配力の低下

危機に先立つ数カ月間、中国の指導者たちは彼らの国家にとって最も重要な領土紛争において劣勢が続いているという状況に直面していた。支配力《クレイム・ストレングス》の低下をもたらした第一の要因は、中国による「平和解放」攻勢の失敗である。一九五五年の春から夏にかけて、周恩来は中国の対台湾政策は「武力解放」から「平和解放」へ転換すると述べ、交渉による内戦終結を提案した。[84] 一九五六年に周恩来はこの主張をさらに洗練させ、「一つの綱領と四つの目的（一綱四目）」を掲げ、武力によらない統一の基礎として打ち出した。[85] 蔣介石は香港から密使を派遣し、北京の思惑を探ったが、両者の交渉が開始に向けて進展することはなかった。一九五七年後半までに、中国の指導者たちの平和攻勢は短命に終わったことが明らかになった。[86] このような攻勢は台湾との妥協を念頭に行われたものというより、むしろ外交手段を通じて国家統一を図ったものであった。

支配力《クレイム・ストレングス》が低下した第二の要因は、アメリカとの交渉に進展が期待できなくなったことである。一九五四年の台湾海峡危機は一九五五年の春に収束を迎え、アメリカと中国はジュネーヴで大使級の会談を行うことに同意し、これは米中間の最初でかつ唯一のコミュニケーション・チャンネルとなった。会談において、中国はよりハイレベルな会談の実現とアメリカが台湾への支援を減らすことを期待していた。[87] しかし、アメリカはどんな議題であっても交渉を行う前提条件として、中国に台湾への武力行使を放棄するよう要求していた。中国はアメリカとの停戦であれば検討することはできるが、台湾との停戦は不可能であると主張した。中国の目的はアメリカの撤退であり、それにより紛争における中国の軍事的な立場が強化されるはずであった。一九五七年一二月、U・アレクシス・ジョンソン（U. Alexis Johnson）大使がより低いレベルの担当者と交替したことを、中国政府はアメリカによる交渉の格下げであると見なし、交渉は中断した。中国の指導者たちにとって、交渉の失敗はアメリカの台湾防衛と国共内戦に対する関与の深さを痛感させることとなった。

〔支配力が〕低下した第三の要因は、アメリカと台湾の安全保障上の関係が強化され、中国による武力あるいは平和的手段により台湾を統一することの直接的な障害となったことである。一九五七年三月、アメリカが台湾に核弾頭の搭載が可能なマタドール・ミサイルを配備しようとしていることを中国は知り、それは一九五四年の危機の間に覚えた核戦争に対する恐怖を増大させた[88]。アメリカはまた、中国大陸を攻撃することが可能なB52爆撃機を配備できる大型空軍基地を台湾に建設していた。一九五七年一一月、アメリカと台湾は、台湾の地上および台湾海峡において合同軍事演習を展開した。一九五八年一月には、アメリカと国民党が金門やその他の沿海島嶼も明確な適用範囲とする条約改定を行おうとしているとの情報もあった[89]。同年二月には、米軍の司令官が、もしも中国が台湾海峡において軍事行動を行えば、アメリカはミサイルを使って報復すると述べた[90]。一九五八年三月、アメリカは、台湾を援助するために米軍台湾防衛司令部（US-Taiwan Defense Command）の中に設置した一七の軍事援助機関の機能を強化した[91]。図5－1や図5－2が示すように、兵力の配備と兵器の供与は台湾に対するアメリカの支援が増大していることを反映しており、これらの支援は中国の支配力《ポジション》を低下させていた。

こうした動向を観察し、中国の指導者たちは台湾との国家統一の可能性について悲観的になっていった。たとえば、ある歴史家は中国の指導者たちが一九五八年の初頭、「台湾海峡において少しでも状況が悪化すれば危険な状態になると認識していた」と記している[92]。総参謀部作戦室主任代理と周恩来の軍事秘書を兼務していた雷英夫将軍によれば、一九五五年に大陳島から撤退する国民党軍を追撃しなかったことなど、中国がとった抑制的対応によっ

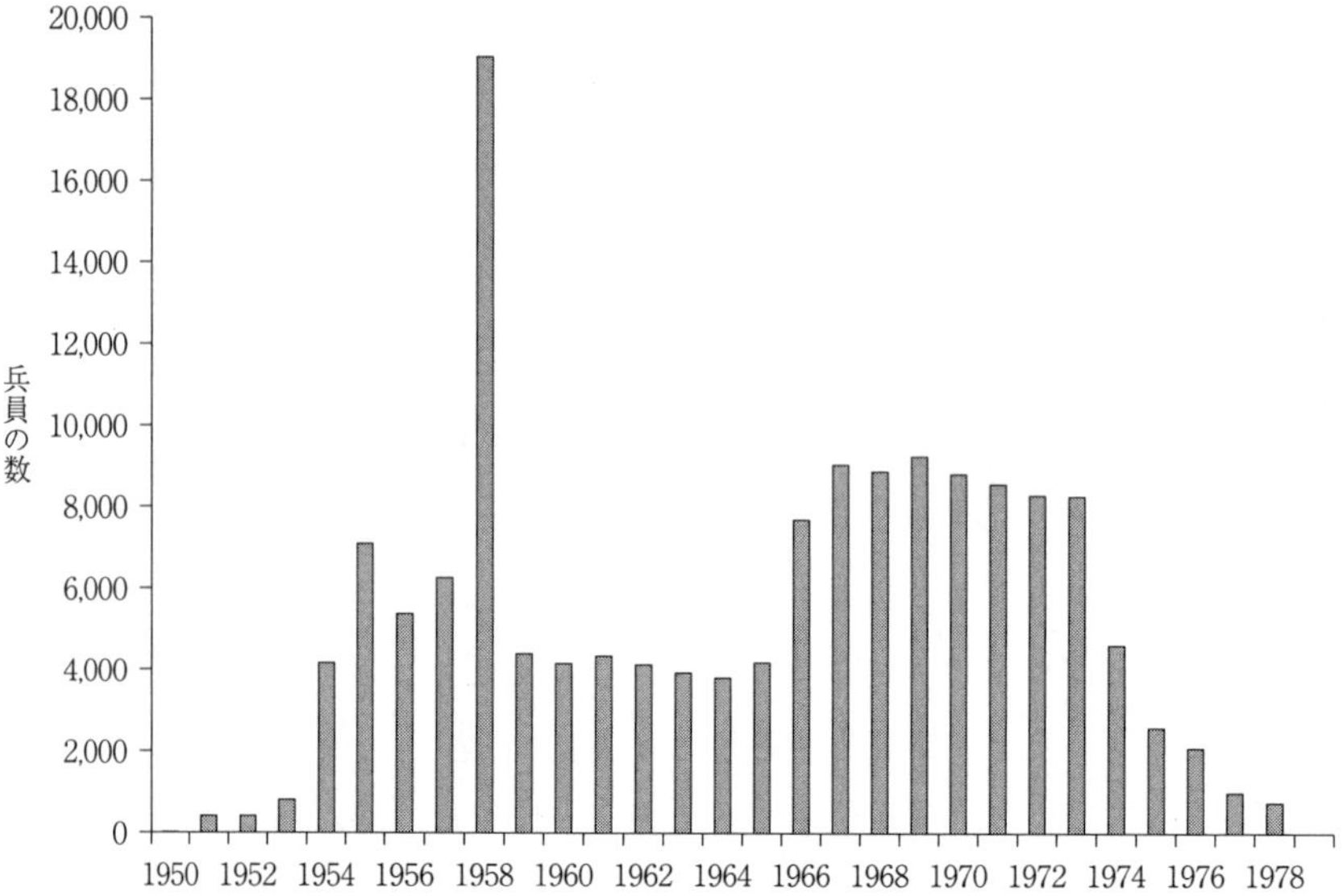

図 5-2　台湾に配備されたアメリカの兵力（1950 ～ 1979 年）

出所：Global U.S. Troop Deployment Dataset, Heritage Foundation, October 2004.

て、中国が台湾について「軟弱で、簡単に打ち負かすことができる（軟弱可欺）」との認識をアメリカと台湾が抱くことになったと毛沢東は信じていた[93]。このような懸念を反映し、一九五七年一一月の『人民日報』は「アメリカによる『二つの中国』の陰謀に反対する」と題した社説を掲載した[94]。一九五八年二月、周恩来によって全国人民代表大会に提出された外交工作報告は、アメリカは中国に対してその台湾「占領」を認めさせ、台湾海峡を挟んだ「二つの中国」を作ろうとしていると主張した[95]。ほぼ同時期に『人民日報』の論説は、「アメリカ政府には、台湾地域における紛争を平和的に解決しようという誠意がない」と結論づけた[96]。

砲撃外交

中国の指導者たちが全面的な経済改革について検討を始めるにつれ、紛争における中国「の支配力」はますます弱まっていった。台湾海峡における「危険な」状況に直面して、中国は台湾に対する軍事作戦の準備を始めた。砲撃がはじまると、中国は公式、非公式な外交を通じて、アメリカの台湾に対する影響力を弱め、国家統一の可能性を高めようと試みた。国内動員についての懸念や大躍進政策による高揚感といった要因は、八月末に砲撃外交が行われたタイミングや動機を説明することができるが、当初の作戦計画や危機における外交を説明するためには、中国の指導者たちが抱いていた台湾をめぐる脆弱性の認識を考慮する必要がある。

一九五七年後半に台湾海峡をめぐる情勢が悪化すると、中国の指導者たちは軍事行動について考え始めた。毛沢東の指示に従い、人民解放軍空軍は一九五八年一月、一九五四年以降に建設した福建省の飛行場に空軍機を移動させる案を中央軍事委員会に提出した。四月二七日、中央軍事委員会の指令により、福建軍区の司令員である葉飛と韓先楚は、金門島を封鎖するための大規模砲撃計画を提出し、適当な時期に攻撃を開始する準備を始めた。[97]〔しかし〕毛沢東と他の中国指導者は、これらの計画をすぐに実行はしなかった。当時、彼らは大躍進を発動する準備にかかりきりであった。さらに、台湾海峡をめぐる情勢は、一九五四年夏のように緊迫した状態ではなかった。しかし、七月、アメリカとイギリスによる親西側政権を支援するためのレバノン派兵が攻撃の契機となった。

レバノン派兵への反応として、毛沢東は七月一六日に彭徳懐に対して空軍部隊を福建省に移動させ、砲兵部隊に金門を砲撃する準備をさせるよう指示した。[98]翌日の夕方、毛沢東は中央軍事委員会と人民解放軍の幹部を召集し、その後二カ月間続くことになった砲撃作戦について議論した。会議において、金門への砲撃は七月二五日かその前後に開始すること、そのために部隊を数週間で移動させることなどが決定された。[99]雷英夫将軍によれば、金門砲撃の目的は「金門を封鎖し、金門解放への勢い（勝勢）をつけること」であった。[100]高官へのインタビューに依拠し、何迪（He Di）が結論づけたのは、作戦の軍事的な目的はおそらく国民党軍の撤退を促すことによって、金門・馬祖を「回復する」ことであった。[101]雷英夫によれば、作戦の政治的な目的は、米華相互防衛条約の適用範囲を試し、アメリカが攻撃的な目的と防御的な目的のどちらを有しているのかを見定めることにあった。[102]

これらの金門砲撃準備を行っていたにもかかわらず、毛沢東は明らかにこの武力行使が妥当であると確信していなかった。七月二六日の晩、毛沢東は翌朝開始されることになっていた作戦を延期した。[103]その一つの理由として、沿岸の前線部隊を国民党軍の空爆から守るための航空機を八月中旬まで前線に配備できなかったため、前線部隊が戦闘準備を整えるにはさらなる時間が必要であったことが挙げられる。[104]さらに、毛沢東と他の中国指導者たちは、一九五八年の春と夏が山場となるはずであった大躍進の発動に忙殺されていた。〔そのため〕北戴河で経済政策を議論するための一連の会議が行われた八月半ばまで、金門砲撃の最終決定は行われなかった。この会議において毛沢東は、「われわれの前に敵がおり、緊張があることは、われわれの利点である」[105]と主張することによって、危機が作り出した対外的な緊張と国内動員や大躍進という目標とを明確に結びつけた。

本来の計画より約一カ月遅れて、金門砲撃は八月二三日に開始された。国連において中東危機を解決し、「帝国主義」に対する闘争を支援するという理由がなくなった後というタイミングで中国が砲撃を開始したことは、国内動員説を裏付けている。しかしながら、危機における中国の行動を見れば、指導者たちが国内動員以上の目的を追求しようとしていたことがわかる。島嶼を砲撃することで、毛沢東は明らかにアメリカが台湾への支援を弱めることを望んでいた。理想的には、国民党が沿海島嶼から引き揚げ、台湾の前線での防衛力を弱め、そしてアメリカが台湾への支援の程度を再考せざるをえなくなるという二つの結果が生まれることで、紛争における中国の支配力《ポジション》が強まるはずであった。

三つの根拠がこの解釈を支えている。第一に、中国の指導者たちは公式、非公式な声明において、〔中国の〕目標の一つは国家統一への見通しを改善することであると強調していた。具体的な軍事目的は、国民党軍を金門・馬祖から撤退させ、台湾の前線防衛を弱体化させることであった。一九五八年七月、毛沢東は島嶼への砲撃準備を命じた時、初めに「金門・馬祖は中国の領土である。金門・馬祖を攻撃することで、われわれは国民党軍を懲罰する」と述べた[106]。しかし、そこにはさらに大きく、間接的な目的もあった。「直接的には蔣介石に対し、間接的にはアメリカ人に対し」砲撃を行うとした毛沢東の彭徳懐に対する指示[107]は、アメリカが台湾に対する支援を減らすよう、国民党を激しく攻撃することを意味していた。当時『人民日報』の編集者であり、後に中央宣伝部長となる呉冷西は、毛沢東は砲撃には台湾に介入する「アメリカ人に懲罰を与える意図がある」と述べていたと回想する[108]。さらに、毛沢東は攻撃を、アメリカが台湾を見放し、国民党が沿海島嶼から撤退するという、中国の長年にわたる要求と結びつけた[109]。九月初旬、毛沢東は「われわれとの戦争を回避するため、アメリカは方策を採らねばならないだろう。

どのような方策か？　唯一の道は一九五五年の大陳島からの撤退のように、一一万の（国民党）軍隊を金門・馬祖から撤退させることである」と述べた(110)。同様に、周恩来はソ連大使に対し、砲撃は国民党軍を懲罰し、アメリカが台湾海峡の両岸に二つの中国を作り出すのを防ぐことが目的であると説明した(111)。

第二に、危機を通じて中国の指導者たち、とりわけ毛沢東は、台湾防衛に対するアメリカの覚悟を試すことの重要性を強調していた。そのような行動は、領有権を主張するに際しての支配力《クレイム・ストレングス》の低下と密接に結びついたものであった。呉冷西によれば、毛沢東は繰り返し、砲撃の目的はアメリカの意図を試すことであると述べていたという。八月二五日にも、毛沢東は「砲撃の主要な目的は…（中略）…アメリカの決意を偵察し、試すことだ」と述べた(112)。同様に、中国が九月四日に発表した領海に関する声明は、アメリカの軍艦による沿海諸島の国民党軍に対する補給を妨げることを企図していた。毛沢東が九月八日に述べたように、「砲撃は武力を通じた偵察であり…（中略）…交渉の継続は外交を通じた偵察である」のだった(113)。

最後に、危機の最中にあっても、毛沢東は台湾との統一を促進する方向へと事態を動かそうとした。この点において、一九五八年における中国の武力行使は、一九五四年ときわめて似ているといえる。危機が開始された時、砲撃の目的は金門を封鎖して国民党軍に撤退を迫ることであり、そのために中国は必要であれば武力を行使してでも、台湾を中国に統一するという覚悟を示した。九月九日、周恩来はワルシャワ米中大使級会談の中国代表である王炳南に対し、もしも国民党軍が撤退するならば中国はそれを追撃しないとアメリカ側に伝えるよう指示した。さらに、王炳南に対して周恩来は、沿海島嶼のすべてを回復した後、中国は台湾および澎湖諸島を平和的手段によって解放するとアメリカ側に伝えるよう指示した(114)。つまり、これらの指示はアメリカの台湾に対する支援を中国が国家統一を成し遂げる能力と関連づけていたのである。

事態がこの紛争における中国の支配力《ポジション》に不利な影響を及ぼしうる予期せぬ方向へと推移し始めると、中国は危機を終息させ始めた。九月三〇日、ダレス国務長官は、もしも中国と台湾が停戦に合意したならば、国民党軍は沿海島嶼から撤退するであろうと述べた。中国の指導者たちは、アメリカは中国の武力不行使と引き換えに、国民党に金門・馬祖からの撤退と大陸への反攻作戦を放棄させ、いわば「金門・馬祖を台湾・澎湖諸島と取引する」ことによって、台湾海峡を挟む「二つの中国」を固定化することを模索していると信じていた。[115] これに対する毛沢東の対処法は、〔あえて〕沿海島嶼を国民党の占領下に置いておくことで、台湾と大陸の物理的なつながりを保持しようとする「絞首（絞索）」戦略であった。中国共産党の公式の歴史観はこれを一九五八年の「成功」であったと位置づけるが、これは危機の推移に対する反応であり、砲撃の元来の政治目標を達成した結果ではない。絞首戦略自体は、金門・馬祖を通じた台湾と大陸のつながりをアメリカが保持しようとしなかったという、毛沢東の誤算に対する対処法に過ぎなかったのである。

6　一九六二年の回避された危機とその後

一九五八年以降、台湾海峡の紛争をめぐる中国の支配力《ポジション》は安定し始めた。中国は大陸と台湾の間のつながりを維持する絞首戦略によって国家統一を促進できると考え、沿海島嶼における国民党の支配にもはや挑戦することはなかった。国民党が大陸の領有を主張しつづけたため、恒久的な分離を避けるという観点から見れば安定が生まれたが、アメリカが台湾への支援を弱めなければ統一は不可能であると、中国の指導者たちは考えていた。一九五九年に鄧小平がユージン（Pavel Iudin）ソ連大使に語ったように、中国は「しばらく待たなければ」ならなかったのである。しかしながら鄧小平は、中国がより強くなり、アメリカにとって台湾支援を継続するコストが高まれば、統一への環境はより望ましいものになるだろうと見ていた。[116] アメリカの台湾支援の役割を認識した上で、毛沢東時代の残りの期間、中国の指導者たちは引き延ばし戦略を採用したのであった。金門は一九六〇年のアイゼンハワー訪台時に一時的に砲撃を受けただけで、それ以外の時期の台湾海峡は、国民党の小規模攪乱作戦を除いては、おおむね平和であった。[117] 奇数日のみの金門砲撃は一九七九年まで続いたが、前線部隊は一九六一年一二月に砲弾に実弾を詰めるのを止め、それに代わり宣伝ビラを詰めるようになった。一九七三年のキッシンジャーとの会談において、毛沢東は「われわれは台湾がなくてもやっていけるのであり、あと一〇〇年でも待てる…(中略)…それなのになぜそれほど急がねばならないのか」とこの引き延ばし戦略を説明した。[118]

しかし、一九六二年にアメリカと中国は、ハロルド・ヒントン（Harold Hinton）が「第三次台湾海峡危機」と形容したような台湾海峡における潜在的な危機を迎えた。[119] これは直接的に国家統一へとつながるものではなかったが、中国の指導者たちが台湾海峡の紛争における自らの立場を評価するに際して、アメリカの役割がどれほど重要かを示すものであった。一九六二年には、アメリカが外交チャンネルを使って中国の指導者たちにワシントンは蔣介石の冒険主義を支持せず、彼の大陸への攻撃を思い止まらせるという保証をしたため、衝突は回避された。

第2章で論じたように、この台湾海峡危機は、一九六二年の春に起きたインドとの国境紛争をも含めた、中国にとってより大きな領土危機の一部であった。大躍進後の中国の脆弱性を認識し、蔣介石は大陸を攻撃する機会を見出し、行動を起こした。一九六一年後半、蔣介石は国民党の大陸反攻に関する攻撃的な声明を発表し、翌年三月にかけてそのような表現を増やしていった。[120] 三月初旬から五月にかけて、国民党政権は兵力を増強するための徴兵動員に関する布告を発表し、また戦時動員に関する特別予算を組み、その予算を補うために「大陸反攻」税を徴収することも決定した。[121]

五月後半までに、中国の指導者たちは台湾からの脅威は本物であるという結論に達した。一連の会議において、中央軍事委員会と総参謀部は攻撃を撃退するための作戦を策定した。[122] 六月初め、中央軍事委員会は山東省、浙江省、福建省、江西省および広東省に対して、約一〇万の兵力を擁する一級師団五個を前線に配備し、すでに配備されていた部隊には高度警戒体制を敷き、緊急戦備状態に就くよう指示した。[123] 一九六二年六月一〇日、中央軍事委員会は「蔣介石匪賊集団の東南沿海地域への侵犯を粉砕する準備に関する指示」を公布し、沿岸の各省で大規模な動員を実施した。[124]

しかし、六月末までに、台湾海峡からの軍事侵攻は実現されないことが明らかとなった。蔣介石は攻撃を発動するに際してのさまざまな作戦上の難題に直面していたが、とくにアメリカの支援を得られなかったことは攻撃が実現しなかった大きな要因であった。当時、多くのアメリカ高官が攻撃への支援を示すために台湾を訪問したのを、中国は注視していた。[125] 重要なことに、中国の指導者たちは、台湾防衛はアメリカにとってコストがあまりにも高すぎるため、台湾海峡における情勢は非常に安定しており、時は彼らの側にあると考えていた。[126] アメリカの意図を確認するため、ワルシャワの中国代表団はアメリカ側に会談を申し入れた。[127] 六月二三日の会談において、アメリカのキャボット（John Cabot）大使は、「アメリカ政府は現在の状況下においては（中華民国の）大陸に対するいかなる攻撃も支援しない」と述べた。[128] 彼はさらに、もしも蔣介石が攻撃するなら、「それはアメリカの支援を受けていないものになるだろう」と強調した。このアメリカの再保証は、危機の勃発を防ぐ上で重要な役割を果たしたのである。

この危機以降、台湾海峡では安定した情勢が続いた。蔣介石は大陸反攻の目標を放棄しなかったが、アメリカの台湾に対する軍事援助が大きく増大することはなかった。むしろ、兵器の供与と兵力の配備という意味において、アメリカの援助は少しではあるが減少した。図５－１が示すように、アメリカから台湾へ最後の大々的な戦闘機の供与が行われたのは、一九六〇年のことであった。さらに、図５－２が示すように、台湾に駐留するアメリカの兵力は、台湾がアメリカの重要な基地としての役割を果たしたヴェトナム戦争が一九六五年に激化するまでの間、わずかに減少したのであった。しかし、ヴェトナム戦争の際の兵力増加は、直接的に中国に向けられたものではなく、国民党が大陸との統一に抵抗する能力を高めることを意図したものでもなかった。

それと同時に、アメリカの後継の歴代政権は中国との関係改善を試みており、その帰結として一九七一年にキッシンジャーが極秘訪中と米中両国間の和解を果たした。さらに、アメリカの台湾に対する政策は、このプロセスにおいて中心的な役割を果たした。ニクソン大統領が一九七二年に北京を訪問した際に発表された上海コミュニケにおいて、アメリカは「中国はただ一つ」という中国側の立場を認識し、「この立場に挑戦」しないことに合意した。[129] 平和的な解決への期待を強調しつつも、アメリカは「台湾にあるすべての部隊と施設」を撤退させると約束した。アメリカの台湾への支援を減少させることは中国の中心的な要求であり、この要求は明らかに領土紛争における中

国の支配力《ポジション》を強化することと関連していた。(130)

7　毛沢東後の台湾問題

毛沢東の死後、鄧小平が権力を掌握すると、鄧小平も台湾問題の引き延ばし戦略を継続した。全般的に、情勢はますます中国側に有利になっていた。一九七二年のニクソン訪中に続き、アメリカは台湾から兵力を撤退させ、一九七六年には最後の戦闘部隊が撤退した。一九七九年、アメリカは中国と外交関係を樹立し、台湾と断交した。アメリカはまた、中国が武力行使を放棄しなかったことに鑑みて台湾に対する兵器供与を継続したものの、一九五四年に締結した米華相互防衛条約を破棄した。

アメリカによる台湾支援の縮小によって、領土紛争における中国の支配力《ポジション》は大幅に強まった。毛沢東時代に、中国は台湾解放政策をとり、必要であれば武力による国家統一も行う構えであった。一九五〇年の夏にアメリカが紛争に介入すると、中国の指導者たちは、解放は中国の軍事力を強化し、アメリカの国民党支援を排除する必要がある長期的なプロセスと捉えるようになった。国交正常化の後にアメリカの台湾支援が大幅に減少すると、中国は「平和統一」政策へと転換した。一九八一年九月、葉剣英将軍は台湾を平和的に統一するための九項目を示した講話を行い、この転換を発表した。そして実質的には、中国大陸と台湾が同じ中国の一部だという前提に立つかぎり、両者間のあらゆる政治的関係が可能であることを示す、「一国家二制度」の考え方によってこの政策は具体化された。(131)

しかし、平和統一は中国が主権の問題において妥協をするというサインではなかった。台湾を占領するために必要な軍事的優勢を獲得するのを待つのではなく、中国の指導者たちは台湾の大陸に対する経済的依存を深めることによって統一を達成しようと考えたのである。(132)さらに、平和統一は対話により得られる成果を強調しつつも、武力行使を放棄する可能性を排除していた。鄧小平と他の古参指導者たちは、時は彼らの側にあり、最終的に統一が実現する可能性は高いと考えていた。香港やマカオの回復と同様に、「一国家二制度」は彼らの漢民族地域に対する主権についていっさいの妥協をしていなかった。さらに、この構想は「一つの中国」の枠内における自治を保証することによって、統一を促進する誘因になるはずであった。

鄧小平時代、一九七九年の国交樹立以降いかなるアメリカによる台湾への支援拡大についても、中国は敏感に反応し続けた。葉剣英による平和統一を示した講話以前であっても、このような出来事はこの紛争において強まり始めた中国の支配力《ポジション》を弱める恐れがあった。一九八〇年六月、ジミー・カーター（Jimmy Carter）大統領はアメリカの軍需産業二社が、台湾の老朽化したF‐5Eに替わって、FXとして知られた最先端の次期戦闘機を台湾に売却する交渉に入ることを許可した。大統領選挙においてカーター政権の台湾放棄政策を批判して当選したロナルド・レーガン（Ronald Reagan）政権の発足により、状況はさらに悪化した。その間、アメリカの台湾に対する兵器の売却は継続していた。つまり、中国が国交正常化の結果得た成果は、予想されたよりも小さかったのである。(133)

中国は行動を起こした。レーガンの当選前から、中国は兵器売却の継続に抗議をしていた。六月にヘイグ（Alexander Haig）国務長官が訪中した際、鄧小平はアメリカが台湾への兵器売却を終了させることを望んでいると指摘し、この問題は、趙紫陽首相によって一九八一年一〇月のレーガンとの会談の際にもとりあげられた。一九八一年一二月に交渉が始まった際、中国が兵器売却を縮小する明確なタイムテーブルを要求したのに対して、アメリカは一九五〇年代の米中大使級会談〔での立場〕に立ち戻り、兵器供給の縮小を中国が武力放棄をすることに結びつけるべきであると主張した。一九八二年八月に発表された米中共同コミュニケにおいて、アメリカは将来の兵器売却は過去数年の規模を超えないことに同意し、特別なタイムテーブルは設けないものの、兵器の売却を漸進的に縮小すると述べた。〔これに対して〕中国は平和統一が「指導方針」であるとの立場を示した。

外交的な妥協点が見出されたとはいえ、このエピソードはアメリカが中国の圧力に対する台湾の抵抗力を強化しようとする試みに対して、中国が敏感に反応し続けたことを物語っている。結局、アメリカは台湾に新たな兵器を供与することはなく、米中両国はソ連との対抗という観点から互いを必要としていたため、武力は行使されなかった。一九八二年の共同声明以降、アメリカの台湾に対する兵器売却は一九八〇年代を通して漸進的に縮小され、台湾が一九八〇年代末に大陸への渡航を解禁したため、台湾問題における中国の相対的なパワーはわずかではあるが増大していった。

一九八九年に江沢民が共産党総書記に就任した時、中国は引き続き平和統一という名の引き延ばし戦略をとっており、それは鄧小平が依然として中国の対外政策決定において支配的な影響力を保ち続けていたからでもあった。同時に、中国の台湾問題における支配力《ポジション》は長らく挑戦を受けないという状況が生まれた。中国と台湾の間の貿易は、とくに一九八九年以降深化し、アメリカも台湾に対する支援を目立って増大させることはなかった。中国の指導者たちにとって、たとえ曖昧な形であっても「一つの中国」原則が広く受け入れられている状況のもとで中台間の貿易が促進されるという一九八〇年代初め以降の現状は、安定的なものであった。拡大しつつある経済的な相互依存が統一をもたらすと考えたため、中国は忍耐を続けることが可能だったのである。

8　一九九五年から九六年の台湾海峡危機

一九九五年の夏、中国は台湾海峡において一連の大規模な軍事演習を行い、この演習は一九九六年三月の台湾総統選挙直前の挑発的なミサイル試射によって最高潮を迎えた。中国がこのようなミサイル外交を行った背景は、今ではよく知られたものであるが、台湾が独立傾向を強めたことやアメリカが台湾に対してより明確な支援を行うようになったことによって、台湾問題における中国〔の支配力〕が低下したという新たな認識が生まれたためであった。その転換点は、李登輝総統が母校コーネル大学での名誉博士号授与式へ出席するためのビザ発給をアメリカが認めたことにあった。中国は軍事演習とミサイル外交を国家統一への意思表示と、そのために必要であれば武力を行使することを示すために利用し、それにより台湾の独立傾向とそれに対するアメリカの支援強化を牽制しようとした。

台湾の内政と台湾問題に関するアメリカの政策が中国の指導者たちの不安感を募らせたと指摘する論者もいる。それにもかかわらず、中国の指導者たちが台湾問題において長期にわたる脆弱な立場に立たされた時に武力を行使したという点では一貫しており、この事実は本書の理論的な主張を裏付けている。[134] 一〇年以上にも及ぶ軍事的近代化にもかかわらず、この地域の軍事バランスにおける中国の立場は弱いままであった。それと同時に、台湾に対する国際的な支持が増大することで、台湾での独立への支持の高まりが、一つの中国原則のもとでの統一を実現するための基礎を弱める恐れがあった。さらに、中国の指導者たちには、アメリカがこの潮流を促進あるいは支援しようとしているように見えた。一九九五年に李登輝が訪米した時、中国の指導者たちは弱体化している台湾問題における中国の支配力《クレイム》を強化するという決意を伝えるために、行動を起こさねばならないとの結論に達したのである。

支配力の低下

中国が引き延ばしからエスカレーションへと戦略を変化させた原因は、一九九五年にクリントン（William J. Clinton）大統領が李登輝台湾総統に訪米ビザを発給する決定を下したことにある。この訪米の目的はコーネル大学で講演をするという私的なものであったにもかかわらず、中国の指導者たちはこれを強く警戒した。この出来事は、台湾問題での中国の弱い支配力《クレイム》に影響する政治的圧力を生む二つの重要な要因を具現した事件であった。一つは、台湾が正式な独立へと向かうこと、もう一つはこの変化をアメリカが後押ししようとしているとの認識である。この二種類の圧力は、一九五〇年代の後半以来着実に発展してきたものの、いまだ台湾を攻略するには脆弱な軍事力と相まって、支配力《クレイム・ストレングス》の低下を中国の指導者に認識させることとなった。

異なる三つの変化により、中国の指導者たちは、李登輝が台湾への国際的な承認を獲得し、最終的には中国からの法的な独立を実現するために「分離主義的な」目的を追求しているのだと確信するようになった。第一の変化は台湾の民主化であり、それは台湾内部で独立を志向する勢力により大きな国内的、国際的な正統性を与えることになった。[135] さらに、民主化により、台湾において四〇年間も権威主義的統治を敷いていた国民党政権が続けてきた「一つの中国」原則を台湾海峡の両岸が受け入れ続けるという状態が、打ち砕かれたのである。一九八七年、蔣経国総統は戒厳令を解除することで台湾の民主化を促進した。この変化の一つの重要な要因は、それまでは「党外」と呼ばれてきた野党、とくに台湾独立を党是の一つとする民主進歩党（ＤＰＰ）の存在が合法化されたことにあった。(訳注3) メディアの自由化やあらゆるレベルでの選挙の拡大は、独立を志向する台湾人に自己主張を行う機会を与えた。(136) これらの変化を反映して、台湾独立を支持する台湾世論は、一九八九年の八パーセントから一九九四年四月には二七パーセントにまで増加した。(137)

国民党はこのような有権者の傾向への反応として台頭する、民主進歩党を取り込むため、選挙において統一を支持する姿勢を減退させた。中国政府から見れば、台湾が一九九一年に「国家統一綱領」を採択し、「反乱鎮定動員時期」を終了させたことは、かつて国民党と共産党の間で共有されていた「一つの中国」原則が浸食されていく第一歩であった。「国家統一綱領」は台湾海峡の両岸が別々に統治されてきたことを認識し、台湾はもはや大陸の「回復」を目指すことはないが、双方にとって利益となる時が来れば、平和的な連合を目指していくことを示した。(138) 一九九三年の郝柏村行政院長の辞職は、台湾において「一つの中国」原則への支持が減退しつつあることのもう一つの現れであった。退役した総参謀長として、郝は国民党強硬保守派であり、統一に身を捧げていた。李登輝が自身の権力基盤を整えるために画策した郝の失脚は、与党国民党の中でも大陸出身の政治家の影響力が弱まっていることの証左であった。(139)

中国の指導者たちを悩ませた第二の変化は、台湾が国際社会において自己の承認や正統性の主張を強めたことである。一九九〇年代初頭から、台湾は柔軟で活発な、公式、非公式な外交を展開してきた。台湾は全体として、東西ドイツや南北朝鮮にならって二重承認を認めることで、国際的な立場を強化しようとする「実用主義外交」を採用した。中国にとって、この二重承認は「二つの中国」を作り出すものであり、一九五〇年代の毛沢東や周恩来が強硬に反対してきたものであった。民進党の綱領に対抗するために、一九九三年に李登輝は国連をはじめとする国

（訳注3）　民主進歩党が党綱領に台湾独立を明記したのは、一九九一年である。

家主権を前提とする国際機関への加盟を実現するためのキャンペーンを行った。この試みは成功しなかったが、台湾の将来的な意思を北京に対して示すこととなった。李登輝と連戦行政院長も東南アジア諸国へのいわゆる「休暇外交」を行い、私的訪問を活用して公式な外交活動を行い、台湾に対する国際的な支援を拡大した(140)。こうして一九九五年の初頭までに、台湾が国際社会における支持と正統性を拡大しようとしていることは、すでに明らかな趨勢となっていた。

一九九四年五月に李登輝が日本の作家である司馬遼太郎と行った対談は、このような負の趨勢が最高潮に達した最中に行われた。北京から見ればこの対談は、たとえば〔司馬が「台湾は台湾人の国ですね」と問うたのに対し〕「台湾人のもの〔国〕でなければいけない。これは基本的な考え方です」のように中国人の怒りをかき立てるような主張に満ちていた。また、李登輝は自身をモーゼになぞらえ、彼らの民、つまりは台湾人を導き、抑圧者である中華人民共和国から逃れさせるつもりだということを示唆していた。李登輝はさらに、台湾はつねに外来政権の支配を受けており、国民党は「台湾人を治めにやってきただけの党だった」と主張した。最後に、李登輝は大陸の領土的一体性自体にまで挑戦し、「台湾がもし独立を宣言すると北京も怖いはずです。チベットや新疆も独立をいいだすかもしれない」と主張した(141)。新華社の論説が書いたように、李登輝は「少しずつ彼の本性を隠さなくなってきた」のであった(142)。

中国の指導者たちを警戒させた第三の変化は、台湾海峡両岸の関係を緊密化させるための交渉が行き詰まりを迎えたことにある。一九九三年四月、台湾海峡両岸関係における準公式的な主管部門のトップである汪道涵と辜振甫が、シンガポールで会談した。中国の指導者たちはこの会談を、準公式的な機関を通じた交渉ではあるものの、国家統一へ向けた交渉の第一歩と位置づけていた。一九九五年一月、江沢民は春節の演説において、双方が交渉を始める際の前提となる八項目を提案した(143)。この文書は、双方が公式に敵対状況を終わらせるために交渉を行うことを提案し、「一つの中国」原則のもとではいかなることも交渉可能であると述べていた。台湾側は四月にこれに応え、李登輝が公式談話を発表して、交渉は大陸側が武力の行使を放棄し、分裂統治〔されている現実〕を認めた後にのみ可能となると述べた(144)。

台湾自体の動向に加え、中国が支配力《クレイム・ストレングス》の低下を認識した二番目の要因は、台湾が独立へと動くのをアメリカが支援しているとの評価であった。中国から見れば、ジョージ・ブッシュ（George H. W. Bush）大統領が一九九二年の大統領選挙期間中に一五〇機のF－16戦闘機を台湾に売却すると認めた頃から、アメリカは台湾に対する支援を増大させていた(145)。その動機は主に国内政治的要因から来るものであったが、中国から見れば台湾への兵器売却は象徴的な意味を持つ、危険なものであった。中国にとって、一〇年あまりの間で最大のこの兵器供与計画は、アメリカが台湾に対する兵器売却と間接的な軍事援助を縮小すると約束した一九八二年の共同コミュニケに違反するものであった。一九九三年に大統領に着任すると、クリントンは対台湾政策を見直し、一九九四年九月に台湾に対する公式的な儀礼を格上げすることを決定した(146)。一九九四年一二月、台湾への公式訪問中に、フェデリコ・ペーニャ（Federico Pena）運輸長官は、総統府において李登輝と公式会談を行った(147)。中国から見れば、これらの行為は、台湾による実用主義外交の目標どおりに、米台の関係が緊密化していることを示していた。

台湾独立への支持の高まりの文脈のもとで、李登輝による一九九五年六月の訪米は火に油を注ぐ格好となった。クリントンは、アメリカの上下両院が圧倒的多数で「議会の精神」に則って李へのビザ発給を決定するのを待って、李の訪米を許可した。このたった一カ月前、クリストファー（Warren Christopher）国務長官は中国の銭其琛外相に対して、李総統へのビザ発給は「アメリカと台湾の間の非公式の関係にはそぐわない」だろうと、一つの中国政策に基づいて述べていた(148)。さらに、クリントンが決定する前々日に、国務省は中国外交部に対して、李登輝訪米は許可されないと保証した。中国政府から見れば、ビザ発給は単に李登輝による台湾の国際的地位を向上させる戦略を直接的に支援するのみならず、アメリカの政策の明確な後退であった。一九七九年以来、台湾からラテンアメリカ諸国へ渡航する際のトランジット以外のいかなる理由においても、アメリカは台湾の高官が入国することを認めてこなかったのである。

さらに、クリントンの決定は、米中関係において緊張感が増していた時期に下された。天安門事件以降、米中関係は疑念と相互不信によって損なわれており、それは李登輝訪米前の数年の間に深刻化していたようであった。一九九三年九月、アメリカ海軍の兵士が、イランへの化学兵器を輸送中であると考えられた中国の貨物船である銀河号を臨検した。一九九四年一〇月、アメリカ議会は二〇〇〇年オリンピックの中国開催に反対する決議を可決し、またアメリカ政府は中国が世界貿易機関（ＷＴＯ）の正規加盟国となることにも反対し続けた。一九九五年初頭、アメリカは市場アクセスと知的財産権の侵害を理由に、中国に経済制裁を課そうとした。一九九五年五月、李登輝訪米の直前、ミスチーフ諸島での事件後の南シナ海において、アメリカは航行の自由が維持されるよう関与するとの公式声明を発表した。(149)

李登輝の訪米により、彼が台湾の事実上の独立を実現しようとしているのではないかという、中国の指導者たちにとっての最悪の恐怖は確かなものとなった。アメリカを訪れ、コーネル大学で中華民国総統として講演を行うことにより、李は国際的な知名度と台湾内部での人気を高めることができた。講演において、李登輝は頻繁に「台湾の中華民国（中華民国在台湾）」に言及し、それは北京をさらに怒らせた。(150)そして、中国の側から見れば、この訪問を認めることで、クリントン大統領は台湾独立への動きを直接的に支援、促進したのであった。このように、劣勢に立たされたという中国の認識を反映して、新華社の論評は李の訪米を「外国人の支援によって台湾の地位を上昇させ、国際社会が台湾の『政治的地位』を認める『ドミノ効果』を起こすために、精巧に計画されたものだ」と評した。(151)

軍事演習とミサイル外交

李登輝訪米後、中国の指導者たちは弱まった支配力《クレイム》を強めるための行動をすばやく起こした。プロパガンダの場で、中国政府は李登輝個人と台湾独立という考えに対する集中攻撃を行った。八月中旬までに、四〇〇編以上の記事や論評が発表された。(152)中国政府はさらに、一九九五年七月に予定されていた第二回汪道涵・辜振甫会談もキャンセルした。しかし、最も深刻な反応は、台湾独立に反対し、国家統一のために必要ならば武力行使をも辞さないという中国の姿勢を示すために、一連の弾道ミサイル試射や実弾を用いた軍事演習を行うという決定を下したことであった。新華社の論評によれば、「中国の統一という偉大な大義の実現を阻んだり、攻撃したりするようないかなる分裂主義の試みも手をこまねいて座視することは決してしない」ということであった[153]。香港紙によれば、「北京にはもはや、李登輝が堂々とアメリカを訪問し、二つの中国を作り出すことを受け入れるような寛容さはない。つまり、李が二つの中国を作り出すための次なる行動に出れば、（共産党の）反応はますます強硬化するであろう」という状況であった[154]。

中国の指導者たちは李の挑発に対して、断固たる対応が必要であると判断した。文民と軍事指導者の間に軋轢が存在したとの報道も存在するが、それとは対照的に、江沢民と李鵬や劉華清上将などを含む幹部は皆、強硬な措置をとる必要性を確信していた[155]。つまり彼ら全員が、中国は台湾問題において劣勢に立たされつつあり、その趨勢を食い止めるべきであると認識していたのである。短期的には、台湾による国際的地位向上を支援するアメリカの試みに他国が続くことを阻止する必要があった。またより長期的に見れば、中国は台湾が正式な独立を達成し、アメリカがそれを支持するような事態を防ごうとしていた[156]。銭其琛外相に率いられた中国の外交官たちは、強硬な外交的、政治的対応を主張し、将軍たちは「演習」という形の軍事的示戒行動を主張したのである[157]。

一九九五年七月初め、江沢民は人民解放軍へ台湾に対して軍事力を誇示するための計画を立てるよう指示した。七月半ば、人民解放軍は、台湾における一九九五年一二月の立法委員選挙と一九九六年三月の総統選挙にあわせて軍事演習とミサイル試射を行う計画を提出した。そして七月一八日、中国は海空軍の演習にあわせたミサイル試射が、台湾に近接した福建省の沿海で翌週に行われることを発表した。それから七日間のうちに、四発のＭ－９弾道ミサイルと二発のＤＦ－21弾道ミサイルが台湾島から一〇〇マイル北に設定された目的区域に向けて発射された。八月一〇日、新華社は八月一五日から二五日にかけて追加のミサイル試射が行われる旨を発表した。これらはおそらく、中国のミサイル部隊である第二砲兵部隊の定期的な演習であったが、公式な声明はこれを明らかに台湾における危機と結びつけていた[158]。

続く数カ月の間に、台湾海峡をめぐる政治情勢の展開にあわせて、追加の軍事演習とミサイル試射が行われた。

秋には、一〇月に行われた一連の軍事演習を江沢民が視察するタイミングにあわせて、威嚇の試みがはじまった。中国の指導者たちは、台湾での来るべき立法委員選挙と総統選挙の結果が、さらなる中国からの独立傾向を示し、恒常的な軍事力の誇示といった、より強硬な反応が必要となるのではないかという点をますます心配するようになった。一一月、南京軍区は、実際の攻撃を行う戦争区域（戦区）の指揮系統を設置することも含む、合同軍事演習を行った。一一月に行われたこれらの軍事演習は、台湾における一二月の立法委員選挙を目前に控えた、二週間の選挙期間にあわせて行われた。中でも最大規模の最も危険な演習が行われたのは、一九九六年三月二五日の総統選挙を前にした、三月八日から二五日にかけてであった。これらの演習にはミサイル試射と台湾上陸作戦を想定した合同実弾演習も含まれていた。最も不気味な点は、ミサイル試射の標的区域が台湾最大の港である高雄港と基隆港の近くに設定され、台湾を封鎖することを想定しているかのようだったことである（地図5－1を参照）。

これらの演習の目的は明確である。中国の指導者たちは台湾で続く独立傾向や国際的な正統性の高まりに対処する一方で、アメリカの台湾に対する支持を阻止しようとした[159]。ある中国人研究者は、その目的は国家の再統一と領土の一体性を守るという「中国の決意を世界に示す」ことであったと述べている[160]。中国の高官による公式声明は、このような解釈を明らかに裏付けている。中国外交部の沈国放報道官によれば、「アメリカはさらなる打撃を回避するために行動しなければならない…（中略）…間違いを正すかどうかはアメリカ次第である。…（中略）…われわれが行おうとしていることは、アメリカに中米関係の重要性を再認識させ、関係を正常な軌道に戻すこと」なのであった[161]。新華社の論評は、「もしも台湾を祖国の地図から切り離そうとする者がいようならば、中国人民は必ずその血と生命を賭けて領土の一体性と国家の主権を守るだろう」と述べた[162]。しかしながら、一九九六年三月に行われた中国のミサイル試射と軍事演習は李登輝の総統当選と、次節で議論するような台湾の指導者による独立の追求を阻むことに失敗したのであった。

9　一九九〇年代後半に回避された危機

回避された危機についても簡単に分析することで、中国が台湾問題において領有権を主張する支配力《クレイム・ストレングス》の強さについて認識する際に、アメリカの政策が果たしている中心的な役割を理解することができるだろう。以下の二つのエピソードが示すように、台湾が挑発的な行動をとったものの、アメリカが台湾の正式な独立へ向けた動きや国際的な正統性の強化を支持しないと示したことによって、危機は回避された。

一九九九年、李登輝総統はさらにもう一つの危機を起こす恐れがあった。七月に行われたドイツのテレビ局によるインタビューにおいて、彼の発言が台湾独立を示唆したように見えたからである。ここで李は、中華民国は「一九一二年に建国された主権国家である」と述べた。そして、一九九一年の中華民国憲法の修正によって、「両岸関係は国と国の関係になっており、したがって、すでに独立を宣言する必要はない」と述べたのである。一九九一年の憲法追加修正条項の第一〇条は、憲法が適用される地理的範囲が台湾に限られていると定めている。李は、この修正こそが、「両岸関係を国と国の関係、少なくとも特殊な国と国の関係と規定しており、もはや国際社会における正統政権と反乱団体の関係、または中央政府と地方政府の関係ではない」と述べた[163]。つまり、台湾は正式に独立を宣言しなくとも、すでに独立していると李は主張したのである。中国の指導者は、李による国家と国家の関係という定式化をすぐに「二国論（両国論）」と呼び、新たな台湾独立への動きであるとして警戒した。

中国政府は李を批判する強硬な声明をもってこれに反応し、李登輝を批判し、台湾の政策が〔独立の方向に〕変化する可能性に反対する意思を表明した。これらの発言は基本的に、中国が再び武力を行使することも考慮していることを示唆していた。七月一三日、外交部の朱邦造報道官は、台湾に中国の決意を過小評価しないよう警告した。李は「崖の瀬戸際で手綱を引き、あらゆる分離主義的な活動をすぐに終了する」よう警告された[164]。さらなる警告として、五つの論説のうち最初の論説として、七月一五日の『解放軍報』記事は「火遊びをするな」と警告した。この論説は中国が「たとえ一インチでも祖国の領土を分離させようとする運動を、決して座視することはない」とも述べている。[165] 同様に、遅浩田国防部長も人民解放軍は「中国の領土を保全したり、国家の分断を図るいかなる企てをも挫いたりするための準備がある」と述べた。[166]

深刻化する危機的状況に反応して、アメリカはすぐに李の試みに反対する姿勢を示した。二国論への不支持を明確化することによって、アメリカ政府は中国に対して、統一への望みについて再保証しようと考えたのである。七月一三日、国務省のルービン（James Rubin）報道官は一つの中国政策をアメリカが守るつもりであることに繰り返し言及した。彼はクリントンが一九九八年の訪中で初めておおやけに示した「三つのノー」にも繰り返し言及した。[167] くわえて、アメリカは同様の自制のメッセージを伝えるために、一連の米中会談をアレンジした。七月一四日、アメリカのジョンソン（Darryl Johnson）駐台湾代表は李登輝と会談し、アメリカの一つの中国政策の遵守を再確認した。[168] タルボット（Strobe Talbott）国務副長官は同様に、ワシントンで中国の代理大使と会談した。最も重要なのは、七月一八日、クリントンは江沢民と三〇分間の電話会談を行い、アメリカの一つの中国政策に対するコミットメントと北京・台北間の対話を望むという意思を伝えたことであった。[169] 七月末、クリントンはこのメッセージを確認するために、補佐官であるロス（Stanley Roth）国務次官補を北京に、ブッシュ（Richard Bush）アメリカ在台湾協会理事長を台北に派遣した。[170]

夏の終わりにかけて、中国と台湾の間の緊張はある程度緩和した。一九九五年から九六年の危機とは異なり、アメリカはただちに公的あるいは私的なチャンネルを利用し、李登輝による台湾の国際的な正統性を高めようとする試みを支持しないことを伝えた。その結果、台湾は主張を後退させ、李登輝の発言が政策変更を反映したものではないことを強調するようになった。[171] 反実仮想的分析によってすべての要因を操作できるわけではないが、アメリカの反応が異なるものであったら、とくにアメリカが李登輝を支援し、鼓舞していたとしたら、中国の指導者たちは彼らの支配力《ポジション》がさらに低下したと結論づけた可能性は非常に高い。一九九九年の夏、米中関係はとくに緊張していた。二月に朱鎔基首相が訪米した際、クリントンが中国のWTO加盟に関する最終交渉を拒否したため、彼は当惑することになった。五月にＮＡＴＯがコソボ紛争に介入した際、アメリカ空軍機がベオグラードの中国大使館を誤爆すると、北京のアメリカ大使館前では激しい抗議運動が発生し、米中関係は急速に悪化した。この文脈でアメリカが李登輝を強く支持すれば、台湾問題において劣勢にたたされているとの中国の認識は強まっただろう。当時の疑念や相互不信を考えれば、中国の指導者たちは李登輝への支持をアメリカの反中国政策への転換の一環と解釈したかもしれない。

二〇〇二年に、陳水扁総統は、李登輝が残した筋書きを引き継いで、台湾の地位に関する新たな変更を打ち出すために演説を行った。八月三日に東京で開催された世界台湾同郷会第二九回総会において、陳総統はビデオ会議を通じて発言した。中国の観点からは独立宣言と解釈されるような、台湾の主権に関する強力な主張を展開し、彼は「台湾はわれわれの国家であり…（中略）…他の国の一部分ではないし、他の国の地方政府でも一省でもない…（中略）…台湾は主権独立国家である」と述べた。陳は彼自身の台湾の国際的地位に関する定式を「それぞれが一つの国（一辺一国）」というフレーズで表現した。とくに、陳は「台湾と対岸の中国はそれぞれが一つの国であり、明確に区別しなければならない」と述べた[172]。陳はその後、大陸に対する台湾の位置づけを問う住民投票を行うという構想を明らかにし、中国の指導者たちに警戒された。

中国はふたたび強硬な主張をもってこれに反論し、陳の発言とそれらが統一に与える影響を非難した。ふたたび、台湾海峡の情勢がエスカレートすることを回避するために、アメリカは陳の明確な政策転換の動きを支持しないことをただちに表明した。八月五日、アメリカ国務省報道官が一つの中国政策を支持し、「われわれの政策は全く変化していない」と述べた。八月七日、国家安全保障会議（ＮＳＣ）の報道官もこのメッセージを繰り返し、アメリカは「一つの中国政策をとり、台湾独立を支持しない」と述べた[173]。この報道官は、ホワイトハウスは陳の八月三日の発言が独立を呼びかけるものではないと確信しているとも述べた。八月末、以前から予定されていた訪問で北京に滞在中であったアーミテージ（Richard Armitage）国務副長官は「アメリカは台湾独立を支持しない」とはっきりと述べたのである[174]。

一九九九年の懐疑的な立場とは異なり、中国はアメリカによる声明の意図的な役割をただちに認めた。たとえば、『人民日報』は「アメリカは台湾独立を支持しないと繰り返した」と報じた。[175]また二〇〇二年には、中国が暴力的な反応を行うには不利な要因が数多くあった。米中関係は一九九五年や一九九九年に比べると遥かに強固な基盤に支えられており、米中両国は一〇月のテキサスでのブッシュ大統領と江沢民主席の会談を行う準備をしていた。より大きな視点から見れば、二〇〇一年の九月一一日以降の米中関係は、二〇〇一年四月に発生した米中軍用機衝突事件で迎えた最低の状態から回復しようとしていた。さらに、台湾の経済的不況により、中国の指導者たちは国家統一への長期的な見通しに関してより楽観的になることができた。しかし、もしもアメリカ政府がただちに、しかも明確に陳水扁を支持しないという姿勢を示さなければ、中国の指導者たちは異なる状況評価を行い、より攻撃的な行動を考慮した可能性が高い。

10　結　論

中国の指導者たちにとって、国家統一の問題は他のいかなる領土紛争よりも重要なものである。その重要性ゆえに、これらの領域に関して妥協は有効な政策オプションとは見なされない。さらに、中国の指導者たちは統一を達成する見通しを減退させたり、阻んだりする恐れのある要因に対してとくに敏感に反応する。香港やマカオをめぐる問題において、中国はこれらの領土が小さいことや中国と陸続きの国境を有していることにより、非常に強い支配力《クレイム》をもっていた。軍事的に、中国が一九四九年以来これらの領域をいつでも占領できたことは、逆説的ではあるが、これらの紛争を解決する緊迫性を減少させた。

これとは対照的に、中国の台湾をめぐる相対的な支配力《ポジション》は非常に弱いものであった。脆弱な立場にあったため、中国の指導者たちは、すでに弱い支配力《クレイム》がさらに弱体化することに敏感になり、台湾問題における決意を示すために武力を行使する意思を強めたのであった。毛沢東時代に中国が武力による台湾解放を目指した時は、アメリカが国民党に対する支援を増大させたことによって、中国の支配力《ポジション》は弱まり、国家統一の可能性はさらに減退することとなった。一九六〇年代から一九七〇年代にかけて、アメリカの対台湾支援が減少したことによって、台湾海峡に安定した時期がもたらされた。中国の支配力《クレイム・ストレングス》は弱いままであったが、相対的な立場は改善し始め、とくに一九七九年にアメリカが中国を承認した後にそれが顕著となった。鄧小平時代と江沢民時代に、中国が外交による統一を模索し始めた後は、台湾の民主化によって「一つの中国」と将来的な統一という主張に対する台湾内部の支持が弱まったため、台湾問題における中国の立場に新たな種類の圧力が加わることとなった。台湾において高まる自立の要求に対するアメリカの支援は、台湾問題における〔支配力の〕低下を生み出したため、中国の指導者たちは一九九五年から九六年にミサイル外交によってこれに対抗しようとしたのである。

第6章　島嶼部における紛争

島嶼部における紛争において、中国は海洋の辺境を守ろうとしてきた。中華人民共和国が成立した時点では、中国は島嶼部をほとんど支配下に入れていなかった上に、海岸線を越えて軍事力を投射する能力を欠いていたため、この目標の達成は困難であった。中国やその他の沿海国にとって、パラセル（西沙）諸島、スプラトリー（南沙）諸島、尖閣（釣魚）諸島の価値は、その経済的・戦略的重要性にあった。島嶼に対する支配は、海洋権益を主張したり、海上交通路（SLOC）を守ったり、その地域に海軍力を投射するために欠かせない重要な要素であった。一九八〇年代に海軍司令員であった劉華清上将によれば、「南沙諸島を制する者は、巨大な経済的、軍事的利益を制す」[1]のである。

島嶼部では主権の重要性が高いため、中国はこれらの領土紛争に強い態度で臨んでおり、全般的に協調よりも解決の引き延ばしを好む傾向にある。ただ一つの例外を除いて、中国は島嶼部の主権について協議の席についたことがなく、係争島嶼についての主張を取り下げる意思を少しも見せたこともない。中国はこうした紛争において一貫して解決の引き延ばしを選択しており、それは一九七四年と一九八八年に新たな領土を占領することで主張を強めた時でさえも変わらなかった。この一貫性は特筆すべきである。

中国は二つの紛争において、武力を用いて島嶼を占領した。一九七四年、中国は南ヴェトナムが実効支配していた西パラセル諸島のクレセント群島を占拠し、また一九八八年にはヴェトナムとフィリピンが領有を主張するスプラトリー諸島の六つの礁を占拠した。どちらの例においても、中国が自国の弱く劣勢な支配力《クレイム》を強化しようとしたことが暴力的な衝突を引き起こしたのである。一般論として島嶼部は価値が高いため、中国は自国の弱い支配力がさらに低下することがもたらす長期的な影響に対して神経質であった。最大の島嶼部であるスプラトリー諸島においては一九八八年まで物理的プレゼンスがなかったため、この弱さはさらに悪化することになった。島嶼部領土の価値が高まった一九七〇年代以降、他国による係争島嶼の占領が紛争における中国の相対的支配力《ポジション》に脅威を与えるようになる中で、中国は武力を使用するようになった。

1 引き延ばし戦略の優勢

一九四九年以降、中国はホワイト・ドラゴン・テイル（白龍尾）島についてのみ妥協したが、パラセル諸島、スプラトリー諸島、尖閣諸島をめぐる紛争においては解決を引き延ばしするか、武力を行使してきた。(2) 紛争において解決の引き延ばしを選択するのは、それを有利にする要因があるからである。一九四九年以降、島嶼部の経済的重要性は継続的に上昇しており、とくに一九七〇年代に世界的な海洋資源への関心が高まった。多くの国家は島嶼部が、一九八二年の海洋法に関する国際連合条約（ＵＮＣＬＯＳ）において水中や海底の自然資源に対する権利を求める根拠となる排他的経済水域（ＥＥＺ）を主張するための道具となると考えた。その結果中国も含む沿海国は、島嶼が海洋権益を決める基線となるため、島嶼に対する領有権主張をめぐる交渉において強硬に出て、最適な解決ができるまで交渉を引き延ばそうとしてきた。

同時に、島嶼部は国家にとって紛争を続けることによるコストがかからない。領有権主張を維持するためには、少数の部隊の象徴的なプレゼンスだけで十分である。個々の島は周辺海域や空域の支配なくしてはほとんど防衛できず、中国を含めた関係諸国はこれを欠いているため、こうした部隊は仕掛け線（トリップワイヤー）としての役割を果たすのである。また島嶼に対する領有権主張は、二国間関係を損ねることもなければ、領土紛争のコストを上昇させて妥協へのインセンティブを作り出すこともない。孤立した無人の島嶼は、漢民族居住地域の領土的一体性や人口密集地の安全保障といった死活的な安全保障上の利益に関わらない。そのため、国家が互いの意図を探る際に領土紛争が与える負の影響は限定的なものとなっている。

最後に、国共内戦をめぐる政治問題により、中華人民共和国が妥協を考慮する余地は制限されてきた。中国国民党も中華民国の名のもとにパラセル諸島、尖閣諸島、スプラトリー諸島に対する領有権を主張しているため、紛争における大陸の立場は「一つの中国」の支配権に対する主張に直結する。どちらの側の妥協も、中国の正統政府を名乗る主張を弱めてしまうのである。

辺境部における領土紛争とは対照的に、外部からの脅威が島嶼部をめぐる紛争における中国の妥協の試みを説明できる。一九五七年、中国はトンキン湾の中間に位置するホワイト・ドラゴン・テイル島を北ヴェトナムに移管することで合意した。残念ながら、この紛争とその解決についてはわからないことが多い(3)。ある内部資料によれば、毛沢東は北ヴェトナムのアメリカに対する闘争を支援するために島の移管を命令した(4)。当時、アメリカはゴ・ディン・ジエム（Ngo Dinh Diem）政権に対する支援を強化し、共産主義封じ込めのための多国間安全保障条約である東南アジア条約機構（ＳＥＡＴＯ）の設立を通じ、中国の南方におけるプレゼンスを強化していた。アメリカのこの地域における二国間同盟とともに、アメリカが南ヴェトナムへの関与を深めていったことは、南方からの脅威にさらされ、包囲されるという中国の認識をさらに強固なものにした。こうした環境の中で、領土に関する譲歩を通じて同盟を強化することは、将来どのような価値を持つのかわからない島嶼に固執し続けることよりも重要であった。

しかし、この譲歩はいくつかの理由で例外的なものであったと言える。当時、中国を含めた東アジア諸国は海洋資源を守るための島嶼部の重要性を十分に理解しておらず、この島は経済的価値がほとんどないものと考えられた。

この海域で石油は見つかっておらず、また海洋に関する法的レジームはまだ揺籃期にあった。その後のトンキン湾の境界画定に向けた動きの中で、ヴェトナムがこの島を基線として湾の三分の二の面積の領有権を主張したことで、この島が争点となった。(5) それに加えて毛沢東の個性も影響した。毛沢東は社会主義の理想主義に影響されており、彼にとって領土主権はイデオロギー上の同盟国を守ることほど重要ではなかったと論じる中国人研究者もいる。(6) 最終的には一九五八年、南ヴェトナムも領有権を主張していたパラセル諸島およびスプラトリー諸島に対する中国の領有権を、北ヴェトナムが認めるのと引き換えに、ホワイト・ドラゴン・テイル島の支配が北ヴェトナムに移管されたようである。この交換説を直接的に裏付ける資料は見当たらないものの、一九五八年における北ヴェトナムの決定のタイミングは、この興味深い可能性を示しているように思われる。(7)

ホワイト・ドラゴン・テイル島について譲歩して以後、中国が島嶼部の紛争においてふたたび妥協することはなかった。その代わり、いくつかのエスカレーションの事例を除き、中国は島嶼部をめぐるほとんどの紛争において解決の引き延ばしを選択してきた。(8) この戦略は鄧小平の「紛争を棚上げし、共同開発する（擱置争議、共同開発）」という原則に即したものであった。パラセル諸島において引き延ばし戦略を用いたことで、中国はその領有権主張を強化する時間を稼ぐことができた。一九七四年の衝突以前、中国は一九五〇年に占領したアンフィトリーテー群島の支配を強化することに関心を集中させていた。クレセント群島を奪取した後、中国はヴェトナムに群島全体に対する中国の支配を認めさせるために、解決を引き延ばし続けた。引き延ばしによって時間を稼いだことで、中国は現状の固定化を進め、一九九一年ウッディ島に飛行施設を建設したことをはじめとして、島嶼部に設備を建設することができた。さらに、ヴェトナムは繰り返し協議の開催を要求したものの、中国はこれら群島の主権に関していかなる話し合いを持つことをも拒否した。

スプラトリー諸島において、中国は他の当事国と話し合いの場を持ったものの、主権についての協議には参加しなかった。こうした話し合いにおける議論の焦点は、あくまで主権ではなく、危機管理や共同開発に当てられていた。一九九〇年代の陸上国境をめぐる交渉の中で、中国とヴェトナムは、一九九五年七月にスプラトリー諸島についてのみ議論する海上問題専門家グループ（海上問題専家小組）を立ち上げた。[9] この専門家グループは、ほぼ毎年会議を開いたが、議論は主権問題についてではなく、南シナ海の海事における協力を深化させることに集中していた。[10] ただし将来的にはこの会合において主権問題が扱われる可能性もある。

同様に、一九九四年のミスチーフ礁占領後、中国はフィリピンとの間で、スプラトリー諸島をめぐる協議を数度にわたって開催した。しかしヴェトナムとの協議と同じく、これらはあくまで主権ではなく危機管理を扱うものであり、紛争における中国の引き延ばし戦略を反映したものであった。一九九五年八月、両国は紛争の「平和友好的」な解決に合意する二カ国間の行動規範に署名した。[11] 一九九七年七月、中国とフィリピンは追加協議を行い、係争海域における行動の事前通知について合意した。[12] こうした協議は緊張緩和のための努力の一環であったが、両国の主権の主張には触れないものであった。さらに、フィリピンが繰り返し認めたように、こうした合意はミスチーフ礁に対する中国の立場とその支配を強固にするものであった。

最後に、一九九四年のミスチーフ礁占領に続き、中国は〔一九九九年より〕東南アジア諸国連合（ASEAN）との間でスプラトリー諸島をめぐる行動規範についての協議を行った。三年後の二〇〇二年、協議の成果として中国・ASEAN間の「行動規範に関する宣言」が出された。[13] こうした規範に関する交渉は一九九九年に開始されたものの、中国とASEANの草案は、無人の島・礁への建造物構築や占拠の禁止など最重要事項について同意できなかった。[14] 草案にも最終的な宣言にも主権や海洋権益への言及は含まれなかったが、中国は、二〇〇二年の宣言においてわずかに譲歩し、宣言には一九九九年のASEAN提案の表現がほとんど取り入れられたのに対し、中国提案は用いられなかった。この譲歩は、中国の対ASEAN関与政策、そして地域への外交的関与に与える紛争の影響を最小化しようとする努力の一環であった。[15]

紛争の引き延ばしは、尖閣諸島に対する中国の主要アプローチでもあり続けてきた。中国と日本はこの島と岩の主権について協議したことがない。一九七八年の日中平和友好条約交渉の中で両国はこの島について議論したことがあるものの、これは協定から紛争を隔離させるために行ったものであった。[16] 中国指導部は一貫して引き延ばし戦略をとり、時間を稼ぐとともに、日本との関係悪化を避けようとした。たとえば一九七八年、鄧小平は引き延ばし戦略について述べ、「この問題を少し放っておいても構わない。たとえば一〇年間放っておいても問題ない。われわれの世代はこの問題を話し合ってうまく解決するほど賢くない。次の世代はもっと賢いであろう。彼らが皆に受け入れられる解決策を見つけてくれるだろう」と語った(17)。さらに、中国は一九九〇年代中期に台湾や香港の活動家が尖閣諸島に旗を立てようとした際にも、一貫してこの戦略をとり続けたのである。中国指導部は尖閣諸島に対する主権を主張し続けたものの、こうした活動家を支持することはなかったし、北京において尖閣諸島に関する反日デモを起こすことを厳しく制限した(18)。

一九七〇年に初めて領土の主張を打ち出して以来、中国が日本の実効支配に対する挑戦を思いとどまってきたのは以下の要因による。第一に、日本とアメリカの同盟は、日本の施政権の及ぶ範囲を防衛するとしており、これには尖閣諸島も含まれている。第二に、中国の改革のカギとなる外国投資や技術の供給元として日本は非常に重要である。第三に、政府が強硬な宣言をすることで、国内における反日感情に火をつけ、これが制御不能になったり、中国共産党への反対へと転じたりしうることを政府は自覚している。また中国指導部はこの問題を提起することは実質的な成果を生みださず、すでに緊張状態にある関係をさらに悪化させるであろうことに気づいているのである。

中国は島嶼部をめぐる紛争において引き延ばし戦略を用いてきたものの、二度にわたってこのような紛争において武力を行使したことがある。本章では以下においてこれら二つの紛争を検討し、どちらの例においても中国は、他国が係争中の島嶼を占領したり、海洋権益を主張したりすることで、自国の長期的な支配力《クレイム・ストレングス》が弱まることに対抗しようとしたことを検証する。どちらの事例においても、中国は海軍力を強化することで、それまで不可能であった武力行使という選択肢を可能としていた。しかし同時に、中国は容易にそのような選択肢を採用したわけではない。そうではなく、中国はその支配力が脅かされた時に強化された海軍力を用いたのであった。そのような挑戦を受けない限り、中国は全般的に武力の行使を避けてきた。

2　パラセル諸島の併合

一九七四年一月一九日、中国軍と南ヴェトナム軍がパラセル諸島をめぐって武力衝突を起こした。戦闘が終結した時点で、中国は諸島西側のクレセント群島をヴェトナム共和国〔南ヴェトナム〕軍より奪取し、それによって係争中のすべての島・礁に対する支配を強化した。両国ともに〔戦闘の結果〕多くの死傷者を出した。南ヴェトナム軍は、死者一八名、負傷者四三名、行方不明者一六五名を出し、行方不明者のうち一部は中国に降伏し、一部はその後公海上で救助された。人民解放軍海軍は死者一八名、負傷者六七名を出した。(19)

衝突は中国がパラセル諸島とその周辺海域における物理的なプレゼンスの強化を決定したことを原因としていた。その決定後に中国がとった行動はすぐに高次の武力行使へとエスカレーションした。一九七〇年代初頭、海洋権益の重要性が高まったことで、石油資源開発の権益を主張する根拠となりうるパラセル諸島のような沿海島嶼部を支配することの価値が高まった。尖閣諸島やスプラトリー諸島〔中国が領有権を主張する最大の群島〕において中国は不利な地位にあり、スプラトリー諸島において島・礁占領などによって他国が支配を強化すると、中国のバーゲニング・パワー〔交渉を有利にする物理的な力〕はさらに弱まるばかりであった。人民解放軍海軍の行動範囲が限られていたため、パラセル諸島は中国が領土主張を強めることのできる唯一の係争沿海島嶼だったのである。

⑴　一九七四年の衝突の前史

パラセル諸島は、南西のクレセント〔永楽〕群島および北東のアンフィトリーテー〔宣徳〕群島〔地図6-1を参照〕という二つの群島から成っている。一九五〇年、人民解放軍の部隊が、中国国民党軍部隊が撤退した後で、アンフィトリーテー群島に位置する諸島の中で最大のウッディ〔永興〕島を占領した。(20)ほぼ時を同じくして、フランス軍がクレセント群島のパトル〔珊瑚〕島を占領し、これによって群島は分割された。一九五六年、フランスは

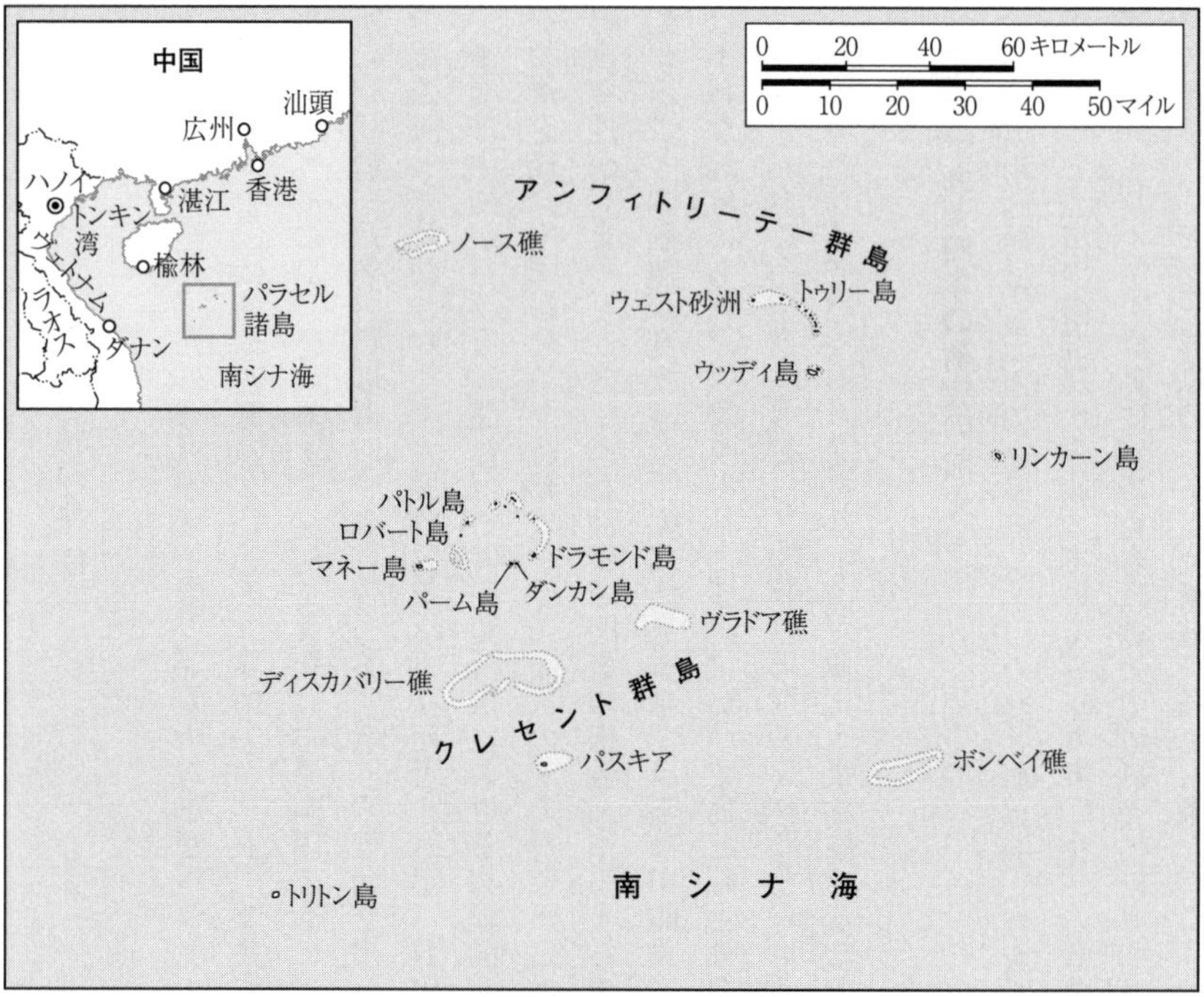

地図 6-1　パラセル諸島

群島の拠点を南ヴェトナム軍に引き渡した[21]。

一九五〇年代を通じて、係争島嶼の支配は流動的であった。海南島の中国漁民はパラセル諸島周辺海域で操業し、クレセント群島の島々を一時的な避難場所として使っていた。たとえば一九五六年六月、国民党軍の偵察機はパトル島の南ヴェトナム軍拠点から約三海里のロバート（甘泉）島に約七五名がいることを報告している[22]。一九五九年初頭、南ヴェトナム海軍が中国のプレゼンスに対して挑戦し始めた。一九五九年二月、南ヴェトナム軍はダンカン（琛航）島で八二名の中国人漁民を拘束し、中国はこれに対して激しく抗議した。三月には南ヴェトナムの艦船が、ダンカン島に戻っていた中国人漁民を立ち退かせたことで、新たな衝突が起きた[23]。この二度目の衝突の結果、南ヴェトナムはロバート島、ダンカン島、ドラモンド（晋卿）島、パーム（広金）島を支配し、クレセント群島に対する支配を打ち固めた。この時期、中国の支配《クレイム》力《ストレングス》は弱まっていったが、中国は武力で対抗するほどの海軍力を保有しておらず、とりわけ仮にアメリカが介入した場合は全くなすすべがなかった。

領有権主張に対して明らかな圧力がかかっていたのにもかかわらず、中国は弱すぎて行動することができず、分割支配という現状を受け入れるほかなかった。中国の海軍は小規模で、ほぼすべての艦艇が台湾海峡周辺の海域に展開していた。戦力を見るとパラセル諸島防衛に責任を持つ南海艦隊は、駆逐艦を保有せず、九六隻の警備艇を擁するのみで、そのほとんどは小さな魚雷艇であった。一九六〇年の時点で、艦隊最大の艦艇は排水量わずか一〇〇〇トンの警備護衛艦であった(24)。結果として、中国はアンフィトリーテー群島における支配を強化する方向に向かった。一九五九年三月に中国人漁民がクレセント群島から二度目の立ち退きをさせられた後、周恩来首相は彭徳懐国防部長に対して、アンフィトリーテー群島に「軍事拠点」を作るよう指示した(25)。一九六〇年、ウッディ島に無線塔四棟と監視塔一棟が建造されていることをイギリス海軍が報告している。一九六〇年三月、中国共産党中央軍事委員会は、海軍に対してこの海域の巡航を常時行うよう命じた(26)。その後の九カ月にわたって、人民解放軍海軍は、一六回のパラセル諸島周辺を巡航し、その中には漁船保護のためのクレセント群島への航行も含まれていた(27)。人民解放軍海軍は、一九七三年末までにパラセル諸島周辺で合計七六回、年平均五回の長距離巡航を実施し、そのほとんどはアンフィトリーテー群島周辺におけるものだったが、なかにはクレセント群島周辺におけるものも含まれていた(28)。

一九六〇年代のほとんどの時期において、南ヴェトナムは新たな挑戦を起こさなかったため、紛争における中国の相対的支配力《ポジション》は安定していた。最後の衝突は、一九六一年三月、南ヴェトナム海軍がパーム島付近で一隻の中国漁船を拿捕した際に起きた(29)。こうした紛争における中国の支配力《クレイム・ストレングス》の安定性は、二つの要因に起因するものであった。第一に、人民解放軍海軍は弱小なままであり、中でも広州、広西、海南の沿岸に加えてパラセル諸島とスプラトリー諸島における中国の領土主張を守るのに責任を持つ南海艦隊はとくに弱かった。一九七〇年まで、東海艦隊と北海艦隊には駆逐艦と潜水艦が配備されていたが、南海艦隊には配備されていなかった(30)。南ヴェトナム海軍は強力ではなかったが、これをアメリカが支援していたことで、中国の軍事的な選択肢はさらに限られることになった。ある海軍指揮官は、一九五九年の巡航の際、ロバート島にアメリカの通信施設を発見したことを報告している。[31]一九六〇年代を通じて、アメリカの航空機が定期的に群島を警備し、中国はそのたびに即座に抗議している。[32]アメリカのプレゼンスによって、限定的な能力しか持たない人民解放軍海軍は巡航以上の行動をとることができず、一九五九年に南ヴェトナムの挑戦を受けた時ですら中国は行動をとれなかった。

安定の第二の要因は、ヴェトナム戦争により、南ヴェトナムの関心がつねに国内に向いていたことである。一九六六年、南ヴェトナム軍は一九五九年に占領したダンカン、ドラモンド、パーム各島から撤退し、パトル島だけがクレセント群島における南ヴェトナムの支配下にある島となった。[33]一九七四年の衝突まで、南ヴェトナムはこの島に民営の気象施設しか置いていなかった。中国はアンフィトリーテー群島の基地を強化し続けたが、南ヴェトナム軍撤退のチャンスを利用しようとはしなかった。このことは一九七四年の武力の使用における「機会の窓」説を反証する証拠である。

(2) 重要性の増大と支配力の低下

東アジアでは、一九七〇年代は海洋資源、とくに石油開発への関心の急激な高まりとともに始まった。海洋権益の重要性が高まると、海洋資源開発のための法的根拠となりうる、パラセル諸島のような係争中の沿海島嶼を支配することの重要性が高まった。地域における全係争国が領有権主張を強め、さらには係争中の島・礁を占領しようとすると、中国の沿海島嶼部の紛争における長期的な脆弱性が高まった。当時、中国は自らが領有権を主張する尖閣諸島やスプラトリー諸島を全く占領していなかったためである。

しかし海洋資源をめぐる競争は、南シナ海においてではなく、東シナ海の尖閣諸島周辺において始まった。一九六九年の地震探査の公表の後、台湾の中国石油公司が尖閣諸島周辺の海洋資源開発に関する協定に署名し、それに続いて中華民国が同諸島に対する領有権を公式に主張した。これに対して日本は、沖縄返還協定に基づき尖閣諸島は一九七一年にアメリカから日本に移管される、として領有権を主張した。一九七〇年一二月には、中国が領有権を主張して論争に参戦した[34]。ほぼ時を同じくして、中華人民共和国の報道機関は海洋権益に関する議論を始めた。図6－1に見られるように、『人民日報』紙における海洋権益に関する記事数は、一九七〇年代初頭に劇的に増加しており、このことは係争中の沿海島嶼部の重要性も上昇したことを示唆している。前回の一九五一年と一九五八年に他の沿海島嶼部に対する領有権を主張した際には、中国は海洋権益を強調しておらず、係争中の島・礁と近接する領海に対する主権を主張するのみであった[35]。

沿海石油資源に対する関心（これが海洋権益主張の重要性を高めた）は、すぐに南シナ海全体にも広がった。一九七〇年、フィリピンが地震探査を完了し、一九七一年には試掘井《しくつせい》の掘削を開始した[36]。同様に、南ヴェトナムも沿海石油資源の開発を開始し、一九七一年には、南シナ海の鉱区における石油採掘権について外国企業と契約することを発表した[37]。一九七三年六月、南ヴェトナムは、八つの沿海開発契約を欧米の石油会社との間で締結し、その年の秋に行われた最初の採掘で石油が埋蔵されていることが明らかになった[38]。一九七三年一月と八月、南ヴェトナムの艦船が、トリトン（中建）島およびダンカン島周辺海域で地震探査を実施し、このことから南ヴェトナムがパラセル諸島周辺海域で石油開発を行おうとしていることがうかがわれた[39]。最後に一九七三年一二月、北ヴェトナムがパラセル諸島北西に位置するトンキン湾において石油採掘を実施することを発表した[40]。

海洋資源に対する地域的な関心が高まる中で、中国は南シナ海のパラセル諸島の中ですでに占領していた係争島嶼部における地位を強化していった。一九七〇年には、人民解放軍海軍が地質学、気象学、地形学調査を実施し、それに続いて一九七一年には、ウッディ島において中規模艦船が停泊できる三五〇メートルのコンクリートの岸壁を建設するなど、インフラの強化に努めた[41]。また中国は沿海島嶼部に対する領土主張とその近接海域における海洋権益の主張を関連づけるようになった。一九七一年七月、中国外交部は、南シナ海におけるフィリピンの活動に対する抗議を通達し、それと同時に『人民日報』には、いかに他国が中国の海洋資源を盗んでいるかを述べた論説が掲載された[42]。さらに一九七一年には、中国も沿海の石油開発を開始し、渤海湾において油井を掘削し、掘削装置を日本から購入した[43]。最終的に一九七三年三月、中国外交部は「中国沿海の海底資源はすべて中国に属す」と宣言し、

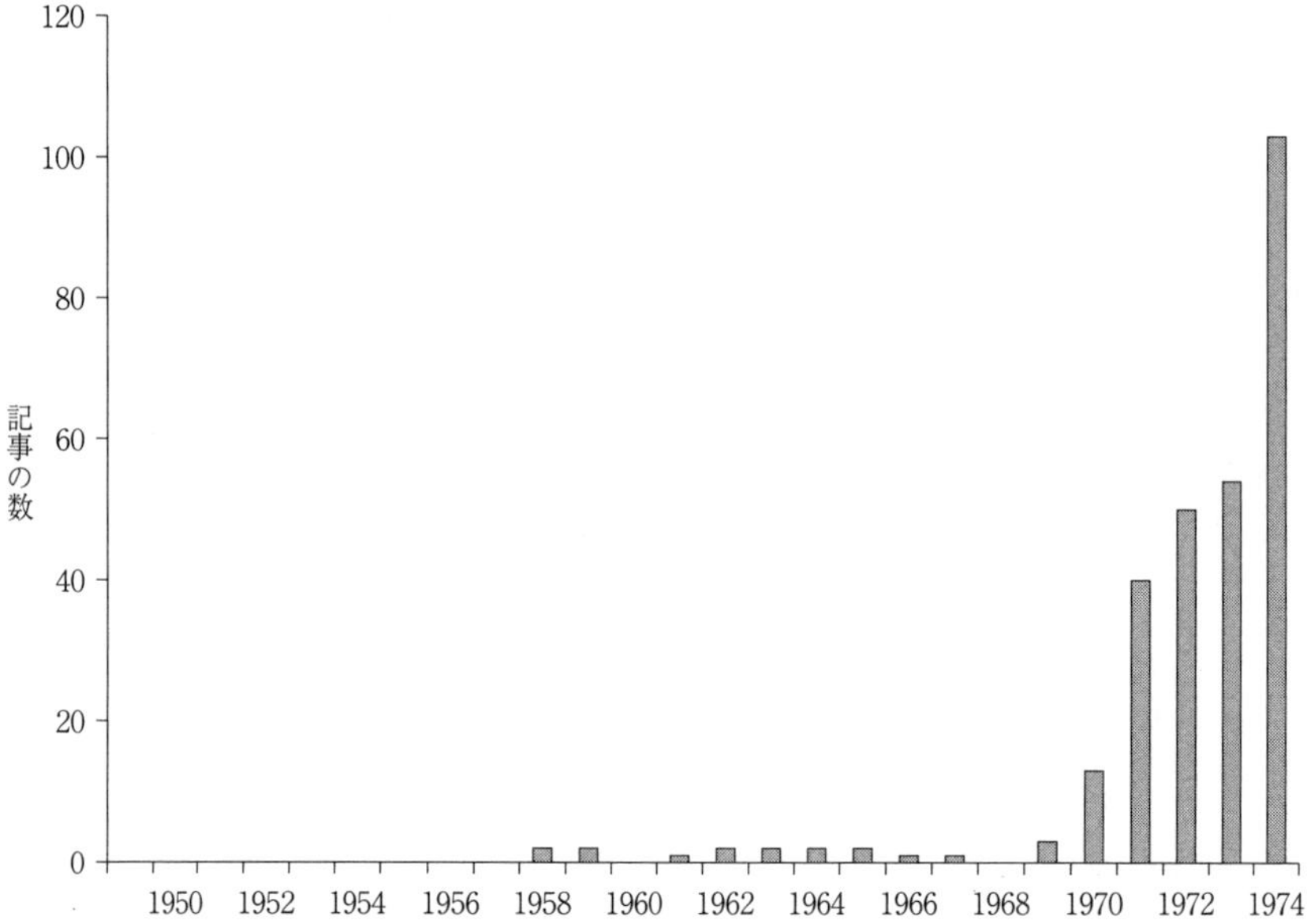

図 6-1　『人民日報』に掲載された海洋資源に関する記事（1949 ～ 1974 年）

出所：『人民日報』歴史データベース

海洋資源に対し初めて正式に権利を主張した(44)。

しかし、紛争中の沿海島嶼部のうち、最大かつ中国にとって最も重要なスプラトリー諸島における係争中の島・礁を、他国が占領し始めたことにより、中国の沿海に対する領有権主張は日増しに脆弱なものとなっていった。フィリピン政府は、自国の主張を強化するために、一九七〇年および一九七一年に五つの島嶼および岩礁を占領した。この領土紛争においてフィリピンは初めて領土を占領したのであった(45)。武力を誇示することによって、フィリピンは、スプラトリー諸島において最大の島であるイツ・アバ島に駐留する台湾の守備隊を威嚇したが、即座に中国と南ヴェトナムからの抗議を呼び起こした(46)。一九七三年八月、南ヴェトナムは、スプラトリー諸島の六つの島と礁を占領した。これも南ヴェトナムがこの紛争において行った初めての占領行為であった(47)。九月六日、南ヴェトナムはスプラトリー諸島の一一の島を、フォック・トゥイ省に編入することを宣言した。これは自国の支配力《クレイム》を強め、外国投資家のための開発権を守ることを目的とした政治的な動きであった。図6-2に示されているように、三年も経

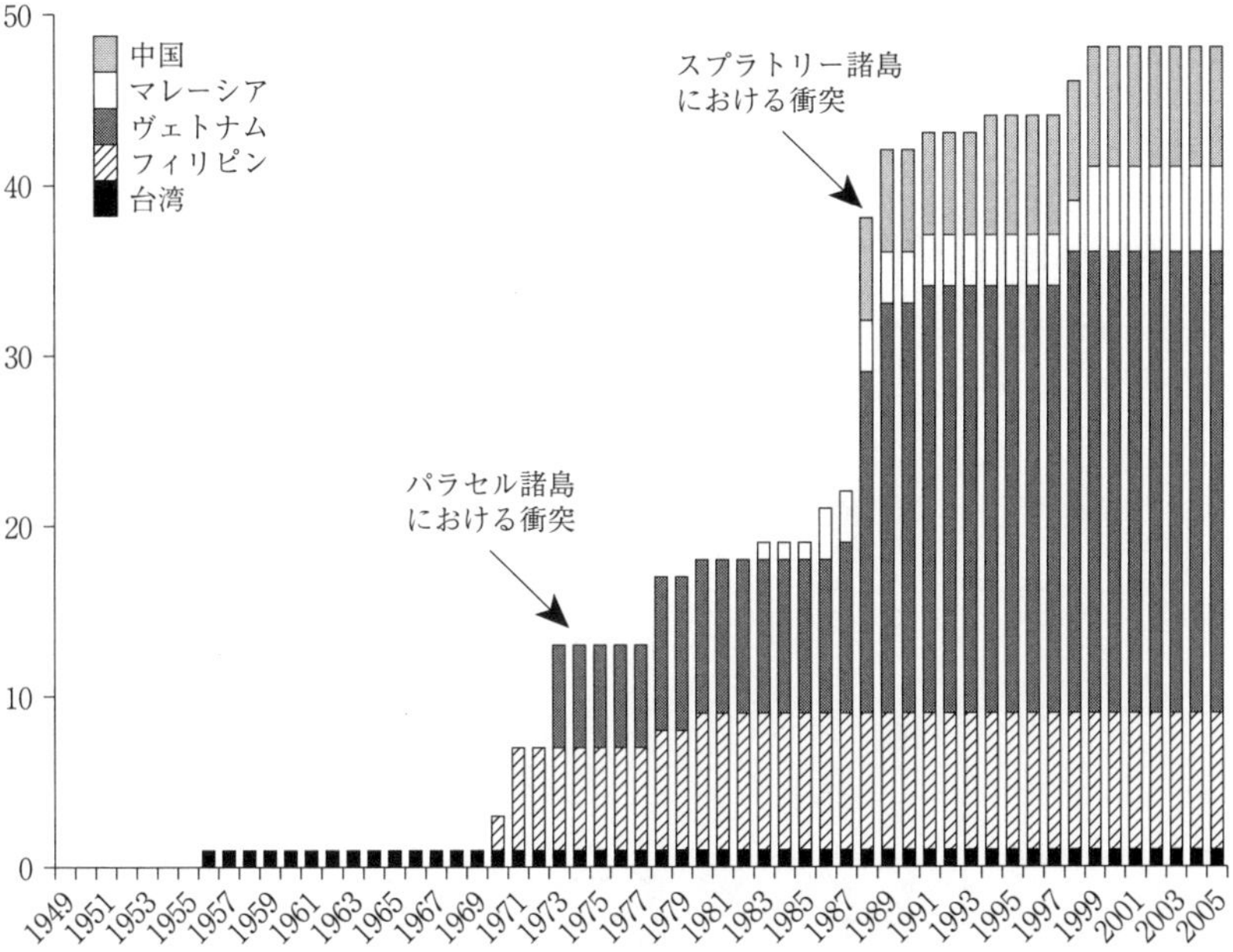

図 6-2　スプラトリー諸島における係争地の占拠数（1949 〜 2005 年）

出所：Lexis-Nexis, Factiva, および ProQuest の新聞記事；雷鳴編『南沙自古属中華』

たない間に、一一の係争中の島・礁が占領されたことは、領土の現状が劇的に変化する中で、領有を主張する島を全く占領していなかった中国のバーゲニング・パワーが弱まっていったことを示していた[48]。

沿海島嶼部を支配することの価値が上がり、他方で紛争における中国の脆弱性が大きくなっていく中で、アメリカが南ヴェトナムから撤退したことにより、中国が軍事的行動をとることを抑制する障害は取り除かれた。一九七三年のパリ和平協定に伴い、アメリカは戦争の「ヴェトナム化」を完了し、戦闘任務に加わらなくなった。こうした変化を受けて、中国は一九七一年一二月二五日にアメリカによるパラセル諸島周辺での領空侵犯につき、四九七回目の、これが最後となる外交抗議を行った[49]。中国の沿海島嶼部の紛争における相対的な支配力《ポジション》は弱いままであったが、いまや武力行使という選択肢を持つようになった。対照的に、アメリカが北東アジアにおいて強いプレゼンスを維持し、日本との関係を正常化したかったこともあり、中国は尖閣諸島に対して行動をとることができなかった[50]。アメリカとの関係改善は、中国が南ヴェトナムに対して武力を行使しても、抵抗にあう可能性が低いことを示唆していた。しかし、アメリカの関与がないとしても、中国海軍はなお脆弱であったこともあり、中国が自国の支配力《クレイム》を強化しようとするには、さらに二年以上の時間を要したのである。

(3) 一九七四年のクレセント群島をめぐる衝突

南ヴェトナムが、南シナ海における活動のテンポを速めるにつれ、中国は、パラセル諸島における支配力《クレイム》を守るために、強硬な姿勢をとった。中国の初めの反応は、物理的プレゼンスを高めることであり、一九七三年秋のある時点で、とくにクレセント群島東部に位置するダンカン島周辺でプレゼンスを強化した[51]。一一月、南ヴェトナムの警備船が、パラセル諸島周辺で中国漁船に衝突し、乗組員を取り調べるためダナンに拘留した[52]。一二月中旬、中国漁船の二人の乗組員が、一九六〇年代初頭以来どの国も占領していなかったダンカン島に仮設住居を建設した。一九七四年一月九日、この漁民たちは、クレセント群島西部に位置し、南ヴェトナム拠点があるパトル島の近くのロバート島に移動し、マネー島に旗を立てた[53]。これら乗組員は武装していたことから、彼らが純粋に経済的目的で滞在しているのでないことは明らかであった[54]。

それらに加え、中国は、外交チャンネルを通じて島嶼に対する領有権主張を繰り返した。一九七四年一月一一日、中国外交部は、スプラトリー諸島の施政に関する一九七三年九月のヴェトナムの声明に対抗する声明を発表した。二年以上ぶりに出された中国の公式声明は、パラセル諸島とスプラトリー諸島に対する主権を繰り返し主張したのみならず、沿海島嶼に対する領有権の主張と海洋権益を初めて関連づけたという意味で特筆すべきであり、このことは島・礁を巡る紛争の重要性が増大したことを表していた。声明は「これら島嶼ならびに近接海域の資源は…(中略)…すべて中国に属す」と宣言していた[55]。

南ヴェトナム政府は即座に反応した。一月一五日、南ヴェトナムは、パラセル諸島のダナンへの編入を発表し、護衛駆逐艦（HQ－16）を派遣した。同艦艇はその日のうちにパラセル諸島に着くと、ロバート島付近の中国漁船とロバート島そのものに対して短時間砲撃を浴びせた[56]。一月一七日、南ヴェトナムの二隻目の艦艇（HQ－4）が到着し、ロバート島とマネー島に部隊を展開させ、クレセント群島西部に対する支配を強化したことで、事態はエスカレートした[57]。それまで南ヴェトナムの軍や警備がいなかったことが、中国がプレゼンスを強化できた理由であった。南ヴェトナムは、内戦が激化する中で島嶼部における支配力《ポジション》を大きく低下させており、パトル島に名ばかりのプレゼンスを残すのみとなっていた[58]。

中国の強硬姿勢により、両国間の衝突の舞台は整った。中国はより強硬な姿勢をとったが、南ヴェトナムからパトル島を奪取する準備が整っていないことは明らかであった[59]。おそらく中国の長期的戦略は、単に南ヴェトナムが唯一の拠点を放棄するのを待つか、あるいは南ヴェトナム政府が崩壊した時に拠点を占領することであった可能性が高い。南ヴェトナムの先遣艦船が到着した時、中国海軍の艦艇はこの海域で活動しておらず、アンフィトリーテ群島周辺ですら活動していなかった。一月一五日と一六日に南ヴェトナムの沿岸警備艇と中国漁船の衝突が数度にわたって繰り返されたのを受けて、中央軍事委員会は諸島への海軍による巡航を命令した。中国は、ヴェトナムがクレセント群島の新たな現状を受け入れるか、あるいはおそらくパトル島の唯一の拠点を放棄することを望んでいたのであろう。中央軍事委員会は、軍に対して「説得による闘争（説理闘争）」によって南ヴェトナムに中国の領有権主張を受け入れさせることを指示していた。また中央軍事委員会は、部隊に対してこちら側から最初に発砲したり、挑発的な行動に出たりしないこと、ただし攻撃されたら反撃することを指示した[60]。中国が初期段階において展開させたのは、駆潜艇〔猟潜艇〕二隻、掃海艇〔掃雷艇〕二隻および民兵二個小隊であった。

両国が増援部隊を派遣したことで、戦術的状況はエスカレートした。一月一七日午後、中国の駆潜艇二隻は、海南省の楡林《ゆりん》海軍基地から到着すると、南ヴェトナム艦船に対して警告を発し、漁船の護衛を実施し、さらにダンカン島、ドラモンド島、パーム島に部隊を上陸させた。一月一八日朝、南ヴェトナムのグエン・バン・チュー(Nguyen Van Thieu) 大統領は、部隊に対して中国人を駆逐することを命令した[61]。その日の午後、南ヴェトナムの艦艇が島嶼周辺の中国の拠点を探査する一方、中国海軍の掃海艇二隻が広東省汕頭《スワトウ》から到着した。一月一八日夜までに、両国は拠点を増強し、いまにも衝突が起きそうな状況となっていた。南ヴェトナム側艦艇は、長距離沿岸警備艇二隻、護衛駆逐艦一隻、掃海艇一隻の四隻からなり、排水量は合計八〇〇〇トン以上であった。これに対して、中国は一月一九日朝に到着した二隻の駆潜艇を含めて海軍艦艇六隻と漁船二隻を有し、排水量は合計約二四〇〇トンであった(62)。中国はより多くの艦艇を投入していたものの、大きさと火力において劣っていた。係争島嶼周辺における速度と機動性において有利であったものの、軍同士の遭遇戦の場合、火力において中国は不利であった。

一月一九日朝、最初の武力衝突が起きた。南ヴェトナムの艦艇が、ダンカン島、ドラモンド島、パーム島の中国拠点に二方向から接近し、四隻の中国海軍艦艇と対峙した。島に直接接近できなかったため、艦載艇を使って約四〇名の南ヴェトナム軍兵士が、ダンカン島とパーム島に上陸した。ダンカン島の南ヴェトナム軍は退却したものの、パーム島では両軍が衝突し、南ヴェトナム軍が三名の死傷者を出して撤退した。それに対する反撃として、南ヴェトナム軍艦艇は攻撃命令を受けた。硝煙が晴れる頃には、中国の掃海艇一隻が大破し、ダンカン島の海岸に乗り上げていた(63)。南ヴェトナム軍の沿岸警備艇は小さな損害で済んだが、掃海艇は大破した。中国は、交戦の間、四隻の駆潜艇のうち二隻を予備戦力として、南ヴェトナム軍の掃海艇が撤退する場合これを撃沈するよう命令していた。交戦後、南ヴェトナム軍艦艇は撤退を命じられた(64)。後から考えれば、南ヴェトナム軍は戦闘準備がほとんどできていなかった。掃海艇は、一つのエンジンだけで活動しており、さらに護衛駆逐艦の艦首側三インチ砲は操作不能であり、「スカンクのように」後ろ向き〔艦尾側〕で撃たねばならなかった(65)。またある沿岸警備艇は、中国海軍ではなく、味方の砲撃で損傷していた(66)。

衝突の後、紛争における中国の目的は変化した。中央政治局のパラセルの作戦を統括する領導小組は、海軍部隊に対して、衝突によって生まれた機会を生かし、ヴェトナムの支配していたクレセント群島西部の三つの島を占領することを指示した(67)。一月一九日午後、この作戦のために、一五隻の艦艇が海南省の楡林海軍基地から派遣された。

この艦隊は、魚雷艇五隻、砲艦八隻、駆潜艇一隻、中型護衛艦、ならびに五〇八名の兵士からなる、南海艦隊のかなりの部分を占める機動部隊であった[68]。攻撃は翌朝から始まったが、人民解放軍はほとんど抵抗を受けることがなかった。ロバート島とマネー島の南ヴェトナム軍部隊は、一月一九日までに撤退していた。パトル島の四八名の南ヴェトナム軍兵士と一名のアメリカ人顧問は降伏した[69]。正午までに、中国は、三つの島をすべて占領し、群島すべてに対する支配を固めたのである。

(4) 罠にはめる戦略?

紛争における中国のエスカレーションの決定について考えられうる他の説明として、中国は初めから南ヴェトナムをおびき出して先に攻撃させることで、クレセント群島奪取を正当化するよう意図していた、というものがある。この議論によれば、一九七三年九月に南ヴェトナムが施政宣言したことは、中国が武力を用いて反応するほどの脅威を与えず、そして南ヴェトナムの領有権主張の点でも、南ヴェトナムのパラセル諸島の防衛能力の点でも「新しいことは何一つ」なかったという[70]。一九七四年一月の中国による宣言は、南ヴェトナムにケンカを売るよう巧みに時期を選んでおり、島を占領する軍事作戦に外交的な口実を与えた。一九六九年の珍宝島におけるソ連に対する待ち伏せのように、中国の行動は「島で軍事行動を先にとらせるようヴェトナム人を釣り出す」よう計画され、「戦略的に見て、ヴェトナムははめられた」というのである[71]。

たしかに、中国はより強硬な姿勢をとっており、クレセント群島における活動を増加させていたことから、衝突が起きることは予想できた。しかしながら、新たに入手可能となった資料は、この「罠にはめる戦略」仮説が妥当ではないことを明らかにしている。もし初めから中国の目的が、南ヴェトナムをパラセル諸島から追い出すことであったとするならば、南ヴェトナムを戦闘に誘い出すことは不必要なリスクを生じさせることになる。一九七四年一月において、南ヴェトナムは、クレセント群島の六つの島のうち一つにしかプレゼンスを維持しておらず、しかも文民を一名置いているだけであった[72]。戦術的に見て、中国は、発砲することなく島を占領し、戦備を整える南ヴエトナムに対して既成事実を突きつけることができたであろう。この場合、中国は、「自衛のために反撃する」という道義上の高みに立つことができなくなるが、それでもコストやエスカレーションの可能性が低く、成功の可能性は非常に高かったであろう。

それよりも、重要性を増す沿海島嶼の紛争において中国の支配力《クレイム》が低下したこと、およびアメリカが東南アジアにおいて〔兵力を〕縮小したことで、中国の武力行使に対する制約が弱くなったことが、最もうまくエスカレーションの決定を説明できる。衝突に先立つ三年間、中国の海洋権益に対する主張は頻度を増していった。一月一一日の外交部声明は、この流れを引き継ぎ、中国の領土主張と海洋権益を関連づけていた。当時総参謀部作戦部副部長であった李力は、南ヴェトナムの目標は、「パラセル諸島海域における軍事的プレゼンスを利用し、…（中略）…その不法な領土要求を実現し、さらにわが南シナ海の豊富な資源や海底石油・鉱物資源を奪うために、われわれに譲歩を迫る」ことであったと回顧している[73]。中国の視点から見れば、スプラトリー諸島の係争島・礁を占領して石油開発を行い、パラセル諸島で地震探査を行うなど、南ヴェトナムはいたるところで中国の支配力《ポジション》を脅かしていたのである。

戦術的なレベルにおいて、中国の行動は「罠にはめる戦略」の仮説と矛盾している。中国が一月一一日の声明を発表した時、中国海軍の艦艇は、クレセント群島にも、アンフィトリーテー群島にも巡航に出ていなかった。中国の最初の反応は、漁民およびクレセント群島西部のすでに占領していた島を守るために軍事的プレゼンスを強化することであった。しかし展開した部隊は、ほとんどが内航船であり、南ヴェトナムの大型艦艇に対抗して島を守るには装備が貧弱であった。さらに、一月一九日の戦闘に参加した中国海軍の艦艇六隻は、どれもがアンフィトリーテー群島にあるウッディ島の基地に事前配置されていなかった。もし中国の目標がパラセル諸島周辺に戦力を集中することにあったならば、事前配置は必要な行動であった。しかし実際の初動の部隊展開は、民兵二個小隊をすでに中国の支配下にある島に派遣することであり、ヴェトナムの支配に挑戦することではなかった。

より全般的に見ると、当時の中国海軍は、公海上で待ち伏せ攻撃をするような準備はできていなかったようである。一月一六日には海南省楡林基地の指揮官たちは、広東省の南海艦隊司令部で訓練に関する会議に出席しており、パラセル諸島攻撃に備えていなかった。また楡林で最初に構成された予備戦力は、砲艦（護衛艇）、魚雷艇（魚雷快艇）など数隻のみであり、南ヴェトナム海軍に比べて最小限度の戦力であった[74]。掃海艇のうち一隻は、数日前に乾ドックから出たばかりで、補給船としての装備をしていたため、戦闘準備はできていなかった[75]。さらに、中国がクレセント群島のその他の島を奪取することを決定した後、海南省から送られたほとんどの陸軍部隊は、一二時間の航海を経て船酔いに悩まされており、このことは彼らが上陸作戦の訓練を受けていなかったことを示しているのである[76]。

最後に、中央軍事委員会の決定のタイミングは、戦略的おびき出しの論理に合致しない。島への巡航展開の決定は、一月一六日午後になされており、これは一月一一日声明の五日後である。ということは、中国は南ヴェトナムが声明に反応しない（そして巡航も計画されない）と考えていたか、あるいは中国は南ヴェトナムがもっと後になって反応すると考えていたことになる。この海域に向かうよう命令された六隻の艦艇のうち四隻は海南省東岸の楡林基地ではなく、八五〇海里以上離れた広東省汕頭から来ていた[77]。状況を統括するための中央政治内の小組は、一月一九日朝まで設置されなかったのであり、これは南ヴェトナムがダンカン島、ドラモンド島、パトル島の中国の拠点を調査した後であった[78]。この時点まで、中国は攻撃準備ができておらず、また展開した戦力から見て、これは明らかに予期していた戦闘ではなかった。

(5) ソ連との対立？

中国の紛争をエスカレートさせる決定に関するもう一つの仮説は、中国はソ連との対抗関係における〔支配力の〕弱体化に抗して反撃しようとした、というものである。サイゴン陥落前にパラセル諸島を奪取すれば、ソ連からの抗議を最小化することができ、北ヴェトナムとのさらなる関係悪化を防ぐことができたであろう[79]。こうした議論の変形として、ソ連の海軍力の長期的脅威に対する中国の懸念が、これら島嶼に対する支配を強化する緊急性を引き上げたことを強調する説がある。[80] 中国の指導者はどちらの要因も考慮に入れたかもしれない。とくにソ連海軍の潜在的脅威は大きな要因であった。しかしながら、現在入手可能な資料は、これらの要因が、一九七三年末に中国がより強硬なアプローチをとることを決定した中心的要因であったことを示していないのである。

中国が、南ヴェトナムの崩壊前に群島すべてを支配下に入れようとしたという説は、二つの点で問題がある。第一に、中国は必ずしもパラセル諸島が北ヴェトナムとの間で摩擦を起こす問題になると考えていなかった。一九五〇年代中期より、北ヴェトナムは、中国による南シナ海の全島嶼に対する主張を認めており、自国の主張を放棄していた。北ヴェトナムは、自己の都合のために中国の立場を支持してきたかもしれなかったが、それでも両国は陸上国境における紛争の存在を認めており、北ヴェトナムは単純にすべての中国の領土に関する主張を受け入れていたわけではなかった。結果として、中国の指導者たちは、北ヴェトナムが立場を変えない以上、パラセル諸島をめぐる紛争に北ヴェトナムが加わるかもしれないということを、それほど恐れていなかったと考えられる。

第二の問題は、中国〔と南ヴェトナム〕の武力衝突が、中国と北ヴェトナムとの関係に及ぼす影響である。もしも一九七三年末に中国の指導者たちが北ヴェトナムとの関係を懸念していたとすれば、なぜ島を南ヴェトナムから奪うことが、中国の領土的野心に対する北ヴェトナムの恐怖をやわらげ、北ヴェトナムとのより全般的な関係を改善すると考えられるのか説明できない。島を奪うことは全くの逆効果を招くものであり、このことは、なぜ中国が海軍艦艇ではなく、漁船を使ってクレセント群島における活動を増加させたのかを説明できそうである。北ヴェトナムとの関係を保ちつつ、自国の領土に対する目的を達成するために、中国の最良の選択は南ヴェトナムが敗北するのを待つことであったであろう。[81] その時には、紛争当事国が存在しなくなるために、中国は武力を行使する必要がなくなっただろう。北ヴェトナムの先の〔中国の主張を認める〕声明を考えれば、北ヴェトナムが中国の行動に反対するには困難が伴ったであろう。それが南ヴェトナムから〔の挑発で始まった〕としても、武力を用いて島を奪取することは、北ヴェトナムの疑念を増大させ、関係悪化のリスクを冒す行為であった。そしてもし、中国が北ヴェトナムとの関係改善を気にとめていなかったとすれば、南ヴェトナムの崩壊前に紛争を解決しなければならないという圧力は弱かったということになる。

〔支配力〕弱体化のもう一つの可能性は、ソ連の海軍力が長期的な脅威をもたらしたことである。この視点によれば、これら島嶼はこの地域の主要航路付近に位置しているため、中国の主な関心は戦略的なものであった[82]。ソ連はこの地域における海軍のプレゼンスを高めており、そのことは、インドとの一九七一年条約や、インド洋と北東アジアを結ぶマラッカ海峡の主権に関するインドネシアおよびマレーシアの立場に対する反対に表れていた。一九七四年までに中国の指導者が行動をとらなければ、とくにもしもソ連が中国に対する作戦の前線基地としてパラセル諸島を支配下に置くとすれば、中国の南シナ海における〔支配力〕はますます脆弱となると結論づけたはずである。

この議論の論理には説得力がある。しかしながら、中国側の資料には、中国の指導者にそのような動機があったという証拠が全くないのである。公式の歴史においても、軍関連の内部資料においても、ソ連に対する言及はなく、この点は当時の中ソ関係の状態と中国の北方国境の軍事化を考えれば印象的である。唯一の例外が李力によるもので、それによれば、中国のパラセル諸島における行動は、「南ヴェトナムやわが国の周辺国による覇権主義や拡張主義を…（中略）…阻止することであった[83]」。これは暗にソ連についての言及であったかもしれないが、しかし、この声明が出された背景を考えれば、フィリピンに対する言及であった可能性もある。中国の宣伝機関は、一九六〇年代末にはソ連海軍に関する論文を発表し始めていたものの、それらは通常非常に一般的な内容であり、全体的な反ソ路線に関連するものであった。より具体的には、政治的脅威を認識していたにもかかわらず、人民解放軍がこの問題の高まりに見合うだけの資源を割くことはなかった。一九七一年の林彪の死後、米中接近が起き、直接的な海上の軍事的脅威がなくなったため、海軍の予算は削減された。海軍予算についての〔指導部内の〕論争は、パラセル諸島作戦の後も続き、江青一派は中国の海軍力は十分であることを示したと主張していた。ソ連が一九七五年四月に世界最大規模の「オケアン七五」演習を実施したことで、ようやく毛沢東は中央軍事委員会に対して海軍力の発展に注意を傾けるよう指示した[84]。もし中国がソ連の脅威に反応したのであれば、パラセル諸島作戦は、中国の

当時の海軍政策における例外であったということになろう。(85)

3　スプラトリー諸島への進出

一九八八年三月一四日、中国軍とヴェトナム軍が、スプラトリー諸島のジョンソン（赤瓜）礁において衝突した。この戦闘において、三隻のヴェトナムの艦艇が撃沈され、七四名の死者が出た。この交戦は、スプラトリー諸島における中国の最初の武力行使であり、一九八八年二月にファイアリー・クロス（永暑）礁に拠点と気象観測所を建設したのに続いて起き、三月終わりまでに、中国は六つの珊瑚礁を奪った。これらの礁はそれまでどの国も占領していなかったが、中国の行動は、より強硬にスプラトリー諸島における領有権主張を守る意思と能力があることを示していた。

一九八七年のどこかのタイミングで、紛争地域に恒常的な物理的プレゼンスを置く、というきわめて重要な決定が下された。スプラトリー諸島をめぐる紛争のダイナミクスに生じたいくつかの重要な変化がこの決定を説明できる。第一の変化は、南シナ海における長期的な脆弱性の高まりである。中華人民共和国は、一九五一年以来この諸島に対する領有権を主張していたものの、この主張を証拠立てる物理的プレゼンスを欠いていた。一九八〇年代初頭までに、高潮時においてもつねに水面上にある礁は他の紛争当事国がすべて占領し、干出礁や浅瀬だけが占領されずに残っている状況だった。一九八〇年代、他国が係争中の島・礁を占領し続ける中で、中国の相対的立場は悪化し続けた。第二の変化は、中国が次第に遠距離で活動できる海軍力を発展させ始めたことである。最近まで中国はこうした能力を欠いていたが、いまやスプラトリー諸島におけるプレゼンスを保つのに、海軍力を利用できるようになった。それに加えて第三の要素もこの決定の形成に影響したようである。ジョン・ガーヴァー（John. W. Garver）が論じたように、人民解放軍海軍は、中国の弱い立場《クレイム》を守ることの重要性を政治指導者に印象づける、という自己の官僚的利益を持っており、この作戦は予算配分増加とドクトリンの変化のための根拠となったのである。(86)

中国の姿勢の強硬化により、三月に衝突が起こる条件が整った。しかしながら、利用可能な証拠からうかがえるのは、これはファイアリー・クロス礁と周囲の礁を占領するという中国の決定の副産物であり、他の当事国が保有する係争地を武力の行使によって奪おうとする大きな政策の一環なのではないということである。一九八八年三月の事件について特筆すべきなのは、中国はこの戦術的勝利を利用して他の島・礁、とくにスプラトリー諸島の「優良物件」であるナム・イット島、スプラトリー島、シン・コウ島といった島々からヴェトナム軍を追い出そうとしなかったことである。

(1) 重要性の上昇と支配力の継続的な低下

スプラトリー諸島にプレゼンスを打ち立てるという戦術上もしくは作戦上の決定は、一九八七年初頭になされた。しかし領土を占領するという戦略上の決定は、もっと早くなされていた可能性が非常に高い。一九八〇年一一月、中央軍事委員会は、海軍航空部隊の轟六爆撃機二機に対し、この地域において航空偵察を実施するよう命令した。海軍副司令員は、こうした命令を個人的に伝達した。その命令は、この地域における中国の主権を行使し、中国の「南進」の始まりを示すよう明確に計画されたものであった。(87) それに続く六年間にわたって、二つの要因が、スプラトリー諸島における脆弱性の高まりという中国指導部の認識を形作り、係争中の島・礁を占領するインセンティブを高めた。二つの要因とはすなわち、海洋権益を主張する上での島嶼の継続的重要性、そして他の紛争当事国と比べた時の中国の相対的な支配力《ポジション》の悪化である。

第一の要因は、石油資源開発のための海洋権益に対する継続的な関心であり、これが係争中の島・礁の重要性を高めた。鄧小平の経済改革に伴い、中国の経済的重心は内陸の省から沿海の省へと戻った。沿海防御の重要性の増大に加えて、経済改革によって、高度経済成長を持続させるための石油など海洋資源へのアクセスを守ることの価値が上昇した。中国が一九七九年初頭に初めて外国投資に開放した産業が、海洋石油開発であったのは偶然ではない。四年間の準備を経て、石油鉱区の第一回目の入札が一九八二年に行われ、これには香港南側海域、海南島周辺海域、スプラトリー諸島北側海域などの採掘権が含まれていた。この産業をさらに発展させるため、一九八四年にも中国は、同海域の採掘権を中心として第二回目の入札を実施した(88)。

一九七〇年代に入って初めて関心を持つようになったとはいえ、スプラトリー諸島周辺海底の石油資源の潜在性に対する沿海諸国の関心は、増大し続けた。一九八〇年、ヴェトナムとソ連は、ヴェトナムの大陸棚における石油開発についての協定を結び、中国からの厳しい抗議を呼んだ。一九八二年、国連海洋法条約（ＵＮＣＬＯＳ）が起草され、海洋権益主張に関する国際レジームが成文化された。一九八〇年代中期、中国科学院と国家海洋局が一連の調査を実施してから、中国の科学者たちは石油埋蔵海域を研究し始めた。一九八七年にはヴェトナムが中国に続いて、沿海石油開発を外国資本に対して開放した。また一九八七年には中国の研究者がこの地域に大量の石油が埋蔵されていると発表した(89)。

第二の要因として、中国は、ますます重要となるこの地域における自国の支配力《クレイム》が、他国による島・礁の占領が続くことで弱まっていると見ていた(90)。フィリピンは一九七〇年代にすでに七つの島・礁を占領していたが、一九八〇年にはコモドア礁を占領した（地図6－2を参照）。一九八二年にはフィリピン首相がこの地域を視察し、またフェルディナンド・マルコス（Ferdinand Marcos）大統領はフィリピンのプレゼンスを拡大するよう国防大臣に対して命令した(91)。一九八〇年にはマレーシアが、スプラトリー諸島のうち一二の島・礁の領有を含む、二〇〇海里のＥＥＺを発表することで、紛争に加わった。一九八三年八月、マレーシアは上陸作戦用部隊によってスワロー（弾丸）礁を占領したことを発表した。さらにその三年後の一九八六年一〇月、マレーシアはアーデイジアー（光星仔）礁とマリヴェレス（南海）礁を占領した(92)。さらに、ヴェトナムが一九八七年二月にはバーク・カナダ（柏）礁を、一二月にはウェスト（西）礁を占領した(93)。中国は、こうした係争地の支配変更のほぼすべてに対して反応し、自国の領有権主張を繰り返したのみならず、自国の立場が急速に弱まっているという認識を示した。劉華清上将が回顧録で述べたように、「一九七〇年代以来、彼らはわが国の南沙諸島の島や礁を奪い続けた。…（中略）…水面上にあるほとんどの島はヴェトナム、フィリピン、マレーシアに奪われた。…（中略）…彼らによる島の奪取は着実に増え

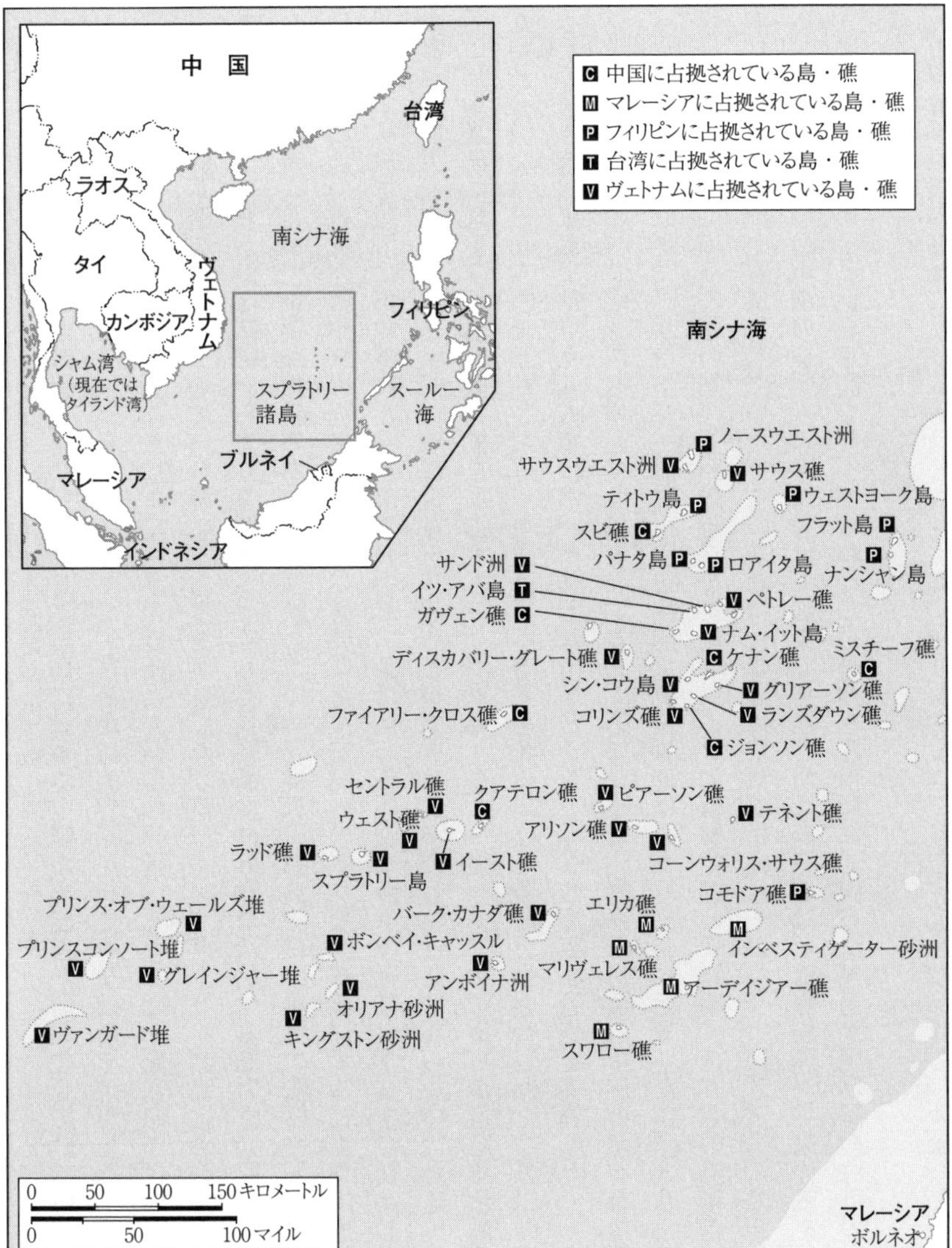

地図6-2　スプラトリー諸島

ていた」[94]。

海洋資源をめぐる争いが激化し、スプラトリー諸島に対する中国の支配力が弱体化し続ける中、中国指導部が武力行使を決断するインセンティブを形成する上で、官僚組織的利益が間接的な役割を果たした。新たに入手可能となった資料は、ジョン・ガーヴァーによる海軍の役割についての分析、とりわけ一九八〇年代の大部分で海軍司令員であった劉華清の役割についての分析の妥当性を実証した。劉は、スプラトリー諸島においてプレゼンスを確立することは、それが沿海防御からより遠距離へ、そして最終的には外洋で活動する能力を必要とするという意味でも、中国海軍にとって重要な任務であったと強調している[95]。彼は、おおやけの場での談話やインタビューを利用し、中国海軍の能力拡大と鄧小平の経済改革政策に必要な海洋資源へのアクセスを確保することを関連づけた。一九八四年の『解放軍報』に掲載された長編論文の中で、劉は「われわれは海軍を近代科学技術で武装し、…（中略）…われわれの広大な海洋国土と正当な海洋権益を守ることができるようにしなければならない」と述べた[96]。

これら諸島に対する中国の領有権を主張することが重要となるに従って、中国海軍の遠距離活動能力もますます重要となった。一九八〇年五月と六月、中国海軍は南太平洋へ向けて発射実験を行ったＩＣＢＭの残骸回収に成功した[97]。一九八四年および一九八五年には、それぞれ南極とインド洋への遠距離警備を実施した[98]。その他にも、スプラトリー諸島へのプレゼンスを増して「旗を立てる」ことによって、諸島に対する中国の領有権主張を強化するような行動がとられた。スプラトリー諸島への定期的な航空警備は一九八三年に始まった[99]。一九八三年五月、中国海軍は、この海域で南海艦隊の初の遠距離航海を実施し、これには補給船と貨物船、八五名の海軍指揮官、五四〇名の作戦将校と航海士が参加していた[100]。この航海は海軍副司令員が指揮しており、中国メディアで詳しく報道された[101]。スプラトリー諸島最南端のジェームズ（曾母）礁まで到達したこの巡航は、南海艦隊が将来作戦を展開するであろう海域に慣れさせるという意図を持って行われた[102]。一九八四年には、国家海洋局が国務院の許可のもと、調査船をこの海域に派遣した[103]。

中国海軍のこの海域における活動と南シナ海に注目が集まることを、政治指導者たちは強く支持した。一九八五年の大晦日、胡耀邦中国共産党総書記は、パラセル諸島の駐留兵や職員を訪問し、中国が海洋権益を主張することに指導者たちの後ろ盾があることを強調した。重要なことは、劉華清海軍司令員が他の軍指導者と共に胡耀邦に随行したことである。中国の新聞報道によれば、胡耀邦の訪問の目的は、領有権主張を守るという中国の意志を見せつけることにあった。訪問の際、胡耀邦は、中国は「わが偉大な国土を他国が一寸たりとも奪うことを許さない」と宣言した(104)。

スプラトリー諸島において物理的プレゼンスを打ち立てる決定は、一九八七年初頭になされた。一九八七年三月に開催された国際連合教育科学文化機関（ユネスコ）の政府間海洋学委員会第一四回会議において、中国は世界的海洋調査の一環として五つの観測所を設置することに同意したが、その設置先の一つがスプラトリー諸島であった(105)。中国がスプラトリー海域への進出を果たすように会議を裏で操ったのか、あるいは本当にそのように要請されただけなのかは明らかでない。しかし中国の資料は、この会議が中国の拡張にとって外交的な隠れ蓑になったことを示している。人民解放軍の歴史書によれば、ユネスコの認可は、国際組織の協賛のもとにこの地域におけるプレゼンスを打ち立てるという「錦の御旗」（尚方宝剣）になった(106)。スプラトリー諸島をめぐる競争が三年間にわたり激化してきた中で、中国はこの機会を利用して自国のプレゼンスの正統性を確保しようとしたのであろう。

その後の一〇カ月間、中国は観測所の設置準備のため、一連の調査と巡航を実施した(107)。一九八七年四月、二隻の調査船が広域調査を実施し、ファイアリー・クロス礁を基地と観測所の設置場所に選んだ。この礁は、その大きさに加えて、これまで誰も占領しておらず、また他国の支配する島からも離れていた。このことから中国は、これら係争地域の占領に際して、外交的な悪影響を最小化しようとしていたことがうかがえる。また四月には、劉上将が南海艦隊に対して、南シナ海における中国海軍初の戦闘警備を実施するよう命令した。この巡航の目的は「主権を行使し、われわれの海上力量を示し、戦闘準備（戦備）と結びつける」ことであった。もう一つの目的は、「この海域に慣れる」ことであり、それは「南沙諸島はわが国の領土であり、今後つねに訪れるであろう」からであった(108)。五月一六日から六月六日まで行われた巡航の中で、二度の「作戦演習」が行われたが、この訓練はこの海域で恒久的プレゼンスを打ち立てるためのものであった可能性が高い[109]。

一九八七年八月、中国海軍と国家海洋局は、中央軍事委員会と国務院に対して、基地と観測所を設置する案を提出した。一〇月および一一月、東海艦隊の艦艇がこの海域で巡航を実施し、二〇余りの占領されていない礁を巡回した[110]。同時に、国家海洋局の艦船と海軍の施設船がファイアリー・クロス礁の周辺海域を調査した。一一月、中央軍事委員会と国務院は、基地と観測所設置の提案を承認し、海軍が中心となり、国家海洋局が支援するよう指定した。最初の計画は、ファイアリー・クロス礁を含む九つの礁を占領することであった[111]。一九八八年一月、先遣隊がファイアリー・クロス礁の守備についた[112]。二月第一週には南海艦隊、東海艦隊の一一隻の艦艇が到着した。これには上陸用舟艇、建設資材を積んだ施設船、旅大型誘導ミサイル駆逐艦が含まれていた[113]。天候不順のため、建設は二月終わりまで開始できなかった[114]。

(2) 一九八八年三月の衝突

中国は、ファイアリー・クロス礁が他の島から離れており、またユネスコの要請を受けての行動であることが、他の紛争当事国の懸念をやわらげると考えていたかもしれないが、この海域における中国のプレゼンスは、緊張を高め、激しい衝突に至る条件を整えた。戦術的観点から見て、ファイアリー・クロス礁は孤立しており、脆弱であった。その周縁部の礁は当時占領されていなかったが、ヴェトナム支配下にある拠点に近かった(地図6-2を参照)。一月末から二月初頭にかけてのヴェトナムの初めの反応は、五つの礁、すなわちファイアリー・クロス礁の南側の三つと東側二つを占領し、ファイアリー・クロス礁の周囲に防御線をはることであった[115]。またヴェトナムはこの海域における中国の行動を監視し始め、これに対して中国海軍部隊が中国の拠点を守ろうとし、一連の衝突が起きた。この衝突の最中、中国とヴェトナムは周辺海域においてより多くの礁を占領しようとし競い合った。

最初の衝突は一月三一日、ヴェトナムがファイアリー・クロス礁で中国海軍艦艇を挑発した時に起きた。建設資材を積んだヴェトナムの武装貨物船二隻がファイアリー・クロス礁に接近した。中国海軍の艦艇がこれを妨害し、追い払った[116]。この事件の後、ヴェトナムはラッド（日積）礁およびディスカバリー・グレート（大現）礁という付近の二つの島・礁を占領した（地図6－2を参照）。ヴェトナムはさらに一月末にはスプラトリー諸島東部のテネント（無乜）礁を占領した[117]。

二度目の衝突は、二月一八日に起きた。この時の衝突は、ファイアリー・クロス礁とこの海域におけるヴェトナムの中心拠点であるスプラトリー島の間に位置するクアテロン（華陽）礁周辺でおきた。中国海軍の誘導ミサイル駆逐艦、護衛艦、輸送艦がこの海域を調査していたところに、ヴェトナムの掃海艇と武装貨物船が接近してきた。双方は、上陸戦闘部隊を礁の東西からそれぞれ送り込んだ。中国の派遣部隊が、先に礁の尖頭に到達し、旗を立てた一方、ヴェトナムは、礁の干出部分に作られた木製の杭に旗を立て退却した。天候が変わった時、ヴェトナム兵は撤退しており、中国が礁を支配していた[118]。二月二五日、中国はこの地域で三番目の礁としてファイアリー・クロス礁の東側、台湾の保有するイツ・アバ島に近いガヴェン（南薫）礁を占領した[119]。これに対抗して、ヴェトナムはファイアリー・クロス礁周辺の三つの礁、すなわちイースト（東）礁、アリソン（六門）礁、コーンウォリス・サウス（南華）礁を占領した[120]。

衝突が激化する中、中国海軍司令部はこの海域にさらに多くの艦艇を派遣した。二月二二日、南海艦隊の「五〇二編隊」が到着した。三月五日には、東海艦隊の「五三一編隊」も到着し、中国海軍のこの海域における艦艇は一五隻となった[121]。明らかに中国は、新たな基地の防御線をつくるためにファイアリー・クロス礁の東部と北部のまだ誰も占領していない礁を占領しようと準備していた。

三度目の衝突は、三月一三日と一四日に起き、この時は暴力的な衝突となった。どちらが最初に到着したかについて、中国側とヴェトナム側の説明は自ずと異なっているが、衝突の焦点は、ファイアリー・クロス礁東側のジョンソン（赤瓜）礁をめぐるものであった。中国側の資料によれば、中国海軍の誘導ミサイル駆逐艦がジョンソン礁を調査していた時、三隻のヴェトナム船が海域に接近してきた。これらはジョンソン礁および他の二つの礁付近に錨を下ろし、明らかに誰も占領していない礁に上陸部隊を送ろうとしていた。さらに二隻の中国海軍の誘導ミサイル駆逐艦が到着し、中国側はヴェトナムの貨物船と上陸用船艇を火力において上回った。翌朝、双方は部隊をジョンソン礁に上陸させた。五八名の中国兵と四三名のヴェトナム兵は、明らかにどちらも相手を追い出すよう命令を受けていた。[122] 小競り合いが起き、その中で発砲も起きた。発砲が起きると、双方の艦艇が砲撃を開始した。火力において大きく上回る中国海軍艦艇が、三〇分でヴェトナム側の全艦艇を沈没・大破させ、七四名のヴェトナム兵が戦死した。[123]

中国が攻撃的な姿勢をとり、この地域においてプレゼンスを確立すると決定したことが戦闘に至る条件を作り出したことは明らかである。中国のスプラトリー諸島への進出により、ヴェトナムは中国のプレゼンス封じ込めに動くよう駆り立てられ、それが両国の衝突を増大させた。しかしながら、入手可能な資料は、戦闘が、占領した礁から他の紛争当事国を追い出すための中国の政策の一環であった、ということを示していないのである。人民解放軍の歴史書によれば、兵士に指示された基本的指針は、「最初に発砲してはならない、（しかし）もし敵側が島を占領したら、立ち去るよう強制（強行）せよ」と述べていた。[124] また「南沙における闘争は軍事的闘争であると同時に外交的闘争でもある。厳格に政策を守れ」との指示もあった。[124] ジョンソン礁において衝突がエスカレートすると、中国の現地指揮官は、総参謀部から指示を受ける前にヴェトナム艦艇への攻撃を命令した。[125] 戦闘後、中央軍事委員会は、現地指揮官から来たヴェトナム支配下のその他の島・礁に対する攻撃許可要請を、指揮官たちがすでに艦艇を展開していたにもかかわらず、拒否した。[126] 他の島・礁への攻撃許可要請に対する中央軍事委員会の拒否は、この地域にプレゼンスを確立する、すなわち誰も占領していない島・礁のみを占領するという中国の戦略に合致するものであった。このようにして、中国は自国の支配力《クレイム》を安いコストで守ろうとしたのである。この解釈に合致するかのように、戦闘の翌週、中国はさらに二つの空白礁、すなわちケナン（東門）礁とスビ（渚碧）礁を占領した。[127]

ここで二つの点が強調されるべきである。第一に、パラセル諸島の場合と違い、中国は、ジョンソン礁におけるヴェトナムに対する勝利が作り出した機会に乗じて、ヴェトナムの保有する他の拠点、スプラトリー島のようなとくに価値の高い島を奪取しなかった。第二に、中国は、当初の計画にあった三つの礁を占領しなかった。これは中国海軍がファイアリー・クロス礁に現れた際、ヴェトナムがこれら礁を占領してしまったことによる可能性が高い。

(3) ミスチーフ礁、一九九四年

一九九四年晩秋のどこかの時点で、中国はスプラトリー諸島で七番目の、まさにミスチーフ〔「危害の源」、「悪い結末」などの意〕と名づけられた礁を占領した。一九九五年二月、フィリピンの漁民は、中国がミスチーフ礁に建造物を作り、そこにボートを停泊させていると報告した。この礁は武力衝突なしに占領されたが、あらためてスプラトリー諸島の紛争と中国の侵略の可能性への注目を呼んだ。残念ながら、一九七四年や一九八八年の戦闘とは対照的に、この出来事に関する中国側資料はきわめて少なく、そこから引き出せる結論の妥当性には限界がある。

一つ目の説明は、この本で提示してきた理論と合致するものである。中国のこの地域への進出と六つの礁の占領、そしてヴェトナムとの武力衝突は、他の紛争当事国の支配力《ポジション》を脅かし、南シナ海における敵対のスパイラルを生じさせた。一九八八年三月から一九九一年の間に、ヴェトナムはさらに七つの礁を占領し、合計二五の島・礁を支配することで、紛争における支配力をさらに強化した(128)。一九九二年には、中国海洋石油総公司が、アメリカの企業クレストンとの間で、スプラトリー諸島南西部における石油開発に関する契約に署名した。この海域はヴェトナムが一九八九年に占領したヴァンガード堆に近い海域であった。同じく一九九二年、中国の全国人民代表大会は、領海法を成立させた。同法は一九五一年のスプラトリー諸島に対する中国の立場を繰り返していた。一九九三年、ブルネイがEEZに関する公式声明を発表し、他方ヴェトナムは、クレストンの契約した地区の西側に、モービルを含む共同事業体に採掘権を認めた。五月には、中越両国がこの競合海域に調査船を派遣した。一九九四年には競争が激化した。五月、ヴェトナムの石油会社ペトロ・ヴェトナムはクレストンの採掘権地域内の鉱区において採掘を開始し、また六月には中国は同海域で地震調査を始めることを発表した(129)。同時に、フィリピンがアルコーン石油会社と共同で、紛争水域において大規模な地震学調査を開始した。

三つの主要紛争当事国による競争の激化を考えれば、中国がさらに礁を占領することでその支配力《クレイム》を強めようと

したことは驚きではないであろう。ミスチーフ礁の占領は中国の支配力《クレイム・ストレングス》の低下と符合している。第一に、最も重要なのは、ミスチーフ礁はスプラトリー諸島の東側に位置していることである。中国が占領する他の礁は、すべてはるか西側にあり、ミスチーフ礁の占領により中国は実効支配を主張できる水域を拡大できた。第二に、それより重要性は劣るものの、この占領はおそらくヴェトナムとフィリピンの間で協商が成立するのを防ぐ意味合いを持った。両国ともミスチーフ礁に対する主権を主張していたものの、ミスチーフ礁とフィリピンの近接性はフィリピンの安全保障上の懸念を増大させ、その結果一九九五年には中国・フィリピン間で文民官僚および軍人同士の一連の会談が開催された。

この占領についての代替仮説は、官僚政治である。いくつかの状況証拠は、中国海軍が中央軍事委員会や中央政治局常務委員会の許可なくミスチーフ礁を占領したことを示している。第一に、マニラの中華人民共和国大使館の最初の反応は、占領は「中国政府の認知や許可なく下級幹部の命令によるもの」だというものであった(130)。それに加えて、中国のフィリピンに対する、二国間の行動規範への署名や財政支援など迅速な外交的関与は、フィリピンに対して占領への埋め合わせをしようとしていたことをうかがわせる。さらにあるインタビューによれば、中央政治局常務委員会のメンバーが礁の占領に「驚いた」ことを示唆しており、そのメンバーに外交政策を統括する領導小組の一員が含まれていることを考えれば、この行動が許可なく行われた可能性がある(131)。最後に、内部発行の書籍は占領前から続いてきたスプラトリー諸島をめぐる中国政府と軍の緊張関係に言及している(132)。

4 結論

中華人民共和国の成立以来、中国の指導者たちは、エスカレーションと引き延ばし戦略を用いて沿海島嶼部をめぐる紛争における相対的な支配力《ポジション》を強化しようとしてきた。一九四九年、中国のこうした紛争における支配力《クレイム》は劣勢にあり、四つの紛争のうち二つについてはいくつかの係争島嶼を占領していただけであり、残りの二つについては戦力を投射する海軍力を欠いていた。一九七〇年代に世界的な海洋資源への関心が高まり、沿海島嶼の重要性が上昇する中で、中国の支配力はますます脆弱なものとなっていった。他の係争当事国が島や礁を次々と占領していく中で、中国はまずパラセル諸島で、そして次にスプラトリー諸島でそのプレゼンスを強めようとした。中国の支配力《クレイム・ストレングス》が弱まったタイミングと公式の歴史、指導者の声明は、なぜ、そしていつ、こうした紛争で中国が武力を行使したのかを説明している。

逆説的であるが、中国の過去の紛争における武力行使の事例は、未来においては武力を行使したがらなくなるかもしれないことを示唆している。中国は武力を行使し、係争島嶼を占領することで、パラセル諸島やスプラトリー諸島における支配力《クレイム》を大幅に強化した。二〇〇二年の行動規範についての宣言が示すように、いまや中国は交渉の席に着いており、係争中の島嶼に対する実効支配が、紛争のいかなる解決にも役割を果たすに違いないという確信を持っている。さらに、海軍力の増強にもかかわらず、ミスチーフ礁の占領から一四年間の間、中国はスプラトリー諸島においてさらなる島・礁の占領を行っていない。中国は他の紛争当事国を追い出す手段を持つようになったが、紛争における支配力《ポジション》が強くなっているため、そうした行動に出ることを控えている。さらに一九九八年にヴェトナムが二つの礁を占領しても、また一九九九年にマレーシアがさらに二つの礁を占領しても、中国は静観していた。この抑制は筆者の議論と合致するものであり、中国の支配力が大幅に改善されたことで、支配力の弱まりに対する敏感さと武力行使の必要性が小さくなったのである。いまや、ほとんどすべての島・礁は紛争当事国によって占領されているため、係争島嶼の実効支配をめぐる今後の競争は弱まるであろう。

ホワイト・ドラゴン・テイル島の事例が示すように、沿海島嶼部における紛争で、中国が妥協を検討する可能性があるのは、外部からの脅威がある場合である。しかし将来的には、いかなる外部からの脅威があっても、それがこれらの島嶼と関わる石油資源やシーレーン防衛の価値に勝らない限り、中国は妥協しそうにない。東南アジアにおける米中の影響力競争が激しくなることで、妥協が生まれる可能性はある。このシナリオでは、中国はスプラトリー諸島やパラセル諸島における領土的な譲歩とひきかえに、地域諸国との外交関係の進展を求めるかもしれない。

しかしながら、現状においては、中国は係争島嶼について譲歩しなくても、地域諸国との関係を進展させることができているのである。(133)

結　論

中国の領土紛争についての考察を通じて、三つの重要な点が明らかとなった。第一に、国家が戦争に踏み切る可能性が最も高いのは、領土紛争を抱えている場合だと言われているが、中国が領土紛争で武力を行使する傾向が他国と比べて特別強いというわけではない。むしろ中国は、領土紛争において、多くの政策アナリスト、国際関係論や中国の専門家が主張するよりも頻繁に妥協してきたし、武力を行使することも少なかった。たしかに、中国はここ二〇年の間に経済的にも軍事的にも力を増大させたが、領有権を主張するに際して、以前よりも攻撃的な姿勢をとるようになったわけではない。むしろ、中国は繰り返し妥協し、いくつかの事例では実質的な譲歩も行っている。中国は数件の領土紛争では武力を行使したが、それも広範囲にわたる領土的拡張を目指したものではなく、あくまでも一九四九年以降に中国が主張してきた領有権を守るための行動であった。中国は、少数民族が住む国境地帯の領土の一体性、中国大陸と台湾の統一、そして海洋フロンティアの確立など、自国の中核的な利益を守るために戦ってきたのである。

第二に、これは直観には反することであるが、ある国家内部で発生した政情不安は、戦争ではなく、平和を求める強いインセンティブを生み出すことが明らかとなった。多くの領土紛争において中国が譲歩を行った理由として、体制の安定を脅かす国内の脅威が存在したことが挙げられる。中国国内の民族暴動がどのような影響をもたらしたかを見れば、ある国家の領土の一体性を脅かす国内の脅威の存在が、いかにして近隣諸国と協調するインセンティブを生み出すのかがわかるだろう。たとえば、一九五九年にチベット蜂起が起きたことにより、中国にとって、ヒマラヤ地域の近隣諸国との間に抱えていた領土紛争の意味は大きく変化することになった。そのため、一九六〇年に中国は、ビルマ、ネパール、インドとの領土紛争で譲歩した。同様に、一九九〇年代にも、新疆地区で民族独立主義者による暴動が頻発したため、カザフスタン、キルギスタン、タジキスタンとの領土紛争で中国に協調するインセンティブが生まれた。こうした国内の脅威の存在を前にして、中国は領土問題について妥協する代償として、国内の敵を鎮圧するための支援を近隣諸国に対して求めた。これとは対照的に、国内に民族暴動を抱えていない時期には、中国は領土紛争において引き延ばし戦略をとり続けた。実際に、一九五九年のチベット蜂起の終結から一九九〇年の新疆での暴動発生までの期間に、中国は領土紛争に関していっさい新たな譲歩を行っていない。

　第三に、国家は、領土紛争においてバーゲニング・パワー〔交渉を有利にする物理的な力〕が低下した場合に、予防的に武力を行使する強い動機を持つことが明らかとなった。領土紛争において、中国は支配力《クレイム・ストレングス》が自国に不利に変化することに対して明らかに敏感に反応してきた。そのため、中国の支配力《ポジション》を弱体化させるような軍事的に強大な国家との領土紛争に直面していたり、中国が領有権を主張する領域をほとんど、あるいは全く支配していなかったりする場合に、中国は武力を行使してきた。中国が抱える国家統一をめぐる紛争を見れば、支配力《クレイム・ストレングス》が低下した場合に、どのように武力行使のインセンティブが生じるかがわかる。たとえば、中国は香港やマカオをめぐる領土紛争では、決して武力を行使しなかった。それは、中国がいつでもこれらの領域を獲得する能力を持っていたため、バーゲニング・パワーが全く脅かされなかったからである。これとは対照的に、中国の指導者はそもそものはじめから支配力《クレイム》が弱かった台湾に関して、〔その支配力が〕さらに弱体化してしまうことに神経を尖らせてきた。中国は台湾との係争地を全く支配しておらず、この地域に戦力を投射することも難しかったためである。そのため、一九五〇年代に、アメリカが台湾への軍事支援を強化したことによって、台湾が大陸から永久に分離してしまうのではないかとの懸念が高まると、中国は領有権を守る決意をシグナリングするため武力行使に踏み切った。その後一九六〇年代以降、アメリカが台湾への支援を減少させたことで、中国の支配力は強化され、エスカレーションへのインセンティブも低下した。しかし一九九〇年代に入り、台湾の民主化と独立を掲げる政治勢力が台頭したことを見て、中国は台湾の外交承認を追求する動きを背後から操っているのはアメリカであると認識し、国家統一へ向けた決意をシグナリングするために再び武力を行使した。

1 議論の敷衍

以上の結論は、領土紛争における協調とエスカレーションの理論によって導き出されたものである。すべての要因が一定であるならば、国家は領土紛争の解決を引き延ばすか、あるいは遅らせるという行動をとる。しかしながら、ある条件のもとでは、引き延ばしよりも、譲歩を提案したり、武力を行使したりすることのほうが魅力的な選択肢となりうる。ある国家の体制の安定性や国際的な立場が、国内的、あるいは国外からの脅威によって大きく脅かされた時、その国家が領土問題で譲歩を行う可能性は高まる。また、国家の安全を脅かす脅威に直面した時、国家は領土問題に関して譲歩する代償として、近隣諸国に対して関係改善や別の脅威に対抗するための支援を求めようとする。

安全保障環境において脅威が存在する場合に、国家が協調するインセンティブが高まるのに対して、領土紛争における支配力《クレイム・ストレングス》やバーゲニング・パワーが低下した場合に、国家は武力行使を決定すると説明できる。領土紛争において、国家は係争地を支配したり、有利な交渉結果を手に入れたりするために、軍事あるいは政治的手段を用いて競争する。そして、一方の国家がこの競争に負けつつあると認識すると、その国家が〔支配力の〕低下を食い止めるために武力を行使する可能性は高まる。また、支配力《クレイム》が弱い国家にとって、自国よりも強力な領土紛争の相手国の支配力《ポジション》が一時的に弱まり、係争地を占拠し、自国の支配力を強化することができる好機が突如到来した場合、武力を行使するインセンティブがさらに高まることになる。

本書では以上の二つの理論を、中国が直面した多くの領土紛争によって検証した。第1章で論じたように、中国が抱える領土紛争は数や種類の面で分散しているため、領土紛争に関する議論を検証するのに適している。また、中国は特別な理論が必要とされるような例外的な国家ではない。中国による譲歩や軍事的脅迫などの行動は、二〇世紀に見られた領土紛争での他国の行動と統計的に何ら差異はないのである。しかし、ここで提示される理論が他国の領土紛争における協調とエスカレーションの原因を説明することができるのか、という問題は別途検証されねばならないであろう。本書で提示した議論のより広範な妥当性を検討するために、本節では他国の領土紛争についても簡潔に論じたい。

(1) 国内の脅威と領土紛争における協調

体制の不安定が領土紛争での協調的な姿勢をもたらすという現象は、中国に特有の要因によって生じるのではないかという批判があるかもしれない。しかし、体制の安定性を揺るがすような国内の脅威が存在する場合、中国と同じような特徴を持つ国家は協調的な行動をとる可能性が高い。実際に、中国の体制不安を生じさせる以下の三つの要因は、他国でもよく見られるものである。第一に、新たに建設された国家は、その支配に対して国内勢力から挑戦を突き付けられる可能性が高く、その場合領土紛争で妥協するインセンティブが生まれることになる。国家形成のプロセスでは、一つあるいは複数の社会勢力に大きな犠牲を強いることが多いため、新生国家の権威は国内から長期にわたって挑戦を突きつけられることになる。第二に、政治権力が一つの政党もしくは勢力に集中する権威主義体制の国家も、権利を剥奪された勢力による国内からの挑戦に直面するため、外交政策を柔軟化させるインセンティブを持つことになる。第三に、多数の民族集団によって構成される国家では、少数民族が自治や独立を求めた際に、国内の権威に挑戦を突きつける可能性が高い。こうした少数民族が他国との国境地帯に居住している場合、その国家は近隣諸国と妥協するより強力なインセンティブを抱くようになる。これらの三つの要素はそれぞれ別々に、協調へのインセンティブを強めるよう作用する。そして、これらの要素すべてが存在し、近隣諸国がその国家の体制の安定性を強化するための支援を行う能力を持っている場合、協調行動がとられる可能性は非常に高くなると言える。(1)

たとえば、一九一八年のブレスト・リトフスク条約によるソ連の妥協は、新たに成立した権威主義国家が国内での権威を確立するために、領土をめぐる譲歩を行った事例の一つである。ボリシェヴィキが権力を掌握した一九一七年の一〇月革命直後、ソ連はドイツや中央同盟国との講和交渉に入った。ウラジーミル・レーニン（Vladimir Lenin）は、新たに成立した社会主義国家に必要なのは、いまだ脆弱な国内での権威を確立するための時間であると判断し、それを可能とする唯一の選択肢であったドイツとの講和を決断した。この条約での譲歩をめぐっては激しい議論となったが、レーニンの立場が勝利を収めた。(2)条約の批准を求めて働きかけを行った際に、レーニンは「われわれが手に入れる休息がいかなるものであれ、…(中略)…戦争よりはましだ。なぜなら休息により大衆は一息つくことができるし、われわれはブルジョワジーが行ったことをただす機会を手に入れることができるからだ」(3)と述べている。

同様に、一九七八年のキャンプ・デーヴィッド合意とイスラエルとの平和条約につながったエジプトによる譲歩の背景には、この一党独裁の権威主義国家が一九七〇年代の半ばに、社会的、経済的混乱に直面していたという事実があった。第四次中東戦争（ヨム・キップル戦争）の後、エジプトでは高まる財政危機や社会不安など体制に変革を迫る強い国内的圧力が生じていた。イスラエルとの和平やアメリカからの援助は、変革を迫る国内の要求に対処し、経済発展により多くの資源を割き、国民からの支持を得るために必要な手段であった。キャンプ・デーヴィッドにおいて、エジプトはイスラエルを承認する代わりに、シナイ半島の返還とアメリカからの大規模な援助を求め、国内問題に対処しようとした。(4)

脱植民地化後に多くのアフリカ諸国がとった行動を見ても、体制不安が領土紛争での穏健な政策や譲歩をもたらす要素であることがわかる。国内の権威が弱体で、他国との国境地帯に（多くの場合国境を跨ぐ形で）多くの民族集団が居住する新国家は、近隣諸国との間に抱えていた紛争を縮小し、協調的な行動をとった。一方で、こうした国内の挑戦に直面したアフリカの新生国家の多くは、独立直後に領有権の主張を行うことはしなかった。脱植民地化後に発生した領土紛争の数は、大方の予想をはるかに下回るものであったが、それは、ほとんどの国家が〔国内に政情不安を抱えており、他国の行動がそれに悪影響を及ぼす可能性があったため〕お互いの領有権の主張に対して等しく脆弱な立場にあったためである。他方で、実際に生じた領土紛争も多くの場合、妥協による合意を通じて解決されており、その背景には国内問題に対処するという目的があった(5)。たとえば、一九六三年にモーリタニアはマリとの東南部国境地帯をめぐる紛争において、実質的な譲歩を行った。マリはモーリタニアのホズ地域の領有権を主張しており、同地域の反乱勢力を支援していた。この状況でモーリタニアは実質的な譲歩を行い、それに対して、マリはこの反乱勢力への支援を停止したのであった(6)。

(2) 外部からの脅威と領土紛争における協調

外部からの脅威という要因では、中国が譲歩した事例のうちわずかしか説明することはできないが、外部からの脅威が生じる状況自体は中国に特有のものではない。国家間のライバル関係や競争はまさに国際政治の根幹をなす特徴であり、敵対国に直面する国家は、とりわけ自国の体制が国内で脅威に直面せず、比較的安全である場合、別の国との間に抱える領土紛争で協調するインセンティブを抱くことになる。

たとえば、一九六三年一月に、アメリカとメキシコはエルパソとシウダー・フアレスの間に位置するエル・チャミザル地域をめぐる長期に及ぶ領土紛争を解決した。両国は以前にも解決を試みたものの失敗してきたが、この時は国際環境が変化し、アメリカが譲歩を行う強いインセンティブが生まれた。キューバ革命とピッグズ湾侵攻作戦の失敗により高まったソ連の影響力に対抗するために、アメリカにとってラテンアメリカとの関係を改善することの重要性が増したのである。その結果、ジョン・F・ケネディ（John F. Kennedy）大統領により「進歩のための同盟」が形成され、米州機構への支援が強化された。メキシコとの領土紛争での譲歩は、冷戦における中南米地域でのアメリカの立場を強化するための広範にわたる試みの一環であった(7)。

これと同様に、一九八〇年代半ばにアメリカとの対立が激化したことで、ソ連は中国との領土紛争で妥協しようとした。一九八六年七月のウラジオストク演説において、ミハイル・ゴルバチョフ（Mikhail Gorbachev）はソ連が東部地区の国境線を画定する方法としてサルウェグ原則を受け入れる意思を示した。これは、一九六〇年代以降、国境線を中国側の河岸と主張してきたソ連の立場を覆すものであった。ゴルバチョフは、中ソ国境地帯に配備されたソ連部隊を撤退させ、アメリカに対する自国の立場を強化するため、中国との関係改善を望んだのである。

(3) 支配力《クレイム・ストレングス》と領土紛争のエスカレーション

支配力《クレイム・ストレングス》の低下は、中国が領土紛争で武力を行使するに際しての中心的要因であるが、これは決して中国にのみ特有の要因ではない。係争地の支配をめぐる競争において、ある国家が自国の支配力が低下していると認識するという事態はしばしば見られる。たとえば、一九九九年四月、パキスタンの正規軍および非正規軍が、係争中のカシミール地方において、インド側が支配する地域の七〇カ所以上にわたる軍事拠点を占拠すると、高地において数カ月間に及ぶ激しい戦闘が起こった。カシミール地方においてインドが政治的権威を強化したことが、パキスタンによる武力行使の引き金を引く重要な要因であった。それに先立つ数年前から、インドはカシミール地方のゲリラを弾圧し、現地政府に新たに正統性を付与するための選挙を数回にわたり行っていた。そのため、従来から弱かったパキスタンの支配力《クレイム》がさらに低下することになった。そのため、パキスタンは限定的な攻撃によってゲリラ活動を再び活性化させ、そうでもしなければさらに低下していたであろう紛争における支配力《ポジション》を、強化した(8)。

一九八二年四月のアルゼンチンによるフォークランド侵攻は一般的に、陽動を目的とした行動と説明されるが、支配力《クレイム・ストレングス》の低下によって説明することもできる。一九八〇年に、アルゼンチンはフォークランド諸島の主権をめぐるイギリスとの交渉において、深刻な後退を余儀なくされることになった。イギリスがフォークランドをアルゼンチンに返還し、アルゼンチンがそれをイギリスに貸与するとの取引をイギリス議会が無効にしたためである。

その後二年間、イギリスはこの問題に関するアルゼンチンによる主権の主張を拒み続けた。一九八一年一二月に、レオポルド・ガルチェリ（Leopoldo Galtieri）がアルゼンチンの軍事政権の指導者に就任すると、軍事政権は交渉においてより強硬な立場をとり、イギリスに交渉を強いるために武力行使の準備を始めたが、これは、領土紛争において徐々に不利な立場に立たされようとしている状況に対抗するための行動であった。(9) アルゼンチン国内で高まる社会不安によって、領土紛争で目に見える進展を達成することの重要性が高まっていたことも、領土紛争における〔支配力が〕低下しているとの軍事政権の認識に拍車をかけた。しかし、軍事政権に対するイギリスの圧力は非常に強く、領土紛争でのアルゼンチンの支配力《ポジション》はますます低下した。

第1章で論じたように、支配力《クレイム》が弱いか、あるいは劣勢な国家は、領土紛争を抱える強大な相手国のパワーが低下し、係争地を奪取するコストが一時的に低下した場合に武力を行使する傾向がある。中国が抱える領土紛争では、このメカニズムが働いた事例は見られなかったが、他の紛争では見られた。たとえば、アルジェリアが一九六二年に独立した際、資源が豊富なティンドゥフ地域をめぐりモロッコとの間に対立が生じた。一九五六年にモロッコが独立する前に、フランスがこの地域の行政をアルジェリアに移管したため、モロッコはこの地域を取り戻したいと望んでいた。その後、フランスがアルジェリアから撤退したことで、モロッコがこの地域を獲得する機会が生まれ、一九六三年七月から一一月にかけて戦闘が発生した。(10)

これと同様に、第2章で述べたように、大躍進後に中国が経済的苦境に直面したことによって、インドと台湾は、中国との領土紛争で譲歩を獲得する好機を手にしたと認識した。ジャワハルラール・ネルー（Jawaharlal Nehru）と蔣介石にとって、中国の経済危機は、中国のパワーが低下し、外部からの圧力への脆弱性が高まったことを示唆していた。中国の国内的な混乱は、局地的な軍事バランスが変化したことを意味しており、インドと台湾にとって行動を起こすための「機会の窓」が生まれたのであった。

2 国際関係論へのインプリケーション

本書は、領土紛争における協調とエスカレーションの理論を発展させるだけではなく、より広い文脈で、国際関係論へのインプリケーションを提示することができる。

第一に、中国の行動は、注目すべき二つの国際関係理論を裏付ける結果となっている。国内暴動が起き、政情不安が生じた時期に、領土紛争において中国が協調する意思を示したという事実は、全方位バランシングの理論を実証していると言えよう。この全方位バランシングとは、国家の指導者は国内外を問わず、最も差し迫った脅威に対抗するために同盟を形成するという理論である。本書は、国際関係理論の中でも重要な領域の一つである領土紛争において、この理論がどのように適用されるかを示すことで、全方位バランシングにさらなる裏付けを与えた。本書で実証されたことにより、全方位バランシングの理論が同盟形成の決断や領土紛争だけではなく、他の問題にも有効に適用できる可能性が示されたといえる。より一般的には、国内暴動や政情不安は国際関係における協調行動の源泉としては過小評価されていると言えるだろう。

さらに、中国は支配力《クレイム・ストレングス》が低下したと認識した場合に領土紛争をエスカレートさせるという議論は、予防戦争の理論にさらなる説得力を与えるものである。とくに、この議論は、国家が国際システムにおける自国の全般的な地位の変化に反応して武力を行使するということを説明しているだけではない。この予防戦争の理論は、特定のタイプの紛争において国家が武力を行使する理由と時期を検証する上でも有効なのである。また、ある特定の領域で相対的なパワーが低下すると、影響力の低下を食い止めるために、その国家は長期的あるいは戦略的なライバル関係にある国家に対して、脅迫や武力行使に訴えるインセンティブを持つに至るとの同様の議論が展開できるかもしれない。

第二に、中国が抱える領土紛争を検証することを通じて、国際関係論という研究領域をどのように発展させていくことができるのかということが示された。本書の協調とエスカレーションの理論を構築するために用いた国家中心アプローチは、国家を一元的なアクターとして扱うと同時に、国際関係理論における分析レベルを統合するための新たな枠組みを提供した。国際レベルと国内レベルを結合する従来の試みは、それぞれのレベルから変数を選択し、ロバート・パットナム（Robert Putnam）の「ツーレベル・ゲーム」の議論に沿ってこれらの変数間の相互作用を検証するというものであった[11]。それに対して本書では、国家を国内・国際環境の両面で自律的に行動するアクターであると規定し直す、国家中心アプローチという従来とは異なる方法を採用し、国家が目的を達成する能力を制約する国内外の変数を特定した。このアプローチは他のレベルよりもある特定のレベルをことさら重視するというわけでも、特定のレベルのみに分析の焦点を限定するわけでもない。さらに、このアプローチは他の領域においても有益である。たとえば、国境管理に関する最近の研究において、ジョージ・ガブリリス（George Gavrilis）は国家が社会からどのように資源を抽出するかによって、その国家が国境を越えたヒトやモノの流れを管理する上で厳しい対応をとるのか、柔軟な対応をとるのかが決定されると論じている[12]。

中国が権威主義体制であるにもかかわらず、多くの領土紛争で協調行動をとってきた事実は、国内政治制度と国際関係の研究において、民主主義要因にとらわれないことの重要性を示している[13]。確立された民主主義国家は依然として比較的少数であり、民主主義がある特定の結果をもたらすと主張する研究はあるものの、権威主義国家をも対象とした包括的な説明はいまだ提示されていない。国家中心アプローチなら、それが国力を形づくる国内・国際レベルを統合するものであるため、国家がどのような行動をとるかを探究する枠組みを提供できるし、したがってどのようにしてさまざまな外交政策のコストと利益を計算するのかを探究するための枠組みを提供することもできる。

体制の不安定と支配力《クレイム・ストレングス》の低下という要因が、領土紛争における中国の協調とエスカレーションの決定を規定していることを考えると、国際関係におけるパワーを計測するにあたり、より微細な差異に着目した方法を発展させる必要があることがわかる。ある国家が領土紛争のような特定の領域や問題で利益を追求している時、その国家が国際システム内の他国と比べて相対的な能力を越えた不釣り合いな決定を行ってしまうことがあるが、その決定において、国力を構成するさまざまな要素が、ある場合にはより大きな、あるいは別の場合にはより小さなウエイトを占めるようである。結果として、特定の領域で国家がどのように行動するかを説明しようとする際に、総合的な国力のみに注目したり、国内の安定性を見過ごしたりすると、誤った結論を導いてしまうかもしれない。

第三に、領土紛争における中国の協調とエスカレーションの理論は、他の国際関係理論のいくつかを反証する証拠を示している。まず、実際の中国の行動は、国内の政治的対立を暴力的あるいは好戦的な外交政策の原因と見なす理論に対する強力な反証となっている。陽動戦争理論やエドワード・マンスフィールド（Edward Mansfield）とジャック・スナイダー（Jack Snyder）による民主化と戦争の理論によれば、国内で政情不安が生じた場合、指導者は、対外的な緊張を利用して国内社会を団結、結集させるために、危機をエスカレートさせる可能性が高いとされている。[14]領土紛争は指導者にとって、国内支持を集めるのに利用できるわかりやすい問題であるため、陽動に関する議論を検証するのに都合がよい。とりわけ、多くの領土紛争と統治に対する国内からの挑戦に頻繁に直面してきた中国は、陽動戦争理論を検証する一連の「安易な」事例を提供している。しかし実際には、国内で混乱が繰り返し起きたにもかかわらず、中国は領土紛争において通常、エスカレーションではなく協調を選択した。これは、本来ならば陽動戦争理論によって容易に説明できるはずの多くの事例がそれでは説明できないということを意味しており、この理論全体に対して疑問を投げかけるものである。

ただし、領土紛争における中国の武力行使を観察すれば、いくつかの事例において、国内の政情不安が対外的な脅迫や武力行使と結びついていた理由を読み取ることができる。ジェフリー・ブレイニー（Geoffrey Blainey）によれば、ある国家の政情不安は、二国間のパワー・バランスに対する認識を変化させ、弱いほうの国家にとっての「機会の窓」を作り出す。なぜなら、弱いほうの国家から見れば、自国より強大な敵対国が国内で生じた問題によって混乱し、消耗した場合、自国の立場が強まったと考えられるからである。[15]さらに、ある国家が国内で政情不安を抱えている時期に領土紛争の相手国が挑戦してきた場合、陽動目的以外のさまざまな理由から、その国家にとって武力行使は魅力的な選択肢となる。たとえば、その国家の指導者が、相手国は自国の弱さにつけ込もうとしていると認識した場合、武力を行使することによって自国の利益を守るという決意をシグナリングすることができる。

くわえて、領土紛争における中国の行動は、攻撃的リアリズムに対して疑問を投げかける。攻撃的リアリズムによれば、国家は十分な能力を保持し、とりわけコストが低く機会が豊富な場合に、拡張主義的な行動をとる。この攻撃的リアリズムが想定する世界では、パワーこそが安全をもたらす。そうであるならば、パワーの面で他国よりも優位にある国家は攻撃的に行動し、安全という目的を実現するためにそのパワーを行使するはずである。(16) この理論は大国間関係を説明するために構築されたが、中国のような大国を含め、すべての国家にとって中核的な安全保障上の関心事である領土紛争にも適用できるはずだ。攻撃的リアリズムによれば、国家は自国の総合的な国力を強化するのに資する領土をめぐって頻繁に戦争を行い、特定の紛争においては、強大な国家は弱体な国家よりも攻撃的であると説明される。

しかし実際の中国の行動は、以上の予測とは異なる。たしかに、中国は、台湾やスプラトリー諸島などのきわめて重要な領土をめぐる紛争で武力を行使した。しかしそれと同時に、中国は軍事的に見て圧倒的優位にあった領土紛争、とくに内陸国境をめぐる紛争で、頻繁に譲歩を行ってきた。攻撃的リアリズムの観点から見れば、中国が譲歩を行ったのは、問題となっている領土がたいした経済的、戦略的価値を持っていないからであり、この中国の行動には理論上大きな意味はないと片づけられてしまうかもしれない。しかし中国は、拡張ではなくむしろ譲歩を通じて、自国の最も人口が密集した地域の緩衝地帯としての役割を果たす内陸の辺境部への支配を強化し、自国の安全を高めたのであった。これと同様に、ここ二〇年間で劇的にパワーを増大させたものの、中国が領土紛争において頻繁に武力を行使するようになったかというと、決してそうではない。ある指標に基づけば、世界における中国のパワーが占める割合は、一九九〇年には世界全体の一〇・八パーセントだったが、二〇〇一年には一三・四パーセントに増大している。(17) しかしこの時期に、中国はしばしば妥協を選択している。おそらくその中でも最も顕著なものは、ソ連が弱体化し、一九九一年末に崩壊した際に、中国はより強硬な立場をとってもおかしくなかったにもかかわらず、ソ連に妥協しようとしたことである。さらに、インドとの紛争や、南シナ海における戦略的に重要な地域をめぐる紛争など、重要な領土紛争において、中国は好戦的な政策をとらなかった。一九九〇年以降で中国が武力を行使したのはわずか二回である。そのうち一度目は、一九九四年後半のミスチーフ礁占拠の際、二度目は一九九五年から九六年の台湾海峡危機の際である。

領土紛争における中国の武力行使は、攻撃的リアリズムとともに、権力移行理論への反証ともなっている。攻撃的リアリズムの予測とは反対に、中国は領土紛争において軍事的優位にある場合でも武力を行使してこなかった。そうではなく、中国は明確な軍事的優位を保持しているか否かとは無関係に、支配力《クレイム・ストレングス》やバーゲニング・パワーの低下を食い止めるために武力を行使してきた。これまで中国が好機だと認識した場合ではなく、〔支配力が〕低下したと認識した場合に武力を行使してきた事実は、権力移行理論と矛盾するが、この権力移行理論とは、台頭する国家は衰退する国家よりも武力を行使する可能性が高いと主張するものであり、とくに、台頭する国家が国際システムにおいてより強力な国家と対等な立場に近づいた時によく当てはまるとされる[18]。

革命国家の外交政策に関する議論も、領土紛争における中国の行動を説明することはできない。中国では急進的な国内政策が、領土紛争における攻撃的で好戦的な対外政策を招くということはほとんどなかった[19]。中国は、過去そして現在の専門家が予測するよりも頻繁に妥協しようとしてきただけではなく、ほとんどの場合において、領有権の主張とイデオロギー上の目標を結びつけてこなかった[20]。たとえば、冷戦初期に、中国がビルマなどの非同盟諸国、モンゴルなどの社会主義諸国、パキスタンなどのアメリカの同盟国など〔どのようなタイプの国〕とも妥協しようとしたことからも、それは裏付けられている。

最後に、中国の協調とエスカレーションの理論は、意思決定において信頼性と評判構築が果たす役割についての議論にも疑問を投げかける。国家は自国の信頼性を維持し、ある問題において他国を抑止するために、タフだという一般的な評判を確立することを目指して、別の領域で武力を行使するとしばしば考えられている。たとえば、バーバラ・ウォルター（Barbara F. Walter）は、複数の領土紛争を抱える国家は、ある領土紛争で譲歩を提案することを躊躇するはずであると主張した。なぜならば、もし譲歩をすればその国家は弱腰であるとの評判が生まれてしまい、その他の領土紛争の相手国からの強硬な要求を招いてしまうからである[21]。そのため、複数の領土紛争を抱える国家は、自国の領有権の主張に最初に挑戦した国に対して、その後の挑戦を抑止するために決意を示そうと、武力を行使しようとするはずであるという。

第二次世界大戦の終結以降、他のどのような国家よりも多くの領土紛争に直面した中国は、このような理論を検証する格好のテストケースである。しかしながら、中国が妥協を提案する意思を示してきた事実は、これらの理論に疑問を呈することになる。実際には、中国は、譲歩をすることが自国の評判に影響したり、他国に弱い国と映ったりすることを懸念することなく、繰り返し譲歩をしようとしてきた。こうした事実から、ある条件のもとでは、国家はタフさではなく、協調の評判を構築しようとすると言えるかもしれない。中国はいくつかの領土紛争で武力を行使する際にはその決意をシグナリングしようとしたが、攻撃の目標は自国の領有権の主張に積極的に挑戦してくる領土紛争の相手国であり、将来中国に挑戦するかもしれない領土紛争を抱えた他の国家ではなかった。

3　中国の外交政策の源泉

中国の領土紛争に関する研究は、中国の外交政策の源泉を解明する一助ともなる。一連の領土紛争における外交政策の決定過程で中国の最高指導者が果たした役割は、中国の国内、あるいは対外安全保障環境が果たした役割に比べると、重要性が低かった[22]。一九四九年以降、個性、心理的特徴、体制内での影響力の点で全く異なるにもかかわらず、歴代の指導者たちは、国家に対する同じような国内外の脅威に直面した場合、領土紛争においてほとんど同じような政策を採用もしくは支持してきた。毛沢東と江沢民の統治のもとで、ともに体制の安定を脅かす国内の脅威、とくに国境地帯での民族暴動に直面した中国は、妥協しようとした。これと同様に、毛沢東、鄧小平、江沢民は、いずれも領土紛争において中国のバーゲニング・パワーが低下した時に、武力を行使した。ただし、江沢民のもとでの武力行使は相対的に見て暴力性は低く、数も少なかった。領土をめぐる武力行使の大半が、毛沢東と鄧小平のもとで行われたため、これらの指導者たちは江沢民よりも武力を行使する傾向が強いかもしれない。しかし、江沢民時代は、ソ連の崩壊や一九四九年の中華人民共和国の成立以来、中国にとって最も穏やかな国際安全保障環境が生まれた時期と重なっており、中国の領有権の主張に対する挑戦があまり起きなかった時代だったのである。

以上の議論は、個々の指導者が重要な要因ではないと主張しているわけではない。そうではなく、中国の指導者が精神異常のためにこうした決断を下したわけではなく、中国を取り巻く全般的な安全保障環境における必要性を考慮した上で、重要な決断を下したということである。江沢民と鄧小平がともに、毛沢東と同じような状況下で領土紛争に直面していたなら、武力を行使していたであろう。また鄧小平が、毛沢東や江沢民と同じような状況に直面していたなら、妥協していたであろう。しかしながら、一九六九年三月にソ連軍を襲撃するという決定は重要な例外であり、毛沢東の個性を考慮に入れなくては、きちんと説明することができない。当時中国がヴェトナムをめぐってアメリカと激しく対立していた状況を考えれば、同時にもう一つの超大国ソ連と武力紛争を抱えることが、中国の安全強化につながっていたはずだとの結論に達することは難しい[23]。この決定に関しては、武力の効果に関する毛沢東個人の信念が重要な役割を果たした可能性が高いと言えるだろう。

領土主権の問題を論じる際、ナショナリズムが外交政策へ大きな影響を及ぼしていると考えられている。しかし、ナショナリズムは、多くの中国専門家が主張するほど強力な要因ではない。実際に一九四九年以降、中国が極東ロシア、モンゴル、中央アジアの一部などのかつて清朝が支配していた、もしくは強い影響を及ぼしていた「失地」に対して領有権を主張したことは、一度もない。清朝によって締結され、中国が撤廃を求めた唯一の条約は、マカオと香港の一部を割譲した条約だけであった。それ以外については、中国は過去のすべての合意で規定された、基本的な国境線を受け入れてきた。一九六四年七月に毛沢東は、中国はかつて帝政ロシアに割譲した領土をめぐる「清算をまだ終えていない」という声明を出したが、これは重要な例外と言えるかもしれない。しかし、この声明自体が曖昧なものであり、日本がソ連との間に抱える領土紛争について述べた文脈で触れられたため、明確な主権の主張とは言えない。さらに、実際の中国の領土紛争における政策は、こうした声明を反映していないし、より根深い失地回復主義的な感情を反映したものでもない。

一九五〇年代以降、中国による領有権の主張はその数も範囲も増大していない。中国の領土に関する目標は、国際システムにおける中国の地位、指導者の個性、政治的イデオロギーといった要因が大きく変化したにもかかわらず、変わらなかった。国家統一の対象である漢民族地域や沿海島嶼をめぐる紛争では、中国の目標が現状打破的なこともあったが、これらの目標は決して目新しいものではない。中国は一九四九年の中華人民共和国の成立以来、こうした目標を追求してきた。そして、以上で述べたような目標は、国際システムにおける中国の地位に見合う利益であるから追求されたのではなく、現代の中国国家はこうあるべきだというビジョンを反映したものであった。たとえば、〔国力が〕強大であろうと弱体であろうと、中国は台湾と中国大陸との統一を追求してきたし、南シナ海の海洋フロンティアを確立しようとしてきたのである。

一九九〇年代以降、政治的イデオロギーとしての社会主義の凋落に伴い、中国国民のナショナリズムが果たす役割の重要性が高まっていることが、中国専門家によって指摘されている。ナショナリズムが実際のところ、増大しているかどうかは不明確だが、この時期の領土紛争における中国の行動を見れば、外交政策に及ぼすナショナリズムの影響は、専門家の議論が示唆するよりも限定的なものにとどまっていると言えるだろう。[24]中国社会において民族主義的な風潮が強く見られるようになったからといって、主権の問題で中国がより好戦的なアプローチをとるようになったわけではない。中国は一九九六年の台湾海峡でのミサイル試射以来、一〇年以上にわたり領土問題で武力を行使しておらず、一九八八年のジョンソン礁をめぐるヴェトナムとの衝突以降、二〇年以上にわたり、領土問題で戦闘行為に関与していない。この同じ期間に、中国は九件の領土紛争において譲歩している。中国政府は自らが行った譲歩の詳細について隠そうとしているが、中国は譲歩し、協定に署名、批准し、これらの文書に基づいて国境線を画定した。

以上のような説明をしたからと言って、中国の外交政策や領土紛争において、ナショナリズムがとるに足りない要因だと主張しているわけではない。中国が台湾の統一を要求し続けており、この領土紛争で威嚇や武力を行使する意思を持っていること、また実際に香港やマカオの主権を回復したことは、ナショナリズムという要因を無視しては説明できない。これら二つの係争地を取り戻したことは、ナショナリズムの観点からみて大きな成果である。中国政府が過去二〇年にわたり、スプラトリー諸島と尖閣諸島に対する領有権を広く公式に主張してきたため、ナショナリズムはこれらの領土紛争において、もともと小さな妥協の可能性をさらに減少させてしまうかもしれない。なぜなら、中国がファイアリー・クロス礁などの支配地を放棄したがらないかもしれないからである。こうした領土紛争での中国による領有権の主張に対して、明白な挑戦が行われた場合、暴力的ではないかもしれないが、強硬な反応を中国が見せる可能性は高い。しかし、このナショナリズムの圧力によって、中国が頻繁に領土紛争において軍事的な威嚇を行ったり、妥協を拒絶したりするようになるわけではない。また、中国の指導者は、経済改革に伴う混乱や不安定にまつわる社会問題に対する国民の不満を逸らすために、領土紛争を利用したこともない。一九九〇年代初頭以降の台湾問題において、中国は武力行使の意図を示したり、脅迫的な声明を出したりしたが、それは国家統一に対して台湾の内政から挑戦が突き付けられたと認識したためであり、中国の政情不安やナショナリズムを強める国内世論に左右されたからではない。

最後に、中国の領土紛争における行動を見れば、武力を背景とした攻撃的な行動を好むという戦略文化が中国の対外行動を大きく規定しているとの議論への疑問が湧いてくる。中国が武力を行使する時、中国は領土紛争の相手国を消滅させようとしているのでもなければ、領有権を主張する広大な領域を奪取しようとしているわけでもない。(25) それと同様に、中国はしばしば武力を行使するけれども、それは、自国にとって有利なパワー・バランスの変化が起きたからではない。そうではなく、中国は〔支配力が〕弱い時、あるいは低下した時に武力を行使する可能性が最も高くなる。そして、インドとの領土紛争や、スプラトリー諸島をめぐるヴェトナムとの領土紛争において、中国は戦争目的を拡大せず、戦場で相手国に決定的な打撃を与えると、その後係争地の大部分を奪うこともしなかった。反対に、中国は通常、領土紛争で軍事的勝利を収めた後、きわめて自制的な行動をとってきた。これは、中国が戦略文化上攻撃的な行動をとる選好を持っているとの議論と矛盾する行動である。

以上の議論における一つの例外が、スプラトリー諸島をめぐる中国の行動であろう。それは中国が一九八〇年代前半以前には、この島・礁を占拠し、遠隔の前哨基地を維持することができる海軍力を保有していなかったためである。その後、中国は一九八八年に六つの島・礁を占拠した。しかし、それ以降は領有権を主張する他の国家が支配する島嶼に対して攻撃を行うことはなかった。たとえば一九九〇年代初頭に、アメリカが東南アジアにおける軍事的プレゼンスを低下させた際、中国にとって、領土紛争の相手国を攻撃する絶好の機会が生まれた。しかし、島嶼をめぐる対立が一九九三年と一九九四年に先鋭化し、相対的なパワーの面から言えば優位に立ったにもかかわらず、中国は武力を行使しなかった。中国は、どの国にも占領されておらず、通常時は海面下に沈んだままとなっているミスチーフ礁を占拠したが、有利になった状況のもとでも、中国は戦略文化上攻撃的な行動をとるとの議論が予測するような強硬な行動はいっさいとらなかった。

4 中国の領土紛争の将来像

全体的に見て、中国が多くの領土問題を解決してきた事実からは、中国が主として現状維持のアプローチをとり、現代中国国家の一部と見なしている領土の支配確立を目的としていることがわかる。辺境部の紛争において、中国は少数民族が住む広大な辺境部への主権を近隣諸国に承認してもらうために譲歩を行ってきた。そこでは少数民族が、分離や独立を公式、あるいは非公式に要求していた。近隣諸国が辺境部で中国に挑戦してきた場合には、中国は武力を行使したが、戦場において広範な領土を占拠することはなかった。むしろ、武力行使の目的は、辺境部に対する中国の主権を近隣諸国に強制的に認めさせることにあった。さらに紛争解決に際して、国境についての新たな合意や条約を形成することで、中国は国境線を明確かつ正確に画定した。ちなみに、これらの文書、とくに国境条約に付随する境界画定のための議定書の中には、数百ページに及ぶものもあった。要するに、こうした文書は中国の主権が及ぶ範囲に関する曖昧さを取り除き、清朝初期の領土に対する失地回復主義的な領有権の主張を放棄するものであった。

中国が妥協によって多くの領土紛争を解決してきたことは、台頭する中国のパワーの影響を強く受けている東アジア諸国にとって、重要な戦略的意味を持っている。中国は領土紛争で譲歩したことによって、一九九〇年代後半以降、東アジアに積極的に関与することが可能となった部分もあり、これは中国による「新外交」や世界規模での積極主義の特徴であった。(26) 領土紛争を解決し、国境線に関する曖昧さを取り除くことによって、中国は近隣諸国に対して自国の意図について再保障を行い、自国のパワーが増大し続ける過程で生じる安全保障のジレンマを減少させようとした。中国が東アジアで激しい領土紛争を抱えていた場合、とくに台湾をめぐる緊張が続いていたこともあり、地域へ関与することがより難しくなっていただろう。さらに、中国にとって再保障戦略を継続していくことは重要であるため、今後も領土問題の解決に前向きな姿勢をとり続けると考えられる。もし、これらの合意を破棄すれば、中国は領土的野心を持っているのではないかとの疑念を抱かれるだけでなく、より全般的な意味で、中国が国際的合意を守る意思がないのではないかとの新たな疑念をも生じさせることになるが、こうした疑念こそ中国が再保障戦略によって払拭しようとしてきたものなのである。(27) 中国の領土的野心に対する疑念を考慮すれば、これらの合意のうち一つでも違反すれば、中国は東アジアにおける侵略国家であるとのシグナルを送ることになってしまうだろう。

また、中国がこれまでに大半の領土紛争を解決してきたということは、将来において武力紛争が生じる可能性が低下したことを意味する。もし、国家がいかなる問題よりも領土を重視し、それをめぐって戦争をするのであれば、中国がすでに一七件の領土紛争を解決したという事実は、前向きな進展であろう。そして、中国がこれまでに結んだ国境合意は、中国と近隣諸国の間の平和が十分に実現可能であることを明確に示している。(28) これらの合意は、領土紛争の相手国と戦争することなく締結されており、中国は係争地をめぐって武力紛争を起こさずに、近隣諸国との領土紛争を解決したのである。(29) 将来、中国が近隣諸国と武力紛争に至るとしても、それが領土をめぐって起きる可能性は低いであろう。

中国の領土紛争における行動を見れば、より一般的な意味で、強大化した中国が武力を行使する可能性は低いと言えるかもしれない。領土紛争において、中国は〔支配力が〕弱体であったり、低下したりした場合に武力を行使してきた。そのため、逆説的ではあるが、強大化した中国が未解決の領土紛争、そしておそらくは他のタイプの紛争においても、武力を行使する可能性は低下するかもしれない。ただし、中国はこれまで多くの領土紛争で強い立場から妥協をしてきたが、だからといって、中国が今後これまでよりも妥協しやすくなるということを意味しているわけではない。しかし、強大化した中国が必ずしもこれまでよりも好戦的になるとは限らない。

中国が抱える六件の未解決の領土紛争の展望は、複合的なものとなるだろう。全般的に見て、東アジアにとって良い知らせが存在する。中国が関係する四件の領土紛争は、効果的に管理されている。中国はインドとブータンとの未解決の国境紛争に関して、一九九〇年代に信頼醸成措置を講じることで合意している。他方で、最終的解決へ向けた交渉も実施されており、これも軍事的脅迫を行うことなく進められている。また二〇〇五年四月、インドと中国は長年にわたる領土紛争の解決に向けた基本原則に関する合意文書に署名した[30]。これらの文書は、実効支配線に沿った国境線の現状維持を確認するものであり、もし最終的な解決が合意された場合には、それは現地の実際の状況とおおむね合致した内容となることを示唆している。そして、一九九〇年代に締結された信頼醸成措置に関する合意によって、局地的な軍事バランスをめぐる競争と支配力《クレイム・ストレングス》の低下という、武力行使のインセンティブが生まれるような事態が起きる可能性は低下するであろう。

沿海島嶼部では、中国にとって重要な二つの島嶼をめぐる領土紛争において、武力衝突が起きる可能性は大幅に低下している。中国は一九七四年にクレセント群島をめぐって南ヴェトナムと衝突して以来、領有権が争われているパラセル諸島全域を占拠している。中国がこれら群島の支配を放棄する可能性は低いが、ヴェトナムがこの領土紛争で中国に対して軍事的に挑戦する可能性も同様に低い。さらに、中国の国力が今後も強大化し続ければ、逆説的ではあるが、中国はこのヴェトナムとの領土紛争のうちのいくつかの点に関して、より妥協しやすくなるであろう。なぜなら、中国は強い立場から妥協を行い、合意の条件を規定することができるからである。その可能性が最も高いのは、中国が東アジア地域の他の場所で外部からの脅威に直面し、それに対処するためにこのような妥協が選択される場合である。この場合、ヴェトナムと外交的に協調することの重要性が大きく上昇する。たとえば、一つの可能性として、パラセル諸島の周辺海域における海洋権益に関して妥協することが考えられ、そこでは、二〇〇〇年に締結されたトンキン湾での漁業協定と類似した資源の共有についての合意が形成されることになるだろう。(31)

同様に、東南アジアにおける中国の外交政策の象徴である東南アジア諸国連合（ＡＳＥＡＮ）への関与によって、スプラトリー諸島をめぐる領土紛争での競争は落ち着きを見せた。二〇〇二年に宣言された行動規範に同意し、二〇〇三年に東南アジアにおける友好協力条約に署名したことで、中国はこの地域のいかなる島・礁をも占拠せず、他の条約署名国に対しても武力を行使しないことを約束した。そして、この条約署名国には、スプラトリー紛争に関係する台湾以外のすべての当事国が含まれている。それと同時に、一九八八年と一九九四年に係争中の礁を占拠したことで、中国の支配力《クレイム》は以前よりも大幅に強くなったし、また中国は他の当事国よりも強大な海軍力を保有した。中国は領土紛争における目標実現に関して、従来よりも大きな自信を持つようになった。そのため、中国は一二年以上もの間係争島嶼を占拠せず、一九九九年にマレーシアが二つの礁を占拠した際にも武力で対抗することはなかった。中国が領有権を放棄する可能性は低いものの、交渉を通じて、係争地を何らかの形で共有するような解決策を実現することに、中国はより大きな自信を持っている。二〇〇五年に中国はフィリピンとヴェトナムとの共同地震調査に合意することで、おそらく初めてとなるこうした解決へ向けた一歩を踏み出した。(32)

ただし、スプラトリー諸島問題が不安定化する可能性として、二つの要因が考えられる。第一に、中国人民解放軍海軍が近代化を続け、艦隊の規模を拡充した場合、南シナ海での巡航はより頻繁に行われるようになり、係争海域でのプレゼンスも高まることになるであろう。中国が領土紛争で自国の支配力《ポジション》を強化することは、その他の紛争当事国からは脅威と見なされるであろう。もし、これらの紛争当事国が係争中の島嶼や珊瑚礁周辺における海軍のプレゼンスを増強すれば、敵意の悪循環が生じる危険性がある。しかし、スプラトリー紛争において、中国が他の紛争当事国に対して攻撃的な行動に出てしまえば、東南アジアに関与し、ＡＳＥＡＮ諸国との関係を改善するというこれまでの中国の外交的努力は無駄になってしまうであろう。第二に、近年、エネルギー安全保障に対する関心が広がる中で、石油資源へのアクセスの重要性が高まっており、天然ガス田や油井がスプラトリー諸島周辺の海底に存在すると信じられている。こうした状況のもとでは、すべての紛争当事国が自国の支配力《クレイム》を強化するための試みを積極化する可能性が高くなる。もしそうなれば、お互いの行動を攻撃的で脅迫的なものと見なすようになり、さらに対立と脅迫の悪循環が生じ、武力行使を招く危険性が高まることになる。

他方で、〔パラセル諸島とスプラトリー諸島をめぐる領土紛争とは別の〕二つの領土紛争が東アジア地域での紛争と不安定を引き起こす恐れがある。尖閣諸島をめぐる日中間の領土紛争は、いくつかの理由で大きな問題へと発展する危険性がある。日本が尖閣諸島を一九七二年以降支配し、国際法的にも領有権の主張が認められているため、中国の支配力《クレイム》は弱体である。日本の海上自衛隊は、世界でも最も強力な海軍の一つ――そしてほぼ間違いなく東アジアで最強――であり、日本はアメリカとの同盟によって支援されている。国家主権の問題として、尖閣問題は容易に日中間に危機を招きうる。二〇〇五年四月の中国での反日デモが示すように、この危機は日中双方にとって管理することが難しいものとなるであろう。

ただし、この紛争に関して注目に値するのは、むしろこれまでどのように紛争が回避されてきたかという点にある。中国は、武力を行使した場合に自国が推進する再保障の外交戦略に悪影響が及ぶことを懸念してきた。それに加えて、中国は日米の海軍力によって武力行使を抑止されてきた可能性が高い。同時に、この紛争における中国の支配力《クレイム》が弱体ではあるものの安定しており、そしてそれには、日本がこの尖閣諸島を緊張の原因にしないよう努力してきたことが大きく寄与している。たとえば、二〇〇五年二月に日本政府は一九八八年に右翼グループが建設した灯台の管理を担うようになったが、これは日本人が尖閣諸島に上陸し、領有権を主張することを阻止するための行動であった。(33) 中国もこれに互恵的行動で応え、尖閣諸島に関する北京での抗議運動を初期段階のうちに制限し、中国大陸の活動家が尖閣諸島に上陸することを防いだ。この問題が解決されるのは、広範囲にわたる日中関係改善の流れの中で、包括的取引がなされた時だけであろう。こうした状況のもとでは、両国間関係の改善が、尖閣諸島を支配することよりも重要だと見なされることになるからである。しかし、一九七〇年代にソ連という共通の脅威が存在したにもかかわらず、中国が領有権の主張を取り下げることがなかった事実に鑑みれば、この問題が解決する可能性は低いということがわかる。

台湾問題は、中国が関係する領土紛争の中でも、最も軍事衝突に発展する可能性の高いものである。中国の指導者たちにとっての国家統一の重要性、および台湾に住む多くの人々にとっての自立――独立ではないにせよ――の重要性を考えれば、これは驚くべきことではない(34)。中国共産党が権力の座にある限り、そしておそらくは中国大陸が民主化を果たしたとしても、この目的が放棄されることはないであろう。それと同時に、中国が軍事改革によって大きな進歩を実現したにもかかわらず、台湾問題における中国の支配力《クレイム・ストレングス》とバーゲニング・パワーは依然として弱いままである。中国は係争地をいっさい支配しておらず、現在は金門と馬祖など沿海島嶼を征服することは可能であるが、台湾に対する戦力投射能力を保持していない。このように中国〔の支配力〕が弱く、台湾内部には公式の独立を支持する政治勢力が一定程度存在するため、中国の指導者たちが将来の国家統一に関してどのような行動をとるか見通すことは容易ではない(35)。

台湾問題における中国の支配力《ポジション》が弱いままである限り、中国の指導者たちは将来の国家統一の可能性を減少させるような出来事に対しては敏感に反応し続けるであろう。台湾の内政が中台関係に及ぼす影響を予測することはできないが、この問題に関して、中国が支配力《クレイム・ストレングス》と武力行使の効用を計算し、行動を決定するにあたり、アメリカが重要な役割を果たすことは間違いない。簡潔に言えば、アメリカの台湾への支援を中国がどのように認識するかによって、この問題における中国指導者の行動は大きく左右される。一九九九年と二〇〇二年の危機では、国際社会における台湾の地位を変更するという台湾総統の試みは支援しないとアメリカが表明したために、衝突は回避された。より明確に言えば、二〇〇三年一二月にブッシュ（George W. Bush）大統領が、アメリカは「中国あるいは台湾が現状を変更するために下すいかなる一方的な決断にも反対する。そして、台湾の指導者による発言や行動は、現状を一方的に変更する決断を下そうとしているように見受けられる。われわれはこれに反対する」との声明を発表して以来、さらなる危機は回避されてきた。中国の指導者にとって、台湾が徐々に自立性を増大させようとしたとしても、他国からの、とくにアメリカからの支援を明らかに欠いている場合であれば、十分に対処することができるのである。(36)

この時、中国は台湾海峡の現状をそのままにしてもよいという意思が強まっていることを示した。中国大陸と貿易を行ったり、働いたりする台湾人の数が増加し、経済的、社会的関係が緊密化したことで、統一実現へ向けた長期的な展望が改善されたため、中国が武力を行使する短期的なインセンティブは低下した。二〇〇〇年の白書では、中国は台湾が統一交渉に合意することを永遠に待つことはしないとの表現も見られたが、過去数年の公式声明からは、将来の展望について中国がより強い自信を持っていることがうかがえる。中国政府の観点から見れば、台湾と大陸とのかつてないほどの経済関係の深まりは、統一の可能性を増大させるか、少なくとも公式の独立への支持を限定的なものとするような依存状況を作り出していると言える。

将来を見通すにあたっては、まだ検討していない重要な変数が一つ残っている。それは中国の増大する軍事力と中国がこれを台湾海峡でどのように用いるかという問題である。全般的に見れば、中国の軍事的近代化は、一九九〇年代後半以降、台湾解放のための能力向上に特化する形で進められ、この点に関しては大きな進歩が見られた。問題は、これらの能力がどのように用いられるかである。こうした軍事力を備えた中国は、水陸両用攻撃部隊を保有していないとしても、海上封鎖や精密攻撃によって台湾を軍事的に脅迫することができる。中国にとってこうした軍事能力は、台湾の指導者が独立を追求――あるいは少なくとも、台湾の人々がそうした試みを支持――することを抑止し、台湾問題における自国の弱い支配力《クレイム》を改善するために役立つものである。他の領土紛争における中国の行動から、将来の台湾問題での中国の行動を予測するための何らかの手がかりを探るとすれば、中国が領土紛争において自国の支配力《ポジション》が強く、将来の統一に自信を持っている場合には、武力を行使する可能性は低くなるであろうということである。それと同時に、台湾は中国にとって国家統一をめぐる紛争であるため、中国は台湾の主権と

「一つの中国」（その中身がどのようなものであれ）における台湾の位置づけに関して譲歩することはないであろう。しかしながら、中国の強大な軍事力は、皮肉ではあるが、統一の形態や台湾海峡での交渉の可能性に関する中国の柔軟性を増大させる結果をもたらすかもしれない。

台湾をめぐって軍事衝突が起きた場合、その結果は甚大なものとなるであろう。台湾問題にかかっている利益を考えれば、紛争が起きた場合、ほぼ確実にアメリカは関与することになるであろうし、大規模な武力が行使される可能性が高いため、米中関係と東アジアに長期にわたる影響が及ぶことになるのは間違いない。しかし、領土紛争における中国の行動全般を見れば、台湾問題のみに注目して、中国が東アジア地域で領土的野心を持ち、将来的に武力に訴える意思を持っていると断定することはできない。中国はほとんどの領土紛争をこれまで解決してきており、清朝時代の領土に対する失地回復主義的な領有権の主張を放棄し、残りの領土紛争の多くで対立を中和しようとしてきた。増大する中国のパワーは東アジアと世界にとって多くの問題を生み出すであろうが、領土紛争が不安定を招く主な原因となる可能性は低いと言えるだろう。

エピローグ　尖閣諸島をめぐる紛争
――なぜ中国はエスカレーションを選んだのか

本書日本語版のための書き下ろしであるこのエピローグは、尖閣（釣魚）諸島をめぐる紛争を検証する。二〇〇八年半ばに本書の原著が出版された時には、まだ日中間の紛争は休眠中の状態にあった。しかしながら、二〇一〇年になると、この紛争の緊張が高まった。中国は、本書で用いた「武力行使」の定義（第1章を参照）には達していないものの、緊張のレベルや将来的なエスカレーションの可能性を高める行動をとったのである。本書の理論枠組みに基づけば、エスカレーションを選択した中国の決定は、次の二点への反応として説明できる。すなわち、この紛争における自国の支配力《ポジション》が弱まっているという中国政府の認識、および支配力《クレイム》の強化を狙ったものだと中国政府が見なした日本の行動に抵抗する必要性である。さらに、二〇一二年九月に行われた中国共産党第一八回党大会での〔指導部の〕権力移行に伴う不確実性の影響で、中国の指導者が日本による尖閣諸島のうちの三島の購入に対して強硬に反応するインセンティブが高まっていた。

ここで、尖閣諸島をめぐる紛争での中国の支配力《クレイム・ストレングス》は弱いことを確認しておきたい。中国は自らが領有権を主張する領土を全く支配しておらず、また、海軍力が強化されたとはいえ、中国が日本に対抗して尖閣諸島に十分な戦力を投射することはできない。それゆえ、そもそも弱い自国の支配力が挑戦を受けたと認識すれば、中国がこの紛争をエスカレートさせる可能性は高くなる。そうした挑戦が、体制の不安定——ここでいう体制の不安定には、指導部の権力移行にまつわる不確実性も含まれる——が起こっている期間に発生した場合、その可能性はとくに高くなる。

このエピローグの構成は次のとおりである。第一に、およそ二〇一〇年まで続いた、この紛争における中国の引き延ばし戦略を検証する。第二に、二〇一〇年に起こった、尖閣周辺の領海に侵入した中国人船長の逮捕について論じる。第三に、二〇一二年に日本政府が尖閣諸島のうちの三島を民間人から購入したことに対する中国の反応を分析する。最後に、この紛争が安定化する見通しについて検証し、結びとする。

1　主に引き延ばし戦略を採用——二〇一〇年までの尖閣紛争

一九七〇年代から二〇一〇年までの尖閣諸島をめぐる紛争は、不可解な問題を提示している。一見したところでは、この紛争が緊張度の高い対立、さらには武力衝突になるという予測も成り立つ。まず、領土紛争は、しばしばより広い文脈における利益をめぐる紛争——とくに、日本と中国のような、持続的あるいは戦略的ライバル関係——の一部となっている(1)。冷戦終結以降、日中間の経済関係は深化し続けているが、政治関係は、摩擦の高まった時期と比較的平穏な時期を行ったり来たりした(2)〔それゆえ、日中の戦略的ライバル関係を反映した尖閣紛争が、武力行使に至っていても不思議ではなかった〕。また、日中双方は、その戦略的重要性と経済的価値に鑑み、この島嶼を重要な「優良物件」だと考えている(3)。こうした係争地域の重要性は、領土紛争において国家の武力行使の意思を高める要素である。さらに、中国は、一九七四年のパラセル（西沙）諸島をめぐる紛争や一九八八年と一九九四年のスプラトリー（南沙）諸島をめぐる紛争で示されたように、島嶼をめぐる紛争において武力を行使してきた（第6章を参照）。そして、第二次世界大戦中に日本が中国の一部を占領した歴史に鑑みれば、領土問題が両国間の摩擦の火種になる、あるいは、指導者たちが国内の関心を外部にそらすという目的から社会を動員するためにこれ

を利用する、と考えることもできる。(4)

しかしながら、〔中国が建国された〕一九四九年以降、中国が尖閣をめぐって日本に武力を行使することはなかった（ただし、中国はかつて一度、日中平和友好条約交渉中の一九七八年に軍事力の示威を行っている）。(5) この島嶼をめぐる武力衝突が回避されてきたことは、多くの点に鑑みて予測しえないことであり、それゆえこのことは、重要な成果だといえる。だが、社会科学者にとって、武力行使のような特定の行動が行われなかったり、特定の結果が存在しなかったりすることを説明するのは難しい。その中核的な問題は、行動の欠如や結果の未発生が過剰決定されている――すなわち、説明の重複ではないにしても一致する説明が複数ある――ことにある。特定の行動が観察されていないため、武力の行使や妥協の提示〔を説明すること〕とは対照的に、行動の欠如と共変している要因を特定することは難しいのである。とはいえ〔尖閣が沖縄諸島とともにアメリカから日本に返還された〕一九七二年以降、尖閣をめぐる紛争で武力衝突が起こらなかったことを説明するに際しては、次の四つの理由は考慮するに値する。

第一の、そして最も重要な理由は、抑止である。端的に言って、中国は、尖閣諸島を奪取するという限定的目的の作戦を実施するための、およびそれを奪取した後に反撃から守るための、軍事的手段を持ち合わせていなかった。まず、日本は、東アジアで最強かつ最も熟練した海軍〔海上自衛隊〕を保有している。(6) しかしながらそれ以上に、アメリカの日本との同盟が、ほぼ間違いなく、尖閣諸島に対する中国の軍事行動を抑止してきた。〔アメリカの日本防衛への関与に言及した日米安全保障条約〕第五条の存在によって、尖閣に対する武力行使は、アメリカとの紛争という中国にとって回避すべき紛争のリスクを冒すことになる。それゆえ、中国が尖閣をめぐる紛争で軍事的手段を用いることは、さらに難しくなっていたのである。

エスカレーションが発生しなかった第二の理由は、尖閣の領有権が争われている期間に、日本が尖閣諸島を絶えず支配してきたことである。領土紛争において、ある国家が持続的に係争地域を支配していることは、他方の国家にとって、武力行使のコストが大きく高まることを意味する。それは、国際社会が、いかなる形であっても武力行使は現状打破的な行動の兆候だと考えるからである。言い換えれば、一方の国家による係争地域の支配は、国際システムの現状維持バイアスを強化するのである。対照的に、中国は、パラセル諸島とスプラトリー諸島において武力を行使したが、相手国が領有権を主張しているが支配はしていない島・礁、つまり「空室の物件」を奪取したのだった（パラセル諸島のパトル（珊瑚）島は除く）。また、内陸国境をめぐる紛争において、中国は、武力行使によって係争地域の大部分を占拠するということをしてこなかった。それはとくに、相手国が係争地域を占拠している時に顕著である。たとえば、南西部の辺境の係争地をめぐる一九六二年のインドとの国境紛争では、中国は攻勢作戦の後に、それを実施する以前から存在した境界線まで撤退している（第4章を参照）。

エスカレーションが発生しなかった第三の理由は、東アジアでの外交的影響力をめぐって日中が競争していたことに関連している。日中両国は、それぞれ異なる理由から、東アジア地域において、建設的かつ穏当な大国という評判を維持しようとしてきた。しかし、尖閣をめぐってエスカレーションあるいは武力行使を選択することは、そうした評判を低下させることになるのである。とくに、二〇〇〇年代以降の中国の外交戦略は、平和的発展と再保障を中心に展開している(7)。領土に関して強硬姿勢をとることは、多くの地域諸国に対し、中国は強力になればなるほど攻撃的になるというシグナルを送ることになり、中国の長期的な意図に対する地域諸国の疑念と不確実性を高めることになる。

第四の理由——これは従来十分に検証されてこなかった——は、武力行使に結びつくような無用の対立や緊張のスパイラルを両国が管理しようとしてきた方法にある。まず、日本政府が国民の尖閣諸島へのアクセスを制限しようとしてきたことは、中国がそこに上陸する根拠をなくし、それゆえ安定に寄与してきた。日本政府は、二〇〇二年に当時民間所有だった三島を賃借し、二〇〇五年二月には、日本青年社が建造、維持してきた灯台の管理を開始した(8)。同様に、中国政府も、尖閣周辺における自国民の活動を制限しようとしてきた。そのことはとりわけ、二〇〇四年に活動家グループが島嶼の一つに上陸した後に顕著となる(9)。さらにこの時期、中国は、自国の社会を動員するためにこの島嶼を利用することを避けていた。図8-1が示しているように、一九八七年以降の『解放軍報』と

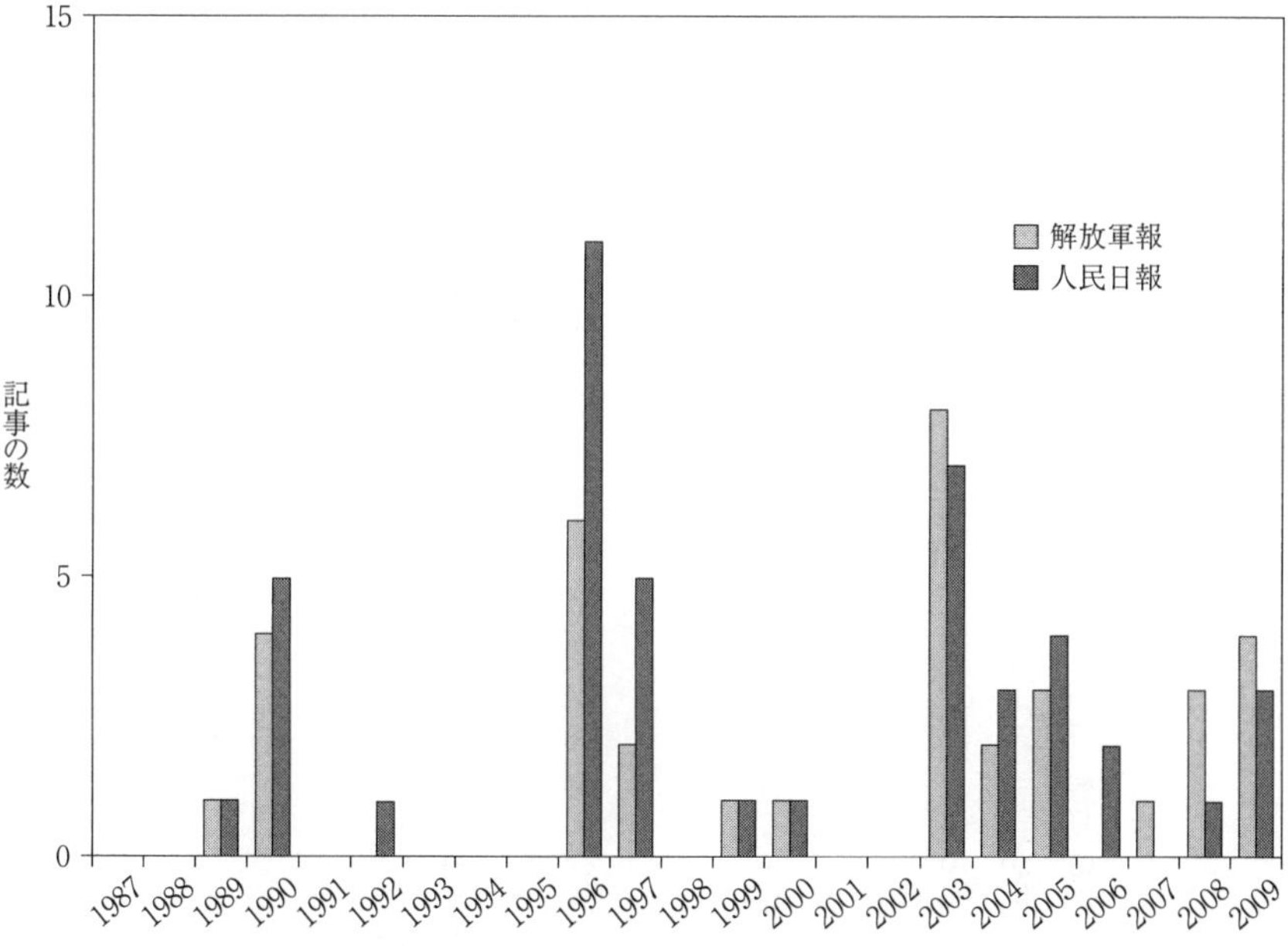

図 8-1　尖閣（釣魚）諸島に関する記事（1987 ～ 2009 年）

『人民日報』に「尖閣諸島（釣魚島）」というタイトルが登場する総数は、少なかった。[10] くわえて、冷戦終結以降、中国政府はこの問題に関する日本への抗議活動の数や範囲、継続期間を制限してきた。[11] 二〇〇五年四月に中国の主要都市で反日デモが起こった際、デモへの支持を動員するために尖閣問題が利用される可能性もあったが、この問題が重要な論点になることはなかったのである。そして最後に、日本は一九七二年以降尖閣を施政下においてきたが、その開発や利用を制限してきた。とりわけ日本は、中国にとって脅威と映る可能性のある軍事施設の設置をしてこなかった。日本が尖閣の利用を制限してきたことは、中国の関係筋が、この島嶼に対する日本の「施政」（しばしば「実際控制」と記される）と、日本の潜在的あるいは将来的な「占拠」を区別することを可能にしてきたという点で重要である。〔中国の軍事関係の論文では〕占拠は「侵占」あるいは「占領」と表現されているが、これは、この島嶼の恒久的な軍事使用、とくに台湾をめぐる紛争で使用される可能性のある軍事施設の設置に暗に言及しているようである。[12] 暗示されているに過ぎないが、これらの〔軍事関係論文の〕著者は、日中対立で「〔日本が〕越えてはならない一線」と中国が考えているものを示してきたといえる。

2　二〇一〇年の漁船衝突事件

二〇一〇年、中国漁船およびその船長と船員の逮捕・勾留の後、尖閣をめぐる日中間の緊張が高まった。九月七日、中国漁船「閩晋漁五一七九」が尖閣周辺の領海に侵入し、その後、海上保安庁の立入検査を逃れようとしている間、海保の巡視船二隻に衝突した。それまでの事案とは異なり、ここでは、身柄を拘束された中国国民が即座に強制退去させられることはなかった。船長の詹其雄は、日本の国内法違反の容疑で逮捕されたのである。中国は、日本の行動を、尖閣諸島に対する主権を行使および誇示しようという意思の表れだと認識した(13)。

(1)　詹其雄船長の逮捕と中国の支配力

二〇一〇年九月七日、海上保安庁は、中国漁船「閩晋漁五一七九」が尖閣諸島の北東約七・五マイル〔一二キロメートル〕で操業しているのを発見した。海上保安庁は立入検査のために「閩晋漁五一七九」に停船を命じたが、同船はそれを拒否し、逃走を図った。これに対し、海上保安庁の巡視船が「閩晋漁五一七九」を強制停船させるために接近した。そして「閩晋漁五一七九」は、巡視船から逃れようとする際、二隻の巡視船に衝突して損傷を負わせた。これにより、同船の船長と一四名の乗組員が拘束され、石垣市に連行されることとなった。

九月八日、日本は正式に船長を逮捕した。船長は、違法操業ではなく公務執行妨害で逮捕され、翌日、勾留期間が一〇日間に延長された。九月一三日に乗組員は釈放されたが、衝突の責任および日本の国内法違反の責任があるとされた船長は釈放されなかった。九月一九日には、石垣簡易裁判所が、船長の勾留期間をさらに一〇日間延長することを認めた。そして九月二四日、中国が後述するような行動をとる中で、船長は処分保留のまま釈放されることとなる。

いくつかの理由から、中国は、こうした日本の行動を、中国の支配力《クレイム・ストレングス》を低下させるものだと解釈した。第一に、尖閣諸島の周辺海域に侵入した民間の船舶が関与したそれまでの事件では、乗組員や活動家はすぐに（通常四八時間以内に）強制送還させられていた。過去の事例として、日本領海で操業する外国漁船の強制送還や、二〇〇四年に尖閣に航行・上陸した活動家の強制送還が挙げられる。しかしながら、今回の事件では、乗組員が即座に強制送還されなかったのである。(14)

第二に、船長は公務執行妨害という日本の国内法違反で逮捕された。公務執行妨害が適用されたのは、おそらく、追跡の過程で海上保安庁の二隻の巡視船が損傷したこと、および立入検査のための停船を拒否したことによる。中国はこれらの理由づけを、従来の慣例の変更と見なし、〔尖閣に対する〕自らの支配力《クレイム》を誇示・強調しようという日本の強い決意の表れだと認識した。それまで、活動家が海上保安庁の命令を無視して尖閣諸島に上陸した時でさえも、日本が尖閣周辺の領海内で拘束した人物を国内法に従って逮捕することはなかった。中国外交部の報道官が九月九日に表明したように、「当該海域で操業していた中国漁船に対して日本の国内法を適用することは、不条理かつ不法、そして無効であり、中国にとって決して受け入れられるものではない」のだった。(15)

最後に、日本は対立の過程で、尖閣諸島をめぐる領土問題は存在しないとして、おおやけの場で中国の立場に挑戦した。九月一四日、前原誠司国土交通相は会見において、「尖閣諸島はわが国固有の領土でございまして、主権を守るために海上保安庁では国内法にのっとり、厳正に対処をいたしました」と語っている。(16)

（2）中国の文言上および外交上のエスカレーション

九月七日の船長の拘束から九月二四日の釈放まで、中国は、アラステア・イアン・ジョンストン（Alastair Iain Johnston）が「秩序立てられて比較的統制された」エスカレーションと表現した手段をとった。(17) 中国の反応は、三つの異なった側面でエスカレートしていった。(18) 第一の側面は、船長と乗組員の釈放を日本に要求する強硬な文言である。危機が進むにつれ、中国は、文言の内容とそれを発表する人物のレベルを上げていった。日本に対する中国のメッセージは、外交部報道官の声明から始まり、最終的に温家宝首相による強硬な声明にまで至った。国連の会議でニューヨークに滞在していた九月二二日、温家宝は、船長が即時かつ無条件に釈放されなければ、中国は「さらなる手段」をとるだろうとし、「その結果に対するすべての責任」は日本にあると表明した。[19] この間、中国は、丹羽宇一郎在中国日本国大使を六度呼び出しており、そこには、外交部長助理によるもの、楊潔篪外交部長によるもの、戴秉国国務委員によるものが含まれる。このうち戴秉国は、船長の勾留期間が一〇日間に延長された後の九月一一日、丹羽と四五分間会談している。

第二に、中国は日本との政府間のやりとりを、延期もしくは中止している。九月一〇日、中国外交部は、二〇〇八年の「原則的コンセンサス」〔「日中間の東シナ海における共同開発についての了解」〕に基づく東シナ海での天然ガスの開発に関する協議を中断すると発表した。この時から、中国は、文言による対抗措置を外交行動で補完し始めたのである。九月一五日には、全国人民代表大会常務委員会副委員長である李建国の五日間の訪日――これは日本の国会議員との意見交換を目的としていた――が中止された。また船長の勾留期間が再延長された後の九月一九日、中国政府は、航空増便や石炭に関する協議、および、閣僚レベルおよび省〔一級行政区〕レベルの意見交換を含むすべての高官同士のやりとりを凍結すると発表した。たとえば九月二一日、中国政府は、まもなく開催されるニューヨークでの国連総会において、楊潔篪は菅直人首相とは会談しないと表明している。[20]

第三に、中国は二つの強制的な行動をとった。九月二〇日、中国は、立入禁止の軍事施設に入り込み、ビデオ撮影をしていたとして、四名の日本国民を逮捕した。[21] また、その数日後、中国がレアアースの対日輸出を遅延あるいは停止させ始めた可能性もある。ただし、レアアースの輸出にまつわる事実は、いまだ議論の対象となっている。当初の報道では、出荷は減速しているとされていた。[22] しかし、日本で行われたその後の税関のデータ分析によれば、レアアースの輸入の明確な遅延や停止があったわけではない。[23] それゆえ、中国がそうした行動をとったという認識が広まったが、それが本当のことなのかどうか、本当であればどのように行われたのかという点は、不明瞭なままである。付言するなら、船長を釈放するという日本の決定に重大な影響を与えていたのは、〔以上の強制的行動ではなく〕ニューヨークにおける温家宝の強硬な声明だったと考えられる。

船長が釈放された後、〔その逮捕に対する〕中国の反応を引き起こしたのと同じ要因〔すなわち支配力低下の認識〕の影響で、この紛争における中国の行動は変化した。具体的には、中国は、尖閣周辺の接続海域における公船のプレゼンスを増大させた。ほぼ月単位で、中国漁政〔農業部漁業局の漁政指揮センターおよび海区漁政局と海区漁政総隊〕の船舶が、尖閣の領海内ではないにせよ、その周辺海域での巡航を実施するようになったのである。それまで、中国がこの海域で公船のプレゼンスを維持することはなかった。後述するように、中国は公船のプレゼンス増強という手段を再度用いることになる。(24)

以上要するに、中国は、領海内にいた漁船への日本の対応を、すでに弱かったこの紛争における中国の支配《クレイム》力《ストレングス》をさらに弱めるものとして認識したのである。とりわけ、日本が中国人船長を国内法違反で逮捕したことによって、中国は、日本が尖閣諸島およびその周辺の領海に対する主権を誇示するというこれまでなかった行動をとることで、自らの支配力を強めようとしている、と考えたのだった。

3　二〇一二年における三島の「国有化」

二〇一二年九月に日本政府が尖閣諸島のうちの三島を購入した後、中国は、この紛争における行動を急速にエスカレートさせた。二〇一〇年における中国の反応を、自らの弱い支配《クレイム》力を守る決意をシグナルするための行動と考えることができるのであれば、二〇一二年における中国の行動は、武力行使の一線を越えることなく、自らの支配《クレイム》力《ストレングス》を改善しようとする試みだったといえる。厳しい文言に加え、中国は、尖閣諸島の周辺に領海基線を設定し、その領海内で海上法執行機関の船舶による巡視を開始した。中国は、こうした行動を通じて、日本の領有権に対して従来よりも直接的に挑戦するようになった。そして、中国の思惑に沿った形で、この紛争における新たな現状が生じている。[25] これとは対照的に、二〇一二年九月以前には、中国公船は尖閣周辺の領海に四度しか侵入していなかった。[26]

(1) 国有化への道のり

二〇一〇年九月の事件の後、中国は、尖閣諸島の周辺海域における海上法執行機関のプレゼンスを増加させた。漁政の船舶は、およそ月に一度の頻度で同諸島に向けて航行した。多くの場合、それらは、同諸島から一二海里の領海の外を巡回していた。しかし、中国公船は、二〇一一年八月(漁政の船舶二隻)、二〇一二年三月(海監〔国土資源部国家海洋局海監総隊〕——現在は公安辺防海警部隊〔海警〕の一部——の船舶一隻)、二〇一二年七月(漁政の船舶三隻)の三回、領海に侵入している。[27]

二〇一二年四月、保守派の石原慎太郎都知事が、尖閣諸島のうち、民間所有となっていた三島を東京都が購入するというキャンペーンを公表した。石原は、日本政府は尖閣諸島を守るのに十分なことをしていないと論じており、二〇一〇年の衝突事件の後に尖閣周辺における中国公船のプレゼンスが高まっていたこともあって、この議論は日本国内で容易に共感を得ることになった。そして、募金によって一〇億円が集まった後、野田佳彦首相は、同諸島が予測不可能な保守政治家の手中に収まるのを黙認するか、あるいは尖閣諸島をめぐる状況を落ち着かせるべく同諸島を購入するか、という難しい決断に迫られた。

二〇一二年七月七日、野田は尖閣諸島を購入するという日本政府の決定を公表した。よくないことに、この日は、第二次世界大戦時の日本の対中侵攻の企てを記憶に残すために中国で制定された、一九三七年の盧溝橋事件の記念日であった。野田は、日本政府による尖閣の所有は安定化効果を生むと論じたが、中国はこの動きに反発した。中国はこれを、同諸島に対するさらなる主権の行使として認識しただけでなく、同諸島を政府のより直接的な統治下に置くことによる支配力《クレイム》の強化だと考えたのである。

この夏の間、アメリカは日本に対し、購入をやめるよう説得しようとしていた。当時東アジア・太平洋担当の国務次官補を務めていたカート・キャンベル（Kurt Campbell）によれば、アメリカは「きわめて強い言葉で、この方向に進まぬよう忠告した」という。また、キャンベルは次のように述べている。「われわれは日本に警告したが、日本は別の方向に向かうことを決定した。彼らは中国の支持を得たと考えていた。一部でそうした支持があったのかもしれないが、われわれは、中国は支持していないと確信していた」(28)。いずれにしても、アメリカは、日本に購入をやめさせようとしたが、それを食い止めるためにより強い措置をとることはなかった。

（2）国有化と中国の支配力

中国は、三島の購入という日本の行動を、中国の支配力《クレイム・ストレングス》に対する明白な挑戦だと認識した。第一に、中国は、法的観点からすると不正確ではあるが、購入によってこの島嶼に対する日本の領有権の主張が強化されたと考え、そもそも弱かった自らの支配力《ポジション》がさらに弱まると見た。日本は、三島を政府の直接的な統治下に置き、尖閣諸島の支配を強めていると認識されたのである。同様に、中国語の「国有化」という語には、この島嶼に対する国家の統治あるいは主権の強化という含意があった。日本の一部では、中国は購入を受け入れるだろうという考えもあったが、八月までに、中国政府がこの動きに反対することは明らかになっていた。中国政府は、その不満の意思表示として、中国大陸に拠点を置く活動家が八月一五日に同諸島に航行するのを止めなかった(29)。九月九日には、ウラジオストクでのアジア太平洋経済協力（ＡＰＥＣ）首脳会議において、胡錦濤国家主席が野田首相に対し、購入を控えるよう個人的に求めた。しかし、その二日後に購入が行われ、このことは、中国指導部の「面子」を相当程度失わせることとなった。

中国は、自国の支配力《クレイム》の弱まりという理由に加え、第二の理由に基づき、この紛争における行動をエスカレートさせた。本書第1章で論じたように、中国は、国内において体制が不安定化している時期に、領土紛争における支配力への挑戦に直面した際、領土紛争で武力を行使してきた。このように支配力の低下と体制の不安定が結合すると、中国の指導者たちにとっては、決意を示すためにエスカレーションを選ぶインセンティブが強まり、その結果、領土紛争における不安定性が生じる。こうした状況では、中国の指導者たちは次のように考えることになる。相手国が、国内に注意を削がれた中国指導部は領土紛争においてエスカレーションという反応を選びにくいだろうと見積もり、中国の国内における問題を利用しようとするかもしれない、と。くわえて、中国のメディア環境がよりオープンになっている中で、指導者たちは、外部からの挑戦、とりわけ日本からの挑戦に対して弱腰のあるいは無力な対応しかとらなければ、民衆の不満が高まりうると恐れるかもしれない。

尖閣諸島の国有化に向けた日本の行動、およびそれらを購入するという最終決定は、新指導部を選出する第一八回党大会の準備期間という、中国共産党にとって政治日程的に機微な時期に行われた。この期間が機微だったのは、中国共産党の最高意思決定機関である中央政治局の構成をめぐって意見の相違があり、それについての協議が行われていたからである。この協議は、二〇一二年夏に激化していた。(30) 無論、党内部の議論は公表されていないが、以上のことは、最高指導部が不安定な時期にあったことを示しており、国有化が行われた時に、中国がそれに激しく反応する必要性を高めていた。

中国政府の目には、日本による三島の購入は、最高指導部内部の不安定さを利用するよう計画されたものとして映った。〔尖閣をめぐる〕近年の対立は、ナショナリストである石原慎太郎都知事が民間の所有者から三島を購入するという計画を発表した、二〇一二年四月に始まった。その石原の発表は、中国政府が薄熙来中央政治局委員の共産党内での地位をすべて剝奪した直後に行われていた（なお、この事件は間違いなく、二〇一四年に周永康の捜査が行われるまで、過去二〇年以上にわたり、中国政治中枢における最大の事件だった）。また、中国の外交姿勢が強硬になった背景には、中国の経済成長が予想よりも早く減速した——これは中国政府の指導者たちにとっての不安の種であった——こともあった。さらに、野田首相が尖閣諸島の購入の決定を、一九三七年七月に起こった盧溝橋事件の記念日に公表したことは、この紛争をより目立たせることになった。くわえて、売却が、一九三一年の満洲事変の起こった九月一八日のちょうど数日前に行われたことも同様の影響をもたらした。

最後に、以上に関連する要因として、中国が同じころ、島嶼をめぐる別の紛争に関与していたことが挙げられる

〔中国政府の目には、日本による尖閣の購入は、中国の対外紛争を利用しようと計画されたものとして映ったのである〕。中国は、東シナ海の状況とは関係なく、二〇一二年四月に南シナ海での紛争における手段をエスカレートさせていた。中国はスカボロー礁をめぐり、フィリピンと対峙することを選択していたのである。その後の数カ月間、中国はヴェトナムにも挑戦していた。その時、中国はパラセル諸島とスプラトリー諸島に地級の行政区〔省級と県級の間の行政区〕を設定するとともに、南シナ海中央部において、ヴェトナムの鉱区と重なっている部分に、外国の石油企業を招致したのだった(31)。

(3) 中国によるエスカレーション

中国は、日本による尖閣諸島の購入に対し、幅広い方法で反応した。中国の目標は、係争地域を占拠するための軍事力を用いることなく、日本の領有権の主張を認めないと示すこと、および自らの支配力《クレイム》を強めることにあった。第一に、中国は、この島嶼の周りに領海基線を引くという、それまでになかった政府公式声明を発表し、その後、その基線から一二海里の領海で海監による巡航を開始した(32)。以前、一九九六年に領海基線を起案した際、中国は、尖閣諸島が紛争の渦中にあることに鑑み、その周辺には基線を引かなかった(33)。

第二に、中国は、この島嶼に対する主権を示すために、そこから一二海里以内の海域で定期巡航を行うようになった。この島嶼から一二から二四海里の範囲となる接続水域において、中国船のプレゼンスが目に見えて増加した。くわえて、図8-2にあるように、中国は、二〇一二年九月から二〇一四年九月の間、この島嶼の領海において、総計二七回巡航を行った。中国公船は、月平均二〇回、接続水域に入っている。

第三に、二〇一二年九月一五日から一八日にかけての週末、中国は、北京、上海、広州、深圳等の一線都市(訳注1)を含む全土において、この島嶼に関する反日デモを発生させた(34)。これらのデモは中国政府に「指導」されていると報じ

(訳注1)「~線都市」は政治・経済面での重要性に基づいて中国の都市を分類する用語。

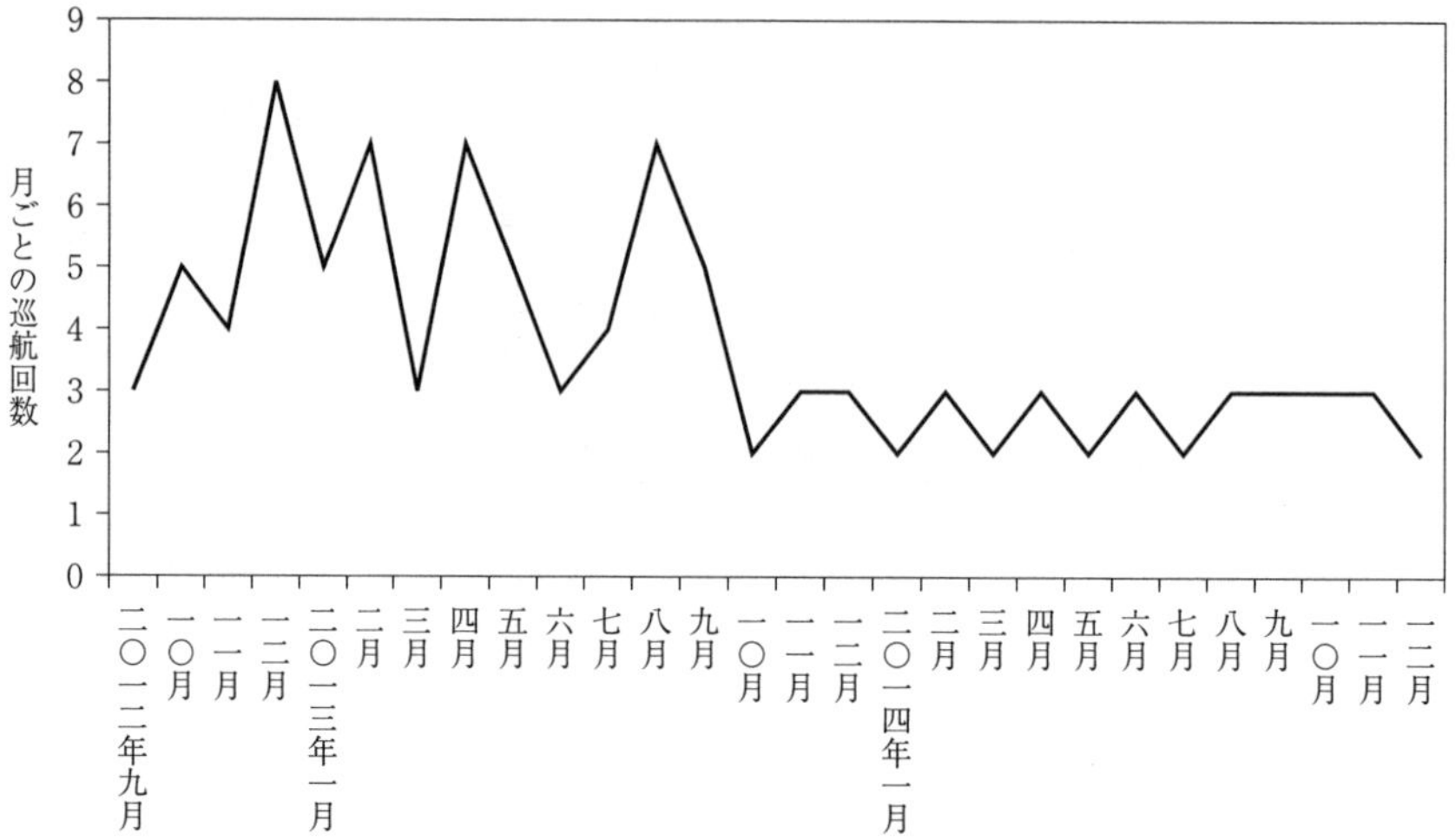

図 8-2　尖閣諸島周辺における中国海警の巡航

られており、これほどまでにデモが国全体に広がるのは前例のないことであった[35]。いくつかのデモでは日本企業が襲撃され、この間、日本車の売り上げは半分に落ち込んだ。

　第四に、外交部の当局者は、外交上用いないような、きわめて辛辣な文言を使用した。ある外交部高官は、日本による三島の購入は、「中国に対する原爆投下のようなもの」と表現している[36]。

　最後に、中国は具体的要求を提示した。最も重要なのは、中国が日本に対し、領土問題の存在を認めるよう求めたことである。中国は、日中両国が尖閣諸島を共同で統治すること、もしくは両国がその領海での巡視・巡航を停止することも求めていた。しかし、日本はこれらの要求を拒否し、前提条件を設けずに――すなわち、この島嶼をめぐる領土問題の存在を認めずに――政府高官レベルの協議を行うことを主張した。

　二〇一二年末および二〇一三年初頭には、緊張を高める出来事が二度生じた。まず、二〇一二年一二月一三日、海監の航空機が尖閣諸島上空に侵入し、それへの対応として、日本のジェット戦闘機数機がスクランブル発進したのである[37]。また、報道によれば、二〇一三年一月末には、中国人民解放軍海軍のフリゲート艦が尖閣諸島の北西およそ一〇〇キロから二〇〇キロメートルの地点で、日本の護衛艦に火器管制レーダーを照射した[38]。しかしながら、こうした行動はその後起こっていない。これら二つの行動が、紛争をエスカレートさせるための意図的なものだったのかどうかは、不明瞭である。

もう一つ、中国がとった重要な行動として挙げられるのが、二〇一三年一一月末の東シナ海における防空識別圏の設定である。この発表は、多くの地域諸国を驚かせることとなった。さらに、この発表には、正体を明かさない航空機に対しては「防御的な緊急措置」がとられる、という脅迫的な文言が含まれていた[39]。防空識別圏に関する中国のルールは、ここに入るすべての航空機に対し、中国本土に向かっていない場合でも、中国に飛行計画を提出することを求めている。このことは、中国が防空識別圏での領空権を追求している可能性を暗示していた。それゆえ、中国は防空識別圏の公表に伴うこの失策を埋め合わせようとしたが、その後数週間、近隣諸国では、中国は近隣国の犠牲のもとに自らの主張を押し通そうとしているという認識が固定化されることになった[40]〔なお、上記の防御的な緊急措置をとるという運用規則は、二〇一四年一二月に各国向けの航空情報から削除された〕。

4　結論

本章執筆時点（二〇一四年一〇月）では、尖閣諸島をめぐる日中間の紛争は、安定しているように見える。この二年間、中国は、この紛争をさらにエスカレートさせるための、あるいはこの島嶼の実効支配を確保するための体系立った行動を実施することなく、その周辺海域に実質的なプレゼンスを維持してきた。他方、日本は、日中間に領土問題が存在することを認める、あるいは共同統治を公式に行うという中国の要求に従うことを拒否し、この島嶼周辺の領海におけるプレゼンスを維持している。

日中双方が尖閣諸島の領海で巡視・巡航を行うというこの新たな現状は、それなりに安定したものとなりうる。この島嶼の領海内でパトロールを行い、プレゼンスを確立することで、中国は自国の支配力《クレイム》を強めており、象徴的にせよ、この島嶼の周辺海域を一定程度統治していると主張することができる。本書の提示した議論が正しければ、この状況は比較的安定したものとなる。中国の支配力《ポジション》が以前よりも強まっていることは、武力衝突が起こった際にアメリカが直接介入する可能性と相まって、将来武力を行使することの価値を低下させている。言うまでもなく、こうした安定が維持されるかどうかは、この島嶼周辺における日本の行動にかかっている。いままでのところ、日本政府は、中国政府が自国の領有権の主張に対する侵害だと認識するような行動をとっていない。

しかしながら、この新たな現状が崩壊する可能性もある。不安定化の潜在要因の一つは、尖閣諸島に上陸しようとする、あるいはその周辺海域に侵入しようとする中国もしくは日本の民間人の行動である。双方が自国民を保護しようとする、および他方の国民による上陸を阻止しようとする過程で、衝突が発生する可能性がある。幸いなことに、日本と中国には、この紛争がエスカレートする可能性に対処してきた実績があり、これは、こうした衝突のエピソードが防止されうることを示唆している。不安定化の第二の潜在要因は、東シナ海における海軍艦艇の増加である。これは、中国海軍の近代化が続けば起こりうることである。危機管理の方法が交渉段階にとどまっており、いまだ公式には決まっていない中で、双方の海軍艦艇のプレゼンスが増大すれば、二〇一三年初頭のレーダー照射のような事件が起こる可能性は高まる。そうした事件が尖閣諸島の周辺で発生した場合、そして、そうした海軍の行動が領有権の主張と結びついていると認識された場合、エスカレーションへの強い圧力が生じることとなろう〔なお、二〇一八年五月に海空連絡メカニズムが日中首脳間で署名され、翌月からその運用が始まっている〕。

付録　中国の領土紛争の起源概観

1　辺境部における紛争

(1) 北朝鮮

中国と北朝鮮との国境紛争は、その大部分が謎に包まれている。一九六二年の国境条約が決して公開されないため、紛争の起源に関わる情報はほとんど入手できない(1)。中国と北朝鮮の国境に関する紛争は、一九世紀末から始まった日本の朝鮮半島占領に起因する。一八九五年の下関条約で、日清両国は鴨緑江を日清両国の境界線とすることで合意した。一九〇九年に、日清両国は図們江〔朝鮮名：豆満江〕を中韓国境線の一部とすることに合意した。しかしながら、長白（白頭）山をめぐるおよそ二〇マイルの地域に関して、国境地点は曖昧であった。というのも、その頂上が鴨緑江と図們江の分水嶺であったためである。さらに、一九〇九年の日清間合意〔間島協約〕では、この地域の主権に関して、矛盾のある言い回しを含んでいた(2)。

一九四九年以降、中国と北朝鮮は長白山の主権をめぐって争った。満洲族と朝鮮族は、この山、とりわけそのカルデラ湖を神聖なものと見ていた。北朝鮮の指導者であった金日成は、この山の山麓で生まれたのだと主張し、それに関する主権は朝鮮人民の生得権だと見なした。(3)(訳注1) しかしながら、一七一二年の定界碑はこの山は中国に属していることを示唆しており、一九〇九年の合意での矛盾した言い回しにより、曖昧さは高まった。係争となっている地域の面積は、東側の山麓をどこまで含むかで、四六七平方キロメートルから一一六五平方キロメートルまで、計算が異なる。(4)

この紛争が始まったタイミングは確かではない。筆者が行ったインタビューは、朝鮮戦争の期間かあるいはその直後、金日成が最初にその主張を提起したということを示唆している。(5) 一九六〇年、金日成が訪中した時、北朝鮮は再度中国に打診し、一九六一年に外交文書を送付したと伝えられている。一九六一年、両国は公的な定期刊行物の中で長白山に関する主張を繰り返した。(6)

(2) モンゴル

中国とモンゴルの国境紛争はきわめて激しい問題であった。というのも、モンゴルは元王朝（一二七一〜一三七八年）以来、中華帝国の一部であったためである。一九一一年に清朝が崩壊した時、モンゴルはその独立を宣言した。一連の協定は、中国はモンゴルに対する宗主権を保持しつつも、モンゴルの自立を認めることを承認していた。こうした状況は、ロシア、そしてソ連が後に埋めることとなる力の真空状態を作り出した。一九二四年にモンゴル人民共和国が建国された時、中華民国はこれを承認することを拒否した。国民党政権は一九四五年、ソ連との条約の一部として、モンゴルを承認した。この状況は、一九五〇年に中華人民共和国がモンゴルと外交関係を樹立したことで、確認された。(7)

一九四九年以前、中国とモンゴルの国境は画定していなかった。モンゴルの独立を承認した一九四五年の条約の中で、国民党は「現在の境界を国境とする」ことを受け入れる条項を包含していた。この条約で国境それ自体が画定されたわけではなかったが、この条約を根拠として、モンゴルは後に中華人民共和国との国境は争う余地がないと主張した[8]。国民党政権とモンゴル軍の衝突が、一九四七年と一九四八年、国境の西部地域で生じた[9]。国境の地形学的理由により、紛争の対象となる地域の大きさの見積もりは異なっている。中国の学者は、地図上の相違は、五万平方キロメートルから一九万平方キロメートルの範囲に及ぶと指摘している[10]。中国の公式外交史は、一九六二年春に交渉が行われた地域の大きさをおおむね参照しており、問題となっている地域は一万六八〇八平方キロメートルであると主張している[11]。問題となっている地域としては、東部地域では宝格達山、新疆に隣接する西部地域では北塔山、紅山嘴、青河、生塔斯が含まれている。

中国とモンゴルの領土問題は一九五〇年代初頭に顕在化した。一九五三年、両国政府は国境管理に関する協定に調印したが、それは問題となっている領域の存在を認めるものであった[12]。同時に、中国とモンゴルの地図は、矛盾した境界の描写を含んでいた。一九五六年七月、両国の地方政府は紅山嘴に関する非公式な会談を行った[13]。一九五七年、モンゴルは国境問題を解決すべく正式に中国側に打診を行い、一九五八年に境界の線引きを描いたソ連の地図を提出した[14](訳注2)。

(3) ソ連と中央アジアの旧ソ連国家

中国の最も複雑な国境紛争はソ連との間に存在した。中ソ国境の多くは、清朝がロシアに対し一五〇万平方キロメートル以上割譲した以前の協定によって定められていた。一九四九年以降の国境問題は、黒瞎子《ヘイシャーズ》(ブラック・ベア)島のような、かつての協定での境界では曖昧であったり、矛盾があったりした地域で生じた[15]。また、パミール高原のような、かつての協定から除外されていると中国が主張する地域でも、国境問題は起こった。パミール高原は、一八九五年のパミール会議でイギリスによってロシアのものとされた場所であった(中国は同会議に参加していなかった)[16]。より一般的には、両国はこれらの協定の境界によって定められた国境の場所をめぐってしばしば異

(訳注1) 実際にはこの主張をしたのは金正日である。
(訳注2) 一九六二年一二月、中国とモンゴルは「中蒙国境条約」を結び、翌年発効した。

なる見解を持ち合わせていた。国境それ自体が、国境標識が何十キロメートルも離れたところに打たれていたこともあった。[17]

中ソの国境紛争は一九五〇年代初期に表面化した。中国の周辺国の中でも、ソ連は一九四九年の共同綱領の第五五条における明確な対象国であった。同条項は、かつて結んだすべての国際条約を再検討したり、修正したりすることを目指していた。さらに一九五一年の河川航行交渉の合意は、国境紛争が存在することを意識していたことを示唆しており、この時の条項は「どこを国境線が通過するかにかかわらず適用される」と宣言していたのである。[18]緊張した状況は、一九五四年に、新疆に隣接する中央アジアの国境をまたぐ牧草地をめぐって始まった。[19]最終的に、国境紛争は、一九五四年のフルシチョフの北京訪問、一九五七年の周恩来のモスクワ訪問、一九六〇年の劉少奇のモスクワ訪問のような、指導者レベルでの会合や公式訪問で言及された。[20]

両国によって争われていた領土は実際、非常に大きかった。中国とソ連は全部で三万五九一四平方キロメートルの領土を争っていた。[21]東部地域の紛争は、約四〇八平方キロメートルの黒瞎子島およびアバガイト島を含む、約一〇〇〇平方キロメートルのアムール川とウスリー川の島々の主権に主として焦点が当てられていた。[22]西部地域では、国境紛争はより複雑であった。一九九一年にソ連が崩壊したことにより、これらの紛争は同地域に新たにできた独立国家によって継承された。カザフスタンとの間では、一五の係争地帯が合計二四二〇平方キロメートル存在する。キルギスとの間には、七つの係争地帯が合計三六五六平方キロメートルある。タジキスタンとの間には、三つの係争地帯が二万八四三〇平方キロメートル存在している。この係争地帯には、約二万八〇〇〇平方キロメートルにも及ぶパミール高原の紛争が含まれている。[23]

（4）アフガニスタン

中国のアフガニスタンとの境界線は最も短く、九二キロメートルほどしかない。中央アジアの他の国との境界線と同様に、この境界線はこれまで協定によって画定されたことはない。一八九五年のパミール高原をめぐるロシアとイギリスによる協議の結果を清朝は受け入れなかったため、一九四九年以降、中国はこの国境線について異議を唱えた。[24]

一九五〇年代初頭の中国の地図は、ワッカン回廊のアフガニスタン側約七三八一平方キロメートルに対する領有権の主張を示唆している。[25] 中国・アフガニスタン間の国境紛争について最初に言及されたのがいつだったのかは、わかっていない。両国は一九五五年まで外交関係を樹立しなかったが、外交承認に先立つ交渉において領有権争いが生じたものと見られる。一九六〇年八月、『人民日報』社説は、両国間関係における「歴史的に残されたいくつかの問題」について言及した。これは通常、陸続きの近隣国との領土紛争に言及する場合に、中国の公式的な外交声明で用いられる言い回しである。[26]

(5) パキスタン

中国とパキスタンの国境は国境協定によって画定されたことはなかった。両国間の領土紛争の中心的問題はフンザの地位をめぐる争いであり、フンザとはカラコルムの分水嶺南側にあるフンザ川とその支流周辺に位置する国家であった。[27] 一八世紀、フンザのミール（藩主）は、分水嶺北側で放牧する権利を付与してもらうのと引き換えに、新疆にある中国当局に対し朝貢を始めた。そして一八九〇年代に入り、フンザはイギリスの保護下に置かれ、カシミールの属領とされたが、中国との朝貢関係は続いたのであった。一八九九年にイギリスはこの分水嶺に沿って国境線を引くことを提案し、フンザを英領インドの領内に含めることにした。しかし、中国政府はこの提案に決して対応しなかった。フンザのミールは、英領インド政府がその慣行を停止するよう助言を与えた一九三六年まで、中国に対して砂金を貢納し続けたのであった。[28]

係争地域の面積についての推定には、さまざまな食い違いが存在する。一九五四年に中国で出版された地図では、カシミール地方の戦略的に重要な数々の山道とともに、この地域の一〇万平方キロメートル以上の領域が中国の領土として描かれていた。[29] 一九五九年に出版された地図では、（フンザ地域を含めた）ギルギット地方の約一万五〇〇〇平方キロメートルが中国の領土として描かれている。(30) しかし一九六二年と一九六三年の交渉では、合計で約八八〇六平方キロメートルのより小さな領域が焦点となった。この領土紛争には、二カ所の排水流域、放牧地、塩鉱、戦略的要衝である七つの山道、世界で二番目の高さを誇るK2の山頂が含まれている。(31)

領土紛争は中国の成立後まもなく生じた。現在知られている限りにおいて、最初の紛争が起きたのは一九五三年四月のことであり、この時、パキスタンがギルギット地方における国境侵犯について中国に公式に抗議を行った。(32)

(6) インド

シッキムとチベットの間の境界線を除き、中国とインドの国境線が明確に画定されたことはなかった。歴史的に、英領インド、チベット、清朝のいずれもこの荒れ果てた山岳地域の国境を積極的に管理しようとはしてこなかったのである。また、境界標識の設置によって国境線を画定することも行われてこなかった。(33) このように実効的な管理が行われてこなかったことが、インドの独立と中華人民共和国の成立後に生じた紛争の中心的な問題となった。両国の指導者は、慣習的な境界線の位置をめぐり対立する見解を有していたのである。(34)

中国とインドの間の領土紛争は、三つの地区をめぐるものであった。東部地区とは、マクマホン・ラインの南側、中国がチベットの慣習的な国境であると主張している境界線の北側に位置する九万平方キロメートルの領域を指している。この地域は、現在のインドが実効支配するアルナチャール・プラデーシュ州にあたり、以前は北東辺境管区(NEFA)として知られた領域である。(35) インドは、この国境線は一九一三年から一九一四年のシムラ会議において引かれたマクマホン・ラインによって画定されたと主張している。中国はマクマホン・ラインそのもの、あるいはこのシムラ会議の文書を認めておらず、したがって批准されてもいないとしている。(36) さらに、マクマホン・ラインは地図上で直接引かれたものであり、正確に〔地面で〕国境を画定したものではない。歴史的には、チベットがこの東部地区の最西端にあるタワン周辺の地域を支配しており、ここは第六代のダライ・ラマが生まれた地域でもある。また、チベットは南部の山腹に対しても領有権を主張していた。(37) 一九四七年の独立後、インドはこの地域の領有権を主張するようになり、一九五〇年代初頭には徐々にこの地域を支配し始め、時にはチベットの地方当局者を交代させることもあった[38]。

西部地区は、新疆とチベットのアリ〔チベット語：ガリ〕地区（Ali District）に隣接する三万三〇〇〇平方キロメートルの領域を指す。人民解放軍は新疆を支配下に収めると、一九五〇年にまずこの地域に進出し、その後一〇年の間に徐々に中国の支配領域を拡大していった[39]。インドは、一八四二年に結ばれたチベットとカシミールの条約によって、崑崙山脈沿いに北東部へと伸びる慣習上の境界線が確立されたと主張している[40]。他方中国はこの地域の国境は一度も画定されたことはないが、カラコルム山脈沿いに南西部へと伸びる慣習上の境界線が存在すると主張している。この地域の大部分には人が住んでいないが、一九五六年に建設された、中国への重要な交通ルートである新疆・チベット公路が存在する。

中央地区は約二〇〇〇平方キロメートルの広さであり、インド・チベット・ネパールの三カ国の国境が接する地点の西側には、一連の山道が存在する[41]。これらの山道は、インドとチベットをつなぐ貿易・巡礼ルートを結びつける役割を果たしている。国境地帯のこの地区を画定するための合意が締結されたことはこれまでにない。

これら三つの紛争地区をめぐる対立は、一九五〇年代のはじめから半ばの時期に生じた。一九五三年中国とインドの外交当局は、チベットにおけるインドの貿易特権についての交渉で、国境について討議しないことで合意した。一九五四年、中国は中央地区での中国とインドの軍事衝突が起きた後、インドに初めて抗議を行った[42]。一九五四年と一九五六年には、周恩来とジャワハルラール・ネルー（Jawaharlal Nehru）はマクマホン・ラインを含む国境全般について討議した[43]。一九五八年には、ネルーと周恩来はすべての地区におけるお互いの領有権の主張を詳細に列挙した外交上の公文を交換した[44]。

以上で記述した三つの地区に加えて、インドはパキスタンが支配するカシミール地方に隣接し、中国が支配する領域に対しても領有権を主張している。一九六三年に中国・パキスタン国境協定が調印された後、ネルーは議会において、パキスタンが中国に対してシャクスガム渓谷を含むインドの領土を割譲したと述べた[45]。この領土紛争に関する分析は、カシミール地方をめぐるインドとパキスタンの以前からの紛争によって生じたものであるため、本書の射程外である。一九六三年の中国とパキスタンによる国境協定は、カシミール紛争が解決されるまでの暫定的なものとされた。

(7) ブータン

中国のブータンとの紛争についてはほとんど知られていない。過去の協定で境界線が引かれたことはなかったし、マクマホン・ラインにも含まれていなかった。一九七〇年代初めまで、その国境は調査されたことすらなかった。西部地区では一一二八平方キロメートルが係争中となっている。[46] それに加えて、中国とブータンの地図は、ブータンのガサ地方の中国と国境を接する約一〇〇〇平方キロメートル以上に及ぶ北部地域が、潜在的に紛争の対象となりうることを示している。一九五〇年代初期において中国とブータンの接触は非常に限定的であったため、この紛争がいつ初めて認識されたのか明らかではない。しかしながら、これは中印紛争の二次的問題として表れたものであり、中国軍がチベット動乱を平定し、ブータン国境を封鎖しようとした時に初めて注目されたものである。[47]

(8) ネパール

ヒマラヤ山脈が自然の境界となっているものの、中国とネパールの国境が画定されたことはなかった。この地域における領有権主張の衝突は、一九世紀におけるチベットとネパールの勢力の盛衰に端を発している。一九四九年以降のこの地域の係争の多くが一八五〇年代中旬にネパールがチベットに侵攻したことから生じた。[48]

一九五五年に外交関係を成立させて以降、中国とネパールは二つのタイプの領土を争ってきた。第一のタイプは、国境沿いの村落や牧草地域である。係争領域の広さが公式に議論されたことはないものの、二五九から二四七六平方キロメートルの範囲であると見積もられている。[49] その中の多くの地域が一八五四年にチベット軍を破った後ネパールが占拠しているが、チベット人もたびたび居住してきた。最も広い地域はニライ地方であり、約一二〇〇キロメートルの広さである。(50) その他の地域では、どちらが実際の行政を担っているのか明らかでない。これは双方ともに現地の地域指導者を通じた管轄や統治を主張しているからである。両国は全体で一一の地区を争っている。(51) 両国の第二のタイプの争いは、エベレスト山をめぐるものである。一九五二年の中国の政府回覧文書が、ネパールも領有権を主張するエベレスト山に対する中国の主権を示していた。(52)

両国のこうした紛争は、一九五五年に中国とネパールが国交を結んでからすぐに表れた。一九五六年二月、タンカ・プラサド・アチャーリャ（Tanka Prasad Acharya）首相が紛争地域の問題をとり上げ、交渉開始を求めた。(53)

(9) ビルマ

中国とビルマの国境の大部分は一九世紀末にイギリスと中国の間の協定により画定された。最も重要な協定は一八九四年と一八九七年のものであり、これらはラオス・中国・ビルマの三国国境から北部のハイ・コニカル・ピークに至る国境を画定させた。二つの地域のみこれら協定で扱われず、両国の間で争われることとなった。第一の地域はハイ・コニカル・ピークからインド・中国との三国国境までの国境であり、これにはマクマホン・ラインの東側部分が含まれていた。第二の地域はビルマの南部のワ州に沿う二五七キロメートルにわたる国境であり、これは一八九四年協定後も線引きの合意がなされず、二〇世紀初頭にかけてずっと争われたままであった。一九四一年のイギリスと国民党政権による公文交換においてこの地域の国境が定められたものの、画定されることはなかった。(54)

一九四九年以来中国とビルマの間で紛争となった領域の大きさは明らかでない。一九五〇年代初期に中国で出版された地図は、ビルマの大部分、とくに北部を中国領土として描いていた。中国が領有権を主張した領域の面積は、ビルマ北部のカチン州の五万五〇〇〇平方キロメートル、南部のワ州の一万二〇〇〇平方キロメートルからなる合計約六万七〇〇〇平方キロメートルであった。(55) 一九五〇年代中期の交渉の過程において、争われる領土の範囲は縮小され、四つの地区に限定された。北部では、中国とビルマはイスラジ峠からディフ峠上の三国国境に至る境界の位置を争った。この地域は大体においてマクマホン・ラインに重なり一〇〇〇平方キロメートルであった。ハイ・

コニカル・ピークとイスラジ峠の間で、両国は片馬、古浪、崗房の三村をめぐって争った。これらは一九一一年にイギリスが併合した地域で、約四八二平方キロメートルであった。その中間で、両国は一八九七年にイギリスが清朝から租借した二二〇平方キロメートルのナムワン指定区をめぐって争っていた。南部では、紛争はバンホン・バンラオ民族地域の一八九平方キロメートルをめぐるものであった。またその他に二カ所で一八平方キロメートル程度の地域をめぐる争いもあった(56)。

領土問題は、一九五〇年の外交関係成立のすぐ後に生じ、一九五四年にはビルマのウ・ヌー首相がこの問題を取り上げた。一九五五年末に中国とビルマの国境警備隊同士の衝突が起き、一九五六年から双方は協議を開始した。中国は、一九五〇年にビルマ領内に逃げ込み、雲南省に対して襲撃を仕掛けていた国民党残存部隊を掃討するために南部国境を積極的に警備していた(57)。

(10) ラオス

中国とラオスの国境は、中華人民共和国成立前に詳細な線引きがなされ、実際に画定された数少ない国境線の一つである。一八八七年と一八九五年の中国とフランスの協定の中で、両国はインドシナ半島の辺境を線引きし、その中にラオスも含まれていたのである。大部分がさまざまな分水嶺に沿うものであったが、国境は一五の標柱が設置されただけで正確に画定されていなかった(58)。一九四九年の後、両国はいくつかの地域の国境の位置について争い、約一八キロ平方メートルを争った(59)。最初の領有権主張がいつなされたのか明らかではないが、中国側資料によれば一九六〇年までには国境が紛争状態にあると認識されていた(60)。

(11) ヴェトナム

中国のヴェトナムとの国境も、ラオスとの国境と同じくフランスとの一連の協定で線引きと画定がなされた。一八八七年と一八九五年の協定により、三〇〇カ所の国境標柱が設置された(61)。

全体として、両国は合計二二七平方キロメートルに及ぶ一六四の地区について争った[62]。対立の大部分は、清仏条約の解釈が双方で異なっていたことから起きた。またヴェトナムは一九七九年〔の中越戦争の際〕、中国に対して一〇〇カ所の国境標柱を取り除くよう主張したものの、中国はヴェトナムが戦争勃発後、占領地を拡大させていると論じた。一九七九年以前、中国とヴェトナムは陸上国境に関する一連の交渉を実施したものの、紛争解決の原則にすら合意できず、交渉は中断された[63]。

中華人民共和国建国後、一九五六年には両国の地方幹部は紛争地域があると認識した。その後、両国は一九五七年と一九五八年の書簡で最終解決を引き延ばして現状維持することで合意した[64]。

2　国家統合をめぐる紛争

(1) 香港

イギリス植民地としての香港は、清朝末期に三つの条約によって成立した。アヘン戦争終結後、中国は一八四二年の南京条約において香港島をイギリスに割譲した。これが植民地の中核的な地域となった。一八六〇年、第二次アヘン戦争に敗北した中国は、北京条約に調印し、九龍半島の先端部をイギリスに割譲した。こうした初めの二つの条約が、ロシア帝国との条約と同じような形で領土の割譲を規定したのである[65]。一八九八年、中国は北京会議において、現在では新界と呼ばれる九龍半島の界限街北側地域および二〇〇以上の近隣島嶼を租借地としてイギリスに引き渡した。全体として、紛争地域の面積は一〇九二平方キロメートルとなった。一九四九年以降、中国は租借をやめ、割譲した地域も回収することで、植民地を回収する意思を明らかにした。

(2) マカオ

ポルトガル植民地としてのマカオは、中国とポルトガルの間の正式な協定なしで成立した。一五五三年、ポルトガルガル船の船長が地方の中国人官吏に賄賂を渡してマカオの湾に停泊し、交易する許可を得たとされる。ポルトガル人は、はじめは土地の賃料を払っていたものの、一八四〇年代に賃料支払いをやめ、地方官吏を追い出した。ポルトガル統治の存在は一八八七年の中葡和好通商条約において「ポルトガルはマカオおよびその付属地を、他のポルトガル統治地域と同様に、恒久的に統治する」と規定されたことでおおやけのものとなった(66)。香港におけるイギリスと異なり、ポルトガルは全マカオを割譲によって得たのである。紛争地域の面積は二八平方キロメートルである。

(3) 台湾

台湾をめぐる紛争は、中国大陸における国共内戦に軍事的敗北を喫した国民党政権が同島へ退却し、統治を開始したことに起因する。新たに成立した中華人民共和国政府は中国大陸における統治を確立するに伴い、同島へ侵攻し、国共内戦を終結させる準備を進めてきた。一九五〇年六月の朝鮮戦争勃発とアメリカ第七艦隊の台湾海峡派遣に伴い、沿海地域における小規模な紛争は続いたものの、国民党統治下にある島嶼の武力による奪還を中国は延期した。総合的に見て、この紛争は台湾および澎湖諸島に加え、金門・馬祖も含む福建省や浙江省沿海の島嶼も含む、およそ三万五九八〇平方キロメートルの領土をめぐる紛争である。

3 沿海島嶼部の紛争

(1) ホワイト・ドラゴン・テイル島

ホワイト・ドラゴン・テイル（白龍尾）島をめぐる中越間の紛争についてはそのほとんどが知られていない。バクロンヴィー島あるいはナイチンゲール島とも呼ばれるホワイト・ドラゴン・テイル島は、海南島からわずか約七〇海里、トンキン湾の中ほどに位置し、五平方キロメートルの広さである。ヴェトナムがいつ初めて領有権を主張したのか明らかでないが、島は一九三〇年代にフランスの統治下にあった。また中華人民共和国が公式に島の領有権主張を表明したのか否かも明らかでない。しか一九五〇年に〔人民解放軍の〕海南島の占領に伴い、六〇名の国民党軍部隊がホワイト・ドラゴン・テイル島に撤退し、それがフランスによって追放された後、中華人民共和国が島を占領した。(67) 人民解放軍は一九五五年夏までホワイト・ドラゴン・テイル島を占領しなかったものの、島には小規模な中国人漁村が一〇〇年にわたって栄えていた。(68) 領土問題は人民解放軍が占拠した時に生じたものと思われる。

(2) スプラトリー諸島

南シナ海のスプラトリー諸島として知られる群島に対する領有権は国際的協定で決定されたことがない。スプラトリー諸島の全体あるいは一部分に対する領有権を中国、台湾、マレーシア、フィリピン、ヴェトナム、ブルネイが主張している。(69) スプラトリー諸島は二三〇以上の島・礁から成り、その中には礁や岩や暗礁の他に二五の小島が含まれている。(70) 最大の島は国民党軍が一九五六年に占領した太平（イツ・アバ）島であり、〇・四六平方キロメートルから成っている。すべての島・礁の総計面積は約五平方キロメートルである。

中華人民共和国は一九五一年に初めてスプラトリー諸島の領有権を主張した。サンフランシスコにおいて日本との平和条約交渉が行われる最中、周恩来は沿岸島嶼および台湾に加えてスプラトリー諸島とパラセル諸島に対する領有権を主張する声明を出した。(71) 中国による一九五八年の金門島危機の中で出された領海宣言においても同様の主張が繰り返された。(72)

(3) パラセル諸島

中国とヴェトナムは一九五〇年代初期よりパラセル諸島の領有権を争ってきた。また台湾の国民党政権もパラセル諸島を中国の一部として主張してきた。パラセル諸島についてそれまで協定などなかったが、一九四九年以前、フランスと中国がそれぞれ何度か占領したことがある。これら諸島がこの地域の漁民にとって自然の避難地であったため、中仏の競合する主張は、それぞれ歴史的に利用したり統治したりした経験を基礎としている。

パラセル諸島は島や岩、礁や浅瀬など二三の島・礁から成っており、西のクレセント群島と東のアンフィトリーテー群島に分かれている。総計面積は約一〇平方キロメートルである[73]。

中華人民共和国は一九五一年に初めてパラセル諸島の領有権を、スプラトリー諸島に対する主張と合わせて布告した。一九五〇年春に国民党軍が撤退した後、人民解放軍の守備部隊がアンフィトリーテー群島のウッディ島に駐留した[74]。中国は海南島からこの前哨地に補給していたものの、この係争海域への海軍の警備活動は一九五九年まで行われることがなかった[75]。

(4) 尖閣諸島

尖閣（釣魚）諸島は、八以上の島・礁からなる、およそ七平方キロメートルの領土を含んでいる。日本の民間人がグアノ（鳥糞）を採取していた時代もあったが、日本はこれらの島々に対して文民または軍隊による恒久的なプレゼンスを維持してきたわけではなかった[76]。中国は、これらの島々は一八九五年の下関条約で中国から割譲された領土の一部として、第二次大戦後台湾に返還されたと主張しているが、日本はこれらの島々が下関条約に含まれたことはなかったと主張している。一九七〇年一二月まで、中国は尖閣諸島に対する領有権の主張を行ったことがなかったし、それは、台湾の国民党政権が尖閣諸島は中国の一部であると主張し始めた後であった[77]。中国と台湾は、一九七一年に締結された沖縄返還協定において、アメリカがこれらの島々を日本へ移譲しないよう望んでいたようである。

監訳者解説　中国の対外行動の謎を解き明かす最善の説明

中国は領土や主権をめぐる紛争において、強硬な政策をとることが多いのか、妥協的な政策をとることが多いのか。そしてどのような条件がそろえば武力行使に踏み切り、どのような条件の場合に妥協するのか。こうした問題は、尖閣諸島をめぐる情勢が深刻化する過程で、専門家のみならず、政府関係者、ジャーナリストを含む日本社会全体において重要な焦点となった。そして、南シナ海の島嶼や岩礁をめぐる緊張状態は、米中間の偶発的衝突につながる可能性さえ否定できなくなってしまった。本書は領土紛争に関する中国の対外行動原理とは何かという現代の東アジアにおける核心的問題に対して、歴史的事実を材料に理論的な分析を加えた良質の研究書である。

著者と本書の理論的位置づけについて

本書は、M. Taylor Fravel, *Strong Borders, Secure Nation: Cooperation and Conflict in China's Territorial Disputes*, Princeton and Oxford: Princeton University Press, 2008 の全訳である。また日本語版を出版するにあたって、著者に二〇〇八年以降の尖閣諸島をめぐる日中対立についての章（エピローグ）を追加執筆してもらった。著者のテイラー・フレイヴェルは、マサチューセッツ工科大学（ＭＩＴ）の政治学部教授であり、国際関係論と比較政治学（中国）を専門とする気鋭の国際政治学者である。著者は鋭い理論的視野と卓越した中国語能力を生かした実証分析能力を併せ持つ、アメリカを代表する中国研究者の一人である。

本書は、著者がスタンフォード大学に提出した博士論文を加筆修正して出版したものである。本書は理論を使って歴史上の事実の謎を解こうとしつつも、理論書にありがちなパラダイムの強調に陥ることなく、理論と実証のほどよいバランスを保っており、国際関係論の立場から見ても、中国地域研究の立場から見ても申し分のない高い価値を有している。本書は、主に領土や主権をめぐる中国の行動を解明した学術書として高い評価を受け、学術誌を中心に一〇本以上の書評が書かれている。(1)

著者が最も影響を受けた先行研究は、本書でも引用されているが、プリンストン大学のトーマス・J・クリステンセン（Thomas J. Christensen）教授による、冷戦初期の米中紛争に関する研究(2)と、ハーヴァード大学のアレステア・イアン・ジョンストン（Alastair Iain Johnston）教授による、中国の対外行動の研究(3)である。これらは、歴史研究の裏付けのもとで行われた中国の対外政策決定過程に関する研究であり、いまでも多くの研究者に参照されている。

著者は、領土や主権に関わる問題で、中国がこれまでつねに攻撃的な政策をとってきたわけではなく、交渉を通じて小国に対してさえ妥協したケースがあること、他方でいかに相手国が強大であっても武力行使に踏み切ったケースがあることを明らかにした上で、どのような条件で中国が領土に関して妥協したり、武力を行使したりしたのかという点を明らかにしている。

著者は、あえて分類するならばネオクラシカル・リアリストに属する国際政治学者である。ネオクラシカル・リアリズムとは、「国際社会で発生する結果の周期的なパターンではなく、国際システムの相互作用と国内のダイナミクスに焦点を当てて、個々の国家の大戦略を説明しようとする」(4)アプローチである。つまり、この学派には、中国は内政（とくに体制の安定／不安定）に影響されつつ、自国の利益を最大化しようとして行動する合理的なアクターである、という理論的前提がある。

とくに、本書で特徴的なのは、「中国が譲歩を行った背景には、体制の安定を脅かす国内の脅威が存在した」という観察であろう。言い換えるなら、相手国との関係改善によって自らが直面しているより大きな脅威に対抗するための支援が得られるのであれば、中国は当該国との領土紛争で譲歩することがある。つまり、著者は、中国の対外行動を分析する上で、陽動戦争理論（diversionary war theory）やスケープゴート理論（scapegoating theory）のように、対外的な緊張を利用して混乱した国内社会を団結、結集させるために、危機をエスカレートさせるのだという立場をとらない。また、攻撃的リアリズム（offensive realism）や権力移行理論（power transition theory）のように、台頭する国家が優位に立った時に武力を行使しやすくなるのだ、という立場もとらない。ただし、このことは著者が、中国がつねに危機を回避する行動をとるのだと主張していることを示すわけではない。むしろ、国内資源を獲得するために行われる官僚政治が、危機を拡大させることはありうるし、また国力が向上し、海軍力など軍事力が増強されれば、対外行動が強硬になりうることを否定しているわけでもないことに留意する必要がある。

本書と対極にある研究者は、ランド研究所（RAND Corporation）の中国軍専門家であるアンドリュー・スコベル（Andrew Scobell）研究員の著作であろう[5]。スコベルは同書で、まさに武力を行使したケースにしぼって中国の対外行動を分析している。ところが、中国の対外行動には、衝突と協力の両方、つまり武力を使った時と使わなかった時の両方がある。スコベルは中国が武力を使わなかったケース、とくに交渉をして妥協したケースを検証していないのであり、これでは領土や主権に関わる中国の対外行動全体を明らかにしたことにはならない。スコベルの本だけを読むと、中国がつねに武力に訴える攻撃的な国であるという偏った印象が与えられ、われわれの判断を誤らせるかもしれない。

ただ、本書にも難がある。それは著者の情報源が主に英語と中国語に限られていることである。著者の分析はかなりフェアであると感じられるが、それでもなお中国語文献が主となっており、周辺諸国の文献を原文で読めないことの限界を指摘せざるをえない。こうした現実から見ても、日本語で公刊されている優れた研究成果を英語や中国語で発信することが、いかに重要であるかを実感させられる。英語や中国語で発信されない限り、海外で参照・引用されることはなく、あたかも存在しないのと同じなのである。

本書の鍵となる概念

次に、本書で用いられている鍵となる概念をいくつか解説する。

本書の鍵となる概念であり、なおかつ翻訳が最も難しかったキーワードは、クレイム・ストレングス（claim strength）である。クレイムは領土に関する主張、ストレングスは強さを表す言葉である。ただし、第1章にも説明があるが、これは「領土主張のための実力の裏付け」という意味であって、国際法上の立場を有利にするという意味ではない。基本的には、支配下にある領土の大きさとパワー投射能力（power projection capability）を掛け合わせた強さを指す。

言い換えるなら、クレイム・ストレングスとは、主張を支える物質的な強さ（material claim strength）や、紛争における物質的な態勢（material position in the dispute）であり、クレイム、ポジション（position）、バーゲニング・パワー（bargaining power）もほぼ同じ意味で使われている。訳語として「主張の強度」、「主張的実力」なども考えたが、最終的には原則として「支配力」に統一し、原文にあわせて「クレイム・ストレングス」、「クレイム」、「ポジション」というルビを適宜振ることとした。ただし、同じ段落内で繰り返されるなど、煩雑と感じられる場合は適宜ルビを省略している。また、この言葉が明らかに省略されている文章では、読みやすくするため、〔支配力が〕というように訳語を補足した。

ただし、バーゲニング・パワーは、紛争相手との領土交渉がある場合に使われることが多いため、各章の初出で「交渉を有利にする物理的な力」という説明を追加している。なお、台湾や尖閣諸島のケースなど、中国が一度も支配したことがない地域に対して「支配力」という用語が使われることに違和感を覚える読者もいるかもしれない。しかし、これは支配する力が足りないから支配したことがないのである、という解釈に基づいて読んでいただきたい。

著者によると、領土紛争において、中国はクレイム・ストレングスが自国にとって不利に変化することに対して敏感に反応する。そのため、中国の立場を弱体化させるような軍事的に強大な紛争相手国に直面していたり、中国が領有権を主張する領土をほとんど、あるいは全く支配していなかったりする場合に、中国は武力による威嚇や武力行使に踏み切る傾向がある。相手が「小国」の場合や自国が圧倒的に有利な場合は、中国はむしろ比較的安心しており、多少の挑発を受けても武力行使には踏み切らないとされる。

この論理を突き詰めると、中国は究極的には紛争相手との力関係しか念頭になく、それによってのみ行動を決定することになる。日本では、「領土問題」となると「法の支配」や「国際法上の当否」が議論の最初に来ることが多いが、国際社会でこうした議論を重要だと考える論者は日本で考えられるほど多くない。著者の議論はまさにパワーに立脚したリアリズムの観点から中国の行動を解釈したものであり、国際法上の議論は捨象されている。

また、本書に欠けている論点としては、経済的な要因がある。リアリストは、国家間の複合的な相互依存関係を軽視するか無視する傾向があり、本書にもその傾向が見られる。経済的な損失が膨大なものになることは、あくまで「紛争のコスト」に単純に還元されることが想定されている。

さらに、一読してわかるように、著者は国際法上の厳密な議論をする気がない。このため、特定の土地が法的に中国と相手国のどちらの領土であるかという議論には踏み込まない。また通常は国際法上領土紛争のカテゴリーに入らない台湾なども、本書の研究対象に入れている。著者は領土に関わる紛争で、なぜいかなる時に中国が協調を選んだり、逆にエスカレーションを選んだりするかを説明することのみに関心があるのであって、議論の法的厳密さには、関心がないのである。実際に「香港との統一」という言葉遣いは、通常は間違いであるとされるが、本書ではそのような表現が使われている。「武力行使」についても、実際に武力が行使されずに、威嚇でとどまったケースが含められている。

次に著者は、単に相手国との力関係だけではなく、紛争地域を「漢民族地域」と「少数民族地域」と「島嶼部」などに分けて中国の行動パターンを説明している。香港や台湾といった「漢民族地域」について、中国は「国家の統一」を掲げてより非妥協的になる傾向にある。なお、この「漢民族地域」とは homeland / Han Chinese territory / China proper / Han Core などの訳であるが、厳密に言うとそれぞれ違う概念である。このうち China proper は中国史の概念であり、伝統的には台湾などは含まないが、著者はおおむね「清朝以降の漢人居住地域」として、基本的に同じ意味で使っている。このため、われわれもそれらをあえて訳し分けずに、「漢民族地域」とした。なお、第5章のタイトルの原文は"Homeland Disputes"であるが、台湾や香港を対象としているため、「国家統一をめぐる紛争」と意訳した。

また、体制不安（regime insecurity）もまた、本書のキーワードの一つであるが、unrest / instability / insurgency など、不安定系の言葉は、社会不安や体制不安のようにすべて regime insecurity と同じ状況を表現していると判断し、ほぼ同じ訳語に統一した。英語の学術論文は、日本語のそれと異なり、同じ用語を繰り返すことを嫌う傾向があり、シソーラスなどを使って、似たような用語を交互に使い分けることがあるため、翻訳にあたってはこうした配慮を加えている。

歴史および二〇〇八年以降の海洋進出をめぐる議論の問題点

本書における著者の中国の対外行動に関する説明は、歴史的事実に基づくきわめて説得力がある議論展開となっている。ただし、歴史的経緯に十分な注意を払っているとはいえ、本書は歴史研究そのものではない。第1章を見ればわかるように、本書の領土紛争の歴史的経緯の説明からは、中華民国期（一九一二〜一九四九年）の歴史的経緯がほぼ抜け落ちており、清朝から中華人民共和国に直接つながっている印象を読者に与えるだろう。中華民国政府も領土問題に対応していたのであって、むしろ、著者の理論を使えば民国期を分析することが可能になる。実際、孫文や蔣介石にとって、東北地方（満洲）のような「非漢民族地域」について、外国と交渉・妥協が可能であったし、蔣介石が日本に対して徹底抗戦を決意したのは、日本が「漢民族地域」に全面侵攻してからである。毛沢東が「非漢民族地域」である外モンゴルの独立を許容できたのも、中華人民共和国が「漢民族地域」である香港問題や台湾問題で非妥協的なのも、こうした歴史的連続性の中に位置づけるほうが自然であろう。

さらに、二〇〇八年以降の中国の行動をどのように説明するかにはいくつか異なる問題が存在する。一般的に、二〇〇八年から〇九年にかけて、中国の行動は強硬化したと考えられている[6]。この点については、著者の議論によると、二〇〇八年以降の強硬さが説明しきれないのではないかという疑問がぬぐえない。自らのクレイム・ストレングスが弱いという認識を持てば、中国は強い対応をとることになる。しかし、二〇〇八年以降中国の国力はさらに増大し、クレイム・ストレングスは他国に比べればむしろ強くなっているのではないのか。おそらく、著者はアメリカのリバランスにより、自らのクレイム・ストレングスが弱いという認識を持った結果の強硬反応であるという議論を展開するのであろう。

中国は二〇〇八年から日本の尖閣諸島に対し、政府公船を派遣することでその実効支配を揺るがそうと繰り返し試みてきた。二〇一〇年には漁船衝突事件が起き、二〇一二年には日本政府による尖閣諸島の一部購入に対し、中国政府は強硬な姿勢を見せ、政府公船による接続水域および領海への侵入活動（中国側では「パトロール」であると位置づけられる）を本格化させたほか、政府所有の航空機による領空侵犯や、海軍艦船による海上自衛隊艦船へのレーダー照射、戦闘機による自衛隊機への異常接近など、衝突のリスクを高めるようなエスカレーション行動を次々にとった。

著者の理論に基づくなら、クレイム・ストレングスが弱いと中国の行動は不安定化し、強いと安定する。尖閣諸島問題においては、エスカレーションを選択した中国の決定は、次の二点への反応として説明できる。すなわち、この紛争における自国のクレイム・ストレングスが弱まっているという中国政府の認識、および日本が自らの主張を強化するために新たにとったものだと中国政府が見なした日本の行動に対して、強く抵抗する必要性が重視される（エピローグを参照）。

こうした論理では、二〇一〇年に起きた中国漁船船長拘束期間の延長や、二〇一二年に起きた尖閣諸島「国有化」さえなければ、中国は現状変更行動をとらなかったはずだ、という推論を強化する。たしかに、クレイム・ストレングスをめぐる議論は、中国に主観的に強いか弱いかが認識されることなのであって、国力が客観的に強いか弱いかという議論ではない。ネオクラシカル・リアリストは、「主観」を重視するのである。

南シナ海での中国の強硬な行動も、同様な解釈ができる。中国の行動ばかりがクローズアップされるが、その前にはヴェトナムによる埋め立てや試掘などが確認されており、フレイヴェルはこれに中国が刺激を受けたという。(7)しかも、二〇一五年以降は米海軍が直接介入を始めたことで、中国が「挑発を受けた」と感じる可能性は増大している。

しかしながら、二〇〇八年以降の中国の強硬さをクレイム・ストレングスだけで解釈することは妥当であろうか。中国自体の変化、つまり二〇〇八年以降、トレンドとして徐々に強硬さが出てきた、つまり最初は受動的であったとしても、後には積極的な強硬さに変わっていったのではないか。アレステア・イアン・ジョンストンでさえも、中国による近年の南シナ海への進出の一部事例は例外的に「新しい強硬さ」であると指摘している。(8)

さらに、国際危機グループ（ICG）が提起した「反応的強硬さ（reactive assertiveness）」という仮説を見ると、さらに意味が変わる。この議論では、他国の「挑発」は、自らの現状変更行動を正当化するための、単なる口実であると解釈される。つまり、中国は受動的に反応しているという体裁をとっているだけであり、実際には拡張主義的な行動をとっている。そうなると、本書の著者がいう中国が係争地域のごく一部しか軍事的に占拠してこなかったという事実も、クレイム・ストレングス低下を恐れた受動的な行動ではなく、将来の占領地拡大の橋頭堡であると解釈できるかもしれない。

近年観察される中国の「強硬さ」について、もう一つ問題がある。それは、中国の行動は抑止されないのかという問題である。第1章にあるように、著者は、中国の戦略を「引き延ばし戦略」、「協調戦略」、「エスカレーション戦略」に分けている。中国が「引き延ばし」を選択している状況とは、他国による「抑止」が成立していることと同じ意味ではないだろうか。中国に引き延ばし戦略を選ばせること、つまり中国に対して抑止を効かせるためには、第1章にあるように、紛争のコストを上げることがよい、ということになる。しかし、著者の分析枠組みに即して考えると、そうした行為は「挑発」であり、クレイム・ストレングスの低下と中国に受け止められ、エスカレーションを招いてしまうのではないか。

もしも著者の理論に即して議論するなら、中国に「引き延ばし戦略」を選択し続けさせるため、今後日本は「静かに抑止力を増強すべきであり、中国を刺激すべきではない」という結論になるのだろうか。日本は、中国を刺激しないため、尖閣諸島の実効支配を強化する動きを控えるべきである、という結論はどれほど正しいのだろうか。静かに抑止力を高めたとしても、中国が主観的にそれに気づく限り、クレイム・ストレングスは弱くなってしまう。逆にクレイム・ストレングスが弱くても、強くなったと自己認識するなら、引き延ばし戦略が選択され続けることになる。

さらに、中国が自らの強硬な行動により日本の行動を抑止することに成功したと認識し、「図に乗る」可能性はないだろうか。この場合、中国はどこまで拡張すれば満足するのだろうか。中国は政府公船を尖閣諸島付近の海域に常時派遣しているから、一定の成果を得てクレイム・ストレングスが中国に有利になったという認識を持っている可能性もある。危険行為を抑止し、「引き延ばし戦略」を中国に選択させ続けるためには、中国が「精神的に勝利」すること、つまり自分は有利な状態にあるのだ、という「自己暗示」を掛けられる状態が持続しなければならないということであろうか。本書を読むことで、われわれは次から次へと思考が刺激される。

固有名詞の翻訳にあたって

最後に、翻訳にあたって留意した技術的な点を記しておきたい。まず本書は、複数の国にまたがる領土・主権問題を扱っているため、地名や人名の確認および翻訳の作業は難航を極めた。人名は（慣例として漢字名を使う場合を除き）原則としてその出身国の言語から音訳しているが、地名は大変やっかいである。たとえば、同じスプラトリー諸島（Spratly islands：英語）でも、中国（および台湾）、フィリピン、ヴェトナム、マレーシア、ブルネイ、それぞれで名称が異なる。そのうちのどれを採用するかで、執筆者や発言者の「政治的立場」の表明と受け取られかねない。

われわれは、著者が採用している原則に基づき、英語の地名を優先して訳出したが、これはあくまで学術的な便宜のためであり、特定の立場をとっているわけではないことを注記しておきたい。原文で他言語も同時に表記されている場合は、初出において複数書き込み、その後はより代表的でなじみの深い訳語を使った。なお、南シナ海の島や岩礁については、読者の便宜のため、各言語の対照表を作成し、監訳者のホームページに掲載してある。(9)この対照表は、おそらく日本で公表されている類似の資料の中で、最も包括的・正確な資料である。参考にされたい。

なお、翻訳作業中に発見した原著の明らかな誤植などについては、修正を加え、また事実と異なると考えられる記述については、著者に伝えた上で、訳注をつけてある。とはいえ、何か誤訳や誤記があるとしたら、その最終的な責任は監訳者にある。読者諸氏のご批判を仰ぎたい。

本書の翻訳は、吉田真吾、杉浦康之、山口信治、福田円、手賀裕輔がそれぞれ担当したが、皆国際政治や中国外交などの第一線で活躍している気鋭の若手研究者である。とくに山口は本書の邦訳の発案者であり、全体を通して細かい調整の労をとってもらった。われわれは、東京大学東洋文化研究所の「東アジアの安全保障研究」という班研究活動の一環として、二〇一四年一月から二〇一七年一月にかけて、一〇回集まって本書の内容や訳語の検討を中心とする研究会を行った。毎回、メンバー同士で遅くまで侃々諤々の議論を行ったことは、大変よい勉強になった。ただ、監訳作業が大幅に遅れたことで、大変ご迷惑をおかけしたことだけが悔やまれる。ここでお詫びしたい。

なお、本書の軍事用語や地名・人名などの訳出にあたって、多くの専門家の方々の協力を得ている。この場をお借りして、協力して下さった方々に深く感謝の意を表したい。また、出版にあたって、勁草書房の上原正信氏には、大変お世話になった。ここに訳者を代表して御礼を申し上げたい。

本書は、紛争における中国の対外行動を予測し、日本を含む関係国がどのような場合に毅然たる対応をとり、どのような場合に無用な争いを避けて対話と交渉を推し進めるべきかを判断するために必要な示唆を与えてくれている。その意味で本書が翻訳されたことは、大きな社会的意義を持つ。本書が日本で出版されることにより、中国の対外行動に関する学問的な議論が活発化することを期待したい。さらに、研究者のみならず、政策関係者や学生・一般市民の間でも本書が読まれ、感情を排した、地に足がついた中国論が展開されることを期待したい。

二〇一九年四月　北京大学にて

松田　康博

中国の領土紛争
武力行使と妥協の論理

2019年7月20日　第1版第1刷発行

著　者　テイラー・フレイヴェル
監訳者　松《まつ》　田《だ》　康《やす》　博《ひろ》
発行者　井　村　寿　人

発行所　株式会社　勁《けい》　草《そう》　書　房

112-0005 東京都文京区水道2-1-1　振替　00150-2-175253
（編集）電話 03-3815-5277／FAX 03-3814-6968
（営業）電話 03-3814-6861／FAX 03-3814-6854
本文組版 プログレス・平文社・牧製本

ISBN978-4-326-30279-6　　Printed in Japan

http://www.keisoshobo.co.jp

●著者紹介

テイラー・フレイヴェル（M. Taylor Fravel）
1993年にミドルベリー大学卒業。2004年にスタンフォード大学大学院博士課程修了、Ph.D.（政治学）を取得。ハーヴァード大学フェロー、マサチューセッツ工科大学准教授などを経て、
現在：マサチューセッツ工科大学政治学部教授。専門は国際関係論、とくに中国・東アジアの安全保障。
主著：*Active Defense: China's Military Strategy Since 1949*（Princeton: Princeton University Press, 2019), *Rethinking China's Rise: A Reader*（Oxford: Oxford University Press, 2010, Co-edited）など。

●監訳者紹介

松田 康博（まつだ やすひろ）
慶應義塾大学大学院法学研究科博士課程単位取得退学、同大学で博士（法学）を取得。防衛省防衛研究所主任研究官、東京大学東洋文化研究所准教授などを経て、
現在：東京大学東洋文化研究所教授。専門は中国・台湾の政治外交、東アジア国際政治など。
主著：『台湾における一党独裁体制の成立』（慶應義塾大学出版会、2006年、発展途上国研究奨励賞受賞、樫山純三賞受賞）、『NSC 国家安全保障会議――主要国の危機管理・安保政策統合メカニズム』（彩流社、2009年、編著）など。

●訳者紹介

山口 信治（やまぐち しんじ）〔日本語版への序文、序論、第3章、第6章、付録を担当〕
慶應義塾大学大学院法学研究科博士課程単位取得退学。国際情勢研究会非常勤研究員、フェリス女学院大学非常勤講師などを経て、
現在：防衛省防衛研究所地域研究部主任研究官。専門は中国の安全保障、中国現代史など。
主著：『中国の対外行動の源泉』（慶應義塾大学出版会、2017年、共著）、『現代中国政治外交の原点』（慶應義塾大学出版会、2013年、共著）など。

杉浦 康之（すぎうら やすゆき）〔謝辞、第2章を担当〕
慶應義塾大学大学院法学研究科博士課程単位取得退学。外務省国際情報統括官組織専門分析員、田園調布学園非常勤講師などを経て、
現在：防衛省防衛研究所地域研究部主任研究官。専門は現代中国政治外交史、戦後東アジア国際政治史など。
主著：『戦後日中関係と廖承志――中国の知日派と対日政策』（慶應義塾大学出版会、2013年、

共著)、『現代中国入門』(筑摩書房、2017 年、共著) など。

吉田 真吾 (よしだ しんご)〔第 1 章、エピローグを担当〕
慶應義塾大学大学院法学研究科博士課程修了、博士(法学)を取得。日本学術振興会特別研究員(PD)、近畿大学法学部専任講師などを経て、
現在:近畿大学法学部准教授。専門は日本外交史、安全保障論など。
主著:『日米同盟の制度化――発展と進化の歴史過程』(名古屋大学出版会、2012 年)、『秩序変動と日本外交――拡大と収縮の 70 年』(慶應義塾大学出版会、2016 年、共著) など。

手賀 裕輔 (てが ゆうすけ)〔第 4 章、結論を担当〕
慶應義塾大学大学院法学研究科博士課程修了、博士(法学)を取得。慶應義塾大学非常勤講師、二松学舎大学国際政治経済学部専任講師などを経て、
現在:二松学舎大学国際政治経済学部准教授。専門はアメリカ外交史、対外政策決定論など。
主著:『秩序変動と日本外交――拡大と収縮の 70 年』(慶應義塾大学出版会、2016 年、共著) など。

福田 円 (ふくだ まどか)〔第 5 章を担当〕
慶應義塾大学大学院政策・メディア研究科後期博士課程単位取得退学、同大学で博士(政策・メディア)を取得。国士舘大学 21 世紀アジア学部専任講師、同准教授、法政大学法学部准教授などを経て、
現在:法政大学法学部教授。専門は中国外交、中台関係、東アジア国際政治など。
主著:『中国外交と台湾――「一つの中国」原則の起源』(慶應義塾大学出版会、2013 年、アジア・太平洋賞受賞)、*Taiwan's Political Re-Alignment and Diplomatic Challenges* (Palgrave Macmillan, 2019 年, 共著) など。

事項索引

ア 行

カ 行

サ　行

タ　行

ナ　行

ハ　行

マ　行

ヤ　行

ラ　行

アルファベット

人名索引

ア　行

カ　行

サ　行

タ　行

ナ　行

ハ　行

マ　行

ヤ　行

ラ　行

参考文献

英語

Abdulghani, Jasim M. *Iraq & Iran: The Years of Crisis*. London: Croom Helm, 1984.

Accinelli, Robert. "'A Thorn in the Side of Peace': The Eisenhower Administration and the 1958 Offshore Islands Crisis." In Robert S. Ross and Jiang Changbin, eds., *Re-examining the Cold War: U. S.-China Diplomacy, 1954–1973*. Cambridge, Mass.: Harvard University Press, 2001.

Akino, Yutaka. "Moscow's New Perspectives on Sino-Russian Relations." In Tadayuki Hayashi, ed., *The Emerging New Regional Order in Central and Eastern Europe*. Sapporo: Slavic Research Center Hokkaido University, 1997.

Allee, Todd L., and Paul K. Huth. "When Are Governments Able to Reach Negotiated Settlement Agreements? An Analysis of Dispute Resolution in Territorial Disputes, 1919–1995." In Harvey Starr, ed., *Approaches, Levels, and Methods of Analysis in International Politics*. New York: Palgrave Macmillan, 2006.

Alptekin, Erkin. "The April 1990 Uprising in Eastern Turkestan." *Journal of Muslim Minority Affairs*, vol. 11, no. 2 (1990): pp. 254–256.

Amer, Ramses. "The Sino-Vietnamese Approach to Managing Boundary Disputes." *Maritime Briefing*, vol. 3, no. 5 (2002): pp. 1–80.

Amnesty International. *Secret Violence: Human Rights Violations in Xinjiang*. New York: Amnesty International, 1992.

An, Tai Sung. *The Sino-Soviet Territorial Dispute*. Philadelphia: Westminster Press, 1973.

Austin, Greg. *China's Ocean Frontier: International Law, Military Force, and National Development*. Canberra: Allen & Unwin, 1998.

Ayoob, Mohammed. *The Third World Security Predicament: State Making, Regional Conflict, and the International System*. Boulder, Colo.: Lynne Rienner, 1995.

Azar, Edward, and Chung-In Moon, eds. *National Security in the Third World*. Aldershot: Edward Elgar Publishing, 1988.

Bachman, David M. *Bureaucracy, Economy, and Leadership in China: The Institutional Origins of the Great Leap Forward*. Cambridge: Cambridge University Press, 1991.

Bajpai, G. S. *China's Shadow over Sikkim: The Politics of Intimidation*. New Delhi: Lancer Publishers, 1999.

Barnett, Michael N., and Jack S. Levy. "Domestic Sources of Alliances and Alignments: The Case of Egypt, 1962–73." *International Organization*, vol. 45, no. 3 (Summer 1991): pp. 369–395.

Barnouin, Barbara, and Yu Changgen. *Chinese Foreign Policy during the Cultural Revolution*. New York: Kegan Paul International, 1998.

Baum, Richard. *Burying Mao: Chinese Politics in the Age of Deng Xiaoping*. Princeton, N. J.: Princeton University Press, 1994.

Benson, Linda. *The Ili Rebellion: The Moslem Challenge to Chinese Authority in Xinjiang, 1944–1949*. Armonk, N. Y.: M. E. Sharpe, 1990.

Bernstein, Richard, and Ross H. Munro. *The Coming Conflict with China*. New York: Knopf, 1997.

Betts, Richard K. *Nuclear Blackmail and Nuclear Balance*. Washington, D. C.: Brookings, 1987.

———. "Wealth, Power, and Instability: East Asia and the United States after the Cold War." *International Security*, vol. 18, no. 3 (Winter 1993): pp. 34–77.

Bhattacharjea, Mira Sinha. "China's Strategy for the Determination and Consolidation of its Territorial Boundaries: A Preliminary Investigation." *China Report*, vol. 23, no. 4 (1987): pp. 397–419.

———. "India-China: The Year of Two Possibilities." In Satish Kumar, ed., *Yearbook on India's Foreign Policy, 1985–86*. New Delhi: Sage Publications, 1988.

Bhola, P. L. *Pakistan-China Relations: Search for Politico-Strategic Relationship*. Jaipur: R. B. S. A. Publishers, 1986.

Blainey, Geoffrey. *The Causes of War*, 3rd ed. New York: The Free Press, 1988.

Brook, Timothy. *Quelling the People: The Military Suppression of the Beijing Democracy Movement*. Stanford, Calif.: Stanford University Press, 1998.

Brooks, Stephen G. *Producing Security: Multinational Corporations, Globalization, and the Changing Calculus of Conflict*. Princeton, N. J.: Princeton University Press, 2005.

Brown, Melissa J. *Is Taiwan Chinese? The Impact of Culture, Power, and Migration on Changing Identities*. Berkeley: University of California Press, 2004.

Bull, Hedley. *The Anarchical Society: A Study of Order in World Politics*. New York: Columbia University Press, 1977.

Burr, William, ed. *The Kissinger Transcripts: The Top Secret Talks with Beijing and Moscow*. New York: The New Press, 1998.

Bush, Richard C. *Untying the Knot: Making Peace in the Taiwan Strait*. Washington, D. C.: Brookings Institution Press, 2005.

Buszynski, Leszek. "ASEAN, the Declaration on Conduct, and the South China Sea." *Contemporary Southeast Asia*, vol. 25, no. 3 (December 2003): pp. 343–362.

Cabestan, Jean-Pierre. "Taiwan's Mainland Policy: Normalization, Yes; Reunification, Later." *The China Quarterly*, no. 148 (December 1996): pp. 1260–1283.

Carlson, Allen. *Unifying China, Integrating with the World: Securing Chinese Sovereignty in the Reform Era*. Stanford, Calif.: Stanford University Press, 2005.

Cha, Victor D. "Hawk Engagement and Preventive Defense on the Korean Peninsula." *Inter-*

national Security, vol. 27, no. 1 (Summer 2002): pp. 40-78.
Chang, Felix K. "China's Central Asian Power and Problems." *Orbis*, vol. 41, no. 3 (Summer 1997): pp. 401-426.
Chang, Gordon H., and He Di. "The Absence of War in the U. S.-China Confrontation over Quemoy and Matsu in 1954-1955: Contingency, Luck, Deterrence?" *American Historical Review*, vol. 98, no. 5 (December 1993): pp. 1500-1524.
Chang, Luke T. *China's Boundary Treaties and Frontier Disputes: A Manuscript*. New York: Oceana Publications, 1982.
Chang, Maria Hsia. *Return of the Dragon: China'sWounded Nationalism*. Boulder, Colo.: Westview, 2001.
Chang Pao-min. *The Sino-Vietnamese Territorial Dispute*. New York: Praeger, 1986.
Chen Jian. *China's Road to the Korean War: The Making of the Sino-American Confrontation*. New York: Columbia University Press, 1994.
———. *Mao's China and the ColdWar*. Chapel Hill: University of North Carolina Press, 2001.
Chen Qimao. "New Approaches in China's Foreign Policy: The Post-Cold War Era." *Asian Survey*, vol. 33, no. 3 (March 1993): pp. 237-251.
Cheng Feng and Larry M. Wortzel. "PLA Operational Principles and Limited War: The Sino-Indian War of 1962." In Mark A. Ryan, David M. Finkelstein, and Michael A. McDevitt, eds., *ChineseWarfighting: The PLA Experience since 1949*. Armonk, N. Y.: M. E. Sharpe, 2003.
Cheng, J. Chester, ed. *Politics of the Chinese Red Army*. Stanford, Calif.: Hoover Institution Publications, 1966.
Chung Chien-peng. *Domestic Politics, International Bargaining and China's Territorial Disputes*. London: RoutledgeCurzon, 2004.
"The China-Burma Border." *China News Analysis*, no. 349 (18 November 1960).
Chiozza, Giacomo, and Ajin Choi. "Guess Who Did What: Political Leaders and the Management of Territorial Disputes, 1950-1990." *Journal of Conflict Resolution*, vol. 47, no. 3 (June 2003): pp. 251-278.
Chiozza, Giacomo, and H. E. Goemans. "Peace through Insecurity: Tenure and International Conflict." *Journal of Conflict Resolution*, vol. 47, no. 4 (August 2003): pp. 443-467.
Choucri, Nazli, and Robert Carver North. *Nations in Conflict: National Growth and International Violence*. San Francisco: W. H. Freeman, 1975.
Christensen, Thomas J. *Useful Adversaries: Grand Strategy, Domestic Mobilization, and Sino-American Conflict, 1947-1958*. Princeton, N. J.: Princeton University Press, 1996.
———. "Posing Problems without Catching Up: China's Rise and Challenges for U. S. Security Policy." *International Security*, vol. 25, no. 4 (Spring 2001): pp. 5-40.
———. "The Contemporary Security Dilemma: Deterring a Taiwan Conflict." *The Washington Quarterly*, vol. 25, no. 4 (Autumn 2002): pp. 7-21.

Christensen, Thomas J. "Windows and War: Trend Analysis and Beijing's Use of Force." In Alastair Iain Johnston and Robert S. Ross, eds., *New Directions in the Study of China's Foreign Policy*. Stanford, Calif.: Stanford University Press, 2006.

Cohen, Arthur. *The Sino-Indian Border Dispute*, DD/I Staff Study POLO XVI [Top Secret]. 3 parts. Washington, D. C.: Central Intelligence Agency, 1963, 1964.

Conboy, Kenneth, and James Morrison. *The CIA's Secret War in Tibet*. Lawrence: University of Kansas Press, 2002.

Cooper, Scott. "State-Centric Balance-of-Threat Theory: Explaining the Misunderstood Gulf Cooperation Council." *Security Studies*, vol. 13, no. 2 (Winter 2003): pp. 306–349.

Copeland, Dale C. *Origins of Major War*. Ithaca, N. Y.: Cornell University Press, 2000.

Cottrell, Robert. *The End of Hong Kong: The Secret Diplomacy of Imperial Retreat*. London: John Murray, 1993.

Dalvi, J. P. *Himalayan Blunder: The Curtain-Raiser to the Sino-Indian War of 1962*. Bombay: Thacker and Company, 1969.

Dassel, Kurt, and Eric Reinhardt. "Domestic Strife and the Initiation of Violence at Home and Abroad." *American Journal of Political Science*, vol. 43, no. 1 (January 1999): pp. 56–85.

David, Steven R. "Explaining Third World Alignment." *World Politics*, vol. 43, no. 2 (January 1991): pp. 233–256.

Davies, Graeme A. M. "Domestic Strife and the Initiation of International Conflicts." *Journal of Conflict Resolution*, vol. 46, no. 5 (October 2002): pp. 672–692.

Day, Alan J., ed. *Border and Territorial Disputes*. 2nd ed. Burnt Mill: Longman, 1987.

Dekmejian, R. H. "Soviet-Turkish Relations and Politics in the Armenian SSR." *Soviet Studies*, vol. 19, no. 4 (April 1968): pp. 510–525.

Department of State. "China-Korea Boundary." *International Boundary Study*, no. 17 (29 June 1962).

———. "Burma-China Boundary." *International Boundary Study*, no. 42 (30 November 1964).

———. "China-Laos Boundary." *International Boundary Study*, no. 34 (24 June 1964).

———. "China-Nepal Boundary." *International Boundary Study*, no. 50 (30 May 1965).

———. "China-Pakistan Boundary." *International Boundary Study*, no. 85 (30 May 1968).

———. "Afghanistan-China Boundary." *International Boundary Study*, no. 89 (1 May 1969).

———. "China-Vietnam Boundary." *International Boundary Study*, no. 34 (15 December 1978).

———. "China-Mongolia Boundary." *International Boundary Study*, no. 173 (14 August 1985).

Di Cosmo, Nicola. "Qing Colonial Administration in Inner Asia." *The International History Review*, vol. 20, no. 2 (1998): pp. 24–40.

Diehl, Paul F., and Gary Goertz. *War and Peace in International Rivalry*. Ann Arbor: Uni-

versity of Michigan Press, 2000.

Dillon, Michael. *Xinjiang: Ethnicity, Separatism and Control in Central Asia.* Durham, East Asian Papers, no. 2. Durham, UK: Durham University, 1995.

Directorate for Research. *Luring Deep: China's Land Defense Strategy,* DDB-2610-31-80 [Top Secret].Washington, D. C.: Defense Intelligence Agency, 1980.

Directorate of Intelligence. *Military Forces along the Sino-Soviet Border,* SR-IM-70-5 [Top Secret]. Washington, D. C.: Central Intelligence Agency, 1970.

———. *Sino-Soviet Exchanges, 1969–84: A Reference Aid,* EA 84-10069 [Top Secret]. Washington, D. C.: Central Intelligence Agency, 1984.

Dmytryshyn, Basil, and Frederick Cox. *The Soviet Union and the Middle East.* Princeton, N. J.: Kingston Press, 1987.

Do, Kiem, and Julie Kane. *Counterpart: A South Vietnamese Naval Officer's War.* Annapolis: Naval Institute Press, 1998.

Doolin, Dennis J. *Territorial Claims in the Sino-Soviet Conflict: Documents and Analysis.* Stanford, Calif.: Hoover Institution, 1965.

Dutt, Subimal. *With Nehru in the Foreign Office.* Columbia, Mo.: South Asia Books, 1977.

Dzurek, Daniel J. "The Spratly Islands Dispute: Who's on First?" *Maritime Briefing,* vol. 2, no. 1 (1996): pp. 1-67.

"Eloquent Maps." *China News Analysis,* no. 129 (27 April 1956).

Fazal, Tanisha M. *State Death: The Politics and Geography of Conquest, Occupation, and Annexation.* Princeton, N. J.: Princeton University Press, 2007.

Fearon, James D. "Rationalist Explanations for War." *International Organization,* vol. 49, no. 3 (Summer 1995): pp. 379-414.

Fewsmith, Joseph. *China since Tiananmen: The Politics of Transition.* Cambridge: Cambridge University Press, 2001.

Fletcher, Joseph. "Ch'ing Inner Asia c. 1800." In John K. Fairbank, ed., *The Cambridge History of China,* vol. 10. Cambridge: Cambridge University Press, 1978.

Fletcher, Joseph. "The Heyday of the Ch'ing Order in Mongolia, Sinkiang and Tibet." In John K. Fairbank, ed., *The Cambridge History of China,* vol. 10. Cambridge: Cambridge University Press, 1978.

Forbes, Andrew D. W. *Warlords and Muslims in Chinese Central Asia: A Political History of Republican Sinkiang, 1911–1949.* New York: Cambridge University Press, 1986.

Fravel, M. Taylor. "Towards Civilian Supremacy: Civil-Military Relations in Taiwan's Democratization." *Armed Forces & Society,* vol. 29, no. 1 (Fall 2002): pp. 57-84.

———. "Regime Insecurity and International Cooperation: Explaining China's Compromises in Territorial Disputes." *International Security,* vol. 30, no. 2 (Fall 2005): pp. 46-83.

———. "Securing Borders: China's Doctrine and Force Structure for Frontier Defense." *Journal of Strategic Studies,* vol. 30, nos. 4-5 (2007): pp. 705-737.

———. "Power Shifts and Escalation: Explaining China's Use of Force in Territorial Dis-

putes." *International Security*, vol. 32, no. 3 (Winter 2007/08): pp. 44–83.

Freedman, Lawrence, and Virginia Gamba-Stonehouse. *Signals of War: The Falklands Conflict of 1982*. London: Faber and Faber, 1990.

Freymond, Jacques. *The Saar Conflict, 1945–1955*. London: Stevens, 1960.

Friedberg, Aaron L. "Ripe for Rivalry: Prospects for Peace in Multipolar Asia." *International Security*, vol. 18, no. 3 (Winter 1993/94): pp. 5–33.

Ganguly, Sumit. "The Sino-Indian Border Talks, 1981–1989: A View from New Delhi." *Asian Survey*, vol. 29, no. 12 (December 1989): pp. 1123–1135.

———. *Conflict Unending: India-Pakistan Tensions since 1947*. New York: Columbia University Press, 2001.

Gartzke, Eric. "The Capitalist Peace." *American Journal of Political Science*, vol. 51, no. 1 (January 2007): pp. 166–191.

Garver, John W. "Chinese Foreign Policy in 1970: The Tilt Towards the Soviet Union." *The China Quarterly*, no. 82 (June 1980): pp. 214–249.

———. "The Sino-Soviet Territorial Dispute in the Pamir Mountains Region." *The China Quarterly*, no. 85 (March 1981): pp. 107–118.

———. "China's Push through the South China Sea: The Interaction of Bureaucratic and National Interests." *The China Quarterly*, no. 132 (December 1992): pp. 999–1028.

———. "The Chinese Communist Party and the Collapse of Soviet Communism." *The China Quarterly*, no. 133 (March 1993): pp. 1–26.

———. "Sino-Indian Rapprochement and the Sino-Pakistan Entente." *Political Science Quarterly*, vol. 111, no. 2 (Summer 1996): pp. 323–347.

———. *Face Off: China, the United States, and Taiwan's Democratization*. Seattle: University of Washington Press, 1997.

———. *The Sino-American Alliance: Nationalist China and American Cold War Strategy in Asia*. Armonk, N. Y.: M. E. Sharpe, 1997.

———. *Protracted Contest: Sino-Indian Rivalry in the Twentieth Century*. Seattle: University of Washington Press, 2001.

———. "China's Decision for War with India in 1962." In Alastair Iain Johnston and Robert S. Ross, eds., *New Directions in the Study of China's Foreign Policy*. Stanford, Calif.: Stanford University Press, 2006.

Gause, F. Gregory. "Iraq's Decisions to Go to War, 1980 and 1990." *The Middle East Journal*, vol. 56, no. 1 (Winter 2002): pp. 47–70.

Gavrilis, George. *The Dynamics of Interstate Boundaries*. Cambridge: Cambridge University Press, 2008.

George, Alexander L., and Andrew Bennett. *Case Studies and Theory Development in the Social Sciences*. Cambridge, Mass.: MIT Press, 2005.

Gilpin, Robert. *War and Change in World Politics*. New York: Cambridge University Press, 1981.

Ginsburgs, George. "The End of the Sino-Russian Territorial Disputes?" *The Journal of East Asian Studies*, vol. 7, no. 1 (1993): pp. 261-320.

Ginsburgs, George, and Carl F. Pinkele. *The Sino-Soviet Territorial Dispute, 1949-64*. New York: Praeger, 1978.

Glaser, Bonnie S. "China's Security Perceptions: Interests and Ambitions." *Asian Survey*, vol. 33, no. 3 (March 1993): pp. 252-271.

Gleditsch, Nils Petter. "Armed Conflict and the Environment: A Critique of the Literature." *Journal of Peace Research*, vol. 35, no. 3 (May 1998): pp. 381-400.

Glosny, Michael A. "Heading toward a Win-Win Future? Recent Developments in China's Policy toward Southeast Asia." *Asian Security*, vol. 2, no. 1 (2006): pp. 24-57.

Goddard, Stacie. "Uncommon Ground: Indivisible Territory and the Politics of Legitimacy." *International Organization*, vol. 60, no. 1 (Winter 2006): pp. 35-68.

Goertz, Gary, and Paul F. Diehl. *Territorial Changes and International Conflict*. New York: Routledge, 1992.

Goldstein, Avery. *Rising to the Challenge: China's Grand Strategy and International Security*. Stanford, Calif.: Stanford University Press, 2005.

Goldstein, Lyle. "Return to Zhenbao Island: Who Started Shooting and Why It Matters." *The China Quarterly*, no. 168 (December 2001): pp. 985-997.

Goldstein, Steven M. "Dialogue of the Deaf? The Sino-American Ambassadorial-Level Talks, 1955-1970." In Robert S. Ross and Jiang Changbin, eds., *Reexamining the Cold War: U. S.-China Diplomacy, 1954-1973*. Cambridge, Mass.: Harvard University Press, 2001.

Goncharov, Sergei. "Kosygin-Zhou Talks at Beijing Airport." *Far Eastern Affairs*, nos. 1-2 (1993): pp. 52-65.

Goncharov, Sergei, and Victor Usov. "Kosygin-Zhou Talks at Beijing Airport." *Far Eastern Affairs*, nos. 4-6 (1992): pp. 96-117.

———. "Tension across the Strait in the 1950s: Chinese Strategy and Tactics." In Robert S. Ross and Jiang Changbin, eds., *Re-examining the Cold War: U. S.-China Diplomacy, 1954-1973*. Cambridge, Mass.: Harvard University Press, 2001.

Gopal, Sarvepalli. *Jawaharlal Nehru: A Biography*. 3 vols. London: Jonathan Cape, 1984.

Gorman, Robert F. *Political Conflict on the Horn of Africa*. New York: Praeger, 1981.

Gourevitch, Peter. "The Second Image Reversed: International Sources of Domestic Politics." *International Organization*, vol. 32, no. 4 (Autumn 1978): pp. 881-912.

Gries, Peter Hayes. *China's New Nationalism: Pride, Politics, and Diplomacy*. Berkeley, Calif: University of California Press, 2004.

Grunfeld, A. Tom. *The Making of Modern Tibet*, revised edition. Armonk, N. Y.: M. E. Sharpe, 1996.

Gurtov, Melvin, and Byong-Moo Hwang. *China under Threat: The Politics of Strategy and Diplomacy*. Baltimore: Johns Hopkins University Press, 1980.

Hagan, Joe D. "Regimes, Political Oppositions, and the Comparative Analysis of Foreign Policy." In Charles F. Hermann, Charles W. Kegley, Jr., and James N. Rosenau, eds., *New Directions in the Study of Foreign Policy*. Boston: Allen Unwin, 1987.

Hale, William. *Turkish Foreign Policy, 1774-2000*. London: Frank Cass, 2000.

Harding, Harry. "The Chinese State in Crisis." In Roderick MacFarquhar and John K. Fairbank, eds., *The Cambridge History of China*, vol. 15, part 2. Cambridge: Cambridge University Press, 1991.

———. *A Fragile Relationship: The United States and China since 1972*. Washington, D. C.: The Brookings Institution, 1992.

Harris, Lillian Craig. "Xinjiang, Central Asia and the Implications for China's Policy in the Islamic World." *The China Quarterly*, no. 133 (March 1993): pp. 111-129.

Harrison, Selig S. *China, Oil and Asia: Conflict Ahead?* New York: Columbia University Press, 1977.

Hasan, Mushirul, ed. *SelectedWorks of Jawaharlal Nehru*, second series, vol. 36. New Delhi: Oxford University Press, 2005.

Hassner, Ron E. " 'To Halve and to Hold': Conflicts over Sacred Space and the Problem of Indivisibility." *Security Studies*, vol. 12, no. 4 (Summer 2003): pp. 1-33.

He Di. "Evolution of the People's Republic of China's Policy toward the Offshore Islands." In Warren I. Cohen and Akira Iriye, eds., *The Great Powers in East Asia: 1953-1960*. New York: Columbia University Press, 1990.

———. "The Last Campaign to Unify China: The CCP's Unrealized Plan to Liberate Taiwan, 1949-1950." In Mark A. Ryan, David M. Finkelstein, and Michael A. McDevitt, eds., *ChineseWarfighting: The PLA Experience since 1949*. Armonk, N. Y.: M. E. Sharpe, 2003.

Heinzig, Dieter. *Disputed Islands in the South China Sea: Paracels, Spratlys, Pratas, Macclesfield Bank*. Wiesbaden: Otto Harrassowitz, 1976.

Hensel, Paul R. "Contentious Issues andWorld Politics: The Management of Territorial Claims in the Americas, 1816-1992." *International Studies Quarterly*, vol. 45, no. 1 (March 2001): pp. 81-109.

Hensel, Paul R., and Sara McLaughlin Mitchell. "Issue Indivisibility and Territorial Claims." *GeoJournal*, vol. 64, no. 4 (December 2005): pp. 275-285.

Herbst, Jeffrey. *States and Power in Africa: Comparative Lessons in Authority and Control*. Princeton, N. J.: Princeton University Press, 2000.

Hinton, Harold C. *Communist China in World Politics*. New York: Houghton Mifflin, 1966.

Hoffman, Steven A. *India and the China Crisis*. Berkeley: University of California Press, 1990.

Holsti, Kalevi J. *Peace and War: Armed Conflicts and International Order, 1648-1989*. Cambridge: Cambridge University Press, 1991.

Hsiung, James C. "China's Omni-directional Diplomacy: Realignment to Cope with Monopo-

lar U. S. Power." *Asian Survey*, vol. 35, no. 6 (June 1995): pp. 573–586.

Hucker, Charles O. *A Dictionary of Official Titles in Imperial China*. Stanford, Calif.: Stanford University Press, 1985.

Human Rights Watch. *China: Human Rights Concerns in Xinjiang*. New York: Human Rights Watch, 2001.

Hussain, T. Karki. "India's China Policy: Putting Politics in Command." In Satish Kumar, ed., *Yearbook on India's Foreign Policy, 1989*. New Delhi: Sage Publications, 1990.

Huth, Paul K. *Standing Your Ground: Territorial Disputes and International Conflict*. Ann Arbor: University of Michigan Press, 1996.

———. "Reputations and Deterrence." *Security Studies*, vol. 7, no. 1 (1997): pp. 72–99.

Huth, Paul K., and Todd L. Allee. *The Democratic Peace and Territorial Conflict in the Twentieth Century*. Cambridge: Cambridge University Press, 2002.

———. "Domestic Political Accountability and the Escalation and Settlement of International Disputes." *Journal of Conflict Resolution*, vol. 46, no. 6 (December 2002): pp. 754–790.

Hyer, Eric A. "The Politics of China's Boundary Disputes and Settlements." Ph. D. dissertation, Columbia University, 1990.

Iwashita, Akihiro. *A 4,000 Kilometer Journey along the Sino-Russian Border*. Sapporo: Slavic Research Center, Hokkaido University, 2004.

James, Patrick, and John R. Oneal. "The Influence of Domestic and International Politics on the President's Use of Force." *Journal of Conflict Resolution*, vol. 35, no. 2 (June 1991): pp. 307–332.

Jervis, Robert. "Cooperation under the Security Dilemma." *World Politics*, vol. 30, no. 2 (January 1978): pp. 167–214.

Jessup, Philip C. "El Chamizal." *The American Journal of International Law*, vol. 67, no. 3 (1973): pp. 423–445.

Jetly, Nancy. *India China Relations, 1947–1977: A Study of Parliament's Role in the Making of Foreign Policy*. New Delhi: Radiant Publishers, 1979.

Job, Brian L., ed. *The Insecurity Dilemma: National Security of Third World States*. Boulder, Colo.: Lynne Rienner, 1992.

Johnston, Alastair Iain. "Cultural Realism and Strategy in Maoist China." In Peter J. Katzenstein, ed., *The Culture of National Security: Norms and Identity in World Politics*. New York: Columbia University Press, 1996.

———. "China's Militarized Interstate Dispute Behaviour 1949–1992: A First Cut at the Data." *The China Quarterly*, no. 153 (March 1998): pp. 1–30.

———. "Realism (s) and Chinese Security Policy in the Post-Cold War World." In Ethan B. Kapstein and Michael Mastanduno, eds., *Unipolar Politics: Realism and State Strategies after the Cold War*. New York: Columbia University Press, 1999.

———. "Is China a Status Quo Power?" *International Security*, vol. 27, no. 4 (Spring 2003): pp. 5–56.

———. "Chinese Middle Class Attitudes Towards International Affairs: Nascent Liberalization?" *The China Quarterly*, no. 179 (September 2004): pp. 603-628.

Jones, Daniel M., Stuart A. Bremer, and J. David Singer. "Militarized Interstate Disputes, 1816-1992: Rationale, Coding Rules, and Empirical Patterns." *Conflict Management and Peace Science*, vol. 15, no. 2 (August 1996): pp. 163-213.

Kacowicz, Arie M. *Peaceful Territorial Change*. Columbia: University of South Carolina Press, 1994.

Kao, Ting Tsz. *The Chinese Frontiers*. Aurora, Ill.: Chinese Scholarly Publishing, 1980.

Karawan, Ibrahim. "Foreign Policy Restructuring: Egypt's Disengagement from the Arab-Israeli Conflict Revisited." *Cambridge Review of International Affairs*, vol. 18, no. 3 (October 2005): pp. 325-338.

Karmel, Solomon M. "Ethnic Tension and the Struggle for Order: China's Policies in Tibet." *Pacific Affairs*, vol. 68, no. 4 (1995): pp. 485-508.

Kaul, B. M. *The Untold Story*. Bombay: Allied Publishers, 1967.

Kavic, Lorne J. *India's Quest for Security: Defence Policies, 1947-1965*. Berkeley: University of California Press, 1967.

Kharat, Rajesh S. *Foreign Policy of Bhutan*. New Delhi: Manak, 2005.

Kiang, Ying Cheng. *China's Boundaries*. Lincolnwood, Ill.: Institute of China Studies, 1984.

Kireyev, Genrikh. "Strategic Partnership and a Stable Border." *Far Eastern Affairs*, no. 4 (1997): pp. 8-22.

———. "Demarcation of the Border with China." *International Affairs*, vol. 45, no. 2 (1999): pp. 98-109.

———. "The Serpentine Path to the Shanghai G-5." *International Affairs*, vol. 49, no. 3 (2003): pp. 85-92.

Kissinger, Henry. *White House Years*. Boston: Little, Brown & Co., 1979.

Knaus, John Kenneth. *Orphans of the Cold War: America and the Tibetan Struggle for Survival*. New York: Public Affairs, 1999.

Krasner, Stephen D. *Defending the National Interest: Raw Materials Investments and U. S. Foreign Policy*. Princeton, N. J.: Princeton University Press, 1978.

Kupchan, Charles A. *The Vulnerability of Empire*. Ithaca, N. Y.: Cornell University Press, 1994.

Kwong, Julia. "The 1986 Student Demonstrations in China: A Democratic Movement?" *Asian Survey*, vol. 28, no. 9 (September 1988): pp. 970-985.

Lake, David A. "The State and American Trade Strategy in the Pre-hegemonic Era." *International Organization*, vol. 42, no. 1 (Winter 1988): pp. 33-58.

Lall, Arthur. *How Communist China Negotiates*. New York: Columbia University Press, 1968.

———. *The Emergence of Modern India*. New York: Columbia University Press, 1981.

Lamb, Alastair. "The Sino-Pakistani Boundary Agreement of 2 March 1963." *Journal of the*

Australian Institute of International Affairs, vol. 18, no. 3 (1964): pp. 299–312.

———. *The McMahon Line: A Study in the Relations between India, China and Tibet, 1904–1914*. London: Routledge & K. Paul, 1966.

———. *Asian Frontiers: Studies in a Continuing Problem*. New York: Praeger, 1968.

———. *The Sino-Indian Border in Ladakh*. Canberra: Australian National University Press, 1973.

Lampton, David M. *Same Bed Different Dreams: Managing U. S.-China Relations, 1989–2000*. Berkeley: University of California Press, 2001.

Lardy, Nicholas. "The Chinese Economy under Stress, 1958–1965." In John King Fairbank and Roderick MacFarquhar, eds., *The Cambridge History of China*, vol. 14. Cambridge: Cambridge University Press, 1987.

Lattimore, Owen. *Inner Asian Frontiers of China*. New York: American Geographical Society, 1940.

Lebow, Richard N. "Windows of Opportunity: Do States Jump through Them?" *International Security*, vol. 9, no. 1 (Summer 1984): pp. 147–186.

Lee Lai To. *China and the South China Sea Dialogues*. Westport, Conn.: Praeger, 1999.

Leeds, Brett Ashely, and David R. Davis. "Domestic Political Vulnerability and International Disputes." *Journal of Conflict Resolution*, vol. 41, no. 6 (December 1997): pp. 814–834.

Leifer, Michael. *ASEAN and the Security of South-East Asia*. London: Routledge, 1989.

Levy, Jack S. "Declining Power and the Preventive Motivation for War." *World Politics*, vol. 40, no. 1 (October 1987): pp. 82–107.

———. "The Diversionary Theory of War: A Critique." In Manus I. Midlarsky, ed., *Handbook of War Studies*. Boston: Unwin Hyman, 1989.

Levy, Jack S., and Joseph R. Gochal. "Democracy and Preventive War: Israel and the 1956 Sinai Campaign." *Security Studies*, vol. 11, no. 2 (Winter 2001/2002): pp. 1–49.

Lewis, John Wilson, and Litai Xue. *China Builds the Bomb*. Stanford, Calif.: Stanford University Press, 1988.

Li Jie. "Changes in China's Domestic Situation in the 1960s and Sino-US Relations." In Robert S. Ross and Jiang Changbin, eds., *Re-examining the Cold War: U. S.-China Diplomacy, 1954–1973*. Cambridge, Mass.: Harvard University Press, 2001.

Li Xiaobing. "Making of Mao's Cold War: The Taiwan Straits Crisis Revised." In Li Xiaobing and Li Hongshan, eds., *China and the United States: A New Cold War History*. Lanham, Md.: University Press of America, 1998.

———. "PLA Attacks and Amphibious Operations during the Taiwan Straits Crisis of 1954–55 and 1958." In Mark A. Ryan, David M. Finkelstein, and Michael A. McDevitt, eds., *Chinese Warfighting: The PLA Experience since 1949*. Armonk, N. Y.: M. E. Sharpe, 2003.

Lieberthal, Kenneth. "The Great Leap Forward and the Split in the Yenan Leadership." In John King Fairbank and Roderick MacFarquhar, eds., *The Cambridge History of China*,

vol. 14. Cambridge: Cambridge University Press, 1987.

Lieberthal, Kenneth, and Michel Oksenberg. *Policy Making in China: Leaders, Structures, and Processes*. Princeton, N. J.: Princeton University Press, 1988.

Lo Chi-kin. *China's Policy towards Territorial Disputes: The Case of the South China Sea Islands*. New York: Routledge, 1989.

Lu Ning. *Flashpoint Spratlys!* Singapore: Dolphin Press, 1995.

———. *The Dynamics of Foreign-Policy Decisionmaking in China*. Boulder, Colo.: Westview, 1997.

Luthi, Lorenz. *The Sino-Soviet Split*. Princeton, N. J: Princeton University Press, 2008.

MacFarquhar, Roderick. *The Origins of the Cultural Revolution*. 3 vols. New York: Columbia University Press, 1974, 1983, 1997.

MacFarquhar, Roderick, Timothy Cheek, and Eugene Wu, eds. *The Secret Speeches of Chairman Mao: From the Hundred Flowers to the Great Leap Forward*. Cambridge, Mass.: Harvard University, Council on East Asian Studies, 1989.

MacFarquhar, Roderick, and Michael Schoenhals. *Mao's Last Revolution*. Cambridge, Mass.: Belknap Press of Harvard University Press, 2006.

Mandel, Robert. "Roots of the Modern Interstate Border Dispute." *Journal of Conflict Resolution*, vol. 24, no. 3 (September 1980): pp. 427–454.

Mansfield, Edward D., and Jack L. Snyder. *Electing to Fight: Why Emerging Democracies Go to War*. Cambridge, Mass.: MIT Press, 2005.

Mastanduno, Michael, David A. Lake, and G. John Ikenberry. "Toward a Realist Theory of State Action." *International Studies Quarterly*, vol. 33, no. 4 (December 1989): pp. 457–474.

Maxwell, Neville. *India's China War*. New York: Pantheon Books, 1970.

———. "The Chinese Account of the 1969 Fighting at Chenpao." *The China Quarterly*, no. 56 (December 1973): pp. 730–739.

———. "A Note on the Amur/Ussuri Sector of the Sino-Soviet Boundaries." *Modern China*, vol. 1, no. 1 (1975): pp. 116–126.

McCarthy, Roger E. *Tears of the Lotus: Accounts of Tibetan Resistance to the Chinese Invasion, 1950–1962*. Jefferson, N. C.: McFarland& Company, 1997.

McNeal, Dewardric L. *China's Relations with Central Asian States and Problems with Terrorism*. Washington, D. C.: Library of Congress, Congressional Research Service, 2001.

Mearsheimer, John J. *The Tragedy of Great Power Politics*. New York: W. W. Norton, 2001.

Medeiros, Evan S., and M. Taylor Fravel. "China's New Diplomacy." *Foreign Affairs*, vol. 82, no. 6 (November/December 2003): pp. 22–35.

Meernik, James, and Peter Waterman. "The Myth of the Diversionary Use of Force by American Presidents." *Political Research Quarterly*, vol. 49, no. 3 (September 1996): pp. 575–590.

Millward, James. *Beyond the Pass: Economy, Ethnicity and Empire in Qing Central Asia,*

1759–1864. Stanford, Calif.: Stanford University Press, 1998.
Morgan, T. Clifton, and Kenneth N. Bickers. "Domestic Discontent and the Use of Force." *Journal of Conflict Resolution*, vol. 36, no. 1 (March 1992): pp. 25–52.
Morgenthau, Hans J. *Politics among Nations: The Struggle for Power and Peace*. 3rd ed. New York: Knopf, 1960.
Mote, Frederick. *Imperial China: 900–1800*. Cambridge, Mass.: Harvard University Press, 1999.
Muller, David G. *China's Emergence as a Maritime Power*. Boulder, Colo.: Westview Press, 1983.
Mullik, B. N. *My Years with Nehru: The Chinese Betrayal*. Bombay: Allied Publishers, 1971.
Muni, S. D. *Foreign Policy of Nepal*. New Delhi: National Publishing House, 1973.
National Assembly of Bhutan. *Translation of the Proceedings and Resolutions of the 77th Session of the National Assembly of Bhutan*. Thimpu: National Assembly of Bhutan, 1999.
National Intelligence Board. *Chinese Communist Capabilities and Intentions in the Far East*, SNIE 13-3-61 [Top Secret]. Washington, D. C.: Central Intelligence Agency, 1961.
National Intelligence Board. *The USSR and China*, NIE 11-13-69 [Top Secret]. Washington, D. C.: Central Intelligence Agency, 1969.
———. *Communist China's General Purpose and Air Defense Forces*, NIE 13-3-70 [Top Secret]. Washington, D. C.: Central Intelligence Agency, 1970.
———. *Warsaw Pact Forces for Operations In Eurasia*, NIE 11-14-71 [Top Secret]. Washington, D. C.: Central Intelligence Agency, 1971.
Norbu, Dawa. *China's Tibet Policy*. London: Curzon Press, 2001.
Norbu, Jamyang. "The Tibetan Resistance Movement and the Role of the CIA." In Robert Barnett, ed., *Resistance and Reform in Tibet*. London: Hurst and Company, 1994.
O'Dowd, Edward C. *Chinese Military Strategy in the Third Indochina War: The Last Maoist War*. New York: Routledge, 2007.
Office of National Estimates. *The Soviet Military Buildup along the Chinese Border*, SM-7-68 [Top Secret].Washington, D. C.: Central Intelligence Agency, 1968.
Office of the Secretary of Defense. *Annual Report to Congress: The Military Power of the People's Republic of China*. Washington, D. C.: Department of Defense, 2005.
Organski, A. F. K. *World Politics*. New York: Alfred A. Knopf, 1958.
Palit, D. K. *War in High Himalaya: The Indian Army in Crisis, 1962*. New Delhi: Lancer International, 1991.
Palmer, David Scott. "Peru-Ecuador Border Conflict: Missed Opportunities, Misplaced Nationalism, and Multilateral Peacekeeping." *Journal of Interamerican Studies and World Affairs*, vol. 39, no. 3 (Autumn 1997): pp. 109–148.
Paul, T. V. *Asymmetric Conflicts: War Initiation by Weaker Powers*. Cambridge: Cambridge University Press, 1994.

Payne, S. C. M. *Imperial Rivals: China, Russia, and Their Disputed Frontier*. Armonk, N. Y.: M. E. Sharpe, 1996.

Peceny, Mark, Caroline C. Beer, and Shannon Sanchez-Terry. "Dictatorial Peace?" *American Political Science Review*, vol. 96, no. 1 (March 2002): pp. 15–26.

Perdue, Peter C. *China Marches West: The Qing Conquest of Central Eurasia*. Cambridge, Mass.: Belknap Press of Harvard University Press, 2005.

Petech, Luciano. *China and Tibet in the Early 18th Century: History of the Establishment of Chinese Protectorate in Tibet*. Leiden: Brill, 1972.

Prasad, Niranjan. *The Fall of Towang, 1962*. New Delhi: Palit & Palit, 1981.

Praval, K. C. *The Red Eagles: A History of the Fourth Division of India*. New Delhi: Vision Books, 1982.

Prescott, J. R. V. *Map of Mainland Asia by Treaty*. Carlton: Melbourne University Press, 1975.

Prescott, J. R. V., Harold John Collier, and Dorothy F. Prescott. *Frontiers of Asia and Southeast Asia*. Carlton: Melbourne University Press, 1977.

Putnam, Robert D. "Diplomacy and Domestic Politics: The Logic of Two-Level Games." *International Organization*, vol. 42, no. 3 (Summer 1988): pp. 427–460.

Rasler, Karen A., and William R. Thompson. "Contested Territory, Strategic Rivalries, and Conflict Escalation." *International Studies Quarterly*, vol. 50, no. 1 (March 2006): pp. 145–167.

Ray, Hemen. *China's Strategy in Nepal*. New Delhi: Radiant Publishers, 1983.

Razvi, Mujtaba. *The Frontiers of Pakistan: A Study of Frontier Problems in Pakistan's Foreign Policy*. Karachi-Dacca: National Publishing House, 1971.

Report of the Officials of the Governments of India and the People's Republic of China on the Boundary Question. New Delhi: Ministry of External Affairs, 1961.

Rigger, Shelly. *Taiwan's Rising Rationalism: Generations, Politics and "Taiwan's Nationalism."* Policy Studies no. 26. Washington, D. C.: East-West Center, 2006.

Robinson, Thomas W. *The Sino-Soviet Border Dispute: Background, Development and the March 1969 Clashes*. Santa Monica, Calif.: RAND Corp., 1970.

———. "The Sino-Soviet Border Conflict." In Stephen S. Kaplan, ed., *Diplomacy of Power: Soviet Armed Forces as a Political Instrument*. Washington, D. C.: The Brookings Institution, 1981.

———. "China Confronts the Soviet Union: Warfare and Diplomacy on China's Inner Asian Frontiers." In Roderick MacFarquhar and John K. Fairbank, eds., *The Cambridge History of China*, vol. 15, part 2. Cambridge: Cambridge University Press, 1991.

Romberg, Alan D. *Rein In at the Brink of the Precipice: American Policy toward Taiwan and U. S.-PRC Relations*. Washington, D. C.: Henry Stimson Center, 2003.

Rose, Leo E. *Nepal: Strategy for Survival*. Berkeley: University of California Press, 1971.

Ross, Robert S. *The Indochina Tangle: China's Vietnam Policy, 1975–1979*. New York:

Columbia University Press, 1988.
———. *Negotiating Cooperation: The United States and China, 1969–1989*. Stanford, Calif.: Stanford University Press, 1995.
———. "The Diplomacy of Tiananmen: Two-Level Bargaining and Great-Power Cooperation." *Security Studies*, vol. 10, no. 2 (Winter 2000/2001): pp. 139–178.
———. "The 1995-1996 Taiwan Strait Confrontation: Coercion, Credibility and the Use of Force." *International Security*, vol. 25, no. 2 (Fall 2000): pp. 87–123.
———. "Navigating the Taiwan Strait: Deterrence, Escalation Dominance and U. S.-China Relations." *International Security*, vol. 27, no. 2 (Fall 2002): pp. 48–85.
———. "Taiwan's Fading Independence Movement." *Foreign Affairs*, vol. 85, no. 2 (March/April 2006): pp. 141–148.
Rossabi, Morris. *China and Inner Asia: From 1368 to the Present Day*. New York: PICA Press, 1975.
Rupen, Robert A. "Mongolia in the Sino-Soviet Dispute." *The China Quarterly*, no. 16 (October-December 1963): pp. 75–85.
Russett, Bruce. *Grasping the Democratic Peace*. Princeton, N. J.: Princeton University Press, 1993.
Samuels, Marwyn S. *Contest for the South China Sea*. New York: Methuen, 1982.
Saunders, Philip C. *China's Global Activism: Strategy, Drivers and Tools*. Occasional Paper 4. Washington, D. C.: Institute for National Strategic Studies, National Defense University, 2006.
Saunders, Phillip C., and Erica Strecker Downs. "Legitimacy and the Limits of Nationalism: China and the Diaoyu Islands." *International Security*, vol. 23, no. 3 (Winter 1998/1999): pp. 114–146.
Sawhney, Pravin. *The Defence Makeover: 10 Myths That Shape India's Image*. New Delhi: Sage Publications, 2002.
Schweller, Randall. "Neorealism's Status-Quo Bias: What Security Dilemma?" *Security Studies*, vol. 5, no. 3 (Spring 1996): pp. 90–121.
———. "The Progressiveness of Neoclassical Realism." In Colin Elman and Miriam Fendius Elman, eds., *Progress in International Relations Theory: Appraising the Field*. Cambridge, Mass.: MIT Press, 2003.
———. *Unanswered Threats: Political Constraints on the Balance of Power*. Princeton, N. J.: Princeton University Press, 2006.
Scobell, Andrew. *China's Use of Military Force: Beyond the Great Wall and the Long March*. New York: Cambridge University Press, 2003.
Searls, Guy. "Communist China's Border Policy: Dragon Throne Imperialism?" *Current Scene*, vol. 11, no. 12 (15 April 1963): pp. 1–22.
Segal, Gerald. *Defending China*. Oxford: Oxford University Press, 1985.
———. *China Changes Shape: Regionalism and Foreign Policy*. Adelphi Paper no. 287. Lon-

don: International Institute for Strategic Studies, 1994.

Seyd, Anwar Hussain. *China and Pakistan: Diplomacy of Entente Cordiale*. Amherst: University of Massachusetts Press, 1974.

Shakya, Tsering. *The Dragon in the Land of the Snows: A History of Modern Tibet since 1947*. New York: Penguin Compass, 1999.

Shambaugh, David S. "China Engages Asia: Reshaping International Order." *International Security*, vol. 29, no. 3 (Winter 2004/05): pp. 64–99.

Shephard, John Robert. *Statecraft and Political Economy on the Taiwan Frontier, 1600–1800*. Stanford, Calif.: Stanford University Press, 1993.

Shichor, Yitzhak. "Separatism: Sino-Muslim Conflict in Xinjiang." *Pacifica Review*, vol. 6, no. 2 (1994): pp. 71–82.

Shipp, Steve. *Macau, China: A Political History of the Portuguese Colony's Transition to Chinese Rule*. Jefferson, N. C.: McFarland & Company, 1997.

Shirk, Susan L. *China: Fragile Superpower*. New York: Oxford University Press, 2007.

Sidhu,Waheguru Pal Singh, and Jing-dong Yuan. "Resolving the Sino-Indian Border Dispute." *Asian Survey*, vol. 41, no. 2 (March/April 2001): pp. 351–376.

Simmons, Beth A. *Territorial Disputes and Their Resolution: The Case of Ecuador and Peru*. Peaceworks no. 27. Washington, D. C.: United States Institute of Peace, 1999.

———. "Rules over Real Estate: Trade, Territorial Conflict, and International Borders as Institution." *Journal of Conflict Resolution*, vol. 49, no. 6 (December 2005): pp. 823-848.

Smith, Warren W. *Tibetan Nation: A History of Tibetan Nationalism and Sino-Tibetan Relations*. Boulder, Colo.: Westview, 1996.

Snyder, Scott, Brad Glosserman, and Ralph A. Cossa. *Confidence Building Measures in the South China Sea*. Honolulu: Pacific Forum CSIS, 2001.

Spence, Jonathan. *The Search for Modern China*. New York: W.W. Norton, 1990.

Stolper, Thomas E. *China, Taiwan, and the Offshore Islands: Together with Some Implications for Outer Mongolia and Sino-Soviet Relations*. Armonk, N. Y.: M. E. Sharpe, 1985.

Suettinger, Robert L. *Beyond Tiananmen: The Politics of U. S.-China Relations, 1989–2000*. Washington, D. C.: The Brookings Institution, 2003.

Suri, Jeremi. *Power and Protest: Global Revolution and the Rise of Detente*. Cambridge, Mass.: Harvard University Press, 2003.

Sutter, Robert G. *China's Rise in Asia: Promises and Perils*. Lanham, M.D.: Rowman and Littlefield, 2005.

Swaine, Michael D. "Chinese Decision-Making Regarding Taiwan, 1979–2000." In David M. Lampton, ed., *The Making of Chinese Foreign and Security Policy in the Era of Reform*. Stanford, Calif.: Stanford University Press, 2001.

Swaine, Michael D., and Ashley J. Tellis. *Interpreting China's Grand Strategy: Past, Present, and Future*. Santa Monica, Calif.: RAND, 2000.

Teiwes, Frederick C., and Warren Sun. *China's Road to Disaster: Mao, Central Politicians*

and Provincial Leaders in the Unfolding of the Great Leap Forward, 1955–1959. Armonk, N. Y.: M. E. Sharpe, 1999.

Teng, Emma J. *Taiwan's Imagined Geography: Chinese Colonial Travel Writing and Pictures, 1683–1895*. Cambridge, Mass.: Harvard University Press, 2004.

Thatcher, Margaret. *The Downing Street Years*. London: HarperCollins, 1993.

Toft, Monica Duffy. *The Geography of Ethnic Violence: Identity, Interests, and the Indivisibility of Territory*. Princeton, N. J.: Princeton University Press, 2003.

Touval, Saadia. *The Boundary Politics of Independent Africa*. Cambridge, Mass.: Harvard University Press, 1972.

Tretiak, Daniel. "The Sino-Japanese Treaty of 1978: The Senkaku Incident Prelude." *Asian Survey*, vol. 18, no. 12 (December 1978): pp. 1235–1249.

Tsui Tsien-hua. *The Sino-Soviet Border Dispute in the 1970's*. New York: Mosaic Press, 1983.

Tulchin, Joseph S. *Argentina and the United States: A Conflicted Relationship*. Boston: Twayne, 1990.

Tzou, Byron N. *China and International Law: the Boundary Disputes*. New York: Praeger, 1990.

Ulam, Adam B. *Expansion and Coexistence: The History of Soviet Foreign Policy, 1917–67*. New York: Frederick A. Praeger, 1968.

Van Evera, Stephen. "The Cult of the Offensive and the Origins of the First World War." *International Security*, vol. 9, no. 1 (Summer 1984): pp. 58–107.

———. "Hypotheses on Nationalism and War." *International Security*, vol. 18, no. 4 (Spring 1994): pp. 5–39.

———. *Causes of War: Power and the Roots of Conflict*. Ithaca, N. Y.: Cornell University Press, 1999.

Vasquez, John A. *The War Puzzle*. New York: Cambridge University Press, 1993.

Vasquez, John, and Marie T. Henehan. "Territorial Disputes and the Probability of War, 1816–1992." *Journal of Peace Research*, vol. 38, no. 2 (2001): pp. 123–138.

Voskresensky, Alexei. "Some Border Issues Unsolved." *New Times*, no. 19 (1991): pp. 26–27.

Wachman, Alan M. *Why Taiwan? Geostrategic Rationales for China's Territorial Integrity*. Stanford, Calif.: Stanford University Press, 2007.

Wagner, R. Harrison. "Bargaining and War." *American Journal of Political Science*, vol. 44, no. 3 (July 2000): pp. 469–484.

Walder, Andrew G., and Yang Su. "The Cultural Revolution in the Countryside: Scope, Timing and Human Impact." *The China Quarterly*, no. 173 (March 2003): pp. 75–99.

Walt, Stephen M. *The Origins of Alliances*. Ithaca, N. Y.: Cornell University Press, 1987.

———. *Revolution and War*. Ithaca, N. Y.: Cornell University Press, 1996.

Walter, Barbara F. "Explaining the Intractability of Territorial Conflict." *International Studies Review*, vol. 5, no. 4 (December 2003): pp. 137–153.

Waltz, Kenneth N. *Theory of International Politics*. New York: McGraw-Hill, 1979.
Wang, David D. *Under the Soviet Shadow: The Yining Incident*. Hong Kong: The Chinese University Press, 1999.
Watson, Francis. *The Frontiers of China*. New York: Praeger, 1966.
Way, Christopher R. "Political Insecurity and the Diffusion of Financial Market Regulation." *The ANNALS of the American Academy of Political and Social Science*, vol. 598, no. 1 (2005): pp. 125–144.
Whiting, Allen S. *China Crosses the Yalu: The Decision to Enter the Korean War*. New York: Macmillan, 1960.
———. *The Chinese Calculus of Deterrence: India and Indochina*. Ann Arbor: University of Michigan Press, 1975.
———. "China's Use of Force, 1950–96, and Taiwan." *International Security*, vol. 26, no. 2 (Fall 2001): pp. 103–131.
Whitney, Joseph. *China: Area, Administration and Nation Building*. Department of Geography Research Paper no. 123. Chicago: University of Chicago, 1970.
Whittam, Daphne E. "The Sino-Burmese Boundary Treaty." *Pacific Affairs*, vol. 34, no. 2 (Summer 1961): pp. 174–183.
Wich, Richard. *Sino-Soviet Crisis Politics: A Study of Political Change and Communication*. Cambridge, Mass.: Harvard University Press, 1980.
Wiens, Herold J. *China's March toward the Tropics*. Hamden, Conn.: Shoe String Press, 1954.
Winchester, Michael. "Beijing vs. Islam." *Asiaweek*, vol. 23, no. 42 (1997): p. 31.
Wishnick, Elizabeth. *Mending Fences: The Evolution of Moscow's China Policy from Brezhnev to Yeltsin*. Seattle: University of Washington Press, 2001.
Wohlforth, William Curti. *The Elusive Balance: Power and Perceptions during the Cold War*. Ithaca, N. Y.: Cornell University Press, 1993.
Wolff, David. "'One Finger'sWorth of Historical Events?' New Russian and Chinese Evidence on the Sino-Soviet Alliance and Split, 1948–1959." *Cold War International History Project Working Paper*, no. 30 (2000).
Woodman, Dorothy. *The Making of Burma*. London: The Cresset Press, 1962.
Xing Guangcheng. "China and Central Asia: Towards a New Relationship." In Yongjin Zhang and Rouben Azizian, eds., *Ethnic Challenges beyond Borders: Chinese and Russian Perspectives of the Central Asia Conundrum*. New York: St. Martin's Press, 1998.
———. "China and Central Asia." In Roy Allison and Lena Jonson, eds., *Central Asian Security: The New International Context*. Washington, D. C.: The Brookings Institution, 2001.
Yang Kuisong. "The Sino-Soviet Border Clash of 1969: From Zhenbao Island to Sino-American Rapprochement." *Cold War History*, vol. 1, no. 1 (August 2000): pp. 21–52.
You Ji. "Changing Leadership Consensus: The Domestic Context of the War Games." In Zhao Suisheng, ed., *Across the Taiwan Strait: Mainland China, Taiwan and the 1995–1996 Crisis*. New York: Routledge, 1999.

Zacher, Mark W. "The Territorial Integrity Norm: International Boundaries and the Use of Force." *International Organization*, vol. 55, no. 2 (Spring 2001): pp. 215-250.

Zakaria, Fareed. *From Wealth to Power: The Unusual Origins of America's World Role*. Princeton, N. J.: Princeton University Press, 1998.

Zhai Qiang. *The Dragon, the Lion, and the Eagle: Chinese-British-American Relations, 1949-1958*. Kent, Ohio: Kent State University Press, 1994.

Zhang Baijia. "The Changing International Scene and Chinese Policy toward the United States, 1954-1970." In Robert S. Ross and Jiang Changbin, eds., *Re-examining the Cold-War: U. S.-China Diplomacy, 1954-1973*. Cambridge, Mass.: Harvard University Press, 2001.

Zhang Lijun. "Building Peaceful Borders." *Beijing Review*, vol. 49, no. 25 (June 2006): p. 10.

Zhang Shu Guang. *Deterrence and Strategic Culture: Chinese-American Confrontations, 1949-1958*. Ithaca, N. Y.: Cornell University Press, 1992.

———. *Economic Cold War: America's Embargo against China and the Sino-Soviet Alliance, 1949-1963*. Stanford, Calif.: Stanford University Press, 2001.

Zhang Xiaoming. "China's 1979War with Vietnam: A Reassessment." *The China Quarterly*, no. 184 (December 2005): pp. 851-874.

Zhao Suisheng, ed. *Across the Strait: Mainland China, Taiwan and the 1995-1996 Crisis*. New York: Routledge, 1999.

———. "Changing Leadership Perceptions: The Adoption of a Coercive Strategy." In Zhao Suisheng, ed., *Across the Taiwan Strait: Mainland China, Taiwan and the 1995-1996 Crisis*. New York: Routledge, 1999.

Zinberg, Yakov. "The Vladivostok Curve: Subnational Intervention into Russo-Chinese Border Agreements." *Boundary and Security Bulletin*, vol. 4, no. 3 (1996): pp. 76-86.

Zou Keyuan. "Maritime Boundary Delimitation in the Gulf of Tonkin." *Ocean Development & International Law*, vol. 30, no. 3 (1999): pp. 235-254.

———. "The Sino-Vietnamese Agreement on Maritime Boundary Delimitation in the Gulf of Tonkin." *Ocean Development & International Law*, vol. 36, no. 1 (2005): pp. 13-24.

中国語

阿勒泰地区地方志編纂纂委員会編『阿勒泰地区志』烏魯木斉：新疆人民出版社、2004 年。

布赫『民族理論与民族政策』呼和浩特：内蒙古大学出版社、1995 年。

蔡錫儒編『辺防理論』北京：警官教育出版社、1996 年。

陳崇龍・謝俊編『海峡両岸関係大事記』北京：中共党史出版社、1993 年。

陳雪英『鄧小平与香港』北京：当代世界出版社、1997 年。

程広中「従未承諾放棄対台使用武力：中共三代領導集体解決台湾問題方針的歴史考察」『軍事歴史』1999 年、第 5 期、37-39 頁。

叢楽天編『回顧金門登陸戦』北京：人民出版社、1994 年。

崔之清ほか編『海峡両岸関係日志（1949-1998)』北京：九州出版社、1999 年。

達瓦壳提・鉄木爾『論民族工作与民族文化』北京：中共中央党校出版社、2005年。

鄧礼峰『中華人民共和国軍事史要』北京：軍事科学出版社、2005年。

范碩ほか『葉剣英伝』北京：当代中国出版社、1995年。

房建昌「中尼辺界初探」『中国辺疆史地研究報告』1992年、第3-4期、7-22頁。

———「近代中国与巴基斯坦辺界史初探」『中国辺疆史地研究報告』1997年、第3期、63-78頁。

馮慶天編著『辺境管理学』北京：警官教育出版社、1999年。

宮力「両次台湾海峡危機的成因与中美之間的較量」姜長斌・羅伯特・羅斯主編『従対峙走向緩和』北京：世界知識出版社、2000年。

『公安部隊：総述、大事記、表冊』北京：解放軍出版社（軍内発行）、1997年。

郭明『中越関係演変四十年』南寧：広西人民出版社（内部発行）、1992年。

郭明・羅方明・李白茵編『現代中越関係資料選編』北京：時事出版社（内部発行）、1986年。

『海軍史』北京：解放軍出版社、1989年。

韓振華『我国南海諸島史料滙編』北京：東方出版社（内部発行）、1988年。

黄世明ほか編『長白朝鮮自治県志』北京：中華書局出版社、1993年。

鶴東方『張愛萍伝』北京：人民出版社、2000年。

賀継宏『克孜勒蘇柯爾克孜自治州志』烏魯木斉：新疆人民出版社、2004年。

江沢民『論国防和軍隊建設』北京：解放軍出版社（内部発行）、2003年。

『江沢民文選』第3巻、北京：人民出版社、2006年。

『建国以来毛沢東文稿』第7-8冊、北京：中央文献出版社（内部発行）、1992、1993年。

雷鳴ほか編『南沙自古属中華』広州：広州軍区司令部弁公室、1988年。

雷英夫『在最高統帥部当参謀：雷英夫回憶録』南昌：百花洲文芸出版社、1997年。

冷溶・汪作玲編『鄧小平年譜1975-1997』上下巻、北京：中央文献出版社、2004年。

李丹慧「1969年中蘇辺界衝突：縁起和結果」『当代中国史研究』1996年、第3期、39-50頁。

———「対1962年新疆伊黎事件起因的歴史考察（続）」『党史研究資料』1999年、第5期、1-22頁。

李徳潮「白龍尾島正名」『中国辺疆史地研究報告』1988年、第1-2期第3号、21-23頁。

李鳳林「中蘇辺界談判親歴記」『中共党史資料』2003年、第4期、25-35頁。

李福生編『新疆兵団屯墾戍辺史』烏魯木斉：新疆人民出版社、1997年。

李後『百年屈辱史的終結：香港問題始末』北京：中央文献出版社（内部発行）、1997年。

黎家松編『中華人民共和国外交大事記』第2巻、北京：世界知識出版社、2001年。

李柯・郝生章『文化大革命中的人民解放軍』北京：中共党史資料出版社、1989年。

李力「難忘的事実、深刻的啓示：我所経歴的西沙自衛反撃作戦」『総参謀部：回憶史料』北京：解放軍出版社、1997年。

李連慶『冷暖歳月：一波三折的中蘇関係』北京：世界知識出版社、1999年。

力平、馬芷蓀編『周恩来年譜1949-1976』全3巻、北京：中央文献出版社、1997年。

厲声『新疆対蘇（俄）貿易史（1600-1990）』烏魯木斉：新疆人民出版社、1993年。

李星編『辺防学』北京：軍事科学出版社、2004年。

廖心文「1958年毛沢東決策砲撃金門的歴史考察」『党的文献』1994年、第1期、21-36頁。

林道遠『南沙告訴我們』北京：海軍出版社、1988 年。
劉宏煊『中国睦隣史：中国与周辺国家関係』北京：世界知識出版社、2001 年。
劉華清『劉華清回憶録』北京：解放軍出版社、2004 年。
劉樹発編『陳毅年譜』北京：中央文献出版社、1995 年。
劉武生、杜宏奇編『周恩来軍事活動紀事 1918-1975』下巻、北京：中央文献出版社、2000 年。
劉暁『出使蘇聯八年』北京：中共党史資料出版社、1986 年。
劉志男「1969 年中国準備与対美蘇関係的研究和調整」『当代中国史研究』1999 年、第 3 期、41-57 頁。
盧輝『三軍首戦一江山』北京：解放軍出版社、1988 年。
陸建人「南沙争端及対策」『南沙問題研究資料』北京：中国社会科学院（内部発行）、1996 年。
旅途文萃叢書編輯部『中国陸疆風雲録』北京：旅遊教育出版社、1993 年。
馬大正編『中国辺疆経略史』鄭州：中州古籍出版社、2000 年。
馬大正・劉逖『二十世紀的中国辺疆研究：一門発展中的辺緣学科的研究歴程』哈爾濱：黒龍江教育出版社、1998 年。
馬金案「中国軍隊境外的一場秘密戦争」『東南亜縦横』2001 年、第 1 期、11-12 頁。
馬叙生「踏勘辺界 談判交鋒：找回失落的国界線（之二）」『世界知識』2001 年、第 12 期、42-43 頁。
『毛沢東外交文選』北京：世界知識出版社、1994 年。
『毛沢東文集』全八冊、北京：新華出版社、1993-1999 年。
毛振発編『辺防論』北京：軍事科学出版社、1996 年。
孟昭璧『新疆通志：軍事志』烏魯木斉：新疆人民出版社、1997 年。
『内蒙古自治区志：軍事志』編纂委員会編『内蒙古自治区志：軍事志』呼和浩特：内蒙古人民出版社、2002 年。
聶鳳智等編『三軍揮矛戦東海』北京：解放軍出版社、1985 年。
牛軍「1969 年中蘇辺界衝突与中国外交戦略的調整」『当代中国史研究』1999 年、第 1 期、66-77 頁。
――「三次台湾海峡軍事闘争決策研究」『中国社会科学』2004 年、第 5 期、37-50 頁。
鈕仲勲『中国辺疆地理』北京：人民教育出版社、1991 年。
逄先知・金冲及編『毛沢東伝』上下巻、北京：中央文献出版社、2003 年。
裴堅章・封耀元編『周恩来外交活動大事記』北京：世界知識出版社、1993 年。
斉鵬飛『鄧小平与香港回帰』北京：華夏出版社、2004 年。
斉鵬飛・張暁京『澳門的失落与回帰』北京：新華出版社、1999 年。
銭其琛『外交十記』北京：世界知識出版社、2003 年。
曲星「試論東欧激変和蘇聯解体後敵中国外交政策」『外交学院学報』1994 年、第 4 期、16-22 頁。
――『中国外交 50 年』南京：江蘇人民出版社、2000 年。
沙力・愛伊『中国海軍征戦紀実』成都：電子科技大学出版社、1993 年。
沈衛平『8.23 炮撃金門』北京：華芸出版社、1998 年。
師博『1962：中印大戦紀実』北京：中国大地出版社、1993 年。

石源華「論新中国周辺外交政策的歴史演変」『当代中国史研究』2000年、第5期、38-50頁。
石仲泉『周恩来的卓越奉献』北京：中共中央党校出版社、1993年。
『石油師人』海洋石油編写組編『石油師人：在海洋石油戦線紀実』北京：石油工業出版社、1997年。
宋連生・鞏小華『対峙五十年』北京：台海出版社、2000年。
『粟裕文選』全3冊、北京：軍事科学出版社、2004年。
孫暁・陳志斌『喜馬拉雅山的雪：中印戦争実禄』太原：北岳文芸出版社、1991年。
唐家璇編『中国外交辞典』北京：世界知識出版社、2000年。
田曾佩編『改革開放以来的中国外交』北京：世界知識出版社、1993年。
外交部編『中華人民共和国辺界事務条約集：中阿、中巴巻』北京：世界知識出版社（内部発行）、2004年。
———編『中華人民共和国辺界事務条約集：中印、中不巻』北京：世界知識出版社（内部発行）、2004年。
———編『中華人民共和国辺界事務条約集：中哈巻』北京：世界知識出版社（内部発行）、2005年。
———編『中華人民共和国辺界事務条約集：中吉巻』北京：世界知識出版社（内部発行）、2005年。
———編『中華人民共和国辺界事務条約集：中塔巻』北京：世界知識出版社（内部発行）、2005年。
———編『中華人民共和国辺界事務条約集：中越巻』北京：世界知識出版社（内部発行）、2004年。
王炳南『中美会談九年回顧』北京：世界知識出版社、1985年。
王誠漢『王誠漢回億録』北京：解放軍出版社、2004年。
『王恩茂文集』北京：中央文献出版社、1997年。
王宏緯『喜馬拉雅山情結：中印関係研究』北京：中国蔵学出版社、1998年。
王尚栄「中印辺界自衛反撃作戦事件的総参作戦部」『総参謀部：回億史料』北京：解放軍出版社（軍内発行）、1997年。
———「新中国誕生後幾次重大戦争」朱元石編『共和国要事口述史』長沙：湖南人民出版社、1999年。
王善中「論述中華人民共和国和緬甸聯邦辺界条約」『中国辺境史地研究』1997年、第1期、78-84頁。
『王尚栄将軍』編写組編『王尚栄将軍』北京：当代中国出版社、2000年。
王拴乾編『走向21世紀的新疆：政治巻』烏魯木斉：新疆人民出版社、1999年。
王泰平編『鄧小平外交思想研究論文集』北京：世界知識出版社、1996年。
———編『中華人民共和国外交史 1957-1969』北京：世界知識出版社、1998年。
王文栄編『戦略学』北京：国防大学出版社、1999年。
王焔『目標：一江山 我軍首次陸海空聯合渡海登陸作戦紀実』北京：海潮出版社、1990年。
———編『彭徳懐年譜』北京：人民出版社、1998年。
王中興「60年代中印辺界衝突与中国辺防部隊的自衛反撃作戦」『当代中国研究』1997年、第

5 期、16-26 頁。
王子文編『福建省志：軍事志』北京：新華出版社、1995 年。
衛霊・孫潔琬『鄧小平外交思想探究』北京：中央文献出版社、2000 年。
魏鳴森「西沙自衛反撃戦」『海軍：回憶史料』北京：解放軍出版社（軍内発行）、1997 年。
魏中礼・宋憲春編『国内安全保衛』北京：警官教育出版社（内部発行）、1999 年。
呉冷西『憶毛主席：我親身経歴的若干重大歴史事件片断』北京：新華出版社、1995 年。
――― 『十年論戦：1956-1966 中蘇関係回憶録』上下巻、北京：中央文献出版社、1999 年。
呉士存『南沙争端的由来与発展』北京：海洋出版社（内部発行）、1999 年。
西蔵自治区党史資料徴集委員会編『和平解放西蔵』拉薩：西蔵人民出版社（内部発行）、1995 年。
西蔵自治区党史資料徴集委員会編『平息西蔵叛乱』拉薩：西蔵人民出版社、1995 年。
蕭心力編『毛沢東与共和国重大歴史事件』北京：人民出版社、2001 年。
謝益顕『中国当代外交史（1949-1995）』北京：中国青年出版社、1997 年。
新疆維吾爾自治区地方志編纂委員会編『新疆通志：公安志』烏魯木斉：新疆人民出版社、2004 年。
新疆維吾爾自治区地方志編纂委員会編『新疆通志：生産建設部隊志』烏魯木斉：新疆人民出版社、1998 年。
新疆維吾爾自治区地方志編纂委員会編『新疆通志：外事志』烏魯木斉：新疆人民出版社、1995 年。
徐舸『鉄錨固海疆：共和国海戦史記』北京：海潮出版社、1999 年。
許濤・季志業主編『上海合作組織：新安全観与新機制』北京：時事出版社、2002 年。
徐焔『金門之戦』北京：中国広播電視出版社、1992 年。
――― 『中印辺界之戦歴史真相』香港：天地出版社、1993 年。
――― 『「内幕」大暴光』北京：団結出版社、1994 年。
――― 「1969 年中蘇辺界的武装衝突」『党史研究資料』1994 年、第 5 期、2-13 頁。
――― 「解放後我国処理辺界衝突危機的回顧和総結」『世界経済与政治』2005 年、第 3 期、16-21 頁。
徐則浩『王稼祥伝』北京：当代中国出版社、1996 年。
―――編『王稼祥年譜』北京：中央文献出版社、2001 年。
薛君度・陸南泉『新俄羅斯：政治、経済、外交』北京：中国社会科学出版社、1997 年。
閻学通「試析中国的安全環境」『当代国際問題研究』1994 年、第 4 期、35-41 頁。
『延辺朝鮮族自治州志』北京：中華書局出版社、1996 年。
楊成武「西蔵叛乱」『総参謀部回憶史料』北京：解放軍出版社、1997 年。
楊公素『中国反対外国侵略干渉西蔵地方闘争史』北京：蔵学出版社、1992 年。
――― 『滄桑九十年：一個外交特使的回憶』海口：海南出版社、1999 年。
楊国宇編『当代中国海軍』北京：当代中国出版社、1987 年。
楊奎松『毛沢東与莫斯科的恩恩怨怨』南昌：江西人民出版社、1999 年。
楊親華「中国共産党和中国政府解決台湾問題政策的由来及発展」『中共党史資料』総第 53 輯、1994 年、65-80 頁。

姚仲明・沈偉良・左俊峰「周恩来総理解決中緬辺界問題的光輝業績」裴堅章主編『研究周恩来：外交思想与実践』北京：世界知識出版社、1989年。
葉飛『葉飛回憶録』北京：解放軍出版社、1988年。
葉張瑜「中共第一代中央領導集体解決香港問題戦略決策的歴史考察」『当代中共史研究』2007年、第14巻第3期、46-53頁。
尹啓明・程亜光『第一任国防部長』広州：広東教育出版社、1997年。
尹築光・茆永福『新疆民族関係研究』烏魯木斉：新疆人民出版社、1996年。
郁曼飛・林暁光「50年来中国共産党対台政策的発展変化」『中共党史資料』総第69輯、1996年、137-159頁。
余雁『五十年国事紀要：軍事巻』長沙：湖南人民出版社、1999年。
瞿志瑞・李羽壮『金門紀実：五十年代台海危機始末』北京：中共中央党校出版社、1994年。
雲南省軍区軍事志弁公室主編『雲南省志：軍事志』昆明：雲南人民出版社、1997年。
章百家「従『一辺倒』到『全方位』：対50年来中国外交格局演進的思考」『中共党史研究』2000年、第1期、21-28頁。
———「90年代的中国内政与外交」『中共党史研究』2001年、第6期、29-34頁。
張彤「対印自衛反撃戦前後的回億」裴堅章『新中国外交風雲』北京：世界知識出版社、1990年。
張同新・何仲山『「一国両制」与海峡両岸関係』北京：中国人民大学出版社、1998年。
張震『張震回憶録』北京：解放軍出版社、2003年。
張植栄編『中日関係与釣魚島問題研究論集』香港：励之出版社、1999年。
———「中印関係的回顧与反思:楊公素大使訪談録」『当代亜太』2000年、第8期、17-25頁。
———『中国辺疆与民族問題：当代中国的挑戦及其歴史由来』北京：北京大学出版社、2005年。
張周祥『新疆辺防概要』烏魯木斉：新疆人民出版社、1999年。
趙啓民「遠航千里、首進西沙」『海軍回憶史料』北京：解放軍出版社、1999年。
趙慎応『張国華将軍在西蔵』北京：中国蔵学出版社、2001年。
鄭汕編『中国辺防史』北京：社会科学文献出版社、1995年。
鄭志運・李敏『裕民県志』烏魯木斉：新疆人民出版社、2003年。
———「整個西蔵平叛三年的軍事行動過程」『中国地名』2004年、第1期、38-40頁。
『中共西蔵党史大事紀 1949-1966』拉薩：西蔵人民出版社、1990年。
中共中央組織部編『中国調査報告：新形勢下人民内部矛盾研究』北京：中央編譯出版社、2001年。
『周恩来軍事文選』北京：人民出版社、1997年。
『周恩来外交文選』北京：中央文献出版社、1990年。
卓礼明「冷戦後老撾的対華政策」『当代亜太』2000年、第9期、19-24頁。
周志懐「関於1995-1996年台海危機的思考」『台湾研究集刊』1998年、第2期、1-7頁。
朱聴昌「論中共睦隣政策的理論与実践」『国際観察』2001年、第2期、12-18頁。
———編『中国周辺安全環境与安全戦略』北京：時事出版社、2002年。

原 注

序 論

（1） *2006 Report to Congress of the U.S.-China Economic and Security Review Commission*, November 2006, p. 130. また Office of the Secretary of Defense, *Annual Report to Congress: The Military Power of the People's Republic of China*（Washington, D.C.: Department of Defense, 2005）, p. 9 も参照のこと。

（2） こうした研究のごく一部として Nazli Choucri and Robert Carver North, *Nations in Conflict: National Growth and International Violence*（San Francisco: W. H. Freeman, 1975）; Robert Gilpin, *War and Change in World Politics*（New York: Cambridge University Press, 1981）; John J. Mearsheimer, *The Tragedy of Great Power Politics*（New York: W. W. Norton, 2001）; A. F. K. Organski, *World Politics*（New York: Knopf, 1958）など。

（3） たとえばジョン・ミアシャイマーは、大国間衝突の歴史から見て「中国の台頭は決して平和的なものとはなりえない」と予測した。John J. Mearsheimer, "The Rise of China Will Not Be Peaceful at All," *The Australian*, November 18, 2005.

（4） たとえば Mearsheimer, *Tragedy*; Fareed Zakaria, *From Wealth to Power: The Unusual Origins of America's World Role*（Princeton, N.J.: Princeton University Press, 1998）を参照。

（5） たとえば Stephen Van Evera, "Hypotheses on Nationalism and War," *International Security*, vol. 18, no. 4（Spring 1994）, pp. 5–39 を参照。

（6） たとえば Bruce Russett, *Grasping the Democratic Peace*（Princeton, N.J.: Princeton University Press, 1993）を参照。

（7） 例として Richard K. Betts, "Wealth, Power, and Instability: East Asia and the United States after the Cold War," *International Security*, vol. 18, no. 3（Winter 1993）, pp. 34–77; Aaron L. Friedberg, "Ripe for Rivalry: Prospects for Peace in Multipolar Asia," *International Security*, vol. 18, no. 3（Winter 1993/94）, pp. 5–33.

（8） たとえば Richard Bernstein and Ross H. Munro, *The Coming Conflict with China*（New York: Knopf, 1997）; Maria Hsia Chang, *Return of the Dragon: China's Wounded Nationalism*（Boulder, Colo.: Westview, 2001）.

（9） Susan L. Shirk, *China: Fragile Superpower*（New York: Oxford University Press, 2007）, p. 62.

（10） Alastair Iain Johnston, "Cultural Realism and Strategy in Maoist China," in Peter J. Katzenstein, ed., *The Culture of National Security*（New York: Columbia University Press, 1996）, pp. 216–270.

(11)　領土紛争以外における中国の現状維持的外交政策については Alastair Iain Johnston, "Is China a Status Quo Power?" *International Security*, vol. 27, no. 4 (Spring 2003), pp. 5-56 を参照。

(12)　Kalevi J. Holsti, *Peace and War: Armed Conflicts and International Order*, 1648-1989 (Cambridge: Cambridge University Press, 1991); John Vasquez and Marie T. Henehan, "Territorial Disputes and the Probability of War, 1816-1992," *Journal of Peace Research*, vol. 38, no. 2 (2001), pp. 123-138; John A. Vasquez, *The War Puzzle* (New York: Cambridge University Press, 1993).

(13)　Alastair Iain Johnston, "China's Militarized Interstate Dispute Behaviour, 1949-1992: A First Cut at the Data," *The China Quarterly*, no. 153 (March 1998), pp. 1-30.

(14)　例として Luke T. Chang, *China's Boundary Treaties and Frontier Disputes: A Manuscript* (New York: Oceana Publications, 1982); Pao-min Chang, *The Sino-Vietnamese Territorial Dispute* (New York: Praeger, 1986); Chien-peng Chung, Domestic Politics, *International Bargaining and China's Territorial Disputes* (London: RoutledgeCurzon, 2004); George Ginsburgs and Carl F. Pinkele, *The Sino-Soviet Territorial Dispute, 1949-64* (London: Routledge, 1978); Ting Tsz Kao, *The Chinese Frontiers* (Aurora, Ill.: Chinese Scholarly Publishing, 1980); Ying Cheng Kiang, *China's Boundaries* (Lincolnwood, Ill.: Institute of China Studies, 1985); Alastair Lamb, *The Sino-Indian Border in Ladakh* (Canberra: Australian National University Press, 1973); Neville Maxwell, *India's China War* (New York: Pantheon Books, 1970); J. R. V. Prescott et al., *Frontiers of Asia and Southeast Asia* (Carlton: Melbourne University Press, 1977); Tsui Tsien-hua, *The Sino-Soviet Border Dispute in the 1970's* (New York: Mosaic Press, 1983); Byron N. Tzou, *China and International Law: The Boundary Disputes* (New York: Praeger, 1990).

(15)　Greg Austin, *China's Ocean Frontier: International Law, Military Force, and National Development* (Canberra: Allen & Unwin, 1998); Mira Sinha Bhattacharjea, "China's Strategy for the Determination and Consolidation of Its Territorial Boundaries: A Preliminary Investigation," *China Report*, vol. 23, no. 4 (1987), pp. 397-419; Harold C. Hinton, *Communist China in World Politics* (New York: Houghton Mifflin, 1966), pp. 273-336; Eric A. Hyer, "The Politics of China's Boundary Disputes and Settlements" (Ph. D. dissertation, Columbia University, 1990); Francis Watson, *The Frontiers of China* (New York: Praeger, 1966). 重要な例外として Allen Carlson, *Unifying China, Integrating with the World: Securing Chinese Sovereignty in the Reform Era* (Stanford, Calif.: Stanford University Press, 2005), pp. 49-91.

第１章　領土紛争における協調とエスカレーション

(１)　Kalevi Holsti, *Peace and War: Armed Conflicts and International Order, 1948-1989* (Cambridge: Cambridge University Press, 1991); John A. Vasquez, *The War Puzzle* (New York: Cambridge University Press, 1993).

(２)　Paul R. Hansel, "Contentious Issues and World Politics: The Management of Territo-

rial Claims in the Americas, 1816–1992," *International Studies Quarterly*, vol. 45, no. 1 (March 2001), p. 90; Paul K. Huth and Todd L. Allee, *The Democratic Peace and Territorial Conflict in the Twentieth Century* (Cambridge: Cambridge University Press, 2002), p. 298.

(3) たとえば、Giacomo Chiozza and Ajin Choi, "Guess Who Did What: Political Leaders and the Management of Territorial Disputes, 1950–1990," *Journal of Conflict Resolution*, vol. 47, no. 3 (June 2003), pp. 251–278; Gary Goertz and Paul F. Diehl, *Territorial Changes and International Conflict* (New York: Routledge, 1992); Hensel, "Contentious Issues"; Paul R. Hensel and Sara McLaughlin Mitchell, "Issue Indivisibility and Territorial Claims," *Geojournal*, vol. 64, no. 4 (December 2005), pp. 275–285; Paul K. Huth, *Standing Your Ground: Territorial Disputes and International Conflict* (Ann Arbor: University of Michigan Press, 1996); Huth and Allee, *Democratic Peace*; Arie M. Kacowicz, *Peaceful Territorial Change* (Columbia: University of South Carolina Press, 1994); Robert Mandel, "Roots of the Modern Interstate Border Dispute," *Journal of Conflict Resolution*, vol. 24, no. 3 (September 1980), pp. 427–454 を参照。

(4) たとえば、Huth, *Standing Your Ground* を参照。

(5) 解決の引き延ばしには、戦術面での軍事的立場を強化するための時間や、国内の主要な支持者からの支援を維持するための時間を稼ぐことができるという、国家にとっての具体的利益もある。時間の経過は好ましい形で現状を固定化することになるため、引き延ばしは、とくに係争地の大部分を占拠している国家にとって有益である。領土紛争をはじめとする国家間紛争における引き延ばしの原因は、さらなる検証に値する課題である。

(6) Stephen D. Krasner, *Defending the National Interests: Raw Materials Investments and U.S. Foreign Policy* (Princeton, N.J.: Princeton University Press, 1978). また、Thomas J. Chistensen, *Useful Adversaries: Grand Strategy, Domestic Mobilization, and Sino-American Conflict, 1947–1958* (Princeton, N.J.: Princeton University Press, 1996); Scott Cooper, "State-Centric Balance-of-Threat Theory: Explaining the Misunderstood Gulf Cooperation Council," *Security Studies*, vol. 13, no. 2 (Winter 2003), pp. 306–349; David A. Lake, "The State and American Trade Strategy in the Pre-hegemonic Era," *International Organization*, vol. 42, no. 1 (1988), pp. 33–58; Michael Mastanduno, David A. Lake, and G. John Ikenberry, "Toward a Realist Theory of State Action," *International Studies Quarterly*, vol. 33, no. 4 (December 1989), pp. 457–474; Fareed Zakaria, *From Wealth to Power: The Unusual Origins of America's World Role* (Princeton, N.J.: Princeton University Press, 1998) も参照。

(7) 「自己保存 (self-preservation)」の概念については、Mastanduno, Lake, Ikenberry, "Toward," p. 463 を参照。

(8) Krasner, *Defending the National Interests*, pp. 10–11.

(9) Hans J. Morgenthau, *Politics among Nations: The Struggle for Power and Peace*, 3rd ed. (New York: Knopf, 1960), pp. 110–148〔邦訳：モーゲンソー（原彬久監訳）『国際政治——権力と平和』上巻（岩波書店、2013 年）268–356 頁〕. この点に関する詳細な議論につ

いては、Randall Schweller, "The Progressiveness of Neoclassical Realism," in Colin Elman and Miriam Fendius Elman, eds., *Progress in International Relations Theory: Appraising the Field* (Cambridge, Mass.: MIT Press, 2003), pp. 311-348 を参照。

(10) Randall Schweller, *Unanswered Threats: Political Constraints on the Balance of Power* (Princeton, N.J.: Princeton University Press, 2006).

(11) Todd L. Allee and Paul K. Huth, "When Are Governments Able to Reach Negotiated Settlement Agreements? An Analysis of Dispute Resolution in Territorial Disputes, 1919-1995," in Harvey Starr, ed., *Approaches, Levels, and Methods of Analysis in International Politics* (New York: Palgrave Macmillan, 2006), p. 14.

(12) 経済的な機会コストについては、Beth A. Simmons, "Rules over Real Estate: Trade, Territorial Conflict, and International Borders as Institution," *Journal of Conflict Resolution*, vol. 49, no. 6 (December 2005), pp. 823-848 を参照。

(13) Hedley Bull, *The Anarchical Society: A Study of Order in World Politics* (New York: Columbia University Press, 1977)〔邦訳：ヘドリー・ブル（臼杵英一訳）『国際社会論――アナーキカル・ソサイエティ』（岩波書店、2000年)〕.

(14) 分割不可能性と領土の関係については、Stacie Goddard, "Uncommon Ground: Indivisible Territory and the Politics of Legitimacy," *International Organization*, vol. 60, no. 1 (Winter 2006), pp. 35-68; Ron E. Hassner, "'To Halve and to Hold': Conflicts over Sacred Space and the Problem of Indivisibility," *Security Studies*, vol. 12, no. 4 (Summer 2003); Barbara F. Walter, "Explaining the Intractability of Territorial Conflict," *International Studies Review*, vol. 5, no. 4 (December 2003), pp. 137-153 を参照。

(15) Huth, *Standing Your Ground*, p. 149.

(16) Huth and Allee, *Democratic Peace*, pp. 198-205.

(17) Kenneth N. Waltz, *Theory of International Politics* (New York: McGraw-Hill, 1979)〔邦訳：ケネス・ウォルツ（河野勝・岡垣知子訳）『国際政治の理論』（勁草書房、2010年)〕.

(18) ここでの例外は、国家の国際システムにおける相対的地位を変更するような戦略的領土をめぐる紛争である。この点については、James D. Fearon, "Rationalist Explanations for War," *International Organization*, vol. 49, no. 3 (Summer 1995), pp. 408-409 を参照。

(19) 構造的リアリズムについては、Waltz, *Theory of International Politics* を参照。ただし、ここで提示する論理は、構造的リアリズム理論の汎用性を検証するために提示しているものではなく、領土紛争での妥協を説明する仮説として示しているに過ぎない。

(20) Paul F. Diehl and Gary Goertz, *War and Peace in International Rivalry* (Ann Arbor: University of Michigan Press, 2000); Stephen M. Walt, *The Origins of Alliances* (Ithaca, N.Y.: Cornell University Press, 1987).

(21) R. H. Dekmejian, "Soviet-Turkish Relations and Politics in the Armenian SSR," *Soviet Studies*, vol. 19, no. 4 (April 1968), pp. 510-525; Basil Dmytryshyn and Frederick Cox, *The Soviet Union and the Middle East* (Princeton, N.J.: Princeton University Press, 1987).

(22) Jacques Freymond, *The Saar Conflict, 1945-1955* (London: Stevens, 1960).

(23) Huth, *Standing Your Ground*, p. 160; Huth and Allee, *Democratic Peace*, p. 195.

(24) Allee and Huth, "When Are Governments," p. 27.

(25) Jack S. Levy, "The Diversionary Theory of War: A Critique," in Manus I. Midlarsky, ed., *Handbook of War Studies* (Boston: Unwin Hyman, 1989), pp. 259-288; Edward D. Mansfield and Jack L. Snyder, *Electing to Fight: Why Emerging Democracies Go to War* (Cambridge, Mass.: MIT Press, 2005).

(26) この議論については、M. Tailor Fravel, "Regime Insecurity and International Cooperation: Explaining China's Compromises in Territorial Disputes," *International Security*, vol. 30, no. 2 (Fall 2005), pp. 46-83 も参照。体制の不安定については、Joe D. Hagan, "Regimes, Political Oppositions, and the Comparative Analysis of Foreign Policy," in Charles F. Hermann, Charles W. Kegrey, Jr., and James N. Rosenau, eds., *New Directions in the Study of Foreign Policy* (Boston: Allen Unwin, 1987), p. 346 を参照。

(27) Steven R. David, "Explaining Third World Alignment," *World Politics*, vol. 43, no. 2 (January 1991), pp. 233-256.

(28) 国内の不安定と外交政策については、Mohammed Ayoob, *The Third World Security Predicament: State Making, Regional Conflict, and the International System* (Boulder, Colo.: Lynne RIenner, 1995); Edward Azar and Chung-In Moon, eds., *National Security in Third World* (Aldershot: Edward Elgar Publishing, 1988); Brian L. Job, ed., *The Insecurity Dilemma: National Security of Third World States* (Boulder, Colo.: Lynne Rienner, 1992) を参照。

(29) 同様の説明をエジプトの同盟に適用した研究として、Michael N. Barnett and Jack S. Levy, "Domestic Sources of Alliances and Alignments: The Case of Egypt, 1962-73," *International Organization*, vol. 45, no. 3 (Summer 1991), pp. 369-395 を参照。

(30) 国内の不安定に対する反応としての外交政策を検証した研究として、Mastanduno, Lake, and Ikenberry, "Toward," pp. 466-467 を参照。

(31) Jeremi Suri, *Power and Protest: Global Revolution and the Rise of Detente* (Cambridge, Mass.: Harvard University Press, 2003).

(32) Giacomo Chiozza and H. E. Goemans, "Peace through Insecurity: Tenure and International Conflict," *Journal of Conflict Resolution*, vol. 47, no. 4 (August 2003), pp. 443-467.

(33) Christopher R. Way, "Political Insecurity and the Diffusion of Financial Market Regulation," *The ANNALS of the American Academy of Political and Social Science*, vol. 598, no. 1 (2005), pp. 125-144.

(34) Cooper, "State-Centric"; Michael Leifer, *ASEAN and the Security of South-East Asia* (London: Routledge, 1989).

(35) 隣国との領土紛争がない場合、この議論の観察可能な含意は、協調によって体制の安定を高めるために、指導者はそれ以外の紛争で譲歩を提案する、ということになる。

(36) Jasim M. Abdulghani, *Iraq & Iran: The Years of Crisis* (London: Croom Helm, 1984), p. 155; Alan J. Day, ed., *Border and Territorial Disputes*, 2nd ed. (Burnt Mill: Longman, 1987), pp. 237-238.

(37) Joseph S. Tulchin, *Argentina and the United States: A Conflicted Relationship* (Boston:

Twayne, 1990), pp. 136-137.

(38) David Scott Palmer, "Peru-Ecuador Border Conflict: Missed Opportunities, Misplaced Nationalism, and Multilateral Peacekeeping," *Journal of Interamerican Studies and World Affairs*, vol. 39, no. 3 (Autumn 1997), pp. 115-116; Beth A. Simmons, *Territorial Studies and Their Resolution: The Case of Ecuador and Peru*, Peaceworks, no. 27 (Washington D.C.: United States Institute of Peace, 1999), pp. 11-12.

(39) T. Clifton Morgan and Kenneth N. Bickers, "Domestic Discontent and the Use of Force," *Journal of Conflict Resolution*, vol. 36, no. 1 (March 1992), pp. 25-52.

(40) 国内紛争と対外紛争のエスカレーションの間に正の相関関係があることを検出した研究の一例として、Kurt Dassel and Eric Reinhardt, "Domestic Strife and the Initiation of Violence at Home and Abroad," *American Journal of Political Science*, vol. 43, no. 1 (January 1999), pp. 56-85; Graeme A. M. Davies, "Domestic Strife and the Initiation of International Conflicts," *Journal of Conflict Resolution*, vol. 46, no. 5 (October 2002), pp. 672-692; Patrick James and John R. Oneal, "The Influence of Domestic and International Politics on the President's Use of Force," *Journal of Conflict Resolution*, vol. 35, no. 2 (June 1991), pp. 307-332 を参照。

国内の紛争と対外紛争のエスカレーションの間に正の相関関係があることを検出しなかった研究の一例として、Choizza and Goemans, "Peace through Insecurity"; Brett Ashely Leeds and David R. Davis, "Domestic Political Vulnerability and International Disputes," *Journal of Conflict Resolution*, vol. 49, no. 3 (September 1997), pp. 814-834 を参照。

(41) あるデータセットでは、年単位で見た2国間関係のうち、権威主義国家同士のものは43.7パーセントで、権威主義国家と民主主義国家の組み合わせは45.1パーセントである。この点については、Paul K. Huth and Todd L. Allee, "Domestic Political Accountability and the Escalation and Settlement of International Disputes," *Journal of Conflict Resolution*, vol. 46, no. 6 (December 2002), pp. 754-790 を参照。レプリケーション・データは、http://www. yale. edu/unsy/jcr/jcrdatadec02. htm にある。

(42) David, "Explaining Third World Alignment."

(43) ヒュースとアリーのレプリケーション・データ（注41）では、民主主義国家は、ポリティ（POLITY）のネット・デモクラシー・スコア〔民主主義スコアから権威主義スコアを引いた、−10～10の値〕で6以上の国家とされている。また、挑戦国は、領土紛争で現状を変更しようとする国家とされている。

(44) しかしながら、標的になった民主主義国家は、権威主義国家よりも、譲歩を提案しやすい（Huth and Allee, *Democratic Peace*, pp. 199-201）。

(45) Jeffery Herbst, *States and Power in Africa: Comparative Lessons in Authority and Control* (Princeton, N.J.: Princeton University Press, 2000).

(46) Tanisha M. Fazal, *State Death: The Politics and Geography of Conquest, Occupation, and Annexation* (Princeton, N.J.: Princeton University Press, 2007). マーク・ザチャーも同様に、領土の一体性の規範が強化されたことで、国家が領土に関する現状を受け入れるとともに、軍事力による領土変更を求めにくくなったと論じている（Mark W. Zacher,

"The Territorial Integrity Norm: International Boundaries and the Use of Force," *International Organization*, vol. 55, no. 2 (Spring 2001), pp. 215–250)。

(47) Huth, *Standing Your Ground*, p. 136; Huth and Allee, "Domestic Political Accountability," pp. 251–257; Bruce Russett, *Grasping the Democratic Peace* (Princeton, N.J.: Princeton University Press, 1993).

(48) Hensel, "Contentious Issues," p. 100; Huth and Allee, *Democratic Peace*, pp. 199–214. また、民主主義国家は、いくつかの条件下では、さらに譲歩を提示しにくくなる (Huth and Allee, *Democratic Peace*, pp. 199–201)。

(49) Simmons, "Rules."

(50) Stephen G. Brooks, *Producing Security: Multinational Corporations, Globalization, and the Changing Calculus of Conflict* (Princeton, N.J.: Princeton University Press, 2005); Eric Gartzke, "The Capitalist Peace," *American Journal of Political Science*, vol. 51, no. 1 (January 2007), pp. 166–191.

(51) Jack S. Levy, "Declining Power and the Preventive Motivation for War," *World Politics*, vol. 40, no. 1 (October 1987), p. 82. また、Stephen Van Evera, *Causes of War: Power and the Roots of Conflict* (Ithaca, N.Y.: Cornell University Press, 1999), pp. 73–104 も参照。パワー・シフトを応用した動態的差異理論 (theory of dynamic differentials) については、Dale C. Copeland, *Origins of Major War* (Ithaca, N.Y.: Cornell University Press, 2000) を参照。

(52) Levy, "Declining Power."

(53) Van Evera, *Causes*, p. 74.

(54) 予防戦争の理論の事例への適用については、Copeland, *Origins of Major War*, pp. 56–117; Stephen Van Evera, "The Cult of the Offensive and the Origins of the First World War," *International Security*, vol. 9, no. 1 (Summer 1984), pp. 58–107. また、Victor D. Cha, "Hawk Engagement and Preventive Defense on the Korean Peninsula," *International Security*, vol. 27, no. 1 (2002), pp. 40–78; Jack S. Levy and Joseph R. Gochal, "Democracy and Preventive War: Israel and the 1956 Sinai Campaign," *Security Studies*, vol. 11, no. 2 (Winter 2001/2002), pp. 1–49 も参照。中国への適用については、Thomas J. Christensen, "Windows and War: Trend Analysis and Beijing's Use of Force," in Alastair Iain Johnston and Robert S. Ross, eds., *New Directions in the Study of China's Foreign Policy* (Stanford, Calif.: Stanford University Press, 2006), pp. 50–85 を参照。この論文は、中国の領土紛争での行動に関する筆者の考えに大きな影響を与えているが、中国が領土紛争をエスカレートさせる原因として本書が焦点を当てているのは、この論文が提起した国際システムにおける中国の地位ではなく、領土紛争におけるバーゲニング・パワーである。

(55) 国際関係におけるパワーの認識については、William Curti Wohlforth, *The Elusive Balance: Power and Perceptions during the Cold War* (Ithaca, N.Y.: Cornell University Press, 1993) を参照。

(56) Nils Petter Gleditsch, "Armed Conflict and the Environment: A Critique of the Literature," *Journal of Peace Research*, vol. 35, no. 3 (May 1998), pp. 381–400.

(57) Nazli Choucri and Robert Carver North, *Nations in Conflict: National Growth and International Violence* (San Francisco: W. H. Freeman, 1975).
(58) この議論については、M. Tailor Fravel, "Power Shifts and Escalation: Explaining China's Use of Force in Territorial Disputes," *International Security*, vol. 32, no. 3 (Winter 2007/2008), pp. 44-83 も参照
(59) 情報と戦争については、Fearon, "Rationalist Explanations"; R. Harrison Wagner, "Bargaining and War," *American Journal of Political Science*, vol. 44, no. 3 (July 2000), pp. 469-484 を参照。
(60) Robert Jervis, "Cooperation under the Security Dilemma," *World Politics*, vol. 30, no. 2 (January 1978), pp. 167-214.
(61) Thomas J. Christensen, "The Contemporary Security Dilemma: Deterring a Taiwan Conflict," *The Washington Quarterly*, vol. 25, no. 4 (Autumn 2002), pp. 7-21.
(62) William Hale, *Turkish Foreign Policy, 1774-2000* (London: Frank Cass, 2000).
(63) Sumit Ganguly, *Conflict Unending: India-Pakistan Tensions since 1947* (New York: Columbia University Press, 2001), pp. 37-38.
(64) Hensel, "Contentious Issues," p. 105; Huth, *Standing Your Ground*, p. 116.
(65) Huth, *Standing Your Ground*, pp. 122-124.
(66) Charles A. Kupchan, *The Vulnerability of Empire* (Ithaca, N.Y.: Cornell University Press, 1994), p. 19.
(67) F. Gregory Gause, "Iraq's Decisions to Go to War, 1980 and 1990," *The Middle East Journal*, vol. 56, no. 1 (Winter 2002), pp. 47-70.
(68) 弱小国による戦争開始については、T. V. Paul, *Asymmetric Conflicts: War Initiation by Weaker Powers* (Cambridge: Cambridge University Press, 1994).
(69) この点については、Richard N. Lebow, "Windows of Opportunity: Do States Jump through Them?" *International Security*, vol. 9, no. 1 (Summer 1984), pp. 147-186 を参照。
(70) Geoffrey Blainy, *The Causes of War*, 3rd ed. (New York: The Free Press, 1988), p. 82.
(71) Huth, *Standing Your Ground*, p. 117.
(72) Robert F. Gorman, *Political Conflict on the Horn of Africa* (New York: Praeger, 1981).
(73) John J. Mearsheimer, *The Tragedy of Great Power Politics* (New York: W. W. Norton, 2001)〔邦訳：ジョン・J・ミアシャイマー（奥山真司訳）『大国政治の悲劇』新装完全版（五月書房、2019年）〕; Zakaria, *From Wealth to Power*.
(74) 評判と抑止の研究分野のレビューとして、Paul K. Huth, "Reputation and Deterrence," *Security Studies*, vol. 7, no. 1 (1997), pp. 72-99 を参照。
(75) Walter, "Explaining the Intractability of Territorial Conflict," pp. 149-150.
(76) ライバル関係については、Paul F. Diehl and Gary Goertz, *War and Peace in International Rivalry* (Ann Arbor: University of Michigan Press, 2000) を参照。領土とライバル関係については、Karen A. Rasler and William R. Thompson, "Contested Territory, Strategic Rivalries, and Conflict Escalation," *International Studies Quarterly*, vol. 50, no. 1

(March 2006), pp. 145-167 を参照。

(77) ただし、本書のエスカレーション理論と一致した、ライバル関係におけるパワーの相対的低下も、武力行使の原因の一つとなりうる。

(78) 国内の動員についてはChristensen, *Useful Adversaries* を、陽動戦争についてはLevy, "Diversionary Theory," pp. 259-288 を参照。

(79) Alexander George and Andrew Bennett, *Case Studies and Theory Development in the Social Sciences* (Cambridge, Mass.: MIT Press, 2005), pp. 67-72〔邦訳：アレキサンダー・ジョージ、アンドリュー・ベネット（泉川泰博訳）『社会科学のケース・スタディ――理論形成のための定性的手法』（勁草書房、2013年）79-84頁〕.

(80) George and Bennett, *Case Studies*, pp. 205-232〔ジョージ、ベネット『社会科学のケース・スタディ』227-257頁〕.

(81) 中国は、「挑戦国」として分類された1949年以降の領土紛争の88パーセントで少なくとも一度は妥協してきたが、領土紛争全体で妥協がなされた割合は79パーセントである。これら2つの数値のt検定では、p値は0.41だった（p値が0.05以上だったため、これらの数値の違いは統計的に有意ではない）。同様に、中国は、自らの領土紛争の38パーセントで軍事的威嚇を行ったが、領土紛争全体で軍事的威嚇が行われた割合は45パーセントである。このt検定におけるp値は0.57で、これも有意ではなかった。以上は、Huth and Allee, "Domestic Political Accountability" のレプリケーション・データ（注41を参照）に基づいている。

(82) Alastair Iain Johnston, "China's Militarized Interstate Dispute Behaviour 1949-1992: A First Cut at the Data," *The China Quarterly*, no. 153 (March 1998), pp. 1-30.

(83) 秦から清に至るまでに、中心の周囲に居住する非漢民族の中国化（sinicization）によって、中心の面積は徐々に拡大していった。

(84) 中国の辺境に関する叙述として、馬大正・劉逖『二十世紀的中国辺疆研究：一門発展中的辺縁学科的研究歴程』（ハルピン：黒竜江教育出版社、1998年）；鈕仲勲『中国辺疆地理』（北京：人民教育出版社、1991年）1-7頁を参照。

(85) Frederick Mote, *Imperial China: 900-1800* (Cambridge, Mass.: Harvard University Press, 1999), p. 25.

(86) 清の拡張については、Peter C. Perdue, *China Marches West: The Qing Conquest of Central Eurasia* (Cambridge, Mass.: Belknap Press of Harvard University Press, 2005) を参照。

(87) これは、1820年の中国の面積（1300万837平方キロメートル）から現在の面積（959万6960平方キロメートル）を引いた数字である。1820年の中国の面積のデータについては、the GIS shape files (The China Historical GIS Project, http://www.people.fas.harvard.edu/~chgis/ から利用可能）を参照。現在の中国の面積のデータについては、CIA World Factbook, https://www.cia.gov/library/publications/the-world-factbook/geos/ch.html を参照。なお、これらの数字は概数である。

(88) Owen Lattimore, *Inner Asian Frontiers of China* (New York: American Geographical Society, 1940); 毛振発編『辺防論』（北京：軍事科学出版社、1996年）; Gerald Segal,

China Changes Shape: Regionalism and Foreign Policy, Adelphi Paper, no. 287（London: International Institute for Strategic Studies, 1994）; Michael D. Swaine and Ashley J. Tellis, *Interpreting China's Grand Strategy: Past, Present, and Future*（Santa Monica: Calif.: RAND, 2000）, pp. 21-96; Joseph Whitney, *China: Area, Administration and Nation Building*, Department of Geography Research Paper, no. 123（Chicago: University of Chicago, 1970）; 鄭汕編『中国辺防史』（北京：社会科学文献出版社、1995年）。

(89) 布赫『民族理論与民族政策』（呼和浩特：内蒙古大学出版社、1995年）。

(90) 辺境については、馬・劉『二十世紀的中国辺疆研究』1-60頁；鈕『中国辺疆地理』1-7頁を参照。

(91) たとえば、中国と韓国のEEZが重なる場所に位置する暗礁、離於島《イオド》（蘇岩礁）をめぐる中韓の潜在的紛争は、本書の分析から除外される。

(92) 清時代の辺境政策に関する優れた概略として、Nicola Di Cosmo, "Qing Colonial Administration in Inner Asia," *The International History Review*, vol. 20, no. 2（1998）, pp. 24-40を参照。中国語の研究として、馬大正編『中国辺疆経略史』（鄭州：中州古籍出版社、2000年）を参照。また、Joseph Fletcher, "Ch'ing Inner Asia c. 1800," in John K. Fairbank, ed., *The Cambridge History of China*, vol. 10（Cambridge: Cambridge University Press, 1978）; Joseph Fletcher, "The Heyday of the Ch'ing Order in Mongolia, Sinkiang and Tibet," in Fairbank, ed., *The Cambridge History of China*, vol. 10; Morris Rossabi, *China and Inner Asia: From 1368 to the Present Day*（New York: PICA Press, 1975）; 鄭『中国辺防史』も参照。

(93) 鄭『中国辺防史』。

(94) チベットについては、Luciano Petech, *China and Tibet in the Early 18th Century: History of the Establishment of Chinese Protectorate in Tibet*（Leiden: Brill, 1972）; Warren W. Smith, *Tibetan Nation: A History of Tibetan Nationalism and Sino-Tibetan Relations*（Boulder, Colo.: Westview, 1996）, pp. 115-150を参照。新疆については、Di Cosmo, "Qing Colonial Administration"; Fletcher, "Ch'ing Inner Asia," pp. 58-90; James Millward, *Beyond the Pass: Economy, Ethnicity and Empire in Qing Central Asia, 1759-1864*（Stanford, Calif.: Stanford University Press, 1998）; Rossabi, *China and Inner Asia*, pp. 139-165を参照。モンゴルについては、Fletcher, "The Heyday of the Ch'ing Order"; Rossabi, *China and Inner Asia*, pp. 106-157を参照。満洲については、Rossabi, *China and Inner Asia*, pp. 85-94を参照。

(95) Andrew D. W. Forbes, *Warlords and Muslims in Chinese Central Asia: A Political History of Republican Sinkiang, 1911-1949*（New York: Cambridge University Press, 1986）; David N. Wang, *Under the Soviet Shadow: The Yining Incident*（Hong Kong: The Chinese University Press, 1999）.

(96) Alastair Lamb, *The McMahon Line: A Study in Relations between India, China and Tibet, 1904-1914*（London: Routledge & K. Paul, 1966）.

(97) Herold J. Wiens, *China's March toward the Tropics*（Hamden, Conn: Shoe String Press, 1954）.

(98) 重要性の指標は、①永住者の存在、②天然資源、③戦略的価値、④本土とのつながり、⑤民族、⑥所有の歴史、に基づいている。この研究における領土紛争の重要性の平均値は 6.46 で、標準偏差は 2.66 である（Hensel and Mitchell, "Issue Indivisibility," p. 278）。本書では、これらの基準に基づいて中国の領土紛争を分類した。そこでの平均値は 6.0 で、標準偏差は 2.76 である。

(99) 中国の行政の構造についての議論は、Charles O. Husker, *A Dictionary of Official Titles in Imperial China*（Stanford, Calif.: Stanford University Press, 1985）, pp. 71–96 を参照。

(100) Hensel and Mitchell, "Issue Indivisibility," p. 278.

(101) John Robert Shephard, *Statecraft and Political Economy on the Taiwan Frontier, 1600–1800*（Stanford, Calif.: Stanford University Press, 1993）; Emma Teng, *Taiwan's Imagined Geography: Chinese Colonial Travel Writing and Pictures, 1683–1895*（Cambridge, Mass.: Harvard University Press, 2004）.

(102) Allen Carlson, *Unifying China, Integrating with the World: Securing Chinese Sovereignty in the Reform Era*（Stanford, Calif.: Stanford University Press, 2005）, pp. 49–91.

(103) Melissa J. Brown, *Is Taiwan Chinese? The Impact of Culture, Power, and Migration on Changing Identities*（Berkeley: University of California Press, 2004）.

(104) 中国指導部にとっての台湾の重要性の変化を検証した研究として、Alan M. Wachman, *Why Taiwan? Geostrategic Rationales for China's Territorial Integrity*（Stanford, Calif.: Stanford University Press, 2007）を参照。

(105) Hensel and Mitchell, "Issue Indivisibility," p. 278.

(106) Tsering Shakya, *The Dragon in the Land of the Snows: A History of Modern Tibet since 1947*（New York: Penguin Compass, 1999）, pp. 344–346. 1969 年の夏と秋、チベットでは、紅衛兵と人民解放軍の部隊が数度にわたって衝突した。たとえば、*New York Times*, 16 November 1969, p. 6 を参照。

(107) Barbara Barnouin and Yu Changgen, *Chinese Foreign Policy during the Cultural Revolution*（New York: Kegan Paul International, 1998）; Roderick MacFarquhar and Michael Schoenhals, *Mao's Last Revolution*（Cambridge, Mass.: Belknap Press of Harvard University Press, 2006）.

(108) ただし、鄧小平は 1979 年に、周恩来が 1960 年に提示した「包括的取引」による解決を、再度提唱している（第 3 章を参照）。

(109) 外部の脅威に対抗するために中国が領土紛争を解決したという議論については、Eric A. Hyer, "The Politics of China's Boundary Disputes and Settlements"（Ph. D. Dissertation, Columbia University, 1990）; Francis Watson, *The Frontiers of China*（New York: Praeger, 1966）を参照。

(110) Johnston, "China's Militarized Interstate Dispute Behaviour," p. 24.

(111) そうした規範を徐々に受容したことで、中国が 1990 年代に領土紛争で穏健化したとする議論については、Carlson, *Unifying China*, pp. 49–91 を参照。

(112) World Bank, World Development Indicators, online database. 商品貿易は貿易総額よりも額がわずかに少なく出るが、1960 年代の貿易指標で利用可能なのはこれだけである。

(113)　M. Taylor Fravel, "Securing Borders: China's Doctrine and Force Structure for Frontier Defense," *Journal of Strategic Studies*, vol. 30, nos. 4-5 (2007), pp. 705-737.

(114)　国境付近の辺境には 135 の県があるが、そのうち 107 は民族区域自治の地域にある（布『民族理論与民族政策』27 頁)。

(115)　『鄧小平文選』第１巻（北京：人民出版社、1994 年）161 頁。また、張植栄『中国辺疆与民族問題：当代中国的挑戦及其歴史由来』（北京：北京大学出版社、2005 年）も参照。

(116)　とくに、李星編『辺防学』（北京：軍事科学出版社、2004 年）；毛『辺防論』232-234 頁、256-261 頁を参照。また、蔡錫儒編『辺防理論』（北京：警官教育出版社、1996 年）；魏中礼・宋憲春編『国内安全保衛』（北京：警官教育出版社［内部発行]、1999 年）180-191 頁も参照。

(117)　毛『辺防論』241-255 頁；王文栄編『戦略学』（北京：国防大学出版社、1999 年）270 頁。

(118)　李徳潮「白龍尾島正名」『中国辺疆史地研究報告』第 1-2 期第３号、1988 年、21-23 頁。毛『辺防論』137 頁。

(119)　"Russian Foreign Minister Gives TV Interview Focusing on Ties with Neighbors," Moscow NTV in Russian, 14 November 2004, FBIS# CEP-2004-1114-000063.

(120)　Daniel M. Jones, Stuart A. Bremer, and J. David Singer, "Militarized Interstate Disputes, 1816-1992: Rationale, Coding Rules, and Empirical Patterns," *Conflict Management and Peace Science*, vol. 15, no. 2 (August 1996), p. 173.

(121)　John W. Garver, *Protected Contest: Sino-Indian Rivalry in the Twentieth Century* (Seattle: University of Washington Press, 2001), pp. 200-204.

(122)　Robert S. Ross, *The Indochina Tangle: China's Vietnam Policy, 1975-1979* (New York: Columbia University Press, 1988); Zhang Xiaoming, "China's 1979 War with Vietnam: A Reassessment," *The China Quarterly*, no. 184 (December 2005), pp. 851-874.

(123)　Fravel, "Regime Insecurity," pp. 55-62.

(124)　ただし、この攻撃は、戦略レベルにおける〔支配力の〕潜在的低下、すなわちソ連による北、西、南からの包囲網に対処するという中国の意図の表れだったと解釈することも可能である。

(125)　Christensen, *Useful Adversaries*.

(126)　Fravel, "Regime Insecurity." また、Johnston, "China's Militarized Interstate Dispute Behaviour," pp. 18-20 も参照。陽動戦争については、Jack S. Levy, "The Diversionary Theory of War: A Critique," in Manus I. Midrasky, ed., *Handbook of War Studies* (Boston: Unwin Hyman, 1989), pp. 259-288 を参照。

第２章　一九六〇年代の辺境部の紛争における協調

(１)　金冲及編『周恩来伝』第３巻（北京：中央文献出版社、1998 年）1492 頁。

(２)　S. D. Muni, *Foreign Policy of Nepal* (New Delhi: National Publishing House, 1973), p. 104.

(３)　金冲及編『周恩来伝』第３巻、1292-1324 頁。Dorothy Woodman, *The Making of Bur-*

ma (London: The Cresset Press, 1962), pp. 535-536; 姚仲明・沈偉良・左俊峰「周恩来総理解決中緬辺界問題的光輝業績」裴堅章主編『研究周恩来：外交思想与実践』(北京：世界知識出版社、1989年) 94-111頁。

(4) 「毛沢東関于有西南局籌画進軍及経営西蔵問題的電報」(1950年1月2日) 西蔵自治区党史資料徵集委員会編『和平解放西蔵』(拉薩：西蔵人民出版社［内部発行］、1995年) 47頁。

(5) 「一八軍党委関于進軍西蔵工作指示（節録)」(1950年2月1日) 西蔵自治区党史資料徵集委員会編『和平解放西蔵』59頁。

(6) この段落は、John W. Garver, *Protracted Contest: Sino-Indian Rivalry in the Twentieth Century* (Seattle: University of Washington Press, 2001), pp. 34-39による。

(7) 西蔵自治区党史資料徵集委員会編『和平解放西蔵』59頁。また、趙慎応『張国華将軍在西蔵』(北京：中国蔵学出版社、2001年) 9頁も参照。

(8) 西蔵自治区党史資料徵集委員会編『和平解放西蔵』。Tsering Shakya, *The Dragon in the Land of the Snows: A History of Modern Tibet since 1947* (New York: Penguin Compass, 1999), pp. 33-91.

(9) 1949年以前の中国とチベットの関係に関しては、A. Tom Grunfeld, *The Making of Modern Tibet, revised edition* (Armonk, N.Y.: M. E. Sharpe, 1996), pp. 7-106; Dawa Norbu, *China's Tibet Policy* (London: Curzon Press, 2001), pp. 15-178; Warren W. Smith, *Tibetan Nation: A History of Tibetan Nationalism and Sino-Tibetan Relations* (Boulder, Colo.: Westview, 1996), pp. 81-264を参照。

(10) Norbu, *China's Tibet Policy*, p. 78; Luciano Petech, *China and Tibet in the Early 18th Century: History of the Establishment of Chinese Protectorate in Tibet* (Leiden: Brill, 1972).

(11) しかしながら、この時期を通して、中国はチベットの主権に関する自らの主張を放棄していなかった。Norbu, *China's Tibet Policy*, pp. 102-109.

(12) Shakya, *The Dragon in the Land of the Snows*, pp. 5-6.

(13) Shakya, *The Dragon in the Land of the Snows*, p. 255.

(14) 韓懐智・譚旌樵『当代中国軍隊的軍事工作』上巻（北京：中国社会科学出版社、1989年）208-212頁。中印辺疆自衛反撃作戦史編写組編『中印辺疆自衛反撃作戦史』(北京：軍事科学出版社、1994年) 47-59頁。

(15) Neville Maxwell, *India's China War* (New York: Pantheon Books, 1970), p. 78.

(16) Garver, *Protracted Contest*, pp. 85-86.

(17) Grunfeld, *The Making of Modern Tibet*, pp. 82-106.

(18) Shakya, *The Dragon in the Land of the Snows*, pp. 449-452. この合意は正式には、「中央人民政府与西蔵地方政府関于和平解放西蔵弁法的協議」として知られている。

(19) 反乱の背景に関しては、Grunfeld, *The Making of Modern Tibet*, pp. 131-150; Norbu, *China's Tibet Policy*, pp. 210-227; Shakya, *The Dragon in the Land of the Snows*, pp. 131-211を参照。中国の考慮に関しては、西蔵自治区党史資料徵集委員会編『平息西蔵叛乱』(拉薩：西蔵人民出版社［内部発行］、1995年) を参照。

(20)　『公安部隊：総述、大事記、表冊』（北京：解放軍出版社［軍内発行］、1997年）46頁。

(21)　楊成武「西蔵叛乱」『総参謀部：回憶史料』（北京：解放軍出版社［軍内発行］、1997年）534頁。

(22)　楊成武「西蔵叛乱」533頁。この数字は、死亡、負傷、逮捕、投降、武装解除の総数を表している。

(23)　『中共西蔵党史大事記』（拉薩：西蔵人民出版社、1990年）72頁。

(24)　Kenneth Conboy, and James Morrison. *The CIA's SecretWar in Tibet* (Lawrence: University of Kansas Press, 2002), p. 72; John Kenneth Knaus, *Orphans of the Cold War: America and the Tibetan Struggle for Survival* (New York: Public Affairs, 1999), pp. 150-151.

(25)　『周恩来外交文選』（北京：中央文献出版社、1990年）273頁。西蔵自治区党史資料徴集委員会編『平息西蔵叛乱』17頁。

(26)　『王尚軍将軍』編写組編『王尚栄将軍』（北京：当代中国出版社、2000年）403頁。

(27)　Jamyang Norbu, "The Tibetan Resistance Movement and the Role of the CIA," Robert Barnett, ed., *Resistance and Reform in Tibet* (London: Hurst and Company, 1994), p. 189. ノルブはチベット軍区の政治部の文書を引用している。他の資料は、9万人以上がチベットでの反乱に参加したが、主要な参加者は2万3000人だけであったと指摘している。「整個西蔵平叛三年」『中国地名』2004年、第1期、40頁。

(28)　西蔵自治区党史資料徴集委員会編『平息西蔵叛乱』217頁。

(29)　『中共西蔵党史大事記』78-85頁；Knaus, *Orphans of the Cold War*, pp. 152-156; Shakya, The Dragon in the Land of the Snows, pp. 179-180.

(30)　西蔵自治区党史資料徴集委員会編『平息西蔵叛乱』220頁。

(31)　Shakya, *The Dragon in the Land of the Snows*, pp. 186-191.

(32)　Roger E. McCarthy, *Tears of the Lotus: Accounts of Tibetan Resistance to the Chinese Invasion, 1950-1962* (Jefferson, N. C.: McFarland & Company, 1997), p. 180.

(33)　後の中国側の主張とは反対に、ラサでの出来事は、国家義勇防衛軍やCIAに指導されたものではなかった。Shakya, *The Dragon in the Land of the Snows*, pp. 201-202.

(34)　Shakya, *The Dragon in the Land of the Snows*, p. 197.

(35)　西蔵自治区党史資料徴集委員会編『平息西蔵叛乱』28-29頁。Shakya, *The Dragon in the Land of the Snows*, p. 203; 楊成武「西蔵叛乱」541頁。

(36)　この運動に対する中国の評価は、韓懐智・譚旌樵『当代中国軍隊的軍事工作』上巻、423-441頁；西蔵自治区党史資料徴集委員会編『平息西蔵叛乱』；楊成武「西蔵叛乱」532-548頁を参照。

(37)　呉冷西『十年論戦：1956-1966 中蘇関係回憶録』上下巻（北京：中央文献出版社、1999年）212頁。

(38)　徐焔「解放後我国処理辺界衝突危機的回顧和総結」『世界経済与政治』2005年、第3期、17頁。

(39)　中印辺疆自衛反撃作戦史編写組編『中印辺疆自衛反撃作戦史』86頁。警備されていたいくつかの要所の記述に関しては、楊公素『滄桑九十年：一個外交特使的回憶』（海

口：海南出版社、1999年）235頁。

(40) 「中央軍委対西藏山南地区平叛及当前工作的指示」西藏自治区党史資料徵集委員会編『平息西藏叛乱』99頁。

(41) 西藏自治区党史資料徵集委員会編『平息西藏叛乱』105頁。

(42) *White Paper: Notes, Memoranda and Letters Exchanged and Agreements Signed between the Governments of India and China* (New Delhi, Ministry of External Affairs, Government of India), I, pp. 60-63, p. 66.

(43) Mushirul Hasan, ed., *Selected Works of Jawaharlal Nehru*, second series, vol. 36 (New Delhi: Oxford University Press, 2005), p. 605.

(44) 『周恩来外交文選』272頁。

(45) Conboy and Morrison, *CIA's Secret War*; Knaus, *Orphans of the Cold War*; Shakya, *The Dragon in the Land of the Snows*, pp. 175-180, pp. 281-286.

(46) Shakya, *The Dragon in the Land of the Snows*, p. 175.

(47) Shakya, *The Dragon in the Land of the Snows*, p. 176.

(48) チベットの反乱軍に対するCIAの支援は、2つの時期に行われた。1回目は、1957年12月から1961年春にかけて、CIAは地元の反乱グループと協力すべく、サイパンとコロラドで訓練された10組のチベット人チームを送り出した。この間、チベットに対する37回もの空中投下を通じて、CIAは約600トンもの補給物資を提供した。人民解放軍がチベット内部のすべての反乱軍を掃討し終えた1961年以降、焦点はネパールのムスタン地区の基地に居住する数千ものチベット人反乱部隊へと移っていった。Conboy and Morrison, *CIA's Secret War*; Knaus, *Orphans of the Cold War*; Shakya, *The Dragon in the Land of the Snows*, pp. 175-180, pp. 281-286.

(49) 『喜馬拉雅山情結：中印関係研究』（北京：中国蔵学出版社、1998年）129-154頁。中国から見たチベットにおけるインドの役割の詳細に関しては、楊公素『中国反対外国侵略干涉西藏地方闘争史』（北京：中国蔵学出版社、1992年）249-325頁。

(50) 『周恩来外交文選』249-325頁。

(51) 『周恩来外交文選』273-274頁。

(52) 『人民日報』1959年5月6日、1面。

(53) *White Paper*, I, pp. 55-57.

(54) 楊公素『滄桑九十年』232-233頁。

(55) *White Paper*, II, p. 32.

(56) *White Paper*, I, pp. 33-43.

(57) 衝突の規模に関しては、中印辺疆自衛反撃作戦史編写組編『中印辺疆自衛反撃作戦史』96頁；P. B. Sinha and A. A. Athale, *History of Conflict with China* (New Delhi: History Division, Ministry of Defence, Government of India [restricted], 1992), p. 33.

(58) この会議の詳細に関しては、呉冷西『十年論戦』212頁。

(59) "Record of Conversation of Comrade Khrushchev N. S., in David Wolff, "'One Finger's Worth of Historical Events?' New Russian and Chinese Evidence on the Sino-Soviet Alliance and Split, 1948-1959," *Cold War International History Project Working Paper*, no. 30

（2000）, p. 67.

(60) 呉冷西『十年論戦』215頁。

(61) Arthur Cohen, *The Sino-Indian Border Dispute*, I, DD/I Staff Study POLO XVI［Top Secret］（Washington, D.C.: Central Intelligence Agency, 1963）, p. 40.

(62) とくに、ネ・ウィンの1959年6月4日の書簡と1958年6月からの周恩来最後の書簡。Dorothy Woodman, *The Making of Burma*, pp. 536-536.

(63) 中共中央文献研究室編『周恩来年譜』中巻（北京：中央文献出版社、1997年）260頁。Leo E. Rose, *Nepal: Strategy for Survival*（Berkeley: University of California Press, 1971）, p. 223.

(64) 房建昌「中尼辺界初探」『中国辺疆史地研究報告』1992年、第3-4期、20頁。

(65) この衝突の位置づけに関しては、中印辺疆自衛反撃作戦史編写組編『中印辺疆自衛反撃作戦史』96頁。P. B. Sinha and A. A. Athale, *History of Conflict with China*, pp. 34-35.

(66) この会談の詳細な回想に関しては、雷英夫『在最高統帥部当参謀：雷英夫回憶録』（南昌：百花洲文芸出版社、1997年）201-203頁を参照。

(67) 中共中央文献研究室編『周恩来年譜』中巻、265-266頁。

(68) *White Paper*, III, p. 46.

(69) 本質的には、この提案は、インドが東部地区から撤退することなしに、中国に西部地区から撤退することを求めていた。東部地区に関して、中国は領有権の主張こそすれど、占領はしていなかった。

(70) *White Paper*, III, pp. 52-57.

(71) 中共中央文献研究室編『周恩来年譜』中巻、274頁。

(72) *White Paper*, III, pp. 52-57.

(73) 呉冷西『十年論戦』248頁。

(74) 中印辺疆自衛反撃作戦史編写組編『中印辺疆自衛反撃作戦史』458頁。

(75) J. Chester Cheng, ed., *Politics of the Chinese Red Army*（Stanford, Calif.: Hoover Institution Publications, 1966）, p. 191.

(76) 中共中央文献研究室編『周恩来年譜』中巻、278頁。

(77) 『中華人民共和国条約集』（北京：世界知識出版社、1960年）65-67頁。

(78) 金冲及編『周恩来伝』第3巻、1318-1319頁。また、*Burma Weekly Bulletin*, vol. 9, no. 1（5 May 1960）, p. 6.

(79) 1956年、中国はピュンマ地域の3つの村のために482平方キロメートルを要求したが、ビルマは145平方キロメートルを返還しただけであった。締結した条約でも、ビルマはピュンマ地域に関して、329平方キロメートルではなく、わずか8平方キロメートルを加えた、153平方キロメートルを中国に割譲した。最終的な妥協案は、中国のそれではなく、ビルマの公式見解を反映したものであった。金冲及編『周恩来伝』第3巻、1314頁、1317頁。Daphne E. Whittam, "The Sino-Burmese Boundary Treaty," *Pacific Affairs*, vol. 34, no. 2（Summer 1961）, pp. 180-181; Woodman, *The Making of Burma*, p. 533, p. 538.

(80) 金冲及編『周恩来伝』第3巻、1513頁。

(81) 『人民日報』1960年2月2日、1面。

(82)　金冲及編『周恩来伝』第4巻、1514頁からの引用。

(83)　『建国以来毛沢東文稿』第8冊（北京：中央文献出版社［内部発行］1993年）245-246頁。

(84)　王尚栄「新中国誕生後幾次重大戦争」朱元石編『共和国要事口述史』（長沙：湖南人民出版社、1999年）269頁の引用。

(85)　『建国以来毛沢東文稿』第8冊、245-246頁。

(86)　『当代中国外交』374頁。

(87)　中共中央文献研究室編『周恩来年譜』中巻、304頁。

(88)　韓懐智・譚旌樵『当代中国軍隊的軍事工作』上巻、375頁。馬金案「中国軍隊境外的一場秘密戦争」『東南亜縦横』2001年、第1期、12頁。

(89)　中共中央文献研究室編『周恩来年譜』中巻、303-304頁。

(90)　姚仲明・沈偉良・左俊峰「周恩来総理解決中緬辺界問題的光輝業績」100-101頁。

(91)　王尚栄「新中国誕生後幾次重大戦争」270頁。馬金案「中国軍隊境外的一場秘密戦争」『東南亜縦横』2001年、第1期、14頁も参照。

(92)　姚仲明・沈偉良・左俊峰「周恩来総理解決中緬辺界問題的光輝業績」100頁。

(93)　韓懐智・譚旌樵『当代中国軍隊的軍事工作』上巻、369-379頁。

(94)　『中華人民共和国条約集』1960年、68-79頁。

(95)　『中華人民共和国条約集』1961年、52-232頁。

(96)　『中華人民共和国条約集』1960年、63-65頁。

(97)　『毛沢東外交文選』（北京：世界知識出版社、1994年）395頁。

(98)　中共中央文献研究室編『周恩来年譜』中巻、293頁。

(99)　John W. Garver, *Protracted Contest*, p. 148.

(100)　楊公素『中国反対外国侵略干渉西蔵地方闘争史』324-325頁。

(101)　『中華人民共和国条約集』1962年、45-50頁。

(102)　中国語の資料に関しては、中共中央文献研究室編『周恩来年譜』中巻、293-296頁、315頁；王泰平編『中華人民共和国外交史 1957-1969』（北京：世界知識出版社、1998年）99-100頁；楊公素『中国反対外国侵略干渉西蔵地方闘争史』320-325頁。英文資料に関しては、Arthur Lall, *How Communist China Negotiates* (New York: Columbia University Press, 1968), pp. 194-201; J. R. V. Prescott, *Map of Mainland Asia by Treaty* (Carlton: Melbourne University Press, 1975), pp. 235-236.

(103)　国境条約の第11条を参照。

(104)　『人民日報』1960年1月29日、2面。

(105)　『人民日報』1960年3月25日、1面。

(106)　*Far Eastern Economic Review*, 29 September 1960, p. 697.

(107)　Guy Searls, "Communist China's Border Policy: Dragon Throne Imperialism?" *Current Scene*, vol. 11, no. 2 (15 April 1963), p. 13.

(108)　Department of State, "China-Nepal Boundary," *International Boundary Study*, no. 50 (30 May 1965), p. 5.

(109)　『中華人民共和国条約集』1963年、67-121頁。

(110)　2つの主要な資料は、金冲及編『周恩来伝』第3巻、1515-1530頁；中共中央文献研究室編『周恩来年譜』中巻、302頁、306-314頁。

(111)　周恩来の発言は、中共中央文献研究室編『周恩来年譜』中巻、302頁；石仲泉『周恩来的卓越奉献』（北京：中共中央党校出版社、1993年）393頁。

(112)　他の研究者が指摘しているように、中国の「認める（承認）」という単語の使い方は、多くの混乱を引き起こし、それが中国の意図に対するインドの疑念を増加させたのも至極もっともであった。

(113)　金冲及編『周恩来伝』第3巻、1511頁。

(114)　Sarvepalli Gopal. *Jawaharlal Nehru: A Biography* (London: Jonathan Cape, 1984), p. 136.

(115)　Arthur Cohen, *The Sino-Indian Border Dispute*, II, DD/I Staff Study POLO XVI [Top Secret] (Washington, D.C.: Central Intelligence Agency, 1963), p. 47.

(116)　6つの会談に対する中国側の評価に関しては、金冲及編『周恩来伝』第3巻、1517-1523頁；中共中央文献研究室編『周恩来年譜』中巻、304-314頁を参照。

(117)　中共中央文献研究室編『周恩来年譜』中巻、312頁。

(118)　*Report of the Officials of the Governments of India and the People's Republic of China on the Boundary Question* (New Delhi: Ministry of External Affairs, 1961).

(119)　中印辺疆自衛反撃作戦史編写組編『中印辺疆自衛反撃作戦史』458頁。

(120)　詳細な記述に関しては、王尚栄「中印辺界自衛反撃作戦事件的総参作戦部」『総参謀部：回億史料』（北京：解放軍出版社［軍内発行］、1997年）551-552頁を参照。

(121)　Arthur Cohen, *The Sino-Indian Border Dispute*, II, p. 66.

(122)　Arthur Cohen, *The Sino-Indian Border Dispute*, III, DD/I Staff Study POLO XVI [Top Secret] (Washington, D.C.: Central Intelligence Agency, 1963), pp. 3-4.

(123)　たとえば、Eric A. Hyer, "The Politics of China's Boundary Disputes and Settlements" (Ph. D. dissertation, Columbia University, 1990); Francis Watson, *The Frontiers of China* (New York: Praeger, 1966).

(124)　Allen S. Whiting, *The Chinese Calculus of Deterrence: India and Indochina.* (Ann Arbor: University of Michigan Press, 1975), p. 73.

(125)　Anwar Hussain Seyd, *China and Pakistan: Diplomacy of Entente Cordiale* (Amherst: University of Massachusetts Press, 1974), p. 82.

(126)　新疆維吾爾自治区地方志編纂委員会『新疆通志：外事志』（烏魯木斉：新疆人民出版社、1995年）306頁。

(127)　『内蒙古自治区志：軍事志』編纂委員会編『内蒙古自治区志：軍事志』（呼和浩特：内蒙古人民出版社、2002年）473頁。

(128)　2002年6月、北京におけるインタビュー。本書におけるすべてのインタビューは、匿名を前提に行われた。

(129)　この時期の2つの批判論文に関しては、以下の文献を参照。Nicholas Lardy, "The Chinese Economy under Stress, 1958-1965," in John King Fairbank and Roderick MacFarquhar, eds., *The Cambridge History of China*, vol. 14 (Cambridge: Cambridge University

Press, 1987), pp. 360–397; Kenneth Lieberthal, "The Great Leap Forward and the Split in the Yenan Leadership," in John King Fairbank and Roderick MacFarquhar, eds., *The Cambridge History of China*, vol. 14 (Cambridge: Cambridge University Press, 1987), pp. 293–359. 大躍進の起源に関しては、以下の文献を参照。David M. Bachman, *Bureaucracy, Economy, and Leadership in China: The Institutional Origins of the Great Leap Forward* (Cambridge: Cambridge University Press, 1991); Roderick MacFarquhar, *The Origins of the Cultural Revolution*, vol. 2 (New York: Columbia University Press, 1983); Frederick C. Teiwes and Warren Sun, *China's Road to Disaster: Mao, Central Politicians and Provincial Leaders in the Unfolding of the Great Leap Forward, 1955–1959* (Armonk, N.Y.: M. E. Sharpe, 1999).

(130) Kenneth Lieberthal, "The Great Leap Forward and the Split in the Yenan Leadership," p. 309.

(131) Kenneth Lieberthal, "The Great Leap Forward and the Split in the Yenan Leadership," p. 318.

(132) World Bank, World Development Indicators, online database.

(133) 中共中央文献研究室編『周恩来年譜』中巻、392 頁。

(134) Roderick MacFarquhar, *The Origins of the Cultural Revolution*, vol. 3 (New York: Columbia University Press, 1997), pp. 1–121.

(135) Roderick MacFarquhar, *The Origins of the Cultural Revolution*, vol. 3, p. 32.

(136) Zhang Baijia, "The Changing International Scene and Chinese Policy toward the United States, 1954–1970," in Robert S. Ross and Jiang Changbin, eds., *Re-examining the Cold War: U.S.-China Diplomacy, 1954–1973* (Cambridge, Mass.: Harvard University Press, 2001), p. 60.

(137) 王子文編『福建省志：軍事志』(北京：新華出版社、1995 年) 291 頁。

(138) 徐則浩『王稼祥伝』(北京：当代中国出版社、1996 年) 486–489 頁。これらの 2 つの報告書は、その後公開されている。『王稼祥選集』(北京：人民出版社、1989 年) 444–460 頁。

(139) 王の 2 月 27 日の書簡の要約は、以下の文献に引用されている。徐則浩編『王稼祥年譜』(北京：中央文献出版社、2001 年) 488 頁；同『王稼祥伝』563 頁。

(140) Arthur Cohen, *The Sino-Indian Border Dispute*, Ⅲ, p. 24.

(141) 徐則浩編『王稼祥年譜』488 頁。王稼祥と毛沢東の関係に関しては、Li Jie, "Changes in China's Domestic Situation in the 1960s and Sino-US Relations," in Robert S. Ross and Jiang Changbin, eds., *Re-examining the Cold War: U.S.-China Diplomacy, 1954–1973* (Cambridge, Mass.: Harvard University Press, 2001), pp. 301–306; Roderick MacFarquhar, *The Origins of the Cultural Revolution*, vol. 3, pp. 269–273.

(142) ある資料提供者は、毛沢東が単に中国政治の中でより活躍できる地位へ戻るための手段として王稼祥を使っていたと信じている。毛は、その当時日常業務を担当していた劉や鄧の国内政策を批判する地位にいなかったため、王が〔彼らの代わりに〕簡単に攻撃される標的になったのである。2004 年 2 月、北京でのインタビュー。

(143) Andrew D. W. Forbes, *Warlords and Muslims in Chinese Central Asia: A Political History of Republican Sinkiang, 1911-1949* (New York: Cambridge University Press, 1986).

(144) Linda Benson, *The Ili Rebellion: The Moslem Challenge to Chinese Authority in Xinjiang, 1944-1949* (Armonk, N.Y.: M. E. Sharpe, 1990).

(145) 李丹慧「対1962年新疆伊黎事件起因的歴史考察（続）」『党史研究資料』1999年、第5期、1-22頁。

(146) 新疆維吾爾自治区地方志編纂委員会『新疆通志：外事志』49-63頁。

(147) 清帝国の後退により、新疆は1884年に省として編入された。清朝支配下の新疆に関しては、以下の文献を参照。Joseph Fletcher, "Ch'ing Inner Asia c. 1800," in John K. Fairbank, ed., *The Cambridge History of China*, vol. 10 (Cambridge: Cambridge University Press, 1978); James Millward, *Beyond the Pass: Economy, Ethnicity and Empire in Qing Central Asia, 1759-1864* (Stanford, Calif.: Stanford University Press, 1998); Peter C. Perdue, *China Marches West: The Qing Conquest of Central Eurasia* (Cambridge, Mass.: Belknap Press of Harvard University Press, 2005).

(148) 李丹慧「対1962年新疆伊塔事件起因的歴史考察（続）」。

(149) 中印辺彊自衛反撃作戦史編写組編『中印辺彊自衛反撃作戦史』168頁。

(150) 新疆とロシアの貿易に関しては、厲声『新疆対蘇（俄）貿易史（1600-1990）』（烏魯木斉：新疆人民出版社、1993年）を参照。

(151) 李丹慧「対1962年新疆伊塔事件起因的歴史考察（続）」5頁。

(152) 『公安部隊：総述、大事記、表冊』78頁。この配備は、この時期の中国の他の国境地域での配備とは対照的である。たとえば、ビルマやラオスとの国境地域には、中国は13個連隊及び7個大隊から2万人以上の兵士を配置していた。

(153) 李丹慧「対1962年新疆伊塔事件起因的歴史考察（続）」5頁。

(154) 『公安部隊：総述、大事記、表冊』78頁。

(155) たとえば、ロシアの公文書館の以下の文書を参照。"Record of Conversation with the Vice-Foreign Minister of the PRC Zhang Hanfu," 24 April 1962 ["Zapis basedy s zamestitelom ministra inostrannykh del KNR Chzhan Khan-fu," 24 aprelya 1962 goda], *AVP RF*, foud 0100, opis 55, delo 6, papka 480, pp. 119-120; "Statement of the Government of the PRC from 24 April 1962" ["Zayavlenie pravitelstva KNR ot 24 aprelya 1962 goda"], *AVP RF*, foud 0100, opis 55, delo 2, papka 480, pp. 37-39; "Reply of the Government of the PRC on the Memorandum of the Government of the U.S. S. R from 29 April 1962," 19 May 1962 ["Otbet pravitelstva KNR na pamyantnuyu zapisku Pravitelstva SSSR ot 29 aprealya 1962 goda," 19 maya 1962 g.], *AVP RF*, foud 0100, opis 55, delo 2, papka 480, pp. 44-48. 私はこれらの文書の翻訳を私と共有してくれたローレンツ・ルシィに感謝する。すべての文書はロシア連邦外交史料館所蔵のものである。

(156) 新疆維吾爾自治区地方志編纂委員会『新疆通志：外事志』95頁。ソ連市民のうち、4万1000世帯がすでに本国に帰還していた。その数は1949年から新疆で生活していたソ連市民のうちおよそ88パーセントが帰還したことを意味していた。

(157) 李丹慧「対 1962 年新疆伊塔事件起因的歴史考察（続）」；張周祥『新疆辺防概要』（烏魯木斉：新疆人民出版社、1999 年）357-359 頁。

(158) 李福生編『新疆兵団屯墾戍辺史』（烏魯木斉：新疆人民出版社、1997 年）712 頁。鄭志運・李敏『裕民県志』（烏魯木斉：新疆人民出版社、2003 年）438 頁。

(159) 張周祥『新疆辺防概要』358-359 頁。

(160) 阿勒泰地区地方志編纂纂委員会編『阿勒泰地区志』（烏魯木斉：新疆人民出版社、2004 年）324-325 頁；新疆維吾爾自治区地方志編纂委員会『新疆通志：生産建設部隊志』（烏魯木斉：新疆人民出版社、1998 年）。

(161) 馮慶夫『辺境管理学』（北京：警官教育出版社、1999 年）70-71 頁。

(162) 『公安部隊：総述、大事記、表冊』73、78 頁。

(163) 黎家松編『中華人民共和国外交大事記』第 2 巻（北京：世界知識出版社、2001 年）234、239、244 頁。

(164) 2002 年 6 月、北京でのインタビュー。

(165) 中共中央文献研究室編『周恩来年譜』中巻、468、481 頁。

(166) 王泰平編『中華人民共和国外交史 1957-1969』101 頁。

(167) 中共中央文献研究室編『周恩来年譜』中巻、477 頁。

(168) 西蔵自治区党史資料徴集委員会編『平息西蔵叛乱』234 頁。

(169) 中印辺疆自衛反撃作戦史編写組編『中印辺疆自衛反撃作戦史』463 頁。

(170) *White Paper*, VI, p. 101；中印辺疆自衛反撃作戦史編写組編『中印辺疆自衛反撃作戦史』151-153 頁。

(171) 『当代中国外交』151-153 頁。

(172) *White Paper*, VI, p. 101.

(173) *New York Times*, 26 December 1961, p. 3.

(174) *New York Times*, 30 March 1962, p. 2.

(175) この時期に関しては、以下の文献を参照。Melvin Gurtov and Byong-Moo Hwang, *China under Threat: The Politics of Strategy and Diplomacy* (Baltimore: Johns Hopkins University Press, 1980), pp. 127-128; Harold C. Hinton, *Communist China in World Politics* (New York: Houghton Mifflin, 1966), pp. 280-272: Allen S. Whiting, *The Chinese Calculus of Deterrence*, pp. 62-72.

(176) 実は、これら高官は、蔣介石がそのような行動をとることを思いとどまらせるために、台湾を訪れていた。Allen S. Whiting, *The Chinese Calculus of Deterrence*, pp. 64-65.

(177) この時期の中国の政策決定の議論に関しては、『王尚軍将軍』編写組編『王尚栄将軍』484-492 頁を参照。

(178) 王尚栄「新中国誕生後幾次重大戦争」278 頁。

(179) これらの会談の詳細な内容に関しては、王炳南『中美会談九年回顧』（北京：世界知識出版社、1985 年）85-90 頁を参照。

(180) 王尚栄「新中国誕生後幾次重大戦争」277-278 頁。

(181) 『王恩茂文集』（北京：中央文献出版社、1997 年）389 頁。

(182) 劉武生・杜宏奇編『周恩来軍事活動紀事 1918-1975』下巻（北京：中央文献出版社、

2000年）564頁。

(183)　『粟裕文選』第3冊（北京：軍事科学出版社、2004年）414頁。

(184)　蔡錫儒編『辺防理論』（北京：警官教育出版社、1996年）11頁；『当代中国外交』151頁；王泰平編『中華人民共和国外交史 1957-1969』101頁。

(185)　中共中央文献研究室編『周恩来年譜』中巻、486頁。

(186)　Anwar Hussain Seyd, *China and Pakistan*, p. 86.

(187)　劉武生・杜宏奇編『周恩来軍事活動紀事 1918-1975』下巻、567頁。

(188)　Arthur Lall, *The Emergence of Modern India* (New York: Columbia University Press, 1981), p. 156.

(189)　王泰平編『中華人民共和国外交史 1957-1969』101-102頁。

(190)　『中華人民共和国条約集』1962年、19-37頁。

(191)　新疆維吾爾自治区地方志編纂委員会『新疆通志：外事志』284頁。

(192)　『内蒙古自治区志：軍事志』編纂委員会編『内蒙古自治区志：軍事志』473頁。宝格達山はボゲダ山とも呼ばれている。

(193)　新疆維吾爾自治区地方志編纂委員会『新疆通志：外事志』235頁。

(194)　王泰平編『中華人民共和国外交史 1957-1969』102頁。

(195)　この点に関しては、以下の文献を参照。Alastair Lamb, *Asian Frontiers: Studies in a Continuing Problem* (New York: Praeger, 1968), p. 200, p. 202; J. R. V. Prescott, *Map of Mainland Asia by Treaty* (Carlton: Melbourne University Press, 1975), pp. 235-236; Francis Watson, *The Frontiers of China*, pp. 173-174.

(196)　『内蒙古自治区志：軍事志』編纂委員会編『内蒙古自治区志：軍事志』474頁。1964年の *Christian Science Monitor* の論文は、モンゴルの政府関係者のインタビューを引用しつつ、争点となっていた約1万7000平方キロメートルの係争地域のうち、モンゴルが約1万2000平方キロメートルを獲得し、中国は5000平方キロメートルを獲得したと述べている。*Christian Science Monitor*, 2 January 1964, p. 2.

(197)　Department of State, "China-Mongolia Boundary," *International Boundary Study*, no. 173 (14 August 1985), p. 10.

(198)　阿勒泰地区地方志編纂纂委員会編『阿勒泰地区志：外事志』947頁。

(199)　曲星『中国外交50年』（南京：江蘇人民出版社、2000年）221頁。

(200)　"Record of Conversation (from East German archives) between Chinese Premier Zhou Enlai and Mongolian leader J. Zedenbal, Beijing, 26 December 1962," Cold War International History Project Virtual Archive, http://cwihp. si. edu/.

(201)　『当代中国外交』151頁。劉は、ソ連に関して、中国とヴェトナムは1958年に陸上国境紛争の会談を延期することに同意した、と言及するのが精一杯であった。

(202)　『人民日報』1962年12月27日、1面。

(203)　『中華人民共和国条約集』1964年、78-259頁。国境画定の詳細な議論に関しては、新疆維吾爾自治区地方志編纂委員会『新疆通志：外事志』240-249頁を参照。

(204)　蔡錫儒編『辺防理論』9頁。

(205)　蔡錫儒編『辺防理論』8-9頁；馮慶夫『辺境管理学』20-21頁；黄世明編『長白朝鮮

自治県志』（北京：中華書局出版社、1993 年）312 頁；劉樹発編『陳毅年譜』（北京：中央文献出版社、1995 年）938 頁；裴堅章・封耀元編『周恩来外交活動大事記』（北京：世界知識出版社、1993 年）338 頁。

(206) "Memorandum of Conversation between Richard Nixon, Henry Kissinger, Zhou Enlai, et al., 23 Februray 1972, 2:PM-6:PM," 26, from the National Security Archive, George Washington University, Washinton D.C., http://www.gwu.edu/~nsarchiv/nsa/publications/DOC_reader/kissinger/nixzhou/13-01.htm.

(207) "DPRK-PRC Border Pact Said Confirmed," Seoul Yonhap News Agency, FBIS #FTS19991019001881.

(208) 『延辺朝鮮族自治州志』（北京：中華書局出版社、1996 年）498 頁。

(209) "Record of Conversation (from East German archives) between Chinese Premier Zhou Enlai and Mongolian leader J. Zedenbal, Beijing, 26 December 1962."

(210) 2002 年 6 月、北京でのインタビュー、2002 年 6 月。

(211) 『延辺朝鮮族自治州志』497 頁。北朝鮮との国境付近の県における合同国境調査委員会の活動の詳細な議論に関しては、黄世明編『長白朝鮮自治県志』312–314 頁。

(212) 蔡錫儒編『辺防理論』9 頁。

(213) *Peking Review*, no. 52 (28 December 1962), p. 8 からの引用。

(214) Mujtaba Razvi, *The Frontiers of Pakistan: A Study of Frontier Problems in Pakistan's Foreign Policy* (Karachi-Dacca: National Publishing House, 1971), pp. 174–176. この合意は、カシミールの最終解決を暫定的に棚上げするものであった。

(215) Francis Watson, *The Frontiers of China*, p. 166.

(216) Mujtaba Razvi, *The Frontiers of Pakistan*, p. 177; Anwar Hussain Seyd, *China and Pakistan*, p. 87.

(217) *Far Eastern Economic Review*, 10 January 1963, p. 55.

(218) 『人民日報』1962 年 12 月 29 日、1 面。

(219) P. L. Bhola, *Pakistan-China Relations: Search for Politico-Strategic Relationship* (Jaipur: R. B. S. A. Publishers, 1986), p. 101.

(220) Department of State, "China-Pakistan Boundary," *International Boundary Study*, no. 85 (30 May, 1968), p. 5.

(221) 会談については、王泰平編『中華人民共和国外交史 1957–1969』105 頁を参照。

(222) 『中華人民共和国条約集』1963 年、122–124 頁。

(223) 外交部編『中華人民共和国辺界事務条約集：中阿、中巴巻』（北京：世界知識出版社［内部発行］、2004 年）22 頁。

(224) 『人民日報』1963 年 6 月 20 日。パミール高原との関連性に関しては、Eric A Hyer, "The Politics of China's Boundary Disputes and Settlements," p. 300 を参照。

(225) 『人民日報』1963 年 11 月 23 日。

(226) 一つの例外が、ギンズバーグズとピンケルの研究である。彼らは 1974 年のポーランドの論文を引用している。George Ginsburgs, and Carl F. Pinkele, *The Sino-Soviet Territorial Dispute, 1949–64* (New York: Praeger, 1978), pp. 95–131. しかしながら、全体的

には、これらの交渉の評価は、中国の頑固さにより、何らの進展も達成されなかったとする、ソ連のプロパガンダ声明で示された路線に沿ったものであった。

(227) 李連慶『冷暖歳月：一波三折的中蘇関係』（北京：世界知識出版社、1999年）323-324頁。唐家璇編『中国外交辞典』（北京：世界知識出版社、2000年）725頁；王泰平編『中華人民共和国外交史 1957-1969』254-256頁；2001年7月、2002年1月、2002年6月、北京で行われたインタビュー。

(228) 衝突に関しては、以下の文献を参照。孟昭璧『新疆通志：軍事志』（烏魯木斉：新疆人民出版社、1997年）338頁；賀継宏『克孜勒蘇柯爾克孜自治州志』（烏魯木斉：新疆人民出版社、2004年）1091頁。

(229) 外交文書に関しては、『新疆通志：外事志』284-285頁を参照。

(230) 『人民日報』1963年5月8日、1面。

(231) Dennis J. Doolin, *Territorial Claims in the Sino-Soviet Conflict: Documents and Analysis* (Stanford, Calif.: Hoover Institution, 1965), p. 28.

(232) 王泰平編『中華人民共和国外交史 1957-1969』254頁。

(233) 李連慶『冷暖歳月』323-324頁；王泰平編『中華人民共和国外交史 1957-1969』254頁。

(234) George Ginsburgs, "The End of the Sino-Russian Territorial Disputes?" *The Journal of East Asian Studies*, vol. 7, no. 1 (1993), pp. 68-82.

(235) 直接の中国の評価に関しては、以下の文献を参照。馬叙生「踏勘辺界　談判交鋒：找回失落的国界線（之二）」『世界知識』2001年、第12期、42-43頁。

(236) 直接の中国の評価に関しては、馬叙生「踏勘辺界　談判交鋒：找回失落的国界線（之二）」42-43頁を参照。

(237) 唐家璇編『中国外交辞典』725頁。

(238) 李連慶『冷暖歳月』324頁。また、Genrikh Kireyev, "Demarcation of the Border with China," *International Affairs*, vol. 45, no. 2 (1999), p. 100も参照。キレーエフ（Genrikh Kireyev）は1990年代の合同国境画定委員会のロシア代表団首席であった。

(239) Genrikh Kireyev, "Demarcation of the Border with China," pp. 99-100; 李連慶『冷暖歳月』323-324頁；唐家璇編『中国外交辞典』725頁；王泰平編『中華人民共和国外交史 1957-1969』254-255頁。

(240) 王泰平編『中華人民共和国外交史 1957-1969』255頁；『内蒙古自治区志：軍事志』編纂委員会編『内蒙古自治区志：軍事志』471-472頁。

(241) Genrikh Kireyev, "Demarcation of the Border with China," p. 100.

(242) 2001年6月、北京でのインタビュー。

(243) 楊奎松『毛沢東与莫斯科的恩恩怨怨』（南昌：江西人民出版社、1999年）509頁。楊奎松は中央档案館の文書をもとにした実際の原稿を引用している。毛沢東の声明の日本語ニュースの翻訳をもとにした英語版に関しては、Dennis J. Doolin, *Territorial Claims in the Sino-Soviet Conflict*, pp. 42-44.

(244) 楊奎松『毛沢東与莫斯科的恩恩怨怨』510頁。

(245) 王泰平編『中華人民共和国外交史 1957-1969』255頁。

(246) Robert A. Rupen, "Mongolia in the Sino-Soviet Dispute," *The China Quarterly*, no. 16

(October-December 1963), p. 75-85.

(247) 第6章で論じるように、1957年に同盟国に譲渡されたバクロンヴィー島に関して、中国は北ヴェトナムとの紛争で妥協を行った。

第3章 一九九〇年代の辺境部の紛争における協調

(1) *Associated Press*, 25 September 1986 (Lexis-Nexis).

(2) こうした変化に対する中国の認識については、Bonnie S. Glaser, "China's Security Perceptions: Interests and Ambitions," *Asian Survey*, vol. 33, no. 3 (1993), pp. 252-271を参照。

(3) 『江沢民文選』第1巻(北京:人民出版社、2006年)279頁。

(4) もちろん毛沢東時代における大衆運動はより規模が大きく、時には数百万人を動員したが、これらは中国共産党が主導したものであってそれに対抗しようとするものではなかった。

(5) より詳しい議論として、Richard Baum, *Burying Mao: Chinese Politics in the Age of Deng Xiaoping* (Princeton, N.J.: Princeton University Press, 1994), pp. 225-244を参照。

(6) Baum, *Burying Mao*, p. 248.

(7) Baum, *Burying Mao*, p. 253; Timothy Brook, *Quelling the People: The Military Suppression of the Beijing Democracy Movement* (Stanford, Calif.: Stanford University Press, 1992), p. 33.

(8) Baum, *Burying Mao*, p. 273.

(9) 『人民日報』1989年4月26日、1面。

(10) Baum, *Burying Mao*, 265; Brook, *Quelling the People*, pp. 48-54.

(11) Brook, *Quelling the People*, pp. 164-169.

(12) Baum, *Burying Mao*, p. 34; Jonathan Spence, *The Search for Modern China* (New York: Norton, 1990), p. 612.

(13) *New York Times*, 2 January 1987, p. 2.

(14) Baum, *Burying Mao*, 203; Julia Kwong, "The 1986 Student Demonstrations in China: A Democratic Movement?" *Asian Survey*, vol. 28, no. 9 (September 1988), pp. 970-985; Spence, *Search for Modern China*, pp. 683-684.

(15) Baum, *Burying Mao*, p. 276.

(16) Baum, *Burying Mao*, p. 253.

(17) Baum, *Burying Mao*, p. 276.

(18) Baum, *Burying Mao*, p. 290.

(19) Baum, *Burying Mao*, pp. 304-307.

(20) 中国における議論は明らかに「政治安全」という概念を領土の安全や経済的安全と対置させている。閻学通「試析中国的安全環境」『当代国際問題研究』1993年、第4期、35-41頁を参照。

(21) この時期の米中関係については、Harry Harding, *A Fragile Relationship: The United States and China since 1972* (Washington, D.C.: The Brookings Institution, 1992), pp.

107-214; Robert S. Ross, *Negotiating Cooperation: The United States and China, 1969-1989*（Stanford, Calif.: Stanford University Press, 1995）, pp. 163-245 を参照。

(22) この時期の米中関係については、David M. Lampton, *Same Bed Different Dreams: Managing U.S.-China Relations, 1989-2000*（Berkeley: University of California Press, 2001）; Robert L. Suettinger, *Beyond Tiananmen: The Politics of U.S.-China Relations, 1989-2000*（Washington, D.C.: The Brookings Institution, 2003）を参照。

(23) 『鄧小平文選』第3巻、325頁。

(24) 『鄧小平文選』第3巻、325頁。

(25) 『鄧小平文選』第3巻、330-333頁。

(26) 『人民日報』1989年7月22日、1面。

(27) Chen Qimao, "New Approaches in China's Foreign Policy: The Post-Cold War Era," *Asian Survey*, vol. 33, no. 3（March 1993）, p. 238.

(28) Chen, "New Approaches in China's Foreign Policy," p. 240; John W. Garver, "The Chinese Communist Party and the Collapse of Soviet Communism," *The China Quarterly*, no. 133（March 1993）, pp. 1-26.

(29) Garver, "The Chinese Communist Party and the Collapse of Soviet Communism," p. 19より引用。

(30) たとえば魏中礼・宋憲春編『国内安全保衛』（北京：警官教育出版社［内部発行］、1999年）180-192頁を参照。

(31) Chen, "New Approaches in China's Foreign Policy," p. 238; 閻学通「試析中国的安全環境」40頁。

(32) 国内問題と対外政策の関連については、章百家「90年代的中国内政与外交」『中共党史研究』2001年、第6期、29-34頁を参照。

(33) 『鄧小平文選』第3巻、331頁。

(34) 『鄧小平文選』第3巻、302-315頁。

(35) 『鄧小平文選』第3巻、320頁。この時期の国内政治および鄧の南巡講話については、Baum, *Burying Mao*, pp. 275-368; Joseph Fewsmith, *China since Tiananmen: The Politics of Transition*（Cambridge: Cambridge University Press, 2001）, pp. 21-74を参照。

(36) 『鄧小平文選』第3巻、315-321頁。

(37) この言葉についての公式的な表現については、以下の銭其琛の序文を参照。王泰平編『鄧小平外交思想研究論文集』（北京：世界知識出版社、1996年）4-10頁。この言葉は時には「善于守拙（野心を抱かず）」と「絶不当頭（先頭に立たない）」を加えて28字方針と表記されることもある。ただし鄧小平が20字方針や28字方針の表現を使った公式記録は存在せず、とくに有名な「韜光養晦（能力をかくして力を蓄わえる）」という表現は見当たらない。おそらくは、こうした伝統的表現は先に挙げた鄧小平の9月4日発言の本質をまとめて捉えるために使われたのであろう。研究者が初めてこの政策について論文に書いたものとして、曲星「試論東欧巨変与蘇聯解体後的中国対外政策」『外交学院学報』1994年、第4期、16-22頁。また衛霊・孫潔琬『鄧小平外交思想探究』（北京：中央文献出版社、2000年）215-227頁も参照。

(38) 曲星「試論東欧巨変与蘇聯解体後的中国対外政策」19 頁。

(39) たとえば、曲星『中国外交 50 年』（南京：江蘇人民出版社、2000 年）505-545 頁；謝益顕『中国当代外交史（1949-1995)』（北京：中国青年出版社、1997 年）457-477 頁；章百家「90 年代的中国内政与外交」を参照。

(40) この説明は Chen, "New Approaches in China's Foreign Policy" に依っている。

(41) 李鵬「政府工作報告（1993)」1993 年 3 月 15 日，http://www.npc.gov.cn/.

(42) 体制の安全と善隣友好政策の関連については、章百家「90 年代的中国内政与外交」30 頁、34 頁を参照。善隣外交についての記述は劉宏煊『中国睦隣史：中国与周辺国家関係』（北京：世界知識出版社、2001 年)；石源華「論新中国周辺外交政策的歴史演変」『当代中国史研究』2000 年、第 5 期、38-50 頁；朱聴昌「論中共睦隣政策的理論与実践」『国際観察』2001 年、第 2 期、12-18 頁；朱聴昌編『中国周辺安全環境与安全戦略』（北京：時事出版社、2002 年）を参照。

(43) James C. Hsiung, "China's Omni-Directional Diplomacy: Realignment to Cope with Monopolar U.S. Power," *Asian Survey*, vol. 35, no. 6（June 1995), pp. 573-586; 章百家「従『一辺倒』到『全方位』：対 50 年来中国外交格局演進的思考」『中共党史研究』2000 年、第 1 期、21-28 頁；章百家「90 年代的中国内政与外交」29-34 頁。

(44) 『鄧小平文選』第 3 巻、350-351 頁；Robert S. Ross, "The Diplomacy of Tiananmen: Two-Level Bargaining and Great-Power Cooperation," *Security Studies*, vol. 10, no. 2（Winter 2000/2001), pp. 139-178 を参照。

(45) Chen, "New Approaches in China's Foreign Policy," pp. 243-244; Hsiung, "China's Omni-Directional Diplomacy," pp. 581-584; 章百家「90 年代的中国内政与外交」32-33 頁。

(46) 三大障害とは、ソ連のアフガニスタン占領、中ソ国境の軍事力展開、ヴェトナムのカンボジア占領に対するソ連の支援であった。

(47) 第 2 章で論じたように、ソ連は 1964 年の交渉において主要航路を受け入れていた。Genrikh Kireyev, "Demarcation of the Border with China," *International Affairs*, vol. 45, no. 2（1999), p. 100.

(48) *Associated Press*, 25 September 1986（Lexis-Nexis).

(49) *Associated Press*, 23 February 1987（Lexis-Nexis).

(50) *Xinhua*, 21 August 1987（Lexis-Nexis).

(51) 2001 年 6 月、北京でのインタビュー。また Xing Guangcheng, "China and Central Asia: Towards a New Relationship," in Yongjin Zhang and Rouben Azizian, eds., *Ethnic Challenges beyond Borders: Chinese and Russian Perspectives of the Central Asia Conundrum*（New York: St. Martin's Press, 1998), p. 46 も参照。

(52) Jim Abrams, "Chinese, Soviets Agree on Committees to Review Borders," *Associated Press*, 22 August 1987（Lexis-Nexis）より引用。

(53) "China, Soviet Union Agree on Part of Eastern Border," *Reuters*, 31 October 1988（Factiva）より引用。

(54) *Reuters*, 31 October 1988（Factiva).

(55) *Xinhua*, 18 May 1989（Lexis-Nexis).

(56) 2001年6月のインタビュー。
(57) 田曾佩編『改革開放以来的中国外交』（北京：世界知識出版社、1993年）328頁。ある資料は、中ソは1989年に東部地区について合意に達したと記しており、おそらく1989年10月の会談のことを指していると思われる。これが事実であれば、体制不安が中国の妥協の決定に影響を与えたより強力な証拠となる。李風林「中蘇辺界談判親歴記」『中共党史資料』2003年、第4期、34頁を参照。
(58) 『中国外交』1991年版、235頁。
(59) 『中国外交』1991年版；『中国外交』1992年版、233-234頁。
(60) 『中国外交』1993年版、233頁。
(61) あるソ連側の資料によれば、1990年の終わりまでに双方は国境線の90パーセントについて合意していたという。しかし、この資料が指しているのは、双方が現存の条約の適用で合意していた西部地区の大部分のみと思われる。Alexei Voskresensky, "Some Border Issues Unsolved," *New Times*, no. 19（1991）, p. 27を参照。
(62) 江沢民の初訪ソの重要性については、Elizabeth Wishnick, *Mending Fences: The Evolution of Moscow's China Policy from Brezhnev to Yeltsin*（Seattle: University of Washington Press, 2001）を参照。
(63) 外交部編『中華人民共和国条約集』（北京：世界知識出版社、1991年）266-277頁。
(64) 『中国外交』1992年版、234頁。
(65) 『中国外交』1993年版、234頁。
(66) Kireyev, "Demarcation of the Border with China," p. 108.
(67) 薛君度・陸南泉『新俄羅斯：政治、経済、外交』（北京：中国社会科学出版社、1997年）410頁。
(68) *Interfax*, 10 April 1999（Factiva）.
(69) 係争島嶼の面積については、利用可能な情報が非常に少ない。中国の公式情報によれば、アムール川とウスリー川の島嶼が600平方キロメートル、アルグン川が200平方キロメートルの合計800平方キロメートルである。その他には600平方キロメートルとする資料もあるが、この数字はアムール川とウスリー川の分だけに言及している可能性が高い。中国側の数値については、唐家璇編『中国外交辞典』（北京：世界知識出版社、2000年）725頁を参照。その他の数値については、George Ginsburgs, "The End of the Sino-Russian Territorial Disputes?" *The Journal of East Asian Studies*, vol. 7, no. 1（1993）, p. 267; Yakov Zinberg, "The Vladivostok Curve: Subnational Intervention into Russo-Chinese Border Agreements," *Boundary and Security Bulletin*, vol. 4, no. 3（1996）, p. 78を参照。
(70) Kireyev, "Demarcation of the Border with China," p. 109.
(71) 東部地区の画定に関する優れた研究として、Akihiro Iwashita, *A 4,000 Kilometer Journey along the Sino-Russian Border*（Sapporo: Slavic Research Center, Hokkaido University, 2004）を参照。未解決の島嶼については交渉が継続されたが、その他の地域については継続されなかった。ロシアの地方における反対については、Wishnick, *Mending Fences*, pp. 176-181を参照。
(72) この部分の記述については、Yutaka Akino, "Moscow's New Perspectives on Sino-

Russian Relations," in Tadayuki Hayashi, ed., *The Emerging New Regional Order in Central and Eastern Europe* (Sapporo: Slavic Research Center, Hokkaido University, 1997); Kireyev, "Demarcation of the Border with China," pp. 106-107; Zinberg, "The Vladivostk Curve," pp. 76-86 をもとにしている。

(73) 『中華人民共和国条約集』1997 年、266-276 頁。

(74) Genrikh Kireyev, "Strategic Partnership and a Stable Border," *Far Eastern Affairs*, no. 4 (1997), pp. 19-20; Kireyev, "Demarcation of the Border with China," p. 106.

(75) Kireyev, "Demarcation of the Border with China," p. 106.

(76) Kireyev, "Strategic Partnership and a Stable Border," pp. 8-22; Kireyev, "Demarcation of the Border with China," pp. 98-109.

(77) 『中国外交』1995 年版、274 頁。

(78) 『中華人民共和国条約集』1994 年、706-708 頁。

(79) Kireyev, "Demarcation of the Border with China," p. 108.

(80) Zhang Lijun, "Building Peaceful Borders," *Beijing Review*, vol. 49, no. 25 (June 2006), p. 10.

(81) 2004 年 2 月、北京でのインタビュー。

(82) 卓礼明「冷戦後老老撾的対華政策」『当代亜太』2000 年、第 9 期、19 頁。

(83) *Xinhua*, 3 July 1989 (Lexis-Nexis).

(84) 卓礼明「冷戦後老老撾的対華政策」20 頁。

(85) 『中華人民共和国条約集』1989 年、93-103 頁。

(86) *Lao National Radio*, 24 August 1990 (Lexis-Nexis).

(87) *Lao National Radio*, 26 September 1990 (Lexis-Nexis).

(88) 『中国外交』1990 年版、52 頁;『中国外交』1991 年版、54 頁;『中国外交』1992 年版、53 頁。

(89) 『中華人民共和国条約集』1991 年、62、66 頁。

(90) 2001 年 6 月、北京でのインタビュー。

(91) 『中国外交』1993 年版、55-56 頁、544 頁。

(92) 『中華人民共和国条約集』1993 年、89-114 頁。

(93) *Associated Press*, 17 September 1990 (Lexis-Nexis).

(94) *Kyodo News Service*, 20 October 1990 (Lexis-Nexis).

(95) *Xinhua*, 10 November 1991 (Lexis-Nexis).

(96) 『中華人民共和国条約集』1993 年、85-93 頁。

(97) 外交部編『中華人民共和国辺界事務条約集:中越巻』(北京:世界知識出版社 [内部発行]、2004 年) 49-52 頁。

(98) 『中国外交』1997 年版、804 頁。

(99) 2002 年 6 月、北京でのインタビュー。

(100) 『中国外交』1995 年版、44 頁。詳細については、Ramses Amer, "The Sino-Vietnamese Approach to Managing Boundary Disputes," *Maritime Briefing*, vol. 3, no. 5 (2002) を参照。

(101) 2002年1月、北京でのインタビュー。

(102) 『中華人民共和国条約集』1999年、218-239頁。当初、両国は12月初旬の朱鎔基首相訪越の際に協定が締結されることを望んでいた。しかし交渉者は明らかに1999年末の期限に間に合えばいいと考えていた。

(103) 『中国外交』各年版。

(104) *Nhan Dan*, 16 September 2002 (Factiva).

(105) *Vietnam Economic News*, 20 February 2003 (Lexis-Nexis).

(106) *Xinhua*, 2 November 2005 (Lexis-Nexis);『中国外交』2006年版、324頁。

(107) Alastair Iain Johnston, "Realism (s) and Chinese Security Policy in the Post-Cold War World," in Ethan B. Kapstein and Michael Mastanduno, eds., *Unipolar Politics: Realism and State Strategies after the Cold War* (New York: Columbia University Press, 1999), pp. 261-318.

(108) Solomon M. Karmel, "Ethnic Tension and the Struggle for Order: China's Policies in Tibet," *Pacific Affairs*, vol. 68, no. 4 (1995), pp. 485-508.

(109) Felix K. Chang, "China's Central Asian Power and Problems," *Orbis*, vol. 41, no. 3 (Summer 1997), pp. 408-409; Michael Dillon, *Xinjiang: Ethnicity, Separatism and Control in Central Asia*, Durham East Asian Papers, no. 2 (Durham, UK: Durham University, 1995), p. 19; *Far Eastern Economic Review*, 3 August 1989, p. 36; Yitzhak Shichor, "Separatism: Sino-Muslim Conflict in Xinjiang," *Pacifica Review*, vol. 6, no. 2 (1994), p. 74.

(110) *Associated Press*, 24 March 1990 (Lexis-Nexis).

(111) *Xinhua Xinjiang Regional Service*, 26 August 1989, *BBC Summary of World Broadcasts*, 1 September 1989, FE/0550/B2/1 (Lexis-Nexis).

(112) *Xinhua Xinjiang Regional Service*, 27 November 1989, *BBC Summary of World Broadcasts*, 30 November 1989, FE/0628/B2/1 (Lexis-Nexis).

(113) *Xinhua*, 13 February 1990 (Lexis-Nexis).

(114) *Xinhua Xinjiang Regional Service, BBC Summary of World Broadcasts*, 9 February 1990, FE/0684/B2/1 (Lexis-Nexis).

(115) Amnesty International, *Secret Violence: Human Rights Violations in Xinjiang* (New York: Amnesty International, 1992); Chang, "China's Central Asian Power and Problems," p. 409; Dillon, *Xinjiang*, p. 21; Shichor, "Separatism," pp. 74-75. 事件の公式報告については、"Tomur Dawamat Reports on April Rebellion in Xinjiang," Xinjiang Ribao, 26 May 1990, *BBC Summary of World Broadcasts*, 20 July 1990, FE/0821/B2/1 (Lexis-Nexis) を参照。

(116) Michael Winchester, "Beijing vs. Islam," *Asia Week*, vol. 23, no. 42 (1997), p. 31.

(117) Erkin Alptekin, "The April 1990 Uprising in Eastern Turkestan," *Journal of Muslim Minority Affairs*, vol. 11, no. 2 (1990), pp. 255-256; Shichor, "Separatism," p. 75. また *Associated Press*, 23 April 1990; *Central News Agency* (Taiwan), 18 April 1990 (Lexis-Nexis) も参照。

(118) 『新疆通志：公安志』（烏魯木斉：新疆人民出版社、2004年）64頁、66頁。

(119) Winchester, "Beijing vs. Islam."

(120) この時期の暴力の詳細については、『新疆通志：公安志』79-111 頁、845-862 頁を参照。

(121) こうしたグループについては、Dewardric L. McNeal, *China's Relations with Central Asian States and Problems with Terrorism*（Washington, D.C.: Library of Congress, Congressional Research Service, 2001）を参照。

(122) 『人民日報』1990 年 2 月 21 日、1 面。

(123) 江沢民『論国防和軍隊建設』（北京：解放軍出版社［内部発行］、2003 年）12 頁。

(124) 「中央政治局常委会関於維護新疆穏定的会議紀要、中発（1996）7 号」。文章の概要については、『新疆通志：公安志』96 頁を参照。全文英語訳については、Human Rights Watch, "China: State Control of Religion, Update No. 1"（New York: Human Rights Watch, 1998), pp. Appendix I（以後 Central Committee, "Document［1996］No. 7"）を参照。

(125) Central Committee, "Document（1996）No. 7." 新疆の指導幹部による文書の説明については、鉄木爾・達瓦売提『論民族工作与民族文化』（北京：中共中央党校出版社、2005 年）455 頁を参照。

(126) Central Committee, "Document（1996）No. 7."

(127) 『新疆日報』1990 年 10 月 19 日 , *BBC Summary of World Broadcasts*, 22 November 1990, FE/0928/B2/1（Lexis-Nexis).

(128) 王拴乾編『走向 21 世紀的新疆：政治巻』（烏魯木斉：新疆人民出版社、1999 年）197-203 頁。また Xing, "China and Central Asia," pp. 44-45 も参照。

(129) 『新疆日報』1990 年 10 月 19 日；*BBC Summary of World Broadcasts*, 22 November 1990, FE/0928/B2/1（Lexis-Nexis).

(130) Winchester, "Beijing vs. Islam," p. 31.

(131) Dillon, *Xinjiang*, p. 24.

(132) たとえば Xing Guangcheng, "China and Central Asia," in Roy Allison and Lena Jonson, eds., *Central Asian Security: The New International Context*（Washington, D.C.: The Brookings Institution, 2001), p. 163 を参照。

(133) Alptekin, "The April 1990 Uprising in Eastern Turkestan," p. 255; Shichor, "Separatism," p. 79.

(134) *The Guardian*（London), 10 May 1990（Lexis-Nexis);『新疆通志：公安志』。

(135) "Tomur Dawamat Reports";『新疆通志：公安志』。

(136) Lillian Craig Harris, "Xinjiang, Central Asia and the Implications for China's Policy in the Islamic World," *The China Quarterly*, no. 133（1993), p. 121.

(137) この取締り自体がとくに 1997 年と 1998 年の暴動や爆発事件などの増加を招いた。

(138) McNeal, *China's Relations with Central Asian States and Problems with Terrorism*, p. 10.

(139) 公式文書については、"Tomur Dawamat Reports"; Central Committee, "Document（1996）No. 7" を参照。研究者の議論については、Xing, "China and Central Asia," pp.

164-165; 尹築光・茆永福『新疆民族関係研究』（烏魯木斉：新疆人民出版社、1996年）181-182頁、261頁；中共中央組織部編『中国調査報告：新形勢下人民内部矛盾研究』（北京：中央編譯出版社、2001年）243-281頁を参照。

(140) 『人民日報』2000年9月16日、1面。

(141) Central Committee, "Document no. 7（1996）."

(142) Central Committee, "Document no. 7（1996）."

(143) *Xinhua*, 28 February 1992; *Xinhua*, 16 May 1992（Lexis-Nexis).

(144) Genrikh Kireyev, "The Serpentine Path to the Shanghai G-5," *International Affairs*, vol. 49, no. 3（2003), pp. 85-92.

(145) 許濤・季志業主編『上海合作組織：新安全観与新機制』（北京：時事出版社、2002年）。

(146) *Xinhua*, 26 April 1996（Lexis-Nexis).

(147) http://www.sectsco.org/html/00093.html.〔リンク切れ〕

(148) 張周祥『新疆辺防概要』（烏魯木斉：新疆人民出版社、1999年）135頁。

(149) たとえば *AFP*, 13 October 1995（Lexis-Nexis）を参照。

(150) 『中国外交』1994年版、601頁および許濤・季志業主編『上海合作組織』128頁も参照。この数値は張周祥が挙げた15という数よりも少ない（本章注148参照）。さらなる係争地が増えたというニュースはないことから、おそらく15の地区が合併されて11になったのであろう。

(151) 『中華人民共和国条約集』1994年、288-308頁。

(152) *Xinhua*, 26 April 1994（Lexis-Nexis).

(153) *Xinhua*, 29 June 1993（Lexis-Nexis).

(154) 『中国外交』1998年版、344頁；『中華人民共和国条約集』1997年、90-94頁；*Dow Jones Energy Service*, 23 September 1997（Factiva).

(155) 外交部編『中華人民共和国辺界事務条約集：中哈巻』（北京：世界知識出版社［内部発行］、2005年）487-493頁。

(156) "Kazakh Parliament Ratifies 'Advantageous' Border Agreement with China," *Interfax-Kazakhstan News Agency*（Alma-Ata), 3 February 1999, *BBC Monitoring Central Asia*, 4 February 1999（Factiva).

(157) *South China Morning Post*, 20 February 1997（Lexis-Nexis).

(158) *AFP*, 5 October 1997（Lexis-Nexis).

(159) *Xinhua*, 4 July 1998, *BBC Worldwide Monitoring*（Lexis-Nexis).

(160) *Reuters*, 23 November 1999（Factiva).

(161) Human Rights Watch, *China: Human Rights Concerns in Xinjiang*（New York: Human Rights Watch, 2001).

(162) たとえば *Interfax-Kazhakstan*, 24 February 1999（Lexis-Nexis); Jean-Christophe Peuch, "Central Asia: Uighurs Say States Yield to Chinese," *RFERL*, http://www.rferl.org/nca/features/2001/03/29032001104726.asp を参照。

(163) *WPS Russian Media Monitoring Agency*, 18 June 1999（Factiva).

(164) "Border Problems with China 'Fully Resolved,' Kazakh President," *BBC Monitoring*

Central Asia, 25 November 1999 (Factiva).

(165) 張周祥『新疆辺防概要』135 頁。

(166) 『中国外交』1996 年版、297 頁。

(167) 『中国外交』1996 年版、695 頁。

(168) 張周祥『新疆辺防概要』135 頁。協定の写しについては、『中華人民共和国条約集』1996 年、100–110 頁を参照。

(169) *AFP*, 24 October 1995 (Lexis-Nexis).

(170) *Xinhua*, 4 July 1996 (Lexis-Nexis).

(171) 『中国外交』各年版を参照。

(172) 『中国外交』1999 年版、285 頁、688 頁。

(173) 外交部編『中華人民共和国辺界事務条約集：中吉巻』(北京：世界知識出版社［内部発行］、2005 年) 415–421 頁。

(174) *ITAR-TASS*, 17 May 2002 (Lexis-Nexis).

(175) *Xinhua*, 26 August 1999 (Lexis-Nexis).

(176) *Associated Press*, 20 February 2003 (Lexis-Nexis).

(177) "Kyrgyz-Chinese Border Talks Reopen in Western China," *Bishkek AKI* press, 27 October 2003, FBIS-CEP20031027000251；『中国外交』2005 年版、336 頁。

(178) John W. Garver, "The Sino-Soviet Territorial Dispute in the Pamir Mountains Region," *The China Quarterly*, no. 85 (1981), pp. 107–118; 張周祥『新疆辺防概要』137–142 頁を参照。

(179) 張周祥『新疆辺防概要』136 頁。

(180) タジキスタンの内戦については *Accord*, no. 10, March 2001 を参照。

(181) *AFP*, 31 October 1997 (Factiva);『中国外交』1998 年版、360–361 頁；*Interfax*, 21 May 2002 (Lexis-Nexis).

(182) *Leninabadskaya Pravda* (Khujand), 27 July 2002, *BBC Monitoring Central Asia*, 3 August 2002 (Factiva). 合意については、外交部編『中華人民共和国辺界事務条約集：中塔巻』(北京：世界知識出版社［内部発行］、2005 年) 197–204 頁を参照。

(183) *Xinhua*, 13 August 1999 (Lexis-Nexis).

(184) たとえば、*AFP*, 20 September 1996 (Lexis-Nexis) を参照。

(185) 2002 年 6 月、北京でのインタビュー。

(186) 2002 年 6 月、北京でのインタビュー；"Tajikistan, China Settle Border Issue in Principle," *ITAR-TASS*, 26 December 2001, *BBC Monitoring Former Soviet Union*, 26 December 2001 (Factiva).

(187) 外交部編『中華人民共和国辺界事務条約集：中塔巻』260–266 頁。

(188) *Reuters*, 20 May 2002 (Factiva).

(189) "Tajikistan, China Settle Border Issue in Principle" より引用。

(190) 『中国外交』2006 年版、325 頁。

(191) 『中国外交』各年版。

(192) http://www.sectsco.org/html/00500.html.

(193) Karmel, "Ethnic Tension," pp. 485–508.

(194) 鄧は1980年にもこの提案をインドの記者に繰り返した。Mira Sinha Bhattacharjea, "India-China: The Year of Two Possibilities," in Satish Kumar, ed., *Yearbook on India's Foreign Policy, 1985–86*（New Delhi: Sage Publications, 1988）, p. 150.

(195) これら協議については、Bhattacharjea, "India-China," pp. 150–161; Sumit Ganguly, "The Sino-Indian Border Talks, 1981–1989: A View from New Delhi," *Asian Survey*, vol. 29, no. 12（1989）, pp. 1123–1135を参照。

(196) *Press Trust of India*, 13 June 1992, *BBC Summary of World Broadcasts*, 15 June 1992, FE/1407/A2/1（Lexis-Nexis）.

(197) 『中国外交』1993年版、510頁。

(198) *Reuters*, 28 June 1993（Factiva）.

(199) 1962年の実効支配線を指す。これは大体において1959年の実効支配線と一致する。

(200) この実施については、Waheguru Pal Singh Sidhu and Jing-dong Yuan, "Resolving the Sino-Indian Border Dispute," *Asian Survey*, vol. 41, no. 2（March/April 2001）, pp. 351–376を参照。

(201) 『中国外交』1997年版、510頁。

(202) "Chance to Resolve Dispute Missed?" *The Telegraph*（Calcutta）, 15 May 1997, FBIS# 19970515001285.

(203) "Agreement between the Government of the Republic of India and the Government of the People's Republic of China on the Political Parameters and Guiding Principles for the Settlement of the India-China Boundary Question," http://www.mea.gov.in/treaties agreement/2005/11ta1104200501.htm.

(204) Rajesh S. Kharat, *Foreign Policy of Bhutan*（New Delhi: Manak, 2005）, p. 138.

(205) "Bhutan, China Near Border Deal: Diplomat," *AFP*, 14 July 1997.

(206) 外交部編『中華人民共和国辺界事務条約集：中印、中不巻』（北京：世界知識出版社［内部発行］、2004年）124–126頁。

(207) Dawa Norbu, *China's Tibet Policy*（London: Curzon Press, 2001）.

第4章　辺境部の紛争におけるエスカレーション

(1) 中印辺境自衛反撃作戦史編写組編『中印辺境自衛反撃作戦史』（北京：軍事科学出版社［内部発行］、1994年）435–437頁。

(2) 中国の意思決定に関する主要な英語文献としては、Cheng Feng and Larry M. Wortzel, "PLA Operational Principles and Limited War: The Sino-Indian War of 1962," in Mark A. Ryan, David M. Finkelstein, and Michael A. McDevitt, eds., *Chinese Warfighting: The PLA Experience since 1949*（Armonk, N.Y.: M. E. Sharpe, 2003）, pp. 173–197; John W. Garver, "China's Decision for War with India in 1962," in Alastair Iain Johnston and Robert S. Ross, eds., *New Directions in the Study of China's Foreign Policy*（Stanford, Calif.: Stanford University Press, 2006）, pp. 86–130; Melvin Gurtov and Byong-Moo Hwang, *China under Threat: The Politics of Strategy and Diplomacy*（Baltimore: Johns

Hopkins University Press, 1980), pp. 99–154; Roderick MacFarquhar, *The Origins of the CulturalRevolution*, vol. 3 (New York: Columbia University Press, 1997), pp. 297–318; Neville Maxwell, *India's China War* (New York: Pantheon Books, 1970); Allen S. Whiting, *The Chinese Calculus of Deterrence: India and Indochina* (Ann Arbor: University of Michigan Press, 1975).

重要な中国語文献としては、中印辺境自衛反撃作戦史編写組編『中印辺境自衛反撃作戦史』；王宏緯『喜馬拉雅山情結：中印関係研究』（北京：中国蔵学出版社、1998 年）；王中興「60 年代中印辺界衝突与中国辺防部隊的自衛反撃作戦」『当代中国研究』1997 年、第 5 期、13–23 頁；徐焔『中印辺界之戦歴史真相』（香港：天地出版、1993 年）。

本書では、信憑性が不明であるため、毛沢東および他の指導者の発言を広範にわたり引用する二つの中国語資料を用いていない。師博『1962：中印大戦紀実』（北京：中国大地出版社、1993 年）；孫暁・陳志斌『喜馬拉雅山的雪：中印戦争実禄』（太原：北岳文芸出版社、1991 年）。人民解放軍の歴史研究者による驚くべき率直さで書かれた孫暁と陳志斌の文献への批判については、徐焔『「内幕」大暴光』（北京：団結出版社、1994 年）144–197 頁を参照。

インド国防省による公式の歴史については、P. B. Sinha and A. A. Athale, *History of Conflict with China* (New Delhi: History Division, Ministry of Defence, Government of India [restricted], 1992) を参照。主要な回顧録としては、J. P. Dalvi, *Himalayan Blunder: The Curtain-Raiser to the Sino-Indian War of 1962* (Bombay: Thacker and Company, 1969); B. M. Kaul, *The Untold Story* (Bombay: Allied Publishers, 1967); B. N. Mullik, *My Years with Nehru: The Chinese Betrayal* (Bombay: Allied Publishers, 1971); D. K. Palit, *War in High Himalaya: The Indian Army in Crisis, 1962* (New Delhi: Lancer International, 1991).

(3) 本節では、主に中国の意思決定に焦点を絞ることとする。インドの意思決定に関する最も詳細な説明については、Steven A. Hoffman, *India and the China Crisis* (Berkeley: University of California Press, 1990).

(4) Whiting, *Calculus.* 同様の主張を展開しているものとして、Gurtov and Hwang, *China under Threat*; Gerald Segal, *Defending China* (Oxford: Oxford University Press, 1985).

(5) 張彤「対印自衛反撃戦前後的回億」裴堅章『新中国外交風雲』（北京：世界知識出版社、1990 年）75 頁。この戦争当時、張彤は外交部アジア局にいた。別の研究者によれば、毛沢東は「30 年」と述べたという。蕭心力編『毛沢東与共和国重大歴史事件』（北京：人民出版社、2001 年）338 頁を参照。

(6) 1956 年以前に中国によって占拠された西部地区の領域については、中印辺境自衛反撃作戦史編写組編『中印辺境自衛反撃作戦史』46–47 頁を参照。

(7) Mullik, *My Years*, p. 242.

(8) *White Paper: Notes, Memoranda and Letters Exchanged and Agreements Signed between the Governments of India and China* (以下 *White Paper*) I, p. 26.

(9) 劉武生・杜宏奇編『周恩来軍事活動紀事 1918–1975』下巻（北京：中央文献出版社、2000 年）525 頁。

(10) Palit, *War*, p. 97.

(11) P. B. Sinha and A. A. Athale, *History of Conflict with China*, pp. 67–68.

(12) Mullik, *My Years*, p. 313. 1959 年以後インドが中国に遅れをとった原因としては、地理的な問題、国境管理に関する権限の分散、経済的制約、兵站面での問題が挙げられる。この点については、Dalvi, *Himalayan Blunder*, pp. 55–106；Hoffman, *India*, pp. 92–97；Maxwell, *India's China War*, pp. 199–205；Palit, *War*, pp. 246–110 を参照。

(13) Hoffman, *India*, 95–96；*HCC*, 59–68. 中国側はこれらの陣地を 1961 年以前に設立していたが、インドの警備隊に発見されていなかった。

(14) Mullik, *My Years*, p. 309.

(15) P. B. Sinha and A. A. Athale, *History of Conflict with China*, p. 68 に引用されている。

(16) 詳細な説明については、Hoffman, *India*, pp. 96–100 を参照。また、Maxwell, *India's China War*, pp. 221–223；P. B. Sinha and A. A. Athale, *History of Conflict with China*, pp. 68–69 も参照。

(17) 中印辺境自衛反撃作戦史編写組編『中印辺境自衛反撃作戦史』138–170 頁。

(18) Maxwell, *India's China War*, p. 235；*HCC*, p. 70.

(19) 中印辺境自衛反撃作戦史編写組編『中印辺境自衛反撃作戦史』154 頁。

(20) P. B. Sinha and A. A. Athale, *History of Conflict with China*, p. 69.

(21) 中印辺境自衛反撃作戦史編写組編『中印辺境自衛反撃作戦史』96 頁。

(22) Mullik, *My Years*, p. 136；P. B. Sinha and A. A. Athale, *History of Conflict with China*, p. 71.

(23) *Washington Post*, 6 July 1962, p. A7. あわせて、Maxwell, *India's China War*, pp. 328–329 を参照。

(24) 中印辺境自衛反撃作戦史編写組編『中印辺境自衛反撃作戦史』463 頁。

(25) 張植栄「中印関係的回顧与反思：楊公素大使訪談録」『当代亜太』2000 年、第 8 期、17–25 頁。

(26) 本書第 2 章 84–88 頁を参照。

(27) 『周恩来軍事文選』（北京：人民出版社、1997 年）435 頁。

(28) 王尚栄「新中国誕生後幾次重大戦争」朱元石『共和国要事口述史』（長沙：湖南人民出版社、1999 年）277–278 頁。

(29) Whiting, *Calculus*. また J. Chester Cheng, ed., *Politics of the Chinese Red Army* (Stanford, Calif.: Hoover Institution Publications, 1966）の資料を参照。

(30) Whiting, *Calculus*. また Gurtov and Hwang, *China under Threat*; Maxwell, *India's China War* を参照。

(31) 中印辺境自衛反撃作戦史編写組編『中印辺境自衛反撃作戦史』地図 2。

(32) 中印辺境自衛反撃作戦史編写組編『中印辺境自衛反撃作戦史』158 頁。

(33) 2 月に中印国境地帯の人民解放軍部隊は、戦争の可能性に備えて準備を整えるよう指示を受けた。この時の指示は、作戦計画の検討、物資の貯蔵、道路建設の促進、情報通信工事の完了に力点をおく内容であった。中印辺境自衛反撃作戦史編写組編『中印辺境自衛反撃作戦史』462–463 頁。

(34) 劉武生・杜宏奇編『周恩来軍事活動紀事 1918-1975』564 頁。

(35) 「関於中印辺境軍事闘争的具体按排」中印辺境自衛反撃作戦史編写組編『中印辺境自衛反撃作戦史』465 頁。

(36) 中印辺境自衛反撃作戦史編写組編『中印辺境自衛反撃作戦史』158 頁。

(37) 中印辺境自衛反撃作戦史編写組編『中印辺境自衛反撃作戦史』466 頁。

(38) Whiting, *Calculus*, pp. 79-80.

(39) 劉武生・杜宏奇編『周恩来軍事活動紀事 1918-1975』564 頁。

(40) 中印辺境自衛反撃作戦史編写組編『中印辺境自衛反撃作戦史』142 頁。

(41) 中印辺境自衛反撃作戦史編写組編『中印辺境自衛反撃作戦史』143 頁。

(42) 中印辺境自衛反撃作戦史編写組編『中印辺境自衛反撃作戦史』138-145 頁。

(43) 中印辺境自衛反撃作戦史編写組編『中印辺境自衛反撃作戦史』140-142 頁。

(44) P. B. Sinha and A. A. Athale, *History of Conflict with China*, p. 78.

(45) *White Paper*, VI, p. 16.

(46) "Concrete Steps for the Resumption of Border Patrols and Principles for the Handling of Situations by Frontier Defense Sentry Posts"(「関於恢復辺境巡邏的具体措置和辺防哨卡処置情況的原則」), 中印辺境自衛反撃作戦史編写組編『中印辺境自衛反撃作戦史』127 頁。

(47) "Several Rules for the Implementation of the Center's Guiding Principles for the China-India Border Struggle in the Western Sector"(「貫徹中央関於中印辺境西段闘争方針的若干規定」), 中印辺境自衛反撃作戦史編写組編『中印辺境自衛反撃作戦史』152-153 頁。

(48) 周恩来はネルーとの会談でこの誤解を助長することになった。

(49) *White Paper*, VI, p. 43.

(50) インドの交渉戦略は、つねに領土紛争は西部地区でのみ生じており、東部地区では生じていないとの前提に基づくものであった。

(51) Whiting, *Calculus*, p. 80.

(52) Arthur Lall, *The Emergence of Modern India* (New York: Columbia University Press, 1981), p. 156. 中国側の資料にはこれらの会談に関する記述は存在しない。

(53) *White Paper*, VII, p. 4.

(54) *White Paper*, VII, pp. 17-18.

(55) *White Paper*, VII, pp. 36-37. インド議会が果たした役割については、Nancy Jetly, *India China Relations, 1947-1977: A Study of Parliament's Role in the Making of Foreign Policy* (New Delhi: Radiant Publishers, 1979); Maxwell, *India's China War*, p. 253 を参照。ホワイティングは中国側が「前提条件なしで」会談を行うと言及したことが、不必要にインドを挑発し、提案の拒絶へとつながったと主張する。Whiting, *Calculus*, p. 88.

(56) 徐焔『中印辺界之戦歴史真相』91-92 頁。

(57) *White Paper*, 各巻。

(58) この点についての描写として、Dalvi, *Himalayan Blunder*, pp. 133-139; Maxwell, *India's China War*, pp. 292-298; Palit, *War*, pp. 190-191; Whiting, *Calculus*, pp. 96-97 を参照。

(59) Hoffman, *India*, pp. 110-111.

(60) 責任者であったインド軍将校は、1914年の地図に記されたマクマホン・ラインの北方地域について不案内であったため、その拠点を誤った名前で呼んでいた。Maxwell, *India's China War*, p. 295; Niranjan Prasad, *The Fall of Towang, 1962* (New Delhi: Palit & Palit, 1981), p. 23を参照。

(61) P. B. Sinha and A. A. Athale, *History of Conflict with China*, p. 76, 94.

(62) 中印辺境自衛反撃作戦史編写組編『中印辺境自衛反撃作戦史』158頁。

(63) 中印辺境自衛反撃作戦史編写組編『中印辺境自衛反撃作戦史』158頁；P. B. Sinha and A. A. Athale, *History of Conflict with China*, p. 77.

(64) Whiting, *Calculus*, p. 98.

(65) インド側の意思決定については、Hoffman, *India*, pp. 130-142; Maxwell, *India's China War*, pp. 291-325; *HCC*, pp. 95-96. また Dalvi, *Himalayan Blunder*, p. 211; Kaul, *Untold Story*, pp. 358-359も参照。

(66) Whiting, *Calculus*, pp. 96-98.

(67) 徐焔『中印辺界之戦歴史真相』96頁。

(68) Prasad, *Fall of Towang*, pp. 22-24.

(69) ホワイティングは、さらに中国がナムカチュの拠点を構築したのは、交渉を呼びかけた9月13日の提案と関連していたのではないかと推測している。しかし、入手可能な資料には、9月8日の警備活動がこの提案と関連していたことを示す記述は見当たらない。

(70) *White Paper*, VII, p. 73.

(71) *White Paper*, VII, pp. 67-68.

(72) Kaul, *Untold Story*, p. 360; P. B. Sinha and A. A. Athale, *History of Conflict with China*, p. 95.

(73) 中印辺境自衛反撃作戦史編写組編『中印辺境自衛反撃作戦史』160-161頁。

(74) Kaul, *Untold Story*, p. 363.

(75) 中印辺境自衛反撃作戦史編写組編『中印辺境自衛反撃作戦史』160-162頁；P. B. Sinha and A. A. Athale, *History of Conflict with China*, pp. 99-102.

(76) 『周恩来年譜』中巻、500頁。

(77) *White Paper*, VII, pp. 100-102.

(78) 『周恩来年譜』中巻、500頁。

(79) 中印辺境自衛反撃作戦史編写組編『中印辺境自衛反撃作戦史』179頁。

(80) 中印辺境自衛反撃作戦史編写組編『中印辺境自衛反撃作戦史』179頁。中国は東部地区で決意を示すことによって、西部地区をめぐる交渉上の余地を作り出したいと望んだ。

(81) 徐焔『中印辺界之戦歴史真相』106, 108頁。

(82) この会議に関しては四つの資料で記述が見られるが、いずれにも日程が記されておらず、10月半ばに行われたことしか明らかになっていない。しかし、この会議の決定事項の一つは、第130師団を四川からチベットへと移動させることであった。これは10月9日に中央軍事委員会が決定した事項であり、この事実から会議が10月6日から8日のどこかの時点で行われたことがわかる。この点については以下を参照。王宏緯『喜馬拉雅山

情結：中印関係研究』（北京：中国蔵学出版社、1998 年）228-230 頁；蕭心力編『毛沢東与共和国重大歴史事件』（北京：人民出版社、2001 年）336-338 頁。さらなる詳細については、雷英夫『在最高統帥部当参謀：雷英夫回憶録』（南昌：百花洲文芸出版社、1997 年）206-209 頁；王尚栄「新中国誕生後幾次重大戦争」朱元石『共和国要事口述史』（長沙：湖南人民出版社、1999 年）281-285 頁。第 130 師団の移動決定については、中印辺境自衛反撃作戦史編写組編『中印辺境自衛反撃作戦史』472 頁；蕭心力編『毛沢東与共和国重大歴史事件』338 頁を参照。

(83) 他の会議参加者は、周恩来（首相）、林彪（国防相）、葉剣英（退役元帥）、劉伯承（退役元帥）、羅瑞卿（総参謀長）、蕭華（総政治部副主任）、張国華（チベット軍区司令員）、および何家産（南疆軍区司令員）であった。

(84) 「殲滅入侵克節朗印軍預先号令」中印辺境自衛反撃作戦史編写組編『中印辺境自衛反撃作戦史』472 頁。

(85) K. C. Praval, *The Red Eagles: A History of the Fourth Division of India* (New Delhi: Vision Books, 1982), pp. 229-233.

(86) 『周恩来年譜』中巻 502 頁；劉暁『出使蘇聯八年』（北京：中共党史資料出版社、1986 年）121 頁。

(87) 中印辺境自衛反撃作戦史編写組編『中印辺境自衛反撃作戦史』471-474 頁。

(88) 中印辺境自衛反撃作戦史編写組編『中印辺境自衛反撃作戦史』473-474 頁。中印辺境自衛反撃作戦史編写組編『中印辺境自衛反撃作戦史』178 頁も参照。

(89) 中印辺境自衛反撃作戦史編写組編『中印辺境自衛反撃作戦史』142 頁。

(90) 徐焔『中印辺界之戦歴史真相』106-108 頁。

(91) 雷英夫『在最高統帥部当参謀』207 頁。Garver, "China's Decision" も参照。

(92) 中印辺境自衛反撃作戦史編写組編『中印辺境自衛反撃作戦史』473-474 頁。

(93) 雷英夫『在最高統帥部当参謀：雷英夫回憶録』207 頁。

(94) 『周恩来軍事文選』472 頁。

(95) 『周恩来軍事文選』472 頁。

(96) 『周恩来軍事文選』471 頁。

(97) 雷英夫『在最高統帥部当参謀』208 頁。

(98) 徐焔『中印辺界之戦歴史真相』110 頁。

(99) 徐焔『中印辺界之戦歴史真相』110 頁。

(100) 雷英夫『在最高統帥部当参謀』210 頁に引用。

(101) 『人民日報』1962 年 10 月 24 日、1 面。

(102) P. B. Sinha and A. A. Athale, *History of Conflict with China*, p. xxiv; 王誠漢『王誠漢回億録』（北京：解放軍出版社、2004 年）482 頁。また「1962 年以後中印辺境的両次較大衝突」http://bwl.top81.com.cn/war_cn/india/202.htm も参照。

(103) 「1962 年以後」

(104) Lorne J. Kavic, *India's Quest for Security: Defence Policies, 1947-1965* (Berkeley: University of California Press, 1967), pp. 192-196.

(105) G. S. Bajpai, *China's Shadow over Sikkim: The Politics of Intimidation* (New Delhi:

Lancer Publishers, 1999), pp. 156-181.

(106) Bajpai, *China's Shadow*, pp. 183-195. Sheru Thapliyal, "Nathula Skirmish of 1967," *Force* (January 2006), OSC#SAP20060228016001 も参照。

(107) Roderick MacFarquhar and Michael Schoenhals, *Mao's Last Revolution* (Cambridge, Mass.: Belknap Press of Harvard University Press, 2006); Andrew G. Walder and Yang Su, "The Cultural Revolution in the Countryside: Scope, Timing and Human Impact," *The China Quarterly*, no. 173 (March 2003), p. 85.

(108) 王誠漢『王誠漢回億録』481-482頁。

(109) 劉武生・杜宏奇編『周恩来軍事活動紀事 1918-1975』下巻、667頁。

(110) Pravin Sawhney, *The Defence Makeover: 10 Myths That Shape India's Image* (New Delhi: Sage Publications, 2002), p. 30. 詳細な説明については、以下を参照。John W. Garver, "Sino-Indian Rapprochement and the Sino-Pakistan Entente," *Political Science Quarterly*, vol. 111, no. 2 (Summer 1996), pp. 337-343.

(111) Garver, "Sino-Indian Rapprochement," p. 338.

(112) Mira Sinha Bhattacharjea, "India-China: The Year of Two Possibilities," in Satish Kumar, ed., *Yearbook on India's Foreign Policy, 1985-86* (New Delhi: Sage Publications, 1988), p. 152, 156; T. Karki Hussain, "India's China Policy: Putting Politics in Command," in Satish Kumar, ed., *Yearbook on India's Foreign Policy, 1989* (New Delhi: Sage Publications, 1990), p. 121; Sawhney, *Defence Makeover*, p. 29.

(113) "Red Heat," *Force* (December 2004), OSC# SAP20041209000096.

(114) Bhattacharjea, "India-China," pp. 152-155.

(115) Hussain, "India's China Policy," p. 122.

(116) インド軍については、Sawhney, *Defence Makeover*, p. 30 を、中国軍については、*Far Eastern Economic Review*, 4 June 1987, p. 42 を参照。

(117) *AP*, 15 June 1987; *Reuters*, 14 August 1987 (Factiva).

(118) 徐焔「1969年中蘇辺界的武装衝突」『党史研究資料』1994年、第5期、7-8頁。

(119) Thomas W. Robinson, "The Sino-Soviet Border Conflict," in Stephen S. Kaplan, ed., *Diplomacy of Power: Soviet Armed Forces as a Political Instrument* (Washington, D.C.: The Brookings Institution, 1981); 楊奎松『毛沢東与莫斯科的恩恩怨怨』（南昌：江西人民出版社、1999年）494-509頁。

(120) 衝突の概要については以下を参照。Gurtov and Hwang, *China under Threat*, pp. 187-241; Thomas W. Robinson, *The Sino-Soviet Border Dispute: Background, Development and the March 1969 Clashes* (Santa Monica, Calif.: RAND Corp., 1970); Robinson, "Sino-SovietBorder," pp. 265-313; Segal, *Defending China*, pp. 176-196; RichardWich, *Sino-Soviet Crisis Politics: A Study of Political Change and Communication* (Cambridge, Mass.: Harvard UniversityPress, 1980).

中国側の資料としては以下を参照。当代中国軍隊的軍事工作編委会編『当代中国軍隊的軍事工作』上巻（北京：中国社会科学出版社、1989年）635-645頁；李柯・郝生章『文化大革命中的人民解放軍』（北京：中共党史資料出版社、1989年）312-326頁；徐焔「1969

年中蘇辺界的武装衝突」『党史研究資料』1994年、第5期、2-13頁；楊奎松『毛沢東与莫斯科的恩恩怨怨』（南昌：江西人民出版社、1999年）485-513頁。これらの資料のうち、李柯と郝生章の論文が根本的に重要である。なぜなら、その後に中国で出版されたこの問題に関する学術論文のほとんどが、上記論文の実証部分に依拠して書かれているからである。

他の重要な中国語資料としては、李丹慧「1969年中蘇辺界衝突：縁起和結果」『当代中国史研究』1996年、第3期、39-50頁；李連慶『冷暖歳月：一波三折的中蘇関係』（北京：世界知識出版社、1999年）、346-383頁；牛軍「1969年中蘇辺界衝突与中国外交戦略的調整」『当代中国史研究』1999年、第1期、66-77頁；蕭心力編『毛沢東与共和国重大歴史事件』388-397頁；余雁『五十年国事紀要：軍事巻』（長沙：湖南人民出版社、1999年）528-551頁。

(121) Gurtov and Hwang, *China under Threat*, pp. 187-241; Robinson, *Sino-Soviet Border*; Robinson, "Sino-Soviet Border," pp. 265-313; Segal, *Defending China*, pp. 176-196; Wich, *Sino-Soviet Crisis*.

(122) 中ソ関係については、Lorenz Luthi, *The Sino-Soviet Split* (Princeton, N.J.: Princeton University Press, 2008) を参照。

(123) Office of National Estimates, *The Soviet Military Buildup along the Chinese Border*, SM-7-68 [Top Secret] (Washington, D.C.: Central Intelligence Agency, 1968).

(124) Directorate of Intelligence, *Military Forces along the Sino-Soviet Border*, SR-IM-70-5 [Top Secret] (Washington, D.C.: Central Intelligence Agency, 1970).

(125) National Intelligence Board, *The USSR and China*, NIE 11-13-69 [Top Secret] (Washington, D.C.: Central Intelligence Agency, 1969), p. 5.

(126) National Intelligence Board, *The USSR and China*, p. 5.

(127) National Intelligence Board, *Warsaw Pact Forces for Operations in Eurasia*, NIE 11-14-71 [Top Secret] (Washington, D.C.: Central Intelligence Agency, 1971), p. 27.

(128) Directorate of Intelligence, *Military Forces along the Sino-Soviet Border*, p. 5.

(129) Thomas W. Robinson, "China Confronts the Soviet Union: Warfare and Diplomacy on China's Inner Asian Frontiers," in Roderick MacFarquhar and John K. Fairbank, eds., *The Cambridge History of China*, vol. 15, part 2 (Cambridge: Cambridge University Press, 1991), p. 299. ゴールドスタインについては、注139を参照。

(130) *New York Times*, 11 December 1966, p. 3.

(131) *Current Background*, no. 892 (21 October 1969), p. 50における引用。

(132) 『人民日報』1968年10月1日、6面。

(133) 詳細な議論については、Gurtov and Hwang, *China under Threat*, pp. 208-216; Wich, *Sino-Soviet Crisis*, pp. 97-99を参照。

(134) Sergei Goncharov and Victor Usov, "Kosygin-Zhou Talks at Beijing Airport," *Far Eastern Affairs*, no. 4-6 (1992), p. 98.

(135) 1968年1月以後、中国の辺境防衛部隊 (frontier defense forces) は、〔相手の攻撃と〕同等の水準で反撃し、紛争をエスカレートさせないよう指示された。李柯・郝生章『文化

大革命中的人民解放軍』317頁；徐焔「1969年中蘇辺界的武装衝突」5頁。

(136) 徐焔「1969年中蘇辺界的武装衝突」4頁。

(137) 孟昭璧『新疆通志：軍事志』（烏魯木斉：新疆人民出版社、1997年）179頁；徐焔「1969年中蘇辺界的武装衝突」4頁。

(138) 李柯・郝生章『文化大革命中的人民解放軍』317頁；李連慶『冷暖歳月』346-347頁；徐焔「1969年中蘇辺界的武装衝突」5頁。

(139) Lyle Goldstein, "Return to Zhenbao Island: Who Started Shooting and Why It Matters," *The China Quarterly*, no. 168（December 2001）, pp. 990-991.

(140) 詳細な議論については、Wich, *Sino-Soviet Crisis*, pp. 41-74を参照。

(141) 『人民日報』1968年9月17日、5面。

(142) 『人民日報』1968年10月1日、6面。

(143) Whiting, *Calculus*, pp. 238-239.

(144) John Wilson Lewis and Litai Xue, *China Builds the Bomb*（Stanford, Calif.: Stanford University Press, 1988）, p. 244.

(145) 李柯・郝生章『文化大革命中的人民解放軍』317頁；李連慶『冷暖歳月』347頁；徐焔「1969年中蘇辺界的武装衝突」5頁。

(146) 徐焔「1969年中蘇辺界的武装衝突」5頁。

(147) 孟昭璧『新疆通志：軍事志』339頁。

(148) 文化大革命については、MacFarquhar and Schoenhals, *Mao's Last Revolution*を参照。

(149) Harry Harding, "The Chinese State in Crisis," in Roderick MacFarquhar and John K. Fairbank, eds., *The Cambridge History of China*, vol. 15, part 2（Cambridge: Cambridge University Press, 1991）, pp. 212-214.

(150) 文化大革命期に人民解放軍が果たした役割については以下を参照。李柯・郝生章『文化大革命中的人民解放軍』；Harding, "Chinese State in Crisis," pp. 169-170; MacFarquhar and Schoenhals, *Mao's Last Revolution*; Andrew Scobell, *China's Use of Military Force: Beyond the Great Wall and the Long March*（New York: Cambridge University Press, 2003）, pp. 94-11.

(151) Harding, "Chinese State in Crisis," p. 169.

(152) 徐焔「1969年中蘇辺界的武装衝突」4-6頁。

(153) 徐焔「1969年中蘇辺界的武装衝突」5頁。

(154) 2002年7月、北京でのインタビュー；2004年2月、北京でのインタビュー。

(155) これらの命令について論じた最初の中国語資料が、李柯・郝生章『文化大革命中的人民解放軍』318-319頁。

(156) 徐焔「1969年中蘇辺界的武装衝突」5頁。楊奎松は、この時中国はソ連の警備隊を攻撃する準備を整えていたと主張する。Yang Kuisong, "The Sino-Soviet Border Clash of 1969: From Zhenbao Island to Sino-American Rapprochement," *Cold War History*, vol. 1, no. 1（August 2000）, p. 28を参照。

(157) 李柯・郝生章『文化大革命中的人民解放軍』319頁；徐焔「1969年中蘇辺界的武装衝突」6頁。

(158)　李柯・郝生章『文化大革命中的人民解放軍』319 頁；徐焔「1969 年中蘇辺界的武装衝突」6 頁。
(159)　Yang, "Sino-Soviet," pp. 28–29.
(160)　徐焔「1969 年中蘇辺界的武装衝突」6 頁。
(161)　2004 年 2 月、北京でのインタビュー。
(162)　これらの出来事についての中国語による学術的な記述については以下を参照。李柯・郝生章『文化大革命中的人民解放軍』320–324 頁；徐焔「1969 年中蘇辺界的武装衝突」6–9 頁；楊奎松『毛沢東与莫斯科的恩恩怨怨』488–494 頁。中国の公式の説明については、*Peking Review*, no. 11 and no. 12 (March 1969) を参照。ソ連による記述については、"Soviet Report to GDR Leadership on 2 March 1969 China-Soviet Border Clashes," Cold War International History Project Virtual Archive を参照。
(163)　Yang, "Sino-Soviet," p. 28, 30 より引用。
(164)　徐焔「1969 年中蘇辺界的武装衝突」6 頁。
(165)　Directorate of Intelligence, *Sino-Soviet Exchanges, 1969–84: A Reference Aid*, EA 84-10069 [Top Secret] (Washington, D.C.: Central Intelligence Agency, 1984), p. 5; Neville Maxwell, "The Chinese Account of the 1969 Fighting at Chenpao," *The China Quarterly*, no. 56 (December 1973), p. 731.
(166)　孟昭璧『新疆通志：軍事志』340 頁。
(167)　Sergei Goncharov, "Kosygin-Zhou Talks at Beijing Airport," *Far Eastern Affairs*, nos. 1–2 (1993), pp. 52–65; Goncharov and Usov, "Kosygin-Zhou Talks." 両論文ともにソ連外交官アレクセイ・エリザヴェティン (Alexei Elizavetin) の回想に言及している。
(168)　Goldstein, "Return," p. 997; Li, "1969," pp. 39–50.
(169)　Yang, "Sino-Soviet," p. 30 に引用。本論文では外交文書が引用されている。
(170)　John W. Garver, "Chinese Foreign Policy in 1970: The Tilt Towards the Soviet Union," *The China Quarterly*, no. 82 (June 1980), pp. 214–249.
(171)　中国による動員と 1969 年の夏から秋にかけてのソ連の脅威への対応については、以下を参照。劉志男「1969 年中国準備与対美蘇関係的研究和調整」『当代中国史研究』1999 年、第 3 期、41–50 頁；楊奎松『毛沢東与莫斯科的恩恩怨怨』494–509 頁。
(172)　Yang, "Sino-Soviet," p. 49.
(173)　Directorate of Intelligence, *Sino-Soviet Exchanges*, p. 5.
(174)　Directorate of Intelligence, *Sino-Soviet Exchanges*, p. 5.
(175)　Directorate for Research, *Luring Deep: China's Land Defense Strategy*, DDB-2610-31-80 [Top Secret] (Defense Intelligence Agency, 1980), p. 13.
(176)　これらの紛争についての詳細な説明については、「辺防 15 団対越作戦簡史」, http://xzc.2000y.net/mb/1/ReadNews.asp?NewsID=93421 を参照。
(177)　雲南省軍区軍事志弁公室主編『雲南省志：軍事志』(昆明：雲南人民出版社、1997 年) 424–435 頁。
(178)　雲南省軍区軍事志弁公室主編『雲南省志：軍事志』424–435 頁。
(179)　Edward C. O'Dowd, *Chinese Military Strategy in the Third Indochina War: The*

Last Maoist War (New York: Routledge, 2007), pp. 89–107.
(180)　当代中国軍隊的軍事工作編委会編『当代中国軍隊的軍事工作』上巻、679頁。
(181)　雲南省軍区軍事志弁公室主編『雲南省志』424頁。
(182)　「各大軍区老山参戦簡介」http://bwl.top81.com.cn/war79/file1/270-1.htm.

第5章　国家統一をめぐる紛争

(1)　香港に関する中国語文献としては、陳雪英『鄧小平与香港』（北京：当代世界出版社、1997年）；韓念龍主編『当代中国外交』（北京：中国社会科学出版社、1987年）379–383頁；斉鵬飛『鄧小平与香港回帰』（北京：華夏出版社、2004年）；李後『百年屈辱史的終結：香港問題始末』（北京：中央文献出版社［内部発行］、1997年）などがある。英語による優れた研究成果としては、Robert Cottrell, *The End of Hong Kong: The Secret Diplomacy of Imperial Retreat* (London: John Murray, 1993) を参照。
(2)　『人民日報』のデータベースによれば、1979年以前に、「香港」を表題に含み、かつ本文に「一つの中国」を含む記事は7件だけであった。
(3)　Cottrell, *End*, p. 27.
(4)　李後『百年屈辱史的終結』40頁。
(5)　葉張瑜「中共第一代中央領導集体解決香港問題戦略決策的歴史考察」『当代中共史研究』2007年、第14巻第3期、48頁。
(6)　『毛沢東文集』第8集（北京：新華出版社、1999年）337頁；李後『百年屈辱史的終結』41頁。
(7)　Cottrell, *The End of Hong Kong*, p. 33における引用。周恩来は、99年の租借に言及して、「条約が終了する時に国家は交渉をしなければならない」と述べていた。
(8)　『毛沢東文集』第8集、337頁。
(9)　*NYT*, 11 December 1966, 3.
(10)　斉鵬飛『鄧小平与香港回帰』26–28頁；Zhang Shu Guang, *Economic Cold War: America's Embargo against China and the Sino-Soviet Alliance, 1949–1963* (Stanford, Calif.: Stanford University Press, 2001), pp. 36–38.
(11)　Cottrell, *The End of Hong Kong*, p. 27.
(12)　斉鵬飛『鄧小平与香港回帰』26–28頁；Qiang Zhai, *The Dragon, the Lion, and the Eagle: Chinese-British-American Relations, 1949–1958* (Kent, Ohio: Kent State University Press, 1994).
(13)　李後『百年屈辱史的終結』40頁。
(14)　冷溶・汪作玲編『鄧小平年譜 1975–1997』（北京：中央文献出版社、2004年）500頁。
(15)　Cottrell, *The End of Hong Kong*, p. 55における引用。
(16)　冷溶・汪作玲編『鄧小平年譜 1975–1997』501頁。
(17)　Cottrell, *The End of Hong Kong*, pp. 55–56における引用。
(18)　李後『百年屈辱史的終結』66–70頁。
(19)　Cottrell, *The End of Hong Kong*, p. 71, 84.
(20)　『鄧小平文選』第3巻、12頁。

(21) Margaret Thatcher, *The Downing Street Years* (London: HaperCollins, 1993), p. 261.
(22) 『鄧小平文選』第3巻、12頁。
(23) 李後『百年屈辱史的終結』96-97頁。
(24) Cottrell, *The End of Hong Kong*, p. 102.
(25) Cottrell, *The End of Hong Kong*, p. 132; 李後『百年屈辱史的終結』115-117頁。
(26) Cottrell, *The End of Hong Kong*, pp. 112-113.
(27) Cottrell, *The End of Hong Kong*, pp. 205-223.
(28) 中国とポルトガルの交渉については、『当代中国外交』379-383頁;斉鵬飛・張暁京『澳門的失落与回帰』(北京:新華出版社、1999年)173-217頁;Steve Shipp, Macau, *China: A Political History of the Portuguese Colony's Transition to Chinese Rule* (Jefferson, N. C.: McFarland & Company, 1997).
(29) 多くの英語文献がこれらの島々をoffshore islandsと訳しているが、coastal islandsのほうが中国語の「沿海島嶼」により適した訳語であり、第6章で論じるoffshore islandsの問題とは異なるカテゴリーの領土紛争として区別できる。
(30) 牛軍も1954年と1958年に沿海島嶼で勃発した危機の重要性を強調している。牛軍「三次台湾海峡軍事闘争決策研究」『中国社会科学』2004年、第5期、37-50頁を参照。
(31) たとえば、『当代中国軍隊的軍事工作』276-320頁。
(32) この作戦の概要については、叢楽天編『回顧金門登陸戦』(北京:人民出版社、1994年);He Di, "The Last Campaign to Unify China: The CCP's Unrealized Plan to Liberate Taiwan, 1949-1950," in Mark A. Ryan, David M. Finkelstein, and Michael A. McDevitt, eds., *Chinese Warfighting: The PLA Experience since 1949* (Armonk, N.Y.: M. E. Sharpe, 2003), pp. 44-146などを参照。
(33) He, "Last Campaign."
(34) 中国の朝鮮戦争参戦決定過程については、Chen Jian, *China's Road to the Korean War: The Making of the Sino-American Confrontation* (New York: Columbia University Press, 1994); Thomas J. Christensen, *Useful Adversaries: Grand Strategy, Domestic Mobilization, and Sino-American Conflict, 1947-1958* (Princeton, N.J.: Princeton University Press, 1996), pp. 138-193; Allen S. Whiting, *China Crosses the Yalu: The Decision to Enter the Korean War* (New York: Macmillan, 1960)を参照。
(35) 『中共中央文献彙編』。Gordon H. Chang and He Di, "The Absence of War in the U.S.-China Confrontation over Quemoy and Matsu in 1954-1955: Contingency, Luck, Deterrence?" *American Historical Review*, vol. 98, no. 1 (December 1993): p. 1054における転引。
(36) 鄧礼峰『中華人民共和国軍事史要』(北京:軍事科学出版社、2005年)448頁。
(37) 崔之清ほか編『海峡両岸関係日志(1949-1998)』(北京:九州出版社、1999年)44頁。沿海島嶼での数々の戦いの概要については、『当代中国軍隊的軍事工作』134-161頁、221-253頁、および321-353頁;浙江省軍事志編纂委員会編『浙江省志:軍事志』(北京:方志出版社、1999年)682-698頁;王子文編『福建省志:軍事志』(北京:新華出版社、1995年)267-278頁。

(38)　He, "Last Campaign."

(39)　鶴東方『張愛萍伝』（北京：人民出版社、2000年）656頁；徐焰『金門之戦』（北京：中国広播電視出版社、1992年）147-196頁。

(40)　王焰編『彭徳懐年譜』（北京：人民出版社、1998年）563-565頁。

(41)　この危機の概観については、John Wilson Lewis and Litai Xue, *China Builds the Bomb*（Stanford, Calif.: Stanford University Press, 1988）, pp. 11-34; Thomas E. Stolper, China, *Taiwan, and the Offshore Islands: Together with Some Implications for Outer Mongolia and Sino-Soviet Relations*（Armonk, N.Y.: M. E. Sharpe, 1985）を参照。中国側からの見方については、『当代中国軍隊的軍事工作』254-275頁；盧輝『三軍首戦一江山』（北京：解放軍出版社、1988年）；聶鳳智等編『三軍揮矛戦東海』（北京：解放軍出版社、1985年）；王焰『目標：一江山　我軍首次陸海空聯合渡海登陸作戦紀実』（北京：海潮出版社、1990年）；徐焰『金門之戦』を参照。これらの中国の資料に基づいた英語文献については、Chang and He Di, "Absence ofWar"; Gong Li, "Tension across the Strait in the 1950s: Chinese Strategy and Tactics," in Robert S. Ross and Jiang Changbin, eds., *Re-examining the Cold War: U.S.-China Diplomacy, 1954-1973*（Cambridge, Mass.: Harvard University Press, 2001）, pp. 141-172; He Di, "Evolution of the People's Republic of China's Policy toward the Offshore Islands," in Warren I. Cohen and Akira Iriye, eds., *The Great Powers in East Asia: 1953-1960*（New York: Columbia University Press, 1990）, pp. 222-245; Li Xiaobing, "Making of Mao's Cold War: The Taiwan Straits Crisis Revised," in Li Xiaobing and Li Hongshan, eds., *China and the United States: A New Cold-War History*（Lanham, Md.: University Press of America, 1998）, pp. 49-72; Li Xiaobing, "PLA Attacks and Amphibious Operations during the Taiwan Straits Crisis of 1954-55 and 1958," in Mark A. Ryan, David M. Finkelstein, and Michael A. McDevitt, eds., *Chinese Warfighting: The PLA Experience since 1949*（Armonk, N.Y.: M. E. Sharpe, 2003）; Zhang Shu Guang, *Deterrence and Strategic Culture: Chinese-American Confrontations, 1949-1958*（Ithaca, N.Y.: Cornell University Press, 1992）を参照。

(42)　王子文『福建省志：軍事志』280頁。

(43)　徐焰『金門之戦』184頁。

(44)　鄧礼峰『中華人民共和国軍事史要』451頁。

(45)　注41に挙げた文献を参照。

(46)　Gong, "Tension across the Strait in the 1950s," p. 145.

(47)　Zhang, *Deterrence and Strategic Culture*, p. 193.

(48)　Stolper, *China, Taiwan, and the Offshore Island*, pp. 21-26.

(49)　王炳南『中美会談九年回顧』（北京：世界知識出版社、1985年）41頁。

(50)　徐焰『金門之戦』176頁；Zhang, *Deterrence and Strategic Culture*, p. 191.

(51)　徐焰『金門之戦』176頁。

(52)　ジュネーヴ会議は中国の指導者にとってとくに気がかりであった。なぜなら、周恩来はダレスとの高位級会談を行い、他の大国との間で台湾問題を取り上げることを望んでいたからである。詳しくは、Gong, "Tension across the Strait in the 1950s," p. 145、および

徐焰『金門之戦』175頁を参照のこと。

(53) 「毛沢東在中共中央政治局拡大会議的講話」1954年7月7日；宮力「両次台湾海峡危機的成因与中美之間的較量」姜長斌・羅伯特・羅斯主編『従対峙走向緩和』（北京：世界知識出版社、2000年）42頁における引用。

(54) 逄先知・金冲及編『毛沢東伝』（北京：中央文献出版社、2003年）585頁。

(55) 『人民日報』1954年7月23日、1面。

(56) Stolper, *China, Taiwan, and the Offshore Island*; Zhang, *Deterrence and Strategic Culture*, pp. 191-192.

(57) 王『彭徳懐年譜』571頁。9月から10月までに大陳島の制空権を獲得し、一江山島を占領するという当初の計画については、徐焰『金門之戦』172頁および310頁を参照。

(58) 王『彭徳懐年譜』571頁。

(59) 王『彭徳懐年譜』573頁。

(60) 逄先知・金冲及編『毛沢東伝』585頁。

(61) 張震『張震回憶録』解放軍出版社、2003年、499頁。

(62) 『粟裕文選』（北京：軍事科学出版社、2004年）155頁；尹啓明・程亜光『第一任国防部長』（広州：広東教育出版社）1997年、194頁。

(63) 張震『張震回憶録』574頁。

(64) *NYT*, 25 August 1954, 1.

(65) 『人民日報』1954年8月29日、1面。

(66) 葉飛『葉飛回憶録』（北京：解放軍出版社、1988年）645-646頁。

(67) Gong, "Tension across the Strait in the 1950s," p. 148; He, "Evolution of the People's Republic of China's Policy toward the Offshore Islands," p. 226; Li, "Making of Mao's Cold War," pp. 54-55.

(68) 葉飛『葉飛回憶録』644頁。

(69) 中国の軍事的な弱点に関する見積もりについては、張震『張震回憶録』491-492頁を参照。

(70) 力平・馬芷蓀編『周恩来年譜 1949-1976』（北京：中央文献出版社、1997年）405頁。

(71) Stolper, *China, Taiwan, and the Offshore Island*, pp. 49-52.

(72) Li, "PLA Attacks and Amphibious Operations during the Taiwan Straits Crisis of 1954-55 and 1958," p. 151.

(73) 王焰『目標』53頁の引用。『粟裕文選』132頁も参照。

(74) 1954年の米軍相互防衛条約第5条。

(75) 注41以外に、1958年の危機に関する中国語文献には、『当代中国軍隊的軍事工作』381-422頁；雷英夫『在最高統帥部当参謀：雷英夫回憶録』（南昌：百花洲文芸出版社、1997年）187-216頁；廖心文「1958年毛沢東決策砲撃金門的歴史考察」『党的文献』1994年、第1期、21-36頁；沈衛平『8.23炮撃金門』（北京：華芸出版社、1998年）；『王尚栄将軍』編写組『王尚栄将軍』（北京：当代中国出版社、2000年）418-441頁；瞿志瑞・李羽壮『金門紀実：五十年代台海危機始末』（北京：中共中央党校出版社、1994年）がある。英語文献については、注41に加え、Chen Jian, *Mao's China and the Cold War* (Chapel

Hill: University of North Carolina Press, 2001), pp. 163-204; Christensen, *Useful Adversaries*, pp. 194-241 を参照。

(76) アメリカの政策決定については、Robert Accinelli, "'A Thorn in the Side of Peace': The Eisenhower Administration and the 1958 Offshore Islands Crisis," in Robert S. Ross and Jiang Changbin, eds., *Re-examining the Cold War: U.S.-China Diplomacy, 1954-1973* (Cambridge, Mass.: Harvard University Press, 2001), pp. 106-140 を参照。

(77) *NYT*, 17 September 1958, 17.

(78) 1961年12月に、中央軍事委員会は福建省の前線部隊に対し、弾薬を詰めた砲弾の使用をやめ、宣伝ビラを詰めた砲弾を打つように指示した。王子文『福建省志　軍事志』291頁。

(79) 王子文『福建省志　軍事志』290頁；国防部史政編局『国民革命建軍史』第４部第３冊（台北：国防部、1987年）1673-1674頁。王によれば、国民党軍の犠牲者はより多く、約7000名であったという。

(80) Christensen, *Useful Adversaries*.

(81) Chen Jian, *Mao's China and the Cold War*, p. 171.

(82) Chen Jian, *Mao's China and the Cold War*, p. 180.

(83) 複合的な要因については、Christensen, *Useful Adversaries*, p. 201 を参照。クリステンセンによれば国内要因が直接的な要因であり、その他の要因が間接的な要因であった。中国の視点から複合的な要因を分析した文献としては、徐焔『金門之戦』203-204頁を参照。

(84) 当時の中国の対台湾政策については、楊親華「中国共産党和中国政府解決台湾問題政策的由来及発展」『中共党史資料』総第53輯、1994年、65-80頁；郁曼飛・林暁光「50年来中国共産党対台政策的発展変化」『中共党史資料』1996年、第69期、137-159頁；張同新・何仲山『「一国両制」与海峡両岸関係』（北京：中国人民大学出版社、1998年）91-151頁。

(85) これらの方針は、後に鄧小平が提唱する「一国二制度」の前提となるような台湾の自治を含んでいた。

(86) 中国側のいらだちについては、『当代中国軍隊的軍事工作』385頁；雷英夫『在最高統帥部当参謀』174-175頁。

(87) Steven M. Goldstein, "Dialogue of the Deaf? The Sino-American Ambassadorial-Level Talks, 1955-1970," in Robert S. Ross and Changbin Jiang, eds., *Re-examining the Cold War: U.S.-China Diplomacy, 1954-1973* (Cambridge, Mass.: Harvard University Press, 2001), pp. 209-213; Gong, "Tension across the Strait in the 1950s," pp. 152-154.

(88) Zhang, *Deterrence and Strategic Culture*, p. 226. 核の脅威については、Richard K. Betts, *Nuclear Blackmail and Nuclear Balance* (Washington, D.C.: The Brookings Institution, 1987), pp. 48-61, 66-78; Lewis and Xue, *China Builds the Bomb*, pp. 32-41 などを参照。

(89) *NYT*, 10 January 1958, 3.

(90) 陳崇龍・謝俊編『海峡両岸関係大事記』（北京：中共党史出版社、1993年）129頁。

(91) Gong, "Tension across the Strait in the 1950s," p. 156; Zhang, *Deterrence and Strategic Culture*, p. 227.

(92) このような認識に関する議論の詳細は、Zhang, *Deterrence and Strategic Culture*, pp. 227-230 を参照。

(93) 雷英夫『在最高統帥部当参謀』188 頁。

(94) 『人民日報』1957 年 11 月 2 日、1 面。

(95) 「周恩来総理関於目前国際形勢和我国外交政策的報告(1958 年 2 月 10 日)」『1958 外交彙編』20-21 頁;陳崇龍・謝俊編『海峡両岸関係大事記』129 頁。

(96) Zhang, *Deterrence and Strategic Culture*, p. 228 における引用。

(97) 『当代中国軍隊的軍事工作』386 頁。

(98) 7 月の作戦計画については『当代中国軍隊的軍事工作』386-387 頁;徐焔『金門之戦』319 頁を参照。

(99) Li, "Making of Mao's Cold War," p. 61.

(100) 雷英夫『在最高統帥部当参謀』191 頁。

(101) He, "Evolution of the People's Republic of China's Policy toward the Offshore Islands," p. 234.

(102) 雷英夫『在最高統帥部当参謀』191 頁。

(103) 『建国以来毛沢東文稿』第 7 集(北京:中央文献出版社、1992 年)326 頁。

(104) 徐焔『金門之戦』209-215 頁。

(105) "Talks at the Beidaihe Conference (Draft Transcript)," in Roderick MacFarquhar, Timothy Cheek, and Eugene Wu, eds., *The Secret Speeches of Chairman Mao: From the Hundred Flowers to the Great Leap Forward* (Cambridge, Mass.: Harvard University, Council on East Asian Studies, 1989), p. 403. Christensen, *Useful Adversaries*, pp. 219-220 を参照。

(106) 『当代中国軍隊的軍事工作』387 頁。

(107) 劉武生・杜宏奇編『周恩来軍事活動紀事 1918-1975』下巻(北京:中央文献出版社、2000 年)458 頁。

(108) 呉冷西『憶毛主席:我親身経歴的若干重大歴史事件片断』(北京:新華出版社、1995 年)75 頁。この回想録において、呉冷西は危機の期間における毛沢東の発言を直接引用はしておらず、要約している。

(109) 呉冷西『憶毛主席』80 頁。

(110) Zhang, *Deterrence and Strategic Culture*, p. 235 における引用。

(111) 劉武生・杜宏奇編『周恩来軍事活動紀事 1918-1975』下巻、460 頁。

(112) 呉冷西『憶毛主席』76 頁。

(113) 呉冷西『憶毛主席』80 頁。

(114) 周恩来の書簡のコピーについては、沈衛平『8.23 炮撃金門』752-753 頁。王炳南の交渉における声明については、『当代中国外交』107-108 頁;王炳南『中美会談九年回顧』70-74 頁。

(115) 『周恩来年譜 1949-1976』中巻、177 頁。この転換に関する包括的な分析については、

Chen Jian, *Mao's China and Cold War*, pp. 197-201 を参照。

(116) P. F. Iudin, "Report of Conversation with the General Secretary of the CC CCP, Deng Xiaoping," 27 May 1959, Cold War International History Project Virtual Archive.

(117) 国民党の沿岸部からの浸透に対抗するための小規模な攻撃は、1960年代末まで継続した。

(118) "Memorandum of Conversation, 12 November 1973, Chairmen Mao's Residence, Beijing" in William Burr, ed., *The Kissinger Transcripts: The Top Secret Talks with Beijing and Moscow* (New York: The New Press, 1998), p. 186. キッシンジャーをはじめ多くの学者がこの発言は1972年に毛沢東がニクソンと会談した時のものであると考えているが、正確にはこれは1973年に毛沢東がキッシンジャーと幾度かの会談を行った時のものである。Burr, *The Kissinger Transcripts*, pp. 59-68; Henry Kissinger, *White House Years* (Boston: Little, Brown & Co., 1979), p. 1062 を参照。

(119) Harold C. Hinton, *Communist China in World Politics* (New York: Houghton Mifflin, 1966), p. 270.

(120) *NYT*, 30 March 1962, 2.

(121) Melvin Gurtov and Byong-Moo Hwang, *China under Threat: The Politics of Strategy and Diplomacy* (Baltimore: Johns Hopkins University Press, 1980), pp. 127-128; Hinton, *Communist China*, pp. 280-272; Allen S. Whiting, *The Chinese Calculus of Deterrence: India and Indochina* (Ann Arbor: University of Michigan Press, 1975), pp. 62-72.

(122) 中国側の政策決定については、『王尚栄将軍』編写組『王尚栄将軍』484-492頁を参照。

(123) 王尚栄「新中国誕生後幾次重大戦争」朱元石編『共和国要事口述史』（長沙：湖南人民出版社、1999年）278頁。

(124) 『王尚栄将軍』編写組『王尚栄将軍』486頁。

(125) 実際には、これらの高官は、蔣介石がそうした行動をとることを思いとどまらせるために派遣された。

(126) Iudin, "Report of Conversation with the General Secretary of the CC CCP, Deng Xiaoping."

(127) 会談の詳細を回顧したものとして、王炳南『中美会談九年回顧』85-90頁。

(128) Goldstein, "Dialogue of the Deaf?" p. 228 における引用。

(129) http://usinfo.state.gov/eap/Archive_Index/joint_communique_1972.html.

(130) Robert S. Ross, *Negotiating Cooperation: The United States and China, 1969-1989* (Stanford, Calif.: Stanford University Press, 1995), pp. 17-54.

(131) 「一つの中国」の定義をめぐるより詳細な交渉については、Alan D. Romberg, *Rein in at the Brink of the Precipice: American Policy toward Taiwan and U.S.-PRC Relations* (Washington, D.C.: Henry Stimson Center, 2003).

(132) 程広中「従未承諾放棄対台使用武力：中共三代領導集体解決台湾問題方針的歴史考察」『軍事歴史』1999年、第5期、37-39頁。

(133) この段落および次の段落は、Ross, *Negotiating Cooperation*, pp. 163-200 に依拠している。

(134) 重要な先行研究として、John W. Garver, *Face Off: China, the United States, and Taiwan's Democratization* (Seattle: University of Washington Press, 1997); Robert S. Ross, "The 1995-1996 Taiwan Strait Confrontation: Coercion, Credibility and the Use of Force," *International Security*, vol. 25, no. 2 (Fall 2000), pp. 87-123; Andrew Scobell, *China's Use of Military Force: Beyond the Great Wall and the Long March* (New York: Cambridge University Press, 2003), pp. 171-191; Michael D. Swaine, "Chinese Decision-Making Regarding Taiwan, 1979-2000," in David M. Lampton, ed., *The Making of Chinese Foreign and Security Policy in the Era of Reform* (Stanford, Calif.: Stanford University Press, 2001), pp. 289-336; Zhao Suisheng, ed., *Across the Taiwan Strait: Mainland China, Taiwan and the 1995-1996 Crisis* (New York: Routledge, 1999). 李登輝による行動の動機と対大陸政策に関する新たな解釈については、Richard C. Bush, *Untying the Knot: Making Peace in the Taiwan Strait* (Washington, D.C.: Brookings Institution Press, 2005).

(135) より一般的には、台湾は民主化を遂げたことによって、高度に工業化した民主主義諸国の支持を得られるようになった。国民党一党体制下においては、多くの国家が台湾を支持することは難しいと考えていた。

(136) Zhao Suisheng, "Changing Leadership Perceptions: The Adoption of a Coercive Strategy," in Zhao Suisheng, ed., *Across the Taiwan Strait: Mainland China, Taiwan and the 1995-1996 Crisis* (New York: Routledge, 1999), p. 108.

(137) Zhao, "Changing Leadership Perceptions," p. 108.

(138) Jean-Pierre Cabestan, "Taiwan's Mainland Policy: Normalization, Yes; Reunification, Later," *The China Quarterly*, no. 148 (December 1996), pp. 1261-1262.

(139) M. Taylor Fravel, "Towards Civilian Supremacy: Civil-Military Relations in Taiwan's Democratization," *Armed Forces & Society*, vol. 29, no. 1 (Fall 2002), p. 76.

(140) 台湾の外交努力に関する中国語文献は、周志懐「関於1995-1996年台海危機的思考」『台湾研究集刊』1998年、第2期、4頁。

(141) "The Grief of Being Born a Taiwanese," *Asahi Weekly*, 6-13 May 1994. 翻訳版は http://www.fas.org/news/taiwan/1994/s940721-taiwan2.htm. インタビューに対する中国側の反応については、宋連生・鞏小華『対峙五十年』(北京:台海出版社、2000年) 302-306頁;周志懐「関於1995-1996年台海危機的思考」3-4頁。

(142) "Two-Faced Tactic Cannot Conceal His True Intentions—A Commentary on Li Denghui's Statements at His News Conference," Xinhua, 13 June 1995, FBIS# FTS19950613000282.

(143) 『江沢民文選』第3巻(北京:人民出版社、2006年) 418-424頁。

(144) Cabestan, "Taiwan's Mainland Policy," 1265.

(145) アメリカの台湾政策が危機への糸口となったと指摘する中国語資料として、周志懐「関於1995-1996年台海危機的思考」3-5頁。

(146) Reuters, 7 September 1994 (Factiva).

(147) Zhao, "Changing Leadership Perceptions," p. 115.

(148) 銭其琛『外交十記』(北京:世界知識出版社、2003年) 305頁。

(149) U.S. Department of State, United States Policy on the Spratlys and the South China Sea, 10 May 1995.

(150) Lee Teng-hui, “Always in My Heart,” 9 June 1995, http://www.news.cornell.edu/campus/Lee/Lee_Speech.html.

(151) “The Protective Umbrella and Chief behind the Scenes Backer of 'Taiwan Independence,'” Xinhua, 2 August 1995, FBIS# FTS19950802000235.

(152) Zhao, “Changing Leadership Perceptions,” p. 113.

(153) “Li Teng-hui Is Guilty of Damaging Relations between the Two Sides of Taiwan Straits,” Xinhua, 26 July 1995, FBIS# FTS19950726000130.

(154) “Gradual Escalation of China's Strategy against United States, Taiwan,” *Hsin Pao*, 28 June 1995, FBIS# FTS19950630000091.

(155) Swaine, “Chinese Decision-Making,” p. 322. 由冀も、江沢民・李鵬と軍指導者たちのコンセンサスに基づいて決定が下されたことを説明している。You Ji, “Changing Leadership Consensus: The Domestic Context of the War Games,” in Zhao Suisheng, ed., *Across the Taiwan Strait: Mainland China, Taiwan and the 1995-1996 Crisis* (New York: Routledge, 1999), pp. 77-98.

(156) On China's deterrent goals, see Ross, “1995-1996 Taiwan Strait Confrontation.”

(157) Swaine, “Chinese Decision-Making.”

(158) UPI, 10 August 1995 (Lexis-Nexis).

(159) 中国の強制的な目的に関する詳細な議論はRoss, “1995-1996 Taiwan Strait Confrontation.” を参照。

(160) 周志懐「関於1995-1996年台海危機的思考」2頁。

(161) “Qian Urges U.S. 'To Correct Its Mistakes,'” *South China Morning Post*, 1 August 1995, 1, FBIS# FTS19950801000169.

(162) “Artificially Escalating Hostility and Sabotaging Cross-strait Relations,” Xinhua, 27 June 1995, FBIS# FTS19950627000167 (Lexis-Nexis).

(163) “President Lee's Deutsche Welle Interview (July 9, 1999),” http://taiwansecurity.org/ts/ss-990709-Deutsche-Welle-Interview.htm で利用可能。

(164) 『人民日報』1999年7月13日、1面。

(165) 「李登輝不要玩火」『解放軍報』1999年7月15日、1面；1999年8月18日から21日にかけて、さらに4編の論説が掲載された。

(166) 『人民日報』1999年7月15日、4面。

(167) U.S. Department of State, Daily Press Briefing, 13 July 1999, http://secretary.state.gov/www/briefings/9907/990713db.html で入手〔リンク切れ〕。「3つのノー」とは、台湾独立を支持せず、主権国家を構成員とする国際機関への台湾の加盟を支持せず、「二つの中国」政策や「一つの中国、一つの台湾」政策を支持しない〔正確には、台湾独立を支持せず、「二つの中国」や「一つの中国、一つの台湾」を支持せず、主権国家を構成員とするいかなる国際機関への台湾加盟も支持しない〕とするものである。

(168) *Kyodo News Service*, 14 July 1999 (Lexis-Nexis).

(169)　*Christian Science Monitor*, 23 July 1999（Lexis-Nexis）.
(170)　*The Straits Times*, 25 July 1999（Lexis-Nexis）.
(171)　3つの声明の重要性については、宋連生・鞏小華『対峙五十年』392-394頁を参照。
(172)　"President Chen's Opening Address of the 29th Annual Meeting of the World Federation of Taiwanese Associations," http://www.gio.gov.tw/taiwan-website/4-oa/20020803/2002080301.html.
(173)　Wendy S. Ross, "U.S. One-China Policy Remains Unchanged, Official Says," Washington File, Office of Information Programs, U.S. Department of State, 8 August 2002.
(174)　U.S. Department of State, "Transcript: Armitage Says U.S. Does Not Support Taiwan Independence," Washington File, Office of Information Programs, U.S. Department of State, 26 August 2002.
(175)　『人民日報』2002年8月7日、3面。

第6章　島嶼部における紛争

(1)　劉華清『劉華清回憶録』（北京：解放軍出版社、2004年）538頁。
(2)　こうした紛争の詳細については、Greg Austin, *China's Ocean Frontier: International Law, Military Force, and National Development*（Canberra: Allen & Unwin, 1998）を参照。
(3)　李徳潮「白龍尾島正名」『中国辺疆史地研究報告』1988年、第1-2期第3号、21-23頁；毛振発編『辺防論』（北京：軍事科学出版社、1996年）137頁を参照。
(4)　毛振発編『辺防論』137頁、2001年6-7月、北京でのインタビュー。
(5)　Zou Keyuan, "Maritime Boundary Delimitation in the Gulf of Tonkin," *Ocean Development & International Law*, vol. 30, no. 3（1999）, p. 10.
(6)　2001年7月、北京でのインタビュー。
(7)　中国がパラセル諸島やスプラトリー諸島への主権を主張した1958年の領海宣言に対して北ヴェトナムのファン・ヴァン・ドン首相が支持を表明した手紙もこの説を示唆している。手紙の中国語版のコピーやその他の手紙については、郭明『中越関係演変四十年』（南寧：広西人民出版社［内部発行］、1992年）146-148頁；郭明・羅方明・李白茵編『現代中越関係資料選編』（北京：時事出版社［内部発行］、1986年）340-349頁を参照。
(8)　『鄧小平文選』第3巻、87-88頁。また王泰平編『鄧小平外交思想研究論文集』（北京：世界知識出版社、1996年）350-359頁も参照。
(9)　唐家璇編『中国外交辞典』（北京：世界知識出版社、2000年）751頁。専家小組（専門家グループ）は中国がこうした協議で用いる最もレベルの低い外交的やり取りの一つであり、副大臣レベル協議の下に位置する。専家小組協議は通常外交部長助理が代表となる。
(10)　『中国外交』各年版。
(11)　*Xinhua*, 11 August 1995（Lexis-Nexis）.
(12)　Lee Lai To, *China and the South China Sea Dialogues*（Westport, Conn.: Praeger, 1999）, p. 115.
(13)　http://www.aseansec.org/13163.htm.
(14)　中国の草案は各当事者に武力行使を控えることを求めるだけであった。Scott Snyder,

Brad Glosserman, and Ralph A. Cossa, *Confidence Building Measures in the South China Sea* (Honolulu: Pacific Forum CSIS, 2001), E-1参照。

(15) Leszek Buszynski, "ASEAN, the Declaration on Conduct, and the South China Sea," *Contemporary Southeast Asia*, vol. 25, no. 3 (December 2003), pp. 343-362.

(16) Austin, *China's Ocean Frontier*, pp. 777-779. 引き延ばし戦略の唯一の例外が、1978年4月の中国による示威行動である。1978年3月、自民党の衆議院議員のあるグループが、日中平和友好条約に反対し、日本政府に対して条約と尖閣諸島に対する中国の主張を結び付けるようおおやけに圧力をかけた。4月、中国の一部武装した漁船船団が尖閣諸島の周辺海域に現れ、一週間にわたって居座ることで、中国の領有権主張へのコミットメントを示した。他方でこの時中国の幹部は日本側に問題を採り上げないよう求めていた。Daniel Tretiak, "The Sino-Japanese Treaty of 1978: The Senkaku Incident Prelude," *Asian Survey*, vol. 18, no. 12 (December 1978), pp. 1235-1249を参照。

(17) *Peking Review*, no. 44 (3 November 1978), p. 16.

(18) Erica Strecker Downs and Phillip C. Saunders, "Legitimacy and the Limits of Nationalism: China and the Diaoyu Islands," *International Security*, vol. 23, no. 3 (Winter 1998/1999), pp. 114-146.

(19) 徐舸『鉄錨固海疆：共和国海戦史記』（北京：海潮出版社、1999年）300-301頁。

(20) Dieter Heinzig, *Disputed Islands in the South China Sea: Paracels, Spratlys, Pratas, Macclesfield Bank* (Wiesbaden: Otto Harrassowitz, 1976), p. 32.

(21) Marwyn S. Samuels, *Contest for the South China Sea* (New York: Methuen, 1982), pp. 86-87; 徐舸『鉄錨固海疆』287頁。

(22) "Paracel Islands," Memorandum, Office of the Chief of Naval Operations, 11 June 1956.

(23) Samuels, *Contest for the South China Sea*, p. 87; 徐舸『鉄錨固海疆』287頁。

(24) National Intelligence Board, *Chinese Communist Capabilities and Intentions in the Far East*, SNIE 13-3-61 [Top Secret] (Washington, D.C.: Central Intelligence Agency, 1961), p. 29.

(25) 趙啓民「遠航千里、首進西沙」『海軍回憶史料』（北京：解放軍出版社［軍内発行］、1999年）425頁。趙は1959年の海軍による第1回目の警備活動の時の司令員であった。

(26) 徐舸『鉄錨固海疆』288頁。

(27) 趙啓民「遠航千里、首進西沙」429頁。

(28) 徐舸『鉄錨固海疆』291頁。

(29) *New York Times*, 5 April 1961, p. 2.

(30) National Intelligence Board, *Communist China's General Purpose and Air Defense Forces*, NIE 13-3-70 [Top Secret] (Washington, D.C.: Central Intelligence Agency, 1970), p. 26.

(31) 趙啓民「遠航千里、首進西沙」428頁。

(32) 1958年から1971年の間、中国はアメリカによるパラセル諸島周辺の中国の領海や領空の侵犯に対して497回の抗議や警告を発している。韓振華『我国南海諸島史料彙編』

(北京：東方出版社［内部発行］、1988年）484頁；Samuels, *Contest*, p. 88.

(33) 韓振華『我国南海諸島史料彙編』675頁。南ヴェトナム海軍の作戦副参謀の回想については、Kiem Do and Julie Kane, *Counterpart: A South Vietnamese Naval Officer's War* (Annapolis: Naval Institute Press, 1998), pp. 172-173を参照。

(34) 『人民日報』1970年12月29日、1面。中国は、尖閣諸島は1895年の下関条約によって日本に割譲され、第二次大戦の終結時に下関条約が破棄されたことで台湾に移管されたと主張している。Austin, *China's Ocean Frontier*, pp. 162-176を参照。

(35) これら文書については韓振華『我国南海諸島史料彙編』444-456頁を参照。

(36) Samuels, *Contest for the South China Sea*, p. 90.

(37) *New York Times*, 10 June 1971, p. 9.

(38) Samuels, *Contest for the South China Sea*, pp. 98-99.

(39) 韓振華『我国南海諸島史料彙編』676頁。

(40) Zou Keyuan, "Maritime Boundary Delimitation in the Gulf of Tonkin," p. 236.

(41) 楊国宇編『当代中国海軍』(北京：当代中国出版社、1987年）581-582頁、547-548頁。

(42) 韓振華『我国南海諸島史料彙編』448-450頁。

(43) Selig S. Harrison, *China, Oil and Asia: Conflict Ahead?* (New York: Columbia University Press, 1977), pp. 57-88.

(44) 『人民日報』1971年3月16日、1面。またAustin, *China's Ocean Frontier*, p. 50も参照。

(45) 雷鳴編『南沙自古属中華』(広州：広州軍区司令部弁公室［内部発行］、1988年）206頁。

(46) 台湾はこの島を1956年以来占領し続けている。

(47) Heinzig, *Disputed Islands in the South China Sea*, p. 36. ある中国側資料によれば、ヴェトナムは11月まで動きを見せなかった。呉士存『南沙争端的由来与発展』(北京：海洋出版社［内部発行］、1999年）47頁を参照。

(48) かつては台湾のみが係争中の島を支配下に置いていたが、中国はこれを脅威と認識していなかった。これは台湾の主張が中華民国の名義でなされており、中国の主権を確認するものだったためである。

(49) 韓振華『我国南海諸島史料彙編』492頁。

(50) 1972年、周恩来と田中角栄は紛争の棚上げに合意した。周は繰り返し「後で相談することにしましょう。…(中略)…いくつかの問題は後世になってから議論すべきです」と述べたという。張植栄編『中日関係与釣魚島問題研究論集』(香港：励志出版社、1999年）433頁の引用より。

(51) 中国はこれら島嶼をもっと早く占領していたかもしれない。ハインツィグは中国のダンカン島周辺での活動は1973年に増加したと述べている。Heinzig, *Disputed Islands in the South China Sea*, p. 34を参照。

(52) 李柯・郝生章『文化大革命中的人民解放軍』(北京：中共党史資料出版社、1989年）329頁。

(53) 徐舸『鉄錨固海疆』289-290頁。

(54) 魏鳴森「西沙自衛反撃戦」『海軍：回億史料』（北京：解放軍出版社［軍内発行］、1997年）615頁。魏鳴森は衝突時の中国海軍の司令員であった。

(55) 韓振華『我国南海諸島史料彙編』451-452頁。

(56) 中国側の資料によれば、漁民はナマコを採取し、ロバート島やダンカン島で天日干しをしていたという。徐舸『鉄錨固海疆』289頁を参照。

(57) Do and Kane, *Counterpart*, p. 175.

(58) しかしこの点には疑問がある。気象観測所の所員は南ヴェトナム政府に中国の存在を報告していない。中国の艦船の存在が目新しいものでなかったか、南ヴェトナムがパトル島に常駐していなかったかである。

(59) 魏鳴森「西沙自衛反撃戦」参照。その他の重要な説明として韓懐智・譚旌樵編『当代中国的軍事工作』上冊（北京：中国社会科学出版社、1989年）646-657頁；徐舸『鉄錨固海疆』286-307頁；楊国宇編『当代中国海軍』392-399頁を参照。英語文献ではこうした資料を多く引用している研究として、Lu Ning, *Flashpoint Spratlys!*（Singapore: Dolphin Press, 1995）が最良である。

(60) 中央軍事委員会の指示については李柯・郝生章『文化大革命中的人民解放軍』329-330頁；李力「難忘的事実、深刻的啓示：我所経歴的西沙自衛反撃作戦」『総参謀部：回憶史料』（北京：解放軍出版社［軍内発行］、1997年）599頁を参照。

(61) Do and Kane, *Counterpart*, pp. 173-179. また Austin, *China's Ocean Frontier*, p. 73; Lo Chi-kin, *China's Policy Towards Territorial Disputes: The Case of the South China Sea Islands* (New York: Routledge, 1989), p. 56, 59 も参照。

(62) 徐舸『鉄錨固海疆』291頁、293頁、300頁。

(63) 中国側、ヴェトナム側双方の参加者の回想録は、ヴェトナム側が中国の保有する島に奇襲部隊を上陸させ、攻撃しようとしたことを含めて、ほとんどの点において一致している。相違点は奇襲部隊の数についてで、ドー・キエム（Du Kiem）によればその数は20名にすぎず、また多くの中国の艦艇に打撃を与えたとしている。ドーによれば、2隻が沈没したとされているものの、中国側資料によれば1隻のみである。当時の報道とは異なり、ドーは当初参加していた中国海軍の艦艇が4隻のみであったことを認めている。

(64) Do and Kane, *Counterpart*, p. 178.

(65) Do and Kane, *Counterpart*, p. 177.

(66) Do and Kane, *Counterpart*, p. 178. ヴー・ヒュー・サン（Vu Huu San）司令官の説明については、Vu Huu San "The Paracel Islands（Hoang-Sa）Sea Battle," reprinted from *Doan Ket magazine*（Austin, Texas）, http://www.xuquang.com/dialinhnk/hsrinh.html. を参照。

(67) 范碩『葉剣英伝』（北京：当代中国出版社、1995年）617頁；李力「難忘的事実、深刻的啓示」602-603頁；徐舸『鉄錨固海疆』301頁。

(68) 徐舸『鉄錨固海疆』301頁。

(69) 徐舸『鉄錨固海疆』301頁。

(70) Lo, *China's Policy Towards Territorial Disputes*; David G. Muller, *China's Emergence as a Maritime Power* (Boulder, Colo.: Westview Press, 1983).

(71) Muller, *China's Emergence as a Maritime Power*, p. 154.
(72) Lu, *Flashpoint Spratlys!*, p. 77.
(73) 李力「難忘的事実、深刻的啓示」598 頁。
(74) 魏鳴森「西沙自衛反撃戦」610-611 頁。
(75) Lu, *Flashpoint Spratlys!*, p. 85.
(76) 李柯・郝生章『文化大革命中的人民解放軍』336 頁。
(77) 韓懐智・譚旌樵編『当代中国的軍事工作』上冊、648-649 頁。これら艦艇が 1 月 18 日までに到着しなかったら、ヴェトナムは 1 月 19 日の攻撃でダンカン島、ドルモンド島、パーム島を占領できたかもしれなかった。
(78) 領導小組については、李力「難忘的事実、深刻的啓示」600 頁を参照。小組メンバーは葉剣英、鄧小平、王洪文、張春橋、陳錫聯、蘇振華であった。この時期の政策決定については、范碩『葉剣英伝』614-617 頁を参照。
(79) Gerald Segal, *Defending China* (Oxford: Oxford University Press, 1985), pp. 197-210.
(80) Thomas J. Christensen, "Windows and War: Trend Analysis and Beijing's Use of Force," in Alastair Iain Johnston and Robert S. Ross, eds., *New Directions in the Study of China's Foreign Policy* (Stanford, Calif.: Stanford University Press, 2006), p. 72; Lo, *China's Policy*.
(81) たしかにこれが中国の戦略であったように見える。すなわちヴェトナムにおける戦争が終結に近づくにつれてこの地域において民間人のプレゼンスを増大させるということである。
(82) Lo, *China's Policy Towards Territorial Disputes*.
(83) 李力「難忘的事実、深刻的啓示」598 頁。
(84) この点は Muller, *China's Emergence as a Maritime Power*, pp. 168-173 より引用。
(85) Muller, *China's Emergence as a Maritime Power*, pp. 168-173.
(86) John W. Garver, "China's Push through the South China Sea: The Interaction of Bureaucratic and National Interests," *The China Quarterly*, no. 132 (March 1992), pp. 999-1028.
(87) 楊国宇編『当代中国海軍』482 頁。
(88) 中国の海洋石油工業については、Kenneth Lieberthal and Michel Oksenberg, *Policy Making in China: Leaders, Structures, and Processes* (Princeton, N.J.: Princeton University Press, 1988);『石油師人』海洋石油編写組編『石油師人：在海洋石油戦線紀実』(北京：石油工業出版社、1997 年）を参照。
(89) *Xinhua*, 16 November 1987; *Xinhua*, 24 July 1987 (Lexis-Nexis).
(90) 韓振華『我国南海諸島史料彙編』686 頁。
(91) *Far Eastern Economic Review*, 28 April 1983, p. 38.
(92) 雷鳴編『南沙自古属中華』207 頁 ; Lu, *Flashpoint Spratlys!*, p. 56.
(93) 雷鳴編『南沙自古属中華』204 頁。
(94) 劉華清『劉華清回憶録』534-535 頁。
(95) Garver, "China's Push through the South China Sea."

(96) "Naval Commander Stresses Navy's Role in National Construction," *Xinhua*, 23 November 1984, *BBC Summary of World Broadcasts*, 27 November 1984, FE/7811/BII/1.
(97) 『海軍史』（北京：解放軍出版社、1989年）304-309頁。
(98) 沙力・愛伊『中国海軍征戦紀実』（成都：電子科技大学出版社、1993年）130-142頁。
(99) 楊国宇編『当代中国海軍』482頁。
(100) 徐舸『鉄錨固海疆』308頁。
(101) 林道遠『南沙告訴我們』（北京：海軍出版社、1988年）3-17頁。
(102) 徐舸『鉄錨固海疆』309頁。
(103) Garver, "China's Push through the South China Sea," pp. 1008-1009.
(104) *Xinhua*, 1 January 1986 (Lexis-Nexis);『人民日報』1986年1月2日、1面。この訪問の重要性については、徐舸『鉄錨固海疆』308頁を参照。
(105) 『海軍史』323頁；徐舸『鉄錨固海疆』309頁。
(106) 徐舸『鉄錨固海疆』309頁。
(107) 『海軍史』323頁；徐舸『鉄錨固海疆』309頁。
(108) 劉華清『劉華清回憶録』494頁。
(109) 徐舸『鉄錨固海疆』309頁。
(110) 徐舸『鉄錨固海疆』309頁。
(111) 徐舸『鉄錨固海疆』317頁。
(112) 徐舸は日付を1月14日としているが、ルー・ニンは別の中国の資料を引用して1月20日としている。Lu, Flashpoint *Spratlys!*, p. 88; 徐舸『鉄錨固海疆』310頁を参照。
(113) 『海軍史』324頁；林道遠『南沙告訴我們』25頁。
(114) 『海軍史』324-325頁。
(115) 徐舸『鉄錨固海疆』310頁。
(116) 『海軍史』326頁；徐舸『鉄錨固海疆』311頁。
(117) 雷鳴編『南沙自古属中華』204-205頁。
(118) 『海軍史』326頁；徐舸『鉄錨固海疆』311頁。
(119) 劉華清『劉華清回憶録』540頁。
(120) 雷鳴編『南沙自古属中華』205頁。
(121) 徐舸『鉄錨固海疆』311頁。
(122) 徐舸『鉄錨固海疆』313頁。
(123) ヴェトナム側資料は中国側の説明と大部分において一致している。おもな相違点は、どちらが礁にいち早く到達したかという点と、どちらが先に発砲したかという点である。
(124) 徐舸『鉄錨固海疆』312頁。
(125) Lu Ning, *The Dynamics of Foreign-Policy Decisionmaking in China* (Boulder, Colo.: Westview, 1997), p. 126.
(126) Lu, *The Dynamics of Foreign-Policy Decisionmaking in China*, pp. 126-127.
(127) 劉華清『劉華清回憶録』541頁。
(128) コリンズ（鬼喊）礁、ランズドーン（瓊）礁、ボンベイ・キャスル（蓬勃堡）、グレインジャー（李準）堆、プリンスオブウェールズ（広雅）堆、バンガード（万安）堆、プ

リンス・コンソート（西衛）堆。

(129) この段落はDaniel J. Dzurek, "The Spratly Islands Dispute: Who's on First?" *Maritime Briefing*, vol. 2, no. 1 (1996), pp. 1-67 による。

(130) "Ramos Orders Philippine Defenses Beefed Up in Spratlys," *Japan Economic Newswire*, 15 February 1995 (Lexis-Nexis).

(131) Austin, *China's Ocean Frontier*, p. 91.

(132) 陸建人「南沙争端及対策」『南沙問題研究資料』（北京：中国社会科学院［内部発行］、1996年）。

(133) Michael A. Glosny, "Heading toward a Win-Win Future? Recent Developments in China's Policy toward Southeast Asia," *Asian Security*, vol. 2, no. 1 (2006), pp. 24-57; Philip C. Saunders, *China's Global Activism: Strategy, Drivers and Tools*, Occasional Paper 4 (Washington, D.C.: Institute for National Strategic Studies, National Defense University, 2006); Robert G. Sutter, *China's Rise in Asia: Promises and Perils* (Lanham, M. D.: Rowman and Littlefield, 2005).

結　論

(1) 領土紛争が存在しない場合、こうした特徴を持った国家は、体制を脅かす国内の脅威が生じた場合には、他の問題に関して妥協する可能性が高くなるであろう。

(2) Adam B. Ulam, *Expansion and Coexistence: The History of Soviet Foreign Policy, 1917-67* (New York: Frederick A. Praeger, 1968), pp. 51-75.

(3) *Collected Works of V. T. Lenin*, vol. 27 (Moscow: Progress Publishers 1965), pp. 181-182.

(4) Ibrahim Karawan, "Foreign Policy Restructuring: Egypt's Disengagement from the Arab-Israeli Conflict Revisited," *Cambridge Review of International Affairs*, vol. 18, no. 3 (October 2005), pp. 325-338.

(5) アフリカについては、Jeffrey Herbst, *States and Power in Africa: Comparative Lessons in Authority and Control* (Princeton, N.J.: Princeton University Press, 2000); Saadia Touval, *The Boundary Politics of Independent Africa* (Cambridge, Mass.: Harvard University Press, 1972) を参照。

(6) Touval, *Boundary Politics*, pp. 249-250.

(7) Philip C. Jessup, "El Chamizal," *The American Journal of International Law*, vol. 67, no. 3 (1973), pp. 423-445.

(8) Sumit Ganguly, *Conflict Unending: India-Pakistan Tensions since 1947* (New York: Columbia University Press, 2001).

(9) Lawrence Freedman and Virginia Gamba-Stonehouse, *Signals of War: The Falklands Conflict of 1982* (London: Faber and Faber, 1990).

(10) Touval, *Boundary Politics*, p. 120, p. 256.

(11) Peter Gourevitch, "The Second Image Reversed: International Sources of Domestic Politics," *International Organization*, vol. 32, no. 4 (Autumn 1978), pp. 881-912; Robert

D. Putnam, "Diplomacy and Domestic Politics: The Logic of Two-Level Games," *International Organization*, vol. 42, no. 3 (Summer 1988), pp. 427-460.

(12) George Gavrilis, *The Dynamics of Interstate Boundaries* (Cambridge: Cambridge University Press, 2012).

(13) そうした試みの一つとして、Mark Peceny, Caroline C. Beer, and Shannon Sanchez-Terry, "Dictatorial Peace?" *American Political Science Review*, vol. 96, no. 1 (March 2002), pp. 15-26 を参照。

(14) Jack S. Levy, "The Diversionary Theory of War: A Critique," in Manus I. Midlarsky, ed., *Handbook of War Studies* (Boston: Unwin Hyman, 1989), pp. 259-288; Edward D. Mansfield and Jack L. Snyder, *Electing to Fight: Why Emerging Democracies Go to War* (Cambridge, Mass.: MIT Press, 2005).

(15) Geoffrey Blainey, *The Causes of War* (New York: The Free Press, 1988).

(16) John J. Mearsheimer, *The Tragedy of Great Power Politics* (New York:W. W. Norton, 2001); Fareed Zakaria, *From Wealth to Power: The Unusual Origins of America's World Role* (Princeton, N.J.: Princeton University Press, 1998).

(17) Correlates of War database, from EuGene (v. 3.040).

(18) たとえば、A. F. K. Organski, *World Politics* (New York: Knopf, 1958) を参照。

(19) たとえば、Stephen M. Walt, *Revolution and War* (Ithaca, N.Y.: Cornell University Press, 1996) を参照。

(20) この点については、Alastair Iain Johnston, "China's Militarized Interstate Dispute Behaviour 1949-1992: A First Cut at the Data," *The China Quarterly*, no. 153 (March 1998), pp. 20-22 を参照。

(21) Barbara F. Walter, "Explaining the Intractability of Territorial Conflict," *International Studies Review*, vol. 5, no. 4 (December 2003), pp. 137-153.

(22) 個々の中国指導者の重要性に関する議論については、以下を参照。Chen Jian, *Mao's China and the Cold War* (Chapel Hill: University of North Carolina Press, 2001).

(23) 同様の理由から、領土紛争における中国の行動を見れば、中国を取り巻く広範な安全保障環境という要因と比べて、社会主義イデオロギーが果たす役割が小さかったことがわかる。中国は1960年代初頭という、社会主義が「最高潮」を迎えていた時期に妥協しようとした。また、中国は1990年代にも妥協しようとした。この時期、中国共産党は鄧小平の経済改革を実現するために、国内政治の手段としての大衆動員を放棄した。さらに、冷戦初期においてさえも、中国は相手国が社会主義国であっても領土紛争で妥協することを好まず、非社会主義国であろうと武力を行使することはしなかった。

(24) 近年の中国におけるナショナリズムに関する研究について、具体的には以下を参照。Peter Hayes Gries, *China's New Nationalism: Pride, Politics, and Diplomacy* (Berkeley: University of California Press, 2004); Susan Shirk, *China: Fragile Superpower* (New York, Oxford University Press, 2007). 中国でナショナリズムが高まっているかどうかについては、以下を参照。Alastair Iain Johnston, "Chinese Middle Class Attitudes Towards International Affairs: Nascent Liberalization?" *The China Quarterly*, no. 179 (Sep-

tember 2004), pp. 605-606.

(25) Alastair Iain Johnston, "Cultural Realism and Strategy in Maoist China," in Peter J. Katzenstein, ed., *The Culture of National Security* (New York: Columbia University Press, 1996), pp. 216-270.

(26) Evan S. Medeiros and M. Taylor Fravel, "China's New Diplomacy," *Foreign Affairs*, vol. 82, no. 6 (November/December 2003), pp. 22-35; Philip C. Saunders, *China's Global Activism: Strategy, Drivers and Tools*, Occasional Paper 4 (Washington, D.C.: Institute for National Strategic Studies, National Defense University, 2006); David S. Shambaugh, "China Engages Asia: Reshaping International Order," *International Security*, vol. 29, no. 3 (Winter 2004/05), pp. 64-99.

(27) 中国の大戦略については、以下を参照。Avery Goldstein, *Rising to the Challenge: China's Grand Strategy and International Security* (Stanford, Calif.: Stanford University Press, 2005); Saunders, *China's Global Activism.*

(28) この点については、Johnston, "China's Militarized Interstate Dispute Behaviour" を参照。

(29) 一つの例外が、1969年のビルマ国境地帯での衝突事件であり、これにはビルマの共産主義ゲリラが関与していた。*NYT*, 8 November 1969, p. 5.

(30) "Agreement between the Government of the Republic of India and the Government of the People's Republic of China on the Political Parameters and Guiding Principles for the Settlement of the India-China Boundary Question," http://meaindia.nic.in/treatiesagreement/2005/11ta1104200501.htm 参照。

(31) Zou Keyuan, "The Sino-Vietnamese Agreement on Maritime Boundary Delimitation in the Gulf of Tonkin," *Ocean Development & International Law*, vol. 36, no. 1 (2005), pp. 13-24.

(32) AFP, 14 March 2005 (Lexis-Nexis).

(33) *The Japan Times*, 10 February 2005 (Lexis-Nexis).

(34) 近年の中国の台湾政策に関する分析については、以下を参照。Thomas J. Christensen, "Posing Problems without Catching Up: China's Rise and Challenges for U.S. Security Policy," *International Security*, vol. 25, no. 4 (Spring 2001), pp. 5-40; Thomas J. Christensen, "The Contemporary Security Dilemma: Deterring a Taiwan Conflict," *The Washington Quarterly*, vol. 25, no. 4 (Autumn 2002), pp. 7-21; Robert S. Ross, "Navigating the Taiwan Strait: Deterrence, Escalation Dominance and U.S.-China Relations," *International Security*, vol. 27, no. 2 (Fall 2002), pp. 48-85; Allen S. Whiting, "China's Use of Force, 1950-96, and Taiwan," *International Security*, vol. 26, no. 2 (Fall 2001), pp. 103-131. また、*China Leadership Monitor*, http://www.chinaleadershipmonitor. org/ の各号も参照。

(35) 近年の研究によれば、台湾において独立を支持する声は小さくなっているという。もしこれが事実であれば、中国が武力を行使する可能性も低下することとなる。具体的には以下を参照。Shelly Rigger, *Taiwan's Rising Rationalism: Generations, Politics and "Taiwan's Nationalism,"* Policy Studies no. 26 (Washington, D.C.: East-West Center,

2006); Robert S. Ross, "Taiwan's Fading Independence Movement," *Foreign Affairs*, vol. 85, no. 2 (March/April 2006), pp. 141-148.

(36) http://www.whitehouse.gov/news/releases/2003/12/20031209-2.html.

エピローグ　尖閣諸島をめぐる紛争

(1) 戦略的ライバル関係の概念については、Karen A. Rasler and William R. Thompson, "Contested Territory, Strategic Rivalries, and Conflict Escalation," *International Studies Quarterly*, vol. 50, no. 1 (March 2006), pp. 145-167 を参照。

(2) Richard C. Bush, "China-Japan Tensions, 1995-2006: Why They Happened, What to Do," *Foreign Policy Paper Series*, no. 16 (Washington, D.C.: The Brookings Institution, June 2009). また、He Yinan "History, Chinese Nationalism and the Emerging Sino-Japanese Conflict," *Journal of Contemporary China*, vol. 16, no. 50 (February 2007), pp. 1-24 も参照。

(3) Paul K. Huth, *Standing Your Ground: Territorial Disputes and International Conflict* (Ann Arbor: University of Michigan Press, 1996).

(4) He Yinan, "History, Chinese Nationalism." なお、この段落の大部分は、M. Taylor Fravel, "Explaining Stability in the Senkaku (Diaoyu) Dispute," in Gerald Curtis, Ryosei Kokubun and Jisi Wang, eds., *Getting the Triangle Straight: Managing China-Japan-US Relations* (Washington, D.C.: Brookings Institution Press, 2010), pp. 144-164 に基づいている。

(5) 1978年3月、〔一部の〕自民党議員は日中平和友好条約に反対し、この条約を中国が尖閣諸島に対する日本の領有権の主張を認めることとリンクさせるよう、日本政府に対しておおやけに圧力をかけた。4月、中国政府当局者が日本側に対して尖閣の問題を取り上げないよう要求するなか、中国漁船の船団――その一部は武装していた――が、尖閣の領有権に関する中国の決意を示す形で、その周辺海域に現れて一週間にわたり同海域にとどまった。以上については、Daniel Tretiak, "The Sino-Japanese Treaty of 1978: The Senkaku Incident Prelude," *Asian Survey*, vol. 18, no. 12 (December 1978), pp. 1235-1249 を参照。

(6) Christopher W. Hughes, *Japan's Remilitarisation*, Adelphi Paper no. 403 (London: International Institute for Strategic Studies, 2009); Jennifer Lind, "Pacifism or Passing the Buck? Testing Theories of Japanese Security Policy," *International Security*, vol. 29, no. 1 (Summer 2004), pp. 92-121.

(7) Avery Goldstein, *Rising to the Challenge: China's Grand Strategy and International Security* (Stanford, Calif.: Stanford University Press, 2005).

(8) "H. K. Activists Protest Japan's Lease of Disputed Isles," Kyodo, January 2, 2003; "Japan Government Takes Lease on Disputed Isles," Jiji Press, January 3, 2003.

(9) Ralph Jennings, "Chinese Authorities Block Senkaku Islands Boat Launch," Kyodo, July 19, 2004; "PRC Authorities Detain 4 Activists Who Tried to Sail to Disputed Islets," Kyodo World Service, October 31, 2007.

(10) 尖閣諸島に関する記事の登場頻度は、スプラトリー諸島に関する記事のおよそ10分の1で、台湾に関する記事と比べるとほんのわずかに過ぎない。

(11) Erica Strecker Downs and Phillip C. Saunders, "Legitimacy and the Limits of Nationalism: China and the Diaoyu Islands," *International Security*, vol. 23, no. 3 (Winter 1998/99), pp. 114-146.

(12) 杜朝平「美国瞄准釣魚島」『当代海軍』2003年、第7期、36頁；高新生「島嶼与新世紀中国海防建設」『国防』2006年、第11期、47頁。

(13) このエピソードに関する論評については、Shelia Smith, "Japan and the East China Sea," *Orbis* (Summer 2012), pp. 370-390; Reinhard Drifte, "The Senkaku/Diaoyu Islands Territorial Dispute between Japan and China: Between The Materialization of the 'China Threat' and Japan 'Reversing the Outcome of World War II'?" UNISCI Discussion Paper, no. 23 (May 2013); James J. Przystup, "Japan-China Relations: Troubled Waters," *Comparative Connections* (October 2012); Jessica Chen Weiss, *Powerful Patriots: Nationalist Protest in China's Foreign Relations* (New York: Oxford University Press, 2014), pp. 160-188 を参照。

(14) Alastain Iain Johnston, "How New and Assertive Is China's New Assertiveness?" *Intenational Security*, vol. 37, no. 4 (Spring 2013), p. 22; Ken Jimbo, "Foreign and Security Policy under the DPJ: From Idealism to Pragmatism," unpublished manuscript, 2013.

(15) "Foreign Ministry Spokesperson Jiang Yu's Regular Press Conference on September 9, 2010," Ministry of Foreign Affairs (China), September 10, 2010.

(16) 国土交通省「前原大臣会見要旨」2010年9月14日, http://www.mlit.go.jp/report/interview/daijin100914.html.

(17) Johnston, "How New and Assertive Is China's New Assertiveness?"

(18) James J. Przystup, "Japan-China Relations: Troubled Waters," *Comparative Connections* (October 2012).

(19) "Chinese Premier Wen Urges Japan to Release Jailed Captain," *Xinhua*, September 23, 2010.

(20) Jeremy Page, "China Suspends Talks with Japan," *Wall Street Journal*, September 19, 2010.

(21) "China Frees last Fujita Employee," Kyodo, October 10, 2010.

(22) Keith Bradsher, "China Is Blocking Minerals, Executives Say," *New York Times*, September 24, 2010, p. B1.

(23) Johnston, "How New and Assertive Is China's New Assertiveness?"

(24) こうした船舶のプレゼンスに関するデータについては、海上保安庁「尖閣諸島周辺海域における中国公船等の動向と我が国の対処」, http://www.kaiho.mlit.go.jp/mission/senkaku/senkaku.html を参照。

(25) M. Taylor Fravel, "China's Island Strategy: 'Redefine the Status Quo'," *The Diplomat*, November 1, 2012, http://thediplomat.com/2012/11/chinas-island-strategy-redefine-the-

status-quo/.

(26)　このエピソードの詳細に関するまとめについては、Weiss, *Powerful Patriots*, pp. 189-218 を参照。

(27)　海上保安庁「尖閣諸島周辺海域における中国公船等の動向と我が国の対処」。

(28)　"U.S. warned Government against Buying Senkaku Islands: Campbell," Kyodo, April 10, 2013.

(29)　詳細については、Weiss, *Powerful Patriots* を参照。

(30)　たとえば、Benjamin Kang Lim, "China's Backroom Power Brokers Block Reform Candidates," Reuters, November 21, 2012 を参照。

(31)　以上二つの段落は、M. Taylor Fravel, "The Dangerous Math of China's Island Disputes," *Wall Street Journal*, October 28, 2012 による。

(32)　"Statement of the Government of the People's Republic of China on the Baselines of the Territorial Sea of Diaoyu Dao and Its Affiliated Islands," September 10, 2012.

(33)　"Declaration of the Government of the People's Republic of China on the Baselines of the Territorial Sea," May 15, 1996.

(34)　2010 年の船長の釈放の後に行われた抗議活動は、二線都市で発生した。

(35)　Lousia Lim, "Second Day of Anti-Japan Protests Rock China," *NPR*, September 16, 2012, http://www.npr.org/2012/09/16/161228298/chinese-flood-streets-in-anti-japan-demonstrations.

(36)　"Remarks by Assistant Foreign Minister Le Yucheng at Symposium Marking the 40th Anniversary of the Normalization of Relations between China and Japan," Ministry of Foreign Affairs (China), September 28, 2012.

(37)　Hiroko Tabuchi, "Japan Scrambles Jets in Islands Dispute with China," *New York Times*, December 14, 2014, p. A6.

(38)　"China's Use of Fire-control Radar Ramps up Tension in East China Sea," *Ashai Shimbun*, February 6, 2013.

(39)　"Announcement of the Aircraft Identification Rules for the East China Sea Air Defense Identification Zone of the P.R.C." *Xinhua*, November 23, 2013.

(40)　Michael D. Swaine, "Chinese Views Regarding the Senkaku/Diaoyu Islands Dispute," *China Leadership Monitor*, no. 41 (2013), pp. 1-27.

付録　中国の領土紛争の起源概観

(1)　金日成は中国にこの条約を公開しないよう要請した。

(2)　Department of State, "China-Korea Boundary," *International Boundary Study*, no. 17 (29 June 1962); J. R. V. Prescott, *Map of Mainland Asia by Treaty* (Carlton: Melbourne University Press, 1975), pp. 499-503.

(3)　2001 年 6 月、北京でのインタビュー。

(4)　Prescott, *Map of Mainland Asia by Treaty*, pp. 500-501. また、"DPRK-PRC Border Pact Said Confirmed," Yonhap News Agency (Korea), 20 October 1999, in FBIS#FTS

19991019001881も参照。
(5) 2002年6月、北京でのインタビュー。
(6) Department of State, "China-Korea Boundary," pp. 1–2.
(7) Department of State, "China-Mongolia Boundary," *International Boundary Study*, no. 173 (14 August 1985); Prescott, *Map of Mainland Asia by Treaty*, pp. 90–98.
(8) 『当代中国外交』150頁。『内蒙古自治区志：軍事志』編纂委員会編『内蒙古自治区志：軍事志』(呼和浩特：内蒙古人民出版社、2002年) 465–468頁、471–474頁。
(9) 『内蒙古自治区志：軍事志』編纂委員会編『内蒙古自治区志』465–468頁、471–474頁。
(10) 曲星『中国外交50年』(南京：江蘇人民出版社、2000年) 219–220頁。
(11) 王泰平編『中華人民共和国外交史 1957–1969』(北京：世界知識出版社、1998年) 102頁。
(12) 新疆維吾爾自治区地方志編纂委員会『新疆通志：外事志』(烏魯木斉：新疆人民出版社、1995年) 266頁；王泰平編『中華人民共和国外交史 1957–1969』101頁。
(13) 新疆維吾爾自治区地方志編纂委員会『新疆通志：外事志』266頁。
(14) 王泰平編『中華人民共和国外交史 1957–1969』100頁。
(15) 『当代中国外交』122–123頁。Tai Sung An, *The Sino-Soviet Territorial Dispute* (Philadelphia: Westminster Press, 1973); Dennis J. Doolin, *Territorial Claims in the Sino-Soviet Conflict: Documents and Analysis* (Stanford, Calif.: Hoover Institution, 1965); George Ginsburgs, and Carl F. Pinkele, *The Sino-Soviet Territorial Dispute, 1949–64* (New York: Praeger, 1978); Genrikh Kireyev, "Demarcation of the Border with China." *International Affairs*, vol. 45, no. 2 (1999), pp. 98–109; Tsui Tsien-hua, *The Sino-Soviet Border Dispute in the 1970's* (New York: Mosaic Press, 1983).
(16) John W. Garver, "The Sino-Soviet Territorial Dispute in the Pamir Mountains Region." *The China Quarterly*, no. 85 (March 1981), pp. 107–118.
(17) Kireyev, "Demarcation of the Border with China," p. 98.
(18) Neville Maxwell, "A Note on the Amur/Ussuri Sector of the Sino-Soviet Boundaries," *Modern China*, vol. 1, no. 1 (1975), p. 119.
(19) 新疆維吾爾自治区地方志編纂委員会『新疆通志：外事志』284頁。
(20) Ginsbergs and Pinkele, *The Sino-Soviet Territorial Dispute, 1949–64*, pp. 6–16, p. 41; Richard Wich, *Sino-Soviet Crisis Politics: A Study of Political Change and Communication* (Cambridge, Mass.: Harvard University Press, 1980), p. 20.
(21) 1978年の研究成果の中で、ギンズバーグス (George Ginsburgs) は、主としてパミール地域の大きさに基づいて、係争地域の大きさは、3万8000平方キロメートル、3万3000平方キロメートル、2万1000平方キロメートルの3つに分類されると指摘している。Ginsburgs and Pinkele, *The Sino-Soviet Territorial Dispute, 1949–64*, p. 104. ツゥイ (Tsui Tsien-hua) はおおよそ3万5000平方キロメートルだと主張している。その内訳は、東部地域の河川・島嶼の係争地域が1000平方キロメートル、15の中央アジア地域が5000平方キロメートル、パミール高原が2万8000平方キロメートルである。Tsui, *The Sino-Soviet Border Dispute in the 1970's*, pp. 73–74.

(22) Kireyev, "Demarcation of the Border with China," pp. 98–109.

(23) 張周祥『新疆辺防概要』（烏魯木斉：新疆人民出版社、1999 年）135–136 頁。

(24) 『当代中国的外交』153 頁；Department of State, "Afghanistan-China Boundary," *International Boundary Study*, no. 89（1 May 1969）; 劉宏煊『中国睦隣史：中国与周辺国家関係』（北京：世界知識出版社、2001 年）317–318 頁；*Prescott, Map of Mainland Asia by Treaty*, pp. 238–241.

(25) "Eloquent Maps," *China News Analysis*, no. 129（27 April 1956）, p. 6.

(26) 『人民日報』1960 年 8 月 28 日、1 面。

(27) Alastair Lamb, "The Sino-Pakistani Boundary Agreement of 2 March 1963," *Journal of the Australian Institute of International Affairs*, vol. 18, no. 3（1964）; Prescott, *Map of Mainland Asia by Treaty*, pp. 231–234. また、P. L. Bhola, *Pakistan-China Relations: Search for Politico-Strategic Relationship*（Jaipur: R. B. S. A. Publishers, 1986）, pp. 92–131; Department of State, "China-Pakistan Boundary," *International Boundary Study*, no. 85（30 May 1968）; 房建昌「近代中国与巴基斯坦辺界史初探」『中国辺疆史地研究報告』1997 年、第 3 期、63–78 頁；劉宏煊『中国睦隣史：中国与周辺国家関係』305–306 頁；Mujtaba Razvi, *The Frontiers of Pakistan: A Study of Frontier Problems in Pakistan's Foreign Policy*（Karachi-Dacca: National Publishing House, 1971）, pp. 166–193.

(28) Razvi, *Frontiers*, p. 179 および Lamb, "Sino-Pakistani Boundary Agreement."

(29) Razvi, *Frontiers*, p. 169.

(30) Francis Watson, *The Frontiers of China*（New York: Praeger, 1966）, p. 140.

(31) Razvi, *Frontiers*, p. 177; Anwar Hussain Seyd, *China and Pakistan: Diplomacy of Entente Cordiale*（Amherst: University of Massachusetts Press, 1974）, p. 87.

(32) Razvi, *Frontiers*, p. 169.

(33) 1842 年のチベット・カシミール条約やシムラ会議での文書など、いくつかの合意は存在した。しかし、これらの合意はいずれも双方の間の「慣習上の境界」を正確に画定していない。

(34) 中印辺境自衛反撃作戦史編写組編『中印辺境自衛反撃作戦史』（北京：軍事科学出版社［内部発行］、1994 年）1–111 頁；John W. Garver, *Protracted Contest: Sino-Indian Rivalry in the Twentieth Century*（Seattle: University of Washington Press, 2001）, pp. 79–109; Alastair Lamb, *The McMahon Line: A Study in the Relations Between India, China and Tibet, 1904–1914*（London: Routledge & K. Paul, 1966）; Alastair Lamb, *The Sino-Indian Border in Ladakh*（Canberra: Australian National University Press, 1973）; Neville Maxwell, *India's China War*（New York: Pantheon Books, 1970）, pp. 17–64; 王宏緯『喜馬拉雅山情結：中印関係研究』（北京：中国蔵学出版社、1998 年）23–277 頁。

(35) Wang, *Ximalaya*, pp. 160–162.

(36) Lamb, *The McMahon Line*.

(37) Maxwell, *India's China War*, pp. 39–64.

(38) Maxwell, *India's China War*, pp. 73.

(39) 中印辺境自衛反撃作戦史編写組編『中印辺境自衛反撃作戦史』43 頁。

(40) Prescott, *Map of Mainland Asia by Treaty*, pp. 34-35.

(41) 当代中国軍隊的軍事工作編委会編『当代中国軍隊的軍事工作』上巻（北京：中国社会科学出版社、1989 年）181 頁。

(42) *White Paper: Notes, Memoranda and Letters Exchanged and Agreements Signed between the Governments of India and China*, I, p. 1.

(43) Subimal Dutt, *With Nehru in the Foreign Office* (Columbia, Mo.: South Asia Books, 1977), pp. 114-116.

(44) *White Paper*, I.

(45) Razvi, *Frontiers*, p. 179.

(46) National Assembly of Bhutan, *Translation of the Proceedings and Resolutions of the 77th Session of the National Assembly of Bhutan* (Thimpu: National Assembly of Bhutan, 1999), p. 27.

(47) *White Paper*, I, p. 96.

(48) Department of State, "China-Nepal Boundary," *International Boundary Study*, no. 50 (30 May 1965); 房建昌「中尼辺界初探」『中国辺疆史地研究報告』1992 年、第 3-4 期、7-22 頁；Arthur Lall, *How Communist China Negotiates* (New York: Columbia University Press, 1968), pp. 194-201; Prescott, *Map of Mainland Asia by Treaty*, pp. 265-271; 楊公素『中国反対外国侵略干渉西蔵地方闘争史』（北京：蔵学出版社、1992 年）320-325 頁。

(49) Lall, *How Communist China Negotiates*, p. 199; Guy Searls, "Communist China's Border Policy: Dragon Throne Imperialism?" *Current Scene*, vol. 11, no. 12 (15 April 1963), p. 11.

(50) 楊公素『中国反対外国侵略干渉西蔵地方闘争史』320 頁。

(51) Leo E. Rose, *Nepal: Strategy for Survival* (Berkeley: University of California Press, 1971), pp. 235-236.

(52) Hemen Ray, *China's Strategy in Nepal* (New Delhi: Radiant Publishers, 1983), p. 25.

(53) S. D. Muni, *Foreign Policy of Nepal* (New Delhi: National Publishing House, 1973), p. 104.

(54) Prescott, *Map of Mainland Asia by Treaty*, pp. 347-353.

(55) "Eloquent Maps."

(56) 『当代中国的外交』145-148 頁；"The China-Burma Border," *China News Analysis*, no. 349 (18 November 1960); Department of State, "Burma-China Boudary", *International Boundary Study*, no. 42 (30 November 1964); 王善中「論述中華人民共和国和緬甸聯邦辺界条約」『中国辺境史地研究』1997 年、第 1 期、78-84 頁；Daphne E. Whittam, "The Sino-Burmese Boundary Treaty," *Pacific Affairs*, vol. 34, no. 2 (Summer 1961), pp. 174-183.

(57) 当代中国軍隊的軍事工作編委会編『当代中国軍隊的軍事工作』上巻、369-379 頁。

(58) Department of State, "China-Laos Boundary," *International Boundary Study*, no. 34 (24 June 1964).

(59) 旅途文萃叢書編輯部『中国陸疆風雲録』（北京：旅遊教育出版社、1993 年）24 頁。

(60) 呉冷西『十年論戦：1956-1966 中蘇関係回憶録』上下巻（北京：中央文献出版社、

1999年）248頁。

(61) Department of State, "China-Vietnam Boundary," *International Boundary Study*, no. 34（15 December 1978）; Prescott, *Map of Mainland Asia by Treaty*, pp. 447-451.

(62) "Vietnamese Deputy Foreign Minister Interviewed on Land Border Issues with China," *Nhan Dan*, 16 September 2002, *BBC Monitoring Asia Pacific*, 17 September 2002（Factiva）.

(63) 『当代中国的外交』338-339頁。

(64) 郭明『中越関係演変四十年』（南寧：広西人民出版社［内部発行]、1992年）143頁。

(65) 『当代中国的外交』379-383頁；Prescott, *Map of Mainland Asia by Treaty*, pp. 491-498.

(66) Prescott, *Map of Mainland Asia by Treaty*, p. 489.

(67) 李徳潮「白龍尾島正名」『中国辺疆史地研究報告』1998年、第1-2期第3号、22頁。

(68) 李徳潮「白龍尾島正名」21-23頁。この島は1954年のジュネーヴ協定までフランスの統治下にあった。

(69) 毛振発編『辺防論』（北京：軍事科学出版社、1996年）137頁。

(70) Dieter Heinzig, *Disputed Islands in the South China Sea: Paracels, Spratlys, Pratas, Macclesfield Bank*（Wiesbaden: Otto Harrassowitz, 1976）, pp. 17-19.

(71) この宣言については、韓振華『我国南海諸島史料彙編』（北京：東方出版社［内部発行]、1988年）444頁を参照。

(72) 韓振華『我国南海諸島史料彙編』445頁。

(73) 当代中国軍隊的軍事工作編委会編『当代中国軍隊的軍事工作』上巻、646頁。

(74) Heinzig, *Disputed Islands in the South China Sea*, p. 32.

(75) 趙啓民「遠航千里、首進西沙」『海軍回憶史料』（北京：解放軍出版社［軍内発行]、1999年）424-429頁。

(76) 張植栄編『中日関係与釣魚島問題研究論集』（香港：励之出版社、1999年）428頁。

(77) 『人民日報』1970年12月29日。

監訳者解説

(1) さしあたり以下を参照のこと。James C. Hsiung, "A Window on How China Behaves as a Rising Power," *International Studies Review*, vol. 12, issue 3（2010）, pp. 467-469.

(2) Thomas J. Christensen, *Useful Adversaries: Grand Strategy, Domestic Mobilization, and Sino-American Conflict, 1947-1958*（Princeton: Princeton University Press, 1996）. 同氏には、ジョージ・W・ブッシュ政権の際に、東アジア・太平洋問題担当の国務次官補代理（2006～2008年）を務めた経歴もある。

(3) Alastair Iain Johnston, "China's Militarized Interstate Dispute Behavior 1949-1992: A First Cut at the Data," *The China Quarterly*, no. 153（March 1998）, pp. 1-30.

(4) Steven E. Lobell, Norrin M. Ripsman, and Jeffrey W. Taliaferro, "Neoclassical Realism, the State, and Foreign Policy," in Steven E. Lobell, Norrin M. Ripsman, and Jeffrey W. Taliaferro, eds., *Neoclassical Realism, the State, and Foreign Policy*（Cambridge and

New York: Cambridge University Press, 2009). ネオクラシカル・リアリズムに関しては、この著作を参照のこと。

(5) Andrew Scobell, *China's Use of Military Force: Beyond the Great Wall and the Long March* (Cambridge and New York: Cambridge University Press, 2003).

(6) Yasuhiro Matsuda, "How to Understand China's Assertiveness since 2009: Hypotheses and Policy Implications," in Michael J. Green and Zack Cooper, eds., *Strategic Japan: New Approaches to Foreign Policy and the U.S.-Japan Alliance* (Maryland: Rowman & Littlefield, 2015). なお、同論文は https://csis.org/program/strategic-japan-working-papers でも閲覧することができる。よりまとまった論考としては、松田康博「中国の対外行動『強硬化』の分析——四つの仮説」加茂具樹編著『中国対外行動の源泉』(慶應義塾大学出版会、2017年)を参照のこと。

(7) M. Taylor Fravel, "Growing Competition in the South China Sea," in Michael A. McDevitt, M. Taylor Fravel, and Lewis M. Stern, *The Long Littoral Project: South China Sea: A Maritime Perspective on Indo-Pacific Security,* CNA, March 2013, pp. 51–52, https://taylorfravel.com/documents/research/fravel. 2013.CNA.competition.SCS.pdf.

(8) Alastair Iain Johnston, "How New and Assertive Is China's New Assertiveness?" *International Security*, vol. 37, no. 4 (Spring 2013), pp. 7–48.

(9) 山口信治「南シナ海の島・礁一覧表」, http://www.ioc.u-tokyo.ac.jp/~ymatsuda/jp/project.html.